언문

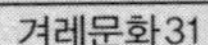

언문

1443년 12월 임금이 친히 언문 스물여덟 자를 만들다

홍현보 지음

이회

여는 말씀

이 글은 작품 "훈민정음"의 작가 이도(李祹)론이다. 원래 '작가론'은 문학의 연구 분야로서, 주로 동시대 작품의 작가들을 묶어 그들의 작품과 그들의 삶의 상관성을 연구하여, 최종적으로는 작가의 삶과 생각이 작품에 어떻게 표출되었나를 규명하는 연구 방법이다. 내가 "훈민정음"의 작가론을 쓸 수 있는 용기를 얻은 것은 서울대 김윤식 교수님의 글을 읽고서다.

> 작품론과 문학사 사이에 작가론이 놓여 있소. 최종 목표가 문학사라면 그 출발점이 작품론이겠소. 작품이라 했을 땐, 맨 먼저 떠오르는 것이 저작권법에서 규정한 대로 작가의 소유물이라는 사실이오. 작가의 의도를 정확히 알아내는 일이 작가론의 제일 중요한 점인 것은 이 때문이오. 그 속에 들어 있는 것이 이른바 '생산적 정조(Productive Stimmung)'입니다. 어떻게 하면 이 정조를 알아내어 그것이 유기적인 구성을 이루어 미학적 과제로 처리될 수 있을까. 이렇게 사유할 때 직접적으로 봉착되는 것이 작가이오.
>
> 그는 뉘 집 자식이며 어디서 나고 배웠고, 또 어떤 골짜기의 물을 마셨고 어떻게 살았으며 또 죽었는가. 이 물음 앞에 서면 너무 아득해지기 마련이오. 그렇지만 동시에 그럴 수 없이 친근함에 빠지지 않을 수 없소. 여벌이 있을 수 없는, 단 일회성의 삶을 가진 '나'와 꼭 같은 인간이기에 그러하오.(김윤식 평론 『작가론의 새 영역』(2006, 도서출판 강) 머리말에서 인용함)

'훈민정음'은 소설도 아니고 작품이라기보다는 발명품에 가깝다. 하지만 그것은 세종 이도라는 사람이 남긴 불멸의 작품이고, 그 어떤 작품보다 많은 사람의 심금을 울리고 삶에 영향을 준 작품임에 틀림없다. 지금까지는 수많은 학자들에 의해 이 '훈민정음'이란 작품과 그 속에 규명된 새 문자의 원리에 대해서 국어학적으로 연구가 깊었다. 그래서 이제는 어느 정도 일반인도 그 내용에 대해 잘 알게 되었다. 조금만 시간을 들여 찾아보면 '훈민정음'이란 문자의 원리와 쓰임새를 자세히 설명한 글을 쉽게 찾을 수 있다. 그런 국어학 자료들은 넘쳐난다. 그러나 이렇게 뛰어난 문자를 어떻게 만들 생각을 했는지, 또 어떻게 만들었는지, 그 원리는 도대체 어디서 온 것인지 하는 몇몇 궁금증에 대해서는 늘 벽에 부딪쳐 있었다. 사실 이런 궁금증은 아주 오래 전부터 있어 왔고, 수많은 석학들이 그동안 깊은 연구를 통하여 훈민정음 창제 동기와 원리에 대해 그 벽을 허무는 작업을 끊임없이 해왔다. 그래서 이루 헤아릴 수 없을 정도로 많은 책과 글이 쏟아져 있는 것도 사실이다. 이른바 '국어사', '국어학사', '우리 말글 연구사, 우리말 발달사' 등에는 반드시 한글의 지나온 역사를 기록하여 왔다. 그럼에도 불구하고 그것을 모으고 연결시켜 우리를 넉넉히 이해시키는 데는 아직도 부족한 느낌이다. 지금도 많은 국민들이 목말라 한다. 그것은 세종이 새 문자를 만들면서 그것을 만들게 된 동기와 연구 과정, 참고한 문헌이나 근거 등을 소상히 밝히지 않은 탓도 있겠지만 세종이라는 엄청난 위압감을 주는 인물 앞에서 감히 확실하지 않은 주장을 섣불리 할 수 없었던 것도 이유일 것이다. 또는 세종을 신격화하는 사람도 있고, 도깨비같이 뚝딱 한글을 만들었다고 생각하는 사람도 있다. 이제 나는 이러한 궁금증을 문학의 '작가론'을 빌어 풀어보고자 한다. 세종의 삶과, 그가 읽었던 책, 그리고 당시 문자 창제의 기반이 되는 동시대의 정치적, 외교적, 사회적 요소들을 유기적으로 연결해 봄으로써 그 실마리를 찾아보고자 한다.

한글을 보는 시각이 갈라져 있다. 어떤 이는 한글이 독창적이고 과학적이라고 말하고, 어떤 이는 한자 학습을 위한 모방 글자라고 말한다. 언문이란 이름만 해도 그렇다. 세종이 이 글자를 만들고 처음부터 언문이라 하였고, 최만리를 비롯해 조선에서 내로라하는 지식인들과 백성들 수 천 수 만이 줄기차게 '언문, 언해'라고 하였건만, 어찌 오늘날 지식인들은 '훈민정음'이라고만 말하고, 언문이란 '쌍말을 적는 문자'라는 뜻으로 천시하는지? 사실 '훈민정음'이란 이름은 언문을 창제하였다는 기록 이후 3년 뒤에 『훈민정음』이란 책을 만들면서 붙여진 이름이다. '훈민정음'이란 말을 알고 있었던 사람은 세종과 집현전학사들, 조금 더 범위를 확대하자면 세종의 자녀들, 집현전의 주변인, 그리고 실록을 열람할 수 있었던 몇몇 사람들뿐이었다.

우리는 세종과 한글에 대해 아주 짧은 상식만으로 살아간다. "우리 글 한글을 만드신 분은 세종이고, 그 글자의 이름은 훈민정음이다. 1443년에 만들어서 1446년에 『훈민정음』 책을 반포하였지만 조선 시대에는 별로 사용을 못하고 억압당하다가 개화기부터 주시경 등의 계몽운동을 통하여 다시 힘을 얻게 되어 오늘날까지 써오는 문자다. 오늘날 국내외 많은 석학들에 의해 과학적인 문자로 인정받고 있고, 남북이 함께 쓰고, 전 세계 우리 겨레가 쓰는 글자다. 우리말을 가장 잘 표현할 수 있는 표음문자다." 이것이 우리가 아는 상식이다.

이러한 상식이 아주 틀린 것은 아니다. 하지만 많은 부분이 오해와 왜곡으로 얼룩진 누더기 상식이다. 과연 한글은 누가 만들었나? 임금이 왜 글자를 만들었나? 어떻게 만들었나? 무슨 생각으로 만들었나? 언문과 훈민정음, 한글이란 무슨 말이고 어떤 뜻이 담겨 있나? 그 원리는 어디에서 왔나? 일반 대중들은 혼란스럽다. 서로 물고 물리는 학문적 논쟁을 벌여 오면서 학자들의 주장도 거리를 좀처럼 좁히지 못하고 있다. 학맥이나 인맥으로 연결된 닫힌 학문이 평행선을 달리고 있다. 우리 말글을 연구하신 많은 분들이 서로 비난의 대상이 되기도 했다. 집현전학사 최만리 등의 반대 상소는 '언문의 정체'를 더욱 분명히 규명해 주었고, 그 예리한 지적은 『훈민정음』 해례서를 이끌어냈지만, 그들의 생각은 500여 년 동안 언문을 비틀고 옥죄어 숨죽이며 목숨만 부지해 오게 만들었다. 주시경 선생을 비롯한 근현대 우리 말글을 연구하신 모든 분들은 존경받아 마땅하다. 그들은 시대의 혼란 속에서 각자 우리 말글의 발전을 위해 부단히 애쓴 분들이며, 오늘날 한글세상을 이루는 데 절대적인 공로자다. 비난과 질타에 앞서 관심과 격려, 기림과 높임이 먼저다. 창제자 세종도 못 이룬 한글세상을 지금처럼 이대로 이룬 분들이다.

『훈민정음』이란 책은 단순히 한글에 대한 창제 원리와 그 해설을 적어 놓은 책만이 아니다. 새 글자 "훈민정음"에는 세종이 살아온 삶이 녹아 있고, 그가 끊임없이 공부하고 책을 구하여 읽으면서 쌓은 학문적 성과가 담겨 있으며, 그의 정치적, 종교적 고민과 철학이 담겨 있다. 그가 보고 읽은 책, 참고한 문헌의 흔적을 찾을 수도 있고, 그의 신념과 믿음의 흐름까지 밑바탕에 흐르고 있다. 결코 어느 한 가지의 이론과 학문으로만 단정 지을 수 없는, 그야말로 세종이 평생 가슴으로 느끼고 머리로 깨달은 바를 구체화시킨 학문적 결정체이고, 정치적, 종교적, 철학적 성과물이다. 그러므로 그가 문자를 만들었다는 데는 조금도 의심의 여지가 없다. 그러나 『훈민정음』에 담긴 많은 부분은 세종의 것이 아니다. 8~90%는 모두 이전의 것들이고 세종의 것은 그리 많지 않다. 아니 단 하나뿐이다. '언문'. 말하는 대로 쓰는 글자 그것뿐이다.

어린 시절 다복했던 부모형제, 자라면서 겪었던 아버지와 그 형제들의 피비린내 나는 왕권 쟁투, 정치적 혼란, 아버지와 어머니의 불화, 임금자리에 오른 셋째아들의 고충, 중국 원명 교체기에 따른 외교적 혼란과 고통, 다양한 선진 문물의 유입과 수용, 불교의 억압과 믿음생활, 조선 말과 글의 혼란, 부인과 자식의 죽음, 육신의 질병과 왕권 이양, 백성을 향한 사랑과 문치를 위한 노력. 어느 것 하나 그에게 쉬운 일은 없었다. 문자 창제는 세종이 말년에 이룬 위업으로서 그의 전생애를 통해 온몸으로 터득하고 온맘으로 심혈을 기울여 이루어낸 일이다. 그러므로 '언문'과 '훈민정음'이란 말 속에는 세종의 삶 전체가 스몄다. 어느 날 갑자기 하늘에서 뚝 떨어진 글자가 아니다. 세종의 정신이 옹골차게 스며든 글자가 '언문'이고, 수백 수천 권의 책이 녹아 이루어진 책이 『훈민정음』이다. 50 평생 책벌레로 살았고, 그가 배운 학문적 성과는 32년간 나라를 다스리는 데 고스란히 적용되었으며, 정책과 제도를 입안하고, 경연을 통해 쌓은 지식을 실행하고 백성에게 펼치면서 만들어진 필연적 결과물이 아닐 수 없다.

이 책은 크게 네 부분으로 나누었다.

무엇보다 앞서 살펴본 것은 세종의 삶이다. 언문 창제는 세종의 정신과 삶, 의지와 투혼으로 짜놓은 조형물이다. 조개가 생채기를 끌어안고 인고의 시간을 보냄으로써 빛나는 진주를 만들듯이, 글자를 만들기까지 그에게 무슨 일이 있었나? 세종은 어떤 생각을 했고 어떤 행적을 남겼나? 전해 내려오는 문헌에는 한글 창제의 직접적인 동기에 대한 기록이 없지만, 그의 삶은 실록을 통해 고스란히 남아 있다. 그래서 우선 세종의 어린 시절과 임금이 되어서 읽던 책이 무슨 책이었는지 찾아보았다. 세종이 그 책들을 공부하면서 어떤 정책을 펼쳤는지도 궁금했다. 또 세종의 삶과 세종이 즉위하였을 때의 국내외 정세를 알아보았다. 그런 그의 삶과 지식 세계를 안다면 그가 남긴 업적과 문자 창제에 담긴 의미를 이해할 수도 있지 않을까?

둘째, 조선 사회는 어떤 사회였는지 알아보았다. 특히 우리말의 역사를 조금 되짚어 보고, 문자생활의 변화도 살펴보았다. 한자가 들어와 어떻게 우리말을 담아내었고, 그런 글쓰기 방식이 한글 창제와 어떻게 연결되어 있는지를 살폈다. 조선 사회는 새로운 문자 창제의 필연성을 말해 줄 것이다.

셋째, 세종은 새로 만든 글자를 '언문'이라 하였고, 『훈민정음』을 펴내어 백성이 자신의 생각을 글로 펼칠 수 있게 하였다. 새로운 글자는 어떻게 만들어졌는지, '언문'에는 무슨 뜻이 있고, '훈민정음'은 어떻게 정책적으로 조선 사회에 실현되었는지를 알아보았다.

넷째, '언문'이란 말의 뜻이 심각하게 왜곡된 사실을 밝혔다. 조선왕조를 거쳐 오면서 '언문'이 어떻게 쓰였는지, 조선의 내로라하는 학자들이 '언문'에 대해 말한 실태를 낱낱이 찾아보았다. 사실 우리가 생각하는 것처럼 '훈민정음'이란 이름을 일반 백성은 잘 몰랐다. '언문', '언해'라는 말은 많이 하였지만, '훈민정음', '정음해(正音解)'라는 말은 찾기 힘들다. 1910년대 '한글'이란 이름이 붙기 전, 450여 년 동안 입이 닳도록 부르던 이름 '언문'! 그 이름을 추적해 보았다. 오늘날 이 '언문'이란 말뜻이 이토록 비참히 땅바닥에 곤두박질치며 내팽개쳐지게 된 원인을 찾아보았다. 어이없게도 우리는 애초에 한자말 '언(諺)'의 뜻과 '언문(諺文)'의 뜻도 모른 채 살아왔다. 언문 교육이 이루어지지 못했던 조선 사회가 수백 년 이어오면서 그 원리를 아는 사람은 사라지고 그저 천대만 하여 오다가, 일제 강점기를 거치면서 저속한 말(글)이라고 단정지은 채 스스로를 비하하며 깔보는 잘못을 저질러 왔다.

좁은 식견으로 감히 세종과 훈민정음에 흠집을 냈다는 생각에 송구스럽다. 이 책이 나올 수 있었던 것은 한국겨레문화연구원 한무희 이사님의 추천과 윤영노 이사장님의 뜨거운 관심, 그리고 흔쾌한 수락 덕택이다. 진심으로 감사합니다! 또 이 자리를 빌어 함께 감사드릴 분들이 있다. 한글의 소중함을 깨우쳐주신 김승곤 은사님과 돌아가신 김윤학 은사님이다. 대학에서 말글을 올바르게 가르쳐 주신 권재일 스승님의 은택이다. 또 사회 초년생으로 한글학회에 들어갔을 때 말모이 『우리말 큰사전』 편찬 일을 하도록 돌보아주신 돌아가신 허웅 회장님과 돌아가신 정재도 선생님, 그리고 스승이면서도 친구같이 대해주셨던 조재수 선생님, 김정수 선생님, 리의도 선생님의 은택이다. 이어서 세종대왕기념사업회로 자리를 옮겼을 때 조선왕조실록 국역사업 일을 하게끔 돌보아주신 박종국 회장님, 이엽 선생님, 권영창 선생님은 새로운 학문에 눈을 뜨게 하면서 세종대왕을 알게 해주셨다. 특히 박 회장님은 내게 한글고전의 역주사업을 맡기셨고 오늘까지 잇게 하여 주셨다. 그리고 차재경 관장님과 이대로 선배님은 한글운동의 실천을 몸소 가르쳐주신 훌륭한 선배이시다. 한글학회 성기지 형도 늘 고맙다. 이 보잘것없는 책 앞에 존함을 들먹여 무례한 줄 알면서도 미안함을 무릅쓰고 감히 스승님과 선생님들께 감사의 인사를 올린다. 그 옛날 대학에서 함께 한글운동을 하던 김형배 동기와 동아리 선후배들도 생각이 난다. 고마움 그지없다.

세종대왕님! 참으로 고맙습니다! 말하듯이 글을 편히 쓸 수 있어서. 바라건대 이 책이 한말, 한글에 누가 되지 않기를 ….

기념관 연구실에서.

※ 이 머리말을 써 놓고 몇 달이 지났을까, 지난 2018년 10월 25일 김윤식 선생께서 세상을 떠나셨다. 한국 인문학의 거장이고 근현대문학의 근대성을 작가론으로 풀어내는 데 평생을 바친 선생께서 세상을 떠나시매 삼가 애도의 마음을 감출 수 없다.

차례

언문

1443년 12월 임금이
친히 언문 스물여덟 자를 만들다

제1장
세종의 삶과 학문

1. 책벌레 이도

1397년 4월 10일. 세종은 태어나서 '도(祹)'란 이름을 얻었다. 하지만 7년 뒤에나 동생을 보았으므로 오랫동안 막둥이라 불리었다.

이때에 목인해를 태운 정안공(이방원)의 말이 화살을 맞고 도망해 와서 스스로 제 집 마구간으로 들어갔다. 부인은 분명 싸움에 패한 것이라 생각하고, 스스로 싸움터에 가서 공과 함께 죽겠다며 걸어서 나가니, 시녀 김씨【경녕군의 모친임】 등 다섯 사람이 만류하였으나 막을 수 없었고, 종 한기 등이 길을 가로막고 만류하였다. 처음에 난(제2차 왕자의 난)이 바야흐로 일어날 즈음에 이화와 이천우가 정안공을 붙들어서 말에 오르게 하였던 것을 생각하고, 부인이 무녀 추비방과 유방 등을 불러 난리의 승부를 물으니, 모두 말하기를, "반드시 정안군이 이길 것이니 걱정하지 마십시오." 하였다. 또 이웃에 정사파(淨祀婆)라는 자가 살았는데, 그 이름이 가야지였다. 역시 그가 들어왔기에 부인이 이르기를, "어젯밤 새벽녘 꿈에, 내가 신교의 옛집에 있었는데 보니 태양이 공중에 떠 있고, 아기 막둥이가【금상(세종)의 아이 때 이름이다.】 해 바퀴 가운데에 앉아 있었으니, 이것이 무슨 징조인가?" 하니, 정사파가 판단하기를, "정안공이 반드시 왕이 되어서 항상 이 아기를 안아 줄 징조입니다." 하였다. 부인이 말하기를, "그게 무슨 말인가? 그러한 일을 어찌 바랄 수 있겠는가?" 하니, 정사파가 마침내 제 집으로 돌아갔다. 이때에 이르러 정사파가 이겼다는 소문을 듣고 와서 고하니, 부인이 그제서야 집으로 돌아왔다.

時睦仁海所騎 靖安公邸馬 中箭逸走 自來入廐 夫人意必戰敗 欲自赴戰場與公同死 徒步而往 侍女金氏等五人 諫之不能得【金氏 卽敬寧之母也】奴韓奇等遮路止之 初亂方作 和天祐扶 靖安上馬 夫人召巫女 鞦韆房鑰房等 問勝否 皆曰必勝無憂 隣居號淨祀婆者名 加也之亦至 夫人謂婆曰昨夜之曉夢 我在新敎舊宅 見太陽在空兒 莫同【今上兒諱】正坐日輪之中 是何兆也 婆判曰公當爲王 常抱此兒之應也 夫人曰是何言也 此事安可冀望也 婆遂歸其家 至是 婆聞捷聲來告 夫人乃還(정종 2(1400)/1/28)

이방원이 이른바 '제2차 왕자의 난'을 일으켰을 때, 부인 민씨가 꿈자리가 뒤숭숭하여 혹시 남편에게 무슨 화가 미칠까 불안하여 점쟁이에게 물었더니 오히려 남편이 임금이 될 꿈이라고 해몽해 준 이야기다. 그 꿈속에서 이제 막 태어난 막둥이(세종)가 해바퀴에 앉아 있었다는 것이다. 해가 바로 임금이 된 이방원의 모습이라면, 다섯째 아들이었던 이방원이 임금이 될 것이라는 말이니 이 말은 역모에 해당하지만 사관은 버젓이 실록에 적고 있다. 더욱 놀라운 것은, 그가 안고 있는 아기 또한 정작 큰아들이 아닌 막둥이를 안고 있었으니 요상하고 범상치 않은 꿈이 아닐 수 없다. 하지만 결국 그 꿈대로 남편은 임금이 되었고, 또 그 막둥이도 임금이 되었다.

사실 이 『정종실록』의 기록은 파격적인 기록이다. 왕조의 역사를 기록하는 자리에서 역사적 사실만을 기록하는 일도 버거운데, 여자의 꿈 이야기를 늘어놓은 것도 그렇거니와, 이웃에 사는 한낱 점쟁이 할미의 꿈 해몽을 자세하게 기록하는 일은 더더욱 있을 수 없는 일임에도 이렇게 자세히 기록한 것은 어떤 의도가 숨어 있다고 볼 수밖에 없다. 이 내용은 이방원과 그의 형 이방간의 싸움을 기록한 것인데 정종이 죽은 뒤 기록된 실록이기에 가능했던 기록이다. 정종이 후사가 없자 바로 아래 동생 이방의는 관심조차 없었지만 그 아래 동생인 이방간은 임금자리에 욕심이 많았다. 방간이 자신이 임금자리에 오르는 데 걸림돌이던 동생 이방원을 제거하려고 했던 것이다. 이러한 일은 정종 즉위 때의 일이다. 『정종실록』은 우선 정종과 태종이 모두 죽은 뒤 세종 6년부터 8년까지 찬집하였고, 바로 이어서 『태종실록』을 엮기 시작하여 세종 13년에 완성하였는데, 즉 세종이 즉위할 때 두 실록을 기록하였으니 세종이 막둥이 때 일어난 일이라도 자세히 기록한 것이거니와, 이미 방간과의 싸움에서 방원이 이겨 임금이 되는 것은 하늘이 정해준 필연임을 암암리에 강조한 것이다. 또 실록 찬집관들이 '태조-태종-세종'을 잇는 왕위 계승에 대해 필연성과 정통성을 강조한 것으로 해석할 수 있다.

이러한 실록 찬집자들의 의도가 사실임을 드러낸 기록이 바로 『세종실록』에 나타난다. 세종이 즉위하던 날이다.

> 처음에 상왕이 잠저에 있을 적에 원경왕후의 꿈에 태종이 임금을 안고 해바퀴[日輪] 가운데 앉아 있었는데, 얼마 안 있어 태종이 왕위에 올랐고, 이에 이르러 임금이 또 왕위를 계승하였다.(세종실록 권1, 총서)

『세종실록』 맨 앞에 기록된 '총서'에 꿈 이야기가 또 다시 나오는 것을 볼 수 있다. 두 실록을 찬집한 사람이 같은 사람이라는 것과, 그의 의도가 무엇인지를 명백하게 드러내는 순간이다.

세종은 책벌레였다. 그는 일찍이 왕자시절 너무 책만 읽어서 아버지 태종으로부터 이른바 '독서 금지령'과 '가택 연금'을 받았던 아들이다.

> 충녕군은 이렇게 들어앉아서 독서에만 열중하였기에 몸이 쇠약해져서 병석에 눕게 되었다. 이 소식을 전해들은 아버지 태종 임금은 당분간 책을 절대로 읽지 말라는 분부까지 내렸다. 그러나 충녕군은 누워서도 책을 손에 들고 있었다. 그래서 아버지는 충녕군 방에 있는 책을 병이 나을 때까지 딴 곳으로 옮겨 감춰 놓도록 엄명을 내렸다. 내시가 책을 모두 옮겨 갔기에 충녕군의 방은 텅 비었다. 책이 없어진 빈방에 누워 있으려니까 더욱 답답해지고, 책이 눈앞에 왔다 갔다 한다. 충녕군은 견디기 어려워서 아픈 몸을 일으켜서 혹시나 하고 책을 찾아보았다. 다행히 책 한 권이 병풍 틈에 끼어 있었다. 충녕은 하도 기뻐서 그 책을 잡아 품에 안고 있다가 보니, 그 책은 『구소수간(歐蘇手簡)』이라는 책이었다. 즉 구양수(歐陽修)와 소식(蘇軾)이라는 두 중국의 문장가가 주고받은 편지를 모아놓은 책이었다. 한 달쯤 누워 있다가 병석을 털고 일어났는데, 그 책은 다 떨어져나가 있었고, 충녕은 그 책에 있는 글을 전부 외워버렸다는 것이다.[1)]

위의 글은 『세종실록』 127권. 세종 32년 2월 17일 기록에다가 다른 자료들을 묶어 극화한 이야기다.

> 임금(세종)이 영응대군 집 동별궁(東別宮)에서 돌아가셨다. 【처음에 영응대군 집을 지을 때, 명하여 한 궁을 따로 집 동편에 세워서, 옮겨 거처할 곳을 준비하였다.】 임금은 슬기롭고 도리에 밝으매, 마음이 밝고 뛰어나게 지혜롭고, 인자하고 효성이 지극하며, 지혜롭고 용감하게 결단하며, 합(閤; 잠저)에 있을 때부터 배우기를 좋아하되 게으르지 않아, 손에서 책

1) 이태극 『세종대왕의 어린 시절』(1984, 세종대왕기념사업회) 39~40쪽.

이 떠나지 않았다. 일찍이 여러 달 동안 편치 않았는데도 글읽기를 그치지 아니하니, 태종이 근심하여 명하여 서적을 거두어 감추게 하였는데, 틈새에 한 책이 남아 있어 날마다 외우기를 마지않으니, 대개 천성이 이와 같았다. 즉위함에 미쳐 매일 사야(四夜; 새벽 1시~3시)면 옷을 입고, 날이 환하게 밝으면 조회를 받고, 다음에 정사를 보고, 다음에는 윤대를 행하고, 다음에는 경연에 나아가기를 한 번도 게으르지 않았다. 또 처음으로 집현전을 두고 글 잘하는 선비를 뽑아 고문으로 삼고, 경서와 역사를 열람할 때는 즐거워하여 싫어할 줄을 모르고, 희귀한 문적이나 옛사람이 남기고 간 글을 한 번 보면 잊지 않으며 증빙(證憑)과 원용(援用)을 살펴 조사하여서, 힘써 정신 차려 다스리기를 도모하기를 처음과 나중이 한결같아, 문(文)과 무(武)의 정치가 빠짐없이 잘 되었고, 예악(禮樂)의 학문을 모두 일으켰으매, 종률(鍾律; 악기)과 역상(曆象; 천문)의 법 같은 것은 우리나라에서 옛날에는 알지도 못하던 것인데, 모두 임금이 발명한 것이고, 구족(九族)과도 도탑게 화목하였으며, 두 형과는 우애로웠으니, 사람이 이간질하는 말을 못하였다.(세종 32(1450)/2/17)

이 글은 세종이 붕어한 날의 기록이다. 세종은 희귀한 서적이나 옛사람이 남기고 간 글을 한 번 읽으면 절대 그 내용을 잊지 않았고, 그것을 증명해 보고 근거를 찾아 실제로 이용하여 살펴 조사해서, 백성 다스리기에 알맞게 적용하는 데 온 힘을 다 쏟아 붓기를 평생토록 처음과 나중이 한결같았다는 것이다. 세종이 어린 시절 아버지의 만류에도 아랑곳 않고 쇠약한 몸을 무릅쓰면서까지 책을 놓지 않았다는 이야기는 다른 여러 문헌에서도 수없이 나온다.

윤형(尹炯)이 경전과 역사서 내용을 뒤섞어 끌어다가 상세하고 분명하게 펼쳐 아뢰자, 세종이 "경은 책을 읽을 때에 몇 번 보아서 이와

> 같이 기억할 수 있는가?" 하니, 윤형이 "신은 겨우 서른 번 정도 읽습니다."라고 대답하자, 세종이 "나는 모든 책을 1백 번씩 읽었는데, 다만 『초사(楚詞)』와 『구소수간(歐蘇手簡)』은 서른 번 정도 읽었을 뿐이오." 라고 말했다.(단종 1(1453)/06/13)

위의 글은, 실록에 기록된 예문 대제학 윤형의 졸기에 나오는 이야기다. 세종이 본인 스스로 1백 번씩 글을 읽는다고 말했다는 것이다. 이 내용은 윤형의 신도비명에도 새겨져 있는데, 성삼문이 쓴 이 묘비의 글이 나중에 『단종실록』에 올려졌을 가능성이 높다.

> 세종은 천성이 학문을 좋아하여, 세자로 되기 전에 언제나 글을 읽을 적에는 반드시 백 번씩 읽으며, 『좌전』과 『초사』는 다시 백 번을 더하였다. 일찍이 몸이 편치 못하면서도 글 읽기를 폐하지 아니하여 병이 점점 심해지니, 태종이 내시에게 명하여 갑자기 그 처소에 가서 책을 모두 거두어 오게 하였다. 다만 구소수간(歐蘇手簡; 구양수와 소동파가 손수 쓴 편지글) 한 권이 병풍 사이에 남아 있었는데, 세종은 백번 천번을 읽었다. 왕위에 오르자 날마다 경연에 나가서 읽지 않은 책이 없었으니, 밝고 부지런한 공이 백왕 중에 뛰어나셨다. 일찍이 신하들에게 말하기를, "글을 읽는 것은 유익한 일이나, 글씨를 쓰고 글을 짓는 일은 임금으로서 뜻을 둘 필요가 없다." 하였다. 만년에 피로하여 정무는 보지 않으면서도, 학문에 대한 일에는 더욱 마음을 두어 유신(儒臣)에게 명하여 부서를 나누어 여러 책을 편찬하게 하였으니, 『고려사』·『치평요람』·『병요』·『언문(諺文)』·『운서(韻書)』·『오례의』·『사서오경음해』 등이 동시에 편찬되었는데, 다 왕의 재결을 거쳐서 이룩되었으며, 하루 동안에 열람한 것이 수십 권에 이르렀으니, 가히 하늘의 운행과 같이 정성이 쉬지 않았다 하겠다.
>
> 世宗天性好學 其未出閣 每讀書必百遍 於左傳楚詞 又加百遍 嘗違豫

> 亦不輟讀 病漸劇 太宗命中官 猝至其所 盡搜書帙而來 獨歐蘇手簡一卷 遺在屛障間 世宗讀千百遍 及卽位日 御經筵無書不讀 緝熙時敏之功 高出百王 嘗語近臣曰 讀書有益 如寫字製作 人君不必留意也 晩年倦勤不視朝 然於文學之事 尤所軫慮 命儒臣分局 撰次諸書 曰高麗史 曰治平要覽 曰兵要 曰諺文 曰韻書 曰五禮儀 曰四書五經音解 同時撰修皆經睿裁成書 一日御覽可數十卷 其可謂天行健純亦不已也[2)]

서거정이 쓴 『필원잡기』(1487)의 위 내용은, 선조 때 『해동야언』(허봉)에도 기록되었고, 조선 후기 『연려실기술』(이긍익)의 '세종조 고사본말'에도 전한다.

세종은 1408년 2월 11일, 12살의 나이에 충녕군에 봉해졌고, 그해 2월 16일에 바로 혼례를 치러 지아비가 되었다. 아내로 맞이한 여인은 14살 된 심온의 딸인데 혼례 후 경숙옹주라는 이름을 받았다. 양반, 그것도 왕자의 신분이었던 세종이 이미 어려서부터 글공부를 시작한 것은 당연한 일이다. 읽을 책은 지천에 널렸을 것이고 독선생을 들여 가르침을 받으면서 『소학』과 『명심보감』은 기본이요, 『논어』, 『맹자』, 『대학』, 『중용』 등 사서(四書)를 배우며 수십 번을 반복하며 읽었을 것이다. 청년이 된 충녕 왕자의 공부는 계속되었고, 15세를 전후한 때에 중국의 중요한 서적들을 많이 접하였다. 유교 경전의 기본서인 『시경』, 『서경』, 『역경』의 삼경은 중국의 역사시대 초기의 시와 역사, 우주관 등이 기록되어 있어 음양오행에 관한 동양 철학에 눈을 뜨게 했으며, 잡히는 대로 책을 읽어낸 청년 이도의 학식은 깊고 높아져서 거의 안 본 책이 없을 정도였다. 서거정의 말처럼, 책만 보면 시간 가

2) 『국역 대동야승』(1971, 민족문화추진회) 제3권의 『필원잡기』 제1권 271~272쪽에서 인용함.

는 줄도 모를 정도였다. 자기에게 있는 책은 수십 번씩 읽어버렸고, 왕자들의 서연관인 이수(李隨)를 통해 또 얼마나 많은 책을 보았을까? 아버지 태종의 서실에 있는 책들도 수없이 살펴보았을 것이다. 그 범위도 점점 넓어져서 어려운 경서와 법전, 문학서과 역사서, 그리고 천문, 지리 등에 관한 책들도 읽게 되었다. 사서에는 중국의 장구한 역사가 들어 있다. 『전한서』, 『후한서』, 『통감강목』, 『자치통감』, 『좌씨전』, 『사기』, 『남사(南史)』, 『십팔사략』 등 수많은 역사책들이 당시 조선에 들어와 있었기 때문이다.[3)]

이러한 왕자 충녕의 지식은 임금이 되기에 충분했다. 형을 제치고 임금이 될 수 있었던 무기가 바로 독서였다. 아버지 태종은 그를 세자로 책봉하고 임금 자리를 물려주면서 그것을 본 것이다. 즉위교서에서 태종은 이렇게 말한다.

> 세자 도(祹)는 영명하고 공손 검박하며, 너그럽고 어질어 대위에 오르기에 합당한지라, 이미 영락 16년(1418) 8월 초8일에 대보(大寶)를 친히 주어, 세자로 하여금 나라의 기무(機務)를 오로지 맡아 보게 하고, 오직 군국(軍國)의 중대사만은 내가 친히 청단하기로 하였으니, 너희 중외 대소 신료들은 모두 나의 지극한 회포를 몸받아 한마음으로 협력하고 도와서 유신의 경사를 맞이하도록 하라.(세종실록 권1, 총서)

태종이 변계량을 시켜 짓게 한 세자 이도의 왕위 즉위교서 내용이다. 군사에 대한 정치는 아비가 맡을 테니 문치만 맡으라는 것이다. 그만큼 세종의 지식을 높이 샀다는 말이다.

아마도 짐작건대 세종이 글을 읽기 시작했던 시기에 조선 사회에

---

3) 이태극, 『세종대왕의 어린 시절』(1984, 세종대왕기념사업회) 35쪽을 참조함.

유통되던 모든 책들은 세종의 손에 들려졌을 것이다. 세종의 지식에 대한 욕구는 책읽기 외에는 달리 충족할 방법이 없었으니 그리 짐작하는 것도 무리는 아니다. 그런데 이런 다독(多讀), 정독(精讀), 심독(心讀)의 욕구는 세종을 결코 염세주의자나 탐미주의자로 전락시키지 않았다. 오히려 그가 섭렵한 책들, 그 속에 담긴 내용들은 그로 하여금 임금자리에 올라 문화 융성의 조선을 만들 수 있도록 이끌어 주었다. 집안에 들면 혼자 책을 읽었고 편전에 나가면 경연을 열어 신하들과 함께 독서하며 토론하였다. 임금과 백성이 서로 소통하는 나라, 농부에게는 농사 잘 짓는 책을 만들어 주고, 아픈 이를 고치는 의사에게는 의술을 집대성한 책을 만들어 주며, 백성이 깨달아 인륜 도덕을 지키며 질서를 세우도록 책을 만들어 주는 데 그가 읽은 책들이 동원되었다. 그가 임금이 되어 군사 무기 책, 전쟁사 책, 천문에 대한 책, 지리에 대한 책, 음악에 대한 책들을 지을 때, 수많은 과학 기기들을 만들어 하늘을 재고 땅을 재고 강물을 재고 빗물을 잴 때, 그의 머릿속에 저장된 온갖 지식들이 그대로 녹아들었던 것이다.

어린 시절 읽었던 수많은 책들은 세종이 올곧은 임금 구실을 해낼 수 있도록 해준 원동력이었고 화수분이었다. 특히 그는 철학적 이해가 누구보다 깊었다. 철학적 사고는 종교적 사고와 연결되어 있다. 성리학(정주학)은 유교와 연결되어 있고, 사람의 삶을 탐구하는 일은 불교, 도교의 교리를 이해하는 데로 이어진다. 세종은 군주로서 나라를 다스리기 위해 군사, 외교, 법률, 조세 따위로 국가 기반이 되는 제도를 정비하여 백성의 형편을 돌보기도 했지만, 그러는 틈틈이 늘 백성의 마음을 들여다보고자 했다. 형평성에 어긋나는 일들, 사실 이런 일들은 나랏일을 앞세운 사람들이 불공평하게 법을 시행함으로써 잘못 시행되는 경우가 많다. 억울하게 죄를 뒤집어쓰는 사람이 그렇고, 사회 신분이 낮아서 당하는 경우도 그렇다. 여기에는 종교적 양심을 짓밟히고 억눌리는 경우도 있기 마련인데, 종교적 양심은 어떤 사회적 질서와 법률보다도 앞선다. 자신만의 종교적 신념을 무시당하는 백성의 마음까지 읽고자 했던 임금, 그래서 그가 궁중 안에다 불당을 지었다고 하면 갑자기 그가 맹신자가 아니었나? 유교국가에서 어떻게 그런 일을 저지를 수 있나? 이런 의문을 갖기도 하지만, 그러나 한번만 조용히 곱씹어 그의 마음을 들여다보면 그런 행동은 충분히 이해하고도 남을 일이다. 결국 행복한 삶을 추구하는 인간 본연의 욕구와 마음의 평안을 바라는 갈망은 임금이나 백성이 모두 같은 것이고, 그러므로 임금 자신의 마음으로 백성의 마음을 헤아리는 사랑이 바로 나라를 다스리는 것이기 때문이다. 그만큼 세종의 가족사와 개인적 삶에서도 인간적 고뇌가 많았고, 임금의 책무에 대한 책임감도 누구보다 컸던 임금이었다.

세종이 읽은 책이 어디 유교 서적뿐이랴? 사실 조선의 유학(유교) 서적은 순수 학문, 순수 종교서라기보다는 사회와 국가의 운영원리를 연구하는 현실정치의 지침서였다. 따라서 유교 경전을 읽고 배우는 것은 순수 학자로서 학문을 쌓고 마음을 수양하기 위함이 기본이었겠지만, 과거시험에 등용하여 현실정치에 뛰어듦으로써 배우고 읽고 연구한 것을 임금과 나라 정치를 위해 실천하기 위함이었다. 입신양명(立身揚名), 조정에 나아가 뜻을 펼치고 높은 자리에 올라 이름을 날리기 위함이었다.

그러므로 마음의 수양을 위한 공부는 따로 있었다. 이렇게 말하면 지나치다 하겠지만, 유교의 기본서를 읽고 정신적 수양에 심취했을 것이라는 짐작 또한 지나치다. 예컨대 오늘날 독재사회를 비난하며 사회운동을 벌일 때는 숨어서까지 '이념서적'을 읽으면서 마음의 지침으로 삼지만, 이른바 '민주주의 사회'가 어느 정도 성립된 뒤로는 그런 기본서는 사회 정치나 제도를 확인하고 바로세우는 데 활용될 뿐 더 이상 '이념서'로 간직하지는 않는다. 이처럼 유교 사회를 건설하기 위해 유교 경전을 지침서로 삼는다거나, 배움에 첫발을 내디디는 사회 초년생에게 유교적 윤리관을 심어줄 때는 정신적 지침서로서 작용하지만, 조선 사회가 어느 정도 유교사회의 궤도에 들어선 뒤에는 마음의 수양을 위해서라기보다는 입신양명을 위한 수험생의 필독서가 될 뿐이다.

이때 자신을 돌아보고 삶의 진리를 찾아 조용히 사색하며 남몰래 읽던 책이 바로 불전(佛典)이었다. 『소학』이나 『명심보감』과 같이 성현의 말씀을 모아놓은 책도 있었으나 더 이상 유교 서적이 삶의 고통과 괴로움, 낙심과 절망, 나고 죽음, 기쁨과 슬픔 따위를 풀어줄 종교서적의 구실을 하지는 못했다. 조선에는 이미 고려 아니 그 이전부터 중국에서 흘러들어온 수많은 불경들이 읽히고 있었고, 당시 지식인이라면 어렵지 않게 그런 책을 구할 수 있었다. 천 년의 역사를 이어온 불교 예식이 민간신앙처럼 치러지고 있던 때다. 사람의 마음을 위로하는 내용들이 얼마나 많은가? 그런 감동은 『논어』나 『명심보감』에서 공자의 말씀 한 구절을 읽을 때와는 또 다른 깊이와 떨림이 있었다. 『법화경』에서 부처의 한 마디를 읽을 때도, 오늘날 「마태복음」에서 예수의 산상수훈을 읽었을 때처럼, 머리를 때리고 가슴을 울려 소름이 돋는 느낌, 눈물을 흘리며 감동하는 나를 발견하는 그런 순간. 아마 누구나 다 몇 번 쯤은 이런 감동을 느껴 보았을 것이다. 불교 경전은 유교 경서를 읽을 때와는 또 다른 글 읽기의 묘미가 있다.

그것은 깨달음의 감동이다. 살아가면서 느꼈던 자신만의 희로애락을 눈 녹듯이 풀어주는 해탈의 말들. 타인의 보이지 않는 마음을 읽는 혜안(慧眼)의 감동. 백성의 가난한 마음을 읽는 자애심 등등. 아마도 이러한 것들이 모두 깨달음의 감동이 아닐까싶다. 세종은 다양한 책들을 편벽되지 않게 읽어냄으로써 느낄 수 있었던 감동과 깨달음을 우선 자신의 고통을 위로하는 데 썼을 것이다. 세종 2년(1420) 어머니 원경왕후가 죽자 불경 『법화경』을 금으로 베껴 쓰는 공양을 하게 한다.[4] 신하들의 엄청난 반대 속에서도 궁중에 사리각을 지으면서 세종은 이렇게 말한다.

> 또 불법(佛法)이 세상에 두루 퍼져 있고, 그 가운데 우리나라는 여뀌잎 같이 아주 작으므로, 이같은 법을 모두 배척할 수 없다.
>
> 且佛法遍天下 我國小如蓼葉 如此之法 不可一切斥之也(세종 23(1441)/윤11/11)

세조는 『능엄경언해』의 발문을 쓰면서, "옛날 정통 무오년(세종 20, 1438)에 세종께서 능엄경을 보시고 기사년(1449)에 번역하여 널리 펴고자 하시어 나에게 명하여 궁구하라 하셨거늘 …"[5]이라고 밝힌 것과 같이 세종은 늘 불경을 곁에 두고 읽었다. 세종은 아내 소헌왕후가 세종 28년(1446)에 죽자 아내의 명복을 빌기 위해 1448년에 다시 내불당을 짓기까지 했다. 또 『금강경삼가해』(1482)의 발문에서 강희맹은, 세종이 무진년(1448) 봄에 『금강경오가해설의』를 읽고 기뻐하며 수양에게 언해하라고 하고는 손수 교정을 보았다고 하였다.

아버지 태종의 피비린내 나는 형제와의 싸움, 남편에게서 외면당한 어머니의 고통, 자신이 임금 되기까지 받았던 형과의 대립, 임금자리에서 느끼는 수많은 삶의 애환, 국가 권력에 허덕이는 힘없는 백성들

4) 命直提學成槪申檣 及第崔興孝 金寫法華經于內佛堂 追成大妃之願也(세종실록 1420년 8월 11일)

5) 御製跋 녜 正統 戊午歲예 皇考 世宗이 楞嚴經 보시고 己巳歲예 飜譯ᄒᆞ야 너비 펴고쟈 ᄒᆞ샤 나를 命ᄒᆞ샤 窮究ᄒᆞ라 ᄒᆞ야시ᄂᆞᆯ(『능엄경언해』(주자본)(1461) 권10, 발문 1ㄱ쪽)

의 눈물, 사랑하는 부인과 자식의 죽음 등등, 그런 마음의 상처를 입을 때마다 종교적 위안이 필요했고, 불경 속 부처의 말씀이 그를 위로해 주었을 것이다. 할아버지 태조가 그랬다. 태조는 아들 방원이 저지른 두 번에 걸친 왕자의 난을 당하면서 극악한 아들이 보기 싫어 고향 함흥으로 떠났다가 돌아와 삶의 회의를 느끼고 절에 들어가 불공을 드리는 일로 일생을 마쳤다. 숭유억불의 국가를 창건한 임금도 그랬다는 것이다.

부처의 가르침에서 오는 감동과 깨달음을 백성을 위해 풀어놓고 싶었다. 공자의 말씀 중 첫마디도 '배우고 때맞춰 익히면 즐겁지 아니한가?[學而時習之 不亦說乎]'이다시피, 배워서 아는 감동이 새로운 정치를 위해 쓰여졌다면, 불경에서 얻은 깨달음은 백성의 마음을 어루만지고 그 슬픔과 고통을 치유하는 정치에 쓰여진 것이다. 이 땅의 임금이 어디 한둘이었던가? 하지만 세종만큼 책을 좋아하고 지식과 지혜가 풍부했던 임금은 없었다. 세종에게 책읽기는 앎과 깨달음의 축적을 통해 최고 통치자의 권한으로 백성의 마음을 읽고 자신의 지식을 그들을 위해 베푸는 길로 이어졌다. 세종의 '애민(愛民)'은 유교적 질서이면서, 나아가 그것을 뛰어넘은 '애민(哀愍)'이었다. '사랑하고 불쌍히 여김'. 바로 '언문 창제' 속에도 '불교 정신'이 깃들어 있다고 보는 것이다. 그 종착역에 '언문 창제'가 있다. 그의 삶이 농익은 만년에, 그가 평생 동안 임금노릇을 하면서 다짐한 '밝은 누리'를 위해서는 나(임금)와 나라와 백성이 모두 행복할 수 있는 요소가 필요했다. 그것이 바로 '훈민정음'이 아니었을까?

> … 어리석은 백성들이 말하고 싶은 것이 있어도 마침내 제 뜻을 잘 표현하지 못하는 사람이 많다. 내 이를 불쌍히 여겨 새로 28글자를 만

들었으니 …

故愚民有所欲言 而終不得伸其情者多矣 予爲此憫然 新制二十八字

(『훈민정음』 어제 서문 중에서 인용함)

2. 복잡다단했던 어린 시절

세종의 아버지 이방원은 태조 이성계의 다섯째 아들이다. 이성계가 1392년 7월 조선의 첫 임금이 될 때, 아들 방원은 아버지를 도와 수많은 일들을 해내며 조선 창업을 도운 일등공신이다. 방원은 고려 공민왕 16년(1367) 5월에 태어나서, 우왕 8년(1382) 16세 때 두 살 많은 여인 민씨(閔氏)와 결혼하였고, 26세 때(1392) 아버지가 나라를 세움으로써 조선의 왕자가 된다.

이방원은 결혼한 지 3년 만에 첫딸을 낳는다. 우왕 11년(1385)에 낳은 첫딸이 정순공주(1385~1460)다. 둘째도 딸이니 경정공주(1387~1455)다. 기록에 의하면 두 딸을 낳은 전후로 아들 셋을 낳았는데 일찍 죽었다고 한다.[6)] 그런 뒤 셋째 딸을 낳으니 경안공주(1393~1415)다. 그리고 1년 만에 다시 아들을 낳았으니 그가 맏아들 양녕대군 이제(李禔; 1394~1462)다. 2년 뒤 또 아들 효령대군 이보(李補; 1396~1486)를 낳았고, 이듬해 바로 셋째아들 충녕대군 이도(李祹; 1397~1450)를 낳았다.

아들 이름에는 모두 보일시변[示]을 썼는데 실록에는 이 보일시변의 약자[礻]를 쓰기도 하였다. 이것을 현대말로 번역하면서, 보일시변의 약자가 옷의변[衤]과 비슷하여 옷의변을 쓰기도 하였지만 사실 이보의 '보' 자처럼 보일시변인 글자가 없어 새로 만들기도 하였다. 그러니까

6) 이태극, 『세종대왕의 어린 시절』(1984, 세종대왕기념사업회) 125쪽을 참조함.

돌림자를 만들기 위하여 없는 한자를 만들어 쓴 것이다. 이것은 임금이나 그 자식의 이름에 사용한 한자는 후대의 그 누구도 이름이나 호로 쓸 수 없었기 때문에, 처음부터 이름을 지을 때 그런 민폐를 고려해서 아주 흔하지 않은 글자를 쓰거나 없는 글자를 만들어 썼던 것이며, 또 두 글자가 아닌 한 자 이름으로 지은 것도 같은 맥락이라고 한다.

이렇게 세종이 태어났을 때는 열세 살, 열한 살, 다섯 살인 누나 셋과, 네 살, 두 살인 두 형이 있었으니 어린 세종으로서는 아주 든든했을 것이고, 또 누나들의 귀여움을 많이 받았을 것이다. 그리고 7년이 지나서야 여동생 정선공주(1404~1424)가 태어났기 때문에 오랫동안 이도는 막둥이라 불리면서 자랐다. 그리고 여동생 밑으로 한 해 뒤에 남동생인 성녕대군 이종(李褈; 1405~1418)이 태어나 4남 4녀가 되었으니 얼마나 오순도순 다복한 가정이었겠는가? 할아버지와 집안 시녀들, 그리고 부모님과 신하들이 오가며 여덟 남매를 어루만지며 많이들 예뻐했을 것이다.

하지만 실상은 그렇지 않았다. 시시각각 변하는 궁궐 안팎의 살벌한 정세가 항상 그가 살았던 경복궁 서쪽 준수방을 시끄럽게 하였다. 그곳은 경복궁 서문인 영추문이 바라다 보였고, 집 앞에는 백운동의 맑은 물과 옥류동의 깨끗한 물이 마주쳐 냇물이 흘렀으며, 그 위에 '안경다리'라고 하는 돌다리가 놓여 있어 그 다리를 건너면 경복궁이었다고 한다. 돌다리가 멀찍이서 보면 꼭 안경처럼 생겼다고 해서 붙여진 이름이다. 그러니까 우리가 잘 아는 이방원의 왕위쟁탈전이 바로 이곳에서 벌어졌으니 어린 세종에게는 참혹한 일이 아닐 수 없었다.[7]

어머니 원경왕후 민씨가 아홉 번째 아이(세종)를 임신하고 있을 때,

---

7) 홍이섭, 『세종대왕』(1973, 세종대왕기념사업회) 3쪽과, 이태극, 『세종대왕의 어린 시절』(1984, 세종대왕기념사업회) 12~14쪽을 참조함.

조정에서는 할아비 태조가, 죽은 첫째 부인인 이방원의 어머니 신의왕후 한씨의 자식들을 제치고, 후취한 신덕왕후 강씨(康氏)를 사랑해 그가 낳은 아들 이방석을 차기 임금으로 결정하여 세자로 앉혔으니, 정안군 이방원은 화가 났다. 거기다가 정도전과 남은의 의견을 들어 이방원의 사병을 해체시키려 하였다. 이런 상황에서 1397년 아홉째 아이 이도는 태어났고, 이듬해인 1398년에는 아버지 이방원이 정도전과 배다른 동생 이방석을 처단하는 사건이 터지고 만다. 이방원은 이숙번 등의 사병을 동원하여 정도전과 남은, 심효생, 박위, 유만수, 장지화, 이근 등을 갑자기 습격하여 살해하고, 배다른 동생 방번과 세자 방석을 폐위하여 귀양 보내는 도중에 죽였다. 이것이 이른바 '제1차 왕자의 난'이다. 이런 어처구니없는 일을 당한 할아비 태조는 울분을 참지 못하고 그해 9월 고향인 함흥으로 떠난다. 이방원이 실권을 장악해 형 이방과(李芳果)를 임금자리에 세우니 새 임금이 된 정종은 형제의 피를 본 한양의 왕궁이 싫어서 곧 개경으로 궁을 옮겼다.

세종이 네 살이던 1400년, 또다시 피바람이 불었으니 이른바 '제2차 왕자의 난'이다. 1차 왕자의 난이 지나간 뒤 방원의 형들은 방원에 대한 불안한 마음과 울분을 억누르며 지냈는데, 넷째 형인 회안군 이방간의 심기를 눈치 보던 박포란 자가 '방원이가 형을 제거하려고 한다.'라고 방간을 부추기니, 방간이 사병을 일으켜 방원의 군사와 송도(개경)의 거리에서 시가전을 벌였다. 거리는 양쪽 군사로 메워지고 말 우는 소리와 칼 부딪는 소리로 가득 찼다. 결국 이방원이 승리하고, 두 사람은 체포되었다. 이방간은 유배되었고, 박포는 처형했다. 이로써 이방원을 반대하는 세력은 거의 소멸되었고, 그의 정치적 세력은 더욱 강화되었다. 따라서 이방원의 왕세제 책립은 결정된 셈이었다. 난이 평정된 뒤 이방원의 심복 하윤의 주청을 받아들인 정종은 1400년 2월

이방원을 왕세제로 책봉하고, 자신은 물러날 준비를 하였다. 이윽고 11월에 개경 수창궁에서 정안군 이방원이 드디어 임금이 되니, 그가 제3대 태종이다.

네 살 난 아들 이도(李祹). 과연 그 어린 아이의 눈에 비친 아버지의 즉위식은 어떠했을까? 총명한 아이였으니 분명 이 혼란스런 광경을 보고 들으며 참혹한 권력의 쟁투를 머릿속 기억의 창고에 차곡차곡 채워 두었을 것이다.

세종이 여섯 살이던 1402년, 아버지 태종이 즉위 2년에, 할아비 태조가 울분을 삼키며 지내는 것을 곁에서 보던 조사의가 태조의 묵인 아래 태조를 따르던 정용수 등과 함께 반란을 일으켰다. 태종은 다시 아버지와 겨룰 수밖에 없었다. 이때 조사의 무리가 북쪽에 있던 여진족까지 끌어들이니 태종은 군사를 일으켜 조영무로 하여금 4만의 대군을 이끌게 하여 그들을 소탕하였다. 할아버지와 아버지가 군사를 동원해 피를 흘리며 살육전을 벌이는 것을 지켜본 어린 세종은 과연 무슨 생각을 했을까?

세종의 나이 열한 살이 되던 1407년, 아버지 태종이 즉위한 지도 7년이 지날 즈음부터 세종의 외삼촌들에 대한 흉흉한 일들이 터지기 시작했다. 조선의 개국공신, 정사공신, 좌명공신들이 모여 외삼촌 민무구, 민무질 형제를 탄핵한 것이다. 그동안 어머니 원경왕후의 권세를 등에 업고 외척 형제들이 무례를 범하며 종친 간에 서로 이간질을 시켰다는 것이다. 태종은 두 처남을 각각 황해도 옹진과 강원도 삼척에 귀양 보냈다. 충녕군이 열두 살이던 1408년에는 할아버지 태조마저 죽는다. 또 외할아버지 민제가 1409년에 죽고 나니, 정부 및 삼공신들이 민무구, 민무질 형제를 비롯해 여러 공신들의 처형을 강력히 청하고 나섰다. 이에 태종은 민무구 형제를 섬으로 옮겨 살게 하였다. 그 뒤 1410년 태종은 신하들의 강력한 주청에 따라 민무구, 민무질 형제를 자진(自盡)하도록 하였다.

얼마 뒤 그 동생 민무휼과 민무회가, 누이인 원경왕후의 병문안을 위해 입궐하였다가 세자인 양녕대군에게 두 형의 억울함을 호소한 것이 신하들에게 전해져 국문을 받은 뒤 먼 벽지로 보내지는 형벌을 받았다.

그 뒤 1416년 결국 민무휼과 민무회 형제도 사사(賜死)되고 그들의 처자들은 먼 지방에 귀양 보냄으로써 몇 해 사이 외갓집 민씨 집안은 쑥대밭이 되었다. 늘 왕자와 공주들을 예뻐해 주고 보살펴주었던 외삼촌들의 죽음을 보면서, 그것도 아버지의 분노로 죽임을 당하는 것을 보면서 충녕은 세상의 덧없음과 삶에 대한 회의라는 것을 느끼지 않았을까? 사춘기를 넘기던 청소년 시절이었으니 분명히 마음의 충격은 적지 않았을 것이다.

사실 외갓집의 참사는 아버지 태종과 어머니 원경왕후 민씨 사이에 틈이 생기면서부터였다. 태종은 4남 4녀를 둔 시점에서도, 왕실에는 자손이 번창해야 한다는 핑계로 하녀와 잠자리를 하기 시작했다. 이것을 안 왕비 민씨는 통곡하였다. 이미 자식 열하나를 낳고 아들 셋이 죽었지만 왕자가 넷씩이나 되는데 무슨 자식타령이냐는 것이었다. 태종은 여인의 투기심은 엄한 벌을 받게 된다면서 오히려 아내에게 협박하기까지 하였고, 이참에 법을 만들어야겠다며 신하들을 불렀다.

> 예조와 영춘추관사 하윤, 지춘추관사 권근 등에게 명하여, 중국 고대 하은주 삼대 이하 역대 임금의 왕비의 수와, 고려국 역대의 왕비와 시녀 수를 상고하여 아뢰게 하였다. 예조에서 상소하기를, "신들이 삼가 『혼의(昏義)』 책을 찾아보니, '제후는 한 번 장가드는 데 9녀(女)를 얻고,

> 한 나라에 장가들면 다른 두 나라에서 몸종 첩을 보내니, 모두 조카나 동생으로 따라가게 하며, 경대부는 1처(妻) 2첩(妾)이며, 선비[士]는 1처 1첩이니, 계승할 자손을 넓히고 음란함을 막는 까닭이다.'라고 하였고, 고려 제도에는 혼례가 밝지 못하여 적(嫡)과 첩(妾)의 제한이 없어, 많을 때는 정원수에 넘쳐 어지러움에 이르렀고, 적을 때는 정원수에 미달하여 후사가 끊김에 이르렀습니다. … 전하께서는 한결같이 선왕의 제도에 의거하여 궁중 여인의 법도를 갖추시고, 경대부와 선비에 이르러서도 또한 선왕의 법에 따라 제도를 정하시어 후사가 끊어지지 않게 하시고, 정한 수를 넘지 못하게 하여 인륜의 근본을 바루시되, 만약 이를 어기는 자가 있으면, 법관으로 하여금 처리하게 하소서." 하니, 이를 윤허하였다.(태종 2(1402)/01/08)

태종은 전 성균 악정 권홍(權弘)의 딸을 별궁으로 들여 정의궁주라 부르는가 하면, 심지어는 왕후 민비의 몸종까지 침실로 들였다. 태종은 권홍에게 비단 9필, 견(명주) 20필, 정오승포(거칠게 짠 삼베) 2백 50필, 쌀과 콩 각각 1백 섬을 내려 주어 가례(嘉禮)의 혼수를 갖추도록 하였다. 후궁을 들이는 데 거창하게 혼례를 올리겠다는 것이었다. 왕비는 태종을 찾아가 울며 말했다. "상감께서 저한테 어찌 이러실 수가 있습니까? 제가 상감과 죽을 고비를 넘기며 고생고생해서 이 나라를 세웠는데, 이제 저를 잊겠단 말입니까?"라며 하소연하고 물러나 밥도 먹지 않고 울기를 그치지 않았다.[8] 이러한 아버지와 어머니의 불화는 오래갔다. 그러는 사이 외삼촌들이 모두 죽임을 당하고 외할아버지는 화를 못 이겨 병으로 죽게 된 것이다.

태종은 무려 32명의 자식을 낳았다. 왕비 민씨와 멀리하면서 태종 2년(1402)부터 죽을 때(1422)까지 21년 동안 9명의 후궁을 맞아들여 자

---

8) 이태극 『세종대왕의 어린 시절』(1984, 세종대왕기념사업회) 51쪽에서 인용함.

식 21명을 더 낳았다.

> 의빈 권씨(權氏)가 1녀를 낳았는데, 정혜옹주이니, 운성군 박종우에게 시집갔다. 소혜궁주 노씨(盧氏)가 1녀를 낳았는데 아직 어리다. 신녕궁주 신씨(辛氏)가 3남 7녀를 낳았는데, 장남 인(䄄)이 공녕군에 봉해졌으며, 나머지는 아직 어리다. 장녀 정신옹주는 영평군 윤계동에게 시집갔고, 다음은 정정옹주이니 한원군 조선에게 시집갔고, 다음은 숙정옹주이니 일성군 정효전에게 시집갔고, 나머지는 모두 아직 어리다. 궁인 안씨(安氏)가 1남 3녀를 낳았는데, 모두 아직 어리다. 김씨(金氏)가 1남을 낳았는데, 비(裶)이니 경녕군에 봉해졌다. 고씨(高氏)가 1남을 낳았고, 최씨(崔氏)가 1남 1녀를 낳았고, 이씨(李氏)가 1남을 낳았고, 김씨(金氏)가 1녀를 낳았으나 모두 아직 어리다.(태종 18(1418)/ 11/8)

위의 글은 변계량이 지은 「태종헌릉신도비명」의 일부인데, 그 글이 태종실록에도 기록되어 있다. 위의 내용은 왕비 민씨의 자녀 7남 4녀(일찍 잃은 3남 포함)를 제외한 나머지 부인과 그 자식들이다. 민씨 이후 권씨, 노씨, 신씨, 안씨, 김씨, 고씨, 최씨, 이씨, 김씨 등 9명의 여인에게서 8명의 아들과 13명의 딸을 더 낳았다는 기록이니, 모두 열 여인을 맞이하여 32명의 자식을 낳아 네 아들을 먼저 보낸 것이다. 어린 세종이 조금씩 철들 무렵인 다섯 살부터 어머니를 등지고 여성 편력을 이어가는 아버지를 보면서 성인이 되기까지 어머니의 눈물 많은 세월을 곁에서 보았으니, 아무리 냉정한 자식이라도 가슴이 아프지 않을 수 없었을 것이다.

이런 성장기를 지낸 세종에게 삶이란 무엇인가? 학문이란 무엇인가? 임금이란 무엇이며 백성이란 무엇인가? 무엇을 위해 배우는 것이고 무엇을 위해 임금이 되는 것인가? 이런 삶에 대한 수많은 물음을 던졌을 것이다. 그가 열두 살 때 할아버지 태조가 돌아가셨으니 말년에 괴로워하던 할아버지의 애환을 충분히 이해하고도 남을 나이다. 아버지의 극악무도한 행동, 즉 형과 동생들을 죽이고, 할아버지가 사랑하던 신하들도 다 죽이고, 외갓집 식구들을 다 죽인 아버지가 아닌가? 할아버지 태조는 말년에 절에 들어가 불공을 드리며 아픈 마음을 종교에 의지해야 했으니, 어린 세종도 그런 마음을 이해하지 않았을까?

이 책에서는 별도로 논의치 않겠지만 임금이 된 세종 역시 처가의 참변을 당해야 했다. 아버지 태종이 상왕으로 있으면서 눈 밖에 난 세종의 장인 심온과 동생 심정을 사사(賜死)하였고, 장모는 노비로 팔려 갔다.

결국 유교 질서 속에서 나라를 다스리는 것도 중요하지만 남녀노소, 사농공상을 막론하고 삶의 고통은 누구나 있는 것이고, 사람들과 서로 마음을 주고받으며 위로하고 사랑하는, 다툼이 없는 삶이 얼마나 중요한가를 느끼지 않을 수 없었을 것이다. 그런 것은 백성들도 마찬가지일 것이고, 임금이란 모름지기 그들의 아픈 삶을 위로하고 어루만져야 한다는 생각을 하진 않았을까? 세종이 임금 되어 행한 모든 일에서 우리는 세종의 깊은 성찰을 본다. 백성들, 그 중에서도 중인, 천민, 노비, 아녀자와 같은 힘없는 사람들을 유독 챙기고 돌보았던 여러 가지 사실들이 이를 증명해 준다. 아파 본 사람만이 그 아픔을 아는 것이다. 세종의 민본 정치는 유교적 애민(愛民) 정신이라기보다는 불교적 애민(哀愍)과 자비(慈悲)의 마음에 더 가깝다.

어린 시절부터 임금 되기까지 그가 보고 느꼈던 삶의 희로애락에 대해 매우 깊은 성찰이 있었음을 그의 많은 업적 속에서 느낄 수 있다. 특히 백성을 위해 쉬운 글자를 만든 일은 그런 깊은 성찰이 아니고서는 생각할 수 없는 거룩한 일임에 틀림없다. 삶에 대한 깊은 통찰이 백성을 불쌍히 여기고, 그들을 위해 언문을 창제한 원동력이었다는 것이다.

3. 경연, 앎의 깊이와 넓이

지금까지 세종의 어린 시절 형제자매들과의 우애, 아버지와 어머니의 불화와 아버지 태종의 여성 편력, 아버지가 형제들을 죽이고 할아버지와 싸우던 왕위 쟁탈전, 외갓집의 몰락 등, 어린 이도가 겪었던 고통과 질곡의 세월을 더듬어 보면서 그가 청소년 시기에 내면으로 곱씹었던 삶에 대한 성찰을 생각해 보았다. 그리고 그러한 환경 속에서 끊임없이 자기 자신만을 바라보며 책벌레가 된 어린 세종이 즉위 전후로 읽었던 책들에 대해 살펴보았다. 이제 세종이 임금이 된 뒤 어떻게 지식을 쌓고 무슨 책을 읽으며 생각을 넓혀 나갔는지 더듬어 보자.

세종은 경연(經筵)의 임금이었다. 경연이란 임금의 집무실에서 여러 신하들을 불러 놓고 중요한 고전을 해석하거나 내용에 대해 논쟁하기도 하고, 그 논의를 나라 다스리는 일과 연결 지어 실행하는 등, 일종의 독서토론회를 겸한 정책토론회의와 같은 제도였다. 책벌레로 소문난 세종은 왕자 시절 닥치는 대로 책을 읽어댔고, 형 양녕대군의 폐세자 때까지도 흔들림 없이 조용히 사람의 입에 오르내리지 않기 위해 세상과 등지고 오직 책만 읽다가 임금이 되었으니, 임금이 되어서도 학문하는 자리인 경연은 그의 관심이 집중되지 않을 수 없었다.

> 성제(聖帝)와 밝은 임금은 경술(經術)을 숭상함으로써 나라가 발연히 흥하고, 폭군(暴君)과 어두운 임금은 책을 등짐으로써 그의 패망이 눈앞

에 닥치게 된다. 따라서 치홀(治忽; 나라를 잘 다스리고 못 다스림)의 계기는 그 차이가 머리칼 하나에 불과하다. 이렇게 볼 때 글을 숭상하는 교화는 어찌 임금으로서 정치를 빛나게 하는 급선무가 아니겠는가?[9)]

임금이 학문을 숭상하는 일이 중요함을 일깨우는 말이다. 그럼에도 그것이 어디 그리 쉬운 일인가? 세종이 이룩한 학문은 동서양을 막론하고 질적으로나 양적으로 그를 따를 자가 드물다. 경연 제도는 중국 한나라 선제(宣帝) 때 시작되어 당, 송, 원, 명, 청에까지 계승되었고, 우리나라에서도 고려 예종, 인종, 충목왕 때 비슷한 제도를 두었으며, 공양왕 때에 경연이라는 이름이 붙여졌다. 조선에 들어와서 경연 제도를 계승하였으나 자주 열지는 않았다.

세종은 즉위하자마자 곧바로 세자로 있을 때 세자시강원의 스승을 지냈던 서연관을 모두 경연관으로 삼아 경연에 참석시켰고 경연청을 짓게 하였다. 이 경연에서 어려운 책들을 강론하고 정책을 펼칠 수 있는 사람을 양성하기 위해 '집현전'을 확충하고 인재를 뽑아 들였다. 『세종실록』에서 세종이 경연 때 어떤 책을 읽고 토론하였는지를 보면 세종의 지식세계나 관심사를 파악할 수가 있다. 경연에서 강독의 대상이 된 책은, 논어, 맹자, 대학, 중용, 시경, 서경, 역경, 춘추, 사기, 자치통감, 통감절요, 통감강목, 자치통감속편, 통감속편절요, 대학연의, 율려신서, 근사록, 성리대전, 주자가례, 송조명신언행록, 송원절요, 송감 등으로, 이를 크게 분류하면, 유교 경전, 사서, 기타 통감 따위로 나눌 수 있다.[10)] 이 책들은 이미 세종이 왕자 시절부터 익히 배웠던 것들이기도 하다.

---

9) 『국역 증보문헌비고』 242권 「예문고 1」(1978, 세종대왕기념사업회) 서문에서 인용함.
10) 손보기, 『세종대왕과 집현전』(1984, 세종대왕기념사업회) 31쪽에서 인용함.

세종은 평생 경연을 열어 신하들과 열심히 학문에 대해 토론하고 그것을 실천에 옮겼다. 조선의 임금 중 많이 경연을 열었던 임금으로 세종(1,835회), 성종(9,006회), 영조(3,458회)를 꼽는다. 태조는 4회, 정종은 21회, 태종은 8회, 문종은 210회, 단종은 12회, 세조는 15회에 그쳤던 것과 비교하면 확연히 차이가 난다. 그 가운데서도 세종의 경연은 어느 임금보다 깊이 있고 의미 있는 시간이었다고 말할 수 있다. 세종처럼 경연을 위해 집현전과 같은 기구를 만든 임금은 없었다. 오늘날 이른바 두뇌집단(think tank)과 같은 세종의 집현전은 세종을 위대한 성군으로 이끌어준 왕립도서관이자 전문 학술연구소였으며, 정치 참모실, 비서실, 기획조정실, 작전실이기도 했다. 세조가 집현전을 없애기까지 조선 전기의 뛰어난 지성인은 모두 집현전 출신이었고, 그들이 세종을 도와 남긴 업적은 우리나라 역사상 가장 훌륭한 업적으로 지금껏 남아 전하고 있다. 세종 사후에도 이들은 경연에 나와 세조의 잘못을 꼬집었고 뛰쳐나와 단종의 복위를 도모하여 이른바 사육신 사건을 일으키니 세조는 집현전을 폐지하고 경연도 끊어버린 것이다.

4. 듬직한 집현전

집현전은 경복궁 안 임금의 집무실인 근정전 서쪽 옆(지금의 수정전 자리)에 설치하였다. 집현전학사들은 집에도 못 가고 집현전에서 먹고 자고 쉬면서 오로지 책과 씨름하며 전문적 지식을 쌓아 임금을 돕는 일에 집중하였다. 세종 2년(1420)에 설치되어 세조 2년(1456)에 폐지될 때까지 37년간 존속하면서 많은 학자를 길러내게 되는데, 집현전학사를 모두 나열하면 대체로 90여 명에 달한다.

강희맹, 강희안, 구인문, 권남, 권도, 권절, 권채, 김구, 김담, 김돈, 김말, 김문, 김빈, 김상직, 김수녕, 김수온, 김순, 김신민, 김예몽, 김자, 김지경, 김효문, 김효정, 남수문, 노사신, 노숙동, 박건, 박기년, 박서생, 박중림, 박중손, 박팽년, 배윤, 서강, 서거정, 설순, 성간, 성삼문, 성임, 손조서, 송처검, 송처관, 신석조, 신숙주, 신장, 심신, 안왕경, 안지, 양성지, 어변갑, 어효첨, 원호, 유상지, 유성원, 유의손, 유효통, 윤기견, 윤면, 윤자운, 윤회, 이개, 이계전, 이극감, 이명겸, 이보흠, 이사철, 이석형, 이선, 이선로(이현로), 이선제, 이순지, 이승소, 이영서, 이예, 이종목, 이파, 이함녕, 정인지, 정자영, 정창, 정창손, 정효상, 조근, 조상치, 조석문, 조어, 최덕지, 최만리, 최선복, 최항, 하위지, 한계희, 한혁, 허조, 홍응. 모두 95명이다.[11]

집현전학사들은 모두 문과의 합격자이고 집현전 설립 초기나 폐지 때에 가까운 몇 사람을 빼고는 거의가 10년 이상씩 집현전학사로 일했다. 이들은 집현전학사를 지낸 뒤, 사육신, 생육신과 같은 특수한 경우를 빼고는 많은 사람들이 승지, 대제학, 판서, 정승에까지 승진하면서 정치와 문화의 주역을 담당하였다. 집현전학사들의 학문적 업적으로 남아 있는 것은, 그들이 관여하여 편찬한 각종 서적들이다. 오로지 책만을 읽고 경연에 나와 말로써 일깨우고 글로써 자신의 실력을 발휘하였다. 그것이 세종이 바라는 바였다. 이를 위해 어느 정도 실력이 되면 휴가를 주어 사가독서(賜暇讀書)를 하게 하였다. 사가독서란 휴가 기간에 오로지 책만 읽으라는 제도였다. 세종은 처음에 집현전학사들에게 『자치통감강목』의 교정이나(세종 3년 3월 24일 기록), 『법화경』 같은 불경을 베끼는 일(세종실록 2년 8월 11일 기록) 등으로 기계적인 일을 시켰

11) 손보기 『세종대왕과 집현전』(1984, 세종대왕기념사업회) 74~75쪽에서 인용함.

다. 그러다가 집현전학사들이 각 분야의 전문학자로서 구실을 하게 되자, 집현전학사를 전문 분야로 나누어 단독 또는 각 분야에 밝은 사람들과 같이 모둠을 만들어 각종 서적을 편찬하도록 하였다. 이때 편찬된 서적을 연대순으로 보면 다음과 같다.

1) 『효행록(孝行錄)』 1책
2) 『농사직설(農事直說)』 1책
3) 『태종실록(太宗實錄)』 36권 35책
4) 『삼강행실도(三綱行實圖)』 3권 1책
5) 『팔도지리지(八道地理志)』 50권(?)
6) 『신주무원록(新註無冤錄)』 2권 1책
7) 『향약집성방(鄕藥集成方)』 85권 30책
8) 『자치통감훈의(資治通鑑訓義)』 294권 100책(?)
9) 『장감박의소재제장사실(將鑑博議所載諸將事實)』 1책(?)
10) 『한유문주석(韓柳文註釋)』 (?) – 임금이 집현전에 명하여 한유문의 주석을 찬집하게 하여 책을 만들게 하고, 집현전 응교 남수문에게 명하여 발문을 짓게 하였는데 … 이미 편찬을 끝내고서 바치매, 주자소에 명하여 인쇄하여 중외에 반포케 하였다.(세종 20(1438) /11/30)
11) 『국어보정(國語補正)』 (?) – 경연에 갈무리한 『국어(國語)』와 『음의(音義)』 한 책이 매우 탈락된 것이 많으므로 … 완전하지 못하였다. 이에 집현전에 명하여 경연에 간직하고 있는 구본(舊本)을 주로 삼고, 여러 본을 참고하여 와류(訛謬)된 것은 바로잡고 탈락된 것은 보충하고, … 드디어 주자소에 명하여 인쇄하여 널리 펴내게 하였다.(세종 22(1440)/6/26)
12) 『명황계감(明皇誡鑑)』 (?) – 임금이 호조 참판 이선, 집현전 부수찬 박팽년, 저작랑 이개 등에게 명하여 말하기를, "옛사람이 당 명황과 양귀비의 일을 그린 자가 퍽 많았다. 그러나 희롱하고 구경하는 자료

에 불과하였다. 내가 개원·천보의 성패한 사적을 채집하여 그림을 그려 두고 보려 한다. … 너희들은 이를 편찬하여라." 하니, 이선 등이 명령을 받들어 찬집하되, 먼저 그 형상을 그리고 뒤에 그 사실을 기록하였는데, … 글이 다 이룩되매, 이름을 명황계감이라고 내렸다.(세종 23(1441)/9/29)

13) 『사륜전집(絲綸全集)』(?) – 임금이 집현전에 명령하여 진(秦)·한(漢)에서부터 명(明)나라 때에 이르기까지의 모든 제고(制誥)·조칙(詔勅)을 편찬하게 하고 마치니, 책의 이름을 사륜전집이라고 지었다.(세종 24(1442)/9/30)

14) 『두시제가주석(杜詩諸家註釋)』(?) – 중외에 두시(杜詩)에 대한 제가(諸家)의 주해(註解)를 구입하도록 명하였다. 이 때에 집현전으로 하여금 두시에 대한 여러 사람의 주석을 참고 교정하여 하나로 만들도록 하였으므로 구입하도록 한 것이었다.(세종 25(1443)/4/21)

15) 『오례의주(五禮儀註)(상정)』(?) – 임금(문종)이 말하기를, "오례의주(五禮儀註)는 선왕(세종)께서 비록 이미 보셨지마는, 의정부에서 의논하여 아룀을 기다려 그 후에 정하게 되니, 그런 까닭으로 만약 아주 통하지 않는 곳이 있다면 대신들에게 의논하여 정하려고 하지만, 방해되는 일이 없다면 선왕께서 이미 완성하신 오례의주를 내가 어찌 경솔히 고칠 수가 있겠는가?" 하였다.(문종 즉위년(1450)/3/20)

16) 『칠정산내외편(七政算內外篇)』 내편 3책, 외편 5책

17) 『치평요람(治平要覽)』 150권 150책

18) 『용비어천가(龍飛御天歌)』 10권 5책

19) 『의방유취(醫方類聚)』 365권 완성(→성종 8년, 266권 인쇄)

20) 『훈민정음(訓民正音)』(해례본) 1책

21) 『동국정운(東國正韻)』 6권 6책

22) 『사서언역(四書諺譯)』(?) – 상주사 김구(金鉤)에게 언문으로 사서(四書)를 번역하게 하였다. 앞서 직제학 김문(金汶)이 이를 맡아 했었으나 김문이 죽었기 때문이다.(세종 30(1448)/3/28)

23) 『고려사(高麗史)』 139권 75책
24) 『대학연의주석(大學衍義註釋)』 43권 12책(?)
25) 『고려사절요(高麗史節要)』 35권 35책
26) 『역대병요(歷代兵要)』 13책
27) 『조선전도(朝鮮全圖)』 등 지도
28) 『세종실록(世宗實錄)』 163권 154책
29) 『문종실록(文宗實錄)』 12권 6책
30) 『세종조상정의주찬록(世宗朝詳定儀注撰錄)』 (?) - 세조 2년
31) 『제가역상집(諸家曆象集)』 4권[12)]

이러한 책들을 수백 권씩 편찬하는 동안 세종은 그들에게 명령하고 독려하며 내용을 검토하고 수정하면서 일일이 손수 간행에 관여했다. 그러므로 이들이 펴낸 책들의 내용은 모두 세종의 머릿속에 고스란히 담겨져 있었다고 해도 과언이 아니다. 그래서 담당하는 분야마다 사람을 분류하여 책임을 맡기고 그 모둠을 시종 유지하였으니, 이들을 분야별로 나누어 보면 다음과 같다.

1) 정치 · 의례 · 법전 — 권남, 권제, 김구, 김말, 김수온, 노사신, 노숙동, 서거정, 설순, 성삼문, 성임, 신석조, 신숙주, 안지, 유의손, 윤회, 이개, 이계전, 이사철, 이승소, 정인지, 정창손, 조석문, 최항, 하위지, 한계희 등
2) 역사 — 권남, 권제, 김빈(김조), 김수녕, 남수문, 노사신, 서강, 서거정, 신석조, 신숙주, 양성지, 윤기견, 윤자운, 이계전, 이극감, 이석형, 이선제, 이파, 정인지, 정창손, 최항 등
3) 지리 — 노사신, 서거정, 성임, 신장, 양성지, 윤회 등

12) 손보기 『세종대왕과 집현전』(1984, 세종대왕기념사업회) 57~58쪽의 도표에, 책권수를 추가함.

4) 훈민정음 해례 — 강희안, 박팽년, 성삼문, 신숙주, 어효첨, 이개, 이현로, 정인지, 최항 등
5) 천문, 역법 — 김담, 김돈, 김빈(김조), 이순지, 정인지 등
6) 의학 — 권채, 김수온, 신석조, 유성원, 유효통, 이예 등
7) 활자 — 김돈, 김빈(김조) 등.[13)]

세종이 첫 경연에서 선택한 책은 『대학연의(大學衍義)』였다.

처음으로 경연을 열고 영경연사 박은·이원, 지경연사 유관·변계량, 동지경연사 이지강, 참찬관 하연·김익정·이수·윤회, 시강관 정초·유영, 시독관 성개, 검토관 김자, 부검토관 권도 등이 『대학연의』를 강론하였다.(세종 즉위년(1418)/10/07)

『대학연의』는 중국 송나라 주자학자 진덕수가 지은 책으로, 임금의 '수신 제가'를 역설하였다. 처음으로 경연을 연 것이 세종 즉위년 10월 7일이니 8월 10일 즉위하고 두 달만에 곧바로 경연을 시작한 셈이다. 이 책은 이미 태조부터 정종, 태종도 경연에서 강독하였던 책이다.

중국 송나라 선유 진덕수가 『대학연의』를 지어 경연에 올렸는데, 그 글 처음은 제왕의 정치하는 차례로 시작하고, 다음은 제왕의 학문하는 근본을 앞세워, 자기의 몸과 마음으로부터 시작하지 않은 것이 없으니, 이것이 이른바 강(綱)이요, 우선 도술(道術)을 밝히고 인재를 구별해 쓰며, 정치하는 기본 틀을, 백성의 정성을 자세히 살피는 것으로 시작한 것은 격물치지(格物致知)의 요령이요, 다음에 공경하고 두려워함을 높이고 소중히 여기며, 즐기며 노는 것을 경계하는 일로써 편차한 것은

13) 손보기(1984) 위의 책 93~94쪽에서 인용함.

성의 정심(誠意正心)의 요령이요, 그 다음에 언행을 삼가고 위엄 있고 엄중한 몸가짐을 바르게 하는 일로써 편차한 것은 수신(修身)의 요령이요, 그 다음에 배필을 소중히 여기고, 집안 다스리기를 엄격히 하고, 국본(國本; 태자)을 정하고, 일가친척을 가르치는 일로서 편차한 것은 제가(齊家)의 요령이니, 이것이 이른바 목(目)입니다. 맨 처음에 성현의 경전으로써 시작하고, 다음에 고금의 사실로써 편차하여 군주가 마땅히 알아야만 될 이치와 마땅히 해야만 될 일이 상세히 이에 나타나 있습니다.(태조 1(1392)/11/14)

태조가 즉위하자마자 신하들이, 경연을 매일 열어 성현의 뜻을 본받아야 한다고 간청한 기록이다. 이 글 속에 『대학연의』의 대강 내용이 나타나 있다. 임금으로서 유교의 기본서인 『대학』에 나오는 "수신제가치국평천하(修身齊家治國平天下)"를 공개적으로 다짐하는 자리인 셈이다. 『대학연의』를 공부한 것은 태종도 같았다. 그러고 보면 백성을 사랑하고, 학문과 법령으로 나라를 다스리는 덕목은 세종에게만 적용된 것이 아니었다. 아버지를 내쫓고 형제들을 죽이면서 임금자리에 오른 태종도 백성을 사랑하고 학문을 숭상하는 일에는 누구 못지않았다. 바로 『대학』의 가르침이었던 것이다.

이조 판서 박신(朴信)이 아뢰기를, "육조청(六曹廳)에 축대를 쌓지 아니하여 지금 장맛비를 당하여 거의 쓰러지게 되었으니, 병조의 보충군으로 축조하기를 바랍니다." 하니, 임금이, "비록 작은 역사일지라도 삼복더위 중에 백성을 부려 고단하게 할 수는 없다. 홑옷을 입고 깊은 궁중에 앉아 있어도 더위를 이기지 못하겠거늘, 하물며 역인(役人)이야 말해 무엇하겠는가? 조금 더 가을이 되어 서늘해지기를 기다려라." 하였다.(태종 17(1417)/윤5/12)

육조청은 오늘날 정부청사와 같은 곳인데, 무더위가 계속되는 여름에 병사들을 시켜 공사를 해서는 안된다는 명령이다. 태종은 『대학연의』를 공부하면서 모르는 것을 알려고 『고금운회거요』, 『자치통감강목』, 『십팔사략』 등을 읽어가며 뜻을 해석하였다고 하니, 한자의 뜻과 성운학(聲韻學), 제왕학(帝王學), 그리고 중국 역사는 임금의 필수 학문이었음을 알 수 있다.

이렇게 조선 조정에서는 늘 신하들과 함께 학문하는 시간이 많았다. 책과 씨름하며 유교의 나라로서 정신교육을 강화하고, 나라를 다스리고 통치하는 데 필요한 법과 제도, 예법과 격물을 익혔다. 그러기 위해서는 책이 필요했다. 그것도 여러 권을 나누어 읽게 하고 함께 강론하여야 했고, 이왕이면 지방 사대부들까지 읽게 하여 소통을 원활히 해야 했다. 지식을 백성들에게 나누어준다는 것은 왕권 시대에 통치자의 권위를 내려놓는 일이며 그만큼 백성을 사랑하고 백성과 눈높이를 같이하겠다는 의지가 아닐 수 없다. 또 유생들에게 읽혀서 과거시험을 보이고 인재를 선출하여야 했다. 국가 백년대계 교육을 위해 인쇄기술이 절실히 요구되는 까닭이 여기에 있었다. 세종 때 주자소에서 활자를 계속해서 만들고, 그것으로 수많은 책을 찍어내야 했던 데에는 집현전이라는 연구소와 그 속에서 책을 읽고 쓰는 수많은 학사들이 있었기 때문이다. 집현전학사들은 마치 누에가 뽕잎을 갉아먹듯이 책을 읽고, 누에고치에서 실을 뽑듯이 글을 써 책을 펴내야 했다.

여기서 세종이 언문을 창제할 당시 1443년에 집현전학사들의 나이를 보면 다음과 같다.

언문 창제 당시의 집현전학사[14)]

학자 이름	생몰년	나이	관직명	비고
0) 세종	1397~1450	46세	임금	훈민정음 창제
1) 정인지	1396~1478	47세	집현전 대제학	●해례서문8인
2) 최만리	1398~1445	45세	집현전 부제학	○반대상소7인
3) 유의손	1398~1450	45세	집현전 직제학	
4) 김문	?1399~1448	44세(?)	직전	○
5) 정창손	1402~1487	41세	응교	○
6) 노숙동	1403~1463	40세	응교	
7) 이계전	1404~1459	39세	직전	
8) 어효첨	1405~1475	38세	교리	
9) 신석조	1407~1459	36세	직제학	○
10) 최항	1409~1474	34세	응교	●
11) 이영서	?~1450	?	수찬	1444/6/27
12) 하위지	?1412~1456	31세(?)	부교리	○
13) 이순지	?~1465	?	판서운관사	1443/11/14
14) 김예몽	?~1469	?	우필선	
15) 이석형	1415~1477	28세	좌필선	
16) 양성지	1415~1482	28세	수찬	(우문학)
17) 김담	1416~1464	27세	주부	1443/11/14
18) 이선(현)로	1417~1453	26세	부수찬	●
19) 박팽년	1417~1456	26세	부교리	●
20) 이개	1417~1456	26세	부수찬	●
21) 강희안	1417~1464	26세	돈녕부 주부	●1454년 이후
22) 신숙주	1417~1475	26세	부교리	●
23) 조근	1417~1475	26세	저작랑	○
24) 성삼문	1418~1456	25세	수찬	●
25) 이예	1419~1480	24세	박사	
26) 송처검	?~?	?	부수찬	○

14) 손보기, 『세종대왕과 집현전』(1984, 세종대왕기념사업회) 80~93쪽을 정리해 표로 만듦.

『훈민정음』 해례본에서 정인지는 서문 끝에 본인을 포함해 여덟 사람의 이름을 올렸다. 이들 중 그 누구도 임금이 문자를 창제하는 데 도왔거나 함께했다는 사람은 없다. 그러나 집현전학사 중 해례본 편찬 모둠에 선발된 학사들은 3년 동안 각종 운서를 읽고 터득하며 임금이 창제한 언문에 대해 그 원리와 용도를 꼼꼼히 해석하고 보기 글을 보이며 해설서 『훈민정음』을 완성해 냈다.

반면 집현전학사들 중에는 임금이 창제한 새로운 글자의 불필요함에 대해 그 까닭을 조목조목 면밀히 적어 상소를 올린다. 창제 발표 후 한 달 보름 만에 연명 상소를 올린 일곱 사람은 상소를 통해, 신하들이 전혀 모르는 사이에 갑자기 언문을 만든 것은 황당한 일이며 잘못된 일이라고 말하고 있다. 그만큼 집현전학사들의 논의는 소신껏 이루어졌고 임금에게까지 당당하였다. 깊이 있는 연구가 그 주장의 무게를 무겁게 해주었고 그런 논의가 실록에 그대로 실려 전하기 때문에 더욱 가치 있은 것이 아닐까? 위의 표에서처럼 1443년 당시 집현전에는 많은 학자들이 있었지만 창제 사실을 아는 사람은 아무도 없었다. 최만리 등의 반대 상소 하나만으로도 세종이 홀로 언문을 창제하였다는 것이 판명 난 셈이다.

5. 세종시대의 인쇄문화

백성들과 소통하고 지식을 나누어주려는 세종의 생각은 수많은 책을 인쇄하여 인쇄술의 엄청난 발전을 가져왔다. 그러나 인쇄술이 조선에서 시작된 것은 아니다. 우리나라는 삼국시대부터 인쇄술이 시작된 세계사적으로 독보적인 인쇄술의 나라다. 잘 알다시피 신라 불국사 석가탑에서 발견된 『무구정광대다라니경』(국보 126호)은 세계에서 가장 오래된 인쇄물로 유명하다. 추정 연대는 서기 751년 이전에 목판에 새겨 인쇄된 책이다. 그리고 현전하는 세계 최초의 금속활자 책도 이 땅에서 인쇄되었다. 고려 우왕 3년(1377)에 청주 흥덕사에서 찍어낸 『직지심체요절』(백운화상초록불조직지심체요절(白雲和尙抄錄佛祖直指心體要節))(보물 1132호)이 바로 그것이며, 이 책은 프랑스 국립도서관이 소장하고 있다. 손보기 선생은 신라뿐만 아니라 백제에서도 인쇄술이 발달되었을 것이라고 주장한 바 있다.

> 인쇄라는 방법은 사람의 문명을 퍼뜨리는 데 커다란 혁명이었다. 여러 벌을 찍어낼 수 있다는 것은 새로운 혁명이었다. 이러한 혁명은 종교 문화를 재빨리 들여오려는 불타는 바람에서 이루어진 것이었다. 이같이 인쇄술은 일찍이 이 땅에서 발달되었다. 종교, 학문을 재빨리 들여다가 배우려는 뜻에서 이루어진 것이었다. 고려는 많은 책을 궁의 도서관에 모았고, 학생들을 교육시키려 하였다. 그러던 중 책이 많이 있는 나라로 알려지기도 하였다. 송나라에서 고려에게 이미 없어진 책 117종을 요구해오기도 하였다. 이에 13종을 송나라에 전해준 일도 있었으니, 고려는 책의 나라로 알려지게 되었다. 숙종은 책을 모으기로 이름나기도 하였다. 그가 장서인(藏書印)을 만들어 찍은 책이 지금도 남아 있다. 11세기에는 고려의 『팔만대장경』을 찍어냈고, 대각국사 의천은 11세기 대장경에 빠진 불경을 모아 『속장경』 5천 권을 펴내게 하였다.[15]

이러한 인쇄술은 고스란히 조선에 이어졌다. 세종은 수많은 책을 펴내기 위하여 '주자(鑄字)'를 제작토록 하였다. 주자란 쇠를 녹여 글자를

15) 손보기, 『세종시대의 인쇄출판』(1986, 세종대왕기념사업회) 37쪽에서 인용함. 이 내용은 손보기, 『금속활자와 인쇄술』(1977, 세종대왕기념사업회) 110~113쪽에도 피력하고 있다.

만드는 일, 또는 그렇게 만든 글자를 말하는데, 이 좋은 말이 죽어버리고 오늘날은 일본에서 들어온 '활자(活字; かつじ)'로 대체하여 쓴다. 다만 '활자'는 '판에 끼워 넣는 낱낱의 글자'를 가리키는 말로, '주자(금속활자)' 뿐만 아니라 '나무 글자(목활자)'까지 포함하는 용어다. 우리가 잘 알다시피 세종은 주자의 임금이었다. 세종 시대의 인쇄출판은 명실공히 세계사에 빛나는 번성기를 이루었다.

1403 — 계미자(癸未字) - 12종(?) 인쇄
1420 — 경자자(庚子字) - 32종 인쇄
1434 — 갑인자(甲寅字)(初鑄字) - 49종 인쇄
1436 — 병진자(丙辰字)(진양대군자) - 1종 인쇄
1447 — 석보상절(釋譜詳節) 한글자 - 2종 인쇄
1448 — 동국정운(東國正韻) 한문한글자 - 1종 인쇄
1450 — 경오자(庚午字)(안평대군자) - 3종 인쇄
1455 — 을해자(강희안자) - 160종 인쇄
1455 — 홍무정운자 - 1종
1457 — 덕종자 - 5종
1458 — 세조체자 - 2종
1461 — 세조자(을해자 큰자) - 8종
1465 — 정란종자 - 8종[16)]

위의 내용은 조선 초기에 만든 금속활자들이다. 세종 이전에는 계미자 한 가지였는데, 세종 때는 무려 6종의 금속활자를 만들었고, 이어 세조 때도 6종의 금속활자를 만들었다. 특히 세조 7년(1461)에 간행한 『능엄경언해』에 사용된 금속활자 을해자 한글 활자가 지금까지 국립중앙

16) 손보기, 『금속활자와 인쇄술』(1977, 세종대왕기념사업회) 188~212쪽을 정리함.

박물관에 남아 있는데, 이 글쇠는 세계에서 가장 오래된 금속활자다.[17)]

세계 최고(最古) 금속활자 ─『능엄경언해』(1461)를 찍은 을해자 한글자

작은 자 2형												
능엄경언해	깃	권	면	두	왜	래	갓	딘	둘	ᄃᆡ		
두시언해	깃		면		왜	래	갓		둘	ᄃᆡ	마	킈

책을 찍어내는 데는 목판에 직접 글자를 새겨서 찍어내기도 하고(목판본), 나무 글자를 하나씩 만들어서 틀에 끼워넣어 찍어내기도 하였으며(목활자본), 주자를 제작해 나무틀에 끼워넣고 책을 인쇄하기도 하였다(금속활자본). 나중에는 이 세 가지 방법을 모두 동원해서 책을 만들기도 하였다. 손보기(1986)의 주장에 따르면, 세종 때 찍어낸 책이 무려 341가지나 된다. 이를 분야별로 보이면 다음과 같다.

가) 소리 - 글자 7가지
나) 음악 - 아악 8가지
다) 의례 6가지
라) 겨레문학 16가지
마) 외국말 5가지
바) 외국문학 38가지
사) 농사 - 사냥 6가지
아) 의약학 17가지
자) 법의학 6가지
차) 겨레역사 13가지

17) 이재정, 『한글금속활자』, 「국립중앙박물관 소장 한글 금속활자의 특징」(2006, 국립중앙박물관) 241쪽의 도표와 설명을 인용함.

카) 외국역사 27가지
타) 유학 - 철학 41가지
파) 불교 - 철학 22가지
하) 겨레교육 23가지
갸) 법전 19가지
냐) 중국법전 11가지
댜) 천문 52가지
랴) 수학 5가지
먀) 지리 - 지도 11가지
뱌) 사전 3가지
샤) 서체 - 법첩 5가지[18)]

이만큼 많은 책을 간행했던 임금은 우리 역사, 아니 전 세계를 통틀어도 매우 드문 일이다. 이 가운데 책을 찍어낸 부수가 많았던 것은 『집성소학』 1만 부, 농서 1천 부, 『용비어천가』 550부 등을 들 수 있다. 또 세종은 관상감에 명하여 즉위년부터 32년간 매년 목판으로 발행한 『책력(冊曆)』을 5,000부씩이나 찍어 배포하였다. 세종 7년(1425)에는 우리나라에서 간행된 『소학』의 음·훈·주해(音訓註解)가 미비하다 하여 명나라에 파견하는 사신에게 『집성소학』 100권을 구입해 오도록 하고, 3년 후에 주자소로 하여금 이를 인쇄, 간행하도록 하였는데 무려 1만 부를 목판으로 찍어냈다.[19)]

세종은 즉위하자마자 주자(금속활자)를 제작토록 명하여 죽은 해까지 여섯 종류나 개발하였는데, 그렇게 만든 활자로 찍어낸 책이 어림잡아 88종×약300벌(최대)=26,400권이 되고, 그 가운데 권수를 두 권씩으로

18) 손보기, 『세종시대의 인쇄출판』(1986, 세종대왕기념사업회) 42~43쪽을 인용함.
19) 손보기(1986)의 위 책을 참조함.

펴냈다면 52,800권, 제3권까지 펴냈다면 79,200권이 된다. 세종 2년(1420) 경자년에 만든 주자 경자자(庚子字)로 찍어낸 책 목록을 보자.

진서산독서기을집상대학연의(1422), 자치통감강목, 노걸대, 박통사, 전후한직해, 효경대의, 통감강목속편(1423), 송조명현오백가파방대전문수, 대학대전(1424), 사기, 장자권재구의(1425), 원육전 800부(1426), 당률소의(1427), 집성소학, 서산선생진문충공문장정종, 문선육신주(1428), 초사후어(1429), 직지방, 상한유서, 의방집성(1431), 전국책, 열경학대장, 신간역거삼장문선대책, 신간유편역거삼장문선고부, 전한서, 논어집주대전, 소학대문토, 고문선, 소미가숙점교부음통감절요, 오조명신언행록, 신전결과고금원류지론, 독사선간일대일군각유통체(1420~1434), 선시연의(1434)

이처럼 경자자로 찍어낸 책은 32가지가 있다고 알려졌다. 뒤를 이어 세종 16년(1434) 갑인년에 만든 갑인자(甲寅字; 초주자)로 찍은 책은 다음과 같이 49가지나 된다.

진서산독서기을집상대학연의(1434), 시전대전, 근사록집해, 분류보주이태백시, 삼한시귀감(1435), 역대세년가, 동국세년가, 표제주소소학(1436), 자치통감(1437), 주문공교창려선생집, 자치통감강목(1438), 당류선생집(1440), 신편음점성리군서구해, 찬주분류두시, 사여전도통궤, 칠정산내편, 칠정산외편, 시선(1444), 중용장구혹문(1446), 동국정운(1447), 대명률강해, 월인천강지곡, 석보상절, 사리영응기(1449), 춘추경전집해, 시전대전, 예기대문언독, 증간교정왕장원집주분류동파선생시, 국어, 태양통궤, 수시력첩법입성, 오성통궤, 중수대명력, 경오원력, 교식통궤, 대통력일통궤, 선덕십년월오성능범(1434~1450), 수시력입성, 산곡시주, 당시고취, 당시고취속편, 당송구법, 전한서, 신간보주석문황제내경소

문, 소미통감집석(1434), 소학집주(1450), 고려사절요(1453)[20]

세종 18년(1436) 병진년에 만든 병진자(진양대군자)는 아름다운 흐름을 지닌 필서체 주자였다. 이 주자로 찍은 책은 『자치통감강목훈의』(1436) 한 권이 있을 뿐이다. 다음 세종 29년(1447)에 개발한 '한글 놋쇠 주자'는 『석보상절』과 『월인천강지곡』(1449) 두 가지가 있고, 세종 30년(1448)에는 『동국정운』을 찍기 위해 주자를 만들었으니, 동국정운의 한자를 찍기 위한 한자자와 우리말 표기를 나타내기 위한 '동국정운 한글자'가 만들어졌다. 세종 32년(1450) 돌아가시던 해에 만든 주자는 안평대군의 붓글씨를 본으로 삼아 놋쇠 주자를 부어 만든 글자인데, 『역대병요』(1451), 『역대십팔사략』(1452), 『상설고문진보대전』(1456) 세 가지가 있다.

세종 즉위 동안 나무나 금속으로 활자를 만들어 찍어낸 341종의 책 안에는 그야말로 당시 중국의 온갖 서적과 그밖의 나라에서 전해온 책들이 포함되어 있고, 새로 글을 지어 인쇄한 책들도 많다. 물론 귀중한 책으로 경연에서 신하들에게 그 내용만 전해들은 책들도 있었겠지만 세종 때 새로 만들어진 『훈민정음』과 『농사직설』과 같이 온 백성에게 시급히 읽혀서 삶에 도움을 주고자 했던 책들도 많았다.

지금까지 세종 때 만들어진 책들을 일일이 나열한 것은 세종의 앎의 범주를 가늠해 보자는 생각에서다. 이 수많은 책은 모두 세종의 손을 거친 뒤 간행하여 배포되었고, 그렇게 간행된 책의 내용 또한 세종이 꼼꼼히 읽어 보았다는 사실을 기억해야 한다.

세종은 즉위 초부터 국가의 발전과 백성의 평안을 위하여 현실적으로 필요한 법전, 의례, 농사, 의학, 천문, 지리, 병서, 음악 등을 위한

20) 손보기(1986) 위 책 60~61쪽에서 정리하여 인용함.

책을 펴내고 그것을 배포하여 제도를 정비하며 학문을 발달시키려 했다. 이렇게 인쇄술과 간행 사업이 발달한 것은 무엇보다도 세종이 책을 좋아했고 책이 얼마나 중요한 것인가를 누구보다 잘 알았기 때문이다. 그의 위업은 모두 책읽기에서 나온 것이니, 책벌레 세종이었기에 가능했던 것이다. 거기에다가 백성에게 책을 나누어주고, 백성과 지식을 나누며, 백성의 눈높이에 맞추는 임금의 낮은 자세가 담겨 있음을 간과할 수 없다. 그런데 이렇게 많은 인쇄물을 간행하면서 세종에게 쌓여만 가는 답답함이 있었다. 바로 중국 글자인 한자의 어려움과 한문의 불일치였다.

언문일치(言文一致). 우리가 아는 이 언문일치라는 말에는 두 가지 뜻이 있다. 말 그대로 풀이하면, '말과 글이 같음'이라는 뜻이다. 현대사회에서는 이 말을 문학에서 자주 쓰는데, '문어체'와 '구어체'가 그 대상이다. 문어체는 일상생활에서 쓰는 말이 아니라 시나 소설처럼 작품을 글로 쓸 때 사용하는 말이다. '부모님 전상서. 어머니 아버지 기체후 일양만강하시옵니까?', '가을엔 기도하게 하소서!'와 같이 한자말을 많이 쓰면서 일상생활에서는 잘 쓰지 않는 말투를 말한다. '구어체'는 상대적으로, 사람을 앞에 두고 대화하듯이 하는 말투로 글을 쓰는 것이다. 직설적이고, 한자말을 잘 쓰지 않는다. '사랑한다 아들아!', '글쎄다. 더워서 어디 집밖에 나가겠니?' 따위처럼, 주어나 목적어를 생략하고 간결한 대화로 이어지거나, 심지어는 '-습니다'나 '-습니까?' 같은 말끝도, '-어요'나 '-나요?'처럼 격식 없는 말투로 이어진다. 요즘으로 말하자면, 종이 편지글과 트위터나 카카오톡으로 대화하는 글을 비교하는 것과 같은 차이이다.

여기까지는 우리가 소설 작품을 읽으면서 느끼는 '언문일치'와 '언문불일치'의 차이점이다. 그런데 조선시대 이전의 우리 조상들에게 '언문일치'란 이 정도로 쉬운 문제가 아니었다. 모든 말을 한문 문장으로 써야 했으니 근본적으로 말과 글의 일치가 이루어질 수 없었던 시대다. 예컨대 임금이 신하들과 대화를 할 때는 우리말로 하지만, 그 옆에 앉아서 연신 붓을 놀리며 기록하는 사관은 지금 우리가 쓰는 우리말 문법과는 전혀 다른 중국어 어순으로 문장을 만들어가며 글을 써야 했다. 말하자면 우리말을 하면 중국말로 번역하면서 문장을 기록하는 것이다. 그것도 문어체 한자(한문)로 말이다. 실록의 기록을 거꾸로 생각하며 읽어보자.

> 어떤 사람이 와서 아뢰기를, "청주에 물맛이 후추 맛과 같은 것이 있어 이름 부르기를 초수(椒水)라 하는데, 모든 질병을 고칠 수 있고, 목천현과 전의현에도 또한 이런 물이 있습니다."라고 하니, 임금이 이를 듣고, "앞으로 직접 가서 눈병을 치료하고 싶으니, 내섬시윤 김흔지를 보내어 행궁을 세우게 하고, 이 물을 떠서 가지고 와 바친 자에게는 무명옷 열 필을 내려주어라." 하였다.
>
> 有人來啓 淸州有水味如椒 名爲椒水 可治諸疾 木川全義縣 又有此水 上聞之 將欲行幸治眼疾 遣內贍寺尹 金俒之 使營行宮 得此水來啓者 賜木緜十匹(세종 26(1444)/1/27)

위의 실록 기록에서 우리말로 번역한 것을 임금과 신하가 직접 대화하는 장면이라고 보면, 그것을 사신은 실록 기록처럼 한자로 한문 문장을 작성하는 것이다. 모든 대화와 생각은 우리말로 하지만 그것을 글로 남기려면 반드시 한문 문어체 문법대로 한자를 써서 기록하여야 했다. 이것이 조선 시대 공식 문헌에 쓰여진 문장 형태이다. 한자를 안다 해도 그 한자로 한문 문장을 부려쓰는 일은 아무나 할 수 있는 일이 아니었다. 그러니 대다수 백성들은 처음부터 문자생활에서 제외

되었고, 양반들이 공부를 해서 과거시험을 보고 관직에 나가려면 소학부터 사서삼경을 달달 외고 그것을 이용하여 중국 문어체(고어체) 문장을 쓰는 연습을 끊임없이 해야 했다. 사실 그네들은 중국인을 만나본 적도 없고 그들의 대화를 들어본 적도 없다. 그들이 어떤 발음으로 어떻게 말하고 글을 쓰는지도 전혀 모르면서 그저 사서삼경과 같은 한문으로 된 문장을 읽고 해석하면서 터득한 실력으로 중국어 문장을 썼던 것이다. 과연 내가 보고 있는 이 한자를 중국사람은 어떻게 발음할까? 궁금하면서도 짐작조차 못하고 그저 우리식 조선한자음으로 읽고 썼던 것이다. 두보나 이백의 시를 읽으면서도 운자(韻字)를 맞추고 사성(四聲)을 배워야 시를 지을 수 있었다. 그러므로 글을 쓴다는 것은 우리말을 1차적으로 한문으로 번역하여야 했고, 그 번역한 문장을 격식과 형식이 맞도록 짜맞추어야 했으며, 그것을 운자에 맞춰 읽어야 했던 것이다.

그런 버릇이 지금도 남아 있다. 제사를 지내거나 시제를 지낼 때 제주가 축문을 읽는 것을 들어본 적이 있다. 요즘처럼 우리말을 영어로 번역하거나 영문으로 글을 작성하는 것보다 훨씬 어렵고 까다로운 작업이 아닐 수 없었다. 이렇게 아무리 애를 써도 한자의 굴레를 벗지 못하는 백성들을 보면서 세종은 과연 어떤 생각을 했을까? 백성의 말과 글이 바로 통하는 방법은 없을까? 그리 되기만 하면 이 많은 책을 모든 백성들도 다 읽고 배울 수 있을 텐데, 그래서 자기 뜻을 글로 써 보일 수도 있을 텐데 …. 1차적이고 근원적인 '언문불일치(言文不一致)'. 이것을 극복하는 일. 즉 우리말을 우리말 그대로 글로 표현하는 일. 이것이 '언문일치(言文一致)'였던 것이다. 현란한 우리말을 그대로 표현하고 싶어도 한자로는 도저히 이룰 수 없는 일이다. 세종은 그림을 그려 『삼강행실도』라는 책을 펴낼 때도 그런 걱정을 하였다. 좋은 내용을 그림까지 그려서 책을 만들어 모든 백성에게 읽게 하라고 하였으나, 글을 모르는 백성들이 도대체 어떻게 이 글을 읽을까? 학자들은 세종이 훈민정음을 창제하여야겠다는 생각을 처음 하게 된 것이 바로 이때쯤이라고 추정하기도 한다.

> 이에 유신(儒臣)에게 명하여 고금의 충신·효자·열녀 중에서 뛰어나게 본받을 만한 자를 뽑아서 그 사실을 따라 기록하고, 아울러 시(詩)와 찬(贊)을 저술하려 편집하였으나, 오히려 어리석은 백성들이 아직도 쉽게 깨달아 알지 못할까 염려하여, 그림을 붙이고 이름하여 '『삼강행실(三綱行實)』'이라 하고, 인쇄하여 널리 펴서 거리에서 노는 아이들과 골목 안 여염집 부녀들까지도 모두 쉽게 알기를 바라노니, 펴 보고 읽는 가운데에 느껴 깨달음이 있게 되면, 인도하여 도와주고 열어 지도하는 방법에 있어서 도움됨이 조금이나마 없지 않을 것이다. 다만 백성들이 문자를 알지 못하여 책을 비록 나누어 주었을지라도, 남이 가르쳐 주지 아니하면 역시 어찌 그 뜻을 알아서 감동하고 착한 마음을 일으킬 수 있을까?(세종 16(1434)/4/27)

세종은 이렇게 백성을 위해 책을 배포하면서도 한자가 가로막고 있는 높디높은 불통의 장벽을 참으로 안타까워했다.

그런데 사실은 이런 생각을 한 사람은 세종만이 아니었다. 차차 이야기하겠지만, 표의문자(뜻글자) 한자는 동양의 문자 생활을 지배하는 아주 오래된 문자였으나, 주변 이민족들은 엄청난 불편을 겪어야 했다. 그래서 많은 나라들이 오래전부터 뜻글자에서 벗어나 새로운 글자 - 이 글자들은 대다수 표음문자(소리글자)였다. - 를 만들어 썼다. 몽고, 티베트, 위구르, 일본 등 그들 나름대로 제 나라 말에 맞는 글자를 만들어 좀 더 쉬운 문자생활을 누리려고 애를 썼던 것이다. 서양은 동양과 처지가 조금 달랐다. 이른바 로마자라 불리는 알파벳은 고대 이집트문자에서 시작되었는데, 처음에는 뜻글자(표의문자)로 생겨났으나 페니키아, 그리스를 거치면서 단순화된 소리글자(표음문자)로 변하였기 때문에 로마제국이 유럽 전역을 지배하면서 정착된 로마자가 지금도 많은 유럽 나라에서 그대로 쓰이고 있다. 더 나아가 유럽 나라들이 지배했던 아프리카, 남북아메리카, 오세아니아 대륙의 나라들이 로마자를 쓰고 있다. 하지만 표의문자인 한자는 중국 본토에서마저 이민족의 지배를 받으면서 그 발음과 뜻이 요동치듯 변하였고, 그런 한자를 쓰는 주변 나라들은 말할 수 없는 말글의 혼란을 겪어야 했다.

시대적으로는 조금씩 차이가 있었으나 동양 각국에서는 새로운 문자를 만들어 쓰는 일이 많았다. 세종이 새로운 문자를 만든 것은 동양의 많은 나라에서 줄기차게 시도되었던 변화 가운데 하나였고, 현실정치의 변혁을 위한 과감한 결단이기도 하였다. 그렇게 다양한 문자가 생겨나게 된 원인이 바로 표의문자인 한자 자체에 있었던 것이다. 한자(한문)의 난해한 표의성 때문이었다. 집현전학사들의 탐구와 주자소의 금속활자 개발이 독서광 세종의 두뇌와 연결되어 수많은 인쇄물들이 폭발적으로 쏟아지면서, 이렇게 왕성해진 학문적 토대가 세종으로 하여금 언문일치의 세상으로 나아가게 한 것이다.

6. 조선의 성리학

다시 경연으로 돌아가 보자. 금속을 녹여 여러 벌 주자를 몇 천 자씩 만들어, 판틀을 짠 뒤 그 주자를 판틀에 끼워 고정시키고, 먹을 바르고 종이에 찍어서, 끈으로 묶어 책을 엮어내고, 한켠에서는 나무로 글자를 한 자 한 자 깎아 만들거나, 나무를 파서 글자를 새긴 목판에 종이를 찍어내면서, 끊임없이 책을 엮어 배포하였다. 그런데 글자를 주조하고 책을 찍어내는 일이야 주자소(鑄字所)에서 하는 일이지만, 그 알갱이는 먼저 앎(지식)의 축적이나 경전 해석과 같은 학문의 축적이 있어야 했고, 그것을 문자로 문장을 짓고, 붓으로 글을 쓰고 하는, 즉 집필에 대한 일들이 먼저 이루어져야 했다. 집필이란 한 번에 이루어지는 것이 아니다. 누군가가 열심히 연구하여 글을 짓거나 어떤 문헌에 주석을 달아 초고를 마련하여 그것을 초록한 뒤, 구결로 입겿을 달아 묵서하면, 이를 교열하고 윤문을 거쳐, 틀린 글자나 잘못된 내용을 수정한 뒤, 최종적인 정초본(定草本)을 만들어야 집필이 끝난다. 다시 말하면 이 일련의 과정은 앎에 대한 실천이고, 궁극적으로 삶에 대한 가치 정립의 과정이며, 국가 철학을 쌓아가거나 세우는 일이었다.

당시 조선이 채택한 국가 철학은 동양철학의 으뜸인 성리학이었다.

이른바 '철학'이란 별게 아니다. 이 일본말 '데쓰가쿠(哲學, てつがく)'는 영어 'Philosophy'의 번역어인데, 우리나라에는 1895년 유길준의 『서유견문』 제13편에서 처음 들여와 사용하였다고 한다.[21] 그리스말에서 비롯된 이 말은 '지혜(sophia)를 사랑(philos)하는 것'이라는 말이라 한다. 우주 만물에 대한 인식, 사람으로서 나에 대한 인식을 확장시켜 나가면서 지혜를 얻고, 어떤 가치관을 형성해 나가는 학문이라 할 수 있다. 그런데 일본에서 만든 이 '철학'이란 한자말의 뜻이 쉽게 해석할 수 없는 글자이기 때문에 우리나라 사람들이 더욱 이 학문을 어려워하는 것이다. 그래서 나는 '가치 판단하기' 즉, '가치학(價値學)'이라고 부르고 싶다. 물건 값을 흥정하는 것이 아니라 형이상학적인 것에

21) 『일본어에서 온 우리말 사전』(이한섭, 2014, 고려대학교출판부) 799쪽 참조.

대한 가치를 스스로 판단하는 것이다. 조선은 성리학의 나라다. 조선이 개국하여 임금과 신하, 그리고 모든 백성들이 함께 공유할 삶의 가치를 성리학에 두었다는 것이고, 음양오행과 삼재 사상을 사물을 보는 가치관의 바탕으로 삼았다는 것이다.

집현전학사들은 오늘날 세계적으로 유명한 석학들과 비교해도 손색이 없을 만큼 실력이 뛰어났다. 이렇게 학사들을 양성하고 그들로 하여금 많은 책을 읽게 하여 책을 펴내기도 하면서, 전문적 지식을 쌓은 학사들이 경연에 나와 임금과 논의함으로써, 조선 왕조가 유교의 나라, 성리학의 나라로서 우뚝 서 천년토록 기강이 바로 서기를 바랐던 것이다. 그럼 이 조선이 통치이념으로 내세운 성리학의 뿌리는 어디서부터 온 것인가? 그리고 그 정신은 무엇이었나?

> 하늘과 땅의 원리는 오로지 음양오행일 뿐이다. 곤복(혼돈) 사이에서 태극이 생기고 그것이 멈추면 음과 양으로 갈린다. 무릇 하늘과 땅 사이에 살아있는 것들이 음양을 버리면 어떻게 될 것인가? 그러므로 사람의 소리는 모두 음양의 이치를 따르는데, 사람이 깨닫지 못할 뿐이다. 지금 정음을 만들매 처음부터 지혜를 짜내어 힘써 구한 것이 아니라 다만 그 소리의 원리에 따라 이치를 다했을 뿐이다. 이치가 달리 있는 것이 아니니 어찌 천지 귀신과 사용을 같이하지 않을 수 있겠는가?
>
> 天地之道 一陰陽五行而已 坤復之間爲太極 而動靜之後爲陰陽 凡有生類在天地之間者 捨陰陽而何之 故人之聲音 皆有陰陽之理 顧人不察耳 今正音之作 初非智營而力索 但因其聲音而極其理而已 理旣不二 則何得不與天地鬼神同其用也(『훈민정음』 해례본 「제자해」 시작 부분)

> 천지 자연의 소리가 있으면 반드시 천지 자연의 글이 있게 되니, 옛날 사람이 소리로 인하여 글자를 만들어 만물의 정(情)을 통하여서, 삼재(三才)의 도리를 기재하여 뒷세상에서 변경할 수 없게 한 까닭이다.

그러나, 사방의 풍토가 구별되매 소릿기운[聲氣]도 또한 따라 다르게 마련이다. 대개 외국의 말은 그 소리는 있어도 그 글자는 없으므로, 중국의 글자를 빌려서 그것을 쓰는 데에 통하게 하지만, 이것이 둥근 손잡이를 네모진 구멍에 넣듯 서로 어긋남과 같으니, 어찌 능히 통하여 막힘이 없겠는가? 요는 모두 각기 처지에 따라 편안하게 해야만 되고, 억지로 같게 할 수는 없는 것이다.

有天地自然之聲 則必有天地自然之文 所以古人因聲制字 以通萬物之情 以載三才之道 而後世不能易也 然四方風土區別 聲氣亦隨而異焉 蓋外國之語 有其聲而無其字 假中國之字 以通其用 是猶枘鑿之鉏鋙也 豈能達而無礙乎 要皆各隨所處而安 不可强之使同也(『훈민정음』 해례본 「정인지 서」 시작 부분)

위 내용은 『훈민정음』 해례본의 제자해와 정인지 서문의 시작 부분인데, 여기서 주목해야 할 사실은 글자를 만든 기본 원리를 '음양오행(陰陽五行)'과 '삼재(三才)'에 두고 있다는 것이다. 이것은 성리학의 원리를 따랐다는 것을 말하는데, 성리학 중에서도 『주역(周易)』의 논거다. 『주역』 「설괘전」에 이런 말이 나온다.

옛날 성인이 주역을 지은 것은 장차 하늘이 내려준 성명(性命)의 이치에 순응하게 함이었다. 그러므로 하늘의 도를 세워 음과 양이라 하였고, 땅의 도를 세워 유와 강이라 하였으며, 사람의 도를 세워 인과 의라고 하였으니, 삼재(三才)를 겸하여 둘로 겹쳤기 때문에 역(易)은 여섯 획[䷀]이 되어 괘를 이루게 되었고, 음으로 나누고 양으로 나눔으로써 유와 강을 차례로 쓰기 때문에 역이 여섯 자리가 되어 형태를 이룬다.

昔者聖人之作易也 將以順性命之理 是以立天之道曰陰與陽 立地之道曰柔與剛 立人之道曰仁與義 兼三才而兩之 故易六劃而成卦 分陰分陽迭用柔剛 故易六位而成章[22)]

여기서 천지인(天地人)을 삼재(三才)라 하고, 그 내용을 구체화시켜 정의내리고 있다. 즉 하늘의 도리, 땅의 도리, 사람의 도리가 어우러져 성리학이 펼쳐지는 것이다. 주역의 괘는 8괘가 기본이 되고 이를 상하로 두 번 겹쳐서 우주 만물이 서로 어울리는 것을 상징적으로 설명하고 있다. 그래서 8괘×8괘=64괘가 되어 우주 만물의 어울림으로 각각 괘의 뜻을 펼친다. 『주역』의 내용을 정리하여 8괘의 상징물을 도표로 그린 자료를 소개한다.[23)]

팔괘의 취상(取象)

괘상	괘명	상징물	의미	때	방위	신체	가족	동물	빛깔
☰	건(乾)	하늘	튼튼함	늦가을	서북	머리	아버지	말	진빨강
☷	곤(坤)	땅	온순함	늦여름	서남	배	어머니	소	검정색
☳	진(震)	우뢰	움직임	봄	동	발	큰아들	용	흑황색
☴	손(巽)	바람	들어옴	늦봄	동남	허벅지	큰딸	닭	흰색
☵	감(坎)	물	함락	겨울	북	귀	둘째아들	돼지	붉은색
☲	이(離)	불	부착	여름	남	눈	둘째딸	꿩	
☶	간(艮)	산	그침	늦겨울	동북	손	셋째아들	개	
☱	태(兌)	연못	기쁨	가을	서	입	셋째딸	양	

위의 도표에서 보듯이 8괘에 딸린 많은 의미들이 위아래로 겹치게 함으로써 64괘의 의미는 무궁무진해진다.

중국의 유학은 공자의 가르침을 근본으로 삼는 학문인데, '유학'이란 말은 사마천의 『사기』에 처음 나타난다. 유학은 '유교(儒敎)'와 같은 뜻으로 해석되지만 원칙적으로는 유교를 성립시키는 학문이며, 실천

---

22) 정병석, 『주역』(역주본) 하권, 「설괘전」 제2장(2011, 을유문화사) 681~682쪽에서 인용함.

23) 정병석(2011) 위의 책 731쪽의 도표를 인용하되, 다만, 한자를 우리말로 풀었음.

덕목으로 수신(修身), 제가(齊家), 치국(治國), 평천하(平天下)를 둔다. 유학은 기본적으로 공자를 비롯한 성인들의 책인 사서오경(四書五經)을 배우고 실천하는 학문이다.

성리학이라는 용어는 원래 '성명 의리의 학문[性命義理之學]'의 준말이다. 중국 송나라 때에 들어와 공자와 맹자의 유교사상을 '성리(性理), 의리(義理), 이기(理氣)' 등의 형이상학적 체계로 해석하였는데, 이를 성리학이라 불렀다. '성명 의리'란 앞에서 말했듯이 '하늘이 내려준 품성의 옳은 이치'란 말이다. 성리학은 보통 '주자학(朱子學), 정주학(程朱學), 이학(理學), 신유학(新儒學)' 등 다양하게 불렀다. 주염계(周濂溪; 1017~1073), 장횡거(張橫渠; 1020~1077)를 거치고, 정이천(程伊川; 1033~1107)과 양만리(楊萬里; 1127~1206)를 거쳐 주희(朱熹; 1130~1200)가 이를 집대성하여 주자학이 서게 된다. 조선의 성리학은 바로 송나라 학문인 주자학이다.

유학이 우리나라에 전래된 것은 삼국 중 백제가 가장 빨랐는데, 『일본서기』에는 백제 고이왕 52년(285)에 백제 학사 왕인이 『논어』와 『천자문』을 일본에 전하였다는 기록이 있다. 이것이 맞다면, 이미 3세기부터 우리나라에 한자와 유교 경전이 들어온 것이다. 또 고려를 거쳐 조선이 건국되면서부터 주자학이 국교로 받아들이게 된 것이다. 주희는 유교의 서적들 중에서 『논어』, 『맹자』, 『대학』, 『중용』의 사서(四書)를 경전화시킴으로써 그 지위를 격상시켰다. 조선은 이러한 주자학을 통치 이념으로 삼아 조선의 개창을 합리화하는 토대로 활용하였고, 이것이 조선시대 사상의 중심축으로 부상하였다.

유교를 국가 철학으로 표방하는 조선의 통치체제에서 유교적 가치관과 이념에 의한 질서와 생활규범을 백성들에게 주입시키고 확립시키는 데는 유교 경전이 가장 효과적이었지만 이와 함께 윤리서를 펴내는 것도 중요한 수단이 아닐 수 없었다. 부모에게는 효(孝)를, 임금에게는 충(忠)을, 여인에게는 열(烈)을 강조하는 것은 성리학적 질서에서 당연한 일이었고 절대적인 조건이었다.

조선 초 성리학계에서 가장 주목할 사람은 역성혁명의 주체인 이성계와, 그를 도운 정도전과 권근이다. 그들은 불교를 타파하고 유자(儒者)의 나라를 우뚝 세우는 데 성리학을 주입시켜 이론적 기반을 다져나갔다. 그런데 그 학문적 맥은 정몽주가 주도하였다.

> 기대승이 아뢰기를, "… 그러다가 고려 말에 이르러 우탁·정몽주 이후로 처음 성리학을 알게 되었는데 급기야 우리 세종조에 이르러서 예악과 문물이 찬연히 새로워졌습니다. 동방의 학문이 서로 전해진 차례를 말한다면, 정몽주가 동방 이학(理學)의 조(祖)로서 길재(吉再)가 정몽주에게서 배우고 김숙자(金叔滋)는 길재에게서 배우고 김종직(金宗直)은 김숙자에게서 배우고 김굉필(金宏弼)은 김종직에게 배우고 조광조(趙光祖)는 김굉필에게 배웠으니 본래 원류가 그렇습니다. …" 하였다.(선조 2(1569)/윤6/7)

조선 중기 선조 때 기대승이 우리나라 성리학의 원류를 고려의 정몽주에서부터라 하고, 이 맥이 길재, 김숙자, 김종직, 김굉필, 조광조로 이어졌다고 설명하고 있다. 그러면서 또 정몽주의 학문이 이색(李穡)에게서 이어받은 것이라고 하였다.

> 정몽주가 전적으로 이색에게서 배운 것은 아니지만 또한 그로부터 장려 권면되어 흥기함으로써 이룬 것이 많았습니다. 고려가 망할 무렵 유배되어 외방에 있었는데, 태종께서 즉위하자 즉시 이수(李隨)에게 명하여 그(이색)를 영접하여 보고 예우하였고, 또 벼슬하도록 하였지만 지조를 굽히지 않고 죽었습니다. 그런데 고려는 불교를 숭상했고 이 사람

의 문장이 무척 뛰어났기 때문에 사찰에 대한 기문(記文)이나 불경의 서문(序文) 같은 것은 모두 이 사람의 손에서 나왔습니다. 이 때문에 나이 어린 유자(儒者)들이 그가 불교를 숭상했다고 하여 헐뜯기도 합니다. 그러나 이 사람이 비록 학문하는 가운데에 거론되는 인물은 아니라 하더라도 기개와 절조가 무척 고결하였으니 실로 동방 학문의 원류(源流)라 하겠습니다.(선조 2(1569)/윤6/7)

이 말에 의하면 조선 성리학의 원류는 정몽주(鄭夢周; 1337~1392)인데 그의 학문은 이색(李穡; 1328~1396)에게서 나왔다는 것이다.

강의를 받는 사람이 적기 때문에, 한때 경술(經術)의 선비를 가려 뽑았으니, 영가 김구용, 오천 정몽주, 반양 박상충, 밀양 박의중, 경산 이숭인 등과 같은 이가 모두 다른 관직으로서 학관을 겸하였고, 공(이색)은 그 학장이 되었다. 대사성을 겸함은 공으로부터 시작되었다. 이듬해 무신년(1368) 봄, 사방에서 학자들이 모여드니, 학자들이 경전을 나누어 가르쳤다. 매일 강의가 끝나면 의심스러운 뜻을 두고 서로 논란하여 각각 끝까지 의심을 풀었다. 공께서는 즐거이 한가운데 서서, 가려 분석하고 조정하셨으며, 반드시 정자(程子)와 주자(朱子)의 뜻, 즉 정주학(程朱學; 성리학)에 부합하도록 애를 쓰셨으니 늦도록 피곤한 줄을 몰랐다. 이렇게 동방 성리학이 크게 일어나, 학자들은 경전이나 외우고 시문이나 짓는 습관을 버리고, 몸과 마음의 성명(性命)의 이치를 지극하게 연구하여, 유교의 도를 으뜸으로 알아 이단에 혹하지 않게 되었으며, 의리(義理)를 바르게 하되, 공리(功利)를 꾀하려 하지 않았다. 선비의 기풍과 학술이 환하게 새로워졌으니 모두가 선생께서 가르치고 깨우친 힘 때문이었다.[24)]

24) 권근, 「목은선생 이문정공 행장」 『동문선』 권116, 한국고전종합DB의 번역을 참조함.

무신년은 고려 공민왕 17년(1368)이니 목은(牧隱)의 나이 40세 때의 모습이다. 이처럼 정몽주는 이색의 수재자이면서도 그의 학식에 대해서는 이색까지 높이 칭찬할 정도였다. 스승 이색은 정몽주에 대해 "학문에서 어느 누구보다 부지런하고, 가장 뛰어났으며, 그의 논설은 어떤 말이든지 이치에 맞지 않는 것이 없다."라고 칭찬하면서 그를 우리나라 성리학의 창시자로 평가했다. 성종 때 학자 성현은 『용재총화』에서 '고려의 모든 문사는 시소(詩騷)로 업을 삼았으나, 포은은 성리학을 시창(始唱)하였다. 조선에 와서는 양촌(권근)과 매헌(권우) 형제가 경학에도 밝고 글도 능하였다. 양촌은 사서오경에 구결을 정하였다.'라고 하였다.[25)]

이색을 태종 앞에 이끌고 온 사람 이수(李隨; 1374~1430)는 세종의 스승이다. 시강원 서연관으로서 세종의 어린 시절 그를 가르쳤던 사람이니, 그가 왕자들에게 어떤 스승이었는지 알아보자.

> 병조 판서 이수(李隨)가 졸하였다. 이수의 자는 택지(擇之)요, 봉산군 사람이었다. 젊어서 학문을 좋아하여 게으르게 하지 아니하고 정밀하게 연구하여 강론하니, 당시 사람들의 추앙하는 바가 되었다. 태조 5년(1396)에 생원 시험에 1등으로 합격하고, 태종 10년(1410)에 태종 대왕이 경학(經學)에 밝고 행실을 닦는 사람을 찾아 구하니, 성균관에서 이수를 추천하였는데, 부름을 받았다가 얼마 아니 되어 과거 공부를 한다는 이유로 사양하고 돌아갔다가, 이듬해에 지신사 김여지가 왕명을 받잡고 편지를 보내기를, "지존께서 그대가 산야에 숨어 있음을 들으시고 특히 명하여 부르시니, 곧 길을 떠나오는 것이 마땅하다." 하였다. 그가 서울에 도착하자 왕자들에게 글을 가르치라고 명하였다. 임금(세종)이

25) 『국역 대동야승』(1971, 민족문화추진회) 제I권 9쪽, 『용재총화』 제1권 1쪽에서 인용함.

잠저에 계실 때에 더욱 공경하여 예를 더하였으며, 이수도 더욱 삼가고 조심하였다. 태종 12년(1412)에 종묘의 주부(注簿)가 되었으며, 태종 14년 가을에 태종이 성균관에 거둥하여 선비를 뽑을 적에 이수가 넷째로 뽑히어 전사 주부를 제수하였고, 공조와 예조 두 조(曹)의 정랑으로 누차 승진하였다가, 태종 17년에 전사 소윤에 임명되고, 이듬해(1418) 임금께서 즉위하자 선공 정으로 있는 것을 동부대언으로 특별히 뽑혔고, 또 그 이듬해에 동지총제에 올랐더니, 얼마 아니 되어 늙은 어버이가 황해도에 있기 때문에 황해도 감사로 나갔다가, 이듬해에 들어와서 동지총제가 되어 곧 이조 참판으로 옮기고, 을사년에 도총제에 임명되었다가 예문 대제학·의정부 참찬으로 옮기고, 정미년에 어머니가 죽으매 상례(喪禮)에 불법(佛法)을 쓰지 아니하였다. 복(服)을 마치고 다시 도총제가 되었다가 이내 이조 판서로 옮기고, 다시 병조 판서로 옮겼는데 술에 취하여 말을 달리다가 떨어져서 이내 죽으니, 나이는 57세였다. 성품이 중후하여 겉치레를 좋아하지 않았으며, 막히든지 통하든지, 얻든지 잃든지 일찍이 기쁜 빛이나 노여운 빛을 나타내지 아니하며, 치산(治産)함을 일삼지 않았으며, 여러 가지로 벼슬을 거쳤으되 항상 왕자들 스승의 지위를 띠고 있었으므로 더욱 부지런하고 삼가기를 더하였다. 부고가 들리니 임금이 놀라고 슬퍼하여 특히 위해서 신위를 마련하여 곡하고 3일 동안 조정의 업무를 그쳤다. 부의로 쌀과 콩 모두 50석을 주고, 동궁도 부의로 20석을 주었다. 예조 정랑 정척(鄭陟)에게 명하여 초상치름을 돕도록 하고, 또 지신사 허성(許誠)으로 하여금 예장(禮葬)의 가부(可否)를 의논케 하니, 좌의정 황희·우의정 맹사성·찬성 허조 등이, "이수의 직위로는 비록 예장하는 예에 미치지 못하오나, 이미 은혜를 더하여 신위를 마련하여 곡까지 하였사오니, 예장을 하는 것이 마땅합니다."라고 말하므로, 드디어 유사(有司)에 명하여 장례를 다스리게 하고, 시호를 문정(文靖)이라 하니, 배우기를 부지런히 하고 묻기를 좋아함이 문(文)이요, 몸을 공손히 가지고 말이 적음이 정(靖)이었다. 아들이 넷이 있으니 구종(龜從)·서종(筮從)·복종(卜從)·길종(吉從)이었다. (세종 12(1430)/4/17)

윗글은 이수가 죽은 뒤 사관이 적은 그의 졸기다. 특별히 이수의 졸기를 모두 적어 보인 것은 그가 세종의 어린 시절 학문을 가르친 스승이기 때문이다. 스승이란 모름지기 제자의 인성을 결정짓는 주체이고, 그 가르침을 받는 제자의 정신적 지주가 아닐 수 없다. 임금일지라도 그 영향력은 다를 바 없다는 생각이다. 과연 이수가 어떤 인물이고 어떤 삶을 살다가 갔는지 알아보는 것도 의미가 있겠다 싶어서다. "겉치레를 좋아하지 않았으며, 궁하든 통하든, 얻든 잃든 일찍이 기쁜 빛이나 노여운 빛을 나타내지 아니하며, 치산(治産)함을 일삼지 않았으며, 여러 가지로 벼슬을 거쳤으되 더욱 부지런하고 삼가기를 더하였다."라는 글귀가 세종을 닮은 것 같다. 아니 세종이 스승을 본받은 것이다.

조선 초 이색과 정몽주, 그리고 이수로 이어지는 성리학의 학통은 세종에게 흘러갔고, 조선 성리학의 기틀을 마련하였다. 경연은 물론이고, 과거를 통해 인재를 등용할 때 치르는 과목 중의 으뜸은 성리학이었다.

의리를 좇되 공리를 꾀하지 않는 이런 학풍은 고려 말 성리학의 정통을 이끌었고, 조선 건국으로 이어졌다. 조선이라는 나라의 이념과 정책에서 보자면 임금과 신하, 경연은 필수불가결한 조건이었고 각별하였다. 세종은 왕자와 세자, 우수한 신하들과 함께 책을 읽으면서 성장했고, 임금이 되어서도 함께 책을 읽으며 지식과 경륜을 넓혔다. 경연에서 임금과 신하가 책을 함께 읽고, 함께 생각하고 궁리하며, 함께 따지고, 그리고 현실의 문제를 함께 풀어가는 것, 이것이 나라를 세운 이후 제도로 굳어진 조선의 정체성이라고 할 수 있다. 그런 전통과 제

도, 정체성의 중심에 세종이라는 성군이 있었다.[26)]

지금까지 세종이 배운 성리학의 성격과 그 맥을 짚어본 것은 바로 『훈민정음』에 실린 언문 창제의 원리가 성리학을 근본 철학으로 삼아 이루어졌기 때문이다. 곧, 새로운 문자 창제는 세종의 철학, 세종의 가치관의 발현이며, 동양철학의 진수인 성리학을 바탕으로 하였다는 대의명분이 서려 있는 것이다.

7. 또 다른 학문들 – 십학十學

세종 즉위 후 십여 년이 지난 어느 날 경연에서, 세종이 기술관들이 공부할 책들을 확정하였다.

> 상정소에서 여러 학문의 재주를 시험해 뽑을 때 그들이 공부할 경서(經書)와 여러 기예(技藝)의 책들에 대하여 아뢰기를, "유학(儒學)은 『오경(五經)』, 『사서(四書)』, 『통감(通鑑)』, 『송감(宋鑑)』이요, 무학(武學)은 『무경칠서(武經七書)』, 『진도(陣圖)』, 『장감박의(將鑑博義)』, 『태일산(太一算)』이요, 한이학(漢吏學)은 『서경(書經)』, 『시경(詩經)』, 『사서(四書)』, 『노재대학(魯齋大學)』, 『직해소학(直解小學)』, 『성재효경(成齋孝經)』, 『소미통감(小微通鑑)』, 『전후한(前後漢)』, 『이학지남(吏學指南)』, 『충의직언(忠義直言)』, 『동자습(童子習)』, 『대원통제(大元通制)』, 『지정조격(至正條格)』, 『어제대고(御製大誥)』, 『박통사(朴通事)』, 『노걸대(老乞大)』, 『사대문서등록(事大文書謄錄)』이요, 제술(製述)은 『주본(奏本)』, 『계본(啓本)』, 『자문(咨文)』이요, 자학(字學)은 대전(大篆) · 소전(小篆) · 팔분(八分)이요, 역학(譯學)은 한훈(漢訓)으로 된 『서경』, 『시경』, 사서(四書), 『직해대학

26) 오윤희(2015) 『왜 세종은 불교책을 읽었을까』 152쪽에서 인용함.

(直解大學)』, 『직해소학(直解小學)』, 『효경』, 『소미통감』, 『전후한』, 『고금통략(古今通略)』, 『충의직언』, 『동자습』, 『노걸대』, 『박통사』이요, 한어몽훈(漢語蒙訓)한 『대루원기(待漏院記)』, 『정관정요(貞觀政要)』, 『노걸대』, 『공부자속팔실(孔夫子速八實)』, 『백안파두토고안장기(伯顔波豆土高安章記)』, 『거리라하적후라서자(巨里羅賀赤厚羅書字)』, 『위올진(偉兀眞)』, 『첩아월진(帖兒月眞)』이요, 왜학(倭學)은 『소식서격(消息書格)』, 『이로파본초(伊路波本草)』, 『동자교노걸대(童子敎老乞大)』, 『의론통신(議論通信)』, 『정훈왕래(庭訓往來)』, 『구양물어(鳩養勿語)』, 『잡어서자(雜語書字)』이며, 음양학(陰陽學)은 『천문보천가(天文步天歌)』, 『선명보기삭보교회(宣明步氣朔步交會)』, 『수시보기삭보교회(授時步氣朔步交會)』, 『태양태음(太陽太陰)』, 『금성목성수성화성토성(金星木星水星火星土星)』, 『사암성보중성(四暗星步中星)』, 『태일산(太一算)』, 『성명복과(星命卜課)』, 『주역점(周易占)』, 『육임점(六壬占)』, 『성명서(星命書)』, 『대정삼천수(大定三天數)』, 『범위수(範圍數)』, 『자미수(紫微數)』, 『황극수(皇極數)』, 『원천강오행정기(袁天綱五行精紀)』, 『전정역수(前定易數)』, 『응천가(應天歌)』, 『오총귀(五摠龜)』, 『삼신통재란(三辰通載欄)』, 『강강관매수(江綱觀梅數)』, 『해저안(海底眼)』, 『벽옥경(碧玉經)』, 『난대묘선(蘭臺妙選)』, 『금연신서(禽演新書)』, 『삼거일람(三車一覽)』, 『지리대전(地理大全)』, 『지리전서(地理全書)』, 『천일경(天一經)』, 『영경(靈經)』이요, 의학(醫學)은 『의학직지(醫學直指)』, 『맥찬도(脈纂圖)』, 『맥직지방(脈直指方)』, 『화제방(和劑方)』, 『상한류서(傷寒類書)』, 『화제지남(和劑指南)』, 『의방집성(醫方集成)』, 『어약원방(御藥院方)』, 『제생방(濟生方)』, 『제생발수방(濟生拔粹方)』, 『쌍종처사활인서(雙鍾處士活人書)』, 『연의본초(衍義本草)』, 『향약집성방(鄕藥集成方)』, 『침구경(針灸經)』, 『보주동인경(補註銅人經)』, 『난경(難經)』, 『소문(素問)』, 『괄성제총록(括聖濟摠錄)』, 『위씨득효방(危氏得効方)』, 『두씨전영(竇氏全嬰)』, 『부인대전(婦人大全)』, 『서죽당방(瑞竹堂方)』, 『백일선방(百一選方)』, 『천금익방(千金翼方)』, 『우마의방(牛馬醫方)』이요, 악학(樂學)은 아악(雅樂),

금(琴), 슬(瑟), 편종(編鍾), 편경(編磬), 관(管), 약(籥), 생(笙), 우(竽), 화(和), 봉소(鳳簫), 적(笛), 지(篪), 훈(塤), 축(柷), 어(敔), 특종(特種), 특경(特磬), 뇌고(雷鼓), 뇌도(雷鼗), 영고(靈鼓), 영도(靈鼗), 노고(路鼓), 노도(路鼗), 응아(應雅), 상(相), 독(牘), 순(錞), 탁(鐲), 요(鐃), 탁(鐸), 진고(晉鼓), 등가(登歌), 문무(文舞), 무무(武舞), 전악(典樂), 당비파(唐琵琶), 아쟁(牙箏), 대쟁(大箏), 당피리[唐觱篥], 당적(唐笛), 통소(洞簫), 봉소(鳳簫), 용관(龍管), 생(笙), 우(竽), 화, 금, 슬, 장고(杖鼓), 교방고(敎坊鼓), 방향(方響)(이상은 당악(唐樂)), 거문고[玄琴], 가야금, 비파, 대금(大笒), 장고, 해금(嵇琴), 당비파(唐琵琶), 향피리[鄕觱篥](이상은 향악)이요, 산학(算學)은 상명산(詳明算), 계몽산(啓蒙算), 양휘산(揚輝算), 오조산(五曹算), 지산(地算)이며, 율학(律學)은 『대명률』, 『당률소의(唐律疏義)』, 『무원록(無冤錄)』입니다." 하니, 임금이 그대로 따랐다.(세종 12(1430)/3/18)

이 책들을 과목별로 분류해 보면 다음과 같이 나눌 수 있다.

1) 유학(儒學) — 서경, 예기, 춘추, 상서, 주역, 논어, 맹자, 대학, 중용, 통감, 송감.
2) 무학(武學; 兵學) — 무경칠서, 진도, 장감박의, 태일산.
3) 한이학(漢吏學) — 서경, 시경, 논어, 맹자, 대학, 중용, 노재대학, 직해소학, 성재효경, 소미통감, 전후한, 이학지남, 충의직언, 동자습, 대원통제, 지정조격, 어제대고, 박통사, 노걸대, 사대문서등록, 제술(製述)은 주본, 계본, 자문.
4) 자학(字學) — 대전(大篆), 소전(小篆), 팔분(八分).
5) 역학(譯學) — 한훈(漢訓)으로 된 서경, 시경, 논어, 맹자, 대학, 중용, 직해대학, 직해소학, 효경, 소미통감, 전후한서, 고금통략, 충의직언, 동자습, 노걸대, 박통사. 한어몽훈(漢語蒙訓)한 대루원기, 정관정요, 노걸대, 공부자 속팔실, 백안파두토고안장기, 거리라하적후라서자, 위구르진[偉兀眞], 첩아월진. 왜어(倭語)인 소식서격, 이로아

본초, 동자교 노걸대, 의론통신, 정훈왕래, 구양물어, 잡어서자.

6) 음양풍수학(陰陽風水學) — 천문보천가, 선명보기삭보교회, 수시보기삭보교회, 태양태음, 금성목성수성화성토성, 사암성보중성, 태일산, 성명복과, 주역점, 육임점, 성명서, 대정삼천수, 범위수, 자미수, 황극수, 원천강오행정기, 전정역수, 응천가, 오총귀, 삼신통재란, 강강관매수, 해저안, 벽옥경, 난대묘선, 금연신서, 삼거일람, 지리대전, 지리전서, 천일경, 영경.

7) 의학(醫學) — 의학직지, 맥찬도, 맥직지방, 화제방, 상한류서, 화제지남, 의방집성, 어약원방, 제생방, 제생발수방, 쌍종처사활인서, 연의본초, 향약집성방, 침구경, 보주동인경, 난경, 소문, 괄성제총록, 위씨득효방, 두씨전영, 부인대전, 서죽당방, 백일선방, 천금익방, 우마의방.

8) 악학(樂學) — 아악, 금슬, 편종, 편경, 관, 약, 생, 우, 화, 봉소, 적, 지, 훈, 축, 어, 특종, 특경, 뇌고, 뇌도, 영고, 영도, 노고, 노도, 응아, 상, 독, 순, 탁, 요, 탁,진고, 등가, 문무, 무무, 전악, 당비파, 아쟁, 대쟁, 당피리, 당적, 통소, 봉소, 용관, 생, 우, 화, 금, 슬, 장고, 교방고, 방향〈이상은 당악〉, 거문고, 가야금, 비파, 대금, 장고, 해금, 당비파, 향피리〈이상은 향악〉.

9) 산학(算學) — 상명산, 계몽산, 양휘산, 오조산, 지산.

10) 율학(律學) — 대명률, 당률소의, 무원록.

위의 분류는 사역원에서 가르친 이른바 '십학(十學)'이다. 세종 12년 관리들의 교육에 필요한 학습서를 점검하여 법제화한 것인데, 이를 처결한 세종이 이 십학의 책들을 읽었을까? 읽지 않았을까? 틀림없이 그 책들을 세종은 읽어보았을 것이고, 당연히 책의 내용을 파악하고 있어야 했다. 세종은 신하들에게 늘 '내가 경서(經書)나 사서(史書)를 읽지 않은 것이 없다.'라는 말을 자주 하였고, 다양한 학문에 대한 세종의 학구열은 내용도 모른 채 학습서를 결재하도록 내버려 두지 않았을 것이다.

앞서 집현전과 경연을 통하여 임금과 신하들이 공부하던 책들과 그 내용을 살펴보면서, 우리가 아는 유교 경전이 조선의 임금이 알던 지식의 전부라고 오해할 수도 있다. 그러나 세종의 머릿속에 든 지식의 세계는 감히 우리가 상상할 수조차 없는 광범위한 세계였다. 인재를 등용하여 일을 시켜서 각 분야마다 책임을 맡기는 수준을 넘어 세종 자신이 작곡가요, 작사가요, 공학도요, 관측사요, 법률가였다. 학자요 기예가였다. 또 경돌의 소리가 반음 틀린 것까지 알아내는 조율사가 아니었던가? 상상을 뛰어넘어 그 이상이었다. 레오나르도 다빈치처럼 세상에는 천부적인 천재가 있기 마련이다.

사실 『경국대전』에 따르면 잡과는 천대받은 과목이었다. 문과는 정3품 통훈대부, 생원진사시는 정5품 통덕랑 이하가 응시하도록 한 데 비해 잡과에는 7품 이하만이 응시할 수 있도록 규정하고 있어, 잡과가 문과나 생원진사시보다 천시되고 있었다는 것을 알 수 있다. 그러나 지방 향리들은 세 아들 가운데 한 아들이 잡과에 합격하면 향역(鄕役)을 면할 수 있었기 때문에 이에 대한 관심이 많았다. 뿐만 아니라 향교 유생이나 양민 자제들은 잡과를 통해 중인으로 신분을 상승시킬 수 있는 절호의 기회였으므로, 잡과는 하나의 신분 이동통로로 이용되기도 하였다.

『경국대전』에 따르면 당시 조선의 과거제도는 다음과 같은 얼개였다.

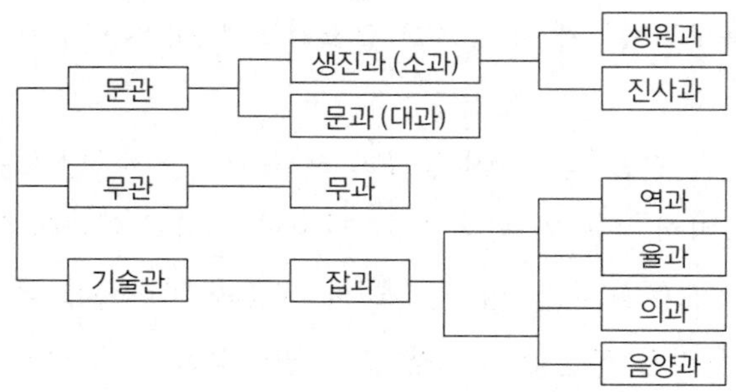

위의 경연 내용은 기술관(잡과)의 학습교재를 세종에게 승인받는 장면이었다. 승인하려면 임금 자신도 학습교재로 쓰려는 책들의 내용을 어느 정도 파악해야 했으므로, 책벌레 세종은 위의 책들을 낱낱이 잘 알고 있었을 것이다. 세종의 업적 가운데는 음악, 역학, 의술, 병술 등 다양한 기술과학의 업적들이 많음을 볼 때 다양한 학문에 대한 세종의 지식은 누구보다 높았다고 할 수 있다. 유교 경전과 그밖의 십학을 두고 경중을 따진다는 것이 무리는 있겠으나, 법률의 정비, 아악의 정립, 외교사절과 역관의 양성 등이 결코 유교 경전 읽기보다 가벼운 것이 아니었다. 어찌 보면 국가 안위를 위해 첨예하고 중차대한 일이 아닐 수 없다. 세종은 그런 의미에서 늘 십학에 대해 관심을 가지고 인재를 양성해야 했고, 자신도 스스로 서적을 읽으며 몸소 학문적 소양을 높였던 것이다. 물론 당시 사회는 기술관을 문관보다 천대시하던 시대지만, 따지고 보면 실질적으로 백성의 생활에 도움이 되었던 것은 의술과 같은 잡과의 학문이었다. 자세히 들여다보면 외교, 법제, 의술, 예악과 같은 분야는 정말로 국정 운영에 절대 소홀히 할 수 없는 전문분야로서, 오늘날에도 복지국가의 근간을 이루는 요소인 것처럼, 당시 조선 사회에서도 백성의 안녕과 법과 제도의 정비에 매우 중요한 요소였음에 틀림없다. 특히 음악에 대한 세종의 관심은 결국 '정간보(井間譜)'

라는 동양 최초의 유량악보를 창시하기까지 한다.

> 종친은 시어소에서, 문·무 2품 이상은 의정부에서, 3품 당상관은 예조에서, 기로와 재추는 기로소(耆老所)에서 잔치를 베풀었다. 또 승정원에서 베풀 때 잔치에서 노래하는 기생과 악공을 내보내어 '취풍형, 여민락, 치화평' 등의 음악을 연주하게 하고, 인하여 이르기를, "이제 그대들에게 새로운 악곡을 지어 내리니 부디 마음껏 즐기라." 하였다. 임금이 승정원에 이르기를, "이제 신악(新樂)이 비록 아악(雅樂)에 쓰이지는 못하지만, 그러나 조종의 공덕을 형용하였으니 폐할 수 없는 것이다. 의정부와 관습도감에서 함께 이를 관찰하여 그 가부를 말하면, 내가 마땅히 덜든지 더하든지 하겠다." 하였다. 임금은 음률을 깊이 깨닫고 계셨다. 새로운 음악의 절주(리듬)는 모두 임금이 제정하였는데, 막대기를 짚고 땅을 치는 방식으로 음절을 하루저녁에 제정하였다. 수양대군 이유(李瑈) 역시 성악(聲樂)에 통하였으므로, 명하여 그 일을 관장하도록 하니, 기생 수십 인을 데리고 가끔 금중에서 이를 익혔다. 그 춤은 칠덕무(七德舞; 당나라 궁중에서 만든 춤)를 모방한 것으로, 활과 창검으로 치고 찌르는 형상이 다 갖추어져 있었다. 처음에 박연에게 명하여 종률(鍾律)을 정하게 하니 박연이 일찍이 옥경(玉磬)을 올렸는데, 임금께서 쳐서 소리를 듣고 말씀하시기를, "이칙(夷則)의 경쇠소리가 약간 높으니, 몇 푼을 감하면 조화롭게 될 것이다." 하시므로, 박연이 가져다가 보니, 경쇠공이 잊어버리고 쪼아서 고르게 하지 아니한 부분이 몇 푼쯤 되니, 모두 임금의 말씀과 같았다.(세종 31(1449)/12/10~11)

유명한 이야기다. 세종과 박연이 음악에 대한 조율을 하면서 주고받은 위의 대화는 세종이 얼마나 음악에 대해 많은 책을 보고 음악을 듣고 느꼈는지를 가늠할 수 있는 장면이다. 맨 처음 세종이 음악에 대해 관심을 갖기 시작하여 경연에서 중국 음악서적을 배우게 되었는데,

넉 달 만에 중국 음악 총서라고 할 수 있는 『아악보(雅樂譜)』를 완성한다. 『세종실록』 50권, 세종 12년(1430) 8월 23일 경연에서 중국의 『율려신서』를 공부하기 시작하였다는 기록이 나오고 그해 윤12월 1일자 기록에, 친히 『아악보』를 완성하였다고 하였는데, 정인지가 서문을 썼다고 한다.

아악보 서

『아악보(雅樂譜)』가 완성되었다. 정인지가 명령을 받들어 서(序)를 짓기를, "음악은 성인이 성정을 기르며, 신과 사람을 조화롭게 하며, 하늘과 땅을 자연스럽게 하며, 음양을 조화시키는 방법이다. 우리나라는 태평한 지 40년을 내려왔는데도 아직까지 아악(雅樂)이 갖추어지지 못하였다. 공손히 생각하옵건대, 우리 주상 전하께옵서 특별히 생각을 기울이시어 경술년(1430) 가을에 경연에서 채씨(蔡氏)의 『율려신서(律呂新書)』를 공부하시면서, 그 법도가 매우 정밀하며 높고 낮은 것이 질서가 있음에 감탄하시어 음률을 제정하실 생각을 가지셨으나, 다만 황종(黃鍾)을 갑자기 구하기가 어려웠으므로 그 문제를 중대하게 여기고 있었다. 마침내 신들에게 명하시어 옛 음악을 수정하게 하였다. 신들이 보면, 지금 봉상시에 보존된 악기는 고려 예종 때에 송나라 휘종이 준 편종과 공민왕 때에 고황제가 준 종(鍾)과 경(磬) 수십 개가 있으며, 우리 왕조에 이르러 또 명 태종 문황제가 준 종과 경 수십 개가 있을 뿐이다. 이제 그 소리에 따라서 편종을 주조하고, 좋은 돌을 남양에서 얻어 편경을 만들어서, 악기가 모두 새로워진 것이다. 또 그 소리에 의하여 동률(銅律)을 주조했는데, 그 율이 약간 길어서, 기장[黍]이 너무 많이 들어가는 것을 보아 옛적의 자[尺]와 맞지 않는 듯하므로, 그 자는 쓰지 아니하고, 모든 악기는 모두 알맞게 만들고 그 율관만을 남겨 두어 음정을 조화시키는 데 편리하게 할 뿐이었다. 네 가지의 맑은 소리 가운데서 황종의 맑은 소리가 반율(半律)로 변한 것이 아니었고, 태주(太簇)

의 맑은 소리도 손익(損益)하는 수에 다 들어맞지 않았다. 그러나 역대로 써 온 것이 오래되었고, 중국에서도 이것을 보내 주었다. 그런데 음악에서는 신민이 임금을 능가하는 것을 가장 꺼려한다. 그러므로 지금도 그 소리를 병용(倂用)하여 우선 상(商)과 각(角)이 궁(宮)보다 지나침을 피하였다. 또 지금 봉상시의 악장이 어디로부터 전해 온 것인지 알 수 없었고, 그 중에는 악공들이 일시적으로 보탠 것도 있어서 믿을 만한 가치가 없고, 참고할 수 있는 것은 『의례』와 『시악풍아(詩樂風雅)』 12편과 『지정조격』과 임우(林宇)의 『석전악보(釋奠樂譜)』 17궁(宮)뿐이다. 그러나 다른 악장 12편은 모두 황종을 궁으로 만들고, 혹은 맑은 소리로 조정하기도 하고, 또한 맑은 소리를 사이사이 쓰기도 하니, 이것은 이른바, '황종이라는 균(均)은 순수한 가운데도 순수한 것'이 아니다. 『풍시』 6편에 이르러서는 다만 세 가지의 궁(宮)만이 일곱 소리[七聲]를 쓰고, 다른 궁은 모두 섞인 소리[雜聲]가 있다. 『석전악보』에도 이와 같은 것이 많다. 지금의 것을 가지고 참고하여 보면 궁·상·각·치·우의 다섯 가지 소리는 오행(五行)에 기본을 두고, 여기에다 임금·신하·백성·일·물건을 배합한 것이어서, 정치가 잘 되고 못 된다든가, 재난과 길상(吉祥)이 모두 그 종류에 따라서 응답되는 것이다. 『주관(周官)』에서 이른바, '태사(太師)가 동률(同律)을 가지고 군대의 소리를 들으며 길하고 흉한 것을 알린다.'고 한 것이나, 『악기(樂記)』에서 이른바, '다섯 가지가 문란하지 않으면 조화롭지 못한 음이 없을 것이다.'라고 한 것이 모두 이 때문이다. 만일 궁(宮)과 상(商)의 중간에 다른 소리를 쓴다면 곧 궁도 아니요 상도 아닌 어긋난 소리요, 상과 각의 중간에 다른 소리를 쓴다면 곧 상도 아니요 각도 아닌 어긋난 소리가 되며, 치와 우도 모두 이러한 성질로 미루어 나갈 수 있다. 더구나 궁성(宮聲) 위에다 딴 소리를 사용해서는 안 된다. 다만 『의례』의 주석 풀이에서 주자(朱子)는, '청성(淸聲)으로 곡조를 시작하는 것은 옛 법이 아니다.'라고 말하면서도, 이에 대해서는 말이 미치지 않았으니 정말 의문된다.

그러나 그의 말을 보면, '율(律)과 여(呂)가 12개씩이 있는데, 사용할 때에는 다만 7개만 쓰는 것이니, 만일 다시 한 소리를 끼워 넣는다면 곧 잘못이다.' 하였으니, 또한 서로 밝혀지기에 충분하다. 『시악(詩樂)』 12편은 개원(開元) 연간에 전해 온 음악이요, 옛날의 음악이 아니며, 『석전악보』의 17궁도 그대로 다 믿기가 어렵다. 그러나 이 두 악보 이외에는 다시 의거할 곳이 없으므로, 의례악(儀禮樂)에서 순수히 일곱 종류의 소리[七聲]만을 사용한다는 취지와, 소아(小雅)의 6편 26궁의 원칙을 가지고 이것을 부연하여 3백 12궁을 만들어서 조회의 음악을 갖추고, 『석전악보』에서는 순수히 7성 · 12궁의 원칙을 가지고 부연하여 1백 44궁을 만들어서 제사의 음악을 갖추고, 황종의 궁은 모두 바른 소리[正聲]를 사용하고, 나머지의 궁은 모두 네 가지의 맑은 소리를 사용하여 악보 두 질을 만들고, 또 『의례』와 『시악』과 『석전악보』 한 벌씩을 베껴서 따로 한 질을 만들어서, 후일에 음악을 아는 사람의 참고 자료가 되기를 기다린다. 아깝게도 그 음악 서적이 완전한 대로 남지 못하고 악보의 법도 전하지 못하여, 음악이 무너졌다는 탄식을 자아내게 한 것이다. 옛 음악은 이미 다시 볼 수 없으나, 이제 황종을 음성의 기본에서 찾아내어 28개의 음성을 마련하였고, 크고 작으며 높고 낮은 것이 제 차례를 문란시키지 아니한 점에 있어서는, 주자(朱子)와 채씨(蔡氏)의 뜻이 천 년 이후에 이르러 조금이라도 펴게 되었으니, 이것은 반드시 우리 왕조를 기다리어 이루어졌다고 아니할 수 없다." 하였다.(세종 12(1430)/윤12/1)

이처럼 세종은 음악 이론서를 편찬한 뒤 본격적으로 작곡과 작사를 시작한다. 결국 세종 29년(1447)에 완성한 신악보는 『세종실록』 부록으로 남아 있는 「세종악보」에 실렸는데, 정대업지무악보 15곡, 보태평지무악보 11곡, 발상지무악보 11곡, 봉래의 전인자, 여민락, 치화평, 취풍형, 후인자 등 5곡 등 총 42곡을 작곡하게 된다. 사실 세종악보에 실린 이 '용비어천가'는 필사본으로 전하는데, 글쓴이가 주장하는 것은 이 필사본이 현재까지 전하는 한글 필사본 중 가장 오래된 자료라는 사실이다.

지금까지 가장 오래된 한글 필사본은 신미대사와 세조가 주고받은 편지글 『상원사중창권선문』(1464)이라고 알고 있지만, 그 글은 후대에 첩장으로 만들면서 누군가 대필한 글로서 그 연대는 한참 뒤떨어진다. 김무봉(2010)의 『역주 상원사중창권선문』 해제에서는 이 첩장의 언해문에 'ㆆ'이 나타나지 않고, 동국정운식 표기도 없는 것으로 보아 『원각경언해』(1465)에서 완성된 표기 체제를 가진다고 한 바,[27] 신미대사가 편지 끝에 적은 '천순 8년(1464) 12월 18일'이 이 첩장의 간행일이 될 수 없고, 세조가 그 편지를 읽고 답장한 시간과, 이 두 편의 편지를 모아 언해한 뒤, 다시 대필하여 첩장을 만든 기간을 더한다면 1465년 이후의 필사본이 분명하다.

하지만 '용비어천가'가 필사되어 있는 『세종실록』 부록의 '악보(樂譜)'는 단종 2년(1454) 3월 30일에 완성된 필사본이다. 오대산 상원사 권선문보다 11년 앞선 필사본인 셈이다. 찬집자들이 문종 1년(1451)부터 시작하여 이날에 단종에게 『세종실록』 정초본을 올림으로써 2년 1개월 여에 달하는 편찬 작업이 완료되었다. 『세종실록』은 분량이 매우 방대해 처음에는 한 벌만 베껴 춘추관에 두었는데, 세조 12년(1466) 11월 17일 필사하였던 정초본을 주자(鑄字)로 인출하여 후세에 남기자는 양성지의 건의로 『세종실록』에 이어 편찬된 『문종실록』과 함께 주자로 인쇄하여 성종 3년(1472) 7월에 완료하지만, 부록으로 기록한 '오례의(五禮儀, 권128~135), 악보(樂譜, 권136~147), 지리지(地理志, 권148~

27) 김무봉, 『역주 상원사중창권선문·영험약초·오대진언』(2010, 세종대왕기념사업회) 해제 7~33쪽 참조.

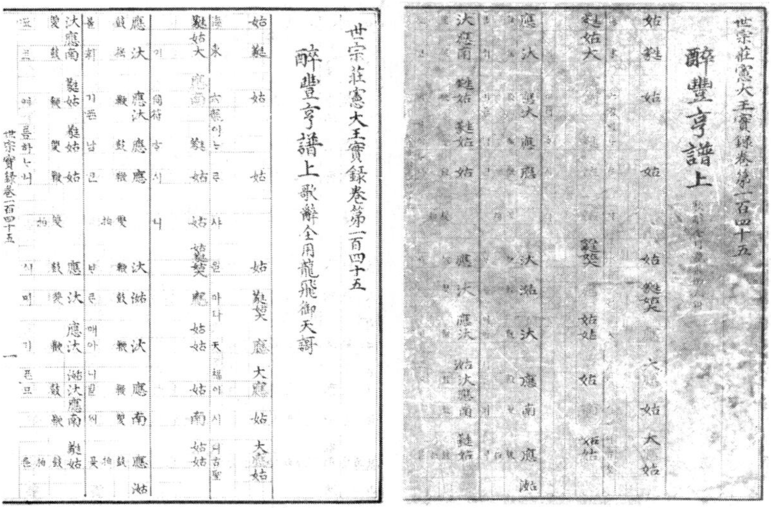

세종실록 145권 「세종악보」 '취풍형보 상'의 첫쪽. 태백산본(왼쪽)과 정족산본(오른쪽)

155), 칠정산 내외편(七政算, 권156~163)'은 그림이 많아 필사한 정초본을 그대로 둔 것이다. 그 악보에 가사로 쓰인 '용비어천가'가 필사되어 있다.

이 부록 '악보'는 유사눌, 정인지, 박연, 정양 등이 정리하였다고 하니 그들 중 한 사람의 필체일 것이다. 이 정초본 『세종실록』은 전주사고에 두었던 것인데 임진왜란 뒤 다른 모든 사고본이 불에 타 사라졌으나 전주사고본만 구사일생으로 남았고, 선조가 이를 바탕으로 하여 다시 교정본을 만들어 3벌 더 인쇄하였다. 춘추관 · 태백산 · 묘향산에는 신인본(新印本)을, 마니산에는 전주사고에 있던 원본을, 오대산에는 교정본을 보관하였는데, 춘추관본은 이괄의 난 때 불타버렸고, 묘향산사고본은 적상산으로 옮겼다가 북한이 가져갔고, 오대산사고본은 일본이 가져가 대지진 때 불에 타고 몇 책만 남아 돌아왔다. 마니산사고본은 1636년 병자호란 때 청나라 군대에 의하여 파손되어 낙권·낙장된 것이 있었는데, 현종 때 이를 완전히 보수하여, 1678년(숙종 4)에 정족산에 새로 사고를 지어 옮겼다.[28] 결국 전주사고본은 돌고 돌아 마니산사고를 거쳐 정족산사고본으로 지금껏 남아 있는 것이다.

8. 세종 시대의 학문과 외국어

> 상참(아침 조회)을 받고 경연에 나아가 『춘추좌전』을 강독하였다.
>
> 임금이 이르기를, "내가 경서(經書)와 사서(史書)를 읽지 않은 것이 없고, 또 지금은 늙어서 능히 기억하지 못하나 지금에도 오히려 글 읽는 것을 버리지 않는 것은, 다만 글을 보는 동안에 생각이 일깨워져서 여러 가지로 정사에 시행되는 것이 많기 때문이다. 이로써 본다면 글 읽는 것이 어찌 유익하지 않으랴? 세자가 이미 사서와 오경, 『통감강목』을 읽었으니, 임금의 학문이 반드시 해박해야 하는 것은 아니나, 어찌 이 정도로써 만족하고 중단할 것인가? 또 중국말도 몰라서는 안 되니, 김하(金何)로 하여금 3일에 한 차례씩 서연에 나아가 세자에게 『직해소학』과 『충의직언』을 가르치라. 비록 두 책을 읽었다 하여도 한어(중국어)를 통하기는 어렵겠지마는, 전혀 모르는 것보다 낫지 않겠는가?" 하였다.(세종 20(1438)/3/19)

위의 『세종실록』 기록은 경연에서 『춘추좌씨전』을 공부했다는 사실 뿐만 아니라, 세자(뒤의 문종)에게 중국어 회화책을 가르치라고 명령하면서 구체적인 책 이름을 짚어주었다는 것이다. 서연이란 세자의 경연이다. 그만큼 당시 세종과 지식인들에게 지식이란 유학 공부만이 아

28) 『한국민족문화대백과사전』(한국학중앙연구원)에서 참고함.

니라 외국어(중국어) 공부도 소홀히 하지 않았음을 알 수 있다. 오늘날 영어(미국어)가 제1외국어로서, 지구상 많은 나라가 정규 학습 과목으로 설정해 놓고 가르치는 것처럼, 당시 중국어는 동양의 최강국인 중국의 말이었으므로 외교관이나 통역관뿐만 아니라 임금까지도 큰 관심을 가지고 학습을 하였던 것이다. 조선인에게는 선택의 여지가 없었던 글공부였으니, 그 글공부는 백성이나 임금이나 모두 한자와 한문 공부였고, 외국어 학습은 주로 중국어 학습이었던 시대다.

지금은 우리가 말하는 것을 한글로 그대로 적으면 글이 되어 편지도 쓰고 책도 내어 많은 사람들에게 읽힐 수가 있지만, 그 옛날 고구려, 백제, 신라 사람들은 그럴 수가 없었다. 다행히 중국에서 한자라는 것이 들어와 그 글자로 어렵사리 소통할 수도 있었다. 그러나 그 글자를 가르쳐 줄 사람이 드물고, 배우기도 힘들고, 배운다 한들 그 글자를 부려서 말처럼 문장을 만들기는 더더욱 힘든 일이었다. 중국의 한문은 어순이 우리말과는 전혀 달라 한자의 뜻만 가지고서는 문장을 만들기가 여간 어려운 것이 아니었다. 마치 글 모르는 어린 아이에게 책을 던져주고 읽어보라거나, 생면부지 그림문자로 쓰여진 책을 읽고 그 내용을 파악하며 공부를 하라는 격이었다.

그래서 1차적으로는 우리나라로 귀화한 중국사람에게서 한자를 배우는 수밖에 없었다. 한자의 음과 뜻을 이용해 우리말식으로 문장을 만들어 보기도 하고, 한문 끝에 우리말식 입겿(구결)을 붙여 보기도 하는 등 그 글자를 우리 글자처럼 써보았지만 그것은 아주 적은 몇몇 사람들만이 소통하는 글자일 뿐이었고, 또 설령 이두 글자를 만들고 입겿 다는 법을 가르쳐서 글을 쓴다고 해도 그것은 일부 사람이 암호처럼 주고받는 말일 뿐이었다. 그래서 우리는 오래전부터 직접 중국으로 건너가 중국사람의 말을 배워서 한문을 읽는 사람이 많이 생겼다.

"11월 16일. (중국) 적산원에서 『법화경』 강연을 시작했다. 내년 정월 15일까지가 그 기한이다. 사방에서 여러 스님과 인연 있는 시주들이 모두 와서 참여했다. 성림화상이 강경(講經)의 법주(法主)다. 거기에 논의하는 자 두 사람이 있는데, 돈증스님과 상적스님이다. 남녀 승속이 함께 절 안에 모여 낮에는 강연을 듣고 저녁에는 예참(禮懺), 청경(聽經) 등이 차례로 이어진다. 승속의 숫자는 사십여 명이다. 그 강경과 예참은 모두 신라의 풍속을 따르지만, 저녁과 새벽의 예참만은 당나라의 풍속을 따른다. 나머지는 모두 신라말로 한다. 집회에 참석한 승속, 노소, 존비는 모두 신라 사람들이고, 단지 세 명의 중과 행자 하나가 일본 사람이다."

일본 승녀 엔닌(圓仁, 794~864)이 지은 『입당구법순례행기』의 기록이다. 당시 엔닌은 구법(求法)을 목적으로 사신을 따라 당나라에 입국하였으나 허가를 받지 못해 두 달 안으로 귀국해야 할 처지에 있었다. 그때 신라 스님들의 도움으로 허가를 얻고 꿈을 이룰 수 있었는데, 그 사이 우연히 적산 법화원에 머물면서 『법화경』을 함께 읽는 기회를 갖게 되었고, 그 과정을 강경의식이라는 제목 아래 자세히 기록한 것이다.[29]

위의 글은 신라 시대에 쓰여진 일본 승녀 엔닌(圓仁)의 기록과, 그에 대한 설명이다. 일본 헤이안 시대의 천태종 고승이었던 엔닌은 통일신라 민애왕 원년(838)에 견당사(遣唐使)의 배를 타고 당나라에 가 수행하다가 당나라 무종(武宗)의 불교 탄압으로 외국 승려들이 추방되자 난을 피해 장안에 갔다가 847년 귀국하였다. 귀국할 때 많은 불전과 만다라를 가지고 갔다. 엔닌은 여행기 『입당구법순례행기』에서 당나라 체류 10년간의 행각과 당대 말엽의 지리 · 역사 · 사회상을 자세히 기술하였다. 위 내용 중 적산원이 바로 신라원인 법화원(法華院)이었다. 통일신

29) 오윤희, 『왜 세종은 불교 책을 읽었을까』(2015, 불광출판사) 309쪽에서 인용함.

라시대에 당나라와 교역이 번성하여지니 산둥반도나 장쑤성 등 신라인의 왕래가 빈번하였던 곳에는 신라인의 집단거주지 신라방이 생겨나게 되었다. 그 곳의 거류민들은 절을 세워 그들의 신앙 의지처로 삼은 한편 항해의 안전도 기원하였는데, 이와 같은 사찰을 신라원이라고 하였다.

신라원 가운데에서 가장 대표적인 것은 흥덕왕대에 장보고가 산둥반도 적산촌(赤山村)에 세운 법화원이다. 이 법화원은 신라와의 연락처 구실을 하는 것은 물론, 신라의 유학승과 일본의 유학승들에게까지 편의를 제공하였던 사찰이다. 1년의 수확 500석의 전답을 기본재산으로 삼았던 법화원에는 항상 30여 명의 상주하는 승이 있었다고 하며, 연중행사로는 본국인 신라의 예에 따라 매년 8월 15일을 전후하여 3일 동안 성대한 축제를 열었다. 또한, 매년 정기적인 강경회(講經會)를 개최하였는데, 여름에는 『금강경』을 강론하고 겨울에는 『법화경』을 강론하였다. 각각 2개월씩 계속된 이 강경회에는 약 250여 명의 승속이 참여하였다고 한다. 그리고 예불도 신라의 것을 그대로 따라 하였는데, 『열반경』·『화엄경』·『초일명경(超日明經)』[30] 등에서 설한 게송(偈頌)에 각각 곡을 붙여 범패(梵唄)로 불렀다고 한다. 이와 같은 신라원은 법화원 외에도 여러 사찰이 있었던 것으로 추정되고 있다.[31]

---

30) 초일명경(超日明經) : 원래 이름은 '불설초일명삼매경(佛說超日明三昧經)'이다. 이름이 '햇빛보다 더 뛰어난 삼매에 대한 경'임을 함축하고 있는 것처럼, 초일명삼매를 얻기 위한 방법과 초일명삼매를 통해서만 깨달음을 얻을 수 있다는 내용을 상, 하, 2권으로 나누어 해설한다. 초일명삼매란 오곡 백과를 무르익게 하는 햇빛보다도 더 뛰어난 것이며 반드시 깨달음을 성취할 수 있게 해주는 삼매를 뜻한다. 보살이 수행하는 마지막 단계에 성취할 수 있는 최상의 삼매가 바로 초일명삼매이다. 보살은 이러한 초일명삼매를 닦아서 불도의 궁극적인 목적인 공(空)의 이치를 깨닫고 모든 중생을 다 구제하도록 노력해야 한다는 것이 본 경의 주제이다.(『고려대장경』 해제를 참조함)

31) 『한국민족문화대백과사전』(한국학중앙연구원) '법화원'에서 인용함.

이미 신라의 지식인들이 중국에 건너가 중국말을 배우고, 중국 스님과 대화하며 불경 원전을 습득하여 부처의 말씀을 터득하였다는 내용이다. 당시 한자가 우리나라에 들어온 지도 얼마 되지 않았으므로 그 글자를 배우는 일은 매우 어려운 일이었다. 뜻과 발음, 쓰는 법, 획순 등 뭐 하나 제대로 알고 가르치는 사람도 없었을 것이고, 이것을 배워서 불경을 읽기는 첩첩산중을 헤매는 격이었을 것이다.

그 모든 힘들고 수고로운 과정을 일시에 해결해 주는 방법이 바로 중국에 가서 중국 사람과 함께 수양하며 글자를 배우는 일이다. 거기에는 번역도 필요 없고 곧바로 터득하는 간단하면서도 명료한 배움의 절차가 있을 뿐이었다. 그러나 그렇게 배운 지식과 경전의 내용을 모국에 돌아와 중국어를 전혀 모르는 승녀들에게 가르쳐야 하였으므로 결국 번역의 절차는 반드시 필요했고, 그것은 새로운 국면으로 다가온 숙제였다. 하지만 중국에 가서 배울 때보다는 훨씬 쉬워졌다. 배워 온 사람이 내 나라 사람이었기 때문에 내 나라 말을 잘 알고 있으니 잘 설명하며 체계적으로 쉽게 가르칠 수가 있게 된 것이다. 배우는 사람이 질문을 하여도 그 말을 듣고 잘 설명해 줄 수 있으니 말이다.

엄밀히 말해서 우리나라 사람들은 문자생활을 처음 시작한 아주 오래전부터 중국어 학습이란 숙제를 항상 안고 살아야만 했다. 돌이켜보면, 우리 문헌에 기록된 수많은 중국 서적들이 처음 이 땅에 들어오던 삼국 시대부터 그랬다. 고유 문자가 없었던 고구려, 백제, 신라는 모두 한자를 차용하여 자국의 말을 기록했고, 그러기 위해서 한자 교육을 국가 차원에서 실시하게 되었으며, 그 결과 한문으로 자국의 역사를 기록하는 수준까지 이르게 된다. 그러므로 국가에서 세운 학교가 하는 일은 무엇보다도 한문 교육이 우선이었고, 한자 교육을 통해 중국의 경전을 읽어내는 일이었다.

> 신라 원성왕 4년(788)에 비로소 독서출신과(讀書出身科)를 정하여 『춘추좌씨전』이나 『예기』, 『문선』을 읽고 능히 그 뜻을 통하며 겸하여 『논어』와 『효경』에 밝은 자는 상독(上讀)이 되고, 『곡례』, 『논어』, 『효경』에 통하는 자는 중독(中讀)이 되며, 『곡례』, 『효경』을 통하는 자는 하독(下讀)이 된다. 만약 오경(五經), 삼사(三史; 사기, 한서, 후한서), 제자백가의 글을 널리 통하는 자는 특별히 발탁하여 썼다. 종전에는 단지 활쏘는 것으로써 사람을 뽑았는데 이에 이르러 고쳤다.[32)]

우리나라에서 사람을 처음 뽑아 쓴 기록이다. 이때는 과거제도라고까지 할 수는 없었지만 중국의 영향을 받아 활쏘기로 사람을 뽑던 구습을 버리고 책을 많이 읽은 자에게 벼슬을 주기 시작했다는 기록이다. 이미 신라 때에 『논어』, 『예기』, 『문선』, 『효경』, 『춘추』, 『사기』, 『한서』 등의 책들이 유입되어 읽혔음을 알 수 있으니, 고구려나 백제도 이와 비슷한 환경 속에서 유교 경전을 가르쳤을 것이다. 엄밀히 말하자면, 신라 사람으로 당나라에 건너가 중국어와 한자를 배워 당의 과거시험에 합격한 사람들이 신라로 돌아오면서 이러한 책들을 가지고 들어와 가르치고 읽힌 것이 우리나라 교육의 시작이었다. 즉, 누군가 중국말과 한자를 공부한 사람이 있었으니 위와 같은 책을 가르칠 수 있었던 것이다. 원성왕 4년(788) 이전에 이미 중국과 많은 교류가 있었다는 것을 짐작케 하는 대목이 있다.

> 최해가 말하기를, "… 신라 때에 김이어, 김가기, 최치원, 박인범, 김악은 모두 당나라에 들어가서 과거에 올랐는데, 그 성명을 상고할 수 있는 사람은 이들뿐이다." 하였다.[33)]

---

32) 『국역 증보문헌비고』 권184 선거고(1994, 세종대왕기념사업회) '과거제도 1' 첫 쪽에서 인용함.

최해는 고려 후기 충렬왕 13년(1287)에 태어나 충혜왕 복위 1년(1340)에 죽은 사람으로, 그 역시 중국 원나라에 유학해서 1320년 원나라 과거시험에 합격한 사람이며 고려에 돌아와 성균관 대사성까지 올랐다.

잘 알다시피 고려에 들어와서는 광종 때 후주(後周)에서 귀화한 쌍기가 의견을 내어 처음 과거제도가 시행되었다. 이 과거제도는 중국 당나라의 제도를 그대로 따른 것이니 그 과목 역시 중국인 학습자들이 배우던 과목 그대로였다. 문과(文科)는 유교 경전인 시경, 서경, 역경, 춘추, 예기 따위에 대한 이해 능력을 시험하는 명경과(明經科)와, 시와 문장을 짓는 능력을 시험하는 지금의 논술시험과 같은 제술과(製述科)가 있었고, 무과는 실기(實技) 시험 위주로 보았으며, 잡과(雜科)는 기술자들을 선발하던 과목으로, 명법, 명사, 명서, 의업, 주금업, 지리업 등의 전문지식을 시험했고, 특히 직업 승려를 선발하는 승과(僧科)가 있었으니, 여러 가지 불경 또한 중국을 통해 들어온 한문책이었다.

이 불경들은 인도 범어(산스크리트어)로 기록된 것을 한문으로 번역하여 중국에 들어온 것이니, 서양의 기독교 성경이 본디 히브리어, 그리스어, 라틴어로 기록되었지만 영어로 번역된 번역서를 우리말로 번역하여 들여온 것과 같은 처지였다. 중국 고전을 우리말로 번역하는 것이 얼마나 많은 세월과 노력을 필요로 했겠는가? 불경도 마찬가지였다. 그러므로 그 옛날, 이미 범어 원전을 한문으로 번역할 때도 많은 어려움이 있었을 것이다. 그리고 그 원전을 번역한 한문 불경에도 중국에서 이미 자리를 잡고 있던 유교(儒教)와 도교(道教)의 용어를 빌려다 써야 했을 것이다. 말은 빌려 쓰기 마련이고, 외국어를 번역하는 일이란 그럴 수밖에 없는 것이다. 범어 원전에는 인도말의 독특한 말

33) 『국역 증보문헌비고』 위의 책 같은 쪽.

이나 운율, 번역할 수 없는 고유 정서를 담은 말들이 한두 가지가 아니었다. 하지만 이를 한문으로 번역하는 사람은 중국사람이 쉽게 알아들을 수 있도록 자주 쓰는 말, 중국 정서를 살리는 말로 번역해야 했다.

즉 번역이란 근원적인 오류가 생기게 마련이다. 두 나라 또는 두 문화 사이에 존재하는 언어적 차이, 인식의 '서로 다름'에서 생기는 오류다. 그렇게 번역된 번역물을 다시 우리나라 사람이 번역해서 읽으려니 그 뜻과 정서가 또 뒤틀리게 마련이다. 더욱이 한문으로 번역된 불경은 한자(漢字) 한 자를 가지고 어떤 뜻인지 논박하는 끝없는 미궁으로 빠져들게 되었다. 예컨대 '법(法)', '도(道)', '공(空)', '상락아정(常樂我淨)'과 같은 말은 해석하는 사람마다 제각기 달라서 자기 주장이 옳다는 사람으로 혼란스럽기 짝이 없었다.

그런데 이런 글자의 뜻과 문장의 뜻이 혼란스러울수록 배우는 사람은 더 깊이 공부를 해야만 한다. 우리가 오래전부터 종교의 가르침을 배우기 위해, 또는 거대한 나라 중국의 문화를 따르기 위해 한자의 어려움을 극복할 수밖에 없었던 것이 오히려 우리나라 사람들의 학문의 깊이를 더 깊게 만들었다.

그러므로 우리나라 삼국 시대부터 고려에 이르기까지 수많은 교육기관에서 배움을 위해 먼저 해야 할 일은 한자 공부였고, 한문 문장을 읽어 그 내용과 뜻을 터득하는 일이었다. 중국 고전을 배울 때 어렵사리 한문으로 된 글을 번역해 읽었다 해도, 그 번역한 말을 기록할 때는 또다시 한문으로 기록하는 악순환을 천 년 동안 이어간 것이다. 이 기나긴 암흑의 동굴 같은 한문 시대를 지나오면서 말로만 번역하는 일을 끊임없이 반복해야 했으니 그 지난한 세월은 조선에까지 운명적으로 이어질 수밖에 없었던 것이다. 고려는 심지어 중국에서 전해 온 불경을 모두 베껴서 8만 대장경을 두 번씩이나 목판을 만들어 새기는 작업을 하지 않았던가?

고려 말에는 새로운 혼란에 빠지게 된다. 원나라가 융성할 때 배웠던 중국말과 한자 발음이 쓸모없게 된 것이다. 원이 망하고 명나라가 중국을 통일하였기 때문이다. 마치 필리핀 사람에게서 영어를 배웠는데 미국에 가서 그 영어로 말을 하는 격이었다. 더욱이 명나라는 이민족인 몽골족이 세운 원나라에서 가르친 중국어(한아언어)를 배척하는 정책을 세우고 새로운 표준말 책 『홍무정운』을 만들어 배포하고 가르쳤다.

고려가 망하고 조선이 출발함에 따라 그런 혼란 속에서 하루 빨리 명나라 말을 배워야 했고 명나라의 『홍무정운』을 받아들여 그 발음 공부를 해야 했다. 왜냐하면 해마다 수차례씩 명나라 황제를 알현하여 말을 하고 서식을 적어 보내야 하는데, 고려에서 넘어온 지식인들이 자칫 원나라식 중국어를 했다가는 큰일 나기 때문이다. 대명 사대 정책을 펴는 조선으로서는 무엇보다 중차대한 일이 아닐 수 없었다. 그럼에도 중국말과 한자를 배우는 데는 신라, 백제, 고구려 때와 그 학습 방법에 별반 크게 달라진 것이 없었다. 한자로 적힌 것을 번역해 읽어야 했고 번역한다 해도 다시 한자로 적어야 하는 악순환의 역사가 계속되었던 것이다. 조금 나아진 거라면 그동안 과거시험을 통해 중국어를 잘하는 인재를 어느 정도 배출해낸 것 정도다.

조선 초기 이민자 설장수라는 사람이 있었다.

> 판삼사사 설장수(偰長壽)가 졸하였다. 휘는 장수요, 자는 천민(天民)이다. 그 선조는 위구르 지역 고창 사람이었다. 공민왕 8년(1359)에 아비 백료손(伯遼遜; 설손)이 가족을 이끌고 우리나라로 피난하여 오니, 공민왕이 옛 벗이라 하여 집과 땅을 주고 부원군으로 봉하였다. 임인년(1362)에 공의 나이 22세에 동진사과에 합격하여 벼슬이 밀직 제학에

이르고, 완성군에 봉해지고, 추성 보리 공신(推誠輔理功臣)의 호를 하사받았다. 우왕 13년(1387)에 지문하부사로 표문(表文)을 받들고 명나라 서울에 가서, 앞서 공민왕 8년에 홍건적을 피해 요동에서 고려로 도망쳐 온 이타리불대(李朶里不歹) 등 심양의 군사와 백성 4만 호를 명에서 조사하여 찾아가려 하는 것을 그만두게 하고, 고려의 관복(冠服)을 명의 제도대로 사모 단령으로 하는 것을 허락받았으며, 이후 이것은 정몽주 등의 주장으로 단령(團領)과 함께 고려의 관복으로 보급되었다. 경오년(1390) 여름에 고려 왕씨를 복귀시키는 데 정책한 공로로 충의군(忠義君)에 봉해졌다. 임신년(1392)에 지공거가 되었고, 그해 여름에 죄를 얻어 섬으로 귀양 갔는데, 태상왕(이성계)이 잠저 때의 벗이라 하여 소환해서 검교 문하 시중을 제수하고, 연산 부원군에 봉하였다. 무인년(1398) 가을에 임금(정종)이 즉위하자, 명나라 서울에 가서 아뢰게 되었는데, 행차가 첨수참(甛水站; 요양 시내에서 동남쪽으로 대략 60여 km 지점에 위치하는 곳으로, 『열하일기』에 '천수참', 『을병연행록』에 '감슈졈'이라 했고 이덕무의 『입연기』는 '첨수참'이라고 한 지점인데, 지금의 요녕성 행정구역상으로는 요양현 첨수만족향에 해당함)에 이르니, 마침 황제가 붕어하여 요동 도사의 저지를 당하였다. 연도(沿途)에 머물면서 물어 조정 명령을 받고, 인하여 진향사(進香使)에 임명되어 명나라 서울에 갔다. 1399년 6월에 임금의 뜻을 받들고 황제에게 의뢰하여 청한 일을 허락받고 돌아왔다. 10월에 병으로 죽으니, 나이 59세였다. 부음이 들리니, 조회를 정지하고 제사를 내려 주고, 관(官)에서 장사를 지내 주고, 시호를 문정(文貞)이라고 하였다. 공은 타고난 바탕이 정밀하고 민첩하며 굳세고 말을 잘하여 세상에서 칭송을 받았다. 황명을 섬기면서부터 명나라 서울에 입조한 것이 여덟 번인데, 여러 번 칭찬을 받았다. 찬술한 『직해소학(直解小學)』이 세상에 간행되었고, 또 시문 두어 질이 있다. 아들은 설내, 설도, 설진이다.(정종 1(1399)/10/19)

위의 내용은 『정종실록』에 기록된 설장수의 졸기다. 졸기는 어떤 인물이 죽었을 때 사관이 기록한 그 사람의 약사와 사관의 논평 등을 실록에 적어놓은 것이다. 설장수는 위구르[uigur, 回鶻] 사람인데 고려에 넘어와 중국어 선생을 오랫동안 하였고, 본인이 『소학』을 대상으로 엮은 중국어 회화책 『직해소학』을 지어 펴냄으로써 조선 태조 때부터 사역원에서 『노걸대』와 『박통사』와 함께 교재로 삼아 가르쳤다. 『직해소학』은 송나라 때 만들어진 『소학』에다가 원나라 공용어인 한아언어(漢兒言語)로 풀이한 책인데 지금은 전하지 않는다. 설장수는 원나라의 말을 아주 잘했으므로 그 회화책을 만들 수 있었던 것이다. 그러나 원이 망하고 명에 사신을 보내면서 이 책은 사실상 무용지물이 되었다. 『직해소학』은 결국 경종 1년(1721)부터 『오륜전비언해』라는 책으로 대체되는데, 이 책은 언문으로 두 가지 중국어(명나라 정음과 속음) 발음을 표기하고, 또 언문으로 풀이한 책이다.

태조 때 정도전은 개인적으로 원한을 품고 있던 우현보와 함께 이색과 설장수를 반동 세력이라 몰아서 태조에게 극형을 처하도록 간청하였으나 태조는 절대로 그럴 수 없다면서 그들에게 형벌을 가하지 말라 명한 사실이 있다. 그만큼 중국어를 잘 아는 인재가 절대적으로 필요했던 것이다. 그리고 그들을 한양이나 지방에서 자유롭게 살도록 조처하니 설장수가 태조를 찾아가 은혜를 감사하는 인사를 올리기도 하였다. 그 뒤 설장수는 태조에게 나아가 중국어 학습의 중요성을 강조하며 사역원 제도를 더욱 철저히 정비하기를 청하여 시행한 일도 있다.

사역원 제조 설장수가 글을 올려 말하기를,

"신들이 듣기로는 나라를 다스리려면 인재가 바탕이 되니 인재를 가르쳐 키우는 것이 우선이므로 학교를 설치하는 것은 정치의 중요한 일입니다. 우리나라가 중국을 섬기니 중국의 말과 문자를 배우지 않으면 안 됩니다. 이를 위하여 전하께서 나라를 세울 때 특별히 사역원을 설치하셨으니, 녹관과 교관, 교수, 생도를 두고 중국말의 발음과 뜻, 한자의 체식(體式; 한문 문서 서식)을 배우게 하신 것은, 위로는 사대의 정성을 다한 것이요, 아래로는 쉽고 널리 퍼지는 효과를 바란 것이었습니다. 신들은 그 과업을 익히고 시험을 보는 데 꼭 필요한 사항을 만들어서 다음에 열거합니다.

1. 교수의 정원은 3인으로 하되, 그 가운데 한어를 2명으로 하고, 몽고어를 1명으로 하여 후하게 봉급을 줄 것. 생도의 정수는 한어와 몽고어를 나누어서 공부하게 하고 그 성적을 고사하여 상과 벌을 주게 하되, 상벌은 교수들에게도 미치게 할 것.

1. 이것을 배울 생도는 자원하는 자가 드무니, 서울의 부와 각도의 계수관(界首官)으로 하여금 양민의 자제 중 15세 이하의 자질이 총명한 자를 해마다 한 사람씩 뽑아서 올리게 할 것.

1. 3년마다 한 번씩 시험을 보이는데, 〈시험 자격은〉 본원에 생도로 재학했든 안했든 그것은 논하지 말고, 7품 이하의 사람으로서 사서(四書)와 『소학』, 이문(吏文) · 한어 · 몽고어에 통하는 사람은 다 응시하게 하고, 한어를 공부하는 사람으로서 사서 · 소학 · 이문 · 한어에 다 통하는 자를 제1과(科)로 하여 정7품 출신 교지를 주고, 사서의 반쯤과 소학 및 한어를 통하는 자를 제2과로 하여 정8품 출신과 같게 하고, 소학과 한어만 능통하는 자를 제3과로 하여 정9품 출신과 같게 하며, 몽고어를 공부하는 자로서 문자를 번역하고 글자를 쓸 줄 알되 겸하여 위구르[偉兀] 문자를 쓰는 자를 제1과로 하고, 위구르 문자만을 쓸 줄 알고 몽고어에 통하는 자를 제2과로 하며, 출신의 품급은 전과 같이 한다. 그런데 본래 관품이 있는 자는 제1과는 두 등급을 올리고, 제2과 · 제3과도 각각 한 등급씩 올린다. 선발할 사람 수는, 한어는 제1과 1인, 제2과 3인, 제3과 8인을 뽑고, 몽고어는 제1과 1인, 제2과 2인을 뽑아 모두 합하여

15인을 정액으로 하되, 만일 제1과에 합격되는 자가 없으면 제2과 · 제3과만 뽑고, 또 제2과에 합격하는 자가 없으면 제3과만 뽑되 정액에 구애되지 말 것.

1. 매년 도목정(都目政) 때 각 관직의 망(望; 추천서)에 3인을 기록하되, 한어에 정통한 자를 수망(首望)으로 하고, 비록 이 업을 배운 연수의 차이가 많다 할지라도 발음이 정통한 사람 위에 기록하지 말 것이며, 만일 3인이 다 정통하면 그 연수의 다소를 보아서 많은 자를 수망으로 할 것.

1. 3년 동안 공부하여도 한어나 몽고어에 통하지 못한 자는 퇴학시켜서 군정에 충당할 것.

1. 시험에 합격한 사람에게는 각각 홍패(紅牌) 한 장을 주되, 홍패 위에, '사역원에서 삼가 임금의 분부를 받들어 아무에게 통사(通事) 제 몇째 과(科) 몇 사람 째의 출신을 준다.'라고 쓰고, 연월(年月) 위에 본원의 관인을 찍고, 제조 이하 모든 관원이 직함을 갖추어서 서명하게 하소서."라고 하니, 도평의사사에 내려 보내서 의논하여 시행하게 하였다. (태조 3(1394)/11/19)

이때부터 조선의 사역원은 활발한 교육이 이루어지기 시작하였고, 많은 역관들을 배출하게 되었다.

세종 때는 이변(李邊; 1391~1473)이란 사람이 있었다.

예조판서 신상(申商)이 아뢰기를, "우리나라가 사대(事大)하는 데 있어서 역학(譯學)보다 더 중한 것은 없습니다. 그런데 지금 사역원의 생도들은 다만 어훈(語訓)만 익히고 문리(文理)를 알지 못하여 중국의 사신을 접대할 때나 우리나라의 사신이 명나라에 들어갔을 때에 통역이 잘못되어 조롱과 비웃음을 받게 됩니다. 그런 까닭에 일찍이 의관 자제를 뽑아서 이학(吏學)을 익히게 하라고 명하시어 조금 말뜻을 통하게

> 되었습니다. 그러나 앞장서서 외치며 인솔하는 사람이 없을 수 없습니다. 전 교리 이변(李邊)은 이미 문과에 급제하고도 오히려 이학을 즐겨하여 자기의 임무로 생각하고 손에서 책을 놓지 아니하니 사역원의 학생들이 모두 그의 가르침을 받기를 원합니다. 마땅히 이변을 역학의 훈도로 삼아서 앞장서 인솔하고 선창하여 격려하게 해야 하겠으나, 이변이 이제 바야흐로 초상을 당하여 1년이 넘지 않았습니다." 하였다. 좌의정 황희, 판부사 허조가 따라서 아뢰기를, "이변이 진실로 이학을 좋아하므로 전번에 상중에 입궐하여 직무를 보기를 아뢰어 청하고자 하였으나 아직 소상(小祥)에 지나지 않았으므로 하지 못하였습니다." 하니, 임금이 말하기를, "역학은 실로 국가의 중대한 일이다. 이변도 또한 나의 뜻을 몸받아 부지런히 배워 게을리하지 아니하였으니 소상이 지나지 않았더라도 마땅히 돌아와 직무하게 하여 서반(西班; 무관)의 벼슬을 주도록 하라." 하였다.(세종 11(1429)/9/6)

이학(吏學)이란 이문(吏文)을 배우는 학문, 즉 중국과 교류하던 외교사절이 쓰던 외교문서에, 한문 골격에 중국의 속어(俗語) 또는 특수한 용어 등을 섞어 쓴 외교문서 서식을 배우는 학문이다. 세종이 경연에서 온갖 책에 대해 토의하던 내용을 살펴보면, 유교 경전 외에도 이렇게 외교에 필요한 외국어 능력을 위해 고심한 흔적을 자주 볼 수 있다.

> 이변(李邊)과 김하(金何)가 이틀만큼씩 걸러서 『소학직해』를 임금 앞에 나와 강론하는 것을 상례로 삼았다.(세종 16(1434)/5/18)

이것은 중국어 강사를 경연 마당에 불러놓고 중국어 학습책을 임금 앞에 펼쳐 임금과 신하가 중국어를 배우는 시간을 이틀에 한 번씩 하기를 상례로 삼았다는 것으로, 세종은 그 필요성을 강조하고 있다. 이 정도면 세종의 중국어 실력도 만만치 않았을 것으로 짐작된다.

조선 유교의 정점에 있었던 이색에 대해 조금 더 알아보자.

〈고려 말 창왕 때〉 이색은 이성계의 위엄과 덕망이 날로 성하여, 조정과 민간에서 마음이 그에게 돌아감으로써, 자기가 돌아오기 전에 변고가 있을까 두려워하여 이성계의 아들 하나를 명나라에 같이 가기를 청하니, 그의 아들 이방원을 서장관으로 삼았다. … 경사(京師)에 이르니 천자가 평소부터 이색의 명망을 듣고 있었으므로 조용히 말하기를, "그대가 원(元)나라에 벼슬하여 한림학사가 되었었으니 응당 중국말[漢語]을 잘하겠구나." 하니, 이색이 갑자기 중국말로써 대답하기를, "왕(창왕)이 친히 조회하기를 청합니다." 하매, 천자가 이해하지 못하여 말하기를, "무슨 말을 하였느냐?" 하므로, 〈명나라〉 예부(禮部)의 관원이 전하여 이 말을 아뢰기를, 이색이 오랫동안 중국에 들어와 조회하지 않았으므로 말이 자못 어려워 소통하지 못한다고 변명하니, 천자가 웃으면서 말하기를, "그대의 중국말 하는 것은 꼭 나하추(納哈出)와 같구나." 하였다.(태조실록 제1권, 총서 부분)

명나라 태조 주원장이 나라를 세우면서 원나라의 잔재를 없애기 위해 신경 썼던 것 중에 하나가 중국어의 정리였다. 주원장은 그간 몽골식 발음으로 변한 한아언어(漢兒言語) 대신 한어의 발음과 표기를 새로이 만든 『홍무정운』(1375)을 사용토록 하고 있었던 상황에서, 이색은 이런 사정을 잘 몰랐다. 즉 새로운 표준어가 생긴 줄도 모르고 기존에 원나라에서 배웠던 한어로 명나라 황제를 접견했으니 이런 모욕을 당할 수밖에 없었던 것이다. 이 이야기는 이색이 죽었을 때 그 졸기에도 나온다.

"그대의 중국어(한어)는 꼭 나하추 같구나!"

명나라 태조 주원장을 알현한 목은 이색의 얼굴이 화끈거렸다. 황제가 '네 중국어 발음을 못 알아듣겠다.'면서 면전에서 직격탄을 날린 것이다. 나하추는 명나라로 항복한 원나라 장수였다. 그랬으니 본토 중국어가 얼마나 서툴렀을까? 천하의 이색이 나하추와 같은 반열이 된 것이다. 이색이 망신당한 사연인즉슨 이렇다.

이색은 원나라 과거에서 급제한 아버지(이곡) 덕분에 10살 때부터 '중국어 교육'을 받았다. 중국 원어민 강사가 이색의 교육을 맡은 것이다. 아버지는 "사나이는 모름지기 황제의 도읍에서 벼슬해야 한다."는 신조를 갖고 있었다. 지금으로 치면 미국 유학의 신봉자라고 할까. 그는 20살 때 북경 유학을 떠나 국자감 생원에 입학했다. 이후 4년간 원나라 한림원(황제조칙이나 외교문서, 역사편찬 등을 맡던 기관)에서 일했다. 당대 '중국어의 종결자'였던 셈이다. 그러던 고려 창왕 1년(1388), 이색은 원나라의 뒤를 이은 명나라에 사신으로 떠난다. 명나라와 국교를 수립하고, 창왕이 직접 명나라 조정에 입조하겠다는 뜻을 전하기 위한 사절단이었다. 그런데 사건은 이색이 명 태조를 알현하는 자리에서 일어난다.

이색의 명망을 듣고 있었던 명 태조가 조용히 말했다.

"그대는 원나라에서 한림원 학사까지 지냈다지? 그렇다면 응당 한어(중국어)를 알겠지?"

이색이 멈칫 하더니 중국어로 말문을 열었다.

"왕(창왕)이 '친히 입조[親朝]'하려 합니다."

그런데 황제는 그 뜻을 깨닫지 못하고 고개를 갸웃거렸다.

"무슨 말을 하는 것이냐?"

이색은 어쩔 줄 몰랐다. 외교를 관장하는 명나라 예부가 알아차리고 황제에게 양해를 구했다.

"이색이 오랫동안 입조하지 않아 중국말을 알아듣기 힘들었을 것입니다. 폐하!"

자초지종을 들은 황제가 웃으면서 "(그대의 발음이) 어쩐지 나하추 같구나."라며 농으로 받아넘겼다.(태조 5(1396)/5/7)

이것은 『태조실록』에 기록된 이색의 졸기 한 부분이다. 여말선초 때 가장 학식이 높은 지식인이었던 이색도 원나라 연경을 중심으로 이루어진 중국어를 익혔기 때문에 새 나라 명(明)의 황제가 비웃은 것이다. 원나라 연경은 중국인뿐만 아니라 다른 많은 소수민족이 함께 어울려 살았고, 몽골족인 원나라의 말에 가까워진 말을 중심으로 혼란스럽게 섞인 혼탁한 말이었다. 이를 '한아언어', 줄여서 '한어(漢語)'라고 하였다. 이색이 명나라 태조 주원장을 만나 원나라에 유학하여 배운 한어로 말했으니 통할 리가 없었다. 더욱이 이색의 아버지가 원나라의 관리였다는 것을 알았을 것이니 주원장이 이색을 마뜩찮게 여긴 것이다. 명나라는 개국하면서 남경(난징)으로 도읍을 정하였다가 70여 년 후 1441년에 다시 북경(베이징)으로 수도를 옮겼다.

이색은 원나라 전체의 과거시험인 제과에서 사실상 수석을 하여 세상을 놀라게 한 인물이다. 그는 어려서 중국인에게 한어(중국어)를 배웠고 청년기에 원제국의 도읍인 대도(연경)에 유학했다. 그는 최고의 교육과정을 거쳐 최상의 성공을 거둔 자다. 이색의 성공 이력은 원나라 제과 합격자인 아버지 이곡(1298~1351)부터 시작한다. 이곡은 40세인 1337년 정동행성의 관리로 임명되어 귀국하였다. 정동행성은 원이 고려에 설치한 관청이다. 1341년 다시 원으로 가서 이후 6년간 대도에서 활동하였다. 이색은 아버지 이곡이 정동행성 관리로 귀국한 10세 무렵부터 한인에게 한어를 배웠다. 당시 정동행성 관리 중에는 홍빈이라는 한인이 있었다. 홍빈은 중국 강남 출신 호중연을 고용하여 자식들을 가르쳤다. 이곡이 홍빈과 절친했기 때문에 이색도 수년간 홍빈의 집에서 호중연에게 한어와 학문을 배울 수 있었다. 이후 이색은 14세 때 성균시에 합격하였다. 성균시는 낮은 수준의 시험이기는 하나 역사와 경전을 읽고 시와 부를 지을 줄 알아야 답을 쓸 수 있었다. 이색은 아버지와는 달리 원·명 교체기 때 천명(天命)이 명나라로 돌아갔다고 판단하고 친명정책을 지지하는 쪽으로 돌아섰다. 고려 말 이색이 중국에서 성리학을 들여와 척불론(斥佛論)이 대두되는 상황에서 유교의 입장을 견지하여 불교를 이해하고자 하였다. 즉 불교를 하나의 역사적 소산으로 보고 유·불의 융합을 통한 태조 왕건 때의 중흥을 주장했으며, 불교의 폐단을 시정하는 것을 목적으로 하는 척불론을 강조하였다. 따라서 도첩제(度牒制)를 실시해 승려의 수를 제한하는 등 억불정책에 의한 점진적 개혁으로 불교의 폐단을 방지하고자 하였다. 이색은 위화도 회군 직후 수상인 문하시중(종1품)에 올라 쓰러져가는 왕조를 끝까지 지탱했지만, 국운을 되돌릴 수는 없었다. 고려를 대표하는 대신으로서 그가 파직과 낙향과 유배의 고초를 겪은 것은 자연스러웠다. 이색은 함창, 한산을 거쳐 경기도 여주에 유배된 상태에서 조선의 건국을 지켜보았다. 그 직후 그는 서인(庶人)으로 폐출되어 본관인 한산으로 돌아왔다. 이때 이색의 문하에서 고려 왕조에 충절을 지킨 명사(名士)와 조선 왕조 창업에 공헌한 사대부들이 많이 배출되었다. 그의 제자 중 정몽주, 길재, 이숭인들은 고려 왕조에 충절을 다하였고, 정도전, 하윤, 윤소종, 권근 등은 조선 왕조 창업에 큰 구실을 하였다.[34)]

9. 중국 외교문서 작성하기 – 한이학

앞서 세종 12년(1430) 3월 18일에, 상정소에서 올렸던 여러 학문의 인재를 뽑기 위한 서책을 보면, 역학(譯學)과 나란히 '한이학(漢吏學)'이

---

34) 이색에 대한 내용은 『한국민족문화대백과사전』(한국학중앙연구원) '이색'에서 많이 참고함.

란 분야가 나오고, 여기에 필요한 책들을 규정하고 있다.

> 역학(譯學) — 한훈(漢訓)으로 된 서경, 시경, 논어, 맹자, 대학, 중용, 직해대학, 직해소학, 효경, 소미통감, 전후한서, 고금통략, 충의직언, 동자습, 노걸대, 박통사. 한어몽훈(漢語蒙訓)한 대루원기, 정관정요, 노걸대, 공부자 속팔실, 백안파두토고안장기, 거리라하적후라서자, 위구르진[偉兀眞], 첩아월진, 왜어인 소식서격, 이로아 본초, 동자교 노걸대, 의론통신, 정훈왕래, 구양물어, 잡어서자.
>
> 한이학(漢吏學) — 서경, 시경, 논어, 맹자, 대학, 중용, 노재대학, 직해소학, 성재효경, 소미통감, 전후한, 이학지남, 충의직언, 동자습, 대원통제, 지정조격, 어제대고, 박통사, 노걸대, 사대문서등록, 제술은 주본, 계본, 자문.

이 두 가지 학문이 모두 한자와 중국어 학습에 연관된 학문이면서도 분야를 달리하여 가르쳤다는 데에 주목하게 된다. 역학은 통역과 번역을 중심으로 한 교육으로 사역원(司譯院)에서 전담했고, 한이학은 사대교린의 외교문서에 나타나는 한이문의 문체와 용어를 익히는 교육으로 승문원(承文院)에서 전담하게 된다. 서로 딸린 책들을 보면, '서경, 시경, 논어, 맹자, 대학, 중용, 직해소학, 소미통감, 전후한서, 충의직언, 동자습, 노걸대, 박통사' 등 우리가 아는 유교 경전과 중국어 회화책이 다수 겹치는 것을 볼 수 있다. 그것은 결국 외교문서를 읽고 쓰거나, 사절단으로 가서 중국말로 대화를 하거나 모두 중국어와 관련된 지식이 있어야 했다. 그러나 중국어와 외교문서의 작성법은 매우 차이가 있었기 때문에 그 학문 분야도 달랐던 것이다. 이들 책 가운데 사서삼경은 유학도(儒學徒)들이 배우던 책들과도 겹치는데 아마도 사역원이나 승문원에서는 이들 기본 필독서를 중국어로 읽는 학습이 이루어졌던 모양이다.

현대인들에게도 책으로만 영어를 배워 영문 독해를 잘하던 사람이, 미국인(영국인)을 만나면 반벙어리가 되는 것과 같이, 사서삼경을 달달 외워 과거시험에 장원을 해도 중국말은 전혀 못하는 조선 시대 사람을 보는 듯하다. 그러므로 사역원이나 승문원에서는 읽고 쓰기보다는 말하기와 듣기와 문서 작성 위주로 사서삼경을 학습하였던 것이다. 더욱이 원과 명이 교체되던 시기 중국어도 원나라식 말과 명나라식 말이 혼란스럽게 사용되던 때 글자 한 자를 온전히 발음하고 뜻을 익히기가 얼마나 어려웠겠는가?

명나라 태조는 즉위 8년(1375) 정확한 중국어 표준어 발음을 명시한 『홍무정운(洪武正韻)』을 반포하였다. 조선 사회에서도 혼란스런 한자의 발음과 뜻을 바로잡으려면 명나라 황제가 규정한 한자음을 따르는 것이 시급하다고 판단한 세종은 1445년에 그 번역 해설집 『홍무정운역훈』을 펴내라고 지시한다. 이 사업은 꽤 오랜 시간이 걸려 단종 3년(1455) 10년 만에 완성하여 간행하게 된다.

우리나라가 삼국 시대만 해도 한문은 유교 경전을 읽으면서 한자를 배우면 그만이었다. 고려나 조선 때도 유학의 기본서는 사서삼경이고 거기에 『자치통감』이나 역사서를 읽으면 어느 정도 학식 있는 지식인으로 인정받을 수 있었다. 그런데 몽골족인 원나라가 중국을 지배하면서부터는 중국 내에서도 혼란이 생겼다. 원나라는 파스파자라는 새로운 표음문자를 만들어 한자의 발음을 가르치고 원나라의 표준음을 정비하게 된다. 또 원이 멸망하고 한족인 명나라가 지배하면서 다시 원의 말은 대대적인 정비 작업을 거쳐 명나라 말로 새롭게 정리된다. 이처럼 중국 본토의 패권 변화에 따른 중국말의 변화는 우리의 중국어 학습, 외교문서 작성법, 나아가 한문 교육의 혼란까지 가져오게 되었다.

중국은 국토가 광활하여 수많은 겨레들로 구성되었고, 그 종족만큼이나 말도 다양했다. 중국을 통일한 나라가 새로 설 때마다 중앙 집권을 위해 전국을 아우르는 공통의 말이 필요한 것은 당연한 일이었다. 주(周)나라 때부터 춘추시대까지 수도 낙양의 말을 기초로 한 이른바 '아언(雅言)'이란 표준어가 있었고, 한(漢)나라가 들어서면서 장안(長安)의 말을 기초로 한 공통어가 생겨났으니 '통어(通語)' 또는 '범통어(凡通語)'라고 하였다. 이 말이 수(隋)나라와 당(唐)나라를 거치면서 장안을 중심으로 중국어 역사에서 가장 오랜 기간 표준어로 자리 잡았다. 우리나라의 한자음은 이 시대에 형성된 것으로 보는 것이 일반론이다. 이 통어는 송(宋)나라 때까지 지켜나가려는 노력이 이어졌다.

그러다가 몽골족이 중원을 정복하고 원나라를 세운 다음 연경(북경)을 도읍으로 정하면서 중국어의 표준어는 북경어로 바뀌게 된다. 당시 북경어는 순수한 한어가 아니었다. 여러 북방민족들이 연경에 들어와 살았는데, 이들의 말은 그때까지 소통하던 '아언(雅言)'이나 '통어(通語)'와는 매우 다른 북방음으로 연경말을 발음하였다. 이때 연경에 들어와 살던 북방민족들을 '한아(漢兒)'라고 불렀기 때문에, 이들의 말을 '한아언어(漢兒言語)'라고 하고, 줄여서 '한어(漢語)'라고 하였다.[35)]

이 말은 새롭게 탄생한 말이었으며, 당시 연경어(북경말)를 위해 새롭게 운서를 만들어야 했다. 이때 만들어진 운서는 전통적인 수, 당, 송의 통어 한음(漢音)에다가 북경말의 북방음을 혼합시켜 새로 만들어진 공용어의 운서가 되었고, 이것은 중국어의 역사에서 새로운 표준어의 등장을 의미하였다. 즉, 몽고족 중심의 표준음을 제정한 것이다.

---

35) 중국어 표준말 변화에 대해서는 정광 등이 번역한 『이학지남』(2002, 태학사) 16~17쪽에서 인용하였음.

> 송대(宋代)의 중국어는 한문을 알고 있는 〈고려〉 문신들에게 별도의 중국어 교육이 없어도 의사소통에 지장이 없었다는 점을 지적할 수 있다.
> 몽골의 원나라가 성립하면서 중국 공용어에 변화가 있어 이전의 송대 중국어와 매우 다르게 되었다. 따라서 북경에서 통용되던 한아언어(漢兒言語; 한어)가 원 제국의 공용어가 되자 고려에서 이를 교육할 필요가 생겼다. 또 이 구어(口語)로부터 시작된 원조(元朝)의 한이문(漢吏文) 교육도 필요해져서 고려조 후기에 '한어'와 '한이문'의 교육이 시작된다.[36)]

송나라 때까지 별 문제 없었던 한문 읽기는 원나라가 중국을 통일하면서 몽고말이 섞인 한아언어, 즉 북경어로 표준어를 삼으면서 한자와 한문의 엄청난 변화가 생기게 되었다는 설명이다.

원나라의 구어체인 '한아언어', 즉 '한어'를 기초로 하여 만들어진 문어체가 바로 '이문(吏文)'(한이문)이고, 이것을 배우는 것이 '이학(吏學)'(한이학)이다. 주로 원나라에서 행정문서에 쓰던 문체이기 때문에 '관리들의 문체' 즉 '이문(吏文)'이란 이름을 붙인 것이다. 우리는 흔히 '이문(吏文)'이라 하면, 우리나라의 관청 공문서 등에 사용되던 '이두문(吏讀文)' 문체만 알고 있는데, 원래 이문은 '한이문(漢吏文)'을 가리키는 말이었고, 이것이 우리나라에 들어와 이속(吏屬)들의 문체, 즉 이두문으로 정착한 것이다.

하지만 우리나라의 이두는 「임신서기석」에서부터 나타나는 우리말 순서에 맞춘 글쓰기로서 중국의 이문과는 그 출발점이 달랐다. 중국과 주고받는 사대(事大) 외교문서가 (한)이문으로 되어 있었기 때문에 어쩔 수 없이 이문을 배워야 했고, 이 문체를 본보기로 삼아 고려나 조선의 관리들이 중앙과 지방을 오가는 공문서에도 차용하여 썼던 것이다. 이

---

36) 정광, 『조선시대의 외국어교육』(2014, 김영사) 21쪽에서 인용함.

렇게 형식은 중국의 이문을 따랐으나 우리의 공문서와 사문서에 정착된 이두문은 우리말 문장을 쓰기 위한 방식으로 발전하였다. 그러나 그와는 관계없이 외교문서는 중국 원나라식 이문을 그대로 따라야 했다. 원나라가 이민족 몽골말이 많이 섞인 북방 한어로 외교문서를 쓴 것이 '(한)이문'의 발단이기 때문에 기존의 한문 글쓰기와는 조금 차이가 있었다. 위에서도 보이는 『이학지남(吏學指南)』은 고려 후기부터 원나라 제도나 법률 용어를 학습하는 교재로서 우리나라에서도 널리 유행한 책이다. 『이학지남』은 중국 원나라 때 간행된 한이문의 특수한 말들을 모아놓은 낱말집이다. 이 한이문은 원나라가 망하고 명나라가 들어서서도 계속 답습되었다. 여기서 문제가 발생한 것이다. 즉, 구어체는 명나라에 들어와 한아언어[漢語]를 대폭 수정한 새로운 표준어[홍무정운음]를 썼음에도, 관리들의 문어체는 원나라 한아언어에서 파생된 '한이문'을 그대로 씀으로써 조선의 외교관들은 외국어 학습에 이중고를 겪어야 했다.[37)]

> '이문(吏文)'이란 전통시대 중국에서 공문서 작성에 사용한 문체를 가리킨다. '이문'은 문서에서 다루는 사안의 처리 절차를 반영하기 때문에 구조가 독특할 뿐만 아니라 일반 한문에서는 잘 쓰지 않는 어휘도 많이 등장한다. 원대(元代)의 행정문서나 법률문서를 보면 '이문' 형식의 문체가 뚜렷이 나타난다. 이런 문체는 특히 한인(漢人) 하급 관리가 몽골인 상관에게 올리는 문서에 사용하였는데 법률 지식이 풍부하여 우대를 받았던 '서리(胥吏)'가 썼기 때문에 '이문'이라는 이름이 붙은 것으로 이해되고 있다. 명·청의 공문서도 이러한 '이문' 문체를 계승하여 사용하였다.[38)]

---

37) 이 글의 '한이학'에 대한 설명은 정광 등이 역주한 『이학지남』(2002, 태학사)의 내용을 따랐다.

원나라를 정복한 명나라도 혼탁해진 한자음을 통일하기 위해 표준음을 정립하여야 했고, 양(梁)나라 심약(沈約)이 제정한 이래 800여 년이나 통용되어 온 사성(四聲)의 체계를 변화시켜 북경 음운을 중심으로 삼아 표준음을 제정했으니, 그것이 『홍무정운』(1375)이다. 한족(漢族)인 명 태조 주원장이 1368년에 나라를 세우고 1374년에 『대명률(大明律)』을 완성함과 동시에, 이민족 몽골족의 언어로 혼탁해진 말을 다시 정통 한족의 언어로 정리된 운서를 완성한 것이니, 명으로서는 당연한 일이지만 조선을 비롯한 주변국들은 또다시 일대 변혁을 수용해야 하는 고충이 생긴 것이다. 그럼에도 조선은 명과 사신을 주고받고 외교문서를 주고받아야 했으므로 우리로서는 '이문' 습득이 더욱 시급한 과제가 아닐 수 없었다.

세종은 이후에도 끊임없이 '이문' 교육에 대해 언급하고 있다. 다음은 실록에 나타나는 이문 교육에 대한 기록들이다.

> 이조판서 허조가 아뢰기를, "이문(吏文)을 가르치는 사람을 훈도관이라 하고 배우는 사람을 학관이라 하여, 날마다 승문원 녹관과 한 자리에서 꼭 읽어야 할 여러 가지 글을 한음(漢音)으로 강습하도록 하고, 이어 승문원 제조 한 사람을 시켜서 날마다 고찰 장려하게 하고, 또 예조에서는 달마다 성적을 고사하여 기록해 두었다가 세초(歲抄; 해마다 6월과 12월에 이조와 병조에서 관리의 근무 성적을 베껴서 상주하여, 좌천 또는 승진시키는 데에 자료로 하던 일)할 때에 그 기간의 성적을 통산해서 보고하여 임용하는 자료로 하기를 청합니다." 하고, 또 아뢰기를, "사역원 관원 중에서 재능이 가르칠 만한 자는 역학(譯學) 훈도관으로 임명하고, 재주가 역학을 잘할 만한 자는 역학 학관으로 임명해서, 생도 중 총명

---

38) 구범진, 『이문 역주』(2012, 세창출판사) 해제 1쪽에서 인용함.

하여 배울 만한 자를 선택하여 별도로 한 집에 거처하게 하고, 학자금을 주어 특별히 가르치며 제조가 날마다 고찰 권장하고, 예조에서는 달마다 강습하는 것을 고찰하였다가 세초할 때에 그 기간을 통산해 가지고, 경서와 잡어(雜語)에 많이 통한 자는 보고해서 임용하도록 하고, 그 나머지 임시 산관(散官)과 생도는 독실히 권학하여 전보한 자가 있는 대로 계속 승진 보임하기를 청합니다." 하니, 그대로 따랐다.(세종 7(1425)/09/21)

예조에서 사역원 별재(別齋)와 훈도의 정문(呈文; 승진)에 대하여 아뢰기를, "이조에 내리신 하교 가운데, '별재의 학관은 체아직을 제외하고는 본원과 더불어 취재하여 서용하라.' 하였사온데, 이제 상세히 상고하온즉, …(줄임)… 시취(試取)할 때에 있어, 경서는 펴 놓고 고강(考講)하고 그 밖의 잡어(雜語), 소학(小學) 등은 모두 전례에 따라 돌아앉아서 외도록 하며, 앞서 별재의 학관 13명과 훈도 3명은 관(官)에서 숙식을 제공해 왔사온데, 이제 비록 5품 이하를 모두 함께 취합시킨다 하여도 그 숫자가 4, 50에 지나지 않사오니, 청컨대, 이들에게도 아울러 숙식을 제공하여 힘써 학문을 닦도록 권장하고, 경서를 강송하지 못하더라도 능히 맡은 임무를 감당할 만한 자는 전례에 따라 취재할 때 지통(只通; 역학을 하는 사람으로서 문자를 해독하지 못하고 다만 말로만 통하는 자)으로 수석 1명은 반드시 승진시켜 전보하도록 하소서." 하니, 그대로 따랐다.(세종 12(1430)/08/06)

예조에서 사역원 첩정(牒呈; 보고서)에 의거하여 한학(漢學)의 권장에 대한 조건을 아뢰기를, "…(줄임)… 1. 본원(사역원)은 오로지 한음(漢音)을 숭상하고 있사온데, 근자에 시험에 선발되어 벼슬에 제수된 사람들이 경우 녹봉만 받게 되면, 반년도 차지 않아서 흔히 외관으로 교체 임명되어 항상 우리 말만 쓰고, 혹시 한어로 말하는 자가 있으면 도리어 이를 기롱하고 있사오니, 이제부터는 외관에 임명하지 말고 한음만을 전용하게 하소서. 1.『직해소학』·『노걸대』·『박통사』 등의 잡어(雜語)는 모두 한어가 근본이나, 다만 경서를 읽어 의리를 연구하는 것 등에는 전혀 외고 익히지 않고 있사오니, 이제부터는 경서와 통감 등의 여러 서적들을 그 뜻과 이치는 추구해 물을 필요가 없고, 다만 음훈(音訓)의 맞고 틀림과 큰 뜻의 해설만을 시험하여 예에 따라 분수를 주게 하되, 그 『직해소학』은 사맹삭(四孟朔; 1, 4, 7, 10월)으로 나누어 하고, 『박통사』는 춘추 양등으로 나누어 하고, 『노걸대』는 추동 양등으로 나누어 하며, 매양 사맹삭을 당하여 취재할 때에는, 한 가지의 글을 모두 외운 자에게 비로소 다른 책을 시험하게 하고, 『소학』을 배송(背誦)하는 자에게는 배수의 분수를 주되, 그 중에 나이가 이미 40이 넘어서 배송하기를 원하지 않는 자에게는 임강(臨講)을 허용하고, 이를 능숙히 읽는 자는 다만 조통(粗通)의 분수를 주고, 능숙하게 읽지 못하는 자는 다른 글을 시험하지 말도록 하며, 그 『노재대학(魯齋大學)』·『성재효경(成齋孝經)』 및 전한·후한 등의 글은 아울러 시험하지 않게 하소서." 하니, 그대로 따랐다.(세종 16(1434)/02/25)

의정부에서 예조의 정문(呈文)에 의하여 아뢰기를, "승문원의 이문(吏文) 생도도 강례관의 예에 따라 요동에 들여보내서 한음(漢音)을 전습(傳習)하게 하소서." 하니, 그대로 따랐다.(세종 21(1439)/12/19)

이조참판 성염조를 보내어 북경에 가서 명년 설을 하례하게 하고, 인하여 이상(李相)을 머물러 두기를 청하게 하였다. 그 주본(奏本)에 이르기를, "의정부의 장계에 의거하건대, 함길도 절제사 이세형이 잡혀 포로된 남자 1명을 잡아 보내왔는데, 이상이 내력을 물은즉, 요동 철령위 군인에 속한다 하고, 정통 2년 9월 일에 탈륜위 야인에게 포로가 되어, 여러 번 팔려서 종이 되었다가 변경에 이르러 왔는데 이번에 붙잡히게 되었다고 하옵니다. 그윽이 생각하건대, 본국은 동쪽 끝에 있어서 말[語言]이 중국과 다르므로 반드시 통역을 의뢰하여야 명령을 전할 수 있습니다. 전에 원나라 말기에 한남(漢南) 사람 한방(韓昉)·이원필(李原弼) 등의 무리가 피란해 나와서 생도들을 가르쳐 대국을 섬기는 임무를 삼가 갖추었는데 그들이 잇따라 죽으매 가르칠 사람이 없으므로, 한음(漢音)을 학습함에 있어서 점점 그릇됨이 있습니다. 혹 만백성에게 알리는 황제의 뜻을 밝게 이해하기 어려움이 있을까 두려우며, 조정의 사신이 중국에 이르러서 대화하는 말을 이해하는 자도 적사오매 대단히 불편하옵니다. 다행히 지금 이상은 글을 대강 알고 한음이 순수하고 바르므로 머물러 두고 말을 전습하기에 합당하오니, 신이 이에 의거하여 이상이 중국의 군정(軍丁)임을 아뢰고 주달하여 머물러 두고 음훈(音訓)을 질정(質正)함이 어떨지 이를 삼가 갖추어서 아뢰옵니다." 하였다. 이상은 글을 조금 알고 의술(醫術)도 대강 알아서, 한두 대신들이 북경에 머물러 두기를 청하므로 임금이 그대로 따른 것이었다.(세종 23(1441)/10/22)

사역원 도제조 신개 등이 아뢰기를, "국가에서 사대의 예가 중함을 깊이 염려하여 중국말을 힘써 숭상해서, 권장하는 방법이 지극히 자세하고 주밀하나 중국말을 능히 통하는 자가 드물고 적으며, 비록 통하는 자가 있다 하더라도 그 음(音)이 역시 순수하지 못하므로, 중국 사신이 올 때를 당하면 임금 앞에서 말을 전할 적당한 사람을 얻기가 매우 어렵습니다. 지금 여러 통역하는 자를 보면, 중국말을 10년이나 되도록 오래 익혔어도 사신으로 중국에 두어 달 다녀온 사람만큼도 익숙하지 못하니, 이것은 다름 아니라 중국에 가게 되면 듣는 것이나 말하는 것이 다 중국말뿐이므로 귀에 젖고 눈에 배어지는 때문입니다. 우리나라에 있을 때는 본원에 들어와서 마지못해 한어[漢音]를 익힐 뿐더러 보통 때는 늘 우리말을 쓰고 있으니, 하룻동안에 한어는 국어의 십분의 일도 못 쓰는 것입니다. 이것은 바로 맹자가 말하는 '제(齊)나라 사람 하나가 가르치고 초(楚)나라 사람 여럿이 지껄여대면, 아무리 날마다 매를 때려 가면서 제나라 말하기를 바라더라도 얻지 못할 것이다.'라고 한 것과 같습니다. 지금부터는 본원의 녹관(錄官)으로서 전함 권지(前銜權知)나 생도·강이관은 중국말만 쓰도록 하며, 크기로는 공사(公事) 의논으로부터 적기로는 음식 먹는 것이나 일상생활까지도 한가지로 중국말만 쓰게 하되, 항상 출사하는 제조를 시켜 게으름을 살피게 하여 문적에 기록하고, 우리말을 쓰는 자로서 처음 범한 자는 기록하기만 하고, 다시 범한 자는 차지(次知; 주인을 대신하여 형벌을 받던 하인) 1명을 가두고, 세 번 범한 자는 차지 2명을 가두고, 네 번 범한 자는 3명을 가두고, 다섯 번 범한 자 이상은 형조에 공문으로 옮겨 논죄케 하는데, 녹관이면 파직한 후 1년 이내에는 서용하지 아니하며, 전함 권지는 1년 이내에는 취재에 응하지 못하게 하며, 생도는 그 범한 횟수에 따라 그때마다 매를 때리도록 하소서. 그 밖에 몽고어·왜어·여진어의 학도들도 이 예에 의하여 시행하도록 하시옵소서." 하니, 그대로 따랐다.(세종 24(1442)/02/14)

예조에서 아뢰기를, "승문원은 직책이 대국을 섬기는 일을 맡아 관계되는 바가 가볍지 않으므로, 이문(吏文)을 익히고 읽거나 글을 지으며 글씨 쓰는 것을 반드시 예습하게 함은 늦출 수 없사올 뿐더러, 국가의 권장하는 법이 지극히 엄하고 분명하온데도, 법을 세운 뜻을 돌아보지 않고 번번이 본원 관리를 혹 다른 사무에 불려 다니게 하므로, 이로 인하여 이문을 익히고 읽거나 글씨를 쓰는 등의 임무를 못하고 익히지 않아서, 대국을 섬기는 문서를 작성할 때를 당하면, 이문을 찬술할 수 없을 뿐 아니라, 글씨 쓰는 데도 착오가 생기게 되오니, 이제부터는 한결같이 처음 입법한 데에 따라 본원의 구임관(久任官)이나 녹관(祿官) 및 겸관(兼官) 중에서, 이문을 제술하거나 익히고 읽으며 글을 짓는 데 특출한 사람은 다른 임무에서 제외하여 맡은 직책에 전력하도록 하시옵소서. …(줄임)" 하니 그대로 따랐다.(세종 26(1444)/01/03)

이렇게 세종은 중국어 학습과 함께 외교문서에 꼭 필요한 한이문 학습에 심혈을 기울였다. 이러한 기록이 우리에게 시사하는 바는 매우 크다. 즉, 세종은 중국어 학습과 한이문 학습을 생각할 때마다 조선과 중국의 한자음이 서로 다름으로 인한 한자 학습의 어려움과, 우리말로 번역하고 읽고 쓸 때 오는 혼란을 겪으면서, 원나라 황제나 명나라 황제가 행한 새로운 문자 창제나 표준음 제정과 같은 조치가 조선의 백성을 위해서도 필요하겠다는 생각을 했던 것이다.

바로, 우리말에 맞는 표준한자음을 제정하는 일과, 좀더 나아가 원나라 황제가 한자 발음을 배우고 가르치기 위하여 새로운 문자(파스파자)를 만들었던 것과 같이, 한자 표준음을 넘어 우리만의 글자를 만들어야겠다는 생각을 하게 된 것이다. 그런 의미에서 본다면, 세종이 문자 창제를 생각한 것은 하루아침에 생긴 것이 아니고, 수십 년 동안 책을 읽고, 중국과 교류하면서, 중국어의 혼란과, 말과 문자의 상관성에 대해 끊임없이 고뇌하고 그 해답을 찾으려 애쓴 기나긴 여정의 끝이었던 것이다.

10. 세종의 또 다른 고충

명나라는 조선이 건국하기 전 이미 굳건한 대국의 면모를 갖추고 주변국에게 위력을 행사하였다. 고려 말 우왕 14년(1388) 장군 이성계는 명을 치라는 최영의 지시를 받아 위화도에 주둔하던 중, 장수들과 의논하기를, '작은 나라로 큰 나라를 섬기는 것은 고금에 통하는 기본 의리이다. 상국(上國)에게 죄짓고 백성에게 화를 끼치는 것보다는 권세 부리는 신하를 제거하여 한 나라를 편안히 하는 것이 낫지 않으냐?'[39)]

하고, 곧 여러 장수와 더불어 의리에 의거하여 군사를 돌려 최영을 잡아 물리치고 조선을 건국한다. 그러므로 대명사대(大明事大)는 조선이 개국한 대의명분이고 기치였다. 즉 세종은 할아버지 태조와 아버지 태종의 통치 이념을 받들어 명나라 황제를 섬기는 일에 충심을 다했다. 조선왕조의 외교 정책은 '사대교린(事大交隣)'이라는 말로 귀결된다. 중국보다 힘이 약한 나라들은 중국에 조공을 보내고, 중국은 이들 나라의 통치자를 책봉해 줌으로써 우호관계를 유지하였다. 이 관계를 사대관계라고 했다. 중국과 사대 관계에 있는 주변 나라들끼리는 교린 관계를 유지하였다. 조선도 일본, 유구, 여진족들에게는 우호적 관계를 유지하는 것이 기본 외교였다. 세종 초 왜구의 노략질에 대한 방책으로 대마도를 정벌하였을 때나, 북쪽 야인의 노략질로 이만주를 토벌하였을 때도, 그 나라 땅을 통치하지 않고 다시 화친하기로 하고 돌아온 것은 모두 교린 정책을 유지한 것이다.

사실 사대 외교는 삼국이나 고려, 조선에서 오랫동안 이어진 외교 정책이었으나, 책봉 관계는 1400년 태종이 즉위하고 1402년 명나라 황제 성조 영락제가 즉위하면서, 태종이 고명을 받게 되면서부터 형성되었다. 태조 이성계는 고명을 받으려고 명나라 황제 주원장에게 말 9,880필을 보냈으나[40] 끝내 책봉을 받지 못하였는데 영락제가 등극하면서 조공을 바치고 비로소 조선왕으로 책봉을 받았기 때문에 이때부터 명과 조선 사이에는 사대와 책봉 관계가 맺어지게 되었다. 이러한 굴욕적인 관계는 당시 초강대국 '명(明)'을 상대로 한 어쩔 수 없는 주변 약소국의 현실이었다. 조선에서는 해마다 정기적인 조공 사절단, 즉 하정사, 성절사, 천추사, 동지사 등을 보냈고, 명에서는 조선에 새로

39) 태조실록 1권, 총서.
40) 태조실록 3권, 태조 2년(1393) 6월 6일 기록.

운 국왕이 즉위할 때마다 책봉사절을 파견했다. 세종 즉위 동안 매년 명에 사신을 보내고 특산물을 바치는 일만 해도 수도 없이 많았다.

> 나라가 태평하여 사방에 근심이 없는 상황에서는, 명나라를 공경하여 섬기는 일이 가장 중요하니, 사신을 대접하는 일에 마음을 다해야 할 것이다.(세종 13(1431)/7/15)

이렇게 중국 사신이 조선에 올 때면 모든 조정 대신들이 초긴장을 하고 중국어를 잘하는 사역원 역관들이 국경지역까지 나가 맞이했다. 또 반대로 조선의 사신이 중국을 다녀와 기록한 연행록들이 오늘날 귀중한 사료로 남아 있는데, 그 내용이 방대하여 중국의 당시 사회와 문물을 자세히 알 수 있는 문헌이기도 하거니와, 조선에서 얼마나 많은 사신과 공물이 중국으로 갔는지를 알 수 있는 자료이기도 하다. 소와 말을 몇 백 마리씩 바치라고 하든지, 매를 잡아 바치라고 하든가, 심지어는 석등잔(石燈盞)이나 종이까지 바쳤다. 이처럼 조선이 중국에 보내는 진헌물은 아주 다양하고 광범위했다. 중국에 대한 사대(事大) 외교는 어제오늘의 일이 아니어서, 이미 고려도 원나라로부터 사위 나라[부마국]로 규정되어 왕자가 연경에 볼모로 가서 살면서 원의 공주와 강제 결혼을 하며, 팔만대장경을 두 번씩이나 목판에 새기면서 대몽항쟁도 벌였지만 인적, 물적으로 100여 년 동안 끝없이 국토가 유린되고 때마다 공물을 바쳐야 했다. 원말명초 중국의 정세가 이민족에서 한족으로 넘어가면서 엄청난 변혁이 일어남과 동시에, 우리도 여말선초의 대변혁이 일어난 것은 당연한 일이었다. 조선은 발빠르게 대륙의 새 나라 명의 법률과 제도를 받아들이고, 그에 맞게 중국말 교육과 외교 문서를 바꾸어 습득하여야 했다. 세종 6년, 영락제가 죽었을 때 조선에

서도 사신을 보내 진향제를 올렸는데 그 내용을 보면,

> 삼가 배신(陪臣) 판우군도총제부사 최이를 보내어 맑은 술과 태뢰(太牢; 소를 통째로 제물로 바침)의 제물을 받들어 감히 대행 황제의 신위 앞에 밝게 고하나이다. 엎드려 생각하건대, 태조께옵서 만방(萬邦)을 통일하시고 순(舜)이 요(堯)를 도운 것처럼 큰 운수가 더욱 드러나서, 문덕(文德)과 무공이 해외에까지 입혀져, 해와 달이 비치는 곳에서는 조공하지 않는 곳이 없었으므로, 20여 년 동안 세상 안이 태평하고 평화로웠나이다. 저의 선부(先父) 때부터 특별하신 은총의 영광을 입었삽고, 신의 몸에 이르러서는 특별히 알[卵]처럼 품어 주심을 입었사온데, 털끝만치라도 보답할까 생각하여도 하늘같이 망극하온지라, 밝고 밝은 신의 충성은 하늘의 해가 아시옵더니, 어찌 뜻하였으리까 하룻밤 사이에 국상이 났을 줄이야. 몸이 동쪽 번국(藩國)에 매어 있사와 직접 가서 곡할 수 없으므로, 구름 낀 하늘을 바라보니 마음과 간장이 무너지고 찢어지는 듯하외다. 감히 슬픈 생각을 엮어서 멀리 보잘것없는 것을 올리오니, 명명하게 위에 계신지라 강림하시어 흠향하소서.(세종 6(1424)/ 9/10)

영락제는 1402년에 명나라 3대 황제에 올라 1424년 8월 12일에 죽었는데, 조선에서는 진향제에 올릴 제문을 짓고 제물을 꾸려 진위사를 보냈다. '배신(陪臣)'은 명 황제에게 조선의 임금이 자신을 낮춰 '그대의 신하'라고 했던 말이다. 죽은 영락제를 태양으로 찬양하며, 술을 빚고 통구이 쇠고기를 제물로 바치며, 예물로 백은(白銀) 2백 냥쭝과 흰 세모시 1백 필과 흑 세마포 1백 필을 보내고도 보잘것없는 것을 올린다고 하였다.

1392년 조선왕조를 세운 태조 이성계는 즉위 직후 명나라에 사신을 보냈으나 국호와 국왕의 칭호를 허락받지 못하였다. 1393년에는 말

9,880필을 보내고 고려 때 명으로부터 받았던 고려국왕의 황금 인장(印章)을 반환하였으나, 명은 여진족과 세공(歲貢) 문제 등을 이유로 조선국왕의 인장을 쉽사리 보내 주지 않다가 8년 뒤 태종이 즉위한 1400년에야 비로소 조선국왕의 고명(誥命; 왕위 승인 문서)과 인장을 보내와 외교를 수립하였다. 1408년에는 태조 이성계가 죽자 명이 고려 공민왕 이후 처음으로 '강헌(康獻)'이라는 시호를 보내와 이후 조선은 역대로 임금이 즉위하면 반드시 명에 주청(奏請)하여 '책봉(冊封)'이라는 승인을 받았고, 임금이 죽은 뒤에는 이를 고하여 시호를 받는 것을 정례화하였다. 또 명의 연호를 사용하고 국가의 주요 대사를 보고하여 그 의견을 듣는 등 '사대(事大)' 예의를 취하였다. 그럼에도 조선과 명의 관계가 주권국으로서 대등한 관계는 아니었으나 종속 관계도 아니었다. 명은 명목상 종주적 위치를 유지하면서 항상 조선을 견제하는 대국일 뿐이었다. 명에 바치던 세공(歲貢)은 처음에 금 150냥, 은 700냥의 과중한 부담이 포함되어 있어, 이를 다른 토산물로 대체할 것을 요구하였으나 받아들이지 않다가 세종 11년(1429) 이를 면제하고 소, 말, 삼베로 대신하게 하였다. 대체로 이후부터 조선과 명은 경제·문화의 교류가 본궤도에 올라 그 후 200년간 별다른 변동 없이 그 관계를 유지하게 된다.

외교에 있어서도 명나라는 특별한 일이 있을 때만 수시로 사절을 보내왔으나 조선에서는 설날 아침에 보내는 정조사(正朝使), 황제 부부의 탄일에 보내는 성절사(聖節使)와 천추사(千秋使), 동지에 보내는 동지사(冬至使) 등 정례적으로 매년 네 차례 사신을 보냈다. 이 밖에 사은사(謝恩使)·주청사(奏請使)·진하사(進賀使)·진위사(陳慰使)·변무사(辨誣使) 등을 수시로 보냈는데, 사행 일행은 40여 명이 공인된 인원이었다. (두산백과사전 참고)

구분	서울 도착	칙서 내용	중국 사신
1	세종 즉위년(1418) 9월	세자 교체 인준	육선재
2	세종 1년(1419) 1월	세자 교체와 선위 인준	황엄, 유천
3	세종 1년(1419) 8월	선위와 즉위 축하(잔치 하사)	황엄
4	세종 1년(1419) 8월	죽은 장인(정윤후)에게 제사	왕현
5	세종 2년(1420) 4월	정종의 혼전(빈소)에 제사	조양, 역절
6	세종 3년(1421) 9월	말 1만 필 수출 요구	해수
7	세종 5년(1423) 4월	태종의 소상(小祥)에 조문	유경, 양선
8	세종 5년(1423) 8월	말 수출 요구, 세자책봉 인준	해수, 진경
9	세종 6년(1424) 5월	죽은 장모(한씨)에게 제사	왕현
10	세종 6년(1424) 9월	영락황제 부고	유경, 진선
11	세종 6년(1424) 9월	홍희황제 등극 교서	팽경, 이의
12	세종 7년(1425) 2월	황제 등극 하례에 대한 회례	윤봉, 박실
13	세종 7년(1425) 4월	죽은 장인(권영균)에게 제사	김만
14	세종 7년(1425) 윤7월	홍희황제 유언	제현, 유호
15	세종 7년(1425) 윤7월	선덕황제 등극 교서	초순, 노진
16	세종 8년(1426) 2월	황제 등극 하례에 대한 회례	윤봉, 백언
17	세종 9년(1427) 4월	말 5천 필 수출 요구	창성, 윤봉, 백언
18	세종 9년(1427) 10월	왕세자 조헌 정지	범영, 유정
19	세종 10년(1428) 3월	황태자 책봉 기념 사면	조천, 이약
20	세종 10년(1428) 7월	처녀 한씨 영솔	창성, 윤봉, 이상
21	세종 10년(1428) 12월	죽은 장인(최득비)에게 제사	김만
22	세종 11년(1429) 5월	황제의 포상	창성, 윤봉, 이상
23	세종 11년(1429) 11월	해동청, 녹황응 진헌 요구	김만
24	세종 11년(1429) 11월	고향 방문	진입
25	세종 12년(1430) 7월	황제의 포상	창성, 윤봉
26	세종 13년(1431) 8월	함길도에서 해동청 포획	찬성, 윤봉, 장동아, 장정아
27	세종 14년(1432) 5월	함길도에서 해동청 포획	
28	세종 15년(1433) 윤8월	'파저강 정벌' 포로 교화	맹날가래, 최진
29	세종 15년(1433) 10월	요리사 및 해동청 요구	창성, 이상, 장봉
30	세종 15년(1433) 11월	미송환 야인포로 송환 권유	왕흠, 왕무

31	세종 16년(1434) 10월	파저강 포로, 노획물 교환 중재	맹날가래, 왕흠, 왕무
32	세종 17년(1435) 3월	정통황제 등극 조서	이약, 이의
33	세종 17년(1435) 4월	하녀, 여가수, 요리사 송환	이충, 김각, 김복
34	세종 23년(1441) 12월	회령 야인의 이주 의사 타진	오양, 왕흠
35	세종 31년(1449) 9월	정예군 10만 명 파병 요구	왕무
36	세종 32년(1450) 윤1월	경태황제 등극 조서	예겸, 사마순

위 도표[41]는 『세종실록』을 토대로, 세종이 재위하던 기간에 명나라 사신이 방문한 내역을 모두 모아놓은 것이다. 중국 사신은 많게는 150명까지 수행원을 데리고 왔는데 그들의 횡포는 상상을 초월하였다. 이러한 사대외교의 고통은 명의 요구 사항이나 칙서 내용에만 있는 것이 아니었다. 그 내용을 쓴 외교문서의 서식에도 있었다.

외교의 꽃은 사신이다. 사신이 가고 오면서 환대하는 사람들과 허심탄회하게 대화를 나누는 동안 원하는 외교적 사안들을 100% 잘 수행하기를 바라는 마음을 전달해야 했다. 그러니까 약소국 사신이 얼마나 강대국의 말과 글을 잘하느냐 하는 것은 외교적 사안을 관철시키는데 핵심적인 요소가 아닐 수 없었다. 하지만 중국 사신이 우리나라에 오면서 우리말을 알고 올 리는 만무했다. 항상 우리가 중국의 말과 글을 배우고 익혀서 그들을 맞이해야 했다. 그러므로 우리 사신은 반드시 중국어 학습을 통하여 한 치의 실수도 해서는 안되었다. 다시 말해서 중국어 학습은 사대 외교의 가장 중요한 요소였고, 외교문서를 작성하는 일은 온 대신들이 머리를 맞대고 함께 논의하고, 역관들은 전문 용어를 적절히 써서 문서를 작성해서 황제를 알현해야 했다.

---

41) 조병인, 『세종의 苦고』(2018, 정진라이프) 362~363쪽을 인용함. 다만 중국 간기를 서기로 바꿈.

명나라 성조(成祖) 영락제(永樂帝; 1360~1424)는 명의 제3대 황제(재위 1402~1424)이다. 명 태조 홍무제의 넷째아들이며 어머니는 효자고황후 마씨이다. 영락제는 대외 정벌과 해외 무역로 확장 등의 대외 확장 정책을 펼쳐 주변국을 굴복시켜 조공 질서를 명확히 한 사람이다. 베트남이 명에 정복당하여 한때 중국 영토로 편입되기도 하였다.

아버지 홍무제 때 연왕에 봉해졌다. 홍무제 사후 큰아들이 병으로 요절하여 손자 건문제가 뒤를 이었다. 그러나 그는 삼촌(영락제)에 의해 4년 만에 축출당했다. 영락제는 '정난의 변'을 일으켜 난징을 함락시키고 스스로 제위에 올랐다. 이후 북경으로 수도 천도를 추진하였다. 그는 운하인 회통하를 완공시켜 남북 물자 교류의 교두보를 확보한 후 1421년 수도를 남경에서 북경으로 옮겼다. 영락제의 성격은 포악했다. 건문제가 영락제의 정변에 의해 축출됐을 때 건문제의 스승 방효유는 끝까지 항거하다가 잡혀 죽었는데, 영락제는 방효유의 친족, 외족, 처족을 비롯한 십족(十族)과 문인, 동지, 그의 서적을 탐독하는 인사들을 모두 숙청하였으니 모두 847명이 몰상당했다. 집안의 여성들은 노비나 첩, 기녀로 보냈다. 영락제는 다섯 번씩이나 직접 전쟁에 나서 몽골족 등과의 전투를 지휘했다. 이리하여 명은 지금의 러시아 국경선인 헤이룽강(흑룡강; 아무르강) 하류까지 진출하여 요동도사를 설치하고, 여진족은 위소에 편입시켰으며 누르칸도사까지 설치하게 되었다. 이외에도 일본과 동남아시아 국가들에 대한 패권 확립, 베트남의 정벌, 티베트의 회유와 티무르 제국과의 전쟁 준비, 정화의 남해 대원정과 문물 교류 등의 팽창정책을 추진했다. 말 그대로 명나라의 전성기를 이루게 되었다.[42)]

영락제의 역사를 요약해 보았다. 명의 황제 가운데 가장 강력한 팽창정책으로 주변국을 뒤흔든 인물이 영락제다. 이때가 바로 세종이 즉위할 때였으니 사대 외교가 얼마나 중차대한 때였는지를 가늠케 한다.

---

42) (「위키백과」(https://namu.wiki/)의 '영락제'를 참조함.

중국을 섬기는 일이 얼마나 고단한 일인지 몇 가지 예를 보이면,

> "영리한 처자 열 명을 더 뽑아 요리가 능숙하도록 가르쳐서 들여보내라."(세종 16(1434)/12/24)
>
> 명나라 황제 선덕제의 칙서 내용을 확인한 세종은 곧바로 요리 솜씨가 있으면서 영리한 처자 십여 명을 뽑게 하여, 그들을 궐내에 모아 놓고 사옹방으로 하여금 여러 가지 반찬 만드는 법을 가르치게 하였다. 사옹방은 임금의 수라와 대궐 안의 식사 공급을 관장하던 관서였다.(세종 16(1434)/12/26)
>
> 그런데 한 달쯤 지나서 뜻밖에도 선덕황제의 부음과 유언이 전해졌다. 서른일곱 살이던 선덕제가 즉위한 지 12년 만에 갑자기 세상을 뜬 것이다. 소식을 접한 세종은 곧바로 강의와 실습을 중단하고 처자들을 모두 집으로 돌려보냈다.(세종 17(1435)/1/29)

선덕제의 죽음은 십여 명의 처녀들뿐만 아니라, 조선 전체에 크나큰 축복이 되었다. 아홉 살이던 황태자가 새 황제(영종)로 등극한 관계로 선덕제의 미망인이 섭정을 맡아서, 더 이상 조선의 젊은이들을 요구하지 않았다. 명나라로부터 요구가 없으니 소년 소녀를 뽑아서 들여보낼 이유도 없었다. 명나라의 국가적 불행이 조선에게는 천우신조가 된 것이니, 악인이 망하고 선인이 흥하는 세상 이치가 더없이 절묘하다.

다음 표는 『고려사』와 『조선왕조실록』을 토대로, 이성계가 정국을 주도했던 고려 공양왕 3년(1391) 10월부터, 세종 16년(1434) 9월까지 명나라에서 조선의 젊은이들을 데려간 기록을 정리한 것이다. 44년 동안 조선의 소년 소녀 2백68명을 화자, 미녀, 요리사, 가수, 하녀 등으로 뽑아서 강제로 데려갔음을 보여준다. 데려간 인원을 비교해 보면, 화자 1백49명, 하녀 48명, 요리사 42명, 미녀 21명, 가수 8명 순으로 빈

도가 높다. 세종 9년(1427)에는 한 해 동안 무려 마흔세 명의 젊은이를 데려갔다.

표에서 ( ) 안의 수치는, 뽑혀서 북경까지 갔다가 퇴짜를 맞고 되돌아왔거나, 명나라로 들여보내려고 뽑아놓았거나 혹은 들여보내려고 뽑는 과정에서 황제(영락제, 선덕제)가 죽어서 집으로 돌려보낸 인원을 나타낸 것이다. 말하자면 명나라의 청천벽력이 조선에 꿈 같은 기적이 되어서 극적으로 불행을 면한 행운아의 숫자인 셈이다. 17번의 [ ] 안의 앞에 '빼기(-)' 표시가 붙여진 숫자는, 선덕제가 죽어서 뒤를 이은 어린 정통황제 대신 수렴청정을 맡았던 태황태후가 돌려보낸 인원을 나타낸 것이다.[43)]

순번	시기	화자	미녀	요리사	여자가수	하녀
1	공양왕 3년(1391) 10월	20	-	-	-	-
2	태조 3년(1394) 5월	5	-	-	-	-
3	태종 3년(1403) 윤11월	(35)	-	-	-	-
4	태종 4년(1404) 5월	20	-	-	-	-
5	태종 8년(1408) 11월	12	5	-	-	16
6	태종 10년(1410) 10월	2	1	-	-	4
7	태종 17년(1417) 8월	4	2	-	-	12
8	세종 1년(1419) 2월	20	-	-	-	-
9	세종 5년(1423) 9월	24	-	-	-	-
10	세종 6년(1424) 9월	(10)	(2)	(6)	-	-
11	세종 8년(1426) 7월	-	5	-	-	-
12	세종 9년(1427) 7월	10	7	10	-	16
13	세종 10년(1428) 10월	6	1	-	-	-

43) 조병인, 『세종의 苦고』(2018, 정진라이프) 74~76쪽을 인용함. 다만 중국 간기를 서기로 바꿈.

14	세종 11(1429)년 7월	6	-	12	8	-
15	세종 15년(1433) 10월	-	-	20	-	-
16	세종 16년(1434) 9월	-		(10)	-	-
		149	21	42	8	48
17	세종 17년(1435) 1월			[-37]	[-7]	[-9]

여자를 바치라는 명의 지시다. 위의 책 조병인(2018)에서는, 표처럼 명나라가 조선의 젊은이들을 강제로 데려간 것을 비롯해, 조선 초기에 대국을 섬기면서 괴로웠던 온갖 일들을 자세히 정리하였는데, '불교 유물을 빼어가고 찬불을 강요한 일. 기르던 말들을 빼어가 자주 국방을 막은 일(정예 군사 10만명을 요구하기도 하였다). 농사짓는 소를 강제로 가져가 농경에 엄청난 피해를 끼친 일. 황제의 애완용으로 야생 동물(매와 스라소니)을 잡아간 일. 칙사들의 거드름과 토색질. 군인들을 데려와서 푸대접을 되갚은 일.' 등 수많은 고충을 밝히고 있다. 이처럼 명나라의 횡포는 상상을 초월하였고, 그때마다 주고받는 사신과 외교문서는 임금까지 긴장하지 않을 수 없는 사안이었다.

이렇듯 노골적인 명의 치욕을 받으면서 세종이 사대 외교에서 철저히 지켰던 대응 전략을 한 마디로 정의한다면, 그것은 바로 '야무짐'이었다.

야무짐이란, 사람의 성질이나 행동, 생김새 따위가 빈틈이 없이 아주 단단하고 굳센 모습이다. 성질도 야무지고, 행동도 야무지고, 생김새도 야무지고, 빈틈이라고는 눈꼽만큼도 찾을 수 없는 굳고 단단한 자세. 둥글면서도 깨지지 않는 대추씨 같은 야무짐. 아무리 거대한 명나라라도 감히 넘볼 수 없는 당당함. 업신여길 수 없는 자존심 강한 국가. 약소하여 큰 나라에 머리 굽히고 조공을 바치는 조선이지만 감히 넘볼 수 없는 똑똑함. 옹골찬 매무시의 예절을 아는 나라. 그리고 튼튼한 국방과 외교로 업신여기며 쉽게 넘볼 수 없는 국가임을 보여주는 것이었다. 그가 남긴 수많은 업적들에서 그런 자주, 주체, 독립의 몸부림을 여실히 보게 된다. 명나라와 가장 가까운 위치에 아주 작은 나라 조선. 그렇기 때문에 쉽게 간섭하고 업신여길 수 있었지만 그때마다 세종은 차돌같이 야무지게 국가의 기강을 세우고, 제도와 문물을 바로 세웠다.

우선 명 태조 주원장은 1368년에 나라를 세우면서 이미 1년 전부터 법률을 준비하여 1374년에 『대명률(大明律)』을 완성하였는데, 이 책이 1389년 고려에 유입되었고, 조선이 개국하면서 고사경(高士褧)과 김지(金祗)로 하여금 이두문으로 알기 쉽게 직해하게 하여, 정도전 등이 이를 윤색한 뒤 태조 4년(1395)에 『직해대명률(直解大明律)』을 간행함으로써, 조선 말까지 500여 년간 활용되었다. 물론 때마다 조선에 맞게 형률을 고쳐 집행하였으나 『대명률직해』는 조선의 임금과 신하, 모든 백성들이 지켜나갔던 법질서였으므로, 세종 역시 이두문으로 제정된 조선의 『대명률직해』를 매일 옆에 놓고 들여다보아야 했다.

여기서 예사로 넘겨서는 안 될 중요한 사실이 있다. 당시 사회 법규를 대국과 공유하는 차원에서 『대명률』을 받아들였지만 그대로 받아들이지 않고, 우리말로 다시 엮어 편찬하였다는 것과, 조선의 현실에 맞게 고쳐서 만들었다는 사실이다. 『대명률직해』는 비록 글자는 한자지만 이두문, 즉 우리말 문장 구조로 다시 풀어 엮어서 조선사람만이 읽을 수 있게 한 우리 법전이었다. 이때 이두는 조선의 문자로서 당당히 그 구실을 다한 셈이다. 적어도 세종이 언문을 창제하기 이전부터 이두가 조선의 글로서 그 대표성을 갖고 있었다는 것이다. 이뿐만 아니라 이어서 찬집한 『경제육전(經濟六典)』도 이두문으로 작성하였다. 이 책은 우리나라 최초의 성문법전(成文法典)이고 조종성헌(祖宗成憲)으로 여긴 역사적으로 의미가 큰 법전이다.

『대명률』의 직제와 제도는 그대로 따랐지만 그 명칭과 용어의 말은 당시 우리나라에서 사용되던 용어로 대체하였다. 그리하여 원문에서는 한 글자로 쓰인 것이 이두문에서는 두 자 이상의 우리말식 한자 숙어로 된 것이 많다. 법 용어뿐만이 아니었다. 관혼상제 등 살아가면서 따라야 하는 예식, 예법과 생활에 필요한 의식주의 작은 것 하나까지도 그들의 법식을 따라야 했지만, 우리말식으로 그것들을 적고, 우리말 문장으로 풀어서 새로운 법전을 반포하였다는 것은 매우 중요한 의미를 가진다. 현대사회에서 우리가 광복 이후 제헌국회가 새로운 헌법을 만들 때 독일헌법, 프랑스헌법, 일본헌법 따위를 참고하였다고 하지만 우리말로 우리 실정에 맞게 고쳐 새 헌법을 만들었다는 것이 중요하듯이, 그 정신이나 직제를 그대로 따를 수는 있어도 우리 실정에 맞게 고쳐 우리말 문장으로 기록하는 일은 조선을 건국한 상황에서 역사적으로 큰 의미를 갖는다 할 수 있다. 거기서 우리말 어순으로 기록한 것이 이두문이다. 물론 한자의 그림자를 벗어날 수는 없었다. 달리 쓸 문자가 없었기 때문이다. 중국 법전을 이두라는 글자로 어렵사리 풀어 쓴 것은 조선의 법전으로 새롭게 태어나게 한 것이다. 새로운 나라를 세우고 새 헌법을 제정하여 국가를 운영하는 데 이두문이 쓰였다는 것은 그것이 다른 어떤 나라의 법도 아닌 조선의 법전임을 대내외적으로 공표한 것이고, 우리말을 살려 쓴 주체적 행위였다.

다만, 그렇게 이두문으로 쓰긴 했어도 막상 하층민까지 이두를 배우기는 쉽지 않았다. 몇몇 관리들은 쉽게 읽고 터득할 수 있었겠지만 백성 모두가 배우기는 한계가 있었다. 그리고 어차피 이두를 안다 해도 한자로 이루어졌기 때문에 법을 집행할 때는 관리들의 해석대로 따라야 했고, 한자를 모르는 백성들은 결국 눈먼 봉사일 수밖에 없었다.

또 한 가지 문제는, 그 한자의 음과 뜻이 혼란스러웠다는 것이다. 중국어는 당(唐), 송(宋), 원(元), 명(明) 등 제국이 바뀔 때마다 변화를 거듭하여 한자의 음과 뜻이 다양해졌고, 수도를 옮기면서 중앙어와 지방어가 바뀌는 등 중국 본토에서도 표준음이 수시로 바뀌었다. 이러한 변화는 한자를 쓰는 주변국들에게 엄청난 혼란을 줄 수밖에 없었다. 당나라 때 우리말에 들어온 한자음은 오랫동안 우리 땅에서 사용되면서 자체적으로 이미 굳어져서 송나라, 원나라, 명나라를 거친 중국 현실음과는 매우 달라져 있었다. 아니 중국 본토의 말이 변화한 것이다. 송나라 때까지만 해도 한자음이 그렇게 큰 변화는 없었으나 몽골족이던 원나라가 들어서면서 중국 한자음은 우리의 한자음과 멀어져 갔다. 그러나 중국과 사대외교를 계속해야 했던 우리로서는 시대마다 달라진 한자의 음과 훈을 배우지 않으면 안 되었고, 외교를 책임진 사람들은 그때그때 달라진 발음과 말뜻을 배울 수 있도록 통일된 표준음을 그때마다 받아들여 익힐 수밖에 없었다.

이러한 조선 개국 초기의 고충은 세종에게까지 이어졌고, 세종은 즉위 내내 그런 고충을 감내하면서 야무진 조선을 만들기 위해 부단한 노력을 계속해야 했으며, 각종 운서와 성운학을 공부하면서 말과 문자의 관계, 국가 표준음의 필요성, 표의문자의 한계 극복에 대한 여러 나라의 언어정책들을 간파하게 되었고, 드디어 '언문 창제'라는 돌파구를 찾지 않을 수 없었던 것이다.

쉼터

[옹달샘 하나]

‘녘’에 대하여

※ 우리말 ‘녘’은 지금도 많이 쓰지만 옛날에는 아주 많이 쓰던 말이더군요. 그런데 이 말이 붙어 합성어를 이루는 말들을 우리 사전에서는 체계 없이 올려놓아 혼란스럽습니다. 살펴 주셨으면 합니다.

(1) 한글학회 〈우리말 큰사전〉(어문각, 1992)—녘 [이](매이) ①어떤 쪽이나 가. (ㅂ)길 왼 ~에 선 나무. 물 아랫 ~. ②어떤 무렵. (ㅂ)해질 ~. 동이 틀 ~.

(2) 국립국어원 〈표준국어대사전〉(두산동아, 1999)—녘 「명」「의」「1」=쪽05[1]. 「2」(일부 명사나 어미 '-을' 뒤에 쓰여) 어떤 때의 무렵. ¶아침 녘/황혼 녘/동이 틀 녘이면 모두 밭에 나가 일을 한다./그는 밤새 말을 달려 날이 샐 녘에 그곳에 도착했다. §[〈녁〈석상〉]

(3) 신기철/신용철 〈새우리말 큰사전〉(삼성출판사, 1975, 1986)—녘 [불명] 어떠한 때의 ‘무렵’이나 또는 어떠한 ‘방향’이나 ‘가’를 나타내는 말. *새벽~. 길 오른 ~으로는 소나무를 심었다.

(4) 이희승 〈국어 대사전〉(민중서림, 1982)—녘 [형명] 어떤 때의 무렵이나 또는 어떤 방향·지역을 가리키는 말. ¶새벽~에/동~/아랫~.

(5) 사회과학원 언어연구소 〈조선말 대사전〉(동광출판사, 1992)—녘 [명](불완전) ① 어떤 〈방향이나 가녁〉을 나타내는 말. ¶동~하늘. 북~. 남~땅. ② 어떠한 때의 〈무렵〉을 나타내는 말. ¶밝아올~에 일어나다. △ 점심~. 해질~. 아침. 어슬~.

- '녘' 역순 찾기 -

※ ~ 표시는 올림말이 없다는 표시임.

우리말 큰사전	표준국어대사전	새우리말 큰사전	국어 대사전	조선말 대사전
동녘	동녘	동녘	동녘	동녘
서녘	서녘	서녘	서녘	서녘
남녘	남녘	남녘	남녘	남녘
북녘	북녘	북녘	북녘	북녘
앞녘	앞녘	~	~	앞녘
~	~(뒷녘)	~	~	~
왼녘	왼녘	왼녘(옛)	왼녘(옛)	~
~	~(오른녘)	~	~	~
윗녘	윗녘	윗녘	윗녘(방언)	윗녘
아랫녘	아랫녘	아랫녘	아랫녘	아랫녘
아침녘	~	아침녘(=아침때)	~	아침녘
~	~	~	~	점심녘
저녁녘	저녁녘	~	~	저녁녘
가녘	가녘	~	~	가녘
~	안녘 (안쪽의 북한어)	~	~	안녘(=안쪽)
밝아올녘(평북)	~	~	~	~
밝을녘	~	밝을녘	밝을녘	밝을녘
새벽녘	새벽녘	새벽녘	새벽녘	새벽녘
샐녘	샐녘	샐녘	샐녘	샐녘
해질녘	~	해질녘	해질녘	해질녘
석양녘	~	석양녘	석양녘	석양녘
저물녘	저물녘	~	~	저물녘
어슬녘	어슬녘	어슬녘	~	어슬녘
개울녘	개울녘	개울녘	~	개울녘
~	강녘(북한)	~	~	강녘

물녘(→물가)	물녘	물녘(=물가)	~	물녘
들녘	들녘	들녘	들녘	들녘
울녘(→언저리)	울녘 (언저리의 잘못)	울녘(→언저리)	울녘 (방언, 언저리)	~
~	문녘(북한)	~	~	문녘
길녘	길녘	길녘	~	길녘
불녁 (→갯가, 함남)	불녘(북한)	불녁(→갯가)	불녁 (방언, 갯가)	불녘
조사: 홍현보(2008.05.20)				

15세기에는 녘(녁)을 매우 자주 썼나 봅니다. 〈구급간이방언해〉(성종 20, 1489)는 왕명에 의해 간행되어 여러 시기 동안 반복하여 간행한 민간 치료를 위한 의서인데, 여기서도 '녁(녘)'이 흔하게 나옵니다.

㉠ ᄇᆞᄅᆞᆷ 마자 왼녁 올ᄒᆞᆫ녁을 다 몯 ᄡᅳ며 입과 눈과 기울며 추미 올아 다와텨 말ᄉᆞ미 굳ᄇᆞᄅᆞ며 모미 다 알ᄑᆞ거든 대도ᄒᆞᆫ ᄇᆞᄅᆞᆷ앳 병을 다 고티ᄂᆞ니라[中風癱瘓口眼喎斜涎潮語澁渾身疼痛應一切風疾悉皆治愈]〈권1:6〉-〈풀이〉 바람 맞아 왼쪽 오른쪽을 다 못 쓰며 입과 눈이 기울고 침이 올라 들이닥쳐 말이 어둔하며 몸이 다 아프거든 대체로 바람 맞은 병을 다 고친다.

㉡ 두 녁 곳굼긔 녀허[分塞左右鼻竅中]〈권2:66〉-〈풀이〉 좌우 양녘 콧구멍에 넣어.

㉢ 옥천혈은 빗복 아래 네 치만 ᄒᆞᆫ ᄃᆡ니 두 녁 ᄀᆞᆺ 두 치만 ᄒᆞᆫ ᄃᆡᄅᆞᆯ 나 마초 ᄠᅳ라 ᄯᅩ 닐오ᄃᆡ 빗복 아래 네 치만 ᄒᆞ야 두 녁 ᄀᆞᆺ 두 치 반만 ᄒᆞᆫ ᄃᆡᄅᆞᆯ 나 마초 ᄠᅳ라[灸俠玉泉相去各二寸名曰腸遺隨年壯一云二寸半]〈권3:75〉-〈풀이〉 옥천혈은 배꼽 아래로 네 치 정도 되는 곳이니 양쪽 가로 두 치 정도 되는 데를 나이 수만큼 뜸을 떠라. 또 이르기를 배꼽 아래로 네 치 정도 해서 양쪽 가로 두 치 반 정도 되는 데를

나이 수만큼 뜸을 떠라.

㉣ 여러 가짓 고기ᄅᆞᆯ 먹다가 ᄡᅧ 걸어든 힌 수ᄐᆞᆰᄀᆡ 두 녁 ᄂᆞᆯ개 큰 짓 각 ᄒᆞᆫ 낫 ᄉᆞ론 ᄌᆡᄅᆞᆯ ᄀᆞᄂᆞ리 ᄀᆞ라 므레 프러 머그라[食諸肉骨鯁 白雄雞 힌 수ᄐᆞᆰ 左右翮大毛各一莖燒灰細研以水調服之]〈권6:5〉-〈풀이〉 여러 고기를 먹다가 뼈가 걸리거든 흰 수탉의 양쪽 날개의 큰 깃털 각 한 낱씩 불사른 재를 곱게 갈아 물에 풀어 먹어라.

제2장
조선의 문자와 우리말

1. 앎에 대한 역사

묻노니, 먼 옛날 태초의 시작을 누가 전했을까? 천지가 아직 형성되지 않았는데 무엇으로 이를 알 수 있었을까? 어둠과 밝음이 분명하지 않았을 텐데 누가 이를 밝힐 수 있었을까? 대기는 원기로 충만했는데 무엇으로 식별했을까? 낮은 밝고 밤은 어두운데 하늘은 왜 이렇게 만들었을까? 음양은 교차하고 합해지는데 무엇이 근본이고 무엇이 변화인가? 둥근 하늘은 아홉 층이라는데 누가 이를 돌아서 쟀을까? 이 얼마나 큰일인데 누가 처음으로 시작했을까? 천체를 돌게 하는 축의 줄은 어디에 매여 있을까? 어디에서 하늘의 지붕을 떠받치고 있을까? 하늘을 떠받치는 여덟 개의 기둥은 어디 있나? 동남쪽은 왜 지세가 낮은가? 하늘의 중앙과 팔방의 가장자리는 어디까지 닿아 있고 어디까지 이어져 있는가? 천지에는 굴곡지고 외진 곳이 많은데 누가 그 수를 알 수 있을까? 천지는 어디에서 합해지는가? 12진은 어떻게 구분했나? 해와 달은 떨이지지 않고 어디에 붙어 있을까? 별들은 어떻게 가지런히 늘어서 있을까? 태양은 탕곡에서 나와 몽사에 머물고, 날이 밝아졌다가 어두워지기까지 몇 리나 갈까? 달은 무슨 신묘한 약을 얻었기에 죽었다 다시 살아나는가? 달은 무슨 이로움이 있다고 뱃속에 호랑이를 키우나? …줄임… 동쪽이 밝아오기 전에 태양은 어디에 숨어 있나?[1)]

저 유명한 초나라 굴원(屈原; B.C.353~278)의 글이다. 앎의 역사는 처음에 신화적이고 형이상학적이었다. 동양의 산문 문학의 시초라 할 수 있는 『초사(楚辭)』에 실린 굴원의 작품 속에는 무수한 질문이 쏟아져 있다. 자세히 읽어보면 오늘날 우리가 살면서 궁금해 하는 의문과 똑같은 질문들이다. 이런 끝없는 질문이 앎의 시작이다. 나라를 다스리거나 사회 질서와 율법과 같은 정형화된 것들에 대한 질문도 중요하지만 좀 더 근본적인 삶의 근원적, 철학적 질문과 우주의 생멸에 대한 의문도 우리의 의식 속에는 항상 존재하기 마련이다.

공자가 동양의 가장 위대한 성인이 될 수 있었던 것은 그가 역사를 정리했기 때문이다. 그는 스스로 '육경(六經)을 산술(刪述)했다.'라고 말했듯이, 오랜 역사 속에 산재해 있던 시(詩), 서(書), 역(易), 예(禮), 춘추(春秋), 악(樂)을 정리하여 경전의 경지에 올려놓은 인물이다. 14세기 조선에는 중국의 역사서와 유교 경전들이 무수히 들어와 지식인들에게 읽혔다. 당시 조선 지식인들에게 중국의 역사서는 필독서였고, 지식의 대부분을 차지할 만큼 중요한 학문이었다. 조선에 들어와 있던 중국의 역사서는 사마천의 『사기(史記)』, 반고의 『한서(漢書)』, 진수의 『삼국지(三國志)』, 사마광의 『자치통감(資治通鑑)』, 주희의 『자치통감강목(資治通鑑綱目)』 등 무수히 많았다.

『자치통감』은 김부식이 『삼국사기』를 쓸 때 참고하였던 책이니 이미 고려 때부터 들어와 읽혔던 책이다. 『자치통감』은 중국 북송 사마광(1019~1086)이 황제의 명을 받아 만든 중국 역사책인데, 기원전 403년 주(周)나라 때부터 송나라 건국 직전인 960년까지 무려 1,362년 동안의 중국 역사를 편년체로 기록하였다. 이것을 주희가

1) 권용호 번역, 『초사(楚辭)』(2015, 글항아리), 「천문(天問)」(굴원) 103~104쪽에서 인용함.

정리하여 『자치통감강목』을 썼던 것이다. 주희(1130~1200) 역시 이러한 글읽기와 경전·사서 등을 정리함으로써 주자학의 시조가 될 수 있었다.

세종도 중국의 역사책을 어려서부터 좋아했으니 『자치통감』 속에 있던 초(楚)나라 굴원의 이야기를 읽은 것은 당연하다. 모름지기 세종의 앎에 대한 욕구도 분명 굴원 못지않았을 것이다.

세종은 사정전(思政殿) 신하들에게 명을 내려, 사람들이 『자치통감』을 보다 쉽게 읽어볼 수 있도록 뜻을 자세하게 풀이하여 책을 만들라고 하고서, 신하들의 수고도 마뜩치 않았는지 직접 밤늦게까지 이 책의 교정을 보다가 안질이 생길 정도로 심혈을 기울였다. 완성된 다음에는 이 책을 인쇄하여 전국에 배포하였는데 이것이 『자치통감 사정전 훈의』이다.

> 중추원사 윤회, 예조 좌참판 권도, 집현전 부제학 설순 등을 불러 집현전에 모두고 『자치통감』을 고열(考閱)하게 하여, 그 글뜻의 알기 어려운 귀절은 『원위집람석의(源委輯覽釋義)』로부터 여러 서적에 이르기까지 참고하여, 그 해설이 있는 것을 뽑아서 그에 해당한 마디마다 끝에 붙여 편찬케 하고 이름을 '통감훈의'라 하였다. 또 문신인 집현전 응교 김말, 교리 유의손, 우헌납 이중윤, 전 우헌납 이사증, 집현전 수찬 이계전, 부수찬 최항, 이조 좌랑 남계영, 세자 좌사경 어효첨, 사헌 감찰 강맹경, 봉상 녹사 민원 등을 뽑아 교정에 참여하게 하고, 또 좌승지 권맹손으로 겸하여 이를 관장하게 하였다.(세종 16(1434)/6/26)

세종은 『자치통감』에 뜻을 풀이하여 책을 내는 작업을 매일 검토하여 밤늦게까지 직접 원고를 교정하였다.

요즈음 이 글을 보면서 독서가 유익함을 알았다. 총명이 날마다 더하고 잠이 아주 줄었다.(세종 16(1434)/12/11)

사정전은 경복궁 근정전 뒤에 있는 편전으로 세종이 집현전 학자들과 수시로 경연을 열던 곳이다. 세종이 얼마나 많이 『자치통감』을 읽었으면 그 내용을 다 꿰고 교정까지 보았을까? 이 책을 제대로 이해하기 위해 필요한 중국의 인명, 지명, 고사에 대한 풀이를 단 책이 '훈의'이니 그 방대한 양뿐만 아니라 역사적 지식에 놀라지 않을 수 없다.

서거정(1420~1488)은 『필원잡기』에, "『훈의』(자치통감 사정전훈의)만큼 상세하고 정밀한 책은 세상에 없을 것이다. 나는 우리나라의 훈의가 가장 우수하다고 생각한다."라고 써 놓았다.

세종은 이 책의 편찬을 시작한 1434년에 종이 30만 권을 준비하여 5~6백 질을 간행하여 보급할 계획을 세웠다고 한다. 그런데 294권이나 되는 책을 5백 질이나 만들려니 그 비용과 인력을 감당하기가 쉽지 않았다. 더욱이 목판으로 이 정도의 책을 만들려면 목판을 수천 장 새겨야 하는 어려움이 있었다. 결국 세종의 처음 생각과 달리 분량이 많은 이 책은 금속활자 갑인자로 간행되었으니, 완성된 책은 무려 100책 294권이나 된다. 세종은 『자치통감강목속편』(1423), 『자치통감강목』(1424), 『자치통감』(1427), 『자치통감 강목』(1434), 『소미가숙점교부음통감절요』(1434), 『음주 자치통감(音註資治通鑑)』(1435), 『자치통감 훈의』(1436~38), 『찬주부음 자치통감 오기증의』(1434?) 등[2] 즉위하는 동안 『자치통감』과 관련한 책을 계속해서 편찬하였다. 『자치통감』은 세종이 역사를 보는 눈을 넓히는 데 노둣돌 구실을 톡톡히 한 셈이다. 뿐만 아니라 당시 조선에는 『십팔사략』이 이미 들어와 있었고, 조선의

2) 손보기(1986) 『세종시대의 인쇄출판』(세종대왕기념사업회) 118쪽에서 참고함.

지식인들은 중국의 역사를 우리 역사 못지않게 알아야 했다. 이로 보아 굴원을 비롯한 수많은 인물의 글과 역사는 조선 지식인들의 지침서요 멘토였음을 알 수 있다.

> 산해경(山海經)을 읽는 세상 사람이면 누구든지 그 책이 황당무계하며 기괴하고 유별난 말이 많기 때문에 의심을 품지 않는 이가 없다. 나는 이 점에 대해 한번 논의해 보고자 한다. 장자는 이런 말을 한 적이 있다. "사람이 아는 것은 그가 알지 못하는 것에 미치지 못한다."라고. 나는 산해경에서 그 실례를 발견할 수 있었다. 생각건대 우주는 광활하고 뭇 생명체는 도처에 산재해 있으며 음양의 기운이 왕성히 일어나면 온갖 종류가 나뉘어 생기는데 정(精)과 기(氣)가 뒤섞여 서로 요동할 때, 떠도는 영혼, 신령스런 괴물이 물체에 닿아 얽혀 산천에 모양을 드러내거나 목석에 형상을 붙인 것들을 어찌 이루 다 말할 수 있겠는가? 그러므로 서로 다른 소리들을 아울러 한 가지 음향으로 연주하고 이를 대로 이룬 변화의 모든 양상을 한 가지 형상으로 합쳐 본다면 세상의 이른바 이상하다는 것도 그것을 이상하다고 단정 지을 수 없고, 세상의 이른바 이상하지 않다는 것도 그것을 이상하지 않다고 단정 지을 수 없다. 왜냐하면 사물은 그 자체가 이상한 것이 아니고 나의 생각을 거쳐서야 이상해지는 것이기에, 이상함은 결국 나에게 있는 것이지 사물이 이상한 것은 아니기 때문이다. 따라서 북방의 호인(胡人)은 광목을 보면 베인가 의심하고, 남방의 월인(越人)은 털담요를 보면 모피라고 놀란다. 대개 익히 보아 온 것을 미더워하고, 드물게 들어 온 사실을 기이하게 여기는 것은 인간 심리의 두루 있는 착오다. 간략히 예를 들어 그것을 증명할 수 있는데, 양(陽)적 존재인 불이 얼음물에서 생겨나고 음(陰)적 존재인 쥐가 불꽃 이글거리는 화산에서 자란다고 하면 세상의 논자들 중 아무도 행여 그 사실이 괴이하다고 여기지 않으면서도, 산해경에 실린 내용을 얘기하게 되면 모두가 괴이하게 여긴다. 이것은 괴이하게

여길 만한 것을 괴이하지 않다 하고, 괴이하게 여길 만한 것이 아닌데 괴이하게 여기는 것이다. 괴이하게 여길 만한 것을 괴이하지 않게 여긴다면 그것은 거의 무슨 일에든 의심조차 않는 태도이고, 괴이하지 않은 것을 괴이하게 여긴다면 그것은 애초부터 의심할 것도 없는 것을 가지고 의심하는 것이다. 무릇 그런 것을 그렇다 하고 그렇지 않은 것을 그렇지 않다 하면 이치에 그를 것이 없으련만.[3)]

『산해경』이란 책은 중국 서주(西周) 초기(B.C.1200년경)에서부터 전국시대(B.C.200년 이전) 사이에 만들어진 이야기로, 세상의 모든 산과 바다의 형세와, 거기에서 나는 광물, 동식물, 괴물이나 신령들을 적어놓은 글을, 동진 때 사람 곽박(郭璞, A.D.276~324)이 주석을 달고 서문을 써서 펴낸 책이다.

『산해경』이나 『초사』에서처럼, 3천여 년 전의 사람도 삶에 대한 근원적인 질문을 하고 있다. 그것은 지금 우리가 비현실적이라고 말하는 내용들도 있지만 어느 한쪽으로 치우치지 않으면서 사람의 삶에 대한 모든 것들을 망라하고 있다. 거기서 직관적인 지식을 얻기도 하지만 만물의 태어나고 자라고 사라지는 것에 대한 삶의 의미를 느끼기도 하고, 우주의 변화무쌍함 속에서 삶의 덧없음과 허망함도 느끼며, 깊은 마음의 위안과 분노에 대한 위로를 얻기도 하였을 것이다. 요즘 사람들도 각자 종교를 가지기도 하고 미신을 믿거나 사주팔자를 보기도 하며 알 수 없는 것들에 대한 지식을 확장시키려 한다. 아무리 많이 안다 해도 우주의 처음 모습을 아는 사람은 없다. 모두 추정할 뿐이다. 미래 또한 그렇다. 누가 죽은 뒤를 알겠는가? 내일 당장 무슨 일이 일어날지도 모르는데 지구의 종말, 우주의 종말을 누가 알겠는가? 하지

---

3) 정재서 역주, 『산해경』(1996, 민음사), 「주산해경 서」(곽박) 33~34쪽.

만 형이상학의 질문이 현실적인 질문과 연결되고, 그런 질문이 지식의 시작이 된다. 지식은 그런 질문에서부터 시작되는 것이다. 삶의 깊은 성찰은 현실의 문제를 해결하고 미래의 나아갈 길을 인도해 준다. 이것이 바로 '철학, Philosophy'이고, '가치 찾기'다. 세종의 책읽기는 세종 자신의 가치 찾기인 동시에, 조선의 임금으로서 가치 찾기 작업이었다.

우리가 무엇을 알고자 할 때 겪는 장애물이 있다면, 그 중 가장 큰 장애물이 말이다. 언어(言語). 랭귀지(language). 말은 가장 중요한 지식 전달의 도구이면서도 한편으로는 엄청난 장애물이 되기도 한다. 지방마다 사투리가 달라도 잘 알아듣기 힘든데 하물며 다른 나라의 말이겠는가? 더욱이 다른 나라의 문물을 받아들이고 그것을 알고자 할 때는 그 나라 사람과 말이 통해야 하는데, 말이 다르면 소통하기가 매우 어려워진다.

또 하나의 장애물이 글자다. 문자(文字). 알파벳(alphabet). 문자 역시 앎의 세계에서는 빼놓을 수 없는 기본 수단이지만, 외국인의 글자를 배우기 전에는 그들이 기록한 지식을 전혀 읽어낼 수가 없어 큰 장애가 된다.

우리나라 사람에게는 거기에다가 덧붙는 장애물이 또 있다. 우리는 오랫동안 한자만을 배우고 가르쳐 왔다. 한문으로 글을 쓰고 역사를 기록해 왔다. 그래서 한자의 뜻과 한문 문장의 글을 배우기 전에는 우리 조상들이 수천 년 동안 기록해 놓은 글들을 하나도 읽어 낼 수가 없다. 개화기 이후 그동안 정부나 개인이 한학자의 도움을 받아 열심히 우리의 고전을 한글로 번역하여 그나마 상당한 양의 고전을 이해할 수 있게 되었지만 아직도 여전히 전문 한학자의 도움을 필요로 하는 기록들이 산재해 있다. 적어도 조선이라는 나라는 외국 문물이란 오로지 한문으로 된 것뿐이었다.

그런데 말이다. 여기에 오늘날 우리나라 사람이 잘 느끼지 못하는 또 하나의 특별한 장애물이 있다. 바로 우리가 쓰는 현대말 가운데 엄청난 양의 낱말들이 전통적인 한자어가 아니고 기껏해야 100년 전쯤에 만들어져 들어온 일본말이라는 사실이다.

> 앞서 한학 전통의 단절이 번역작업의 부실함을 초래하였다고 진단한 바 있는데 실상 그것은 표면화된 현상에 불과하지, 보다 근원적으로 이 사안은 한국 중국학의 의미 및 방향 부재라는 오늘의 심대한 문제와 상관된다. 다시 말해서 이른바 객관주의와 근대적 학문의 이름을 앞세운 일제 관학에 의해 우리의 중국학은 전통 한학의 맥을 잇지 못하고 거세된 정신과 취소된 역량 속에서 출발하였던 것이다. 이것이야말로 오늘날 이 땅에서 중국학을 하는 사람들이 자신의 위치감각을 부여받지 못한 가장 큰 요인이 아닐 수 없다. 이른바 객관적 학문으로서의 중국학이란 무엇인가? 사이드(Edward W. Said)에 의하면, 근대 이후 서구에서 성립한 과학으로서의 동양학은 식민주의와 결합하여 동양에 대한 서양의 지배를 정당화시켜 온 이데올로기적 속성을 지니고 있다. 일제는 다시 그것을 한국에게 적용하여 앞서 말한 바와 같이 객관주의의 미명 아래 전통 학문의 말살을 기도하고 그들의 식민통치를 합리화시켰던 것이다.[4)]

정재서(1996) 님의 글이다. 그의 주장에 대해 시비를 걸 생각은 없다. 다만 그의 주장 속에서 나타난 두 가지의 문제점을 들여다보자는 것이다. 즉 우리나라는 조선이란 나라가 패망하고 일제에 의해 강점되면서 그야말로 유사 이래 2천 년 안팎의 세월 동안 한결같았던 한학 전통의

---

4) 정재서 역주, 『산해경』(1996, 민음사), 서문 6쪽.

교육체제와 정치체제가 갑자기 무너지면서 개화기 이후 우리는 완전히 새로운 서양식 교육과 서양식 정치를 받아들이게 되었고, 그 사이 일제 강점기라는, 정체성 잃은 시간을 겪으면서 늘상 쓰는 말조차도 달라지는 엄청난 변화를 강요받게 된다. 그 간극 이후에 찾아온 말들은 우리 고전에서 쓰던 말이 아니었다. 이전에는 전혀 듣도 보도 못한 생소한 말들이었다. 곧, 새로운 뜻이 덧입혀진 일본식 한자말들이 봇물처럼 우리의 일상을 덮쳤다. 중국말도, 일본말도, 우리말도 아닌, 새로운 신조어(新造語)들이었다. 일본에서 만들어진 이 말들은 일본이 서양 문화를 받아들이면서 서양 말들을 번역할 때 한자를 빌어서 번역하면서 생겨난 것이니 일본말이다. 전통적인 한자 해석으로는 도저히 풀리지 않는 조어법으로 만들어진 일본말을 우리는 일본말이 아닌 한자독음식으로 받아들인 것이다. 이런 일본식 한자말로 우리 고전을 번역하다보니 조상들의 사상과 역사가 왜곡되어 온전한 해석이 어렵게 되고, 우리는 옛 고전을 번역하여 지식을 쌓는 데 더 많은 수고와 노력을 기울여야 했다. 심하게 말하면, 외래어로 외국어를 번역하는 꼴이 된 셈이다.

> 요즘 우리가 쉽게 쓰는 '세계'라는 말, 이런 한자어는 대개 일본 학자들이 지어낸 말이다. 이런 말은 대개 불교 말과 겹친다. 그들이 서구의 추상어를 번역하면서 불교 용어들을 빌려 썼기 때문이다. 이성, 오성, 진리, 자유 … 헤아릴 수도 없는 추상어들, 엄밀히 따지면 이런 말은 서구어도 아니고 일본어도 아니다. 물론 우리말도 아니다. 그런 것이 뒤죽박죽 꼬이고 섞여 있다. 이런 것도 남의 언어, 남의 문화, 남의 생각, 남의 사랑을 번역하여 읽어야 하는 나라, 그 백성의 아픔이다. 이렇게 꼬인 말은 대대손손 생각과 사랑에 장애물이 된다.[5)]

위 글에 의하면, '세계(世界)'의 본래 뜻은 지금의 'World'가 아니고, '세(世)는 시간이고 계(界)는 공간이니 시방 삼세(十方三世)를 가리키는 말'이라는 불교 용어라고 한다. 『조선왕조실록』에서 찾아보아도 태조실록부터 철종실록까지는 '세계'라는 낱말이 문장 안에서 전혀 다른 의미로 쓰였다. 즉 고종 이전에는 이 말이 종교적인 의미로 사용되다가, 고종 이후에 비로소 '세계 각국'이란 의미로 쓰이고 있는 것을 볼 수 있다. 우리 고전에서 접하게 되는 이 '세계'라는 낱말 하나도 지금의 말뜻으로 이해해서는 그 말의 의미나 문장의 맥락을 알 수 없게 되고, 올바른 옛사람들의 생각을 왜곡하게 되는 것이다. 그런 의미에서 『조선왕조실록』은 근현대 일본말 침투 이전의 우리말의 모습을 그대로 유지한 자료로서, 14세기부터 19세기까지 500년의 우리 역사뿐만 아니라 방대한 우리말을 연구하고 살피는 데 크나큰 도움을 주는 고마운 자료다. 동서양을 망라해서 이름 하나로 이렇게 많은 양의 역사를 기록한 기록물은 『조선왕조실록』과 『승정원일기』를 따라올 것이 없다.

2. 실록 이야기

『조선왕조실록』은 조선 태조부터 고종까지 500년 동안 임금을 중심으로 나라 안팎의 일들을 매일매일 빠짐없이 기록한 책이다. 그러나 고종과 순종의 실록은 일제 조선총독부가 작성한 것으로 일제가 왜곡한 기록이 많다. 『조선왕조실록』은 대부분 목활자로 인쇄한 간본(刊本)으로 되어 있지만, 정족산본의 초기 실록 및 정족산본, 태백산본의 『광해군일기』는 필사본이고, 또 두 본의 『세종실록』 부록도 필사본으로

5) 『왜 세종은 불교책을 읽었을까』(오윤희, 2015, 불광출판사), 79쪽 참조.

남아 있다. 현재 남한에는 정족산본 1,707권, 1,187책과 오대산본 27책, 산엽본(散葉本) 등이 서울대학교 규장각에 소장되어 있으며, 국가기록원 부산기록정보센터에 태백산본 실록 1,707권, 848책이 보관되어 있다. 이들은 모두 국보 151호로 지정되어 있으며, 1997년에는 『훈민정음』 해례본과 함께 유네스코 세계기록유산으로 지정되었다.

『조선왕조실록』은 한문으로 기록되어 일반인들이 읽기 어려웠으나, 1968년부터 세종대왕기념사업회가 국역사업을 시작하였고, 1972년부터는 민족문화추진회(현 한국고전번역원)가 연산군일기 등을 국역하며 동참하여 1993년에 완간하였다. 26년이라는 오랜 기간에 걸쳐 총 413책으로 완성되었다. 세종대왕기념사업회는 『세종장헌대왕실록』을 국역한 이후 태조에서 성종까지와 숙종에서 철종까지의 실록을, 민족문화추진회에서는 연산군에서 현종까지의 실록을 각각 분담하여 국역한 것이다. 또한 국역 실록의 보다 편리한 이용을 위하여 (주)서울시스템에서 '국역 조선왕조실록'의 전산화 작업을 완료하여 1995년에 CD-ROM으로 간행하였다.

한편 북한은, 장서각에 보관되어 있던 적상산본을 6.25 때 가져가서 현재 김일성종합대학교에서 소장하고 있는데, 『이조실록』이란 이름으로 1975년부터 국역에 착수하여 1991년에 400책으로 완간한 바 있어, 1993년부터 남한의 여강출판사에서 판매권을 받아 인쇄 판매한 바 있다.

실록은 왜란과 호란을 겪으면서도 사고(史庫)에서 살아남은 조선의 역사기록물로서, 조선시대의 낱말 창고라고 할 만큼 당시 쓰던 말들이 잘 보존되어 있다. 역사책이기 이전에 500년에 걸친 우리 조상의 말글살이가 고스란히 갈무리된 거대한 말뭉치(corpus) 자료인 셈이다. 다만 아쉬운 것은 한문(고문) 문장이기 때문에 순우리말을 찾을 수 없다는 것이다.

『태조실록』은 태종 10년(1410)부터 편찬에 착수하여 13년(1413)에 완성하였다. 그리고 세종 20년(1438) 9월에 다시 개수하였고, 정종실록과 태종실록을 펴내면서 또 개수하였다. 그 뒤 세종 30년(1448)에 정인지가 다시 증수하였고, 여기에다가 '우왕'을 '신우'로 고친 문종 원년(1451)의 개수본이 지금 보는 태조실록이다. 세종은 실록이 아주 중요한 사료이니 한 질만으로는 오래 보존할 수 없다고 판단하여, 세종 27년(1445)에 이들 3대(태조·정종·태종) 실록을 각기 네 질씩 필사케 하였고, 이것이 관례가 되어 이후로는 네 질씩 만들게 된 것이다. 한 질은 서울 춘추관에, 기타 세 질은 충주사고, 성주사고, 전주사고에 각각 보관하도록 하였다. 앞선 3대 임금의 실록은 필사본이었는데 활자로써 인출한 것은 『세종실록』부터다. 세조 12년(1466)에 양성지의 건의로, 당시 이미 편찬된 문종실록과 함께 주자(鑄字)로 인쇄하기 시작하여, 성종 3년(1472)에 두 실록을 완성하였다. 이후로는 모두 활자 인쇄로 찍어냈다.

임진왜란이 일어나자 춘추관·충주·성주 세 사고의 책은 모두 불타고, 오직 전주사고본만이 온전하였다. 전주사고본(태조~명종)이 살아남은 이야기는 아주 유명하다. 전주사고는 태조의 영정이 안치된 전라도 전주 「경기전(慶基殿)」 옆에 설치하였었다.

> 선조 20년(1592) 임진왜란이 일어나 전국이 쑥대밭이 되고 각지의 사고는 모두 불타고 유일하게 남은 전주사고 또한 6월로 접어들면서 왜적이 전주로 접근함에 따라 소실될 위험에 직면하게 됐다. 상황은 다급했다. 이때 경기전 참봉 오희길은 태조의 영정과 사고의 실록들을 안전한 곳으로 옮겨 보관할 궁리를 했다. 그러나 그 많은 책들을 안전하게 옮기기 위해서는 말 20여 필과 많은 인부가 필요했다. 혼자선 할

수 없었다. 그래서 뜻을 같이할 사람을 찾아 나섰다. 그는 명망이 나 있던 선비 손홍록(56세)을 찾아가 의논했다. "나라의 역사가 끊어지지 않도록 보관해야 하지 않겠습니까? 저 혼자 하기에는 역부족이오니 도움을 청하옵니다. 부디 뜻을 같이하십시다." 손홍록은 뜻을 같이하기로 결심한다. 손홍록은 학문을 같이했던 고향 사람 안의(64세)와 조카 손숭경, 하인 30여 명과 함께 전주로 달려갔다. 이들은 실록을 정읍 내장산으로 옮겨 1년 동안 지켰다. 하지만 계속해서 호남지방 침공이 예상되자, 내장산을 떠나 아산으로 옮겼다. 이후 실록은 해주로 옮겨졌다. 그 뒤로도 전주사고 실록은 그때그때의 상황에 따라 강화도로, 영변으로 옮겨졌다. 마지막에는 묘향산 보현사로 옮겨 다니다가 왜란이 끝나 간신히 살아남게 됐다. 이후 선조는 전주사고본을 바탕으로 실록을 다시 만들게 하였고, 이를 정족산, 태백산, 적상산, 오대산에 4대 사고를 지어 각각 1부씩 보관했다. 지금 남한에는 정족산사고본과 태백산사고본이 남아 전한다.(경기전 전주사고(실록각) 안내문을 참고함.)

정족산본과 태백산본은 1928년 이후 경성제국대학으로 이장되었다가 해방 이후 서울대학교 도서관에 소장하였는데, 이 가운데 태백산본은 1985년 국가기록원 역사기록관(부산)으로 이관하여 지금까지 보존하고 있다.

지금은 국사편찬위원회가 세종대왕기념사업회와 민족문화추진회에서 국역한 책 413권을 서울시스템(주)에서 입력한 데이터베이스에다가, 한문 원문을 입력하고 원본 사진자료까지 제공하여 2006년부터 '조선왕조실록' 정보화 사이트(http://sillok.history.go.kr)를 개발, 운영하고 있다. 이제는 누구든지 누리그물(인터넷)을 통하여 조선왕조실록을 열어, 누가, 언제, 어디서, 무엇을, 어떻게, 왜 하였는지를 검색하여 읽을 수 있게 되었다. 글쓴이는 1992년부터 세종대왕기념사업회에서 영조, 정조, 순조, 헌종, 철종 등의 실록을 국역하는 데, 번역 원고를 교정하는 일에 참여한 바 있다.

3. 2000년 전의 우리말

언문이 창제되어 우리말이 민낯을 드러낼 수 있기 전, 한자를 빌어 나타내던 우리말은 어떠했을까? 고려와 조선의 말은 달라지지 않았다. 조선의 임금과 신하들, 백성이 모두 고려의 사람들이었고, 그 땅도 그대로 이어졌으니까 달라지지 않은 것이다. 다만 고려의 도읍지가 개경(개성)이었고 조선은 한양(서울)이었으니 표준말과 사투리(방언)의 잣대는 달라졌을 것이다. 한양의 말이 표준어가 되었을 것이고, 그 말을 중심으로 글을 썼을 것이다. 그럼 고려 이전의 시기는 어떠했을까? 고구려, 백제, 신라의 말은 어떠했고, 그때의 문자생활은 어떻게 이루어졌을까? 이왕 현대 우리말의 원류를 찾는 김에 삼국 시대까지 올라가 보자.

2006년 한 1년 동안 티비 연속극으로 재현되었던 '주몽' 시대를 열심히 본 적이 있다. 이 드라마는 우리 역사의 처음 시기 이야기였다. 서기(예수 기원)로 본다면 서기 전 이야기인데 『삼국사기』나 『삼국유사』, 『제왕운기』, 『동국이상국집』, 『동국사략』, 『삼국사절요』 등 우리 역사책에 흩어져 나타나는 기록들을 모아서 신화시대로만 여기던 우리 역사의 처음 시기를 실감나게 잘 그렸던 드라마다.

그 연속극을 보면서 문득 궁금증이 생겼다. 나는 정말 우리 역사도 제대로 모르는구나. 나 자신 그리스·로마 신화나 알았지 우리 조상의 신화나 역사를 너무도 모르고 있었구나 하는 미안함이 들었다. 우선 신화 속 인물인 주몽이 저렇게 우리 앞에 나타나 역사를 말하는데, 가만히 보고만 있을 수는 없는 노릇이었다. 기독교 성경에서 보면 구약의 이야기들은 서기전 3천 년 전부터 서기전 5백 년 사이의 전설과 신화들인데 이것을 역사 안으로 끌어들여 이야기를 들려주고 있다. 그런데 우리는 우리 겨레의 건국신화는 신화일 뿐이라고 등한시한다. 우리 신화 역시, 신화인 듯하면서도 어느 틈에 그들이 역사 속에 들어와 통치하며, 나라를 세우고 도읍을 정하여 백성을 다스린다. 또 그 신화를 읽어보면 신화이기보다는 역사이고, 현실성 있는 이야기이며 땅이름이나 지형이 지금도 그대로인 곳이 많다. 이 땅에 터를 잡고 살아 그 피가 흘러 여기까지 온 시간이 불과 2000년 밖에 안 되었다고 생각하니 섬뜩하지 않은가?

내 얼굴과 살결 어딘가에 곰(고조선 건국신화)과 같은 뚝심과, 견이, 방이, 우이, 황이, 백이, 적이, 현이, 풍이, 양이의 종족과, 해모수와 주몽(추모)과, 해부루와 금와와, 혁거세와 수로의 흔적이 있을 것이다. 아니면 오이, 마리, 협보, 비류, 송양, 힘센돌이[强力扶鄒], 버들꽃[柳花], 원추리, 가시꽃 같은 고구려 사람이나, 옥지, 구추, 도조, 마가, 우가, 저가 등 부여 사람이나, 소벌도리, 구례마 같은 신라 사람이나, 온조, 오간, 마려 같은 백제 사람이나, 아도간, 여도간, 피도간, 오도간 같은 가야 사람들의 피가 흐르고 있을 것이다. 이 사람들은 위에 보인 역사책에 남아 있는 이름들이다. 이들 이름을 보면 토박이 우리말 이름도 있고 한자말도 있다. 이미 삼국시대에 한자가 유입되어 사람 이름에 쓰인 것이다. 그 사이에 깨알 같은 우리말, 금싸라기 같은 우리말이 즐비하다. 한반도를 둘러싼 한(漢)나라와, 동북 여러 족속들 즉, 몽골, 여진, 말갈, 숙신, 동호, 부여, 옥저, 동예, 예맥, 마한, 진한, 변한, 가야와 섬나라 왜인 등, 고조선 이래 고대 부족국가들의 다양한 사람들이 우리 땅을 오고 가며 만나고 헤어지고, 결혼도 하고 가족을 꾸리며 경제활동을 하였음이 수많은 이들 이름에서도 묻어난다.

또 땅이름은 어떤가? 이 시대에 나타나는 땅이름을 기록에서 추려보면, 개사수, 고허촌, 골령, 금며달, 금성, 나정, 낙랑, 다물도, 돌산, 명활산, 모둔골, 무산, 백악, 서라벌(서벌), 아사달, 알영, 알천, 압록, 엄표수, 우발수, 웅심산, 읍루, 임둔, 장당경, 졸본천, 취산, 태백산, 평나, 평양, 현토, 홀산 등이 있다. 당시 역사책에서 소리 나는 대로 적거나 그 소리에 매우 가깝게 적은 땅이름이다.

최남희(2000, 2002, 2003)[6]의 글에서는 『삼국사기』(권37)의 복수 표기 지명 자료 97개 중 45개의 지명에 쓰인 고구려 한자음의 형성 기층 및 어휘의 삼국 간 차이에 대하여 논의한 바 있다. 결론은 고구려말이 신라말과 백제말과는 약 33%의 방언 차이를 보이고 있다고 하였다. 이로 보아 세 나라의 말이 동일계통의 단일어였음을 확인하고 있다.[7] 즉 세 나라가 방언적 차이를 가질 뿐 같은 말을 썼다는 것이다.

여기서 대표적인 우리말 /조선/이란 이름에 대한 기록을 살펴보자.

'(고)조선'이라는 말은 기록마다 그 유래를 달리 해석하면서 한자말이 아닌 원래의 발음에 대해 일깨우고 있다. 사실 우리가 지금 '조선'이라는 이름의 뜻을 명확히 모르는 가장 큰 이유는 그때의 말이 사라졌기 때문이다. 거대하고 강력한 힘을 가졌던 고구려가 당나라와 연합한 신라에게 멸망당하면서 남쪽 언어, 즉 신라말과 백제말이 득세하게 되

---

6) 최남희의 '고구려어 표기 한자음의 형성 기층과 그 어휘 연구'(『한글』 249권, 2000, 한글학회), '고구려어 표기 한자음 형성 배경과 그 어휘 연구'(『한글』 258권, 2002, 한글학회), '고구려어 표기 한자음 형성 자질과 그 어휘 연구'(『한글』 262권, 2003, 한글학회)를 가리킴.

7) '고구려어의 자음체계에 대한 연구', 『국어사와 한자음』(최남희, 2006, 박이정출판사) 405쪽을 참조함.

고, 이로 인해 고구려말은 사라지고 말았다. 역사적 기록에 의하면 고조선과 고구려의 영토가 겹치는 부분이 많은 것으로 보아 고조선의 말도 고구려말과 같았을 것으로 본다. 이렇게 볼 때, 아리수 이남의 말이 득세하면서 고구려말은 사라지고 만 것이다. 이 때문에 지금 '조선'이나 '주몽'과 같은 고조선말과 고구려말의 뜻을 이해하지 못하는 것이다. 그렇다고 고조선이 중국 사람은 아니었다. 그것을 잘 알 수 있는 증거가, 중국 문헌에서의 '(고)조선'에 대한 기록이다. 중국의 기록에서는 이미 기원전 7세기 춘추시대의 책 『관자(管子)』에서, 중국인들에게도 '(고)조선'에 대한 일정한 지식이 있었음을 찾아볼 수 있고, 『사기집해(史記集解)』 중에, 3세기 중국 위(魏)나라의 장안이란 사람은, '조선에는 습수(濕水), 열수(洌水), 산수(汕水) 세 개의 강이 있는데, 이들이 합쳐 열수가 되었으며, 낙랑(樂浪)과 조선(朝鮮)이라는 말은 이 강들의 이름에서 따온 것 같다.'라고 하였다. 현대적 감각으로는 그 말들 사이에 전혀 연관성을 찾을 수 없는데도 이렇게 적어 놓은 것을 보면, 열수와 낙랑과 조선 사이에 이 땅 사람들이 쓰는 말소리나 뜻으로 풀었을 때, 같은 소리로 묶어 나타낼 수 있는 연관성이 있었고, 그것이 '조선'이라는 말과 연결된다는 것을 알 수 있다.

또 『산해경』을 주석한 4세기 초 곽박이란 사람은, '조선은 요동지역에 있던 낙랑(樂浪)과 동의어이다.'라고 하였고, 『신증동국여지승람』에서는 '동쪽 끝에 있어 해가 뜨는 지역이므로 조선이라 불렀다.'라고 하였으며, 『동사강목』에서는 '선비족의 동쪽에 있으므로 조선이라 칭하였다.'라고 하였다. 『치평요람』은 기자를 조선에 봉하였다는 글 주석에, '선(鮮)의 음은 선(仙)이다. 조선은 동쪽 밖 해가 돋는 곳에 있으므로 이름 지어졌다.'라고 하였다.

신채호는 『조선상고문화사』에서, 정인보는 『조선사연구』에서 똑같이, '조선을, 같은 음을 지닌 만주어의 주신(珠申)에서 온 것'으로 해석하였다. '만주원류고'에서, 원래 만주어로 소속(所屬)을 주신이라고 하였는데, 숙신은 주신이 전음된 것이라고 기록하였다. 이에 근거하여 '소속'을 '관경(管境)'과 뜻이 통하는 것으로 해석하여 주신은 국호의 의미를 지녔을 것으로 인식하였고, 옛 문헌에 보이는 조선과 숙신은 동일한 뜻을 지닌 다른 호칭이었으므로 결국 조선의 명칭은 주신에서 유래하였을 것이라 하였다.

양주동은 『고가연구』에서 '고대 조선족은 태양숭배 신앙을 가지고 이동하면서 도처에 /밝/이나 /새/라는 지명을 남겼을 것으로 보고, 조(朝)를 /밝/으로, 선(鮮)을 /새/로 해석하여 /밝새/라고 풀었다.

이병수는 『한국고대사연구』에서, 『삼국유사』 고조선조에 나오는 조선은 국가 이름이고, 아사달은 그 수도라는 대목에 주목하여, 이 단어들이 동의어일 것이라고 하면서, 조선은 곧 고대조선의 단어 '아사달'의 중국식 모사라고 하였다.[8)]

중국 사람들의 견해	우리나라 사람들의 견해
/洌水/ ≒ /樂浪/ ≒ /朝鮮/	= 동쪽 끝에 있어 해가 뜨는 지역이므로 조선이라 불렀다.
	= 선비족의 동쪽에 있으므로 조선이라 칭하였다.
	= /珠申/(만주어) = 소속(所屬), 관경(管境)의 뜻
	= /肅愼/ ≒ /밝새/ = 고대국어 '아사달'의 중국식 표기

결국, 중국 사람들은 /조선/을 소리 나는 대로인 [조선]으로 인식하였는데, 우리나라 학자들은 /조선/을 [밝새]나 [주신], 또는 한자의 뜻풀이 등 다양하게 이해하였음을 알 수 있다. 그러나 '동쪽 끝에 있어 해

8) 『중국정사 조선전 역주 1』(국사편찬위원회 편, 1987)를 참고함.

가 뜨는 지역'이라는 관점과, '선비족의 동쪽에 있으므로'라는 인식은 '중국'을 염두에 둔 해석이라서 문제가 있어 보인다. 단군이 이 땅에 나라를 세우던 기원전 2333년은 중국이 요순시대인데, 중국을 의식하였다는 것은 전혀 맞지 않는 해석이다.

물론 이 '조선'이란 이름을 14세기 말 이성계가 나라 이름으로 다시 쓸 때는 한자말로 변해 있었고, 또 그렇게 인식하였을 것이다. 예문관 학사 한상질을 보내어 중국 남경에 가서 황제에게 '조선(朝鮮)'과 '화령(和寧)' 두 가지로써 국호(國號)를 고치기를 청하게 하였다. 주문(奏文)은 이러하였다.

> "… 신이 가만히 생각하옵건대, 나라를 차지하고 국호를 세우는 것은 진실로 소신(小臣)이 감히 마음대로 할 수가 없는 일입니다. 조선과 화령이란 칭호로써 황제께 아뢰오니, 삼가 황제께서 재가해 주심을 바라옵니다."(태조 1(1392)/11/29)

이에 앞선 기록에서, '조선'은 단군 이래로 써왔던 이름이고, '화령'은 이성계가 태어난 곳이기 때문에 선택하였다고 하였다. 신하들과 의논했을 때 이미 신하들은 '조선'으로 결정한 상태였으나, 황제의 재가를 받아야 했으므로 '화령'을 끼워서 올린 것이다. 황제 역시 변방의 화령이란 땅이름을 국호로 쓰게 할 수는 없었으므로 '조선'을 쓰라고 한 것이다. 그러므로 신하들이나 임금이나 또 황제까지도 이 '조선'이란 이름의 뜻을 염두에 두고 국호로 정한 것은 아니었다.

4. 일본말투성이

가감승제, 가건물, 가격표, 가결, 가계약, 가공, 가교(假橋), 가교(架橋), 가극(歌劇), 가내공업, 가능성, 가도(假道), 가두방송, 가등기(假登記), 가로등, 가마니, 가매장, 가방, 가변자본, 가봉, 가분수, 가불, 가사(假死), 가상(假想), 가상적(假想敵), 가석방, 가설(假設), 가성소다, 가속도, 가수(歌手), 가수금(假受金), 가수요(假需要), 가식(假植), 가압류, 가장(假裝), 가장(假葬), 가정(家庭), 가정(假定), 가제목, 가조약, 가족(家族), 가주소(假住所), 가집행, 가차압, 가처분, 가출(家出), 가출옥(假出獄), 가치(價値), 가해(加害), 각광, 각막(角膜), 각반(脚絆), 각본(脚本), 각색(脚色), 각서(覺書), 각하(却下), 각하(閣下), 간단(簡單), 간담회, 간부(幹部), 간사(幹事), 간선(幹線), 간섭(干涉), 간수(看守), 간장(肝臟), 간접(間接), 간척지, 간첩, 간판, 간헐열, 간호, 감각, 감명(感銘), 감방(監房), 감봉(減俸), 감사(監事), 감산(減産), 감상적(感傷的), 감성(感性), 감수성(感受性), 감안(勘案), 감염(感染), 감원(減員), 감정, 감탄사, 갑상선, 갑종, 강단(講壇), 강박관념, 강사(講師), 강습(講習), 강연(講演), 강의(講義), 강제(强制), 강좌(講座), 강화(强化), 개괄(概括), 개근(皆勤), 개념(概念), 개략(概略), 개량(改良), 개론(概論), 개막(開幕), 개발(開發), 개방(開放), 개별(個別), 개산(概算), 개선(改善), 개설(概說), 개성(個性), 개소(個所), 개악(改惡), 개연성, 개인(個人), 개인주의, 개입(介入), 개전(改悛), 개점휴업, 개정(改訂), 개정(開廷), 개조(改造), 개진(改進), 개찰구, 개척지, 개체(個體), 개편(改編), 개표(開票), 개항(開港), 개혁(改革), 개화(開化), 개회(開會), 객관(客觀), 객체(客體), 갱도(坑道), 거대(巨大), 거두(巨頭), 거류지(居留地), 거리(距離), 거부(拒否), 거액(巨額), 거장(巨匠), 거치(据置), 건강(健康), 건망증, 건물(建物), 건반(鍵盤), 건배(乾杯), 건승(健勝), 건전(健全), 건축(建築), 건평(建坪), 건폐율, 검사(檢事), 검사(檢査), 검색(檢索), 검인(檢印), 검정(檢定), 검증(檢證), 검진(檢診), 검찰(檢察), 검토(檢討), 게시(揭示), 게양(揭揚), 격동(激動), 격변

(激變), 격상(格上), 격자문(格子門), 견본(見本), 견습(見習), 견인차, 견적서, 견제, 견지(見地), 견직물, 견출지, 견학(見學), 결격, 결과(結果), 결근계, 결렬, 결론, 결막, 결산, 결손, 결식아동, 결재, 결점, 결정, 결집, 결합, 결핵, 결혼, 겸용, 경공업, 경관(景觀), 경관(警官), 경기(景氣), 경기(競技), 경기구, 경동맥, 경리, 경매, 경비(經費), 경사면, 경상(輕傷), 경색(梗塞), 경어(敬語), 경유(經由), 경쟁, 경제(經濟), 경찰(警察), 경찰관, 경쾌(輕快), 경품(景品), 경합(競合), 경향(傾向), 계급(階級), 계기(契機), 계단(階段), 계산서, 계엄령, 계열, 계절풍, 계획, 고객, 고고학, 고도성장, 고등학교, 고려(考慮), 고리대금, 고막, 고무, 고백, 고수부지, 고아원, 고압선, 고온(高溫), 고유명사, 고전(古典), 고체(固體), 곡물, 곡선미, 공명정대, 공산주의, 공습경보, 공업, 공원, 공중전화, 과도기, 과로사, 과학, 관권, 관념, 관리, 관악기, 관절염, 관찰, 관청, 광견병, 광물학, 광범위, 광장, 교감심경, 교과서, 교류, 교무실, 교실, 교양, 교육계, 교장, 교차로, 교통, 구석기시대, 구제역, 국가, 국교, 국기, 게양, 국립, 국민, 국민학교, 국방, 국수주의, 국어, 국위선양, 국제법, 국회, 군국주의, 굴삭기, 권력, 권위, 권총, 궤양, 규범, 규칙, 균열, 극동, 극장, 근대화, 근무, 근본적, 근해, 금속, 금액, 금융, 기계, 기독교, 기라성, 기록, 기술, 기억력, 기업, 기정사실, 기지, 기차, 기초, 기타, 기회, 긴장감.[9)]

위에 적은 말들은 이한섭 님의 책에서, '일본에서 들어와 우리말이 된 말' 가운데, ㄱ 부분의 올림말을 정리한 것이다.(사이사이 뺀 낱말도 있음.) 이 책은 우리나라 사전에서 뽑아낸 일본식 한자어 3,634낱말을 소개하고 있는데, 양도 양이지만 우리가 우리말이라고 알고 있던 낱말, 또는 옛날부터 써왔다고 생각했던 수없이 많은 한자말들이 일본 사전에 올려진 일본어라는 데에 숨이 막힐 지경이다. 이토록 우리말은 혼

9) 이한섭(2014), 『일본어에서 온 우리말 사전』, 25~198쪽에서 참고함.

란스럽다. 우리 조상들과 단절된 채 왜곡된 말로 그들을 이해하려 애쓰는 우리가 안쓰럽기까지 하다. 어찌해야 하는가? 앞서 인용한 두 사람(정재서 님과 오윤희 님)의 말처럼 우리가 지나온 역사 속에서 겪었던 격변기로 인해 언어의 혼란을 겪고 있지만 슬기롭게 그것을 해결해 나가기 위해서는 그 이전 시대의 말로 돌아가 그 말들을 듣고 보아야 한다. 그리고 적어도 그 시대의 말을 파악한 뒤 다시 돌아와 우리말로 온전히 풀어놓아야 한다. 만약 그 시대의 생각을 일본에서 들어온 한자말로 번역해 놓으면, 그것을 읽는 사람은 또 엉뚱하게 우리말인 양 한자어로 무조건 이해할 것이다. 이러한 문제를 해결해 줄 만한 것이 우리 고전이고, 한글 고전이다. 이렇게 왜곡되기 이전 시대에 기록한 문헌과, 우리말로 풀어놓은 언해본에서 옛사람들의 뜻을 왜곡 없이 이해하는 시간을 가져야 한다.

그런 의미에서 지금까지 전하는 20세기 이전의 한글 문헌은 우리말 본래의 모습을 간직한 소중한 자료임에 틀림없다. 이렇게 살펴보는 안목은 우리가 20세기 초 겪은 침략의 역사로 인해 왜곡된 시각과 언어의 굴레에서 벗어나, 사실 그대로의 시각으로 조선의 역사와 그 기록물, 그리고 동양고전을 풀이한 언해본의 대상물, 즉 불경이나 유교 경전들을 이해하도록 이끌어 줄 것이다. 일제 강점기를 겪으면서 더럽혀지고 오염된 일본식 한자어의 왜곡된 뜻으로 풀이하여 읽기 보다는, 20세기 이전 깨끗한 상태의 우리말로 번역된 한글문헌이 더 참되고 올바른 풀이라는 것이다. 조금은 힘들겠지만 당시의 글을 당시의 말로 이해하는 일이다. 그런 점에서 조선의 언문으로 번역한 자료들을 읽는다는 것은 순수한 우리말, 우리 조상들이 받아들인 맥락 그대로를 지금 우리가 경험하는 일이기도 하다.

분명한 것은, 조선인의 말과 현대인의 말, 조선의 언문과 현대의 한

글이 다르다는 사실이다. 언문은 조선의 글자였고 순수한 우리말의 민낯이었다. 지금은 맞춤법과 표준어에 맞추어 다듬고 정돈된 형태만 쓰고 있지만 조선의 언문은 쓰는 사람의 계층과 부류에 따라 우리말, 외국말을 표기하는 발음기호, 한자의 현실음, 구결 문자, 언해문, 편지글, 자전류 등으로 그 표기가 다양하였다. 그만큼 언문 창제는 조선사람의 문자생활을 획기적으로 변화시킨 놀라운 발명이었다.

5. 한자 빌려 쓰기

1) 서기체

우리나라에 처음 글자가 들어온 것은 기자조선 때부터라는 기록이 있다. 기자를 따라온 사람들이 한자를 가르치기 시작했다는 것이다.

함허자가 말하기를, "기자(箕子)가 중국 사람 5천 명을 거느리고 조선에 들어오니, 그 중에는 시(詩), 서(書), 예(禮), 악(樂), 의(醫), 무(巫), 음양(陰陽), 복서(卜筮)를 아는 사람이 모두 따라왔다." 하였다. 『남사(南史)』에 이르기를, "신라는 초기에 문자가 없어 나무에 새겨서 신표를 삼았다." 하였고, 『북사(北史)』에 이르기를, "고구려에는 책이 오경(五經)과 삼사(三史; 사기, 한서, 후한서)와 『삼국지』가 있다." 하였으며, 백제 고이왕 51년(284)에 서적을 왜국(倭國)에 보내주었다. 왜는 처음에 문헌이 없었는데, 이때에 이르러 비로소 백제로부터 중국문자를 얻어간 것이다.[10)]

역사에 이르기를, '기자가 동쪽 나라로 올 적에 중국 사람이 따라온 자가 5천 명이었고, 시, 서, 예, 악, 의, 무, 음양, 복서와, 백공(百工) 기예

10) 『국역 증보문헌비고』 242권 「예문고 1」 '역대서적 총론'(1980, 세종대왕기념사업회) 16쪽에서 인용함.

> (技藝)가 모두 따라왔는데, 도착하자 말이 통하지 않아 통역해서 알았다.'라고 하였다.[11)]

중국 역사에 따르면, 서기전 1046년 은나라가 망한 후, 기자가 고조선에 망명하여 세웠다고 하는 나라가 '기자조선'인데, 조선 시대 문헌에서는 이를 인정하는 쪽이었으나, 현재 학계에서는 그 실재를 부정하고 있다. 그러나 은나라의 갑골문자가 주술을 위한 기호이니만큼 문자로써의 구실을 제대로 하지는 못했던 시대이므로 그것을 문자의 전래라고 말할 수는 없다고 본다. 그렇다 하더라도 중국과 인접한 고구려가 초기부터 외교 사신을 보내면서 서적을 받아들인 것은 분명해 보인다. 이렇게 중국에서 서적이 들어오면서 우리나라 사람도 글을 짓기 시작했다. 신라 눌지왕은 '우식곡(憂息曲)'이란 노래를 지었다.

> 눌지왕 때 지은 것이다. 실성왕 원년(402)에 내물왕의 아들 말사흔(또는 미사흔)을 왜(倭)에 볼모로 보내고, 11년(412)에 또 말사흔의 형 복호를 고구려에 볼모로 보냈는데, 눌지왕이 즉위하자 두 동생을 만나볼 것을 생각하여 가서 맞이해 올 말 잘하는 선비를 얻고자 하니, 여러 사람이 삽량군 태수 박제상을 천거하였다. 박제상이 고구려에 들어가서 복호를 데리고 오고는, 또 바다를 건너 왜국에 이르러 왜왕을 속여서 몰래 말사흔을 데리고 왔는데, 〈말사흔이 돌아오자〉 왕이 놀라고 기뻐서 6부(部)에 명하여 멀리 나가 맞이하게 하였다. 만나보자 손을 잡고 서로 울면서 형제가 모여 술을 차려 놓고 극진히 즐겼는데, 왕이 노래를 지어 그 뜻을 펼치니 속악에서 이를 '우식곡(憂息曲)'이라 하였다.[12)]

---

11) 『국역 증보문헌비고』 106권 「악고 17」 '속부악(俗部樂) 1, 기자조선의 악'(1994, 세종대왕기념사업회) 173쪽에서 인용함.

12) 『국역 증보문헌비고』 106권 「악고 17」 '속부악 1, 우식악'(1994, 세종대왕기념사업회) 177~178쪽에서 인용함.

이렇게 한자가 유입되고 중국책이 들어오면서 글을 짓기까지 하였으니, 글자의 필요성은 더욱 높아졌다.

처음 우리 겨레가 고조선을 세우고 선사시대를 거쳐 오면서 말을 하지만 글자가 없어 기록하지 못하다가 한자가 들어오면서 글을 기록한 처음 모습은, 중국의 말을 배워 그들과 같은 문법대로 글을 쓰는 방식이었을 것이다. 그러나 서적으로 들어온 중국의 글을 보고 그것을 배워 따라한다는 것은 매우 힘든 일이다. 왕래도 없었을 뿐더러 체계적으로 가르쳐 줄 사람을 찾기는 더욱 힘든 일이다. 그래서 비롯된 것이 어렵사리 서적을 보고 한자의 음과 뜻을 배워 그 글자로 우리말을 표기하는 방법이었다. 땅이름이나 사람 이름은 한자의 음만 빌어 적을 수 있기 때문에 우선적으로 표기하게 된다. 서기 414년에 광개토왕의 아들 장수왕이 세운 「광개토대왕비(廣開土大王碑)」는 중국어 문장이지만 그 속에는 우리 땅의 고유명사가 보인다. '홀본(忽本), 가라(加羅), 백잔(百殘), 신라(新羅), 임나(任那), 미추성(彌鄒城), 고모루성(古牟婁城), 미사성(彌沙城), 사구성(沙溝城), 아차성(阿且城)' 등이 그것인데, 이 비문에 쓰인 고유명사는 모두 122개라고 한다.[13] 「중원고구려비(中原高句麗碑)」도 같은 형식의 한문 문장이지만 '다우환노(多于桓奴), 보노(補奴), 고모루성(古牟婁城)' 등 우리의 고유명사가 보인다.[14]

그러다가 통사구조를 우리말식으로 표기하는 방식이 생겨났다. 가장 원시적인 방식이지만 그나마 말의 순서가 우리말식이었기 때문에 읽기가 편하고 소통하기에 편리했다. 이 방식의 가장 오랜 자료는 「울주천전리서석(蔚州川前里書石)」이다. 이 자료는 신라 법흥왕 12년(525) 이전의 것으로 추정하고 있는데, 한문식 어순과 우리말식 어순이 섞여

13) 최범훈, '금석문에 나타난 이두 연구'(경기대학교 논문집 21집, 1987)에서 인용함.
14) 배대온, 『이두문법소의 통시적 연구』(경상대학교출판부, 2002) 15쪽에서 인용함.

있다. 이어서 6세기 중기에 기록된 것으로 보이는 이른바 '임신서기석(壬申誓記石)'에서는 완벽에 가까운 우리말을 구사하고 있다. 완전한 우리말식 문장 쓰기의 가장 오랜 자료라 할 수 있는데, 이것에 새겨진 글의 형식을, 그 이름을 따서 '서기체'[15]라고 부른다.

> 壬申年六月十六日二人幷誓記天前誓今自三年以後忠道執持過失无誓若此事失天大罪得誓若國不安大亂世可容行誓之又別先辛未年七月卄二日大誓詩尙書禮傳倫得誓三年
>
> 임신년 6월 16일에 두 사람이 함께 맹세해 기록한다. 하늘 앞에 맹세한다. 지금부터 3년 이후에 충도(忠道)를 잡아 지니고 허물이 없기를 맹세한다. 만일, 이 서약을 어기면 하늘에 큰 죄를 받을 것이라고 맹세한다. 만일, 나라가 편안하지 않고 크게 세상이 어지러워지면 모름지기 충도를 행할 것을 맹세한다. 또한, 따로 앞서 신미년 7월 22일에 크게 맹세하였다. 즉, 시 · 상서 · 예기 · 전(傳)을 차례로 습득하기를 맹세하되 3년으로써 하였다.[16]

위 「임신서기석」의 내용을 보면, '시, 상서, 예기, 전을 차례로 터득하고'라는 말이 나온다. 이로 보아 이미 당시에 중국의 다양한 서적이 들어와 읽혔음을 알 수 있으니, 위 기록자는 중국의 한문 문장을 잘 알고 있었고, 그것에서 한자를 빌어 우리말식으로 글을 쓴 것이 확실하다. 이밖에도, 「평양 고구려성벽 석각문」, 「무술오작비(戊戌塢作碑)」(446), 「경주 감산사 아미타여래 조상기(慶州甘山寺阿彌陀如來造像記)」, 「신라 상원사 종기(新羅上院寺鍾記)」(725), 「신라 선림원 종기(新羅禪林院鐘

---

15) 배대온(2002)의 위 책에서는, '서기체'라는 이름이 「임신서기석」에서 따온 이름이므로, 언어학적 명칭으로 적당하지 않다고 하면서, '의국체(擬國體)'라는 이름이 마땅하다고 하였다.

16) 『한국민족문화대백과』(한국학중앙연구원) '임신서기석' 풀이에서 인용함.

記)」(804), 「창녕 읍내 석불 조상기(昌寧邑內石佛造像記)」(810), 「시흥 중초사 당간석주기(始興中初寺幢竿石柱記)」(827) 등이 서기체로 쓰여졌다고 한다.[17)]

2) 이두

앞서 말한 「임신서기석」은 완벽한 우리말 순서대로 쓴 글이다. 비록 한자를 빌어서 글을 썼지만 한자의 뜻을 풀면서 읽다보면 쉽게 내용을 이해할 수 있었다. 그러나 거기에는 문법 요소가 없다. 우리말은 임자씨(체언) 뒤에 토씨(조사), 풀이씨(용언) 뒤에 씨끝(어미)이 붙어서 문장을 이룬다. 이런 문법소가 없어도 감으로 읽을 수는 있겠지만 완전한 우리말 문장이라고 할 수 없다.

중국의 한자는 고립어를 표기하도록 고안된 문자이다. 그저 뜻글자인 한자를 문장 어디에다 두느냐에 따라 문법적 기능이 달라지고 그것을 읽는 이가 알아서 해석하는 것이다. 즉 문법 기능을 하는 씨끝(어미)과 토씨(조사)가 없고, 읽는 이가 앞뒤 글자를 보고 알아서 명사나 동사로 풀이하면 된다. 우리말은 다르다. 뜻을 말하는 뿌리(어근) 앞뒤에 그것을 운용하는 문법 기능의 말이 붙어 음절 단위를 형성한다. 즉, 어떤 씨끝이나 토씨가 붙느냐에 따라 문장의 뜻이 달라진다. 이런 말을 교착어라 하는데, '철수가, 철수는, 철수에게, 철수를, 철수이다'와 같이 뒤에 붙는 문법 요소에 따라 그 자리가 달라지는 것이다. 「임신서기석」에는 그런 문법 요소를 찾을 수 없다.

그러다가 통사구조와 음운체계를 우리말에 맞춰 토씨와 씨끝을 한자의 뜻[訓]이나 소리[音]를 빌어 표기하는 방식이 생겨났다. 바로 이것

---

17) 배대온(2002) 위 책 19~21쪽에서 참조하여 정리함.

이 '이두(吏讀)'다.

신라 설총(薛聰; 655~?)은 우리말(신라말)로 중국의 경서를 풀이하면서 한자를 빌어 우리 글자를 만들어 썼는데 그것을 이두라 했다. 그러나 지금 『삼국유사』에 전하는 향가의 표기 방식인 향찰이 이미 설총 이전부터 사용되고 있었고, 신라 진흥왕 29년(568)에 북한산 비봉(碑峯)에 세운 「진흥왕 순수비」의 비문에도 이미 이두가 나타나 있으며, 또 설총 이전에 향찰로 표기된 향가 작품으로 진평왕 때의 「서동요」와 「혜성가」, 선덕여왕 때의 「풍요」 등이 남아 전하므로, 그가 이두를 창안했다는 설은 잘못이다. 이두라는 글자는, 한자가 들어와 여러 사람이 오랜 시간 동안 쓰면서 우리말을 표현하려고 한자의 음과 뜻을 빌어 쓴 것인데, 이것이 조금씩 발전하면서 많은 글자가 생겨 혼란스러울 때 설총이 이들 글자를 집성하여 체계화하였으리라는 것이 대다수 학자들의 주장이다.

> 설총이 방언(方言; 신라말)으로 구경(九經; 중국의 경서)을 풀이하고, 또 이어(俚語)로 이찰(吏札)을 지어 관부(官府)의 공문서에 사용하도록 하였다.[18)]

설총이 방언으로 중국의 경서를 풀이하였다는 말은 과연 무엇일까? 경서의 한자말을 우리 토박이말로 풀었다는 것이다. 이 또한 이두가 있음으로 가능했던 것이다. 이어(俚語)로 이찰을 지어 관부의 공문서에 사용하였다는 말은 또 무엇인가? 이두는 한자를 빌어 우리말을 표기한 글자인데, 이 글자를 써서 우리말 문법체계로 공문서를 작성하였다는 것이다. 이렇게 이두로 작성된 문장을 이두문(吏讀文)이라 한다. 즉, '이

---

18) 『국역 증보문헌비고』 243권 「예문고 2」 '역대저술' 신라편(1980, 세종대왕기념사업회 국역본)에서 인용함).

찰'은 '이두문'의 원래 이름이다. 일반적으로 이두라 하면 이두문을 포함하여 말하지만, 엄밀히 말하면 이두는 글자이고 이두를 사용해 문장을 지으면 이두문이 되는 것이다. 그러므로 설총이 이두를 사용해 공문서를 작성함으로써 이두문의 실용성을 공고히 했다는 것이다.

이것은 획기적인 발상이지만 따지고 보면 매우 당연한 일이다. 한자가 들어와 그 문자의 뜻과 소리를 조금씩 안다 해도 중국 서적을 처음 접하는 우리에게는 그 책에 적힌 대로 중국사람처럼 중국말 문법에 맞춰 문장을 쓰기란 쉽지 않았을 것이다. 또 그럴 필요도 없었다. 차라리 한자를 빌어 우리말식으로 나열하는 것이 더 쉽고, 그렇게 써서 우리말 문법체계에 익숙한 사람들이 읽을 수만 있으면 문자의 기능을 다하는 것이다. 그러므로 이두는 기본적으로 우리말을 중심축에 두고 글을 쓰겠다는 발상의 전환이 있어야 가능한 문자 표기이다. 여기에는 물론 공유하는 사람들 사이에 어떤 글자는 어떻게 읽는다는 약속이 전제되어야 하므로 녹록치 않은 것이 차자(借字) 표기다. 그럼에도 한자 가운데 우리말에 맞는 글자를 찾고, 우리말에 맞추어 문장을 짜내는 이두 방식이 자연스럽게 생겼던 것이다.

'이두'라는 말은 학자마다 그 뜻을 달리 주장한다. 우선 이두라는 이름도 다양하다. '이두(吏讀), 이도(吏道), 이토(吏吐), 이두(吏頭), 이도(吏刀), 이찰(吏札), 이서(吏書), 이문(俚文), 이문(吏文)' 등이 문헌에 보인다.

이두(吏讀) : 新羅薛摠吏讀(『세종실록』 권103)
以薛摠所製吏讀(『패관잡기』 권4)
世傳我東吏讀(『고금석림』)
이도(吏道) : 薛摠所製方言文字謂之吏道(『대명률직해』 발문)
이토(吏吐) : 大抵吏吐(『유서필지』 권하)

이두(吏頭) : 吏頭彙編(『유서필지』 부록)

이도(利刀) : 我國利刀薛摠所創云(『선조실록』 권88, 1597. 5. 27)

이찰(吏札) : 又俚語製吏札(『동국여지승람』 권21)

薛摠以俚語製吏札 行於官府公簿(『대동운부군옥』 권19)

이서(吏書) : 弘儒薛摠製吏書(『제왕운기』 권하)

이문(吏文) : 吏文執例 吏文大師 吏文(『전율통보』 권4)

이문(俚文) : 六經作俚文傳於世(『경상도지리지』 경주조)[19]

'이두(吏讀), 이도(吏道), 이토(吏吐), 이두(吏頭), 이도(吏刀)'는 '이(吏)의 토(관리들의 글)'이라는 말인데, 이 말을 여러 가지 발음으로 표기한 것이다. 추측건대, 처음에는 문서를 작성한다는 것이 쉽지 않았기 때문에 주로 '관리(官吏)'들이 먼저 글을 지어 문서를 작성하기 시작했다. 관리들이 어떤 이름씨 뒤에 붙이는 말이 기존의 한문 문장과 달랐으므로 '관리의 글'이라는 말로 '이두'란 이름이 생긴 것이다. '이찰(吏札), 이서(吏書), 이문(吏文)'은 '이두문'을 말한다. 즉, 이두로 향가를 불러 향찰(鄕札)이라고도 했고, 이두로 쓴 문서를 이서 또는 이찰, 이문이라고도 했다. 그런데 '이문'이란 말은 본디 중국에서 들어온 말이다. 중국의 외교문서를 '이문'이라 했던 것이다. 이 때문에 혼란을 일으키긴 했으나 그 뜻은 중국이나 우리나 모두 비슷한 뜻으로 썼다. 즉, '관리들의 글(글쓰기)'이라는 것이다. '중국의 이문'을 '한이문(漢吏文)'이라고도 하는데, 이것은 중국사람이 평상시에 쓰는 말과는 확연히 달랐으며 중국의 외교문서에 주로 쓰던 문장이었다.

19) 배대온(2002) 위 책 25쪽 각주에서 인용함.

3) 향찰

일반적으로 넓은 의미의 이두는 '구결(口訣)', '향찰(鄕札)', '이두(吏讀)'를 모두 포함한다. 위의 기록에 나오는 '이찰(吏札)'은 '관리들의 글'을 말한 것인데, 그들의 글쓰기가 한문(고문)식 문장이 아니라 우리말식 문장이었다는 것이다. 향가를 쓰면서 바로 이 '이찰'과 같은 글쓰기 방식으로 썼기 때문에 '향찰'이라고 한 것이다. 이 모두가 한자의 음과 뜻을 빌어 차자표기 한자를 만든 것이니, 고려시대에 나타난 '이두'라는 말의 본딧말임에 틀림없다. 위의 인용문에서도 '설총이, 이찰을 지어 관부의 공문서에 사용하도록 하였다.'라고 하였는데, '이속(吏屬)'들이 문서를 쓸 때 사용하였기 때문에 '이찰(吏札)'이라 한 것이다. 학자 가운데는 신라 때 향가를 지으면서 사용한 이두를 특별히 '향찰'이라고 했다는 것이다. 즉 이찰과 향찰은 고려 때 나타난 용어 '이두'와 똑같은 말이었다. 신라가 멸망한 뒤로는 향가와 함께 향찰은 사라지고 이두라는 이름이 생기게 된 것이다.

東京明期月良
夜入伊遊行如可
入良沙寢矣見昆
脚烏伊四是良羅
二肹隱吾下於叱古
二肹隱誰支下焉古
本矣吾下是如馬於隱
奪叱良乙何如爲理古 (『삼국유사』 권2, 18쪽 「처용랑 망해사」)

東京 ᄇᆞᆯᄀᆞᆫ ᄃᆞ래 새도록 노니다가
드러 내 자리ᄅᆞᆯ 보니

가ᄅᆞ리 네히로섀라
아으 둘흔 내해어니와
둘흔 뉘 해어니오 (『악학궤범』 권5 「학연화대처용무 합설」[20] 처용가 중에서)

〈현대역〉 서울 밝은 달밤에 밤새도록 놀다가 들어와 내 잠자리를 보니 가랑이가 넷이로구나. 아! 둘은 나의 것이거니와 둘은 누구의 것이란 말인가? 본디 내 것이지마는 빼앗긴 것을 어찌 하리오?

「처용가(處容歌)」는 신라 헌강왕 때 왕의 아들 처용이 지었다는 8구체 향가로서, 『삼국유사』 권2 「처용랑 망해사(處容郎望海寺)」에 관련 설화와 더불어 실려 있다.

향찰은 오랜 세월 동안 이두가 발달하여 최절정에 이른 형태다. 처음에는 고유명사만 한자음을 빌어 나타내다가, 한자의 뜻으로 문장을

---

20) 『용재총화』(권1)(1525, 중종 20)에 의하면, 『악학궤범』(1493, 성종 24)의 처용가는 세종이 가사를 개찬(改撰)하여 아주 긴 노래가 되었다고 한다. 두 책은 모두 성현(成俔)이 지은 책이다. 『악학궤범』에 나오는, 세종이 개찬한 처용가는 다음과 같다.
'新羅盛代昭盛代 天下太平羅候德處容아바 以是人生애 相不語ᄒᆞ시란ᄃᆡ 以是人生애 相不語ᄒᆞ시란ᄃᆡ 三災八難이 一時消滅ᄒᆞ샷다 어와아븨즈ᅀᅵ여 處容아븨즈ᅀᅵ여 滿頭插花계오샤 기울어신머리예 아으壽命長願ᄒᆞ샤 넙거신니마해 山象이슷 깅어신눈섭에 愛人相見ᄒᆞ샤 오ᅀᆞᆯ어신누네 風入盈庭ᄒᆞ샤 우글어신귀예 紅桃花ᄀᆞ티 븕거신모야해 五香마ᄐᆞ샤 웅긔어신고해 아으千金머그샤 위어신이베 白玉琉璃ᄀᆞ티 ᄒᆡ여신닛바래 人讚福盛ᄒᆞ샤 미나거신ᄐᆞᆨ애 七寶계우샤 숙거신엇게예 吉慶계우샤 늘의어신ᄉᆞ맷길헤 설믜모도와 有德ᄒᆞ신가ᄉᆞ매 福智俱足ᄒᆞ샤 브르거신ᄇᆡ예 紅鞓계유샤 굽거신허리예 同樂太平ᄒᆞ샤 길어신허튀예 아으界面도ᄅᆞ샤 넙거신바래 누고지ᅀᅥ세니오 누고지ᅀᅥ세니오 바늘도실도어ᄡᅵ 바늘도실도어ᄡᅵ 處容아비ᄅᆞᆯ 누고지ᅀᅥ세니오 마이만마아만ᄒᆞ니여 十二諸國이 모다지ᅀᅥ세온 아으處容아비ᄅᆞᆯ 마아만ᄒᆞ니여 머자외야자綠李야 ᄲᆞᆯ리 나내신 고ᄒᆞᆯᄆᆡ야라 아니옷ᄆᆡ시면 나리어다머즌말 東京ᄇᆞᆯᄀᆞᆫᄃᆞ래 새도록노니다가 드러내자리ᄅᆞᆯ보니 가ᄅᆞ리 네히로섀라 아으둘흔내해어니와 둘흔뉘해어니오 이런저긔 處容아비옷보시면 熱病神이ᅀᅡ 膾ㅅ가시로다 千金을주리여 處容아바 七寶를주리여 處容아바 千金七寶도말오 熱病神을 날자바주쇼셔 山이여ᄆᆡ히여 千里外예 處容아비ᄅᆞᆯ 어여려거져 아으熱病大神의 發願이샷다'(『악학궤범』(영인본)(1980, 민족문화추진회) 권5, 12~13쪽에서 인용함).

만들어 썼고, 거기에 우리말의 통사구조에 따른 문법 요소를 한자를 빌어 문장 끝에 달기에 이르렀다. 이러한 이두 형식이 최고조에 이른 표기 방식인 향찰은 한자의 뜻과 소리를 자유자재로 사용하면서 순수한 우리말 문장 형태를 구사한 문체이다. 그러나 한문의 이해도가 높아지고 사용층도 넓어지면서 향찰은 한계에 부딪는다. 신라가 망하면서 이러한 향찰은 사라지지만 이두문의 형식은 없어질 수 없는 것이다. 이두문은 곧 우리말 글쓰기였기 때문이다. 이두문은 조선 말까지 생명을 이어간다. 조선에 들어와 이두는 창업의 일환으로 법전을 만드는 데 크게 이바지하며 조선의 글쓰기 방식으로 당당히 자리를 잡는다. 바로 조선의 첫 법전인 『대명률직해』(1395)가 이두문으로 쓰여진 것이다.

결국 향찰과 이두 표기는 우리말에 대한 인식이 시간이 갈수록 높아졌음을 보여준다. 우리 겨레가 비록 표의문자인 한자를 빌어쓰면서 문자생활을 시작했지만 결코 우리말을 버리고 중국말을 쓰진 않았다. 지구상에는 겨레의 말을 잃고 힘 있는 나라의 말을 따라하는 겨레가 얼마나 많은가? 우리말과 동화되지 못하는 한문의 한계를 극복하기 위하여 여러 가지로 한자를 변형시켜 우리말 문법 요소를 만들고, 이것으로 문장을 나타내보려 끊임없이 몸부림쳤던 것이다. 그것이 바로 이두이다. 그러므로 한계를 느끼면서도 그 노력은 헛되지 않았고, 그러한 간절함은 향찰이라는 문자체계를 만들게 된 것이다. 이런 문장 쓰기는 이두라는 형식으로 천 년을 걸쳐 이어오다가 결국 세종이라는 성군의 지식과 지혜를 빌어 과학적인 새 글자가 태어난 것이다. 한자를 빌어 우리말을 썼으나 표의문자의 한계는 시간이 갈수록 우리의 문화적 욕구를 담아내지 못하였고, 우리 겨레의 문화적 소양은 세종이라는 분출구를 찾아 솟구쳐 올라 새로운 문자를 탄생시킨 것이다.

4) 구결

그러나 구결은 전혀 다른 글쓰기 방법이다. 이 세 가지(구결, 향찰, 이두)가 모두 한자를 차용한 글쓰기 방식이지만, 그 쓰임새를 비교해 보면 아주 다른 환경에서 쓰인다.

구결은 중국 문헌을 읽을 때, 한문을 그대로 둔 채 다만 내용에 맞게 띄우거나 문장에 맞게 끼워 넣는 글자로, 구결 글자를 빼면 곧바로 한문 원문이 살아난다. 이것은 한문 서적이 우리에게 전해졌을 때 한문 문장을 읽어내기 위한 보조수단으로 개발한 글자임을 드러내는 것이다.

이와 달리 이두는 한자를 빌어 새로운 표음문자로 정한 뒤에, 우리 말식으로 문장을 써 나가는 방식이다. 즉, 문장에서 이두를 빼면 전혀 다른 문장이 되거나 문장 자체가 사라진다.

구결에는 80자 안팎의 글자가 있었다. 긴 한문 문장을 끊고, 그 단락 끝에 이 구결을 끼워 넣는 것이다. 즉 한문으로 된 원서에, 가는 붓으로 작은 글씨를 써 넣은 것인데, 그렇게 함으로써 한문 문장을 해석할 때 오역(誤譯)이 없이 쉽게 읽으려는 것이다. 다음은 『정속언해』(1518)에 쓰여진 구결 목록이다.[21)]

古 : -고/인고	隱 : -은/는	巨伊爲時尼 : -게 ᄒᆞ시니
尼 : -니/이니	尼羅 : -니라/이니라	羅 : -라/이라
羅爲古 : -라 ᄒᆞ고	羅沙 : -라ᅀᅡ/이라ᅀᅡ	奴 : -로/으로
奴隱 : -론/로는	奴多 : -로다/이로다	奴代 : -로ᄃᆡ/이로ᄃᆡ
里五 : -리오/이리오	里奴多 : -리로다	面 : -면/이면
里尼 : -리니/이리니	舍叱多 : -셔터	阿 : -아

21) 『역주 정속언해 · 경민편』(김문웅, 2010, 세종대왕기념사업회) '정속언해의 고찰' 49쪽을 인용하면서, 필자가 표로 만듦.

阿爲時尼 : -아 ᄒᆞ시니	於乙 : -어늘	於尼臥 : -어니와
厓 : -에	於時等 : -어시든	厓隱 : -에는
厓沙 : -에ᅀᅡ	余伊 : -예	五 : -오/이오
臥/果 : -와/과	乙 : -을/를	乙奴 : -으로
乙可爲舍 : -ㄹᄶᅡ ᄒᆞ샤	矣 : -의	亦 : -이
伊 : -이	伊羅 : -이라	伊羅豆 : -이라도
伊溫 : -이온	伊隱大 : -인대	伊於等 : -이어든
伊於時等 : -이어시든	伊舍豆 : -이샤도	伊那 : -이나
伊面 : -이면	伊旀 : -이며	伊里羅 : -이리라
伊尼 : -이니	伊羅爲時古 : -이라 ᄒᆞ시고	伊羅爲古 : -이라 ᄒᆞ고
伊羅爲尼 : -이라 ᄒᆞ니	伊羅爲豆多 : -이라 ᄒᆞ도다	伊羅爲時尼羅 : -이라 ᄒᆞ시니라
伊羅爲時多 : -이라 ᄒᆞ시다	伊羅爲多 : -이라 ᄒᆞ다	伊五 : -이오
伊於尼臥 : -이어니와	伊五隱 : -이온	伊舍多爲尼 : -이샷다 ᄒᆞ니
底爲時尼 : -져 ᄒᆞ시니	爲時古 : -ᄒᆞ시고	爲古 : -ᄒᆞ고
爲尼 : -ᄒᆞ니	爲時尼 : -ᄒᆞ시니	爲旀 : -ᄒᆞ며
爲時旀 : -ᄒᆞ시며	爲面 : -ᄒᆞ면	爲也 : -ᄒᆞ야
爲尼羅 : -ᄒᆞ니라	爲里尼: -ᄒᆞ리니	爲里羅 : -ᄒᆞ리라
爲時飛尼: -ᄒᆞ시나니	爲飛尼 : -ᄒᆞ나니	爲舍 : -ᄒᆞ샤
爲隱地 : -ᄒᆞᆫ디	乎尼 : -호니	乎里尼 : -호리니
乎大 : -호ᄃᆡ	乎隱代 : -혼대	乎未 : -호미

위 책(김문웅, 2010)에서는 『정속언해』 원문에 쓰인 구결 78개를 제시하였는데, 이 책은 구결도 한자 곁에 작은 글씨로 목판에 새겨 찍었다. 이에 앞서 고려시대에는 이 글자를 축약하여 쓰기도 하였다. 사실 고려 때가 구결의 전성기였다면 조선에서는 언문이 이를 대체하였기 때문에 그 사용 빈도가 급격히 낮아졌고, 고려 때 쓰던 축약된 글씨보다 정자(正字)로 된 구결을 다시 쓰게 되었다.

5) 고려의 구결

고려는 참으로 구결의 전성기였다. 고려시대는 국어사에서 매우 중요한 시기인 전기 중세국어 때로서, 구결이 우리말을 짊어지고 간 때였다. 전성기의 구결 모습은 아래와 같이 약체자(略體字)였다.

殳 - 은, 는.(殷의 우변)
ㄱ - 야.(也의 가로획)
飞 - ᄂᆞ.(飛의 윗부분)
亼 - 이.(是의 아래획)
𠂉 - 면.(面의 윗획)
⺆ - 나.(那의 좌변)
亽 - 라.(羅의 반자인 罖의 아랫부분)
𠂆 - 애.(厓의 윗변)
ソ𠂉 - 하면.(爲面의 윗획)

예컨대, '爲古'라는 구결은 우리말 '-ᄒᆞ고(-하고)'를 표기한 것이다. '爲'는 뜻('하다')으로 읽어 'ᄒᆞ'가 된 것이고, '古'는 이 한자의 소리(독음)를 써서 '고'가 된 것이다. 다시 말하면 '爲'는 석독자(釋讀字)로 차용된 한자이고 '古'는 음독자(音讀字)로 차용된 한자이다. 『정속언해』에서는 구결로 쓰인 한자를 모두 정자로 표기하였지만 고려 문헌에 기입된 구결은 모두 약체자로 표기하였다. '爲古'를 약체자로 쓰면 'ソロ'가 된다. 그만큼 고려의 구결은 매우 발달하여 정밀하게 축약한 글자를 많은 사람이 공유하였다.

고려의 구결에는 또 다른 방식이 있었다. 바로 '점토석독구결(點吐釋讀口訣)'이다. 즉, 한문 문장에 점을 찍어 토를 표시하는 구결이다. 이 점은 주로 '각필(角筆)'로 새겼기 때문에 '각필점토석독구결'이라고도 한다. '각필'이란, '상아나 대나무를 뾰족하게 깎아 송곳처럼 만든 것'[22] 이다. 지금까지 알려진 바로는 점토석독구결 자료가 일반 자토석독구결 자료보다 다소 앞선 시기의 것들이기는 하나 국어사의 시대 구분에서 보면 모두 전기 중세 국어 시기에 해당한다.[23] 학자들의 연구에 따르면 현전하는 고려 시대 각필점토석독구결 자료는 5종 16책이 있다고 하며, 여기에는 '『유가사지론』, 『주본 화엄경』, 『진본 화엄경』, 『합부금광명경』, 『법화경』' 등이 있다.[24] 한자 한 자가 놓인 바탕을 25개로 나누어 그 중 어디에 점이나 획을 표시하느냐에 따라 구결의 뜻이 정해지는 방식이다.[25] 원본 종이에다 점을 찍는 작업도 매우 힘든 일이거니와 그것을 읽는 사람에게도 매우 어렵고 고단한 일이 아닐 수 없었다. 현대 학자들도 그동안 발굴된 구결 문헌, 이두 문헌, 언해 문헌을 비교해 보아야만 점토의 뜻을 해독할 수 있으니 당시 그 자료를 읽는 사람들은 더욱 힘든 글 읽기 방법이었을 것이다.

가. 其傍 各有七寶行樹ㅊㅅㄱ 常有華果ソリ、〈法華經 2:3〉
나. 其傍애 各有七寶行樹호ᄃᆡ 常有華果커든〈法華經 2:3〉
다. 그 겨틔 各各 七寶 行樹ㅣ 이쇼ᄃᆡ 샹녜 곶과 果實왜 잇거든〈法華經 2:3〉[26]

위에 든 보기 글에서 우리말 표기의 시대적 변화를 읽을 수 있다. (가)는 구결 『법화경』(수덕사 소장본)이고, (나)는 언해본 『법화경언해』

22) 『각필구결 초조대장경 유가사지론 권66』(2018, 국립한글박물관) 34쪽에서 인용함.
23) 위 책 21쪽에서 인용함.
24) 위 책 62~63쪽에서 인용함.
25) 위 책 35, 95쪽에서 인용함.
26) 위 책 31쪽에서 인용함.

(1463)의 구결 원문이며, (다)는 그 언해본의 언해문이다. 그런데 점으로 표시한 구결 자료는 글씨가 아닌 미세한 점이 어떤 위치에 찍혀 있는지를 찾아야 하고, 그것을 보고 그 자리가 어떤 구결 글자인지를 대입시켜 알아야 비로소 그 한문 문장을 읽을 수 있었던 것이다.

이 점토 구결이나 한자 구결은 언문 창제 이후 한자와 한자 약체자 대신 언문으로 구결을 다는 방식으로 대체되었다. 간경도감에서 간행된 불경 언해본[27]을 보면 모두 한문 원문에 언문 구결을 달았는데, 이 부분이 언문 창제 이전에는 모두 한자 구결을 달았던 부분이다. 간경도감이 철폐된 이후에도 불경 언해본에서는 계속 언문 구결을 단 체재를 유지하였다. 차자표기의 전통이 연면히 이어져 언문 창제 이후의 문헌에서도 한자 구결을 달고 있는 문헌이 계속 간행되기도 하였다. 그 대표적인 문헌으로 『여씨향약언해』(1518), 『정속언해』(1518), 『경민편』(1519) 등을 들 수 있다. 이들 문헌에는 한문의 구절마다 차자표기의 구결이 달려 있다.

우리는 구결, 향찰, 이두 문자의 사용 시기가 언문 창제와 아주 거리가 먼 옛날의 글쓰기 방식이라고 생각하여, 훈민정음 창제와는 전혀 관련이 없다고 쉽게 간과하지만, 삼국시대 초기에 한자가 들어오자마자 시작된 여러 가지 글쓰기 방식은 세종이 즉위하던 15세기까지 천년 동안 우리의 문자생활을 장악하고 있었고, 심지어 구결과 이두는 19세기까지 조선의 대표 글쓰기 방식으로 이어졌다. 표의문자인 한자를 이용해 표음문자인 차자표기를 만들고, 이를 가지고 우리말을 표현

27) 세조는 세조 7년(1461)에 '간경도감(刊經都監)'을 설치하여 불경을 인쇄하거나 주석서를 내거나, 이를 언해하여 불경언해본을 간행하였다. 간경도감에서 간행한 불경 서적은 모두 40종 535권이나 되며, 그 가운데 언해본은 9종 35권으로, '능엄경언해, 법화경언해, 선종영가집언해, 아미타경언해, 금강경언해, 반야심경언해, 원각경언해, 목우자수심결언해, 사법어언해'가 그것이다.

해 왔던 것이다. 그런 면에서 보면 2천 년 동안 한자는 우리에게 아주 고마운 존재가 아닐 수 없었다. 적어도 한자는, 역사를 써서 갈무리하고, 평생 썼던 글을 모아 문집을 만들어 읽을 수 있도록 해 준 고마운 문자이기 때문이다. 그러나 그러한 글쓰기는 말 그대로 궁여지책(窮餘之策)이었던 것이다. 석독자, 음독자를 섞어 우리말을 표기한 이두문은 쓰는 사람이나 읽는 사람을 늘 괴롭혀 왔고, 그러한 지난한 세월 동안 끊임없이 차자표기 문자생활을 하면서 불편과 불만이 쌓이고 쌓여서 새로운 글자를 만드는 데 이르게 된 것이라고 해야 옳다. 결코 구결, 향찰, 이두와 훈민정음이 무관하지 않다는 것이다. 오히려 이두문이 왕성해지면서 그 혼란과 불편을 극복하기 위한 문화적 욕구가 결국 세종으로 하여금 표음문자 훈민정음을 만들게 한 것이다. 다시 말해서 이두문은 언문 창제의 일등 공신이자 새 문자 탄생의 원인으로 작용한 셈이다.

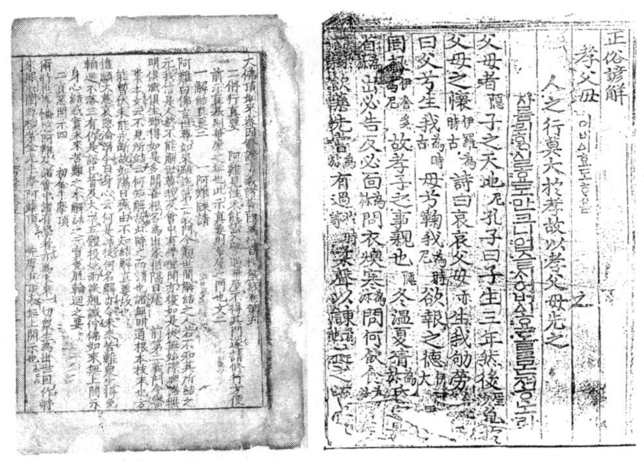

한문 구결 자료 『능엄경』(13세기)과 『정속언해』(1518) 원본

앞의 자료는 고려 말(13세기)에 구결을 표시한 『능엄경』과, 조선 중

종 13년(1518)에 간행된 『정속언해』 원문이다.

위의 자료에서 보듯이, 고려시대 문헌에 오히려 축약형 구결이 많이 쓰였고, 조선시대에 와서는 본래의 구결 글자로 돌아갔다. 이것은 아마도 한글이 창제된 이후에 굳이 한자 구결을 쓸 필요가 없이 한글로 토를 달 수 있었기 때문에 옛 습관대로 한자 구결을 다는 일은 아주 드물어진 것이다. 축약형은 많은 사람이 쓸 때 소통되는 약속이었지만 조선에 들어와 특히 언문이 창제되고부터는 그 한자 구결이 언문 구결로 대체되었기 때문에 축약형을 아는 사람이 없게 되니 원래의 구결 한자를 쓸 수밖에 없었던 것이다.

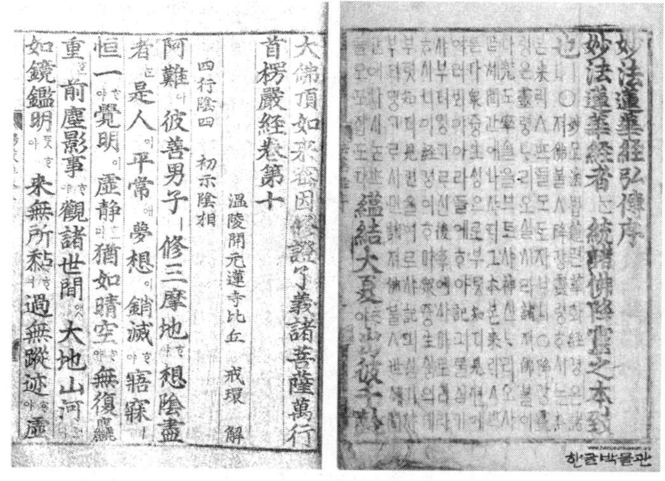

한글 구결 자료 『능엄경언해』(1462)와 『법화경언해』(1463) 원본

위의 두 책은 간경도감에서 간행한 불경 언해본인데, 불경 원문에 언문 구결을 단 것을 볼 수 있다. 한문 구결이 언문 창제 이후 언문 구결로 바뀐 모습이다. 이렇게 언문 구결의 발달을 주도한 것은 간경도감이었고, 간경도감을 설치한 세조의 공로가 크다.

축약형으로는 소통이 어려울 정도로 모르는 사람들이 많아져서 정자로 써야 했던 한자 구결은 사대부를 중심으로 한문 글쓰기를 계속하는 한 없어지지는 않았다. 이밖에도 축약형은 다양한 형태가 있었는데 이를 모아 정리한 자료를 보면,

구결	음
力 ガ 加 叻 可	가[k/ga]
去 去 巨	거[kʌ]
介	게[ke]
ナ	겨[kjʌ]
口 古	고[ko]
昆	곤[kon]
人 八 戈 曰 果 朩	과[kwa]
官	관[kwan]
今 今	금[kɨm]
印	긋[kɨt]
己	긔[kɨj]
這	ᄀᆞᆷ[kəm]
乃 尹 男 那	나[na]
難	난[nan]
女	녀[njʌ]
又 奴 卜	노[no]
論	논[non]
了	뇨[njo]
卜	누[nu]
ヒ 尼 行	니[ni]
ヒ 斤 飛	ᄂᆞᆯ[nəl]
丨 タ 多 如 支	다[t/da]
ナ 大	대[tæ]
力 ガ 加	더[tʌ]
丁 氐 底	뎌[tjʌ]
丁	뎡[tjʌng]
上 考	뎨[tje]
田	뎐[tjʌn]
刀 都 巴	도[to]
斗 斗 豆	두[tu]
土 地 矢 知 支	디[ti]
陳	딘[tin]
等	ᄃᆞᆫ[tən]
の 朩 月 冬 入	ᄃᆞᆯ[təl]
厶 矣 弋 代	ᄃᆡ[təj]
丶 厸 四 罒 羅	라[ra]
難 良	란[ran]
汝 驴 驢 女 尸 户	러[rʌ]
要 呂	려[rjʌ]
灬 灬 灬 以	로[ro]
彔	록[rok]
論	론[ron]
了	료[rjo]
リ 矛 矛 考 利 亽 曰 里	리[ri]
沓	ᄅᆞᆷ[rim]
ㄣ 个 广 庅 麻 麼	마[ma]
万 萬	만[man]
賣	매[mæ]
ㄅ ス 尔 菻 弥 彌	며[mjʌ]
丆 面	면[mjʌn]
毛	모[mo]
勿 刁	믈[mɨl]
ソ 米 未	미[mi]
火	ᄫᆞ[bə]
氵 沙	사[sa]
人 全 舍	샤[sja]
一 西 彳 亓 立	셔[sjʌ]
户 所	소[so]
小	쇼[sjo]
乀 是 二 示	시[si]
寸 肘 時 氏	
申	신[sin]
士 四 而	ᄉᆞ[sə]
白	ᄉᆞᆲ[sərp]
生	ᄉᆡᆼ[səjng]
氵 沙	ᅀᅡ[za]
旧 見 兒	ᅀᆞ[zə]
㇇ 〻 良 卩 阿 牙	아[a]
厂 厓	애[æ]
乛 也	야[ja]
方 才 仒	어[ʌ]
言 言	언[ʌn]
蘖	얼[ʌl]
亠 八 亦 余 豸	여[jʌ]
曳 之	예[je]
𠂉 午 五 ㇉ ノ 乊 乎	오[o]
玉	옥[ok]
昷 溫	온[on]
卜 臥	와[wa]
西 要	요[jo]
于 牛	우[u]
位	위[wi]
鳥	은[ɨn]
㇇ 衣 厶 矣	의[ɨj]
乀 是 リ 已 伊	이[i]
弋	익[ik]
引 印	인[in]
成	일[il]
广 刃	ᅌᅵ[ŋi]
肘	제[ʧ/dʒe]
其 斉 齊	져[ʧʌ]
之	지[ʧi]
子	자[ʧa]
他	타[tʰa]
土 吐	토[tʰa]
下 何	하[ha]
ノ 乊 乎 尸 户 好	호[ho]
忽	홀[hol]
兮 屎	히[hi]
ソ 為 爲	ᄒᆞ[hə]
亽 十 中	ᄒᆡ[həj]

종성표기

八 艮 只	丁 卩 隱	乚 乙 尸	亣 立 音
ㄱ final k	ㄴ final n	ㄹ final l	ㅁ final m
𠃍 巴 邑	七 叱 㕚		
ㅂ final p	ㅅ final t	ㅇ final ng	

〈구결 문자 목록〉(『위키백과』, 「구결」에서 인용함.)

위 〈구결 문자 목록〉은 모두 우리말 토씨나 어미로 사용된 구결의 축약형과 본래의 한자를 모두 나열한 것이다. 그러니까 글자는 한자와 비슷하지만 그 음과 훈을 빌어와 우리말 문법 요소를 만든 것이다.

축약형 구결의 모양을 보면 일본 문자와 비슷하다.

일본 가나[假名] 문자는 바로 우리의 한자 구결의 약체자와 같은 방법으로 만들어진 글자이고, 만들어진 시기도 비슷하다. 일본 가나가 나타나는 가장 오래된 책이 『만엽집(萬葉集)』인데, 그 책 마지막 20집

에 기록된 노래가 서기 755년의 일이라고 한다. 설총이 살았던 655년에서 720년(?) 사이에 융성했던 우리의 한자 구결보다 3~40년 뒤에 나온 책이라 할 수 있다. 우리 구결과 일본 가나의 제작 원리가 같고 형성된 시기도 비슷하지만, 아직 우리의 구결과 일본의 가나 문자의 영향 관계는 명확하지 않다.

> 고대의 문화사적인 측면에서 볼 때 기원전 3세기로부터 7세기까지 근 10세기 동안에 긍(亘)하여 3차에 걸쳐 한반도로부터 민족집단이 도왜(渡倭)하였다. 이 도래인(渡來人) 집단에 의하여 고대 일본문화가 형성되었다는 사실이 최근의 고대 일본사 연구의 성과로 밝혀졌음은 주지하는 바이다. 실로 고대에 있어서는 문화와 문물이 한결같이 한반도로부터 일본으로 일방동류(一方東流)만 하였을 뿐이지, 그와 반대 방향의 역류는 없었던 사실을 고려할 때 문화·문명의 전달 매체인 언어가 일본으로부터 한반도로 유입하여 한국어에 차용되었다거나 그 형성에 작용하였다고 주장한다면 이는 상식에서 너무 벗어나는 억지가 아닐 수 없다.[28)]

7세기를 전후한 당시 백제와 일본은 군사동맹을 맺을 만큼 왕래가 빈번했던 교류국이었다. 나당연합군의 침범으로 700여 년의 역사를 이어온 백제와 고구려는 신라에 무릎을 꿇었고, 나라 잃은 백제 사람들은 일본으로 건너가 일본 문화를 융성케 하였다. 두 나라가 같은 시기 같은 한자로 문자생활을 하였고, 그 문자를 축약해서 제 나라 말에 맞는 글자를 만들었으며, 그 글자 모양이 극도로 닮았다는 것은 이두와 가나 문자가 태생적으로 연결되어 있음을 보여주는 것이다. 실제로 『만엽집』에 나타나는 문장은 한문 문장이 아니라 일본말 구조의

---

28) 『백제어연구(Ⅳ)』(도수희, 2000, 백제문화개발연구원) 284쪽에서 인용함.

문장으로 기록되었으니, 우리의 이두문과 같은 방식이다. 처음에 구결로 시작된 차자표기가 더 발전하여 여러 가지 이두문을 형성하게 된 것이다.

여기서 우리와 일본이 확연히 다른 문자 방식으로 나아갔으니, 우리는 구결문자가 읽기의 보조수단으로 머물면서 한자의 음과 훈으로 문장을 만드는 이두문이 발달했다면, 일본은 구결문자가 발달하여 음절문자인 가나문자를 제작하였다. 즉 우리의 구결은 고려 이후 점점 쇠퇴하여졌고 한문과 이두문이 혼용되면서 많은 사회적 혼란을 겪게 되고, 우리말 어순대로 이두문을 문서 작성법으로 쓰면서 이두문의 해석이 분분하여진 것이다. 이것이 새로운 표음문자를 창제하게 만든 사회적 요인이 아닐 수 없다.

그러나 일본은 구결문자에서 곧바로 음절문자를 만들게 된 것이니, 새로운 문자를 제작했다는 점에서 볼 때 일본이 더 앞섰다고 말할 수 있다. 그러나 일본 가나문자가 표음문자이긴 하지만 음절 단위로 나타낼 뿐 자음과 모음을 쪼개지 못하고 뭉뚱그려 표기하는 음절문자이다. 언문은 표음문자에서 한 단계 더 나아가 음소 즉, 자음과 모음, 초성과 중성, 종성을 나누어 표기할 수 있는 음소문자이면서, 문자 자체가 음성 자질을 표현해 냄으로써 문자와 소리 자질을 1:1 대응으로 나타내는 자질문자라는 것이다.

6. 조선의 문자생활

조선 사회의 문자 쓰기 방식에는 적어도 네 가지가 혼용되고 있었다. 한문, 구결문, 이두문, 언문(훈민정음). 여기서 구결과 이두는 언문이 생기기 전까지만 해도 우리 겨레가 만든 우리 글자로 자리 잡고 있었다. 물론 한자를 차용한 글자이지만 엄연히 우리 손으로 우리말에 맞게 만든 맞춤 한자라는 것이다. 이 두 가지 방식은 모두 한자를 차용하거나 축약해서 만든 글자로 우리말 어순에 맞추어 문장을 쓰기 위한 것인데, 오랜 세월 사용하면서도 끝내 쓰임의 혼란을 극복하지 못하여 우리말을 온전히 담아낼 수 없었다. 결국 언문(훈민정음)이 창제되었고 드디어 우리말이 우리글을 만나 민낯 그대로를 보여줄 수 있게 되었다.

1) 한문

첫째는, 중국에서 전해 들어온 서적들로부터 유래한 '한문(漢文)' 문장 쓰기다. 한자의 뜻과 음을 어렵사리 풀어가면서 우리나라에 들어온 유교 경전과 역사서 등을 읽어, 그런 책 속에서 문어체 한문 글쓰기 방식을 배워 따라하는 것이다. 이미 삼국시대부터 유학과 선진 문화를 담은 책들이 들어오면서 지식인들에겐 반드시 글읽기가 필요했고, 그 글을 읽기 위해 한자를 배워야 했으니, 과거시험은 바로 한문을 배우고 쓸 줄 아는 실력을 판가름하여 관리를 등용하는 제도였다. 한문이란 간단하게 말하면, '한자로 이루어진 문어체 문장'을 가리키지만, 사실 그렇게 간단한 것이 아니다.

우리나라에서 가장 오래된 한문 문장은 '광개토대왕비문(廣開土大王碑文)'(414)인데, 한문이 전래한 초기에는 이처럼 비문을 비롯해 사전(史傳), 서(書), 소(疏), 표(表), 교서(教書), 서(序), 명(銘), 잠(箴), 찬(贊), 기(記), 시(詩) 등으로 한문 문체를 나누었다. 우리 역사상 가장 앞선 시기 한문의 대가인 신라 최치원이 쓴 시문집 『계원필경(桂苑筆耕)』(886)에는 표(表), 장(狀), 주장(奏狀), 당장(堂狀), 별지(別紙), 격서(檄書), 서(書), 위곡(委曲), 거첩(擧牒), 재사(齋詞), 제문(祭文), 소(疏), 기(記), 계(啓), 잡저(雜著), 문(文), 시(詩) 등 17종으로 문체를 나누었다. 여기에 수록한 작품은 최치원이 중국에 유학하면서 썼던 작품들이므로 중국인들을 대상으로 한 작품으로 보아야 한다. 이 책이 신라에 들어오면서 자연스럽게 한문의 문체를 신라인이 배우게 된 것이다.

조선의 가장 대표적인 한문 문집 『동문선(東文選)』(1478)에는 한문 문체의 종류가 55종이나 된다. 여기에는 위에 보이지 않던 사(辭), 부(賦), 조칙(詔勅), 교서(敎書), 제고(制誥), 책문(冊文), 비답(批答), 표전(表箋), 노포(露布), 송(頌), 주의(奏議), 차자(箚子), 서독(書牘), 설(說), 논(論), 전(傳), 발(跋), 치어(致語), 변(辯), 대(對), 지(志), 원(原), 의(議), 책제(策題), 상량문(上樑文), 도량문(道場文), 청사(靑詞), 애사(哀詞), 뇌(誄), 행장(行狀), 비명(碑銘), 묘지(墓誌) 따위가 등장한다. 『동문선』은 성종 9년에 임금의 명령으로 서거정, 노사신, 강희맹, 양성지 등을 포함한 찬집관 23인이 참여하여 편찬한 우리나라 역대 한문 문장의 집대성 선집인데, 무려 133권 45책이나 된다. 또 작품이 실린 사람만 하더라도 신라의 설총, 최치원을 비롯하여 편찬 당시의 인물까지 약 500인이나 되고, 작품은 4,302편이나 수록하였다.

이처럼 한문은 조선 사회 문자생활을 대표하는 격조 높고 학식 있는 글쓰기 방식이었고, 이른바 '문자 쓴다', '글한다'는 말은 선비들의 전유물인 '한문 문체를 잘 쓰고 읽는다'는 말이었다. 그러나 우리가 알고 있는 것처럼 문어체 한문 문장만이 조선의 문자 쓰기 방식은 아니었다.

2) 구결문

둘째는, 구결문(口訣文)이다.

> 박세채가 말하기를, "우리나라의 경서 구결과 석의(釋義)는 중국에서도 없었던 것으로, 설총으로부터 시작되어 정 포은[정몽주의 호이다.], 권 양촌[권근의 호이다.]에 이르러 완성되었는데, 세조조에 와서 여러 신하에게 분담시켜 구결을 지었으나, 사람마다 다른 글로 이론이 분분하여 같지 않았다. 또 선조 때에 이르러 따로 국(局)을 설치하고 관원에게 명하여 뺄 것은 빼고 취할 것은 취하여 언해를 하여 마침내는 일대의 경전이 되게 하였으니, 가위 성대한 일이라 하겠다. 다만 그 구결이 중국에서 정한 구두(句頭)를 기준으로 삼아야 될 것 같은데, 지금에 와서 구결과 석의를 구분하려 하여도 혼란스럽고 복잡하여 기준을 잡을 수가 없으니, 부득불 다시 수정해야 할 듯하다." 하였다.[29]

조선 숙종 때의 문신 박세채(朴世采; 1631~1695)는 성리학자로서 숙종 20년(1694)에 좌의정을 하였던 인물이다. 그의 말에 따르면, 설총, 정몽주, 권근 등이 구결 문자를 만드는 일에 힘을 쏟았으나 우리나라의 구결이 중국과 달라 문제가 많다는 것이다.

한문 문장을 내용에 맞춰 끊고 쉬운 토를 달아놓으면 많은 사람이 읽고 번역하기에 편리하였다. 그렇게 토를 단 것이 구결인데, 우리말로는 '입겿'[30]이라 하였다. 이 구결은 한자의 음과 훈을 빌어 우리말 토에 맞는 글자를 만든 것이다. 토란 오늘날의 '토씨(조사)'와 '씨끝(어미)'을 가리킨다. 이미 삼국시대부터 생겨 차츰 발전한 구결은 고려시

---

29) 『국역 증보문헌비고』 제243권 「예문고 2」(1980, 세종대왕기념사업회) '역대 저술' 신라편 62쪽에서 인용함.

30) 哉ᄂᆞᆫ 입겨체 ᄡᅳᄂᆞᆫ 字ㅣ라〈월석 서:9〉. 於ᄂᆞᆫ 입겨치라〈월석 10:54〉.

대에 번성하여 조선 초기까지 이어오면서 선비들의 글읽기에 꼭 필요한 글자가 되었다. 그러나 언문이 창제되면서 한자 구결 대신 그 자리에 언문 토를 사용하게 되었지만, 한자 구결 달기는 조선 후기까지 완전히 사라지지 않고 꾸준히 이어진 문자 방식이었다. 즉 한자 구결과 언문 구결이 병립하게 된 것이다. 지금까지 전하는 불경언해 책에는 모두 한문 원문에 언문 구결을 달고 있다. 한문 원문에 한자 구결을 단 한글문헌은 『여씨향약언해』(1518), 『정속언해』(1518)과 『경민편』(1519)이 대표적인데, 이들의 구결은 목판본으로서, 문장 안에 한자 구결을 함께 새기고 이어서 언문으로 풀이한 것이 특별하다.

그러나 불경 언해본이나 『두시언해』 등 대다수 언해본에는 한문 문장과 언해문 사이에 언문 구결의 협주나 문장을 쓰곤 하였다.

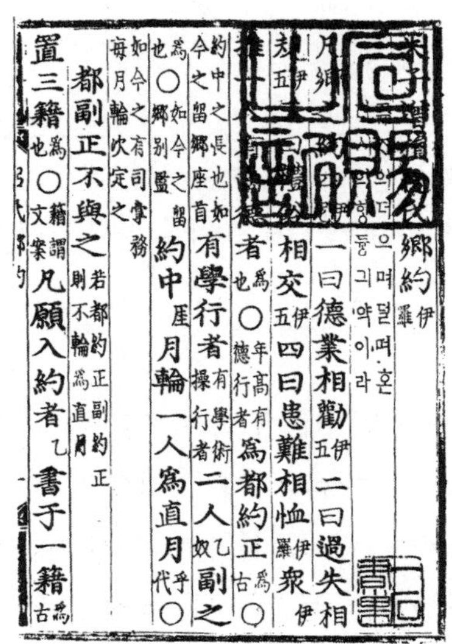
鄕約羅伊
一曰德業相勸五伊 二曰過失相
相交五伊 四曰患難相恤羅伊 衆伊
者爲也 ○ 年高有德行者 爲都約正 爲古 ○
約中之長也 如今之留鄕座首 有學行者 有學術操行者 二人 乙奴 副之
爲也 ○ 如今之鄕別監留 約中 月輪一人爲直月 乎代 ○
如今之有司掌務 每月輪次定之
都副正不與之 若都約正副約正則不輪爲直月
置三籍 爲也 ○ 籍謂文案 凡願入約者 乙 書于一籍 爲古

『여씨향약언해』(1518) 일석본 1쪽. '여씨향약' 원문에 한문 구결을 달고, 문장이 끝나면 언해문을 이어 적었다. 고려시대나 조선 초기의 구결은 인쇄된 종이에 붓으로 구결을 첨가하는 형식이었으나, 이 책은 본문에 구결까지 넣어 목판에 새긴 것이 특별하다.

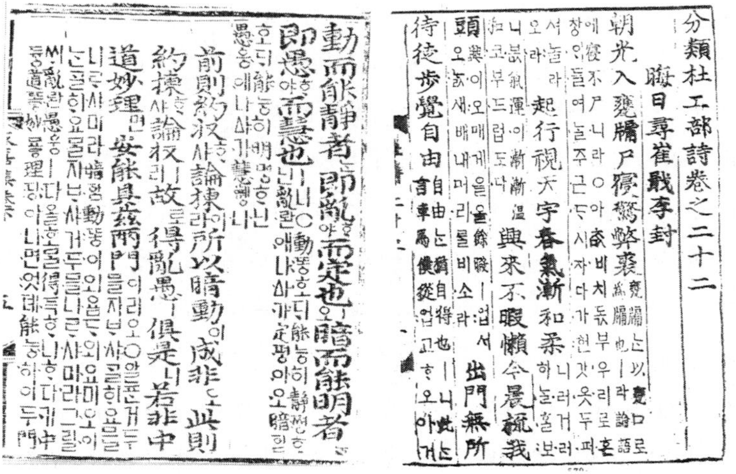

『선종영가집』 하권(1495) 5쪽과 『두시언해』(1482) 22권 1쪽이다. 『선종영가집』은 한문 원문에 언문 구결을 직접 달았고, 『두시언해』는 시구절에는 구결을 달지 않고 바로 밑에 한문으로 협주를 달면서 언문 구결을 삽입하였다. 물론 이어서 언문으로 풀이하였다. 이처럼 조선 시대에도 구결은 한문 구결과 언문 구결이 함께 계속해서 쓰여졌다.

> 倒屣喜旋歸 畫地求所歷【謂甫ㅣ 喜典設의 自施州로 還來也ㅣ라】
> 신 갓고로 시너 나 도라오ᄆᆞᆯ 깃거 보니 올 제 디나온 ᄃᆡ를 ᄯᅡ해 그ᅀᅥ 뵈ᄂᆞ다

위 예문은 『두시언해』 권19, 28쪽의 내용인데, 두보 시구절 뒤에 작은 글씨로 주석을 달면서 언문 구결을 단 한문(문어체) 형식으로 썼다. '謂甫ㅣ 喜典設의 自施州로 還來也ㅣ라'는 '두보가, 전설이 시주에서 돌아온 것을 기뻐함을 이른다.'라는 뜻인데, '위(謂)' 자는 문장 전체의 동사로서 한문 문어체 형식임을 알 수 있다.

3) 이두문

셋째는, 이두문(吏讀文)이다.

이두는 구결과는 확연히 다른 문자다. 이두문은 차자표기의 확장된 모습이라 말할 수 있는데, 구결이 토씨와 씨끝만이라면 이두는 토씨와 씨끝뿐만 아니라 낱말까지 만들어 문장 전체를 우리말 통사구조에 따라 작성한 것이다. 이러한 확장은 한문 문장이 아니라 우리말 문장이기에 가능했다. 즉 한문 문장의 통사구조를 그냥 두고서는 도저히 우리말을 부려 쓸 수가 없었다. 한문 문장을 버리고 우리말식으로 문장을 재편성해야만 비로소 이두를 쓸 수가 있는 것이다. 문법 요소를 한자로 표기하여 비록 글자는 한자를 빌어 썼지만 말은 우리말을 표현할 수 있게 된 것이다. 임신서기석으로부터 시작된 '한자를 빌어 우리말식으로 문장 쓰기'는 거의 2천년을 이어왔다. 고달픈 글쓰기 방식이었으나 우리 선조들은 그것을 극복하며 우리말을 지켜왔다. 그러고 보면 한 겨레가 지닌 말(언어)이 얼마나 생명력을 지녔는지 모르겠다. 그 목숨줄이란 절대로 끊어지지 않는가보다. 고조선 이후 우리 겨레가 우리말을 잊지 않고 우리식으로 표현하려고 애쓴 결과 이두라는 방식을 만들어 꾀면서 글쓰기를 시도하였던 것이다. 아무리 표현이 어려워도 결코 포기하지 않았다. 우리말을 표현해 내기 위해 끊임없이 여러 방법을 동원한 것이다. 처음에는 이찰, 이서, 향찰 등으로 불리다가 이두, 이도, 이토라고 불리기도 하였다. 이두문은 통일신라시대에 가장 발달하여 토씨뿐만 아니라 이름씨까지도 차자표기 방식으로 문장을 썼으나 고려를 거쳐 조선에 이르는 동안 차자로 쓰는 한자의 혼란함을 꺼리게 되고, 한자말이 발달하면서 문법 요소만 이두를 쓰게 되었다. 그러나 문어체 한문 문장이 아닌 우리말 문장 쓰기라는 점에서 이두문은 그 사용 빈도가 점점 더 높아졌고, 조선에 들어와서는 공식 문자로서 당당히 법전을 짓는 글자까지 되었다. 하지만 진흙 속에서 연꽃이 피어나듯 일반 백성의 눈높이에서는 한자나 이두가 마찬가지로 첩첩산중의 어려움이었고, 늘 세종은 관리들이나 백성들이 혼란스러워 하며 힘들어하는 것을 안타까워했다. 즉 오랜 이두문 사용의 고통은 우리 겨레가 인류 사상 가장 뛰어난 문자를 가질 수 있도록 만든 원동력이었던 것이다. 그러나 그 원동력이 훈민정음 창제 이후, 오히려 그 발전을 가로막고 발목을 잡아버리는 원인이 되었다는 것은 역사의 이율배반(아이러니)이 아닐 수 없다.

서기체로, 구결로, 향찰로, 이두로. 이 이두문의 시조는 물론 「임신서기석」이었고, 이 서기체가 삼국과 고려를 거쳐 천 년을 열심히 달려와 조선국의 법전 반포를 가능케 하였다. 이두가 조선에 들어와 한문 문장과 대등한 관계로서 엄청난 일을 해냈으니, 바로 『대명률직해』 간행이다. 조선 창업 시기의 법률책을 백성에게 펴내면서 중국 법전의 한문을 완전히 이두문으로 바꾸어 적은 것이다.

1) 積納爲弥 官役使內臥乎田地乙 無故陳 荒令是旀〈대명률직해 5:6〉
ᄇᆞ리누온(시키는)

해석) 세금을 내며, 관역을 시키는 경작지를 연고도 없이 황폐시키며

2) 男女 自出意 交嫁爲在乙良 男女爲首 主婚爲從是齊〈대명률직해 6:10〉
ᄒᆞᆫ 것을랑 것이다

해석) 남녀가 스스로 뜻을 내어 교가(위법한 혼인)한 것이면 남녀가 우두머리 되고, 주혼인은 종속범이 되는 것이다.

3) 過失殺人例以 論遣 醫業使內 不得爲只爲 禁止齊〈대명률직해 19:8〉
ᄇᆞ리 못질ᄒᆞ기삼(하지 못하도록)

해석) 과실 살인의 예로써 논죄하고, 의료업을 하지 못하도록 금지시킬 일이다.[31)]

앞에서도 말했듯이 이두문은 한문 문장이 아니라 우리말 통사 구조대로 문장을 쓰면서 한자와 이두를 섞어가며 글을 완성한 것이다. 『대명률직해』(1395)는 조선이 건국하자마자 간행하여 배포한 대법전이다. 나라를 세우면 제도를 정비하고 법률을 제정하며 세금을 거두고 표준말을 정하여 교육을 시행하는 것이 우선이다. 조선 창업 초 법전이 이두문으로 간행되었다는 것은 이두가 한문을 쓰는 중국과 구별하는 조선의 문자임을 대외적으로 공표한 것이나 다름없다. 향찰과 같은 완전한 우리말 형식이 신라 때 이미 이루어졌고, 고려를 거치면서 오랜 기간 자리를 잡고 손에 익숙해졌기 때문에 이두가 조선의 문자 체계로 서기에 손색이 없었던 것이다. 명실상부한 조선의 대표 글자로서 자리를 굳힌 것이다.

중국에서 명나라가 창업하면서 만든 법전이 『대명률(大明律)』인데, 같은 시기에 창업한 조선이 발 빠르게 이 법전을 번역하여 조선에 맞게 고쳐 조선의 법률을 제정한 것은 시기적절한 일이었다. 우리 현실에 맞게 고치고 문장도 우리말식으로 고쳐서 '조선국 법전'으로 간행한 것이 바로 『대명률직해』인데, 나라의 근간이 되는 법전을 정식 한문 문장으로 짓지 않고 이두문으로 쓴 이유가 무엇일까? 그것은 우리말 방식으로 풀어 씀으로써 우리나라 사람들이 쉽게 읽고 법을 따르도록, 그야말로 '조선의 법전'으로서 조선 사회에 공표하려는 생각에서다.

물론 한문으로 된 『대명률』을 그대로 쓴다 해도 임금과 중앙관료들이 못 읽지는 않았겠지만, 중앙의 행정관이나 지방관 이속(吏屬)들까지 이 책을 읽고 백성에게 나랏법을 집행해야 했기 때문에 좀더 쉽게 풀이한 책이 필요했다. 그래서 지방 관리가 공문서와 사문서를 작성하여

---

31) 박철주 역주, 『역주 대명률직해』(2014, 민속원)에서 골라 인용함.

주고받을 때도 『대명률직해』에서 풀이한 이두문 법문장 그대로 관리들이 집행할 수 있도록 하려는 것이었다. 이와 같이 법전이 이두문으로 작성되면서 우리말식 문장을 읽는 데 큰 어려움을 느끼지 않고 원활한 법 집행이 이루어진 것이다. 대명률은 조선 후기까지 우리나라 형사법의 일반법으로 계속 기능을 가졌다.

이것은 당시 조선 사회 문자생활의 현주소를 보여주는 것이다. 한문 문장이 책속에 담겨 있는 죽은 문자라면, 이두문은 누구나 읽고 이해할 수 있는 살아있는 문자였다. 다시 말해서, 이두문은 조선의 일상적인 글쓰기였다. 즉 한문 문장 쓰기와 이두문 쓰기가 조선 사회 문자생활의 양대 산맥을 이루고 있었다 해도 지나친 말이 아닐 것이다.

이렇게 『대명률직해』가 조선의 문서 작성의 나침반 구실을 하면서 이후 조선의 공문서, 사문서를 막론하고 모든 문서는 이두문으로 작성하게 되는데, 그 양이 한문 문헌과 대등하게 전하고 있다.

언문 창제 이후 이들 고문서에는 순수하게 언문으로만 작성된 문서도 생기고, 이두문 문서 속에도 한두 줄, 또는 작성자 이름 정도를 언문으로 쓴 문서도 나타나지만 대다수 문서는 이두문이다. 현재 남아 있는 고문서나 기록물 중에 '한글 고문서'[32]는 상대적으로 매우 적은 양이다. 이른바 '한문 고문서'가 한자로 쓰여졌다고 해서 일찌감치 연구 대상에서 제외됨으로써 국어학자들의 연구서에서 빠진 지 오래다. 그러나 오늘날 이른바 '한국어'를 내세우면서 한글보다 한말, 즉 한국

---

32) 한글 고문서란 어떻게 정의되어야 할 것인가? 결론적으로 한글 고문서는 한글로 작성된 것으로 작성한 발급자와 그 문서를 받는 수급자가 반드시 존재해야 하고 또 그 문서에 일정한 효력을 갖춘 것이지만 현재 그 시효가 끝난 문서를 말한다.(『한글 고문서 연구』(이상규, 2011, 도서출판경진) 1042쪽)

어를 중시하는 학자들도 '한문 고문서'에 담겨 있는 한국어를 연구하려고 발을 들이지 않는다. 애써 국어사에서 이두를 외면하고 있다는 느낌이다. 이른바 한문 고문서라고 하는 이두문으로 쓰여진 일반 고문서는, 예컨대 서울대학교 도서관에만도 47,000여 건, 영남대학교 박물관에도 4,000여 건, 연세대학교 도서관에도 18,000여 건, 고려대학교에도 5,000여 건, 국민대학교에도 3,000여 건[33]의 고문서가 남아 전한다고 한다. 뿐만 아니라 '장서각(한국학중앙연구원) 디지털아카이브'[34]에는 왕실고문서가 4,557건, 문중고문서가 4,194건의 텍스트가 올려져 있고, 국사편찬위원회의 '한국역사정보통합시스템'[35] 아카이브에는 간찰이 28,700건, 분재기가 506건, 매매문기가 6,996건, 교지 2,921건 등 총 81,000여 건이 문중고문서 수천 건과 함께 올려져 있다. 또 규장각[36]에서는 지금도 수만 종의 고문서를 '국왕문서, 관부문서, 왕실문서, 사인문서'로 분류하여 인터넷에 올려놓고, 이를 집성하여 책으로 간행하고 있다. 이밖에도 수십만 건이 전국에 흩어져 전해 오고 있을 것이다. 이들 고문서들은 대다수 임진왜란 이후의 문서이고, 그 이전의 사문서나 문중의 문서들은 임란 때 거의 다 타버렸다.

그럼에도 '한글 고문서'는 우리말의 변천을 살필 수 있는 매우 소중한 자료라는 점에서 중요한 의미를 지닌다. 토박이말이 살아 있고, 우리말의 활용법이나 시제, 존대법 따위 등 언중들의 언어 현장을 세심한 부분까지 잘 보여주는 고귀한 자료라 할 수 있다. '한글 고문서'가 진정한 '훈민정음(언문) 기록물'이고, '우리말의 표본'임에는 틀림없다.

---

33) 『한국고문서연구』(최승희, 1989, 지식산업사) 42~43쪽 참조.
34) http://yoksa.aks.ac.kr/
35) http://www.koreanhistory.or.kr/
36) http://kyujanggak.snu.ac.kr/

그러나 그렇다고 해서 일반 한문 고문서를 버린다는 것은 우리말 역사에서 한 시기를 몽땅 버리는 것과 같다. 언문을 쓰기 전의 우리말 모습을 담은 우리 글자이기 때문이다. 우리는 그동안 빙산(氷山)과 같은 이두문 고문서에서 일각(一角)과 같은 한글 고문서만을 따로 떼어서 말함으로써 역사 속 우리말 연구를 왜곡시키고 와전시키는 잘못을 저질렀다. 비교가 될 수 있는지 모르겠지만, 서양이 라틴어를 버리고도 로마자는 버리지 않고 제 나라 말을 표기하고 있는 시대를 이어가고 있듯이, 우리에게도 한문 문장을 쓰면서도 우리말을 우리말 문법 순서대로 표기하던 시대를 천 년 이상 이어간 것이 바로 고려와 조선의 '이두문 표기 시대'라고 말할 수 있다. 이 시대를 이해해야만 세종의 언문 창제가 뜬금없는 일이 아님을 이해할 수 있다. 표의문자(한문) 생활에서 표음문자(언문) 생활로 전환하면서, 그 사이에 표의문자로 표음문자 생활을 하던 '차자 표기(이두문) 시대'가 천여 년 동안 자리하고 있었음을 가르쳐야 한다. 그래야 표음문자보다 앞선 음소문자, 자질문자의 우수함을 일깨울 수 있고, 언문(훈민정음)을 발명한 세종, 그 글자를 사용하는 우리 겨레가 얼마나 뛰어난 선진문화 민족인지를 알게 된다.

그동안 국어학자들은 한글 고문서 이외의 한문으로 적은 고문서가 겉으로 보기에는 한자 문헌이지만 그 속에는 우리말이 살아 있음을 잘 알면서도 쉽게 간과하였던 것이다. 이제라도 우리의 고문서를 더욱 깊이 연구하지 않으면 안 된다. 지금까지 '한글 고문서'에 대해서는 수많은 국어학자들이 수집, 연구하여 그 종류가 다양하고, 이제는 국가에서 전수조사를 하자는 주장[37)]에까지 이르렀지만, 이두문으로 쓰여진 고문서에 비하면 비교조차 할 수 없을 정도로 적은 양이다. 더욱이 한

37) 위 책 1048쪽. '한글 고문서의 전수 조사의 필요성' 참조.

글 고문서 속에서도 이두문이 섞여 있을 정도다. 다행히 『한국고문서 연구』(최승희, 1981, 지식산업사)가 개정을 거듭하며 증보판을 내고 있고, 『조선 초기 고문서 이두문 역주』(박성종, 2006, 서울대학교출판부)는 조선 태조 원년(1392)부터 연산군 5년(1499)까지 총 94건의 고문서를 총망라하여 원문, 번역과 주석, 해제까지 자세히 제시하고 있다. 이와 함께 『역주 대명률직해』(박철주, 2014, 민속원)와 같은 굵직굵직한 연구서가 나와 우리의 마음을 풍족하게 하였다.

다시 이두의 맨 처음 모습으로 돌아가 보자.

설총이 신문왕(재위 681~692)을 끌어들여 '화왕계(花王戒)'라는 글을 지으면서 시작된 이두 사용은, 고려를 거쳐 조선에까지 이어지면서 매우 요긴하게 쓰이게 된다. 이두 계통의 명칭으로 가장 오래된 것은 『제왕운기』(1287)에 보이는 '이서(吏書)'이다. 이 명칭은 사회적으로 서리 계층이 형성되면서 생겨난 것이므로 통일신라시대 이전에는 없었던 말이다. 신라시대의 차자표기 일체를 향찰이라 하고, 이두는 고려시대 이후에야 성립된 것으로 보는 견해도 있으나, 자료상으로 보면 이두문은 이미 삼국시대에 발달하기 시작하였고, 통일신라시대에는 완성 단계로 접어들어 고려시대를 흘러 조선시대의 중추적인 글쓰기로 발전함으로써 19세기 말까지 끊임없이 쓰였던 것이다.

이두문은 본래 차자표기 문자인 이두로 우리말 문법체계에 맞게 낱말을 만들어 쓴 것이고, 통일신라시대의 향찰은 고유명사, 일반명사, 그리고 토까지 두루 한자의 음과 뜻을 빌어 자유자재로 우리말을 표현함으로써 거의 완벽에 가까운 우리말 표기법을 이루었으나, 고려시대를 거치면서 점점 한자말로 된 낱말 중심으로 다시 한문이 힘을 얻게 되어 우리말이 퇴보한 것은 사실이다. 그래서 조선시대에 와서는 오히려 차자표기가 거의 토(토씨와 씨끝)에 한정되었다. 나아가 이두문이 한문의 문법과 국어의 문법이 혼합된 문체로 되고, 한문 문법이 좀더 강하게 나타나게 되었다. 하지만 그것은 전체 문장 중 내포문(內包文)에 한정된 방식이지, 전체 문장은 우리말 어순이었다. 조선의 관직, 법률, 제도, 예법 등이 거의 대다수 중국의 것들을 받아들이면서 그 용어를 그대로 한자말로 쓸 수밖에 없었던 것이다. 그럼에도 한문 어순이 아니라 우리말 어순으로 문장을 써야 관리들이나 일반 백성들이 어렵지 않게 문서 작성을 할 수 있었기에 이두문은 결코 버릴 수가 없었던 것이다.

다음 그림은 『대명률직해』 원본 자료다.

조선은 『대명률직해』라는 엄청난 분량의 대법전까지 이두문으로 짓게 되는데, 중국의 『대명률』은 1368년 명나라를 세운 주원장이 이미 한 해 앞서 1367년부터 짓기 시작하여 1374년에 완성한 법전이다.

이 법전을 태조 4년(1395)에 이두문으로 직해하여 『직해대명률』이라는 이름으로 30권 4책을 찍어냄으로써 1905년 『형법대전(刑法大全)』이 나오기까지 500년 동안 형사법의 준칙으로 삼았다. 또한 대명률을 이두로 번역하면서 문장 그대로 번역한 것이 아니라 관직명칭과 친족명칭 등 조선의 현실에 맞게 수정하였으니 엄밀히 말하면 번안하였다고 해야 옳다.[38)]

---

38) 『대명률직해』(영인본) 「대명률 해제」(정긍식·조지만, 2001, 서울대학교규장각) 27쪽 참조.

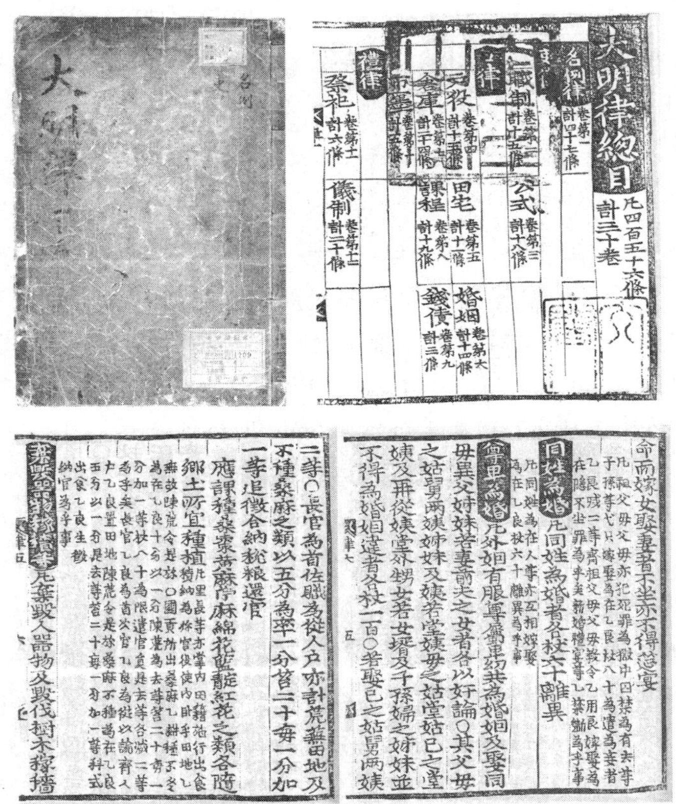

大明律總目 凡四百五十六條 計三十卷

名例律 卷第一 計四十七條

吏律 職制 卷第二 計十五條 公式 卷第三 計十八條

戶律 戶役 卷第四 計十五條 田宅 卷第五 計十一條 婚姻 卷第六 計十八條 倉庫 卷第七 計二十四條 課程 卷第八 計十九條 錢債 卷第九 計三條 市廛 卷第十 計五條

禮律 祭祀 卷第十一 計六條 儀制 卷第十二 計二十條

『대명률직해』 규장각 소장본이다. 표지, 본문 첫장, 5권 6ㄱ쪽, 6권 5ㄱ쪽이다. 내용을 읽어보면, 한문 문장이 우리말 어법 순서이고 사이에 이두가 섞여 있는 이두문이다.

이처럼 조선의 말로써 조선의 관직과 친족 이름을 살려 조선 현실에 맞게 고쳐 만든 『대명률직해』는 명실상부한 조선의 법전이다. 그런데 사실은 대명률을 이두로 번역하려는 시도는 고려 말에 이미 있었다. 1388년 고려 창왕 9월에 전법사(典法司)에서 올린 상소에 대명률을 번역하자는 논의가 나오기 때문이다. 이 상소에 따르면 대명률을 번역하기 위해 고려말(이두)과 중국어에 능통한 자를 뽑아야 한다는 내용이 있다.[39] 그것이 조선에 와서 결실을 맺은 것이다. 『대명률직해』는 참으로 엄청난 이두문의 발전이 아닐 수 없다.

> 『대명률직해』의 이두문에서 이두를 빼면 한자어의 나열이 된다. 한자어는 원문의 용어를 그대로 옮겨온 경우도 있지만, 대개는 당시 우리나라에서 보편적으로 사용되고 있는 용어로 대체하였다. 그리하여 원문에서는 한 글자로 쓰인 것이 이두문에서는 두 자 이상의 한자 숙어로 된 것이 많다. 한자 숙어는 중국어에서 온 것도 있지만 우리나라에서 만들어진 숙어도 있다. 어순은 국어와 한문의 어순이 섞였다. 이두는 국어의 조사와 어미가 주축을 이루고 명사·대명사·동사·부사들도 쓰였다. 명사는 실질 명사의 예는 드물고, '等·둘, 事·일, 所·바, 樣·양, 分·분, 第·뎨'와 같은 형식 명사가 주로 쓰였다. 동사도 조동사가 자주 쓰이고 본동사는 특수한 용어로 제한되어 있다. 실질 명사와 본동사는 행정상의 서식에서 필요한 용어들로 되어 있는데, 이들을 제외하면 이 책에 쓰인 이두는 국어의 문법 관계를 나타내는 것으로 이루어졌다고 할 수 있다.
>
> 이 책은 훈민정음이 창제되기 불과 50년 전에 쓰인 것이지만, 어법은 15세기 국어와 큰 차이를 보여주고 있다. 일례로 15세기의 부정사(否定辭) '아니'에 해당하는 말은 '不冬·안돌'과 '不喩·안디'로 나누어져 있어, '不冬'은 동사문의 부정에, '不喩'는 명사문의 부정에 쓰인 것이 그것이다. 이러한 구별은 고대 국어 문법이 보수적으로 유지되어 온 것으로 추정되는데, 조선 말기의 이두까지 계속되고 있다.[40]

『대명률직해』뿐만이 아니었다. 조선 태조 6년(1397) 12월에 조선왕

---

39) 위 책 25쪽 참조. 이 내용은 『고려사』(원문) 권제84, 34쪽의 기록임.

40) 『한국민족문화대백과사전』(한국학중앙연구원), '대명률직해'를 참조함.

조가 직접 제정한 최초의 법전인 『경제육전(經濟六典)』도 이두문이었다. 이 법전은 여말선초의 단행 법령들을 분류해서 수록한 법전인데 당시 이를 『이두육전』 또는 『방언육전』이라고도 부를 정도로 이두문의 표준이 되었던 법전이다.

세종 즉위 당시에도 이두문은 생활화된 상태였으니, 다음은 세종이 직접 내린 사패교지다.

賜　　　　　資憲大夫知中樞院事李澄石

卿矣段邊境入侵軍民擄掠殺害爲在婆猪江野人等乙都節制使崔閏
의단　　　ᄒᆞ견　　　들을

德指揮聽從同心協力有能斬獲爲乎其功可尙是乎等用良都官婢初
ᄒᆞ온　　　이온 ᄃᆞᆯ 쓰아

生年三十八龍仁接同司婢仍邑莊年十七梁山郡婢於衣加年二十六

昌原府婢菊花年三十二安城接典農寺奴小斤吾未年十八利川接同

寺婢佛明年二十一幷六口乙賜給爲臥乎事是等後所生幷以子孫傳
를　　ᄒᆞ누온 일이든　　아오로

持永永使用爲良如教宣德八年六月二十七日敬奉
ᄒᆞ아다 이샴

教旨

知申事通政大夫經筵叅贊官兼尙瑞尹修文殿直提學知製教充春秋館修撰官兼判奉常寺事知吏曹內侍茶房事臣安　[署押]

(번역)

내리노니, 자헌대부 지중추원사 이징석에게,

"경(卿)의 경우에는 변경에 침입하여 군민(軍民)을 노략하고 살해하여 있던 파저강의 야인들을 도절제사 최윤덕의 지휘에 따라 마음을 합하여 협력하고 잘한 그 공이 숭상할 만하기에 이로써 도관의 계집종 초생(나이 38)과, 용인에 거주하는 동사(同司)의 계집종 잉읍장(나이 17), 양산군의 계집종인 어의가(나이 26), 창원부의 계집종 국화(나이 30), 안성에 거주하는 전농시의 사내종 소근오미(나이 18), 이천에 거주하는 동시의 계집종 불명(나이 21) 등 모두 6구를 사급하는 일이니, 후소생과 아울러 자손에게 전하여 지녀 영구히 사용하여라." 하심(이다).

선덕 8년 6월 27일에 삼가 교지를 받듦

지신사 통정대부 경연참찬관 겸상서윤 수문전직제학 지제교 충춘추관수찬관 겸판봉상시사 지이조내시다방사 신 안 [수결][41]

'한국 고문서 자료관'(한국학중앙연구원 웹사이트)의 설명에 따르면, 세종 15년(1433) 6월 27일에 세종이 도절제사 최윤덕을 도와 여진족을 물리친 공을 칭찬하며 자헌대부 지중추원사 이징석에게 노비 6명을 내린 문서이다. 문서의 수취자인 이징석(미상~1462)은 1433년에 최윤덕의 부장인 조전절제사로 3,010인의 군사를 거느리고 올자(兀剌; 우츠. 요녕성 환인 북서쪽 동가강 옆 산이름) 등지로 향하여 파저강에 침입한 야인을 평정한 공으로 중추원사에 올랐다. 이 사패문서는 이때 받은 것으로, 날짜를 달리하여 함께 받은 교서, 고신(교지)이 현전하고 있다. 세종이 직접 말하는 것을 신하가 받아쓴 형식이다. 그 문장이 이두문이다. 임금까지 이두문으로 공문서를 작성하던 조선이었다.

이처럼 훈민정음이 창제되기 전까지 그나마 우리말 문법을 따라 한문 문장을 나누고 해석하는 데 큰 공을 세웠던 이두는, 훈민정음이 창제된 뒤에도 전혀 주눅 들지 않고 많은 글쓰기에 사용되었고, 더욱이 중앙과 지방관이 서로 주고받는 공문서와 백성들 사이에서 주고받던 사문서에도 언문은 쓰지 않고 이두문으로만 작성하였다. 조선시대 내

41) 현대어 번역, 판독 및 교감은 『조선초기 고문서 이두문 역주』(박성종, 2006, 서울대학교출판부) 22~23쪽에서 인용함.

내 이른바 '벼슬아치의 문자[吏文]'로서 자리를 굳건히 잡은 것이다.

1980년대 이래로 여말선초 시대의 고문서·고기록들이 발굴·공표됨과 동시에 이두에 관한 국어학적 연구도 활발해졌고, 특히 이른바『대명률직해』의 이두에 대한 연구도 활발해졌다. 게다가『이두읽기사전』등도 몇 가지 출간되어서 옛날의 공문서, 사문서나 기록을 독해하는 데에 커다란 도움이 되고 있다. 오늘날 이두는 죽어버린 언어로 되어 국어학의 변두리 외로운 분야로 전락된 처지이지만, 그럼에도 불구하고 이두 연구가 활발해진다는 것은 우리 국어의 어원 연구와 고대·중세어의 정확한 복원에 이바지할 계기가 된다는 점에서 매우 뜻있는 일이라 하지 않을 수 없다.

한편 이두는 단지 국어학·국어사 분야에만 한정되는 것이 아니다. 이두가 만들어진 이래 고려 말까지 모든 공·사문서가 이두 문장이었으며, 법령도 이두를 사용함은 물론 이두어(이른바 방언)가 섞인 문장 즉 한문 글자로 쓰여졌지만 우리 고유어 문장으로 제정되었었다. 조선 태조 6년 12월에 제정된 조선왕조 최초의 법전인『경제육전』은 여말선초의 단행법령을 원문 그대로를 분류해서 수록한 법전인데 당시 이를『이두육전』 또는『방언육전』이라고도 불렀는데, 10여년 후인 태종 7년에『경제육전』 중의 이두와 방언을 모두 없애거나 중국식 한문용어로 바꾸어 버렸다. 오늘날『이두육전』 또는『방언육전』의 원래의 조문이 하나도 전해 오지 않음이 매우 애석한 일이기는 하지만『대명률직해』를 비롯하여 여말선초의 공·사문서가 적잖게 발굴되고 그 독해가 시도됨으로써『이두육전』 또는『방언육전』의 모습을 근사하게 상상할 수 있도록 되어 있다. … 태조 원년(1392)부터 연산군 5년(1499)까지의 이두문서를 사패, 녹권, 조사 및 차정문서, 첩정·관·입안, 호구류, 분재문기 및 매매문기, 소지 및 점련문서, 기타 등으로 분류하여 총 94건의 문서를 수록하였는데 조선 초의 문서는 거의 망라되었다.[42]

위의 글은 최근에 고문서 이두문을 연구한 책의 서문이다.

이 글에 따르면, 조선 초기부터 '사패(賜牌)[43], 녹권(錄券)[44], 조사(朝謝)[45] 및 차정(差定)[46] 문서, 첩정(牒呈)[47]·관(關)[48]·입안(立案)[49], 호구류(戶口類)[50], 분재문기(分財文記)[51] 및 매매문기(賣買文記)[52], 소지(所志)[53] 및 점련(粘連)[54] 문서, 간찰(簡札; 편지) 등'에 이두문이 두루 쓰였다고 한다. 그 자료가 태조부터 연산군 때까지 무려 94건이나 되는데, 위 박성종(2006)은 이 문서들을 모아 번역하였다.

---

42) 박성종, 『조선초기 고문서 이두문 역주』(2006, 서울대학교출판부) 하서(賀序)에서 인용함.

43) 사패(賜牌) : 조선시대 국왕이 신하에게 토지와 노비를 내려주거나, 공이 있는 향리에게 향리의 역을 면제해줄 때에 내리는 문서.

44) 녹권(錄券) : 고려와 조선시대 공신도감(功臣都監)이 왕명을 받아 각 공신에게 발급한 공신임을 증명하는 문서.

45) 조사(朝謝) 문서 : 고려와 조선시대에, 관리가 관직에 임명되면 대간에서 해당 인물의 신분을 조사하고 행실을 살펴서 그 관직을 받을 만한 자격을 갖추고 있는지 여부를 심사하였는데, 심사에 통과하면 내리는 문서.

46) 차정(差定) 문서 : 임명하여 사무를 맡긴다는 문서.

47) 첩정(牒呈) : 조선시대 하급관아에서 상급관아에 올리는 문서.

48) 관(關) : 돈이나 곡식의 출납을 맡아보던 관청이나 지방관이 후임관에게 해유(업무 인계)를 하기 위하여 작성하는 문서.

49) 입안(立案) : 조선시대 관부(官府)에서 개인의 청원에 따라 발급하는 문서. 개인의 청원에 따라 매매·양도·결송(決訟)·입후(立後) 등의 사실을 관(官)에서 확인하고, 이를 인증해 주기 위해 발급하는 문서이다.

50) 호구류(戶口類) : 호구단자. 고려와 조선시대에, 관에서 호구장적(戶口帳籍)을 만들 때 호주가 자기 호(戶; 집)의 상황을 적어서 관에 제출한 문서.

51) 분재문기(分財文記) : 전통시대 재주(財主)가 살아있을 때에 토지·노비 등의 재산을 자녀들에게 나누어 준 문서.

52) 매매문기(賣買文記) : 매매에 관한 문기. 문기(文記)란, 고려와 조선시대에서 토지, 가옥, 노비, 어장과 같은 재산의 소유, 매매, 양도, 차용, 분급, 특정권리의 이급 등에 관해 적은 공문서이다.

53) 소지(所志) : 관부(官府)에 올리는 소장(訴狀), 청원서, 진정서 등을 통틀어 일컫는 말.

54) 점련(粘連) : 관에서 상속·매매 등과 같이 개인 간의 재산이나 권리의 변동 사실을 공증하는 입안(立案) 절차 과정에서, 관련 문서들을 풀칠하여 하나로 이어붙인 문서.

또 장세경 님의 『이두자료 읽기 사전』(2001, 한양대학교출판부)에는, 신라시대 이두자료 '남산신성비(南山新城碑)' 등 9종과, 고려시대 '개심사 석등기(開心寺石燈記)' 등 56종, 조선시대 초기(1392~1500) '대명률직해'를 비롯한 48종에서 이두 자료를 뽑았다고 하였다. 위 박성종(2006) 님이 제시한 자료와는 24종이 겹친다. 장세경 님은 이밖에도,

> 『각사등록(各司謄錄)』 91책, 『경국대전(經國大典)』, 『경북지방고문서집성』, 『고문서집성』 49책, 『광산김씨오천고문서』, 『광해조일기』 4권, 『군문등록(軍門謄錄)』, 『금계등록(禁啓謄錄)』, 『나려이두(羅麗吏讀)』, 『난중일기(亂中日記)』 11권, 『농포집(農圃集)』 6권, 『대산유집(臺山遺集)』 20권 10책, 『대전통편(大全通編)』, 『대전회통(大典會通)』, 『소수서원등록(紹修書院謄錄)』, 『심양장계(瀋陽狀啓)』, 『악장등록(樂掌謄錄)』, 『우포청등록(右捕廳謄錄)』, 『유서필지(儒胥必知)』, 『육전조례(六典條例)』, 『의금부등록(義禁府謄錄)』, 『임진장초(壬辰狀草)』, 『좌포도청등록(左捕盜廳謄錄)』.

등의 이두자료를 참조하였다고 하였다. 두 연구 자료집에서 참조한 이두 자료를 합치면 206종이나 되며, 그 분량은 수백 책이다. 또 자료의 분야도 다양하여, 국왕으로부터 노비에 이르기까지 보고, 읽고, 작성하고, 관여한 사람이 모든 계층에 고루 분포한다. 지금 서울대학교 규장각, 장서각, 국사편찬위원회 등 국가 기관의 박물관과 도서관에는 엄청난 양의 고문서가 전해오고 있다. 오히려 이들 중 한문(고문) 형식의 문서는 극히 소량에 불과하다.

특히 고문서의 창고라고 할 수 있는 『각사등록』은 조선 사회 이두문의 현주소를 보여준다. 국사편찬위원회에서 정리한 각사등록 필사본은 모두 813종 3,482책인데, 오늘날 전하는 자료는 선조 10년(1577)부터 1910년 대한제국까지의 자료뿐이라고 한다. 이를 근거로 하여 임진

왜란 이전까지 거슬러 올라가서 『대명률직해』를 편찬했던 조선 초기부터 조선 말까지 각 지방관서에서 주고받았던 공사문서를 모두 계산한다면 가히 엄청난 양의 고문서가 이두문으로 작성되어 통용되었음을 알 수 있다.

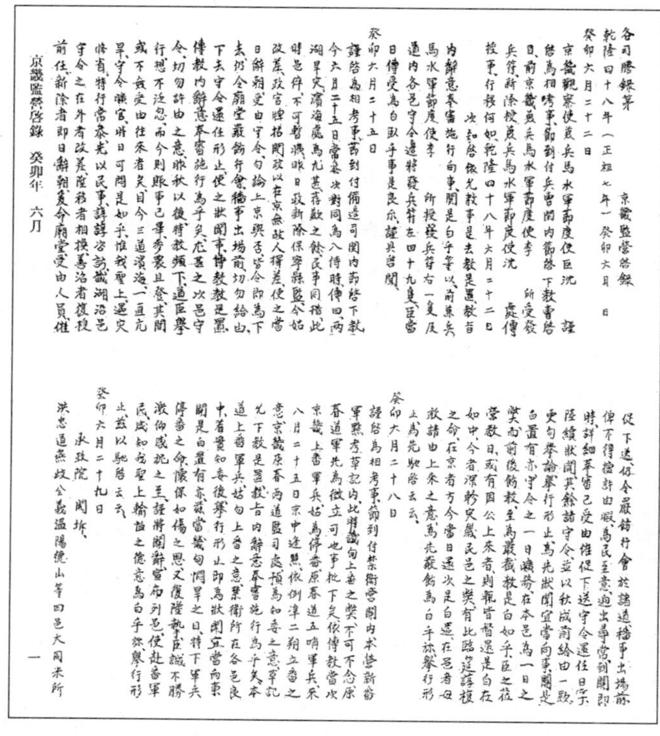

各司謄錄草

乾隆四十八年(正祖七年) 癸卯六月二十二日

京畿監營啓錄 癸卯年 六月

『각사등록(各司謄錄)』 '경기도편'(세종대왕기념사업회 국역본 영인, 2004). 이 문헌은 조선시대 지방관청에서 작성하여 주고받았던 문서들을 전부 모아 국사편찬위원회가 1981년부터 같은 글자 크기로 필사하여, 편집 간행한 책이다. 그 원자료의 각사 등록은 모두 813종 3,482책이다. 오늘날 전하는 각사등록은 선조 10년(1577)부터 1910년 대한제국까지의 자료만 남아 전한다.

위 그림은 『각사등록』(국사편찬위원회) 제1권 첫 장이다. '경기감영계록'인데 정조 7년(1783) 6월에 기록된 공문서다.

各司謄錄 第　　　　　　　　京畿監營啓錄

乾隆四十八年(正祖七年) 癸卯六月 日

癸卯六月二十二日

京畿觀察使 兼兵馬水軍節度使 臣沈 謹啓爲相考事。節到付 兵曹 關內 "節啓下 敎曹啓目, '前 京畿 兼兵馬水軍節度使 李 所受發兵符, 新除授 兼兵馬水軍節度使 沈 處傳授事, 行移 何如?' 乾隆四十八年六月二十二日 次知 啓依允敎事是去敎是置。敎旨內辭意, 奉審施行向事"關是白乎等以 前兼兵馬水軍節度使李 所授發兵符右一隻及道內各邑守令邊將發兵符左四十九隻, 臣當日傳受爲白臥乎事是良尒, 謹具啓聞。

각사등록 제1　　　　　　　　경기도 감영 장계 등록

정조 7년(1783) 6월 22일

경기 관찰사 겸 병마수군절도사 신 심이지(沈頤之)는 삼가 상고(相考)한 일을 아룁니다. 이번에 도착한 병조의 관문(關文)은 "이번에 계하한 병조의 계목에 '전(前) 경기 겸 병마수군절도사 이형규(李亨逵)가 받은 발병부(發兵符)를 새로 제수한 겸 병마수군절도사 심이지에게 전하여 준 일로 행문 이첩(行文移牒)하는 것이 어떻겠습니까?' 하였다. 건륭 48년(정조 7, 1783) 6월 22일 승지(○○○)가 담당하였는데, 그대로 윤허한다고 계하하였다. 교지에 담긴 뜻을 받들어 살펴 시행하라." 하는 관문이었습니다. 그러므로 전 겸 병마수군절도사 이형규가 준 발병부 오른쪽 1짝[隻]과 도내 각 고을 수령과 변장(邊將)의 발병부 왼쪽 49짝을 신이 당일 전하여 받았으므로 삼가 갖추어 아룁니다.

위의 내용은 『각사등록』 제1권(세종대왕기념사업회 국역본) 첫 기록이다. 전체 문장이 이두문이어서, 한문으로 관직과 제도 용어를 이어붙여 우리말 순서대로 읽으면 쉽게 읽힌다. 그리고 밑줄 그은 부분은 이두이므로 한자식으로 읽으면 안 된다. 이렇게 조선의 공문서는 어려운 한문(고문) 문장이 아니었다. 다만 '謹啓爲相考事(삼가 상고한 일을 아룁니다)'와 같이 의례적으로 쓰던 문장이 부분적으로 한문 문장 순서를 따랐지만 전체 문장 속에서 간단한 내포문 정도일 뿐이다.

또 다른 자료로는, 『심양일기(瀋陽日記)』[55]와 『심양장계(瀋陽狀啓)』[56]가 있다. 소현세자는 1637년 정월에 인조가 삼전도(三田渡)에서 청나라에 항복한 뒤 화약(和約)의 조건으로 2월 8일에 조선을 출발, 4월에 청나라 수도 심양에 도착한 뒤 5월 7일부터 새로 완성된 심양관(瀋陽館)에 머물렀다. 끌려간 일행은 소현세자 부부 외에 동생인 봉림대군 부부, 시강원 관리를 중심으로 한 수행 신하 등으로서, 수종을 포함하면 모두 300명이 넘었다. 청나라는 심양관을 조선 정부를 대리하는 현지 기관으로 취급하고 조선에 대한 연락과 통보를 비롯해 거의 모든 교섭을 그곳을 상대로 하였다. 이에 대해 심양관에서는 일의 크고 작음을 막론하고 승정원에 장계를 보내어 본국 정부의 지휘를 받고, 때로는 평안감사나 의주부윤에게 세자가 임시 조처를 명하기도 하였다.

세자 일행은 그 뒤 1644년 청의 천도에 따라 9월 연경으로 옮겼으나, 중원을 제패해 조선과 명에 자신을 가지게 된 청은 바로 그들을 풀어 주어 그 해 11월에 귀국하였다.[57] 이때 심양에서 세자시강원 신하들이 쓴 일기가 『심양일기』이고, 그들이 본국에 올린 장계를 모아

---

55) 번역본으로는 『역주 소현심양일기』 1~4(김종수 등, 2008, 민속원)가 있다.

56) 『국역 심양장계』(영인 포함)(정연탁, 1999~2000, 세종대왕기념사업회)와 『심양장계』(국역본)(정하영·박재금·김경미·조혜란·김수경·남은경, 2008, (주)창비)가 대표적인 번역책이다.

57) 『심양일기』와 『심양장계』에 대한 내용은 『한국민족문화대백과사전』(한국학중앙연구원)에서 인용하였음.

놓은 책이 『심양장계』다. 장계의 내용은 인조 15년(1637) 2월 19일의 것을 시작으로 인조 21년(1643) 12월 15일까지의 장계가 수록되어 있다. 이 자료 역시 고문서의 일종으로서, 이두문의 보고로 알려져 있다. 중국에 끌려가 살면서도 중국어와 한문 문장이 아니라, 비록 훈민정음(언문)은 아니었으나 우리말을 잊지 않고 우리말 어순의 이두문으로 일기를 썼다는 것이다.

이러한 자료를 통해서 우리는 조선 사회의 문자생활에 대해 많은 사실을 알게 되는데, 조선시대의 모든 문헌이 실록이나 문집처럼 한문(고문) 양식으로만 기록된 것이 아니었다. 그 사이에는 조선 시대 내내 조선 사회 전반에 걸쳐 이어온 공문서, 사문서의 기록 방식인 이두문이 광범위하게 자리를 차지하고 있었다. 한문이나 구결문, 이두문은 이미 조선 이전에 삼국시대부터 이어온 기나긴 문자생활의 전통 양식이었고, 조선에 와서 매우 발전된 모습을 보여주었던 것이다.

조선 창업 후 나라의 기틀을 세우기 위해 다양한 책을 만들고 기록해야 했던 관료들과 지식인들에게 한문 글쓰기 방식만으로는 감당해 낼 수 없을 만큼 질적, 양적으로 지식은 쌓여 있었고, 한문(고문) 글쓰기는 엄청난 시간과 비용이 들었다. 또 한자, 한문을 모든 백성들에게 가르칠 교육 시설과 교재도 많지 않았고, 그렇게 한문 문장법을 가르칠 인재도 많지 않았다. 주로 서당에서 사서삼경이나 소학 등 틀에 박힌 중국책을 읽히는 방법뿐이었다. 이와는 달리 이두문은 까다로운 한문 작문법을 몰라도 서당에서 배운 한자만으로도 누구나 쉽게 쓸 수가 있었다. 우리말식으로 말하듯 글자를 이어붙이면 문장이 되었고 그 사이사이에 토씨나 어미를 이두로 쓰면 되었다. 오히려 이두문은 법전에서까지 사용함으로써 조선의 공식 글쓰기 방식으로 자리매김되었다고 해도 지나친 말이 아니다.

그러한 가운데 이두문은 사용자가 다양해졌고, 이두 문자에 대한 교육도 일반화된 상태였다. 물론 한문 문장 글쓰기와 충돌되기도 했지만 그 용도와 사용 계층이 뚜렷했고 일상에서 반드시 써야 했기 때문에 계속 이어질 수밖에 없었다. 유교 경전을 비롯한 중국의 서적들은 문어체 한문 문장으로 이루어졌기 때문에, 임금과 사관, 학자들의 기본 글쓰기는 한문 작문법을 버릴 수가 없었지만, 관리들과 백성들이 일상에서 접하는 공무상 쓸 수밖에 없었던 이두문은 오히려 양식화된 문서 작문법으로 일반화된 상태였다. 이두문은 세종 당시에도 항상 행정업무에서 쓰고 있었고, 그래서 언문 창제를 반대하던 최만리 등 집현전 학사들도 이두면 족하다고 한 것이다. 세종의 깊은 뜻을 전혀 이해하지 못할 만큼 이두는 생활에 깊이 녹아 있었던 것이다. 세종과 최만리 등이 언쟁을 벌인 것 가운데서도 이두문을 놓고 많은 의견을 주고받는다. 최만리 등의 상소는 '이두 예찬론'이라 해도 지나친 말이 아니다. 그만큼 이두문 글쓰기는 일상화되어 있었고, 굳이 새로운 문자를 만든 임금이 쓸모없는 짓으로 나라를 망친다고 생각될 만큼 현실에 안착되어 있었음을 알 수 있다.

이와 같이 이두문의 왕성한 활약이 이미 중국의 한문 문장 작성을 뛰어넘어 조선 사회에 만연되어 있었고, 전통적인 한문 작문법과는 많은 거리감이 생겨 느슨해진 시대적 상황은 우리말에 맞는 '문자 창제'의 도화선이 아닐 수 없었다. 그러나 최만리 등의 말처럼 오히려 새로운 문자 언문의 반포를 방해한 것이 한문이 아니라 이두문이었다는 사실에 당황하지 않을 수 없다. 이것이 우려에 그쳤으면 다행이었겠으나 결국 조선왕조가 끝날 때까지 이두문의 극성은 오히려 언문의 발전을 가로막고 한 발짝도 앞으로 나아가지 못하게 하였던 것이다. 그러는 동안 세종이 바라던 바람, 아름다운 우리말을 살려 누구든지 쉽게 배우고 익혀 날마다 쓸 수 있기를 바랐던 그 뜻은 처참히 짓밟혔고 나라는 망하였다. 개화기 주시경 선생은 '말과 글이 오르면 나라가 오르고 말글이 짓밟히면 나라도 짓밟힌다'라고 외치며 우리말과 한글을 연구하고 가르쳤다. 그러나 이두문을 쓰던 버릇은 오늘날까지 그 잔재가 남아 국한문 혼용이라는 새로운 이름으로 활개를 치고 있고, 한글과 한자의 싸움은 오늘도 계속되고 있다. 세계에서 가장 과학적이고 문명적인 글자를 가졌음에도 아직도 '바담풍' 하는 사람이 있다.

다음 장에서 살펴보겠지만 조선 사회에서 글쓰기 방식은 이것뿐이 아니었다. 사대 외교의 상대국인 중국의 말과 외교문서의 한이문 작문법이 또 있었다. 약소국인 조선의 안위를 위해 가장 중차대한 글쓰기가 바로 중국어 회화와 사대외교문서(한이문) 작성인데, 이들 또한 한문과 이두문 글쓰기와는 전혀 다른 방식이었다. 물론 중국어와 외교문서의 사용자는 극히 제한적이었으나 그 중요성으로 본다면 국가적으로 어떤 글쓰기보다 중요하고 절박한 과제였다. 오늘날 우리 사회에서 초, 중, 고 학생들이 힘겨워하는 영어 교육과도 같았다. 실생활에서는 그다지 필요하지 않음에도 영어는 학교 교육의 그 어떤 과목보다 중시하면서 학습 시간을 많이 차지하고 있듯이, 조선의 한자 교육도 한문(고문) 작성, 이두문 작성, 외교문서 작성, 중국어 회화 등을 위하여 한평생 한자 공부를 해야 했으므로 조선 사회 전반에 걸쳐 한자의 필요성은 더욱 강화되었다.

세종이 제아무리 박식하고 지혜롭다 해도 이러한 다양한 글쓰기 방식으로는 백성들을 통치하고 가르치고 소통하기 버거웠다. 아니 그 모두를 아우르는 해결책을 생각하지 않을 수 없는 벼랑 끝까지 와 있었다. 적어도 세종의 눈에는 그렇게 보였을 것이다. 세종은 『삼강행실도』를 반포할 때 그런 고민을 말한 적이 있다. 고통스럽고 혼란스러운 문자생활을 끝낼 수는 없을까? 어떻게 하면 쉽게 배우고 가르칠 수 있을까? 어떻게 하면 이러한 혼란을 일거에 해결하고 통합된 문자생활을 할 수 있을까? 그 고민의 산물이 '언문 창제'였다. 그런 고민을 언제부터 하기 시작했는지는 알 수 없으나, 그런 고민 없이 문자 창제라는 엄청난 일을 해낼 수는 없는 일이다. 또 언문은 실제로 이 혼란한 문자생활을 충분히 해결할 수 있는 문자였다. 그 실례를 세종은 얼마든지 보여 줄 수 있었다. '훈민정음의 예의(例義)와 해례(解例), 훈민정음 언해, 용비어천가, 월인천강지곡, 과거시험 과목, 언문 공문서 작성, 한자음의 발음표기, 궁중음악의 가사, 중국어 학습교재, 사서삼경의 언해, 불경의 언해 등'을 통해서 세종과 수양, 집현전학사들은 세종이 만든 글자를 활용해서 얼마든지 생활의 편리함을 보여주었다. 최만리 등이 언문 창제를 반대할 때 세종은 그러한 고민을 토로한다.

최만리의 말 — 이두는 시행한 지 수천 년이나 되어 부서(簿書; 장부와 문서)나 기회(期會; 회계 기록) 등의 일에 방애됨이 없사온데, 어찌 예로부터 시행하던 폐단 없는 글을 고쳐서 따로 야비하고 상스러운 무익한 글자를 창제하시나이까?

세종의 말 — 너희들이 이르기를, '음(音)을 사용하고 글자를 합한 것이 모두 옛 글에 위반된다.' 하였는데, 설총의 이두도 역시 한자와 음이 다르지 않으냐? 또 이두를 제작한 본뜻이 백성을 편리하게 하려 함이 아니었겠느냐? 만일 그것이 백성을 편리하게 한 것이라면 이 언문도 백성을 편리하게 하려 한 것인데, 너희들이 설총은 옳다 하면서 임금이 하는 일은 그르다 하는 것은 무슨 까닭이냐? 또 너희들이 운서(韻書)를 아느냐? 사성 칠음(四聲七音)에 자모(字母)가 몇이나 되는지를 아느냐? 만일 내가 그 운서를 바로잡지 아니하면 누가 이를 바로잡을

것이냐?(세종 26(1444)/2/20)

최만리 등은 그저 한자와 이두만 있으면 충분하다고 한다. 최만리들의 '야비하고 상스러운 문자'는 사대주의와 한문지상주의로 굳어진 생각에서 나온 말이다. 일반 백성들의 대화는 야비하고 상스러운 것인데 그런 것을 위해 왜 임금이 시간을 허비하느냐는 것이고, 그런 말을 담기 위해 문자를 만든다는 것은 철없는 짓이고 쓸모없는 짓이라는 말이다. 거기에 비해 세종의 생각은 온통 백성에게 가 있다. 거시적이고 언어학자적이고 역사를 꿰뚫는 통 큰 안목을 가지고 있다. 그의 성운학적 지식은 이미 그의 기억장치 속에 차고 넘쳐났다. 세종은 이미 오래전부터 운서(韻書)와 사서(史書)들을 수없이 많이 읽었고, 훈민정음을 창제하고는 당당히 집현전학사들에게 '나보다 사성칠음과 자모에 대해 더 잘 아는 자가 있으면 나와보라. 내가 아니면 그것들을 바로잡을 자가 아무도 없다.'라고 자신 있게 말하고 있다. 이 상소 사건 이후 집현전학사들에게 언문에 대하여 해례본을 작성케 하면서 세종은 이미 새로운 글자로 글을 짓도록 한 바 있다. 바로 『용비어천가』(1445)와 『석보상절』(1447)이 그것이다. '용비어천가'는 물론이고, 1446년 3월 24일 소헌왕후가 죽자 아들 수양에게 짓게 한 '석보상절'은 1446년 9월 반포 이전에 이미 언문으로 글쓰기를 실행에 옮긴 책이다.

비록 서리(胥吏)나 노비의 무리에 이르기까지라도 반드시 익히려 하면, 먼저 몇 가지 글을 읽어서 대강 한자를 알게 된 연후라야 이두를 쓰게 되옵는데, 이두를 쓰는 자는 모름지기 한자에 의거하여야 능히 의사를 통하게 되기 때문에 이두로 인하여 문자를 알게 되는 자가 자못 많사오니, 또한 학문을 흥기시키는 데에 큰 도움이 되었습니다.(최만리 등의 상소. 세종 26(1444)/2/20)

이러한 최만리 등의 이두 예찬론은 '훈민정음'을 보급하고 많은 책을 펴냈음에도 더 이상 언문이 조선의 글자로 우뚝 서지 못하고 밀려나게 하였다. 세종 이후 조선 중기나 후기에는 언문이 있었는데도 각 계층간의 이두식 글쓰기 방식은 좀처럼 쉽게 사라지지 않았다. 그만큼 한자만이 '문자'라는 사대주의가 언문의 편리함마저 깨닫지 못하게 하였고, 그래서 유교 경전으로 과거를 보던 양반들처럼 한문 문장을 잘 쓰지는 못해도, 한자로 이두문을 써서 공문서와 사문서를 작성하여 어려움 없이 관공서를 드나들 수 있었던 조선의 백성들에게 이두문은 필수 작문법이었고, 심지어는 대서(代書), 대필(代筆)을 업으로 삼는 사람까지 있었다고 한다.

세종이 쉽고 편리한 문자를 만들었지만 이미 백성들은 그 이전 천 년이라는 세월 동안 우리말식으로 이두문을 써오면서 큰 불편이 없었기 때문에, 언문이 그런 이두문을 갈아치울 만큼 영향을 주지는 못하였다. 오히려 한문(고문) 문장이 중국 글 쓰기라면 이두문 문장은 조선 글 쓰기라는 인식이 강하게 작용한 것이다. 서양이 천년 동안 라틴어와 로마자만 쓰다가 로마가 망하자 라틴말은 쓰지 않고 자국말 쓰기로 애써 바꾸었지만, 로마자를 버리지는 못한 것처럼, 동양 여러 나라는 중국의 영향력 아래 있으면서 중국어를 배우고 한자를 썼지만 제 나라 말만은 살려 쓰려고 애를 쓴 것이다. 하지만 표의문자인 한자의 불편함은 이루 말할 수 없이 컸다. 그런 불편함에도 불구하고 관리들의 문서쓰기에 맞추어야 했던 힘없는 백성들의 고충은 이루 말할 수 없었다. 언문이 확산되어 공공기관의 행정업무를 언문으로 할 수 있는 데까지 나아가지 못했던 이유가 바로 이두(문)의 굳건한 자리매김 때문이었던 것이다. 이두문으로 공문서와 사문서를 작성하면서 형식, 내용, 용어 따위가 이미 정례화된 상태였고, 그나마 한자로 문서를 작성해야 문서 취급을 받았던 당시 사대모화사상의 권위가 엄중했던 것도 원인이라고 할 수 있다. 그런 제도(시스템) 안에서 그것을 깨고 감히 언문으로 문서를 작성하는 것을 정례화시키기란 달걀로 바위 치기처럼 힘든 일이었다. 사대부 양반들의 세상이었던 조선이라는 봉건 신분사회 속에서 감히 누가 나서서 그것을 깰 수 있었겠는가?

최만리 등이 언문 창제를 반대하는 상소에서 가장 크게 내세운 것이 이두의 편리함이었다. 그들은 상소의 2/3 이상을 이두에 관해 말하고 있다. 상소를 간략히 정리하면 이렇다.

1. 언문 창제는 사대 모화에 부끄러운 짓이다.
2. 따로 문자를 만드는 것은 오랑캐들이나 하는 짓이다.
3. 이두는 학문을 흥기시키는 데에 도움이 된다.
4. 이두는 시행한 지 수천 년이나 되어 부서(簿書; 장부와 문서)나 기회(期會; 회계 기한) 등의 일에 방애됨이 없다.
5. 관리된 자가 언문만을 습득하면 한문을 돌보지 않을 것이다.
6. 죄수가 이두를 해득하여도 매를 견디지 못하여 그릇 항복하는 자가 많으니, 글 뜻을 알지 못하여 원통함을 당하는 것이 아니다.
7. 문무 백관과 의논하지 않고 이배(吏輩) 10여 인을 가르쳐 익히게 하며, 급하게 반포하는 것은 잘못이다.
8. 동궁(東宮)의 학업에 손실을 준다.

조선 후기에 가면, 이 이두문에 중국 한자가 아닌 새로운 한자를 만들어 쓰기도 하였는데, 이것은 구결의 현토 글자와 이두 표기에 쓰인 차용표기 한자와도 구별되는 새로운 글자들이다. 김종훈(2014)에서는 이를 '고유한자(固有漢字)'라고 하였고, 여기에는 340자(국자 170자, 국음자 50자, 국의자 120자)와 고유한자어 1,100여 말이 있다고 하였다. 중국에는 없는 한자다. 물론 언문 창제 이후에 생긴 고유한자이긴 하지만, 그런 한자 340개 중에서는 독특한 글자도 나타났다.

ㄱ — 걱([illegible]), 각([illegible]), 둑([illegible]), 억([illegible]), 작([illegible]) - 이는 훈민정음 창제 이후에 형성된 것으로, 주로 노비 이름에 쓰인 것들이다.

ㄴ — 둔([illegible]) - 고문서에서 찾아볼 수 있는 것으로 노비명에 사용되었다.

ㅂ — 곱([illegible]), 삽([illegible]) - 주로 노비명에 쓰인 것이다.

ㅅ — 갓([illegible]), 갯([illegible]), 곳([illegible]), 곳([illegible]), 굿([illegible]), 끝([illegible]), 늣([illegible]), 돗([illegible]), 똥([illegible]), 둣([illegible]), 뿐([illegible], [illegible]), 씨([illegible]), 엿([illegible]), 잣([illegible]), 엇([illegible]), 줏([illegible]), 짓([illegible]), 팟([illegible]) - 인명 표기에 쓰인 것이다.

ㄹ — 돌(乭), 갈(乫), 갈([illegible]), 골([illegible]), 골([illegible]), 굴([illegible]), 길([illegible]), 놀([illegible]), 놀(㐘), 돌(乭), 돌([illegible]), 둘([illegible]), 둘([illegible]), 둘([illegible]), 몰([illegible]), 볼(乶), 불([illegible]), 빌([illegible]), 살(乷), 쌀([illegible]), 설([illegible]), 솔(乺), 얼(乻), 올([illegible]), 울([illegible]), 율([illegible]), 율([illegible]), 잘(乽), 절([illegible]), 절([illegible]), 졸([illegible]), 졸([illegible]), 줄(乼), 톨([illegible]) - '을(乙)' 자가 'ㄹ'과 닮아서 ㄹ처럼 쓰였다.

ㅁ — 놈([illegible]), 얌([illegible]), 감([illegible]).

ㅇ — 둥([illegible]).[58]

한자와 언문의 짜깁기 문자이다.

이들 고유한자를 자세히 보면 한자에다가 언문 'ㄱ, ㄴ, ㄹ, ㅁ, ㅇ' 따위를 붙여서 새로운 한자를 만들었다. 한자와 한글의 결합인 것이다. 도대체 왜 이렇게까지 하면서 한문을 고집했나싶다. 언문으로 그냥 '각'하면 될 것을 왜 굳이 '[illegible]'이란 글자를 만들어 썼을까 의아해 하겠지만, 한문으로만 문장을 만들어야 하는 공문서의 이두문에는 언문을 끼워 적을 수가 없었다. 이두문에는 아무리 우리말 방식으로 글을 썼

58) 김종훈 『한국 고유한자 연구』(2014, 보고사) 130~157쪽에서 뽑아 정리함.

을지언정 한자만 써야 했고 언문은 쓸 수가 없었다. 특히 노비들에게도 한문식 글쓰기를 강요한 흔적이다. 이와 반대로 '언간(諺簡; 언문 편지)'에는 절대 한자를 섞어 쓰지 않았다. 아마도 불문율처럼 통용되던 문자생활의 규칙이 아니었나 싶다.

최세진은 중종 때 사람으로, 그가 지은 『훈몽자회』(1527)는 우리말의 체계를 세운 책으로 많은 사람들이 알고 있다. 그러나 이 책은 한자 학습을 위한 교재였다. 어린 아이들에게 한자를 가르치기 위하여 한자 3,360자의 뜻과 음을 언문으로 달아놓았다. 『천자문』과 같은 성격의 책이다. 특히 이 책 범례에는 '언문 자모(諺文字母)【사람들이 이른바 반절이라 하는데 스물일곱 글자다.[俗所謂反切二十七字]】'라는 말과 함께, '초성과 종성에 두루 쓰이는 여덟 글자(初聲終聲通用八字)'의 이름을 제시하였다.

ㄱ기역, ㄴ니은, ㄷ디귿, ㄹ리을, ㅁ미음, ㅂ비읍, ㅅ시옷, ㆁ이응.
말(末)과 의(衣) 두 글자는 다만 기본 글자의 뜻을 취하여 우리말의 소리를 삼았다.
기, 니, 디, 리, 미, 비, 시, 이 여덟 소리는 초성에 쓰는 것이고,
역, 은, 귿, 을, 음, 읍, 옷, 응 여덟 소리는 종성에 쓰는 것이다.
ㄱ其役ㄴ尼隱ㄷ池(末)ㄹ梨乙ㅁ眉音ㅂ非邑ㅅ時(衣)ㆁ異凝
(末)(衣)兩字只取本字之釋俚語爲聲
其尼池梨眉非時異八音用於初聲
役隱(末)乙音邑(衣)凝八音用於終聲[59)]

위의 내용처럼 언문 낱자의 이름을 규정하고 그 순서를 정해 놓은 것은, 글자의 차례가 『훈민정음』 해례본과는 전혀 다른 순서지만 오늘

59) 최세진 『훈몽자회』(예산본) 범례 2쪽에서 인용함.

날 현행 맞춤법에 이르기까지 그것을 따르고 있다는 점에서 우리에게 매우 큰 영향을 준 책임에 틀림없다. 그런데 오늘날 맞춤법에서 규정하고 있는 낱자 이름이 모두 위와 같은 것은 아니었다. 위에서 인용한 내용 바로 뒤에 이어진 말을 보자.

> 초성에만 쓰는 여덟 글자
> ㅋ키, ㅌ티, ㅍ피, ㅈ지, ㅊ치, ㅿ싀, ㅇ이, ㅎ히.
> 기(箕) 자 또한 본 글자의 뜻풀이를 우리말의 소리로 사용한다.
> 중성에만 쓰는 열한 글자
> ㅏ아, ㅑ야, ㅓ어, ㅕ여, ㅗ오, ㅛ요, ㅜ우, ㅠ유, ㅡ응【종성은 쓰지 않는다.】, ㅣ리【중성만 쓴다.】, ㆍᄉᆞ【초성은 쓰지 않는다.】
> 初聲獨用八字
> ㅋ(箕)ㅌ治ㅍ皮ㅈ之ㅊ齒ㅿ而ㅇ伊ㅎ屎
> (箕)字亦取本字之釋俚語爲聲
> 中聲獨用十一字
> ㅏ阿ㅑ也ㅓ於ㅕ余ㅗ吾ㅛ要ㅜ牛ㅠ由ㅡ應【不用終聲】ㅣ伊【只用中聲】ㆍ思【不用初聲】[60)]

초성에만 쓰는 글자라고 말한 ‘ㅋ, ㅌ, ㅍ, ㅈ, ㅊ, ㅿ, ㅇ, ㅎ’는 각각 ‘키, 티, 피, 지, 치, ᅀᅵ, 이, 히’라고만 하여 중성 ‘아, 야, 어, 여, 오, 요, 우, 유, 으, 이’와 같은 형태로 규정하였을 뿐, 오늘날 ‘키윽, 티읕, 피읖, 지읒, 이응, 히읗’과도 다르게 규정하였다. 즉 오늘날 현행 맞춤법은 앞의 ‘기역, 니은, 디귿, 리을, 미음, 비읍, 시옷, 이응’을 따라 같은 형태로 새롭게 임의로 더한 것이다.

그런데 여기서 주목하고자 하는 것은, 그 명명(命名)한 낱자의 이름

60) 최세진 『훈몽자회』(예산본) 범례 2~3쪽에서 인용함.

이 이두라는 사실이다. '其役, 尼隱, 池(末), 梨乙, 眉音, 非邑, 時(衣), 異凝, (箕), 治, 皮, 之, 齒, 而, 伊, 屎, 阿, 也, 於, 余, 吾, 要, 牛, 由, 應, 伊, 思'이 모두 이두식 표기이다. 이미 『훈민정음』이 간행된 지 80년이 지났는데도 언문 쓰는 일이 이렇게 서툴렀다. 만약 이 말들을 쉽게 언문으로 쓸 생각만 있었다면, 이 풀이는 '기윽, 니은, 디읃, 리을, 미음, 비읍, 시읏, 이으ᇰ, 키읔, 티읕, 피읖, 지읒, 치읓, 이응, 히읗, 아, 야, 어, 여, 오, 요, 우, 유, 으, 이, ᄋᆞ'라고 언문으로 표기했을 것이다. 그러나 굳이 이두식 한자로 쓴 것은, 이 또한 이두문을 사용하여 말을 짓는 습관 때문이라 하지 않을 수 없다. 이두문에 젖어 언문으로 쓸 일도 잊은 것이다. 『훈몽자회』 범례 끝에는 최세진이 언문으로 글을 쓰기도 하고, 본문에 가서는 한자의 뜻과 소리를 언문으로 표기하였으면서도, 굳이 앞에서는 이두식으로 글자의 명칭을 쓸 필요가 있었을까? 이 책이 아이들에게 한자를 가르치기 위한 책인 만큼 언문에 대한 배려는 미처 생각지 못한 것이다. 철저히 한문 중심의 생각으로 이 책을 썼음을 알 수 있다.

이러한 사실들로 볼 때, 최세진은 『훈민정음』 책을 보지 못하였고, 그런 책이 있다는 사실조차 몰랐던 것이 분명하다. 만약 그가 『훈민정음』이란 책을 보거나 들었다면, 최소한 서문이나 발문에 '훈민정음'이란 말을 언급했어야 옳다. 요즘처럼 조선왕조실록을 본다는 것은 꿈도 못 꾸던 시대였으니 실록의 기록은 보지 못하였을지언정, 적어도 세종께서 언문을 창제하여 해설한 책을 보았다면 먼저 『훈민정음』에 기록된 낱자의 순서를 제시하였을 것이고, 그와 다른 견해를 갖는다는 본인의 주장을 펼친 연후에 이름을 규정해도 늦지 않다는 것이다. 또한 낱자의 이름을 언문으로 표기하면 아주 쉬울 것을, 굳이 없는 한자(末, 衣 따위)를 쓰고, 그 밑에 '이 글자는 뜻으로 읽어야 한다'는 설명까지

하면서 이두식 표기를 할 까닭이 없다. '其役'도 '기읙'이라는 한자가 없으니 비슷한 '기역'을 쓴 것이다.

최세진은 당시 중국에서 오랫동안 유학을 하고 돌아와 한어(漢語)와 이문(吏文; 한이문)에 아주 박식한 당대 학자였다. 그는 중국 본토에서 배워온 중국말과 중국 이문을 가지고 수많은 학습서를 직접 간행하였다.

1) 노걸대(老乞大). 중종 12년(1517) 이전. 언문으로 번역한 한어 학습서(번역노걸대).
2) 박통사(朴通事). 중종 12년(1517) 이전. 언문으로 번역한 한어 학습서(번역박통사).
3) 노박집람(老朴集覽). 중종 12년(1517) 이전. 노걸대와 박통사의 어휘 모음, 학습서. 한문으로 풀이하였으나 어려운 것은 언문으로도 풀었다.
4) 사성통해(四聲通解). 중종 12년(1517). 사성통고의 체재를 따라 한어 운(韻)을 언문으로 표기한 운서.
5) 친영의주언해(親迎儀註諺解). 중종 19년(1524). 친영의식을 언해한 예법서.
6) 책빈의주언해(冊嬪儀註諺解). 중종 19년(1524). 비(妃)와 빈(嬪)의 책봉의식을 언해한 예법서.
7) 훈몽자회(訓蒙字會). 중종 22년(1527). 아이들 한자 학습서.
8) 번역여훈(飜譯女訓). 중종 27년(1532). 『여훈』을 번역한 수신서.
9) 운회옥편(韻會玉篇). 중종 32년(1537). 『고금운회』의 한자들을 주제별로 묶은 옥편. 한자의 풀이는 없고 운자만 기록함.
10) 소학편몽(小學便蒙). 중종 32년(1537). 『소학』을 간추린 수신서.
11) 이문집람(吏文輯覽). 중종 34년(1539). 중국과의 외교문서에서 어려운 용어를 골라 풀이한 한이문 참고서.
12) 언해효경(諺解孝經). 중종 34년(1539). 전하지 않음.

뿐만 아니라, 『사성통해』에서도 알 수 있듯이 중국의 중앙 표준음, 속음, 음운(사성) 등에도 박식하여 중국에서 사신이 올 때마다 통역을 담당하여 중종의 신임을 받았다. 이만한 학자가 훈민정음을 언급하지 않았다는 것은 『훈민정음』을 보지 못했다는 것이고, 당시 최세진과 접촉하던 주변 사람들도 『훈민정음』에 대한 지식이 없었음을 말해 준다.

4) 언문

넷째는, 언문(諺文)이다. 세종은 1443년 12월 30일에 당당하게 나랏글로서 새로운 글자를 창제하였다. 아니 그날은 이미 수년 동안 창제작업을 거쳐 언문의 모양과 쓰임 등을 완성한 뒤 신하들에게 그것을 밝힌 날이다. 오늘날 훈민정음의 창제 과정을 추적하면서 학자들이 확신을 가지는 것은, 세종이 새로운 글자를 창제하기 위해 얼마나 많은 책을 읽었으며 얼마나 깊게 말과 글을 탐구하였는가 하는 것이다. 그것은 어떤 목표 의식, 목적의식이 없이는 감히 해낼 수 없는 지난한 일이기 때문이다.

> 법률의 조문이란 것이 한문과 이두로 복잡하게 쓰여 있어서 비록 문신(文臣)이라 하더라도 모두 알기가 어려운데, 하물며 법률을 배우는 생도이겠는가? 이제부터는 문신 중에 정통한 자를 가려서 따로 훈도관을 두어 『당률소의』, 『지정조격』, 『대명률』 등의 글을 강습시키는 것이 옳을 것이니, 이조로 하여금 정부에 의논하도록 하라.
>
> 而律文雜以漢吏之文 雖文臣 難以悉知 況律學生徒乎 自今擇文臣之精通者 別置訓導官 如唐律疏義 至正條格 大明律等書 講習可也 其令吏曹議諸政府(세종 8(1426)/10/27)

앞에서 말했듯이, 당시에는 이미 태조 때에 편찬한 『대명률직해』를 비롯한 법전들이 이두문으로 쓰여 있었으니, 한자와 이두로 복잡하게 쓰여 있는 법전을 문신조차 읽기 힘들어 한다는 것이다. 법률을 배우는 어린 학생은 더욱 그럴 것이라 염려하고 있다. 그렇다면 일반 백성이야 오죽할까? 세종이 한자와 이두를 눈엣가시처럼 여긴 것이 하루이틀, 한두 해 사이의 일이 아님을 드러내는 기록이라 할 수 있다.

언문은 그 쓰임새가 아주 많았다. 우선 '콩'을 '두(豆)'라고 하지 않을 수 있었다. 조선말로 노래를 할 수 있었다. 한자의 음(읽기)과 뜻을 우리말로 표기할 수 있고, 한시의 운(韻)과 높낮이까지 표시할 수 있으며, 구결을 쉬운 언문으로 표시할 수 있었다. 한자를 음차, 훈차하여 만든 구결과 그 축약자를 쓸 필요가 없어졌다. 유교 경전이나 한시의 한문 문장을 읽어 가는대로 표기할 수 있고, 우리말로 해석한 것을 적을 수 있으며, 이두문도 언문으로 표기하면 그만이었다. 중국어를 비롯한 모든 외국어 학습에서 대화(발음)를 언문으로 표기할 수 있었고, 편지나 전할 말을 언문으로 써서 보내면 누구든지 틀림없이 편지의 내용을 그대로 읽고 알게 되었다. 받는 사람이 보낸 사람의 말을 내 앞에서 말하는 듯이 정확히 이해할 수 있는 것이다. 바람소리, 동물 소리를 그대로 표현할 수 있고, 한자로는 도저히 표현할 수 없었던 것들을 얼마든지 표기하여 보일 수 있게 되었다. 그 모든 표현을 우리말 순서대로, 말하는 대로 적을 수 있게 된 것이다.

그렇지만 양반들과 관료들은 평민들과 지식을 같이할 수 없다는 권위의식에 사로잡혀 층을 지으며 양반 전유물로서 한자를 내세웠고, 어려운 한문 문장을 고집하였다. 그리고 그 바로 아래 계층인 중인층, 즉 중앙 관원과 지방 아전들은 오랜 습관대로 이두문으로만 문서를 고집하였다. 한자로 글을 지을 수 있다는 권위의식도 있었겠지만 모든 공문서, 사문서는 이두문으로 써야 한다는 규칙이 오랜 세월 엄격히 지켜졌던 것이다. 그렇다고 양반, 향리, 중인들이 언문을 모르는 것은 아니었다. 언문은 쉽고 간단한 글자였으므로 우리말 그대로 글을 쓸 수가 있었으나 그것을 내로라하고 자랑할 '거리[꺼리]'도 되지 못했다. 양반은 문집을 간행하거나 한시를 쓸 때 반드시 한문 문장으로 격식을 차렸고, 경전을 읽을 때는 한자 구결을 달아서 읽었으며, 관공서의 아전들은 이두문으로 문서를 주고받아야 했다. 아니 신분 사회였던 조선 사회에서 문자의 양식은 감히 넘나들 수 없는 계층 간의 신분 구분법으로 작용하였던 것이다. 이러한 한문 중시 사상은 조선이 망하고 세상이 뒤바뀐 개화기에도 그랬고, 신분제가 사라지고 봉건 왕조도 사라진 현대사회에 와서도 여전히 이두문의 습관은 사라지지 않았다. 오늘날 국한문혼용론자들의 주장은 바로 이두문 작성법의 권위적 문서작성법에 줄이 닿아 있다. 자그마치 2천여 년 동안 길들여진 습관이다. '吾等은 玆에 我朝鮮의 獨立國임과 朝鮮人의 自主民임을 宣言하노라'. 이 글은 1919년 3.1운동 때의 기미독립선언서 첫 문장이다. 이두문에서 이두만 빼고 한글로 적은 것에 지나지 않는다.

'글자는 말이 주인이고, 그 나라 말을 가장 잘 표현하는 글자는 한 가지가 가장 바람직하다. 두 가지 문자로 말을 표현하는 것은 언어학적으로 미개한 사회다.' 언어학자라면 이 극명한 명제를 두고 이의를 제기할 자가 없을 것이다. 이두가 처음 생긴 까닭을 되짚어 보더라도, 우리말에 맞는 문자가 없어서 다른 나라 글자를 빌어쓰면서까지 우리말 문법에 맞춰 글을 쓰다 보니 이두가 생겼던 것인데, 이제 우리말을 우리말 순서대로 쓰기에 알맞은 쉽고 편리한 문자가 생겼는데도 그 글을 쓰지 않고 한자를 빌어 만든 이두문을 쓴다는 것은 바보나 하는 짓이다.

결국 언문(한글)은 엄청난 노력과 학문적 탐구를 통해 만들어졌고, 학문과 의사소통에 아주 유용하게 쓸 수 있었음에도, 한자만이 학문의 도구라고 굳게 믿는 유학자나 사대부들은 '한문으로 글쓰기'에 권위와 특권을 부여해 놓고, 오히려 언문을 이두보다 못하다고 보았다. 지식인 최만리는 언문을 배우면 백성들이 학문을 등한시하여 유교 경전과 성현의 말씀을 멀리할 것이라고 주장하였다. 이 정도면 교조주의자로 낙인찍힐 만하다. 이런 생각은 최만리와 당시 그를 추종하던 유학자들만의 생각이 아니었다. 최세진과 같은 중국 유학파와 많은 사대부들의 머릿속에 각인되어 있었다.

> 만약에 언문을 시행하오면 관리된 자가 오로지 언문만을 습득하고 학문하는 문자(한문)를 보지 않아서 관아의 구실아치가 둘로 나뉘어질 것이옵니다. 진실로 관리 된 자가 언문을 배워 통달한다면, 후진들이 모두 이러한 것을 보고 생각하기를, 27자의 언문으로도 족히 세상에 입신할 수 있다고 할 것이오니, 무엇 때문에 노심초사하며 성리학을 연구하려 하겠습니까? 이렇게 되오면 수십 년 후에는 문자(한문)를 아는 자가 반드시 적어져서, 비록 언문으로써 능히 관리의 일을 집행한다 할지라도, 성현의 문자를 알지 못하고 배우지 않아서 담을 대하는 것처럼 사리의 옳고 그름에 어두울 것이니, 언문에만 능숙한들 장차 무엇에 쓸 것이옵니까? 우리나라에서 오래 쌓아 내려온 학문 숭상의 교화가 점차로 땅을 쓸어버린 듯이 사라질까 두렵습니다.(최만리의 상소. 세종 26(1444)/2/20)

이렇게 언문은 양반들과 기득권층에게 외면당하고, 온 백성이 편하게 쓰는데도 한문에 눈이 먼 자들로 인해 오히려 천대받았다. 강력한 반대에 부딪힌 언문은 공적인 나랏글로 서지 못하고 사적인 글쓰기로 전락해 버린다. 언문의 사용 계층을 볼 때, 임금과 왕비를 비롯하여 모든 계층에서 사용한 흔적들이 무수히 보이지만, 공적인 자리에서는 당당히 언문을 주고받지 못하고, 사적인 자리에서만 주고받았을 뿐이었다. 반면 언문이 가장 절실했던 사람들은 한자를 모르거나 배울 수 없었던 소외계층이었다. 이들에게는 너무도 고마운 글자였고, 언문을 쓴다고 창피해 할 이유도 없었다. 오히려 언문을 쓰면서부터 양반보다 훨씬 편리한 문자생활을 영위할 수 있었다. 언문은 백성의 종교생활을 위한 불경을 번역하고, 그들의 솔직 담백한 이야기, 편지 쓰기, 아이들 공부에 아주 편리하고 요긴하게 쓰였기 때문이다.

그러던 것이 조선 중기 이후에 큰 변화가 왔다. 임진왜란이 끝나고 많은 임금이 언문으로 윤음을 써서 전국 백성들에게 배포하기에 이른다. 윤음이란 임금이 백성에게 내리는 법령과 같은 말이다. 영조와 정조도 많은 윤음을 배포하였다. 다음은 현전하는 언문 윤음들이다.

01 _ 선조(宣祖) 교서(教書)(선조 26, 1593)
02 _ 천의소감언해윤음(闡義昭鑑諺解綸音)(영조 32, 1756)
03 _ 어제계주윤음(御製戒酒綸音)(영조 33, 1757)
04 _ 효유 윤음(曉諭綸音)(정조 즉위년, 1776)
05 _ 명의록언해(明義錄諺解) 어제윤음(정조 1, 1777)
06 _ 어제유제주대정정의등읍부로민인서(御製諭濟州大靜旌義等邑父老民人書)(정조 5, 1781)
07 _ 유경기대소민인등윤음(諭京畿大小民人等綸音)(정조 6, 1782)
08 _ 유호서대소민인등윤음(諭湖西大小民人等綸音)(정조 6)
09 _ 유중외대소신서윤음(諭中外大小臣庶綸音)(정조 6)
10 _ 유경기홍충전라경상원춘함경육도윤음(諭京畿洪忠全羅慶尙原春咸鏡六道綸音)(정조 7, 1783)
11 _ 유경기민인윤음(諭京畿民人綸音)(정조 7)
12 _ 유호남민인등윤음(諭湖南民人等綸音)(정조 7)

13 _ 유경상도사겸독운어사김재인서(諭慶尙都事兼督運御史金載人書)(정조 7)

14 _ 유경기홍충도감사수령등윤음(諭京畿洪忠道監司守令等綸音)(정조 7)

15 _ 유경상도관찰사급진읍수령윤음(諭慶尙道觀察使及賑邑守令綸音)(정조 7)

16 _ 어제유함경남관북관대소사민윤음(御製諭咸鏡南關北關大小士民綸音)(정조 7)

17 _ 어제유원춘도영동영서대소사민윤음(御製諭原春道嶺東嶺西大小士民綸音)(정조 7)

18 _ 자휼전칙(字恤典則)(정조 7)

19 _ 어제사기호별진자윤음(御製賜畿湖別賑資綸音)(정조 8, 1784)

20 _ 어제왕세자책례후각도신군포절반탕감윤음(御製王世子冊禮後各道臣軍布折半蕩減綸音)(정조 8)

21 _ 어제유제주민인윤음(御製諭濟州民人綸音)(정조 9, 1785)

22 _ 가체신금사목(加髢申禁事目)(정조 12, 1788)

23 _ 어제유함경남북관대소민인등윤음(御製諭咸鏡南北關大小民人等綸音)(정조 12)

24 _ 어제유양주포천부로민인등서(御製諭楊州抱川父老民人等書)(정조 16, 1792)

25 _ 유제주대정정의등읍부로민인서(諭濟州大靜旌義等邑父老民人書)(정조 17, 1793)

26 _ 유제도도신윤음(諭諸道道臣綸音)(정조 18, 1794)

27 _ 유호남육읍민인등윤음(諭湖南六邑民人等綸音)(정조 18)

28 _ 어제양로무농반행소학오륜행실향의식향약조례윤음(御製養老務農頒行小學五倫行實饗儀式鄕約條例綸音)(정조19, 1795)

29 _ 유중외대소민인등척사윤음(諭中外大小民人等斥邪綸音)(헌종 5, 1839)

30 _ 어제유대소신료급중외민인척사윤음(御製諭大小臣僚及中外民人斥邪綸音)(고종 18, 1881)

31 _ 어제유팔도사도기로인민등윤음(御製諭八道四都耆老人民等綸音)(고종 19, 1882)[61]

또한, 지금까지 전하는 언문 편지는 350여 편[62]이고, 불교, 유교 등

61) 『역주 윤음언해 2』(한재영, 2017, 세종대왕기념사업회) 해제 7~10쪽에서 인용함.

62) 김일근, 『(증정) 언간의 연구』(1988, 건국대학교출판부) 16쪽에서는, '현재까지 30년 이래, 300여편의 언간을 발굴 모집 정리해 왔으나, 본 연구의 대상 자료로 삼은 것

을 비롯한 경전들도 수없이 언해되었다. 홍윤표 선생은 조선 시대 언해본을 비롯한 모든 한글문헌을 총망라한 목록(900여 편)을 제시한 바 있다.

〈한글 문헌 자료 목록〉[63)]

1446년 : 훈민정음(해례본)
1447년 : 용비어천가, 석보상절, 월인천강지곡(권상)
1448년 : 동국정운(1447 완성)
1449년 : 사리영응기
1455년 : 홍무정운역훈
1459년 : 월인석보
1461년 : 능엄경언해(활자본)
1462년 : 능엄경언해(목판본)
1463년 : 법화경언해
1464년 : 선종영가집언해, 아미타경언해(원간본, 전하지 않음), 금강경언해, 반야심경언해, 상원사어첩중창권선문
1465년 : 원각경언해
1466년 : 구급방언해(전하지 않음)
1467년 : 목우자수심결, 몽산화상법어약록언해, 사법어언해
1471년 : 해동제국기(전하지 않음)
1472년 : 용비어천가, 원각경언해
1475년 : 내훈(전하지 않음)
1481년 : 분류두공부시언해, 삼강행실도
1482년 : 금강경삼가해, 남명집언해
1485년 : 불정심경언해, 오대진언, 영험약초(전하지 않음)

중 「근조내간선(近朝內簡選)」 소재분 41편과 「목릉신한첩(穆陵宸翰帖)」 소재분 6편의 원본은 실사를 못했으나, 전자는 이병기님이 고증 소개한 것을 잉용한 것이며, 후자는 필자가 소장한 원본의 사진에 의한 것이니 친필원본으로 간주될 것이다.'라고 하였는데, 이를 참고해 추정한 숫자이다.

63) 『글꼴 1998』(1998, 세종대왕기념사업회) 461~478쪽, 「한글 문헌 자료 목록」(홍윤표 작성)을 인용함(한자말은 한글로 옮김).

1489년 : 구급간이방(전하지 않음)

1492년 : 금양잡록, 이로파

1495년 : 악학궤범, 법화경언해(원간본의 후쇄본), 금강경언해(후쇄본)

1496년 : 육조법보단경언해, 진언권공, 삼단시식문

1500년 : 법화경언해, 목우자수심결언해(경상도 봉서사 복각본), 사법어언해(중간본, 경상도 봉서사판)

1512년 : 해동제국기

1514년 : 속삼강행실도

1517년 : 몽산화상법어약록언해(중간본, 충청도 고운사판), 사법어언해(중간본, 충청도 고운사판), 사성통해, 속첨홍무정운

1518년 : 번역소학(전하지 않음), 정속언해, 이륜행실도, 주자증손여씨향약언해

1519년 : 중간경민편(전하지 않음)

1520년 : 선종영가집언해(1464년판의 복각본, 장수사판)

1521년 : 몽산화상법어약록언해(중간본,금강산유첨사판)

1522년 : 별행록절요언해

1523년 : 능엄경언해(1463년판의 복각본), 몽산화상법어약록언해(중간본), 법화경언해(복각본)

1525년 : 몽산화상법어약록언해(중간본, 황해도 심원사판), 간이벽온방(전하지 않음)

1527년 : 훈몽자회

1531년 : 오대진언(중간본)

1535년 : 몽산화상법어약록언해(주안본, 영변 빙발암판), 오대진언(중간본, 황해도 심원사판)

1538년 : 촌가구급방(전라도 남원 개간본)

1539년 : 이문제서집람(전하지 않음)

1541년 : 우마양저염역치료방(활자본)

1542년 : 월인석보(권21, 안동 광흥사 중간본), 분문온역역해방(충남대 낙장본)

1543년 : 몽산화상법어약록언해(중간본, 전라도 진안 중대사판), 사법어언해(중간본, 전라도 진안 중대사판)

1545년 : 능엄경언해(1463년판의 복각본), 법화경언해(복각본)

1547년 : 법화경언해(복각본)

1550년 : 오대진언(중간본), 영험약초(중간본)

1553년 : 반야심경언해(원간본의 복각본, 황해도 심원사판), 불설대보부모은중경언해(경기도 장단 화장사판)

1558년 : 아미타경언해(복각본, 전라도 덕룡산 쌍계사판)

1559년 : 월인석보(권23, 순창 무량굴판), 훈몽자회

1560년 : 성관자재구수육자선정

1561년 : 석보상절(권11), 불정심경언해(평안도 해탈암 복각본)

1562년 : 월인석보(권21, 순창 무량굴판)

1563년 : 불설대보부모은중경언해(전라도 송광사판)

1564년 : 반야심경언해(전라도 순창 무량사판, 원간본의 복각본), 불설대보부모은중경언해(황해도 명엽사 복각본)

1567년 : 불설대보부모은중경언해(은진 쌍계사 복각본), 몽산화상육도보설언해

1568년 : 월인석보(권1,2, 풍기 희방사판)

1569년 : 월인석보(권21, 충청도 한산지 죽산리 백개만가 각본), 진언집(전라도 안심사판), 칠대만법(풍기 희방사판), 오대진언(은진 쌍계사판)

1572년 : 월인석보(권7, 8, 풍기 비로사판), 염불작법(천불산 개천사판)

1573년 : 내훈(중간본)

1574년 : 능엄경언해(1463년판의 복각본), 여씨향약언해(을해자본, 중간본), 신증유합(황해도 해주판, 전하지 않음)

1575년 : 금강경언해(전라도 안심사판), 원각경언해(전라도 안심사판, 복각본), 광주천자문(일본 동경대학본)

1576년 : 신증류합, 사라수정(沙羅樹幀)

1577년 : 몽산화상법어약록언해(중간본, 전라도 송광사판), 사법어언해(중간본, 전라도 송광사판), 계초심학인문(전라도 송광사판), 발심수행장(전라도 송광사판), 야운자경(전라도 송광사판)

1578년 : 간이벽온방(을해자 중간본) 우마양저염역병치료방(중간본)

1579년 : 이륜행실도(개간본), 선가귀감언해, 중간경민편(진주 간행본)

1581년 : 삼강행실도(중간본) 속삼강행실도(중간본), 농사직설(내사본)

1583년 : 석봉천자문, 계초심학인문(경기도 용인 서봉사판), 발심수행장(경기도 용인 서봉사판), 야운자경(경기도 용인 서봉사판), 석봉천자문(내각문고본)

1587년 : 소학언해

1590년 : 대학언해, 중용언해, 논어언해, 맹자언해, 효경언해

1592년 : 불설대보부모은중경언해(풍기 희방사판)

1593년 : 선조국문교서

1601년 : 석봉천자문(신축중간본, 전하지 않음), 이해룡천자문

1603년 : 신기비결

1604년 : 양정편(전하지 않음), 오대진언수구경(서산 가산 강당사판)

1605년 : 신증유합(이수륜가본)

1606년 : 주역언해(내사본), 삼강행실도(중간본)

1608년 : 삼강행실도(중간본, 내사본), 언해두창집요, 언해태산집요, 언해구급방(전하지 않음), 신증유합(정정본)

1609년 : 삼경사서석의

1610년 : 악학궤범(복각본, 태백산본), 선가귀감언해(중간본), 양금신보, 계초심학인문(송광사판)

1611년 : 내훈(중간본, 훈련도감자본), 대학언해(중간본)

1612년 : 용비어천가(원간본의 복각본, 만력본), 연병지남, 맹자언해(중간본, 내사본), 논어언해(중간본, 내사본), 소학언해(중간본), 중용언해(중간본, 내사본)

1613년 : 동의보감(활자본), 훈몽자회(중간본, 내사본), 시경언해, 간이벽온방(중간본, 훈련도감자본)

1614년 : 사성통해(중간본,木活字本), 지봉유설

1617년 : 동국신속삼강행실도

1621년 : 성관자재구수육자선정(덕산 가야산판)

1623년 : 묘법연화경언해(중간본, 운흥사판)

1625년 : 불설대보부모은중경언해(중간본)

1630년 : 관음경언해(중간본), 보현행원품

1631년 : 효경대의(중간본), 염불작법(청도 수암사판), 대학언해(중간본, 내사본), 맹자언해(중간본, 내사본), 중용언해(중간본, 내사본) 논어언해(중간본), 불정심경언해(중간본, 봉불암판)

1632년 : 분류두공부시언해(중간본), 가례언해

1633년 : 향약집성방(중간본)

1634년 : 오대진언(쌍계사판)

1635년 : 불설대보부모은중경언해(중간본), 화포식언해, 신전자취염소방언해, 오대진언(중간본, 쌍계사판)

1636년 : 牛馬羊猪染疫病治療方(海州板, 1578년판의 복각본), 어제내훈, 불설아미타경언해(중간본, 수암사판)

1637년 : 권념요록(화엄사판)

1639년 : 구황촬요, 구황촬요벽온방

1640년 : 남정가(南征歌)

1644년 : 우마양저염역병치료방(1578년의 복각본), 불정심관세음경(범어사판, 음역본), 침구경험방(호남관찰영판), 관음경언해(범어사판)

1648년 : 불설아미타경언해(중간본, 수암사판)

1650년 : 석봉천자문(경인중보본)

1653년 : 벽온신방

1654년 : 동몽선습(완산판)

1655년 : 농가집성, 악학궤범(복각본)

1656년 : 내훈(중간본), 사성통해(중간본,목판본), 경민편언해(중간본)

1657년 : 어록해(초간본), 불설천지팔양신주경(천관사판), 불설광본대장경(장흥 천관산판)

1658년 : 중간경민편언해(중간본), 불설대보부모은중경언해(강원도 양양 신흥사판), 천수경(봉암사판), 진언집(중간본, 신흥사판)

1659년 : 용비어천가(중간본, 순치본)

1660년 : 신간구황촬요(서원현판), 구황보유방

1661년 : 천자문(칠장사판)

1664년 : 유합(칠장사판)

1666년 : 효경언해(내사본), 불가일용시묵언작법(신흥사판)

1668년 : 불설대보부모은중경언해(경상도 개녕 고방사판), 소학언해(중간본)

1669년 : 어록해(개간본)

1670년 : 노걸대언해, 동몽선습(중간본), 불설천지팔양신주경(신흥사판), 규곤시의방(필사본)

1675년 : 노걸대언해(戊申字本)

1676년 : 불설대보부모은중경언해(영자암판), 첩해신어, 구황보유방(중간본)

1677년 : 박통사언해, 요로원야화기

1678년 : 배자예부운략(중간본), 경세정운

1679년 : 배자예부운략(중간본)

1680년 : 불설대보부모은중경언해(청도 수암사판)

1682년 : 마경초집언해, 동몽선습(중간본)

1684년 : 중용언해(중간본, 내사본), 병학지남

1685년 : 화포식언해(중간본, 황해감영본)

1686년 : 불설대보부모은중경언해(양산 조계암판), 불설대보부모은중경언해(경주 천룡사판), 신간구황촬요(무성판), 농사직설(중간본)

1687년 : 불설대보부모은중경언해(불암사판), 송강가사(성주본)

1688년 : 병학지남(남원영판), 불설대보부모은중경언해(평안도 묘향산 조원암판), 진언집(불영대판), 불설대보부모은중경언해(청도 적천사본)

1690년 : 역어유해, 송강가사(황주본)

1691년 : 석봉천자문(신미하중간본)

1693년 : 맹자언해(중간본, 내사본), 중용언해(중간본, 내사본, 원종목활자본)

1694년 : 천자문(갑술중간본), 진언집(금산사판)

1695년 : 중용언해(중간본), 대학언해(중간본), 시경언해(무신자활자본), 주역언해(무신자활자본), 서경언해(무신자활자본)

1696년 : 천자문(병자본)

1698년 : 신증유합(중간본), 신전자초방언해

1700년 : 유합(영장사판), 천자문(영장사판)

1702년 : 불설아미타경언해(고성 운흥사판), 삼운보유

1704년 : 염불보권문(경북 예천 용문사판), 미타참약초(예천), 청어노걸대(전하지 않음), 삼역총해(전하지 않음), 팔세아(전하지 않음), 소아론(전하지 않음)

1705년 : 불설대보부모은중경언해(정주 대덕 용장사판)

1707년 : 예기대문언독

1708년 : 송강가사(관서본)

1711년 : 두창경험방(상주판), 병학지남(운봉영판), 신증유합(중간본)

1712년 : 관세음보살영험약초(감로사판)

1713년 : 악학습령(병와가곡집)

1716년 : 불설대보부모은중경(용천사판), 관세음보살영험약초(감로사판), 상례언해(필사본)

1717년 : 불설대보부모은중경언해(개성 용천사판),화약합제식(남병영)

1720년 : 불설대보부모은중경언해(전라도 김구 금산사판), 증보삼운통고

1721년 : 오륜전비언해, 관세음보살영험약초(증심사판), 희설(喜雪)(관수재유고소수)

1723년 : 백련초해(중간본), 가범(家範)

1724년 : 벽온신방(중간본, 계주갑인자본),동의보감(일본간행본)

1727년 : 이륜행실도(중간본, 기영본), 내훈(영영본), 벽온신방(중간본)

1728년 : 청구영언, 대비심다라니, 난리가

1730년 : 삼강행실도(중간본, 교서관본, 각도감영본), 이륜행실도(중간본, 교서관본, 각도감영본), 천자문(송광사판), 유합(송광사판), 경민편(상주본, 1658년의 복각본)

1731년 : 불설대보부모은중경언해(태박산 진정사판), 경민편언해(초계판)

1732년 : 칠실유고(필사본)

1734년 : 춘추정음

1735년 : 경서정음(목활자본, 대학정음, 맹자정음, 서전정음, 시경정음, 중용정음), 이무실천자문(전하지 않음)

1736년 : 어제내훈(중간본, 무신자본), 여사서언해, 신증유합(중간본)

1737년 : 첩해몽어(전하지 않음), 병학지남(우병영중간본)

1739년 : 금강별곡(필사본)

1741년 : 임종정념결(대구팔공산 수도사판), 부모효양문(대구팔공산 수도사판), 몽어노걸대(전하지 않음), 불설아미타경(수도사판), 보권염불문(수도사판), 대미타참약초요람(수도사판)

1742년 : 동몽선습언해, 대방광불화엄경보현행원품

1743년 : 악학궤범(중간본)

1744년 : 어제소학언해, 소학제가집주

1745년 : 어제상훈언해, 노걸대언해(평양감영 중간본)

1746년 : 어제자성편언해(필사본)

1747년 : 화동정음통석운고, 송강가사(성주본)

1748년 : 동문유해, 경민편언해(완영본, 남원판), 중간첩해신어, 임종정념결(진주판, 수도사판의 복각본)

1749년 : 논어율곡선생언해, 대학율곡선생언해, 중용율곡선생언해, 맹자율곡선생언해

1750년 : 훈민정음운해

1751년 : 삼운성휘

1752년 : 주해천자문(초간본), 홍무정운(중간본)

1753년 : 불설아미타경(중간본, 동화사판), 동의보감(영영본), 왕랑반혼전(동화사판)

1754년 : 동의보감(중간본, 영영개간본, 완영중간본)

1755년 : 해동가요(을해본)(전하지 않음)

1756년 : 천의소감언해, 어제훈서언해
1757년 : 어제계주윤음
1758년 : 종덕신편언해, 신증유합(해인사본)
1759년 : 길몽가(온고록 소수), 불설아미타경언해(중간본, 봉인사판)
1760년 : 보현행원품(쌍계사판), 중용언해(중간본)
1761년 : 어제경세문답언해(필사본), 노걸대신석
1762년 : 어제경민음, 지장경언해(함경도 문천 두류산 견성암판), 관세음보살영험약초(가야사판), 대비심다라니(중간본)
1763년 : 어제경세문답속록언해(필사본), 해동가요(계미본), 신석노걸대언해(전하지 않음)
1764년 : 어제조훈언해(필사본), 염불보권문(동화사판), 고금가곡, 일동장유가, 묘법연화경언해(가야사판)
1765년 : 용비어천가(중간본, 1659년판의 복각본), 박통사신석언해, 염불보권문(구월산 흥률사판), 박통사신석, 청어노걸대, 용비어천가(중간본, 건륭본), 어제백행원, 지장경언해(약사전판)
1766년 : 동의보감(중국간행본), 몽어노걸대(개정판, 전하지 않음)
1768년 : 몽어유해(전하지 않음), 송강가사(관서본)
1769년 : 불설천지팔양신주경(봉정사판), 삼문직지(은적사판), 해동가요(개정본)
1770년 : 홍무정운(중간본)
1771년 : 남히문견록(南海聞見錄)
1772년 : 십구사략언해(영영간본)
1773년 : 북관로정록
1774년 : 삼역총해(중간본), 이수신편(理藪新編)
1775년 : 역어유해보
1776년 : 염불보권문(중간본, 합천 해인사판)
1777년 : 명의록언해, 팔세아(개간본), 소아론, 중간진언집(만연사판)
1778년 : 방언유석(필사본), 속명의록언해, 규장전운
1781년 : 개수첩해신어(중간본), 어제제주대정정의등읍부로민인서
1782년 : 어제유경기대소민인등윤음, 어제유해서윤음, 어제유중외대소신서윤음, 어제유호서대소민인등윤음
1783년 : 자휼전칙, 어제유경기홍충도감사수령등윤음, 어제유호남민인등윤음, 어제유원춘도령동령서대소사민윤음, 어제유함경남북관대소사민윤음, 어제유

경기민인윤음, 어제유경상도관찰사급진읍수령윤음, 어제유경상도도사겸독운어사김재인서

1784년 : 밀교개간집(성주 불령산 수도암판), 효유윤음, 어제사기호별진자윤음, 어제유왕세자책례후각도신군포절반탕감윤음. 어제유제주민인윤음, 경서정음(중간본, 통문관장판)

1785년 : 화포식언해(중간본)

1786년 : 상춘곡(불우헌집 소수)

1787년 : 염불보권문(중간본, 무장 선운사판), 병학지남(장영장판본), 화동정음통석운고(비각본), 전율통보

1788년 : 어제유함경남북관대소민인등윤음, 가체신금사목, 동문휘고

1789년 : 고금석림

1790년 : 무예도보통지언해, 인어대방(목판본), 증수무원록언해, 첩해몽어(개정판), 몽어유해(중간본), 몽어유해보편, 몽어노걸대(중간본)

1791년 : 음역지장경(송광사판), 화동정음통석운고(완영본), 병학지남(장용영판), 고산유고

1792년 : 증수무원록언해, 어제유양주포천부로민인등서, 정속언해(중간본), 가례석의

1793년 : 어제유제주읍부로민인서

1794년 : 불설대보부모은중경언해(전주 남고사판, 금산사판 복각본), 어제유제도도신윤음, 호남육읍민인윤음, 권선곡(불암사판)

1795년 : 지경영험전(양주 불암사판), 노걸대언해(중간본), 어제양로무농반행소학오륜행실유의식향약조례윤음, 불설천지팔양신주경(불암사판), 자궁악장, 청장관전서

1796년 : 경신록언석(불암사판), 불설대보부모은중경언해(용주사판), 신전자초방언해(중간본), 전설인과곡, 어정규장전운, 첩해신어문석, 증수무원록언해(중간본), 금강반야파라밀경언해(불암사판), 불설대보부모은중경언해(용주사판)

1797년 : 오륜행실도(고활자정리본), 병학지남(강영본), 증수무원록언해(영영), 동몽선습언해(중간본), 진언요초(불암사판), 불설십이마가반야파라밀다경(불암사판), 모완박준한서간

1798년 : 병학지남(유성), 재물보

1799년 : 제중신편(활자본), 불설아미타경언해(운문사판), 묘법연화경언해(송광사판), 목우자수심결언해(송광사판)

1800년 : 진언집(망월사판), 병학지남(상산판), 규장전운, 최국정 최경서간, 오다이쿠고로(小田幾五郎)완최경서간

1801년 : 불설대보부모은중경(남고사판), 태교신기언해(수고본)

1802년 : 물보(필사본)

1803년 : 삼전어관완영야겸일랑서간, 모완박치검서간

1804년 : 십구사략언해(중간본, 경중개판), 주해천자문(중간본)

1805년 : 신간증보삼략직해(광통방), 한중록, 주영편(전반부, 필사본), 내전무고아문완진휼청별장박성규이비장서간

1806년 : 불설대보부모은중경언해(고산 안심사판), 농가집성(중간본), 신간구황촬요(중간본), 주영편(후반부, 필사본)

1809년 : 십구사략언해(花谷新刊本), 신전자초방언해(중간본), 규합총서(필사본)

1810년 : 몽유편

1811년 : 옥휘운고

1813년 : 교린수지(권3, 필사본, 日本 심수관본)

1814년 : 천자문(갑술중간본), 동의보감(중간본, 영영개간, 완영중간본), 자산어보

1819년 : 아언각비

1820년 : 주역언해(내각장판), 서전언해(내각장판), 시경언해(내각장판), 대학언해(내각장판), 중용언해(내각장판), 논어언해(내각장판), 맹자언해(내각장판)

1821년 : 금강중용도가(필사본)

1822년 : 묘법연화경언해(중간본), 논어언해(영영장판)

1824년 : 언문지(필사본), 조상공덕경(유점사판), 맹자언해(영영중간본), 유합(필사본, 일본 경도대본)

1825년 : 증주삼자경

1826년 : 주역언해(영영장판), 서전언해(영영장판)

1828년 : 대학언해(영영장판), 중용언해(영영장판), 시경언해(嶺營藏版)

1829년 : 이두편람, 이재유고

1830년 : 이무실천자문(중간본), 주역언해(영영장판)

1832년 : Remarks on the Corean Language(Ch. Gützlaff)

1834년 : 한어훈몽(필사본, 일본 沈壽官本)

1835년 : 조선위국자회, 사칠정음운고(필사본)

1836년 : 동언고(不傳)

1837년 : 화어유해(필사본, 일본 경도대본)

1839년 : 유중외대소민인등척사윤음
1842년 : 교린수지(권3, 필사본, 일본 심수관본)
1844년 : 언히녹조대ᄉᆞ법보단경(필사본), 한양가(갑진신간)
1845년 : 표민대화(일본 경도대본)
1846년 : 언음첩고(필사본), 숙향전(필사본, 일본 경도대본)
1847년 : 천자문(중간본, 유동신간)
1848년 : 삼설기(무신십일월 유동신간), 노셤샹좌서
1849년 : 대담비밀수감(필사본, 日本 京都大本)
1851년 : 옥쥬호연(玉珠好緣, 함풍신해유월 무교신간), 사씨남정기(신해계동 유동신판), 임진록(완남개판),
1852년 : 태상감응편도설언해, 당경젼(張景傳, 함풍임자칠월미동), 교린수지(권4의 일부, 필사본, 일본 심수관본)
1854년 : 표민대화(필사본, 日本 沈壽官本)
1855년 : 사류박해
1856년 : 자류주석(필사본), 불설대보부모은중경, 서유기(병진맹동화산신간)
1857년 : 천자문(정사본), 됴웅젼(정사중추개판), 이무실천자문(중간본), 천수경(봉은사판), 관음보살주경언해
1858년 : 장풍운젼(張豊雲傳, 함풍무오홍수동신간), 당태종전(무오홍수동신간), 숙향전(무오구월야동신간)
1859년 : 오륜행실도(중간본-복각본), 인어대방(필사본, 일본 경도대본), 삼국지(함풍을미홍수동신간), 삼국지(석교신간), 농문젼(석류방), 용문전(을미석교신간), 동환록
1860년 : 슉영낭ᄌᆞ젼(淑英娘子傳, 함풍경신이월홍수동신간), 화동정음통석운고, 의종손익, 슈호지(水滸誌, 경신간)
1861년 : 임진록(紅樹洞), 신미록(홍수동), 천자문(완산중간본), 불설천지팔양신주경(적천사판)
1862년 : 천자문(행곡신간본), 구운몽(55장본, 임술맹추완산개판), 대학언해(영영중간본), 주역언해(영영중간본), 논어언해(영영중간본), 서전언해(영영중간본), 시경언해(영영중간본), 중용언해(영영중간본), 천주성교공과, 구운몽(임술맹추완산개간)
1863년 : 효경언해(중간본), 남훈태평가(石洞刊)
1864년 : 훈민편(필사본), 한어훈몽(필사본, 日本 京都大本), 동문휘고(속간), 성

찰기략, 회죄직지, 신명초힝(神命初行), 령셰대의(領洗大義), 셩교요리문답, 천당직로, 셩교졀요(聖教切要), 주교요지, 울치경덕전(銅峴), 천자문(武橋), L. de Rosny, AperÇu de la langue Corèenne, 尉遲敬德傳(甲子季秋銅峴新刊).

1865년 : 천주셩교예규, 쥬년쳠례광익, 김씨세효도

1866년 : 주해천자문(무천), 됴웅젼(趙雄傳, 행동개판), 성경직해광익

1868년 : 의종손익, 조선가(필사본, 일본 경도대본)

1869년 : 규합총서(목판본), 십구사략언해(중간본, 화곡신간), 일용작법(두솔암), 유서필지, 동문자모분해(필사본)

1870년 : 주역언해(전주하경룡장판), 논어언해(전주하경룡장판), 대학언해(전주하경룡장판), 중용언해(전주하경룡장판)

1871년 : 불설아미타경언해(수락산 덕사판), 고산별곡(옥경헌유고 소재)

1872년 : 오륜행실도(중간본), 유서필지

1873년 : 신간증보삼략직해(영영본)

1874년 : 로한ᄌᆞ뎐(푸칠로), 어정규장전운, La langue coréenne (Ch. Dallet)

1875년 : 역언(易言), 림쟝군젼

1876년 : 남궁계적, 가곡원류

1877년 : Corean Primer(J. Ross)

1878년 : The Corean Language(J. Ross), 천주성교공과(2판)

1879년 : 지장경언해(경기도 양주 보정사판), A Comparative Study of Japanese and Korean Language(W.G. Aston)

1880년 : 과화존신, 삼성훈경, 경신록언석(후쇄본), 태상감응편도설언해(중간본), 금강반야바밀다밀경(중간본), 공교증략, 한불ᄌᆞ뎐(Dictionaire Coréen-FranÇais), 한어입문(상하, 寶迫繁勝), 日韓 선린통어(상하, 寶迫繁勝), Notes on the Corean Language(J. MacIntyre)

1881년 : 조군령적지, 어제유대소신료급중외민인등척사윤음, 교린수지, 선린통어, Grammaire Coréenne(F. C. Ridel), 용담유사, 천주성교공과(3판), 불설아미타경언해(보광사 정원사판)

1882년 : 경석자지문, 어제유팔도사도기노인민등윤음, 불가일용시묵언작법, 령셰대의(領洗大意)(안안도니 著), 예수셩교누가복음젼셔(J. Ross), 예수셩교요안ᄂᆡ복음젼셔(J. Ross), 訂正隣語大方(日本 外務省), Corean Speech(J. Ross), The Corean Language(W. E. Griffis), 女小學(필사본)

1883년 : 관성제군명성경언해, 역언언해, 교린수지(日本外務省藏板本), 화음계몽

언해, 불설아미타경언해(普光寺版), 셩교요리문답(중간본), 마가복음, 마태복음, 예수셩교누가복음뎨즈행적, 예수셩교요안닉복음, 현토한한신약성서

1884년 : 관성제군오륜경, 정몽유어, 마가복음, 예수셩교셩셔말코복음, 예수셩교셩셔맛디복음, 신약마가젼복음셔언히, 셩교빅문답(聖教百問答), 텬당직로(天堂直路), 쥬년쳠례광익, 텬쥬셩교례규(天主聖教禮規), 露韓辭典, 重訂方藥合編, 物名考(一蓑文庫本)

1885년 : 국한회어, 주교요지(改訂版), 방약합편, 예수셩교요안닉복음이비쇼셔신, 긔히년일긔(己亥年日記, 필사본), 광견잡록(蓮谷集 所收), 화원악보(龜隱), 신약마가젼복음셔언히(Underwood, H,G), 랑즈회기(浪子悔改)

1886년 : 잠상집요(필사본), 증보언간독, 텬쥬셩교공과(天主聖教工課)(4판), 한성주보(1886-1888)

1887년 : 녀손훈스 · 규문상목(필사본), 셩교요리문답(聖教要理問答), 御定奎章全韻(여洞), 天主聖教工課, 대쥬보셩요셉셩월, 新約全書, 예슈셩교젼셔(문광셔원), 마가복음, 권농절목(필사본), 임장군전(同治丁亥孟冬), 언문말칙(A Corean Manual, or phrase Book with Introductory Grammar(M.C. Imbault-Huart)

1888년 : 몽어유훈

1889년 : 마가의 젼흔 복음셔언히, 女士須知, 스민필지(士民必知), Manual de la langue coréenne parlée(M.C. Imbault-Huart)

1890년 : 동의보감(中國 石印本), 전운옥편, 물명찬(필사본), 셩찰긔략(省察記略), 성교촬리, 텬쥬셩교공과(중간본), 누가복음젼(路加福音傳, 京城 朝鮮耶蘇教書會), 보라달로마인셔, 韓英 英韓字典(A Concise Dictionary of the Korean Language, H. G. Underwood), 韓英文法(An Introduction to the Korean Spoken Language (H.G.Underwood)

1891년 : 셩묘연월, 신명초힝, 요한복음젼, 나한소사전(Parvum vocabularium lation-coreanum adusum studiosae juventutis coreanae), 권즁회개, Introduction, English-Corean Dictionary(J.Scott), 婦女必知, 샹뎨진리(上帝眞理, 그리스도셩셔), 예수힝젹(耶蘇行蹟), A Corean Manual, or Phrase Book(2nd ed. J. Scott)

1892년 : 구세론, 그리스도문답, 마태복음젼, 셩경직히(聖經直解), 儒胥必知(중간본), 찬미가, 趙雄傳(完山新刊), 스도힝젼, 反切

1893년 : 권즁론, 됴웅젼(봉셩에서), 구약공부, 약한의 긔록한 디로복음, 過化存神(중간본), 찬양가, 龍潭遺詞(再刊), 셩경도셜(聖經圖說), 신덕통론(信德統論),

의경문답(義經問答), 장원량우샹론(張袁兩友相論), 즁싱지도(重生之道)

1894년 : 千字文(甲午本), 죠만민광(照萬民光, 漢陽 락동영국셩교회), 구셰진젼(救世眞詮), 이무실천자문(중간본), 텬쥬셩교공과(중간본), 삼요록(三要錄), 예수영히도문, 복음대지(福音大旨), 신약마가전목음셔언히(Underwood 修正本), 찬양가, 훈ᄋᆞ진언(訓兒眞言), 鳳溪集(필사본), 인가귀도(引家歸道), ᄉᆞ과지남(辭課指南, Korean Grammatical Forms)

1895년 : 국한회어, 서유견문(日本 東京 交詢社), ᄉᆞ민필지, 텬로력뎡(天路歷程)(Bunyan 著 Gale 譯), 누가복음, 마가복음, 요한복음, 마태복음젼, 구셰진쥬, 진교졀요(進教節要), 신약젼셔, 치명일기, 국민소학독본, 만국약사, 숙혜기략, 소학만국지지, 천주성교공과(5판), 진리편독삼자경, 찬미가(미이미교년화회), 심청전(完山新刊), 단어연어 일화조준, 복음요ᄉᆞ(福音要史)

1896년 : 독립신문(1896-1899), 신정심상소학, 텬쥬셩교례규(天主聖教禮規)(중간본), 마태복음젼, 부활쥬일례배, 복음요ᄉᆞ(Charles. Foster 著 D.L. Gifford 譯), 텬쥬셩교십이단, 만국약사, 찬미가, 의원의힝젹(醫院의 行蹟), 경셰론(經世論), 규곤요람(필사본)

1897년 : 국문정리, 틱서신ᄉᆞ(태서신사), 성경직히(민아오스딩), 바울이 갈나대인의게 ᄒᆞᆫ 편지, 야곱의 공번된 편지, 하악의원사적, 증남포목포각국조계쟝정, Gale, 한영자전(A Korean-English Dictionary), 셩교감략(聖教鑑略), 주교요지, 찬송시, 대한그리스도인회보, 思鄕歌(필사본)

1898년 : 불설아미타경(밀양 표충사판), 퇴별가(21장본, 戊戌仲秋完西新刊), 국어문법, 령셰대의(중간본), 마태복음, 누가복음, 마가복음, 베드로젼셔,후셔, 사도행전, 로마인서, 고린도젼셔, 고린도후셔, 필립보인셔, 데살노니가인젼후셔, 골노시인셔, 듸모데젼, 듸모데후셔, 듸도셔, 빌네몬, 히브리인셔, 요한일이삼유다셔, 불설아미타경언해(표충사판), 시편촬요, 매일신문(1898-1899), 황성신문(1898-1910), 제국신문(1898-1910), 시사총보, 삼경합부

1899년 : 구약촬요(경성 대영국종고셩교회), 에베소인셔, 쥬년쳠례광익

위와 같이 '한글 문헌'은 조선시대의 언문이 표기된 내용을 가진 모든 문헌이다. 900여 종의 이 문헌 가운데는 언해본이 가장 많다. 특히 불경 언해와 유교 경전 언해는 국가 차원에서 심혈을 기울인 언해서다. 이토록 언해서가 많고, 언문 문헌이 많지만, 이마저도 무시하고 저

급하게 생각했는지 조선 시대 내내 '언문'에 대한 정규 학습과 교육은 이루어지지 않았고, 언문을 배우기 위한 학습서는 찾아보기 어려웠다. '천자문', '훈몽자회', '유합' 정도일 뿐이고, 이마저도 한자 학습서다.

결국 세종이 목표로 삼았던 백성을 가르치기 위한 바른 소리(훈민정음) 언문의 발전은, 조선 창업을 빛낼 악가(용비어천가) 제작, 한자음의 통일(동국정운), 순우리말의 표현(해례본), 불경 언해 책 제작 등 엄청난 노력을 퍼부었지만, 모든 백성이 정음으로 소통하는 나라 만들기(훈민정음 서문)는 세종 사후 급격히 무너지고 말았다.

5) 조선사람의 글쓰기

이렇게 보면 조선 사회는, 1) 한문(고문)으로 글을 쓰는 사람, 2) 구결을 사용해 한문을 읽는 사람, 3) 이두문으로 문서를 주고받는 사람, 4) 언문으로 우리말을 쓰고 읽는 사람, 5) 언문도 쓰고 한문과 구결문, 이두문도 쓰는 사람 등의 부류가 있었던 것이다. 이렇게 갈라진 네댓 가지 부류의 문자층은 아주 팽팽한 긴장감으로 500년을 유지하였다. 그러나 세종이 언문을 창제하기 전에는 하층민과 어린 아이, 그리고 여인네 등 많은 언중이 문자생활의 소외계층이었으므로 그들에게는 언문이 세상을 바꾸어 놓은 엄청난 문화적 이기(利器)였음이 분명하다. 아니 한문과 이두문으로 문장을 잘 쓰는 부류라 할지라도 어디 언문만 하였겠는가? 한자, 한문이 막힐 때는 언제든지 언문이 그 막힌 곳을 뚫어 주었다. 그렇게 본다면 언문은 조선의 모든 백성이 더 이상 어떠한 생각과 말도 전하지 못할 일이 없게 만들어 준 것이다.

1) 한문으로 글을 쓰는 사람은, 지식층과 사관, 사대부 양반들의 상소 따위를 적는 중앙 관료들이었고, 2) 구결을 사용해 문장을 읽는 사

람은, 과거시험을 준비하는 유생들이나 불경을 읽는 사람들이며, 3) 이두문으로 공문서, 사문서를 주고받는 사람은 관청의 관리를 비롯한 이속(吏屬)들과 중인계층, 그들과 소통하던 하층민들이고, 4) 언문으로 쓰고 읽는 사람은, 두루두루 모든 사람들이었다.

하지만 신분사회의 경직된 계층적 문자생활이 조선 중기로 넘어가면서 서서히 무너졌다. 이황과 이이 같은 유학의 대가들이 언문으로 해석한 유교 경전이 나오고, 이런 경전 언해 사업을 나라에서 추진하여 배포하는 등, 장벽이 조금씩 무너져 학문을 할 수 있는 문자로까지 성장하였고, 영조·정조같이 임금께서 직접 언문 윤음을 내리는 등 언문의 용처가 격상되었다. 이들 네 부류의 문자생활을 실례로 비교해보자.

1) 한 문 — 學而時習之不亦說乎
2) 구결문 — 學而時習之面 不亦說乎阿(한자 구결)
學而丷ロ 時習之𠂉 不亦說乎𠃑(축약자 구결)
學而時習之면 不亦說乎ㅏ(언문 구결)
3) 이두문 — *學爲古 時如 習爲面 亦 說不爲乎
4) 언 문 — *ᄇᆡ호고 ᄢᅢ로 니기면 ᄯᅩᄒᆞᆫ 깃브지 아니ᄒᆞ니잇고.
5) 현대말 — 배우고 때마다 몸에 익히면 또한 기쁘지 아니한가?

위에서 1)~4)의 문장은 단순하게 비교할 수 없지만, 조선 사회에서 500년 동안 매우 철저하게 계층적으로 분리된 글쓰기 방식으로 이어졌다.

7. 또 다른 글쓰기

1) 중국어와 한이문

그런데 조선시대 글쓰기는 여기서 끝나지 않았다.

또 다른 글쓰기가 더 있었다. 바로 외교 사신에게 필요한 '중국어 회화'와 외교문서에 필요한 '한이문(漢吏文)'이다. 이 글쓰기의 대상은 주로 중국사람들과 교섭하는 사역원 관리들과 사신들이었다. 물론 특별한 사람들에게만 필요한 문자생활이었지만 국가 대 국가의 외교 현안과 관련한 일이기 때문에 매우 중요하고 철저한 교육이 필요했다. 더욱이 대국을 섬기는 사대(事大) 외교는 황제에게 직접 보내는 문서를 비롯해서 대외적으로 매우 민감한 글쓰기가 아닐 수 없었다.

조선시대의 모든 외교문서는 역사상 유례를 찾기 어려울 만큼 고도로 발달한 중국의 관료제가 낳은 외교문서의 정해진 양식에 따라 작성되었기 때문에 명나라와의 외교문서는 작성 자체가 매우 까다롭고 힘든 작업이었다. 이를 극복하기 위해 외교문서 작성법을 터득하기 위한 특별 교육이 필요했다. 외교문서 읽기와 쓰기는 늘 긴장을 놓을 수 없는 난제였다. 그것은 조선의 임금에게 가장 중요한 일 가운데 하나일 수밖에 없었다. 나라 안에서 백성들이 쓰는 한문, 구결, 이두문도 한자의 뜻과 소리가 통일되지 않아 소통에 어려움이 있었고, 차용하는 방법도 각기 달라 혼란이 있을 수밖에 없었지만 외교적으로는 별 문제가 없었다. 하지만 외교문서는 그 정도의 한자, 한문 실력으로 섣불리 대들었다가는 엄청난 외교적 망신과 문제를 일으킬 수 있는 것이어서 중국말과 중국의 문서 양식을 꼼꼼히 배우지 않고는 안 되었다.

사역원에서는 한문(漢文; 고문)과 함께, 한어(漢語; 중국어)와 이문(吏文; 한이문. 외교문서 실용문)을 모두 학습하였고, 뿐만 아니라 몽어, 여진어,

왜어 등 이른바 사학(四學)을 가르쳐야 했는데, 그 중 가장 중요한 외국어는 두말할 나위 없이 화언(華言), 즉 중국어였다. 또 중국말과는 별도로, 특수한 말과 글쓰기로 이루어진 외교문서가 있었다. 이문(吏文), 즉 한이문(漢吏文)이란 바로 '중국의 이문'이라 할 수 있는데, 외교문서에만 쓰이는 아주 특수한 중국어 문장 쓰기 방식이다. 이것과 관련하여 최만리는 상소에서 이렇게 말한 바 있었다.

> 전에는 이두가 비록 한자 밖의 것이 아닐지라도 유식한 사람은 오히려 비천하게 여겨 이문(吏文)으로써 바꾸려고 생각하였는데, 하물며 언문은 한자와 조금도 관련됨이 없고 오로지 시골의 상말을 쓰기 위한 것이 아닙니까?
>
> 前此吏讀 雖不外於文字 有識者尙且鄙之 思欲以吏文易之 而況諺文與文字 暫不干涉 專用委巷俚語者乎(세종 26(1444)/2/20)

유식한 사람은 '이두(吏讀)'도 비천하게 여겨 '이문(吏文)'으로 바꾸어 쓰고자 한다는 것이다. 여기서 '이두를 이문으로 바꾼다'는 말은 무엇을 말하는 것일까? 바로 '한이문(漢吏文)'이다. 한이문은 외교문서에 쓰는 중국의 글쓰기였는데, 이 한이문 쓰기도 한문(고문)과 달리 원나라 때부터 시작된 이속(吏屬)들의 글쓰기였다. 우리나라 안에서는 '이두'가 관리들의 문서 작성 방식이었으므로 '이문'이라고 말하기도 하였으니, 중국의 외교문서 쓰기인 '이문'을 특별히 '한이문'이라 하여 구별하기도 하는 것이다. 최만리는 조선의 이문을 중국의 한이문으로 바꾸어 쓰자는 사람도 있다고 말한다. 최만리는 이두마저 중국의 한문과 맞지 않아 비천하니 한이문으로 교체하자는 생각을 가지고 있었던 것이다. 오직 한문만이 바른 글쓰기라는 고정된 인식이다. 이두문이 한자로 이루어진 것은 사실이나 한문과는 달리 우리말 문법을 따라 적었기 때문에 비천하다고 여긴 것이며, 언문이 '항이어(巷俚語; 백성들의 일상적인 대화)'를 위해 만들었으니 쓸모없다고 여긴 것이다. 최만리등의 한문 제일주의가 얼마나 고루한가를 잘 보여 준다.

중국의 역사가 굴곡이 심했던 만큼 이 한어와 한이문도 변천이 매우 심하여 주변국은 항상 철저한 교육과 인재 양성이 필요했다. 이렇게 양성한 인재들은 사역원에서 외국어의 통역과 번역을 맡아보았고, 승문원에서 사대교린의 문서와 한어, 한이문의 학습을 맡아보았다. 이러한 외교적 문제점을 세종이 임금으로서 진두지휘하였음은 말할 나위도 없다. 집현전학사들의 지식은 곧 세종에게로 옮겨갔고 함께 고민하면서 대책을 마련하는 체제였기 때문에, 세종도 집현전학사 이상의 지식을 가지고 외국어와 외교문서 작성을 위한 학습에 참여할 수밖에 없었다.

먼저 중국어 회화에 대해 알아보자. 다음은 대표적인 중국어 학습 교재 『노걸대언해(老乞大諺解)』(1670)의 첫 대화이다.

1) 大哥 你從那裏來
2) 다거니충나리레
3) 따거니쭝나리래
4) 큰형아 네 어드러로셔브터 온다
5) 형씨는 어디서 오셨소?

1-1) 我從高麗王京來
2-1) 오충갈리왕깅레
3-1) 어쭝갈리왕깅래
4-1) 내 高麗王京으로셔브터 오라
5-1) 나는 고려 왕경(서울)에서 왔소.

문장 1)과 1-1)은 구어체 한문 문장이고, 그 문장의 한자 옆에 한자 한 자마다 두 가지 발음을 표시하였는데, 2)와 2-1)은 오른쪽에 적은 것으로 현실적인 속음(俗音)을 달아놓은 것이고, 3)과 3-1)은 왼쪽에 적은 것으로 기준이 되는 규범적인 음, 즉 정음(正音)을 달아놓은 것이다. 그리고 문장 4)와 4-1)은 당시 우리말 발음대로 언해한 문장이고, 문장 5)와 5-1)은 현대 우리말로 풀어본 것이다. 이 책 『노걸대언해』에는 1)에서 4)까지의 문장이 나란히 씌어 있다. 문장 2), 2-1)과 문장 3), 3-1)의 '레'와 '래'는 각각 '[러이]'와 '[라이]'로 읽어야 하고, 문장 2-1)의 '갚'는 '[가오]'로 붙여 빨리 읽어야 한다. 이것은 중국말의 성조를 살려 읽도록 한자의 발음을 언문으로 표기한 것이다. 언문이 창제되기 전에는, 한자를 아무리 중국어로 표현하려고 해도 역시 말을 표기한 글자도 한자였으니 그 한계는 넘을 수 없는 철옹성 같았다. 그러나 언문이 창제되고부터는 한문으로 쓰여진 중국말을 언문으로 표기하면서 그 철옹성이 무너지고 말았다.

『번역노걸대』(1517) 상:1ㄱ

『노걸대언해』(1670) 상:1ㄱ

여기서 우리는 언문의 또 다른 활용법을 볼 수 있으니, 바로 외국어의 현실음을 그대로 표현할 수 있는 '발음기호' 기능이다.

① 한자의 독음을 표기하기 — 老노乞걸大대諺언解해
② 한자의 뜻과 소리 적기 — 하늘 텬 天, 따 디 地, 검을 현 玄, 누루 황 黃
③ 구결을 표기하기 — 學而時習之면 不亦說乎ㅏ
④ 외국어를 발음기호로 표기하기 — 我從高麗王京來[오충갚리왕깅레]
⑤ 우리말로 해석하고 표기하기 — 내 고려 왕경으로셔브터 오라

이렇게 최소한 다섯 가지의 글쓰기를 편리하게 해 주었다. 언문 이전에는 상상도 할 수 없는 편리함이다. 뿐만 아니라 당시 문자생활의 많은 부분을 차지했던 공문서, 사문서의 이두문 표기는 조선 말기까지 정례화되어 쓰여졌는데, 하층민들에게 어쩔 수 없는 문서 쓰기였다면 이두문 쓰기에도 언문이 많은 도움을 주었던 것이다. 이것은 획기적인 말글 생활의 변화다. 한문을 한문으로 풀고, 한자의 뜻과 소리를 차용하던 꽉 막힌 말글 생활에서, 한문은 물론이고 어떤 외국말이나 외국글이라도 우리말과 우리글로 표현할 수 있는 열린 말글 생활로 변하였으니, 이것은 코페르니쿠스적 전환을 가져온 사건이며, 문명의 혁명과도 같은 사건이 아닐 수 없다.

그러나 언문이 창제되기 이전에는 이렇게 우리말로 표기하기가 원천적으로 불가능했다. 구어체 한문 문장을 앞에 놓고도 그것을 표기할 수 있는 방법이 없었고, 중국인을 앞에 세우고 발음을 배우지 않고서는 중국인과 똑같이 대화하는 법을 나타내 보일 방법이 없었다. 중국의 자전처럼 반절법으로 한자를 표기해 보았자 성조(聲調)에 맞춰 현실음 그대로 보여줄 방법이 없었던 것이다.

언문은 조선의 외국어 회화 학습에도 획기적인 발전을 가져왔으니, 우리가 아는 조선시대 역학서만 해도 20종이 넘는다.

> 번역노걸대(1517), 번역박통사(1517), 노걸대언해(1670), 첩해신어(1676), 박통사언해(1677), 역어유해(1690), 삼역총해(1703), 역어유해 보(1715), 오륜전비언해(1721), 동문유해(1748), 박통사신석언해(1765), 청어노걸대(1765), 몽어유해(1768), 몽어유해 보(1768), 소아론(1777), 방언집석(1778), 왜어유해(1781), 몽어노걸대(1790), 첩해몽어(1790), 중간노걸대언해(1795) 등.

이와 같은 외국어 회화책은 언문으로 우리말뿐만 아니라, 중국말, 일본말, 몽고말 등의 발음을 현실음대로 표기하고 있으니, 언문의 사용 가치가 얼마나 컸는지를 짐작하고도 남을 일이다. 오늘날 영어나 외국어 학습서에 적힌 '국제음성기호'처럼 발음기호 구실을 한 것이다.

『훈몽자회』(1527)에서 최세진은 훈민정음을 반절이라 지칭하기도 했다. 그 범례에 '언문 자모【언중들은 이른바 반절이라고 하는데 스물일곱 글자다.】(諺文字母【俗所謂反切二十七字】)'이라는 말을 하였고, 19세기 이후 『오주연문장전산고(五洲衍文長箋散稿)』 등에도 반절이라는 말이 나오지만, 이는 언문이 자음과 모음으로 크게 나누고, 이를 합하여 한 글자를 이루게 되었던 사실과 결부되어 붙여진 이름이다. 그리고 19세기 이후에 나타나는 '반절표'가 '반절'이란 말을 확산시켰다. 아마도 19세기 이후의 '언문 반절표'는 일본의 '가나표'의 영향을 받은 것이 아닌가 싶다.

그러나 한자 자전에서 말하는 반절법과 우리글 언문의 초중종 삼성 합자법은 전혀 다른 방식이다. 반절이란 예컨대 자전 풀이에서 '동덕홍절(東德紅切)'이라고 하면 "'동(東)'의 음은 '덕(德)'의 성모[ㄷ]와 '홍

(紅)'의 운[ㅗㅇ]을 합한 것과 같다."라는 말이므로 '동'의 발음을 이분법으로 설명한 것이지만, 언문은 'ㄷ'(초성), 'ㅗ'(중성), 'ㅇ'(종성) 세 글자를 합하여 '동'이란 글자가 만들어지므로 삼분법으로 설명한 것이다.

중국 운서에서 쓰는 한자의 반절법 용어는 '성모(聲母)'와 '운모(韻母)'의 이분법이다. '성모'란 한자의 음절에서 앞부분, 언문의 초성에 해당하는 부분을 말하고, '운모(韻母)'란 한자의 음절에서 성모를 제외한 부분을 말한다. 한시에서 중요하게 여기는 '운율(韻律)'도 이 '운'의 반복으로 이루어진다. 이렇게 반절법으로 중국말을 표기하는 것은 사실상 불가능하다. 그래서 사성(四聲)이 꼭 필요하다. 중국말에는 높낮이가 변화무쌍하고 한 자의 음이 두 가지 소리가 연음되어 나는 글자가 있다. '니하오?'는 '你好'의 발음인데, '호(好)'를 반절로 표기하면 [ㅎ]과 [ㅗ]이지 [하오]가 되지 않는다. 언문으로 발음을 표기하면 [핤]가 되고, 이 글자는 [하오]를 연음으로 빨리 붙여 읽는 것임을 금방 알 수 있다. 그래서 이런 어려움을 극복하기 위해 중국 자전에서는, 아주 쉽고 자주 쓰는 글자를 대표음으로 내세워 보여주고, 그 글자와 같은 발음이라고 설명하는 방법을 쓴다. 이렇게 외국어 발음을 표기하기가 매우 어렵지만, 언문은 그럴 때마다 발음기호 구실을 하면서 정확히 나타내어 해결해 주었다.

2) 외국어와 외국어 학습

언문 창제 이전에는 외국어를 배울 때 절실히 필요했던 요소가 외국인이었다. 중국사람이 우리나라에 들어와 살면서 우리말을 배워 잘 아는 사람이면 양쪽 나라 말을 통역할 수 있었기 때문에 그런 외국인을 찾아 불러들여 벼슬을 주고 가르치게 하는 것이다. 그렇지 않으면 중국에 유학하여 중국말을 배워 온 조선사람을 스승으로 삼는 것이었다. 조선 초에 가장 유명한 사람이 바로 사역원 제조 설장수(偰長壽)다.

> 설장수는 투르크 계통의 위구르족(Uighur) 출신으로, 조선에 귀화한 사람이다. 태조 5년(1396) 이성계에게 계림(경주)을 관향(貫鄕)으로 삼도록 성씨를 하사받아 경주 설씨의 시조가 되었다. 아버지인 설손(偰遜)은 원나라에서 벼슬을 하였다. 고려 공민왕 8년(1359) 원나라 말기의 혼란을 피해 아버지 설손과 동생 등과 함께 고려로 건너왔는데, 공민왕이 전부터 알고 지내던 설손에게 토지와 주택을 제공하고 부원군으로 삼았다. 조선왕조실록의 기사(세종 7(1425)/1/16)에는 설장수의 조카이자 시강관으로 있던 설순(偰循)이 세종의 질문에 대해, 설장수가 19세에 고려로 왔으며 오기 전에 이미 한국어를 어느 정도 알고 있었다고 대답하는 내용이 기록되어 있다. 위구르계의 귀화인으로서 몽고어와 중국어에 모두 능통했던 설장수는 고려 조정에서 중용되어 중국과의 외교에서 중요한 구실을 담당하였고, 조선에 와서도 1398년 태조에 이어 정종이 즉위하자 계품사로 명나라에 파견되었으나, 도중에 명나라 홍무제가 죽자 진향사로 다시 임명되어 명나라로 가기도 했다. 이처럼 그는 모두 8차례나 사신으로 명나라를 방문해 중국과의 외교에 커다란 구실을 담당했으며, 중국어로 『소학(小學)』을 해석한 『직해소학(直解小學)』을 저술하여 당시 『노걸대』, 『박통사』 등에만 의존하던 중국어 교육의 발전에도 크게 기여하였다.[64)]

다음은 여진족과 여진어에 대해 알아보자. 여진족은 조선 태조 때부터 조공을 바치며 들어왔다. 그때 여진말과 여진글자도 들어왔다.

> 임금(태조)이 즉위한 뒤에 적당히 만호와 천호의 벼슬을 주고, 이두란

---

64) 『두산백과사전』 '설장수'를 참조함.

을 시켜서 여진족을 초안(招安; 못된 짓을 하는 자를 불러 설득하여 편안하게 살도록 하여 줌)하여 머리를 풀어헤치는 풍속을 모두 관대를 띠게 하고, 금수와 같은 행동을 고쳐 예의의 교화를 익히게 하여 우리나라 사람과 서로 혼인을 하도록 하고, 복역과 세금 납부를 호적 가진이와 다름이 없게 하였다. 또 추장에게 부림을 받는 것을 부끄럽게 여겨 모두 조선 백성이 되기를 원하였으므로, 공주(孔州)에서 북쪽으로 갑산에 이르기까지 읍을 설치하고 진지를 두어 백성의 일을 다스리고 군사를 훈련하며, 또 학교를 세워서 경서를 가르치게 하니, 문무(文武)의 정치가 이에서 모두 잘되게 되었고, 천 리의 땅이 다 조선의 판도로 들어오게 되어 두만강으로 국경을 삼았다. ….(태조 4(1395)/12/14)

태조 이성계는 선조 때부터 원나라의 지배 아래 여진인이 살고 있던 두만강 이북에 들어가 원나라의 지방관이 된 뒤부터 차차 그 지방에서 기반을 닦기 시작했다. 대대로 두만강 또는 덕원지방의 천호로서 원나라에 벼슬을 하기도 했다. 그래서 이성계 역시 고향인 이곳의 여진족에게 융숭한 대접을 했다. 여진족 동맹가첩목아(童猛哥帖木兒)는 명나라 황제의 부름을 받고도 조선의 신하로 남겠다고 하면서 태조부터 태종, 세종에 이르기까지 두만강 동북면에 살면서 조선의 녹봉을 받던 인물이다. 그 동생인 동범찰(童凡察)도 그를 따랐는데, 그가 여진문자로 글을 올린 적이 있다. 그러므로 태조나 세종은 모두 여진의 말과 글을 아주 잘 알고 있었던 것이다.

1) 예조에서 아뢰기를, "여진문자를 이해하는 자가 불과 1, 2인이어서 장차 왕래가 끊어지게 되었사오니, 조정에 있는 사람이나 함길도의 여진인 자제 중에서 여진문자를 이해하는 자 4, 5인을 추려 뽑아서 사역원에 소속시켜 훈도(訓導)로 삼으시고, 겸하여 통사(통역관)로 임

명하도록 하옵소서." 하니, 그대로 따랐다.(세종 16(1434)/6/25)

2) 건주 좌위 지휘 동범찰이 하급 관리를 보내어 여진문자(女眞文字)로 글을 써서 바치매, 이를 번역하여 읽으니, 이르되, "…" 하였다. 영의정 황희 등으로 의논하게 하니, 모두 말하기를, "…" 하므로, 그대로 따랐다.(세종 16(1434)/8/15)

3) 의정부에서 아뢰기를, "… 또 북청 이북 어느 한 곳에다가 여진문자를 잘 아는 자 한 사람을 가르치는 사람으로 정하고서, 나이 적고 총민한 자 10인을 선택하여 날마다 그 학업을 가르치게 하여, 서울에 머물고 있는 6인 가운데 궐원이 생기거든, 감사로 하여금 재주를 시험하여 서울로 올려 보내게 하고, … 서용하게 하소서." 하니, 그대로 따랐다.(세종 20(1438)/11/17)

4) 오도리 응개(應介)가 와서 알리기를, '동범찰이 여진문자(女眞文字)로 적은 편지를 나에게 부치면서, 「대인(大人)에게 바쳐 임금에게 전계(轉啓)하라.」 하고, 이어서 나에게 말하기를, 「…」 하였는데, 내가 보기에는 범찰 등이 데리고 간 사람은 3백 호에 불과할 뿐이었습니다. 그리고 그 편지에는, 「…」라 하였습니다.'하였다.(세종 22(1440)/7/3)

위의 기록들은 조선 초 여진족이 조선 조정에 드나들면서 여진말을 하기도 하고 여진문자로 글을 올리기도 한 사실들이다. 여진말과 여진문자를 잘 아는 사람은 별로 없었지만 여진족에게는 여진말에 맞는 글자를 만들어 쓰고 있었다는 사실을 많은 사람들이 알고 있었고, 특히 세종은 그 말을 듣기도 하고 여진글자를 눈으로 보기도 했다. 그러니 기본적인 여진말과 글자를 조금은 알았을 것이다. 당시 여진족이 조선에 순응하여 조정에 드나들면서 많은 도움을 주었으니 그들의 말과 글에 대한 세종의 지식이 없을 리 없었다. 모름지기 세종에게 여진문자는 새로운 우리 글자를 만드는 데 참고 자료가 되었던 것이 분명하다. 다음에 인용한 것은 여진문자와 그 뜻이다.

一 어무[emu] : 1, 하나

二 조[jo]/줘[juwe] : 2, 둘

え 오린[orin] : 20

万 투먼[tumen]/투만[tuman] : 10000, 만.

彡 일안[ilan] : 3, 셋

汙 압하[abha] : 하늘[65)]

여진문자도 역시 한자의 음과 훈을 차자(借字)하여 만든 글자임을 알 수 있다. 여진문자는 표음문자와 표의문자를 모두 나타내는 글자였다고 한다. 여진문자는 약 1,355개 정도로 이뤄지며, 각 단어마다 고유 발음이 있고, 여진말을 어순에 따라 발음대로 표기하면 되었다고 한다. 이 여진말은 누루하치가 여진을 통일하고 1616년 후금(청)을 세우면서 만주말이라고 부르게 되는데, 청을 건설한 뒤부터는 여진문자를 버리고 몽고문자를 차용하여 쓰게 된다.

이처럼 조선의 문자생활은 참으로 복잡하고 혼란스러웠다. 지금까지 소개한 조선 사회의 문자 사용 방법들을 보면, 다양한 한자의 뜻과 음, 그리고 서로 다른 문장이 뒤얽힌 글쓰기는 참으로 힘겨운 문자생활을 할 수밖에 없게 만들었다. 예컨대『대명률직해』에서는 어떻게라도 한자를 빌어 우리말 어순에 따라 문장을 써 놓으면 좀더 많은 사람들이 읽고 그나마 법을 알게 되고 소통이 되기를 바랐던 것이다. 한자를 배우는 일도 힘들었지만 이두문을 깨치는 것도 쉽지만은 않았다. 국가 구성원들의 각기 다른 문자생활은 계층 간 소통을 막았고, 조선

---

65) '길공구의 고려사', http://gil092003.egloos.com에서 인용함.

사회의 통합을 이루는 데 크나큰 장애물이 아닐 수 없었다. 우리가 간과하기 쉬운 일이 바로 조선 사회가 엄청난 문자생활의 혼란 속에 빠져 있었다는 사실이다. 그리고 천년의 역사를 자랑하는 이두와 이두문 쓰기가 굳건히 자리 잡고 있었다는 사실이다. 이러한 사실을 이해하게 된다면 세종이 언문을 창제할 수밖에 없었던 절박함도 느낄 수 있는 것이다. 그 돌파구를 찾으려는 세종의 몸부림을 느끼게 될 것이다. 그것이 언문 즉, 훈민정음 창제라는 사건을 일으킨 사회적 요인이었던 셈이다. 우리가 단순히 한문(고문) 쓰기에서 곧바로 한글 쓰기를 생각하면 그런 발상이 신통방통해 보일 수 있겠지만, 한문(고문) 쓰기보다 더 백성들 생활에 만연되어 있었던 것이 이두문 쓰기라는 사실을 생각하면, 다음 단계로 이두를 훈민정음으로 전환하기란 한결 이해하기가 쉬워진다.

쉼터

[옹달샘 둘]

'습/릅'에 대하여

(1) 한글학회 〈우리말 큰사전〉(어문각, 1992) — 습 [이](매이) 말이나 소와 같은 집짐승의 나이를 세는 단위. (ㅂ)한 ~. 두 ~. 세 ~.
(2) 국립국어원 〈표준국어대사전〉(두산동아, 1999) — *올림말 없음.
(3) 신기철/신용철 〈새우리말 큰사전〉(삼성출판사, 1975, 1986) — *올림말 없음.
(4) 이희승 〈국어 대사전〉(민중서림, 1982) — *올림말 없음.
(5) 사회과학원 언어연구소 〈조선말 대사전〉(동광출판사, 1992) — *올림말 없음.

하룻강아지의 '하룻-'은 '하릅'에서 유추된 말이지요. 하릅은 집짐승(소, 말, 개, 비둘기 따위)의 한 살짜리를 이르는 말로서, '하릅-이듭-사릅-나릅 …'으로 이어집니다. 이와 함께 일컫는 매인이름씨에 '습'이 있습니다. 그래서 위의 말과 똑같이 쓰는 말로 '한습-두습-세습-네습(?)-다습(노걸대언해)-여습- …'으로 이어집니다. 그러나 요즘 이런 말을 쓰는 사람이 매우 드뭅니다. 그 연유에는 사전의 부실함도 한몫합니다. '하릅'이란 말 풀이에 '이듭, 사릅, 나릅'을 참고하라는 표시를 한다거나, '한습, 두습, 세습'도 서로 함께 올려 놓는다면 지금보다 많은 사람이 볼 것이고, 나아가 '살'이란 말에 참고란을 만들어 집짐승의 나이를 세는 말은 '하릅 ~'이나 '한습 ~' 따위가 있다는 설명을 붙여주면 우리말에 대한 풍부한 지식을 얻을 수 있을 겁니다.

- '습' 역순 찾기 -

※ ~ 표시는 올림말 없음 표시.

우리말 큰사전	표준국어대사전	새우리말 큰사전	국어 대사전	조선말 대사전
습(매인이름씨)	~	~	~	~
한습/하릅	한습/하릅	한습/하릅	한습/하릅	~ /하릅
두습/이듭	두습/이듭	두습/이듭	두습/이듭	~ /이듭
세습/사릅	세습/사릅	세습/사릅	세습/사릅	~ /사릅
~ /나릅	~ /나릅	~ /나릅	~ /나릅	~ /나릅
다습/~	다습/~	다습/~	다습/~	다습/~
여습/~	여습/~	여습/~	여습/~	여습/~
~ /이롭	~ /이롭	~ /이롭	~ /이롭	~ /이롭
~ /여듭	~ /여듭	~ /여듭	~ /여듭	~ /여듭
아습/구릅	아습/구릅	아습/구릅	아습/구릅	아습/구릅
담불/열릅(여릅)	담불/열릅	담불/열릅	담불/열릅	담불/여릅(열릅)
				조사:홍현보(2009.04.24)

아울러 셈말(셈씨, 셈매김씨, 셈숫매김씨, 셈낱이름씨)의 정리 정돈과, 그 중에서도 셈낱이름씨의 자세한 풀이가 사전에 없어서 불편할 때가 많습니다.

제3장
'언문' 창제와 『훈민정음』 보급

1. 세종의 운서 읽기

세종은 임금 자리에 오르기 전에도 책벌레였지만, 임금이 되어서도 누구보다 책을 많이 읽었다. 침전에서나 편전에서나 들어가고 나오며 온갖 책들을 섭렵하였다. 그의 통치의 힘은 독서에 있었다. 나라의 수재들을 뽑아 집현전에 집결시켜 놓고 중국의 역사, 법률, 제도 등 모든 분야의 책을 읽게 하고, 매일 경연에 나와 논쟁하고 현실 정치에 반영하도록 이끌면서, 그들과 함께 읽었던 책들이 얼마나 되었을까?

> 세종은 늘 이르기를, "나는 책에서 눈으로 한번 본 것은 금방 잊지 않았다." 하였으니, 그 총명과 배움을 좋아함은 천성이 그러하였던 것이다. 또 이르기를, "나는 궁중에 있으면서 손을 거둔 채로 한가롭게 앉아서 쉬어 본 적이 없다." 하였다.
>
> 上常曰予於書史過眼則不忘其聰明好學天性然也又曰予在宮中無有斂手閑坐之時[1)]

---

1) 『국조보감』 제5권, '세종조 5년'편에서 인용함. 이긍익은 이 기사를 『연려실기술』 제3권 '세종조고사본말'에 재수록하였다. 본래의 기록은 『세종실록』 22권, 세종 5년 12월 23일의 일이다.

세종은 약관 스물두 살에 임금이 되었으나 이때 이미 그는 엄청난 지식을 통달한 대학자였다. 그런데 나라 안에는 인재가 없었다. 조선을 창업하면서 고려의 인재들은 고려의 충신이었기에 목숨을 부지할 수 없었고 위정자의 신분을 버리고 사라져갔다. 그리고 두 차례의 '왕자의 난'을 겪으면서 그들과 연루된 인재들이 죽어갔다. 또 그렇게 피로 얼룩진 조정이 싫어 낙향하거나 은둔해 사는 인재들도 많았을 것이다. 이런 상황에서 젊은 세종은 소통할 수 있는 패기 넘치는 인재가 필요했고, 그가 쌓아둔 머릿속 지식들을 풀어 나누면서 나라를 부흥시키고 발전시켜 좋은 나라를 만들고 싶었다.

태종이 상왕으로서 병권을 장악하고 있었고, 장남이 아닌 셋째 아들로서 임금이 된 세종은 '너는 문치(文治)에만 집중하라.' 하는 명령을 받들고 임금 자리에 올랐으므로 그의 주 무기는 오로지 지식뿐이었으며, 문치로 승부를 걸어야 하는 역사적 사명을 띠고 임금이 된 사람이다. 그래서 그는 유명무실했던 집현전을 부활(1420)시켰다. 세종의 즉위식에서 즉위교서를 반포할 때, 그 자리에는 성균관 유생들과, 회회노인(回回老人)과 승녀도 있었다.[2] 회회노인이란 아라비아 사람을 일컫는다. 당시 지식세계가 열려 있었음을 말해 준다. 즉, 조선에 들어와 있던 책들에는 중국뿐만 아니라 멀리 아라비아, 몽고 등지에서 들어온 다양한 책이 있었다는 말이다. 이러한 다양한 지식이 조선에 유입되면서 세종 자신의 독서를 통한 지식은 더욱 폭이 넓어졌고, 이것이 집현전학사들의 연구 성과와 버무려지면서(collaboration) 그 성과가 곧바로 백성의 삶을 위해 쓰여졌다. 법을 바꾸고, 지혜를 모아 책을 만들어 배포하는 등 윤택한 나라를 만드는 데 많은 인재들이 동원되었다. 예컨대 『세

2) 『세종실록』 권1, 총서 참조.

종실록』 부록에 있는 「칠정산 외편」은 명나라에서 편찬한 「회회력법」을 대상으로 연구한 것이긴 하지만 아랍인의 지식을 연구하였다는 증거가 된다.

그런 세종의 자존심에 상처를 주는 것이 한자(한문)였다. 즉위 초에는 잘 느끼지 못했지만 20여년 통치하면서 시간이 갈수록 문치의 걸림돌이 되곤 하였다. 도대체 말도 통하지 않고 글도 어려운 중국말과 한자를 언제까지 안고 살아야 하는가? 법과 제도가 풀뿌리 백성에게 온전히 미치지 못하고 글(한자)을 모르는 자들은 언제나 자신의 권리를 유린당하는 것을 지켜볼 수밖에 없었다. 그것의 중요한 원인이었던 중국어와 한자음의 혼란이 더할수록 세종은 성운학(聲韻學)에 대한 관심이 커져만 갔다. 물론 처음에는 중국한자음의 바른 소리와 중국어를 배우기 위해 성운학이 필요했다. 때마침 명나라 태조는 건국 이후 통일된 표준음을 규정하기 위해 운서(韻書) 『홍무정운(洪武正韻)』(1375)을 공표하였고, 조선의 세종은 그 책을 읽고 중국한자음의 바른 소리와 중국어를 배우기도 했다. 중요한 것은 명 태조와 같이 세종도 조선의 통일된 바른 소리, 표준음을 세워야겠다는 생각을 했다는 것이다. 14세기 중국에는 화중·화북 지방에 직업·계층과는 관계없이 두루 통용되는 공통어가 있었는데, 이를 '중원아음(中原雅音)'이라고 하였다. '아음(雅音)'이란 '표준이 되는 음'의 뜻으로 쓰던 말이었다. 『홍무정운』은 명나라 태조 주원장이 명나라를 세우면서 남경말과 북경말을 합쳐 새로운 '표준음, 공통음'을 제정한 책이다. '홍무(洪武)'는 명 태조의 연호다. 바로 그 책 머리말에 세종의 자존심을 일깨우는 말이 적혀 있었다. 사실 그것은 세종의 자존심 이전에 명 태조 주원장의 자존심이었고, 새로운 나라 명나라의 자존심을 세우는 일이었다. 그런데 그 말이 세종의 자존심, 조선의 자존심을 세우게 해 줄 묘안으로 받아들인 것은 한 국가, 한 통치자가 국가 구성원간의 소통과 통합을 위해 마땅히 해야 하는 언어정책임을 일깨워주었기 때문이다.

세종이 『홍무정운』을 접하게 된 때는 언제였을까? 기록에 의하면 이 책이 이땅에 들어온 것은 이미 고려 말이다. 명 태조 8년(1375)에 간행되었으니 조선이 창업하기 17년 전이고, 또 세종이 22세(1418)에 등극하기 43년 전이다. 중국의 표준 운서가 간행되었다면 아마도 3~4년 뒤에는 이웃 나라 고려에 전해졌을 것이다. 세종이 어려서는 읽지 못하였다손 치더라도 학문이 높은 젊은 임금에게라면 중국의 표준 운서는 필독서가 되었을 것이다. 세종은 『홍무정운』을 구해 읽으면서 성운학에 눈을 쓰기 시작했다. 특히 『홍무정운』 서문을 읽으면서 표준음 제정이 주원장만의 생각이 아니었음을 알게 된다. 그 서문에서 '사람에게는 소리가 있고, 사람의 말은 동서남북이 다르기 마련이며, 천지인 삼재의 심오한 이치를 따라야 한다.'라는 말과, 『홍무정운』은 송나라 모황이 간행한 『예부운략(禮部韻略)』(1162)의 체계를 따랐다는 사실을 읽게 된다.

> "사람이 있으면 소리가 있고, 소리가 나면 칠음을 구비하게 된다. 이른바 칠음이란, 아, 설, 순, 치, 후, 반설, 반치를 말한다. 슬기로운 자가 관찰하면 청탁의 두 가지 원리와, 각, 치, 궁, 상, 우, 그리고 반상, 반설음까지 알게 된다. 천하에 모든 음(音)이 다 여기에 속한다."
>
> "사람의 말이란 동서남북의 다름이 있기 마련이니, 발음에 빠르고 느림이 있고 무겁고 가벼움의 차이도 있다. 그러므로 사방의 음이 만 가지로 다른데 공자께서 시를 고를 때 모두 현악기로 연주할 수 있도록 그 음의 조화를 취한 것이니, 음의 조화는 그 자연스러움을 말하는 것으로 거기에 무슨 특별함이 있는 것이 아니다."
>
> "예부(禮部)로 하여금 시험을 관장하였기 때문에 이를 '예부운략(禮部

韻畧)'이라 하였다. 드디어는 털끝만큼도 『예부운략』을 어길 수 없게 되었으니"

"이른바 천지인(天地人) 삼재(三才)의 도리, 즉 주역(周易)의 이치와, 성명(性命)과 도덕의 심오한 이치, 그리고 예악과 형정의 근본이, 모두 이것과 연계되어 있으니, 참으로 신중하지 않으면 안 된다."[3]

이것이 사실이라면 굳이 중원음을 기준으로 한 표준음을, 멀고도 먼 조선에서까지 따를 이유가 없다는 것과, 한 나라의 표준음을 정하는 것은 중국 황제도 인정하고 있는 보편성의 원칙임을 세종이 깨달은 것이다. 또 『홍무정운』에는 4성 7음과 음양오행, 삼재(三才) 등 말소리의 원리가 되는 요소들을 자세히 설명하고 있다. 그러고 보니 『훈민정음』 해례본에서 보았던 철학적 원리가 그대로 보인다. 우리가 세종의 문자관으로 생각했던 많은 부분들이 실은 『홍무정운』 편찬자의 생각이었음을 알 수 있다.

또 『홍무정운』은 『예부운략』을 준거로 삼았다고 하였다. 『홍무정운』과 『예부운략』을 심독(心讀)한 세종은 계속해서 이 책들과 연관된 운서들을 읽게 된다.

> 그러나 홍무정운은 중원의 실제 통용음을 표방하는 칙찬(勅撰) 운서이기는 하나 실은 잡다한 방언을 혼합한 운서였기 때문에 정작 중국에서는 명대(明代)에 수구자들로 하여금 비방을 면치 못한 운서였음에도 불구하고 세종이 이토록 중요시하고 역훈까지 단행한 이유는 그것이 훈민정음 창제를 비롯한 일련의 언어정책에 있어서 세종 자신의 언어 철학관과 부합되고 그 이론적 사상적 원리를 제공한 것이 바로 홍무정운이었기 때문이라 볼 수 있다.[4]

---

3) 『홍무정운』 서문에서 부분적으로 뽑아 해석한 것임.

그리고 세종은 다시 고려 때부터 읽히고 있었던 운서들을 읽기 시작했다. 거기에는 『고금운회거요』(1297)가 있었다. 이 책은 남송 때부터 원나라 때까지 살았던 황공소가 지은 『고금운회』(1202)를 원나라 학자 웅충이 간략하게 줄인 책이다. 이 『고금운회』는 『홍무정운』이 그 준칙을 그대로 따랐다고 한 『예부운략』을 보고 정리한 책이었다. 이 책을 세종이 읽었다는 증거는, 세종 16년(1434)에 경연청에 있던 『고금운회거요』를 저본으로 삼아 목판본을 간행했다는 사실이 실록에 기록되어 있다. 그러니 그 이전에 이미 세종은 『고금운회(거요)』를 읽었던 것이다. 사실 이 책은 태조나 태종도 항상 한자의 정확한 뜻을 알아보고자 할 때는 열람해 보던 책이었고, 고려나 조선의 선비들은 늘 곁에 두고 보던 참고서였다.

당나라 때의 운서 『절운』을 교정한 송나라 운서 『광운(廣韻)』이 1008년에 간행되고, 북송 때가 되면서 과거 응시용으로 『광운』을 간략하게 만든 『예부운략』이 1037년에 간행되었다. 뒤이어 금나라에서는 『예부운략』의 운을 대폭 줄인 『임자신간예부운략(壬子新刊禮部韻略)』이 1252년에 간행되었고, 뒤를 이은 원나라에서는 황공소가 『고금운회』를 지었으나 조선에 전해지지 않았고, 웅충이 1297년에 이 운서를 간략하게 만든 『고금운회거요』만 전해졌다.

한편 원나라 세조 쿠빌라이칸은 티벳 승녀 파스파에게 새로운 몽고문자를 만들라는 지시를 내려 1269년에 파스파(八思巴, 'Phagspa) 글자가 완성되었다. 이 문자로 한문을 해석한 『몽고자운(蒙古字韻)』을 주종문(朱宗文)이 1308년에 지었고, 주덕청(周德淸)은 구어체를 기초로 한 『중원음운(中原音韻)』을 1324년에 편찬했다.[5] 그런데 파스파문자의 제

4) 박병채, 『홍무정운역훈』(1998, 고려대학교출판부)의 해제 중에서 인용함.

5) 중국 운서에 대해서는, 강신항, 「신숙주와 운서」, 『새국어생활』 제12권 3호(2002년

작에 관한 사실들은 『원사(元史)』에도 자세히 기록되어 있었다. 원이 멸망한 지 얼마 되지 않은 때이고, 역사책 중에는 가장 최근에 쓰여진 책으로서 조선의 지식인들에게는 수많은 중국의 사서(史書)들도 읽었지만 그 중의 으뜸은 원사가 아닐 수 없었다. 세종은 『고려사』를 펴낼 때 바로 이 『원사』의 체재를 따르라고 지시할 만큼 『원사』에 익숙해 있었다. 그 책 속에 바로 파스파자 제작의 의도와 그 원리가 자세히 기록되어 있었으니 세종이 그것을 읽지 않을 수 없었고, 거기서 크나큰 결심을 한 것으로 보인다. '문자 창제'. 그 정당성과 원칙들 말이다.

『고금운회』는 『예부운략』을 보고 따른 책이었고, 또한 『홍무정운』도 『예부운략』을 따랐다고 서문에서 밝혔으니 세종이 『예부운략』을 읽은 것은 너무도 분명하다. 신숙주는 『홍무정운역훈』 서문에서 다음과 같이 말하였다.

> 세종께서 정해 놓으신 『사성통고(四聲通攷)』를 따로 첫머리에 붙이고, 다시 범례(凡例)를 지어서 지남(指南)을 만들었다. …(줄임)… 그런데 유독 입성(入聲)에만 세속에서 대개 종성(終聲)을 쓰지 아니하니 정말 알 수 없는 일이다. 『몽고운(蒙古韻)』과 황공소(黃公紹)의 『고금운회(古今韻會)』도 입성에는 역시 종성을 쓰지 아니하였으니 어찌된 일인가? 이와 같은 것이 한 가지가 아니니 의심되기도 한 것이다. 왕복하여 바로잡은 것이 많았으나, 마침내 한 번도 운학(韻學)에 정통한 자를 만나서 그 골라 놓고 얽어 놓은 묘리를 변론해 보지 못하고, 특히 말하고 읽고 외고 하는 나머지에 의해서 청탁(淸濁)과 개합(開闔)의 근원을 연구하여 이른바 '가장 어려운 정밀함'(성운학)을 밝혀내고자 하니, 이것이 오래도록 고생하며 노력하여 겨우 얻게 된 것이다.(『홍무정운역훈』 서문 중에서 인용함)

가을, 국립국어연구원). 45쪽에서 참조함.

위 글에서 '『몽고운』(몽고운략)과 『고금운회』'라는 책이름이 나오고 그것을 읽어보고 비교한 사실은 그 책들을 읽었음을 알 수 있다. 이 책은 신숙주가 쓴 『사성통고』 범례에도 나오고, 『사성통해』의 범례에도 나오는 책이다.

> 『몽고운략』은 원나라 때 편찬된 것이다. 오랑캐 원나라가 주인의 중국에 들어가서 국자(파스파자)로서 한자의 발음을 번역하여 운서를 지어 나라 사람들을 가르쳤다. 그 발음을 취하는 것이 지극히 정세할 뿐 아니라 또 틀린 것은 바로잡기까지 하였다. 『사성통고』의 속음이라고 한 것이 『몽고운』의 발음과 같은 것이 많다. 그러므로 이번에 『사성통해』를 편찬할 때에도 반드시 몽고 운서의 발음을 참고하여 정음과 속음의 같고 틀림의 증거로 삼았다.(『사성통해』 범례에서 인용함)

이러한 신숙주의 주장은 『고금운회』, 『몽고운략』, 『예부운략』들을 수집해 읽었고 그러한 운서들을 참고하여 조선 한자음의 정음과 속음을 만들었다는 것이니, 이것은 바로 세종이 이미 언문 창제 이전부터 읽었던 책들을 신숙주에게도 읽고 참고하라고 하였던 것이다.

『몽고운략』은 원나라 초 세조 쿠빌라이가 명령을 내려 1269년에 만들어진 파스파 글자의 운서이다. 이후 원나라 주종문은 이를 다듬어 『몽고자운』을 지었다. 지금 『몽고운략』은 전하지 않지만 『몽고자운』이 전하여 파스파문자를 볼 수가 있다. 아마도 『몽고운략』은 파스파자를 반포한 책이 아닐까 싶다.

이 파스파자의 가장 큰 특징은 모양이 훈민정음과 닮았다는 것이다. 그동안 한글이 파스파자뿐만 아니라 어떤 글자나 사물을 모방한 글자라는 주장은 끊이지 않았지만, 사실 모든 글자는 조금씩 닮아 보이는 법이고, 실제로 닮은 부분은 모든 글자에서 얼마든지 찾을 수 있다.

오히려 필자는 그보다 더 중요한 특징에 주목한다. 그것은 소리의 삼분법이다. 한자의 소리[音]를 파스파자로 표기하면서 초, 중, 종성으로 나누었다는 것이다. 지금까지 온갖 문자들은 반절법과 자음·모음의 이분법으로만 분류했는데, 파스파문자는 초성과 중성과 종성을 각각 따로 표기한 다음, 이를 묶어서 한자의 발음을 표기하였다는 사실이다. 이것은 『훈민정음』의 '합자해(合字解)'와 같은 방법이다.

그러므로 이러한 언문과의 연관성을 추적하다 보면, 세종이 여러 옛 운서들을 섭렵하면서 몽고 운서(파스파자)까지 보게 되었다는 사실을 알게 된다. 이 초중종성의 삼분법은 유독 파스파자만이 가지는 매우 독창적인 방법이기 때문이다. 이미 오래전부터 세종은 이러한 여러 가지 운서들을 읽고 언문을 만들었던 것이다. 그렇기 때문에 최만리 등과 논쟁할 때, "너희가 운서(韻書)를 아느냐? 사성 칠음(四聲七音)에 자모(字母)가 몇이나 있느냐? 만일 내가 그 운서를 바로잡지 아니하면 누가 이를 바로잡을 것이냐?"라고 자신 있게 말할 수 있었던 것이다. 또한 세종이 언문을 창제한 연후에 신하들에게 '운회'를 번역하라 지시할 수 있었던 것도 창제 원리의 논거를 확증하기 위함이었던 것이다.

박병채 교수의 『홍무정운역훈』 해제에서는,

> 이런 면에서 볼 때 세종이 자신의 언어철학관과 부합되는 활음 운서인 홍무정운을 도외시하고 일종의 사운(死韻)인 고금운회거요의 언역을 명할 리가 없는 것이다. 홍무정운이 당대 실제 중원아음에 의거했다고는 하나 기실 잡다한 방언을 혼합하고 있어 그 음운 질정(質正)을 위하여 다년간의 신고(辛苦) 끝에 상재(上梓)되었다는 사실에 비추어 생각할 때 일종의 사운인 고금운회거요를 언역한다는 것은 거의 생각할 수도 없는 일이며 일방 사명숭의(事明崇義)하는 당시의 정치적 명분에서도

> 홍무정운을 제쳐놓을 수는 없었을 것이다.

라고 하였다. 이 주장은 사실과 다르다. 실록의 '운회를 번역하라'라고 명령한 것은, 이미 세종이 『고금운회(거요)』를 알고 있었고, 이 책을 읽었기 때문에 이를 번역하라고 한 것이다. 이 운서는 이미 세종 16년(1434)에 『고금운회거요』를 저본으로 삼아 목판으로 판각하게 하고, 이 목판본을 간행했다는 사실이 실록에 기록되어 있고, 또 당시 임금을 포함한 많은 학자들이 오래전부터 한자의 음과 뜻을 정확히 알고자 할 때는 늘 『운회』를 참고하였다. 만약 세종이 『홍무정운』을 번역하라 했다면 『홍무정운』이란 책이름을 직접 거론하면 되는 것을 '운회'라고 할 이유도 없을뿐더러 여러 가지 운서를 대표해서 '운회'라는 책이름을 거론함으로써 다양한 운서를 참고하게 하려는 것이라고 보아야 한다. 아니면 실록의 '운회(韻會)'라는 기록이 『고금운회(거요)』를 가리키는 것이 아니라, '운서(韻書)' 전반을 가리킨 것으로 볼 수도 있다. 정리하자면, 운회를 번역하라는 명을 받아 학자들이 자료를 수집하는 과정에서, 가장 중요한 최근의 운서인 『홍무정운』을 번역하는 것이 타당하다는 의견으로 선회하게 된 것이다. 이윽고 집현전학사들은 『홍무정운』을 읽고 해석하면서 다른 여러 운서를 수집하여 읽기 시작했다. 신숙주 등이 수차례 중국을 방문하면서 연구한 끝에 결국 그 해설서를 만들어 보급하였으니 바로 『홍무정운역훈(洪武正韻譯訓)』이다. 훈민정음을 창제함으로써 이것으로 조선의 한자음을 정리하여 『동국정운』을 먼저 간행하고, 이와 똑같은 방식으로 『홍무정운』의 반절법 대신 훈민정음 초중종성으로 한자음을 표기함으로써 아주 쉽게 중국음을 설명할 수 있었던 것이다. 운서를 번역하라는 명을 내린 사실이 역훈 서문에 다음과 같이 기록되어 있다.

세종대왕께서 운학에 뜻을 두고 깊이 연구하시어 훈민정음 약간 자를 창제하신 다음, 중국과 외교 관계를 맺고 있으면서도 말이 통하지 않아 반드시 통역하는 사람의 힘을 빌려야 하므로 맨 먼저 홍무정운을 번역하도록 명하시었다.(『홍무정운역훈』 서문 중에서 인용함)

2. 언문과 훈민정음의 첫 기록

'훈민정음(訓民正音)'.

이 말은 조선왕조실록 『세종실록』 102권의 마지막 부분에 처음 나오는 말이다. 바로 세종 25년(1443) 12월 30일 기록이다.

이달에 임금이 친히 언문(諺文) 스물 여덟 글자를 지었는데, 그 글자는 옛 전자(篆字)를 본뜬 것이고, 초성·중성·종성으로 나누어 합한 연후에 글자를 이룬다. 무릇 한자와 우리나라 말[俚語][6]을 모두 쓸 수 있고, 글자는 비록 간단하고 요약하지마는 전환(轉換)하는 것이 무궁하다. 이것을 훈민정음(訓民正音)이라고 이른다.

세종장헌대왕실록 제102권 마침.

是月 上親制諺文二十八字 其字倣古篆 分爲初中終聲 合之然後乃成字 凡于文字及本國俚語 皆可得而書 字雖簡要 轉換無窮 是謂訓民正音

世宗莊憲大王實錄 卷第一百二終(세종 25(1443)/12/30)

그런데 문제는 '훈민정음'이란 이름에 앞서 '언문'이라는 이름을 먼

6) 『조선왕조실록』에서 '이어(俚語)'가 쓰인 예를 찾아보면 '우리나라 말'을 가리킨다. 한글이 창제되기 전의 기록에서 우리말을 가리켰다면 그것은 '이두문'을 말하는 것이다. ¶ 대명률(大明律)은 시왕(時王)의 제도인지라 의당 봉행하여야 하겠지만, 그러나 우리나라 사람이 쉽사리 깨닫지 못하오니 마땅히 우리말로 번역하여[大明律時王之制 所當奉行 然國人未易通曉 宜以俚語譯之]〈세종실록 58권, 세종 14년(1432) 11월 13일〉.

저 쓰고 있다는 사실이다. 그리고 더욱 중요한 것은 이 처음 기록에서 '훈민정음'이란 이름이 생뚱맞다는 것이다.

우선 실록의 첫 기록에는 새로 창제한 글자를 '언문(諺文)'이라고 밝힌 첫 문장과, '시위훈민정음(是謂訓民正音)'이라는 끝문장이 상충한다. 자세히 보면 첫 문장은 '언문'이라는 이름에 대한 설명이다. '언문 이란, ㉠스물 여덟 자이고, ㉡글자의 모양은 옛 전자(篆字)를 닮았고, ㉢소리를 초성·중성·종성으로 나누어 합한 연후에 글자를 이루고, ㉣한자와 우리말을 모두 표기할 수 있고, ㉤글자체가 간단하지만 전환이 무궁하다.'라고 설명한 것은 소리글자(표음문자)로서, 입말글자로서, 음성 자질 글자로서, '언문'이라는 이름을 풀어 설명한 것이다. 이 설명을 '훈민정음'이라는 이름의 설명이라고 볼 수는 없다. '훈민정음'을 설명하려면 『훈민정음 언해본』의 협주처럼, '백성 가르치는 정(正)한 소리'라는 풀이가 있어야 하는데 그 말은 없고, 단지 '언문'이란 글자의 수, 형태, 구성, 운용, 용도 따위를 설명하였을 뿐이다.

그러므로 끝에 있는 '시위훈민정음'은 아무런 설명과 해석이 없는 문장이고 느닷없이 붙여진 말이다.

실제로 창제부터 반포 때까지 3년 동안 어디에서도 '훈민정음'이란 말이 보이지 않는다. 임금도 신하도, 그 누구도 '훈민정음'이란 이름을 부른 적이 없고, '훈민정음'이라고 적은 어떤 기록도 없다. 그 3년 사이에 『용비어천가』가 지어졌는데, 1445년 4월에 쓴 전문(箋文)에는 '가사는 나랏말[國言]을 썼고, 이어 한시를 덧붙여 그 말씀[語]을 해석하니[歌用國言 仍繫之詩 以解其語]'라고 하였다. 이 책 서문이나 발문 그 어디서도 '훈민정음'이란 말이 없다. 심지어 '언문'이란 말도 없다. 단지 윗 문장처럼 '국언(國言)'이라고 하고, '기어(其語)'라고 하였을 뿐이다. 이 전문의 문맥으로 볼 때 '국언'과 '기어'는 틀림없이 '언문'을 가리키는 말이다. '훈민정음'이란 위엄 있는 이름을 처음부터 세종이 명명(命名)하였다면 『용비어천가』를 '훈민정음'으로 노랫말까지 지었으니 자랑스럽게 '가사는 훈민정음을 썼고, 이어 한시를 덧붙여 그 노래를 해석하니'라고 적었어야 옳다. 당당하게 적는 것이 당연하다. 그런데 '나랏말[國言]', '그 말씀[語]'이라니. 이것은 용비어천가 전문을 쓸 때까지도 '훈민정음'이라는 이름은 없었다는 증거다. 그러므로 '훈민정음'이라는 이름은 창제 발표 3년 뒤 해례본을 간행할 때 붙여진 이름이라고 하는 것이 타당하다.

첫 기록에서 '이달[是月]'은 1443년 12월이고, 이 기록은 12월을 마감하면서 맨 마지막 날에 정리한 일기다. 어쩌면 이 기록은 12월 한 달을 정리하며 추가로 적어놓은 것인지도 모른다. 실록은 임금의 경연이나 업무에 대한 일을 그날그날 꼼꼼히 적는 것이 생명이고, 심지어는 그날에 조치한 일도 그에 앞서 일어난 과정을 낱낱이 밝혀 적는 것이 원칙인데, 이 기록은 처음부터 '이날', '이날 아침'이 아니라, '이달에'로 시작하고, 기록한 날도 말일이다. 그것도 그해 마지막 기록이고 『세종장헌대왕실록』 102권의 끝자락이다. 그러므로 꼭 12월 30일에 발표한 것이 아니라는 말이다. 만약 이날 임금이 신하들 앞에서 '내가 오늘 새로 만든 글자를 공표하겠다. 그 글자는 언문이라 하는데 ㄱ, ㄴ, ㄷ, ㄹ …이다.'라고 했다면, 적어도 '이달에'라는 말은 하지 않았을 것이고, '이날에'라고 했어야 옳다. 다시 말해서, '이달에'는 '12월 어느 날에'라는 말이며 '12월 30일'은 절대 아니라는 말이다. 그렇다면 매일 정확한 날짜를 기록하는 것이 생명인 실록에서 이 중차대한 일을 왜 '이달에'라고 기록하였을까? 그것은, 사관이 그날 필사한 사초(史草)에 미처 기록하지 못했던 사실을, 나중에 세종 사후 실록청에서 실록을 제작하는 과정에서 다른 자료를 참고하여 편수관이나 검토관이 찾아낸 사실을 끼워넣었을 가능성이 높다는 말이다.

사실 『세종실록』은 이날 작성된 것이 아니다. 『세종실록』은 여러 기초 사료들을 수집한 뒤 60여 명이나 되는 사람들이 동원되어 자료를 수집하고 집필하였는데, 사초를 최종 정리한 정초본이 완성된 때는 단종 2년(1454) 3월이었다. 이것을 다시 주자(활자)로 새긴 것이 세조 12년(1466)부터이고, 이때부터 인쇄하기 시작하여 책으로 완성한 때는 성종 3년(1472)이므로 창제를 발표한 지 29년 뒤에야 지금의 『세종실록』이 나온 것이다. 세종이 죽자 다음 임금인 문종이 즉위하여 실록청을 설치한 뒤 『세종실록』을 찬집하기 시작하였고, 문종 2년(1452) 2월 22일에 왕명을 받아 황보인 · 김종서 · 정인지 등이 총재관으로서 감수의 일을 맡았다. 즉 세종 재위 32년의 사초와 각종 세종과 관련한 기록물을 모두 모아 '이조(吏曹) · 호조(戶曹) · 예조(禮曹) · 병조(兵曹) · 형조(刑曹) · 공조(工曹)' 등 분야별로 각각 조를 편성하여 정리한 것이다. 그 승정원 6방(房)이 허후 · 김조 · 박중림 · 이계전 · 정창손 · 신석조 등이었고, 이들이 나누어 수찬하여 단종 2년(1454) 3월에야 임금에게 『세종실록』이 올려져 2년 1개월여 만에 편찬 작업이 완료되었다. 『세종실록』은 분량이 매우 방대해 처음에는 한 벌만 베껴 춘추관에 두었다. 그러다가 세조 12년(1466) 11월 17일 양성지의 건의로 『세종실록』에 이어 편찬된 『문종실록』과 함께 다시 주자(금속활자)로 새겨 찍어내기 시작해 성종 3년(1472) 7월에 인쇄를 끝낸 것이다. 이로써 『세종실록』이 최초로 간행되었다.[7)]

---

7) 『세종실록』 편찬과 관련해서는, 『한국민족문화대백과사전』(한국학중앙연구원), '세종실록'과, 「조선왕조실록」(국사편찬위원회) http://sillok.history.go.kr/에서 참고하여 정리함.

그러므로 세종이 문자 창제 사실을 밝힌 1443년 12월의 실록 기사는 사관이 기록해 놓은 것이 아니라 실록 찬집에 관여했던 정인지 등 집현전학사들이 의견을 모아 실록을 제작하는 과정에서 정리, 보완한 기사라고 해야 옳다.

실록에 따르면, 창제를 발표한 지 한 달 스무날 뒤인 1444년 2월 20일에 최만리 등 언문 창제를 반대하는 집현전학사들이 모여 연명으로 상소를 올린다. 그 내용을 보면 '당왈(儻曰; 누군가가 말하기를)'이라는 말이 나온다.

> 누군가가 말하기를, '언문은 모두 옛 글자를 본뜬 것이고 새로 된 글자가 아니다.'라고 하지만, 글자의 형상은 비록 옛날의 전문(篆文)을 모방하였을지라도, 음을 적고 글자를 합하는 것은 모두 옛 것에 반대되니 전혀 근거할 데가 없는 말입니다.
>
> 儻曰諺文皆本古字 非新字也 則字形雖倣古之篆文 用音合字 盡反於古 實無所據(최만리 상소문. 세종 26(1444)/2/20)

최만리에게 누군가가, 언문은 옛 글자를 바탕으로 한 것이지 새롭게 만든 글자가 아니라고 말했다는 것이다. 그러면서, 그 옛날 전문을 모방한 것이라면 어쨌든 중국 한자를 따른 것이니 순리를 잘 따랐다는 말이다. 그렇긴 하지만 소리를 적고 글자를 합하는 법이 한자의 그것과는 정반대니 결과적으로 잘못한 일이라고 하였다. '소리 적기'는 반절법이 아닌 삼분법을, '글자를 합하는 법'은 '부수나 상형, 지사, 회의'가 아닌 음성 자질을 표기한 것을 지적한 말이니, '그런 방법이 한문과 반대된다'라고 한 것이다.

'옛 전자[古篆]'와 '옛 전문[古之篆文]'이란 어떤 글자일까?

조선의 학문 십학(十學)에 '자학(字學)'이 있었다. 자학은 '한자의 문자학'이다. 세종 때 자학에서 배우는 과목에는 '대전(大篆), 소전(小篆), 팔분(八分)'이 있었으니, '전자(篆字), 전문(篆文)'은 바로 자학에서 가르치던 대전, 소전, 팔분의 '전(篆)'을 가리킨 말이다.

〈대전(大篆)〉

〈소전(小篆)〉

〈팔분(八分)〉

'대전'이란 중국 문자(한자) 필체의 일종으로, 주문(籒文)이라고도 한다. 서주(西周)의 금문(金文)으로부터 파생된 글자체이고, 춘추전국시대에 서쪽 진(秦)지방에서 사용하였다. 현존하는 석고문에 옛 글씨가 전한다. '소전'이란, 진 시황제가 문자의 정리, 통일을 위해 재상인 이사(李斯)에게 명하여 대전의 자형이 복잡하니 이를 간략화하여 새로 글씨를 만들라고 하여 만들어진 글자체다. 또 '팔분(八分)'이란, 예서(隷書)의 끝을 크게 굴곡을 주어 물결처럼 갈라지게 쓰는 서체다.[8)]

그런데 혹자가 말했다는 '其字倣古篆(그 글자는 옛 전자를 모방하였다.)'라는 말을 사람들은 세종이 직접 말한 것으로 생각하지만, 세종의 말이라면 최만리가 '혹자[儻曰]'라고 할 까닭이 없다. 이 말은 자기에게

8) 『미술대사전』(한국사전연구사 편집부, 1998, 한국사전연구사) '대전', '소전', '팔분'을 참조함.

훈민정음에 대해 전해 준 누군가를 가리키는 것이고, 그렇게 설명해 줄 수 있는 사람은 정인지뿐이다. 집현전 대제학 정인지와 부제학 최만리가 집현전의 일인자, 이인자로서 가장 가깝고 책임 있는 자이기 때문이다.

당시 전문, 즉 전자(篆字)는 국가에서 가르치는 자학(字學)의 글자체이고, 도장이나 액자 따위에 고풍스럽게 자주 쓰는 글자였으므로 새로운 글자의 모양을 이해시키는 데는 아주 좋은 대상이었다. 얼핏 보면 많이 닮았다고 쉽게 수긍이 갔을 것이다. 지금도 책 제목이나 문패 같은 곳에 전서체를 쓴다.

그러나 세종이 직접 '전자를 모방했다'고 말한 기록은 어디서도 찾을 수 없다. 세종이 그 말을 했다면 스스로 창제 원리를 부정하는 일인데 어찌 그런 말을 했겠는가? 우리는 세종이 글자를 만들면서, 수년 동안 왕자들과 공주들을 모아 놓고 발음을 시켜 그 입모양을 보면서 글자 모양을 다듬던 과정을 떠올릴 필요가 있다. 그래서 어금닛소리의 형태, 혓소리의 모양을 조음 기관이 움직이는 대로 그려 보면서 글자를 만들었는데, 이제 와서 입 모양과는 전혀 상관없이 '전자를 본떴다'고 말한다면 세종의 과학적 탐구를 전혀 고려하지 않은 말이 된다. 당시 정인지는 어떤 문자보다도 닮은 구석이 많은 '전자(篆字)'와 비교해서 이야기한 듯싶다. 또한 최만리 같은 사람들이 이해하기 쉽게 글자의 모양이 전자와 닮았다는 취지로 말했던 것이다.

세종은 『훈민정음』 예의(例義)에서, '어금닛소리[牙音], 혓소리[舌音], 입술소리[脣音], 잇소리[齒音], 목구멍소리[喉音]' 즉, 소리가 나는 입모양을 보고 칠음(七音)으로 나누어 글자를 만들었다고 했을 뿐, 어떤 문자를 보고 모방하였다고는 말하지 않았다. 모방했다면 입모양을 모방했을 뿐이다. 『훈민정음』 해례를 집필한 집현전학사들도 한결같이 세종의 관점, 즉 '칠음을 사람의 말소리가 나는 입 구조를 바탕으로 표현해 냄으로써' 글자를 만들었다는 사실을 구체적으로 설명하고 증명하는 데 심혈을 기울였다. 그것은 바로 『훈민정음』 제자해, 초성해, 중성해, 종성해, 합자해, 용자례를 통하여 소리의 성질과 글자의 모양을 연결시키며 설명하고 있는 데서 잘 알 수 있다. 다른 제자 원리는 중국의 운서와 『주역』 등을 통해 근거를 찾아 밝힐 수 있었으나, 조음기관의 음성 자질을 가지고 글자의 모양을 만들어낸 것만은 어디서도 찾아볼 수 없는 세종의 독창적 발상이기 때문이다.

> 이제 동궁(東宮; 왕세자)이 비록 덕성이 성취되셨다 할지라도 아직은 유학(儒學)에 마음을 깊이 두시어 그 이르지 못한 것을 더욱 탐구해야 할 때입니다. 언문이 비록 유익하다 이를지라도 특별히 문사(文士)의 육예(六藝) 가운데 한 가지일 뿐이옵니다. 하물며 만에 하나도 정치하는 도리에 유익됨이 없사온데, 정신을 연마하고 사려를 허비하며 날을 마치고 때를 옮기시오니, 실로 때를 맞추어 해야 할 민감한 학업에 손실되옵니다.
>
> 今東宮雖德性成就, 猶當潛心聖學, 益求其未至也. 諺文縱曰有益, 特文士六藝之一耳, 況萬萬無一利於治道, 而乃研精費思, 竟日移時, 實有損於時敏之學也.(최만리 상소문. 세종 26(1444)/2/20)

> 세종이 우리말과 한자가 서로 통하지 못함을 딱하게 여겨 훈민정음을 만들었으나, 변음과 토착을 다 끝내지 못하여서 여러 대군에게 풀게 하였으나 모두 풀지 못하였다. 드디어 공주에게 내려 보내자 공주는 곧 풀어 바쳤다. 세종이 크게 칭찬하고 상으로 특별히 노비 수백을 하사하였다.

世宗憫方言不能以文字相通 始製訓民正音 而變音吐着 猶未畢究 使諸大君解之 皆未能 遂下于公主 公主卽解究以進 世宗大加稱賞 特賜奴婢數百口(『죽산안씨대동보』 중에서 인용함)

위 두 기록은 세종이 집안에서 왕세자를 비롯한 왕자들과 공주들에게 수시로 언문을 만드는 데 필요한 일들을 시키고 문답을 주고받았다는 사실을 말해준다. 이런 일은 아주 자연스런 모습이 아니겠는가?

이와 같은 여러 가지 사실들을 종합해보면, 『세종실록』 찬집자들이 의논하여, 세종 28년(1446) 9월에,

이달에 『훈민정음』이 이루어졌다.
是月訓民正音成(세종 28(1446)/9/29)

이렇게 책이 완성된 사실을 기록하고, 다시 1443년 12월 30일 창제 발표 기사로 돌아가서, 새로 명명(命名)한 이름 '훈민정음'으로, '이를 훈민정음이라 이른다.'라고 문장 끝에 삽입시킨 것이다. 이렇게 후대에 붙여진 이름을 앞선 기록에 삽입시킨 일이 또 있다. '광화문(光化門)'도 그랬다. 세종 8년(1426) 10월 26일에 '광화문'이라고 이름을 지었는데, 이 이름이 『태조실록』에도 기록되어 있다.

사실 '칠음(七音)', 즉 아설순치후, 반설, 반치음으로 말소리를 구분한 것은 중국에서 이미 수당 시대 이전부터로서, 돈황 문서에서 발굴된 『수온운학잔권(守溫韻學殘卷)』(9C말)에서 이미 일곱 가지 소리로 한자를 분류한 기록이 나타난다. 천지인 '삼재(三才)'로 음양과 오행을 표현한 것도 아주 오래된 동양철학인 『주역』의 원리다. 또 '사성(四聲)', 즉 성조에 대한 것은 육법언(陸法言)이 쓴 『절운(切韻)』(601)에서부터 쓰인 한

자음의 분류법인데, 오히려 중국 학자들은 성조가 인도에서부터 들어온 것이라고 말한다. 그러므로 '칠음', '삼재', '음양', '오행', '사성' 따위는 아주 오래된 중국 성운학의 원리이며 한자 분류 방법이니, 세종의 문자관도 세계관도 아니고, 독창적 발상도 아니다. 세종은 이것들을 우리말에 대입시켜 새로운 문자를 만들었을 뿐이다.

문제는 7음에서 말한 '아음(牙音) 등'을 한자음을 분류하는 데 국한시키지 않고, 그 소리를 만드는 조음기관, 즉 어금니와 혀와 입술과 이(잇몸)와 목구멍과 콧구멍의 모양을 본떠서 새로운 글자를 만들어야겠다는 세종의 코페르니쿠스적 발상이다. 이것이 오늘날 '한글'이 '자질문자'라는 말을 듣게 한 요인이다. 한자가 표의문자(表意文字)로서 그 한자를 소리로 분류하던 오래된 중국의 자음학(성운학) 체계인 '칠음'을 가져와 표음문자(表音文字)를 만든 것이다. 즉, 한자를 소리(사성 칠음)대로 분류한 것이 아니라, 그 소리가 나는 원리, 근원, 형태를 보고 그 소리의 글자를 형상화한 것이다. 이러한 설명을 바탕으로 현대과학자들이 인체공학이나 의학적으로 매우 정밀한 분석을 통하여, 한글의 글자 모양이 입안과 입술 모양을 모방한 것임을 이미 증명한 바 있다. '어금닛소리(ㄱ, ㅋ, ㆁ), 혓소리(ㅌ, ㄷ, ㄴ, ㄹ), 입술소리(ㅂ, ㅍ, ㅁ), 잇소리(ㅈ, ㅊ, ㅅ, ㅿ), 목구멍소리(ㆆ, ㅎ, ㅇ)'는 모두 입안과 입술 모양, 소리의 세기 등을 본떴다고 『훈민정음』 해례에서 설명하고 있다.

그런데도 정인지는 '옛 전자를 모방하였다'라고 말한 것이다. 정인지는 『훈민정음』 해례본 서문에서,

> 계해년(1443) 겨울에 우리 전하께서 정음 28자를 처음으로 만들어 예의(例義)를 간략하게 들어 보이시고 이름을 '훈민정음'이라 하였다. 상형으로 글자를 만들어 옛 고전(古篆)을 모방하고, 소리에 인하여 음

(音)은 칠조(七調; 궁·상·각·치·우·변치·변궁)에 합하고 삼극(三極; 천지인)의 뜻과 이기(二氣; 음양)의 정묘함이 구비 포괄(包括)되지 않은 것이 없어서, 28자로써 전환(轉換)하여 다함이 없고, 간략하면서도 요약하고 자세하면서도 잘 통한다.

癸亥冬 我殿下創制正音二十八字 略揭例義以示之 名曰訓民正音 象形而字倣古篆 因聲而音叶七調 三極之義 二氣之妙 莫不該括 以二十八字而轉換無窮 簡而要 精而通(『훈민정음』 정인지 서문 중에서 인용함)

라고 하였다. 이것은 세종과 정인지의 생각이 달랐다기 보다는 사족과 같은 말이다. 정인지는, 최만리 같은 사람들이 이해하기 쉽게, 입 모양을 본뜬 것은 사실이나 그 글자가 옛 전자를 닮았다고 말한 것이다. 쉽게 설명하려고 '전자와 닮았다'고 말했을 뿐, 그렇게 말해도 큰 문제는 아니라고 생각한 것이다.

1) 『훈민정음』은 반포하였나?

『세종실록』에서 '훈민정음'의 첫 기록이 새로운 문자를 창제하였다는 기록이라면, 두 번째 기록은 해례본을 간행하였다는 기록이다.

이달에 『훈민정음』이 이루어졌다.
是月 訓民正音成(세종 28(1446)/9/29)

이 두 번째 기록은 첫 기록을 닮았다.

이달에 임금이 친히 언문(諺文) 스물 여덟 글자를 지었다.
是月 上親制諺文二十八字(세종 25(1443)/12/30)

실록이라는 편년체 역사서의 가장 큰 특징은 그날에 있었던 일을 그날에 적는 것이다. 하루에 여러 일이 있었다면 시간에 맞추어 열거하고, 중요한 일이면 그 일의 본말을 더욱 상세히 기록하였다.

그러나 언문의 창제 기록과 『훈민정음』의 간행 기록은 '이달에'라고 적어 놓음으로써 그날의 일이 아님을 에둘러 밝히고 있다. 더욱이 책이 이루어진 날짜를 정확히 기록하지 않음으로써 반포 사실을 부인하고 있다. 공식적인 반포가 있었다면 감히 그날을 기록하지 않을 수가 없는 것이다. 실제로 이날 이후 어떤 문헌에서도 『훈민정음』을 반포했다는 사실을 찾을 수 없다. 내사본(內賜本)은 더더욱 전하지 않는다. 책이 나온 지 36년이 지난 뒤부터 조선 말까지 어떤 신하, 어떤 학자도 『훈민정음』 책을 보았다는 사람이 없다. 조선왕조실록에서 '훈민정음' 이란 말을 모두 찾아보니 10번 정도만 나오는데, 세종 때 4회, 세조 때 3회, 성종 때 1회, 정조 때 1회뿐이다. 세종과 세조 때도 생각 밖으로 적은 기록이지만, 성종 13년(1482)에 양성지가 올린 상소와, 정조 7년(1783)에 홍양호가 올린 상소에 '훈민정음'이란 말을 쓴 것이 전부다. 양성지는 책이름으로, 홍양호는 창제 문자 이름으로 썼다. 이렇게 '훈민정음'이라는 말도 모르고, 책을 본 사람도 없다면 실록의 기록처럼 반포한 일이 없다고 볼 수밖에 없다. 그러나 『훈민정음』 목판본이 현존하고, 1446년 9월 29일 실록 기사에 『훈민정음』이 완성되었다고 하였으며, 당시 세종이 과거시험 과목으로 설정하였다는 기록 등으로 보아, 책을 간행하여 읽힌 것은 분명한 사실이다. 더욱이 『훈민정음』 해례본에서 정인지는 1446년 9월 상한(10일)에 서문을 써서 바쳤다고 하였으니, 서문을 끝으로 편집을 마쳐 9월 29일 책이 완성되었다는 추론이 가능하다. 편집이 끝난 필사본으로 목판에 글자를 새겨 찍어낸 인쇄본을 이날에 완성한 것이다. 굳이 책이 간행된 것만으로 '반포'라고 규정한다면 좁은 의미로 반포하였다고 말할 수도 있지만, 이름도 사라지고 책도 없이 오랫동안 기억하는 사람이 없었다면 반포하였다고 말할 수 없다. 그러므로 조선의 백성 가운데 '훈민정음'이란 이름을 듣거나 알았던 사람은 극히 적었으며, 대다수의 백성은 '언문'이라는 이름으로만 알고 있었던 것이다.(다만 이 책에서는 편의상 책이 완성된 것을 반포라 하여 쓰기로 한다.)

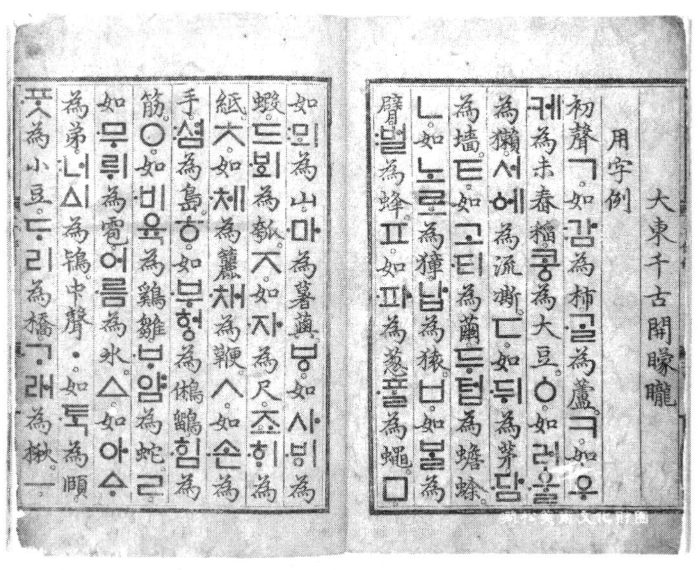
大東千古開矇矓
用字例
初聲ㄱ如감爲柿골爲蘆ㅋ如우케爲未舂稻콩爲大豆ㆁ如러울爲獺서에爲流澌ㄷ如뒤爲茅담爲墻ㅌ如고티爲繭두텁爲蟾蜍ㄴ如노로爲獐납爲猿ㅂ如ᄇᆞᆯ爲臂벌爲蜂ㅍ如파爲葱ᄑᆞᆯ爲蠅ㅁ如뫼爲山마爲薯藇ㅸ如사ᄫᅵ爲蝦드ᄫᅴ爲瓠ㅈ如자爲尺죠ᄒᆡ爲紙ㅊ如체爲籭채爲鞭ㅅ如손爲手셤爲島ㅎ如부헝爲鵂鶹힘爲筋ㅇ如비육爲鷄雛ᄇᆞ얌爲蛇ㄹ如무뤼爲雹어름爲氷ㅿ如아ᅀᆞ爲弟너ᅀᅵ爲鴇中聲ㆍ如ᄐᆞᆨ爲頤ᄑᆞᆺ爲小豆ᄃᆞ리爲橋ᄀᆞ래爲楸

『훈민정음』(해례본)(간송미술관 소장본)

3. 최만리의 언문 반대 상소-이두예찬론

『세종장헌대왕실록』 103권, 세종 26년(1444) 2월 20일 기사에는 최만리 등이 임금에게 올린 글이 온전히 실려 전한다. 세종이 새로운 문자 언문을 만들었다고 공표한 지 한 달 스무날이 지난 때, 당시 최고위급이자 대유학자인 최만리를 으뜸으로 하여 집현전학사 여러 명이 임금의 새로운 글자 제작을 반대하여 그 부당함을 상소(上疏)한 것이다. 그러니까 50일의 시간은 집현전학사 중 문자 창제에 반대하는 사람들이 의기투합하여 상소문을 작성한 시간이었다. 당시 집현전에는 20명 안팎의 학사들이 있었는데, 반대자들이 7명(상소 연명자), 찬성자들이 7명(『훈민정음』 집필자), 무응답자가 7명 안팎이었다. 세종이 상소를 전해 읽고 연명자들을 불러 자초지종을 따져 묻고는 가벼운 벌을 내리면서 열거한 연명자는 '부제학 최만리, 직제학 신석조, 직전 김문, 응교 정창손, 부교리 하위지, 부수찬 송처검, 저작랑 조근'이었다. 또 찬성자 7명이란, 정인지가 『훈민정음』에 서문을 쓴 뒤 해례 집필자를 열거하였는데 그 8명 중 강희안을 뺀 나머지를 가리킨다. 정인지 서문 끝부분에, '임금께서 저희들에게 자세히 이 글자에 대한 해석을 붙여 여러 사람들을 가르치라고 분부하시니, 이에 신(臣; 정인지)은 집현전 응교 최항, 부교리 박팽년, 신숙주, 수찬 성삼문, 돈녕부 주부 강희안, 행(行)집현전 부수찬 이개, 이선로 등과 더불어 삼가 여러 풀이와 예(例)를 들어서'라고 하여 8명의 이름을 열거한 바 있다. 강희안은 당시 집현전학사가 아니었으나 글씨를 잘 쓰고 박식하여 함께 참여시킨 것인데, 세종 23년(1441)에 식년문과에 급제한 새내기 돈녕부주부였다. 집현전학사가 아님에도 『훈민정음』 해례 집필에 참여하였을 뿐만 아니라, 세종 26년(1444)에는 최항, 박팽년, 신숙주와 함께 운회 번역 사업에 참여하여 『동국정운』을 편찬하였고, 1445년에는 최항 등과 『용비어천가』의 주석을 달았다. 그가 집현전에 들어간 것은 단종 2년(1454)이었다.

이 연명 상소에는 3년 뒤 간행된 『훈민정음』의 해례와 정인지 서문 이상으로 매우 중요한 사실이 기록되어 있다. 상소란 신하로서 임금에게 올리는 글이다. 상대가 임금이고 말이 아닌 문서라는 점에서 그 무게는 엄청났다. 그 내용도 가벼운 안부나 의견이 아니라 임금의 결정적 문제점이나 잘못, 또는 태도와 자세 따위를 지적하기도 하고, 통치의 실책을 지적하기도 하면서 그 시정을 요구하는 글이 상소다. 그러므로 그 글은 명확한 근거와 타당성을 갖추어야 했으니, 목숨을 건 글쓰기일 수밖에 없었다. 더욱이 여러 사람이 연명으로 글을 쓴다는 것은 매우 강력한 주장이며 임금에게도 큰 부담이 아닐 수 없었다. 세종이 언문을 창제하였다고 발표하자 두 달도 안 되어 올린 이 상소의 내용은, 집현전학사들이 이해하는 문자에 대한 인식과 관점, 중국에 대한 태도, 학문하는 자세 등이 잘 드러나 있다. 또 당시 조선의 언어생활과 외교관계까지도 엿볼 수 있다. 우선 이들이 연명 상소까지 한 것은 세종의 문자 창제가 얼마나 큰 사회적 사건이고, 문화적 충격이었는가를 보여주는 일이다. 자그마치 일곱 사람의 집현전 엘리트들이 머리를 맞대고 달포 동안 열심히 논의하여 그 논거와 논박의 명분을 찾아서 이를 정리하여 상소문을 작성한 것이다. 이 상소문이 세종의 언어정책에 반대하는 의견이고 최고의 두뇌집단인 집현전에서 올린 상소문이기에, 더욱 사료적, 역사적 가치가 높은 자료라 할 수 있다.

가장 먼저 알 수 있는 것은, 여기에 연명한 학자들은 세종이 문자를 만드는 일을 전혀 몰랐다는 것이다. 이들 뿐만 아니라 집현전 안팎의 어떤 사람도 전혀 몰랐다는 것을 증명한다고 말할 수 있는데, 그것은 만약 이 일을 임금이 누군가에게 시켰다면 그가 문자 제작을 위해 수많은 책을 참고하고 연구하는 과정에서, 좁은 집현전에 있는 다른 연구자들이 모르게 하기가 쉽지 않기 때문이다. 그것도 하루이틀이 아니라 수년 동안을 숨긴다는 것은 절대 불가능한 일이다. 적어도 집현전 안에서는 한두 사람이든 여러 사람이든 창제 작업을 하지 않았다는 것이다.

그리고 이 상소가 언문 창제 직후에 나온 신하들의 언급이라는 점에서 그들이 사전에 알지 못했다는 사실을 증명한다고 말할 수 있다. 만약 이 상소문이 실록에 기록되지 않았다면, 세종의 문자 창제에 대한 객관성과 실증성은 지금보다 훨씬 낮을 것이다. 또 이 상소로 인하여 세종이 신하들과 격론을 거치지 않았다면, 임금의 독단적 제작인지 집현전의 누군가와 협찬한 것인지 더욱 혼란스러웠을 것이다.

이들의 반대 상소는 결국 조선왕조 450여 년 동안 그 영향력을 끼쳤다. 그 효력도 대단하여 세종 사후 언문이 급격히 위축되어 제 구실을 할 수 없게 만들었다. 어떻게 보면 이들이 이토록 반대하지 않았다면 조선 사회는 엄청난 발전이 있었을 것이다. 훈민정음이 공식 문자로서 각급 교육기관에서 교육과 학습이 이루어졌을 것이고, 많은 간행물과 공문서, 사문서가 언문으로 쓰여졌을 것이다. 그러나 오늘날에도 한자 타령하는 사람들로 인해 한자를 완전히 버리지 못하는 마당에, 15세기 초강대국 명나라 밑에서 그런 일을 기대하기란 참으로 힘든 일이다.

세종이 아무리 박학하여도, 언문이 아무리 과학적인 문자라도, 그 문자를 살려 쓰고 발전시키려는 세종의 힘은 그리 오래 가지 못하였다. 당시 나이 많고 병든 임금의 명령은 신하들의 연명 상소에 무참히 무너져야 했고, 책마저 세종의 죽음으로 사라져버렸다. 세조와 성종 때의 노력도 있었으나 제도나 정책을 세우는 데까지 나가지는 못했다. 그런 반면, 이 상소문이 실록에 그대로 기록됨으로써 실록청 찬집자들의 흔들림 없는 객관성이 확보된 셈이고, 실록의 실증주의 정신이 더욱 공고해졌다 말할 수 있다. 이제부터 이들의 주장이 무엇이며 어떤 의미가 있는지 따져보기로 하자.

(1)

집현전 부제학 최만리 등이 상소하기를, 신들이 삼가 언문을 제작하신 것을 보니, 지극히 신기하고 놀라워서, 사물의 이치를 터득하여 〈언문을〉 창조하시고 지혜를 쏟으심이 천고에 뛰어나십니다. 하오나, 신들의 구구하고 좁은 소견으로는 오히려 의심스러운 바가 있어, 감히 간곡한 심정을 펴서 삼가 뒤에 열거하오니 성재(聖裁)하시기를 엎드려 바라옵니다.[集賢殿副提學崔萬理等上疏曰 臣等伏覩諺文制作 至爲神妙 創物運智 夐出千古 然以臣等區區管見 尙有可疑者 敢布危懇 謹疏于後 伏惟聖裁]

상소문 첫 문장에서 우선, 새로운 글자 이름이 '언문(諺文)'이라는 것을 알 수 있다. 첫 기록에서부터 나오는 이름으로서, 이 상소문 뒤에 이어지는 임금과의 대화에서 학자들과 세종은 모두 '언문'이라고만 부르고 있다. 아마도 이 새로운 글자를 만든 이가 세종이므로 '언문'이라는 이름도 세종이 맨 먼저 불렀고, 신하들이 이를 따라 불렀음을 추정할 수 있다. 당시까지만 해도 '언(諺)'이라는 한자는 '전하는 말, 속담, 입말'을 뜻하는 글자로, 사서삼경에도 많이 나오는 한자이고, 신하들도 자주 쓰던 한자말이니, '언문'이라는 이름이 '뜻글자'를 대신하는 '입말글자, 말소리 글자'를 뜻한다는 것을 직감적으로 받아들였을 것이다. 당시 실록에 '언문'이 무슨 뜻인지를 묻는 사람도, 그것에 대해 설명하는 기록도 보이지 않는다는 사실이 이를 증명해 준다.

최만리 등 집현전학사들이 처음 새로운 글자를 보거나, 창제 소식을 들은 것은 아마도 세종에게서 직접 들은 것이 아니고, 집현전 최고 책임자인 정인지를 통해서였던 것으로 보인다. 왜냐하면 만약 처음에 세종이 직접 글자를 신하들 앞에 펼쳐 보였다면 상소를 하기 전에 이미 찬반에 대한 대화가 그 자리에서 있었을 것이고, 그 사실이 사관에 의해 기록되었을 것이다. 그러나 그런 기록은 없이 이런 상소를 올렸다는 것은 누군가 전달자에 의해 새 글자의 이름이 '언문'이라는 것과, 어떻게 만들었다는 것을 전해 들었다고 생각할 수밖에 없다. 상소에서도 '누군가가 말하기를[儻曰]'이라는 말이 보인다.

그러면 과연 정인지가 최만리 등 집현전학사들에게 전한 말에는 어떤 내용이 들어 있었을까? 상소 내용에 기대어 알 수 있는 것은 우리가 알고 있는 해례본의 어제 서문이나 예의(例義)와 비슷한 내용이라는 것이다. 즉, 세종의 문자 창제의 뜻과 사성 칠음, 삼재 등 글자 만든 원리를 설명하고 초성, 중성, 종성 글자를 보임으로써, 모두가 신묘(神妙)함에 놀라지 않을 수 없었던 것이다.

그렇다면 세종이 어디서 어떻게 누구와 함께 만들었단 말인가? 실제로 진양(수양)대군과 안평대군, 그리고 정의공주 등이 도왔다는 기록이 몇몇 문헌에 전한다. 이것은 집안 식구 외에는 아무도 모르게 작업할 수 있는 공간, 즉 임금의 침전이나 내전 따위의 장소에서, 집안사람들이나 자식들과만 의견을 나누거나 실험해 보며, 수년간 세종 혼자 궁구하면서 글자를 만들었다면 가능한 일이다. 이 가설은 임금의 일이기에 충분히 가능한 일이다. 오히려 외부의 간섭 없이 누구의 눈치도 보지 않고, 조용히 일관성 있게 연구할 수 있는 최상의 환경이 아닐 수 없다. 세종은 누구보다 많은 책을 읽은 독서광이었고, 각종 운서와 역사서를 찾아 읽으며 문자 제작에 대한 지식을 넓힌 상태였다. 그의 지식은 실록이나 많은 사람의 글을 통해 이미 객관적으로 증명된 상태다. 이미 25년 동안 나라를 통치하면서 국내외 정세를 파악하고 연륜도 쌓았으며, 나이도 집현전학사들보다 많았다. 오랫동안 백성의 고통과 임금 자신의 삶에 대한 성찰, 글을 몰라 겪는 백성의 혼란, 그리고 많은 질환을 앓고 있던 세종에게, 언문 창제야말로 세종만이 할 수 있는, 죽기 전에 해야만 하는 과업이고 과제였음에 틀림없다.

당시 임금에게는 사관이 늘 그림자처럼 따라다녔지만 집안에까지 들어가지는 않았던 모양이다. 또 집현전의 좁은 공간에서 누군가가 세종을 도와 창제 작업을 했다면 학자들 사이에 절대 비밀이 지켜질 수 없는 조직이었으나 임금의 침전이나 내전은 절대적으로 안전했다. 실록 어디에도 창제에 대한 기록이 전혀 없고, 학자들의 개인 문집 등에서도 글자 창제 과정을 보거나 관여했다는 기록을 전혀 볼 수 없는 것은, 누군가와 함께 제작하지는 않았음을 말해주는 것이다. 결국 창제 협찬설, 지시설, 명령설과 같은 여러 주장은 문헌 기록을 제시하지 못하는 근거 없는 주장일 수밖에 없다.

(2)

1. 우리 조선은 선조 임금 때부터 내려오면서 지성스럽게 큰 나라를 섬기고 한결같이 중화(중국)의 제도를 따랐는데, 이제 글을 같이하고 법도를 같이하는 때를 당하여 언문을 창작하신 것은 보고 듣기에 놀랍습니다. 설혹 말하기를, '언문은 모두 옛 글자를 본뜬 것이고 새로 된 글자가 아니다.'라고 하지만, 글자의 형상은 비록 옛날의 전문(篆文; 전서체 글)을 모방하였을지라도 음을 쓰고 글자를 합하는 것은 모두 옛 것에 반대되니 실로 근거가 없사옵니다. 만일 중국에라도 흘러 들어가서 혹시라도 비난하여 말하는 자가 생기면, 어찌 큰 나라를 섬기고 중화를 사모하는 데에 부끄러움이 없사오리까?[一 我朝自祖宗以來 至誠事大 一遵華制 今當同文同軌之時 創作諺文 有駭觀聽 儻曰諺文皆本古字 非新字也 則字形雖倣古之篆文 用音合字 盡反於古 實無所據 若流中國 或有非議之者 豈不有愧於事大慕華]

태조 이성계는 원나라를 끊고 명나라를 섬기자고 위화도에서 회군하여 역성혁명을 일으켰다. 이렇듯 중화의 정통성과 그 제도, 학문을 받아들이는 것이 옳다고 주장하는 것은 개국 이래 조선의 임금과 신하들이 지녀야 할 기본 원칙이었으니, 그것을 지키기 위해서는 대국의 글인 한자와 한문을 써야 하며 새로운 글자를 만드는 것은 의리에 맞지 않고 사리에 어긋난다는 주장이다. 집현전의 최고 실권자로서 아주 온당한 생각이다. 이른바 '사대교린(事大交鄰)'은 조선의 외교정책을 집약시킨 기치(슬로건)이다. 당시 거대 강국 명나라에게 맞서 대립할 나라는 없었다. 명나라를 섬기고 그 주변 나라들과는 화친을 지켜 나간다는 것이다. 이러한 조선의 외교정책은 고집스러우리만치 500여 년 동안 지켜졌다. 특히 창업 초기로서 한문을 중국처럼 쓰고 중국의 법전을 들여와 썼다. 명나라 태조 주원장은 창업을 이루자마자 『대명률』이라는 법전을 반포하는데, 조선 태조 이성계가 그것을 들여와 우리말로 풀이한 『대명률직해』라는 법전을 반포한다. 이 법전은 우리말 어순으로 쓴 이두문 법전이지만 최만리의 말대로 중국의 한문과 명나라의 법전임에는 틀림없다. '글을 같이하고 법도를 같이하는 때'라는 것이다.

'비록 옛날의 전문(篆文)을 모방하였을지라도 음을 쓰고 글자를 합하는 것은 모두 옛 것에 반대되니 실로 근거가 없다.'라는 말에는 긍정적인 면과 부정적인 면이 동시에 들어 있다. 옛 전문을 모방했다고 하니 그것은 긍정적이라는 것이다. 전문이란 조선에서 가르치던 '10학(十學)' 가운데 하나로서, 한자 서체인 전자(篆字)를 배우는 것인데, 전자에는 '대전(大篆), 소전(小篆), 팔분(八分)'이 있었고 생활 속에서 자주 쓰던 글자체였다. 결국 한자 서체를 근거로 만들었다는 말에 긍정적으로 받아들인 것이다. 반면 부정적인 면은, 글자를 합하는 방식이 반절법이 아니라 초성, 중성, 종성으로 나누는 방식이어서 한자 분류법과는 전혀 다르기 때문에 잘못이라는 것이다.

최만리는 글자의 필요성보다는 명나라에 발각되면 외교적으로 큰

타격을 받을 것을 먼저 생각하고 있음을 볼 수 있다. 공맹의 사상을 신봉하는 학문적 관점에서도 부끄럽다고 생각하였다. 최만리는 학문을 현실 정치와 외교 활동에 맞추어야 한다는 매우 현실주의적인 관점을 가지고 있다. 하지만 세종은 우리나라 말이 중국말과 다르기 때문에 중국 문자로는 도저히 우리말을 표현할 수 없음을 『훈민정음』 서문에서 밝히고 있듯이, 글자는 외교와는 상관이 없는 것이고, 학문하거나 통치하는 데 현실적으로 필수적인 요소라고 파악하였으며, 명나라가 아무리 강대국이더라도 국가 통치를 위한 노력에 관여할 수 없는 일이라는 주체의식과 자주의식을 가지고 있었으니 그 관점이 아주 달랐다. 동양에서 제 나라 글자를 만드는 일은 아주 흔한 일이고, 주변국뿐만 아니라 중국 내부에서도 여러 차례 있었던 사실을 최만리는 곡해하였고 세종은 직시하였던 것이다.

(3)

1. 옛부터 구주(九州; 중국 각처) 안에 풍토는 비록 다르오나 지역의 말에 따라 따로 문자를 만든 것이 없사옵고, 오직 몽고(蒙古)·서하(西夏)·여진(女眞)·일본(日本)과 서번(西番)이 각기 그 글자가 있으되, 이는 모두 오랑캐[夷狄]의 일이므로 말할 것이 못 됩니다. 옛글에 말하기를, '중화를 써서 오랑캐를 변화시킨다'는 말은 있어도, '중화가 오랑캐로 변한다'는 말은 듣지 못하였습니다. 역대로 중국에서 모두, 우리나라는 기자(箕子)의 남긴 풍속이 있다 하고, 문물과 예악을 중화에 견주어 말하기도 하는데, 이제 따로 언문을 만드는 것은 중화를 버리고 스스로 오랑캐와 같아지려는 것으로서, 이른바 소합향(蘇合香; 웅담이나 사향)을 버리고 당랑환(螗螂丸; 말똥구리가 만든 소똥이나 말똥)을 취함이오니, 어찌 문명의 큰 흠절이 아니오리까?[一 自古九州之內 風土雖異 未有因方言而別爲文字者 唯蒙古西夏女眞日本西蕃之類 各有其字 是皆夷狄事耳 無足道者 傳曰 用夏變夷

未聞變於夷者也 歷代中國皆以我國有箕子遺風 文物禮樂 比擬中華 今別作諺文 捨中國而自同於夷狄 是所謂棄蘇合之香 而取螗螂之丸也 豈非文明之大累哉]

최만리는 오직 모화사대 정신만을 강조하고 있다. 여러 나라를 오랑캐라고 규정한 것은 중국(명나라)의 관점이다. 그런 관점에서 벗어나기만 하면 그 나라들이 왜 글자를 만들어야 했는지 이해가 빨리 될 수 있는 문제다. 당시 여러 나라에서 그들의 말과 맞지 않는 한문을 쓰면서 그 나라 말에 맞는 글자가 필요했고, 그래서 몽고, 서하, 여진, 일본, 서번이 각각 글자를 만들었지만 그들은 오랑캐이기 때문에 그것을 따를 수 없다는 것이다. 최만리도 당시 많은 나라에서 글자를 만들어 썼다는 사실에 대해서는 잘 알고 있었으나 이민족을 오랑캐로 몰아 우리 민족을 스스로 폄하하고 있다. 그러나 한자를 버린다는 것은 중국의 풍속과, 예악, 문물을 따르지 않겠다는 것이니 큰일 날 일이라는 것이다. 몽골은 칭기즈 칸 때에 기존의 위구르 문자를 개량하여 몽고글자를 만들었으나 원나라 세조 쿠빌라이 칸이 한자를 쉽게 터득하기 위해 파스파자를 새로 만든 것은 중국 역사 안에서 이루어진 문자 창제의 역사다. 서하는 경종이 한자를 모방하여 문자를 만들었으며, 여진은 만주족의 선조인 여진족을 말하는데, 금나라 태조 5년(1119)에 완안희윤이 만든 여진 대자(大字)와 희종 1년(1138)에 희종 스스로가 만든 여진 소자(小字)가 있었으며, 15세기까지 쓰여지다가 사라졌다. 이 또한 중국 안에서 이루어진 문자 창제의 역사다.

일본은 8세기 말쯤부터 가나글자를 만들어 썼다. 한자를 빌려 그 일부를 생략하여 만든 글자다. 서번은 서쪽 오랑캐 나라인 토번, 즉 티베트를 말하는데, 8세기에 인도와 중국 사이에서 두 나라의 문물을 교류하며 번성하였으며, 티베트문자를 만들어 썼다. 이들의 문자를 보면 한자를 본뜨거나 차자(借字) 표기로서 표음문자를 만든 것이지만, 그 원리가 체계적이지 못하여 한자를 벗어날 수가 없었으며 곧 사라졌다. 일본의 가나글자는 지금도 쓰고 있으나 이 역시 한자를 써야 하는 절름발이 글자가 되었다.

최만리의 생각은 온통 대국 명나라만을 향하고 있다. 당시로서는 모든 학문과 현실 외교를 생각할 때 충분히 그런 주장을 이해할 수 있다. 그렇다고 세종이 그런 처지를 몰랐을까? 모를 리 없다. 잘 알면서도 새로운 글자를 만드는 일이 온당하다고 여긴 까닭은 무엇일까? 그것은 중국 역사 속에서 이미 문자 창제라는 일이 수차례 있었고, 그것이 자국의 백성을 위하는 일이며, 통치자의 권위로 새로운 문화를 이룩하기 위해 필수 불가결한 언어정책이라는 것을 알았기 때문이다. 많은 역사서를 통하여 중국 황제들도 이미 주장하고 인정한 사실이라는 것이다. 그런 면에서 최만리의 사대모화, 화이론적 생각은 한계성을 드러낸다.

(4)

1. 신라 설총의 이두는 비록 만족스럽지 못한 우리말[俚言]이나, 모두 중국에서 통행하는 글자를 빌어서 말을 짓는 데 사용하였고, 한자와 근본적으로 서로 분리된 것이 아니니, 비록 말단 구실아치나 노비의 무리라도 반드시 익히고자 하면, 먼저 몇 가지 글을 읽어서 대충 한자를 알기만 해도 이두를 쓸 수 있사온데, 이두를 쓰는 자는 모름지기 한자에 의거하여야 능히 의사를 통하게 되므로, 이두로 인하여 한자를 알게 되는 자가 자못 많사오니, 또한 학문을 일으키는 데에 도움이 되었습니다. 만약 우리나라가 원래부터 한자를 알지 못하여 새끼로 매듭을 엮어 쓰는 시대라면 우선 언문을 빌어서 한때의 사용에 이바지하는 데는 오히려 나았을 것입니다. 그래도 바른 논의를 고집하는 자는 반드시 말하기를, '언문을 시행하여 임시방편으로 하는 것보다는 차라리 더

디고 느릴지라도 중국에서 통용하는 문자를 습득하여 먼 훗날의 계책을 삼는 것만 같지 못하다.' 할 것입니다. 더욱이 이두는 시행한 지 수천 년이나 되어 관아의 장부와 문서, 회의 기록 등의 일에 방해됨이 없사온데, 어찌 예로부터 시행하던 폐단 없는 글을 고쳐서 따로 천하고 상스럽고 무익한 글자를 창조하시나이까? 만약에 언문을 시행하오면 관리된 자가 오로지 언문만을 습득하고 학문하는 문자를 돌보지 않아서 관리들이 둘로 나뉠 것입니다. 진실로 관리된 자가 언문을 배워 통달한다면, 후진(後進)이 모두 이러한 것을 보고 생각하기를, 27자의 언문으로도 족히 세상에 입신할 수 있다고 할 것이오니, 무엇 때문에 마음을 다하고 힘써 노력하여 성리(性理)의 학문을 배우려 하겠습니까?[一新羅薛聰吏讀 雖爲鄙俚 然皆借中國通行之字 施於語助 與文字元不相離 故雖至胥吏僕隷之徒 必欲習之 先讀數書 粗知文字 然後乃用吏讀 用吏讀者 須憑文字 乃能達意 故因吏讀而知文字者頗多 亦興學之一助也 若我國 元不知文字 如結繩之世 則姑借諺文 以資一時之用猶可 而執正議者必曰 與其行諺文以姑息 不若寧遲緩而習中國通行之文字 以爲久長之計也 而況吏讀行之數千年 而簿書期會等事 無有防礎者 何用改舊行無弊之文 別創鄙諺無益之字乎 若行諺文 則爲吏者專習諺文 不顧學問文字 吏員岐而爲二 苟爲吏者以諺文而宦達 則後進皆見其如此也 以爲 二十七字諺文 足以立身於世 何須苦心勞思 窮性理之學哉]

최만리는 '이두 예찬론'을 펼치고 있다. 이두가, 설총이 제작한 글자가 아니라는 것을 오늘날에는 알고 있지만, 당시 사람들은 설총이 만든 것이라고 믿고 있었다. 세종도 최만리도 그랬다. 아무튼 최만리는 이두가 그리 만족스럽지 못한 글자임을 말하면서도 한자를 이용하여 만든 글자이니 학문에 도움이 된다고 하였다. 이두가 중국한자음을 표현하지 않고 우리말 말소리를 표현하였다고 하면서도, 이두를 써서 한문을 해득하면 되는 것이지 새로 글자를 만들 필요가 없다고 하였다. '이두는 시행한 지 수천 년이나 되어 관아의 장부와 문서, 회의 기록

등의 일에 방해됨이 없사온데, 어찌 예로부터 시행하던 폐단 없는 글을 고쳐서 따로 천하고 상스럽고 무익한 글자를 창조하시나이까?'라는 말은 바로 '이두 예찬론'이다. 또, '언문을 백성에게 가르치면 한자는 배우지 않으려고 할 것이고, 그렇게 되면 공맹의 가르침도 못 읽을 것이니 차라리 느릴지라도 한자를 배워 쓰도록 하여야 성리학을 깨닫게 될 것'이라는 말은 '언문 무용론'이다. 곧, 언문이 학문의 발전을 해친다는 주장이다. 한자가 곧 공맹의 가르침이라는 잘못된 논리다. 예나 지금이나 한자를 신성시하는 생각으로, 그리스어와 소크라테스의 말, 범어와 부처의 말, 라틴어와 성경 말씀을 동일시하는 착각이다.

사실 당시 이두는 조선의 공식 문자였다. 조선을 창업한 태조 이성계는 명나라 창업 법전인 『대명률』(1374)을 받아들여 『직해대명률』(또는 『대명률직해』)(1395)을 반포하였는데, 이 책은 명나라 말을 우리말로 완벽하게 재구성한 이두문 책이다. 이 책은 명실공히 새로운 나라 조선의 법전으로서, 오랫동안 형법의 기본서가 되었다. 곧, 이두문은 조선이라는 나라의 첫 법전에 쓰인 공식 문자였던 것이다. 이윽고 현실을 반영하여 육조(六曹)에 맞게 법을 만든 최초의 공적 법전인 『경제육전(經濟六典)』(1397)도 이두문으로 작성되었다.

이미 고려 때부터 널리 사용하던 이두가 조선에 와서 국가 공식 문자로서 공표된 것이다. 조선 초기부터 말기까지 모든 문서(공문서와 사문서)는 이두문으로 작성하였다. 즉, 중앙과 지방의 관리들이 주고받던 상언(上言), 장계(狀啓), 보첩(報牒) 등과, 행정관청에서 주고 받는 집문서, 땅문서, 노비문서, 그리고 편지나 물품 거래서와 같은 각종 사문서까지 그야말로 일상생활에 필요한 글쓰기는 대다수 이두문으로 작성하였다.

『심양장계』는 병자호란에 패한 뒤 소현세자 등이 청나라에 볼모로

가 있는 동안(1637~1643) 그곳에서 조선 조정에 올린 장계를 모은 책인데, 이 책을 보면 모두 이두문으로 장계를 올렸다. 『각사등록(各司謄錄)』은 조선 선조 10년(1577)부터 1910년까지 약 330여 년간 각 지방 관청에서 주고받은 문서들을 모은 책으로, 수만 편의 공문서가 모두 이두문으로 기록되어 있다. 임진왜란으로 불타지 않았다면 선조 이전의 이두문 문서들도 전해졌을 것이다.

이뿐만이 아니다. 현재 규장각과 장서각을 비롯하여 전국 도서관과 종친 종가에서 소장하고 있는 고문서를 합산한다면 수십만 편의 공문서, 사문서가 쏟아질 것이다. 이들 대다수가 이두문으로 작성되어 있다. 명실공히 이두문은 설총이 만들어 준 고마운 조선의 공식 문자라는 것이다.

이두문의 뿌리는 신라 「임신서기석(壬申誓記石)」(552)이다. 그러므로 이두문은 이미 천 년 동안 우리 겨레가 쓰던 문자였다. 이것은 매우 자연스런 현상이다. 그 옛날 중국에서 한자가 들어왔지만 중국말과 한문으로 된 문헌들을 따라 글을 적기는 매우 힘든 일이었다. 그러니 그 한자의 음과 뜻을 빌어 우리말식으로 글을 쓸 수밖에 없는 형편이었다. 주로 사물의 이름이나 용어 따위는 한문을 그대로 쓰지만 한문에 없는 토씨(조사)나 씨끝(어미)은 한자의 뜻과 소리를 차용하여 써야 했고, 이것을 이두라 불렀으며, 그 문장은 우리말식 문장, 즉 이두문이 된 것이다.

서양의 문자생활과 비교해 보면 이해가 빠르다. 로마제국이 망하였지만 로마자는 유럽의 많은 나라에서 계속 사용하였고, 그 로마자로 각자 제 나라의 말을 표기하고 있다. 영국은 영어를, 독일은 독일어를, 프랑스는 프랑스어를 로마자로 적으며 지금까지 살아오고 있다. 이러한 문자생활은 우리의 이두문처럼 남의 나라 문자를 이용해 내 나라

말을 표기하는 방식이다. 우리도 그랬다. 조선왕조 500년 동안 그렇게 한자를 빌어 우리말 방식으로 문장을 쓰면서 살아왔다.

이것은 조선이 망하고서야 바뀌었다. 한글이란 이름이 붙으면서부터다. 1900년 안팎 갑자기 서양 문물이 물밀듯 들어오고 다양한 나라 사람과 그들의 지식이 교류하면서 많은 선각자들이 한문과 한자를 버리고 한글과 우리말로 글을 쓰자고 나서기 시작했다. 계몽주의 언어관의 등장이다. 한글의 소중함과 훌륭함을 그제야 조금씩 깨달은 것이다. 그러나 지금도 한글의 소중함을 모르는 사람이 있다. 그 틈에 이두문은 '국한문 혼용'이라는 가면을 쓰고 오늘날에도 최만리처럼 주장하는 사람들에 의해 버젓이 쓰여지고 있다. 국한문 혼용의 뿌리는 곧 이두문이다. 그도 그럴 것이 이두문의 역사는 일천오백 년 동안 이어온 뿌리 깊은 글쓰기이니 말이다. 그러나 이제는 한자의 굴레를 벗어야 한다.

세종은 이두라는 문자 쓰기 방식에서 새로운 문자 창제라는 아이디어를 창출하였지만, 결국 이두문의 극성으로 언문은 활개를 펴지 못하고 숨죽여 지내야만 했다. 이두는 처음부터 우리말식으로 글을 쓰기 위해 생겨난 글자였고, 어려운 한자를 우리말 방식으로 빌려와 썼던 것인데, 세종이 쉽고 과학적인 글자를 만들어 주었음에도 빌려온 글자를 버리지 못하고 고집을 부리는 것이다. 집현전학사 7인은 세종의 깊은 뜻을 모르고 어려운 한자 멍에를 짊어지고 한자의 철창 안에 스스로를 가두고 더 편하다고 하는 것이다. 세종의 말을 듣고 세종의 뜻을 따랐다면, 아니 조금만 더 세종이 폭군이었다면 차라리 좋았을 것이다.

(5)

이렇게 되면 수십 년 후에는 문자를 아는 자가 반드시 적어져서, 비록 언문으로써 능히 관리의 일을 집행한다 할지라도, 성현의 문자를 알지 못하고 배우지 않아서 담을 마주한 것처럼 사리의 옳고 그름에 어두울 것이오니, 언문에만 능숙한들 장차 무엇에 쓸 것이옵니까? 우리나라에서 오래 쌓아 내려온 우문(右文; 학문을 무예보다 높이 여김)의 교화가 점차로 땅을 쓸어버린 듯이 없어질까 두렵습니다. 전에는 이두가 비록 한자 밖의 것이 아닐지라도 유식한 사람은 오히려 비천하게 여겨 이문(吏文)으로 바꾸려고 생각하였는데, 하물며 언문은 한문과 조금도 관련됨이 없고 오로지 거리에서 주고받는 말을 쓰기 위한 것이지 않습니까? 가령 언문이 전조(前朝) 때부터 있었다 하여도 오늘의 문명한 정치에 변로지도(變魯至道; 올바른 도에 이르게 함)하려는 뜻으로서 그대로 물려받을 수 있겠습니까? 반드시 고쳐 새롭게 하자고 의논하는 자가 있었을 것이니, 이는 빤한 이치이옵니다. 옛 것을 싫어하고 새 것을 좋아하는 것은 고금을 통해 근심스런 일이온데, 이번의 언문은 새롭고 기이한 한 가지 기예(技藝)에 지나지 못한 것으로서, 학문에 방해됨이 있고 정치에 유익함이 없으므로, 아무리 되풀이하여 생각하여도 그 옳은 것을 찾아볼 수 없사옵니다.[如此則數十年之後 知文字者必少 雖能以諺文而施於吏事 不知聖賢之文字 則不學墻面 昧於事理之是非 徒工於諺文 將何用哉 我國家積累右文之化 恐漸至掃地矣 前此吏讀 雖不外於文字 有識者尙且鄙之 思欲以吏文易之 而況諺文與文字 暫不干涉 專用委巷俚語者乎 借使諺文自前朝有之 以今日文明之治 變魯至道之意 尙肯因循而襲之乎 必有更張之議者 此灼然可知之理也 厭舊喜新 古今通患 今此諺文不過新奇一藝耳 於學有損 於治無益 反覆籌之 未見其可也]

최만리는 언문을 만든 세종의 뜻에 반대했다. 최만리는 한자를 배워 중국의 문리를 배우고 공맹의 도리를 따르는 것이 학문하는 자세인데 오히려 임금께서는 저잣거리에서 주고받는 쓸모없는 사람들의 말을 위해 글자를 만든다고 핀잔을 주었다. '하물며 언문은 한문과 조금도 관련됨이 없고 오로지 거리에서 주고받는 말을 쓰기 위한 것이지 않습니까?' 최만리의 입에서 나온 이 말은 역설적이게도 세종의 창제 목적을 여실히 드러내 주고 있다. 요즘 많은 학자들이 훈민정음 창제 목적을 중국한자음의 표기를 위한 것으로 보고 있는데, 최만리의 말에 따르면 한문과는 조금도 관련됨이 없고 오로지 백성들의 일상적인 말을 쉽고 편하게 적을 수 있도록 언문을 만들었다는 것이다. 그런 세종의 태도가 싫다는 것이고, 잘못된 일이라고 비판하는 것이다.

언문만 알고 한문을 모르면 사리의 옳고 그름을 모를 것이라는 최만리의 우려는 기우에 지나지 않았음을 오늘날 문자 생활을 통해 알 수 있다. 오히려 지구상 많은 문자와 문화를 받아들이고, 서적들을 번역하여 배움으로써 더 올바르고 깊이 있게 알게 되었고, 전문인이나 학자들이 더욱 많아져서 과학은 발전하였고 학문의 수준은 더욱 높아졌다. 지금까지 언문이 없이 한문으로만 학문을 하였다면 모든 청소년들이 수많은 나라의 학문을 터득하기는 더욱 어려웠을 것이고, 특히 수많은 일상 속 순우리말을 모두 잃고 말았을 것이다.

이두문의 결정적 단점은 우리말, 곧 토박이말을 표현하지 못하는 데 있다. '나, 너, 우리, 콩, 팥, 해, 달'과 같은 우리말을 절대 쓸 수가 없었다. 그저 그것들을 '아(我), 여(汝), 아등(我等), 두(豆), 적두(赤豆), 일(日), 월(月)'로만 표현하여야 하기 때문이다. 우리말 어순대로 쓸 수 있어 읽는 데는 편리했지만 순우리말을 잃게 되는 절박한 순간을 보면서, 세종은 이두를 버리고 '나랏말쏨[國之語音]'을 살려 써야한다는 목표를 다졌던 것이다. '우리나라 말이 중국과 달라 … 새로 스물여덟 자를 만든다.'라고 한 것이다.

여기서도 최만리는 한문 예찬론을 펼치고 있다. '이두가 한자 밖의 것이 아니다.'라고 하면서, 한발 더 나아가 '이두'보다 '(한)이문'이 더 낫다는 사람이 있다고 한다. '한이문'은 외교문서에 쓰는 중국어 글쓰기 방식이다. 최만리는 글이란 오로지 중국의 학문을 배우는 데에만 필요한 것으로 판단하고 있다. 말과 글의 효용성, 상관성을 전혀 생각지 않고 있으며, 일반 백성들의 의사소통을 위해 글자가 필요하다는 것을 절대 용납하려 하지 않았다.

언문으로 학문을 하거나 나라를 다스리면 도덕이 무너지고 예의가 사라지며, 학문이 이루어지지 않는다고 여기고 있다. 최만리의 생각은 학문의 이치가 한자를 알아야 터득할 수 있다는 것이다. 그러나 학문은 글자에 있는 것이 아니고 글의 내용과 뜻, 주장과 논리에 있는 것이기 때문에 어떤 문자로 기록된 학문이라도 그 문자를 번역하여야 하는 것이니, 문자는 학문의 도구이지 학문 자체가 아니다.

최만리는 세종이 옛것을 싫어하고 새것만 좋아한다고 핀잔을 주면서, 글자 만든 것을 잔재주에 지나지 않는다고 막말까지 서슴지 않는다. 최만리는 조선의 양반 관료들의 생각이 자신들과 같을 것이라는 자신감에 차 있다. 결국 그 생각이 조선 말까지 사대부들의 생각을 지배해 온 것도 사실이다.

(6)

1. 만약 누군가 말하기를, '살인에 대한 옥사(獄辭) 같은 것을 이두 문자로 썼을 때, 글 모르는 어리석은 백성이 한 글자의 착오로 혹 원통함을 당할 수도 있으나, 이제 언문으로 그 말을 직접 써서 읽어 듣게 하면, 비록 지극히 어리석은 사람일지라도 모두 다 쉽게 알아들어서 억울함을 품을 자가 없을 것이다.'라고 할지 모르나, 예로부터 중국은 말과 글이 같아도 사람을 잡아 가둠에 원통한 일이 심히 많습니다. 가령 우리나라만 하더라도 옥에 갇혀 있는 죄수로서 이두를 해득하는 자라도 친히 범죄를 적은 문서를 읽고서 허위인 줄을 알면서도 매를 견디지 못하여 그릇 항복하는 자가 많사오니, 이는 범죄 문서의 글 뜻을

알지 못하여 원통함을 당하는 것이 아님이 명백합니다. 만일 그렇다면 비록 언문을 쓴다 할지라도 무엇이 이보다 다르리까? 이것은 형옥(刑獄)의 옥리(獄吏)가 공평한가 공평하지 못한가에 달린 것이지, 말과 문자의 같고 다름에 있지 않다는 것을 보여주는 것이니, 신들은 언문으로써 옥사를 공평하게 할 수 있다는 말이 옳은 줄을 알 수 없사옵니다.[一若曰如刑殺獄辭 以吏讀文字書之 則不知文理之愚民 一字之差 容或致冤 今以諺文直書其言 讀使聽之 則雖至愚之人 悉皆易曉而無抱屈者 然自古中國言與文同 獄訟之間 冤枉甚多 借以我國言之 獄囚之解吏讀者 親讀招辭 知其誣而不勝棰楚 多有枉服者 是非不知招辭之文意而被冤也明矣 若然則雖用諺文 何異於此 是知刑獄之平不平 在於獄吏之如何 而不在於言與文之同不同也 欲以諺文而平獄辭 臣等未見其可也]

최만리는, 백성이 법을 지키는 것은 법문을 읽어 해득하여 따르는 것이 아니라 법을 시행하는 사람이 공평하게 해야 지켜지는 것이라고 말하고 있다. 하지만 한자로 적혀 있어서 그 법의 내용을 모른다면 대중이 집행관의 횡포나 형평성에 어긋난 처결에 맞서 따질 수도 없거니와 그런 법이 있는지도 모를 것이니 이것은 지배자의 논리일 수밖에 없다. 최만리의 정신이 세종의 애민 정신과 아주 멀리 있음을 보게 된다. 최만리는 우매한 백성이 다스리기에 좋다는 논리로밖에 볼 수 없다.

최만리는 여기서도 줄기차게 '이두 예찬론'을 펼치고 있다. 죄수가 이두로 기록한 판결문이 허위인 줄을 알아도 항복하는 것은, 글을 몰라 원통함을 당하는 것이 아니라 관리의 불공평 때문이라는 주장을 편다. 갑자기 최만리가 도교의 불립문자(不立文字)를 주장하는 격이다.

(7)

1. 무릇 일의 공로를 세울 때는 쉽고 빠른 것을 귀하게 여기지 않사

온데, 국가가 근래에 조치하는 것이 모두 빨리 이루는 것에 힘쓰니, 두렵건대, 정치하는 올바른 체제가 아니라고 생각합니다. 만일에 언문이 꼭 필요해서 만드는 것이라면, 이것은 풍속을 변하여 바꿀 만한 큰 일이므로, 마땅히 재상으로부터 아래로는 모든 신하들에 이르기까지 함께 의논하되, 나라 사람이 모두 옳다 하여도 오히려 선갑후경(先甲後庚; 일의 앞뒤 차례를 잘 살핌)하여 다시 세 번을 더 생각하고, 제왕(帝王; 황제와 군주)에 묻고 따져 바르게 하여 어그러지지 않고, 중국에 상고하여 부끄러움이 없으며, 백년이라도 성인(聖人)을 기다려 의혹됨이 없은 연후라야 이에 시행할 수 있는 것이옵니다. 이제 널리 여러 사람의 의논을 채택하지도 않고 갑자기 구실아치 10여 사람에게 가르쳐 익히게 하며, 또 가볍게 옛사람이 이미 이룩해 놓은 운서(韻書)를 고치고, 근거 없는 언문을 가져다 붙이고 장인(匠人) 수십 사람을 모아 나무판에 새겨 떠서 급하게 널리 반포하려 하시니, 천하 후세의 공의(여론)가 어떠하겠습니까? 또한 이번 청주 초수리(椒水里)에 거동하시는 데도 특히 농사가 흉년인 것을 염려하시어 호위하여 따르는 모든 일을 힘써 간략하게 하셨으므로, 전날에 비교하면 10에 8, 9는 줄어들었고, 임금께 올리는 공무(公務)도 또한 의정부에 맡기시었는데, 언문이야말로 국가의 급하고 부득이하게 시간을 맞출 일도 아니온데, 어찌 이것만은 행재소에서 급히 하시어 몸을 보살핌에 번거롭게 하시나이까? 신들은 그 옳음을 더욱 알지 못하겠나이다.[一 凡立事功 不貴近速 國家比來措置 皆務速成 恐非爲治之體 儻曰諺文不得已而爲之 此變易風俗之大者 當謀及宰相 下至百僚國人 皆曰可 猶先甲先庚 更加三思 質諸帝王而不悖 考諸中國而無愧 百世以俟聖人而不惑 然後乃可行也 今不博採群議 驟令吏輩十餘人訓習 又輕改古人已成之韻書 附會無稽之諺文 聚工匠數十人刻之 劇欲廣布 其於天下後世公議何如 且今淸州椒水之幸 特慮年歉 扈從諸事 務從簡約 比之前日 十減八九 至於啓達公務 亦委政府 若夫諺文 非國家緩急不得已及期之事 何獨於行在而汲汲爲之 以煩聖躬調燮之時乎 臣等尤未見其可也]

최만리는, 세종이 새 글자를 만들어 반포하는 것에 대해 매우 졸속으로 이루어졌고, 깊이 생각하지도 않았고, 신하들과 의논하지도 않아서 아무런 근거도 없다고 폄하하고 있다. 중요하다면 대국에 알리고 백년이라도 성인을 기다려서 해야 한다고 주장한다. 또 중요하지도 않고, 시급하지도 않은 일을 서둘러 결정하여 앞으로 그 폐단이 많을 것이라고 협박까지 하고 있다. 이것은 그동안 세종이 새 글자를 만들 때 학자들이나 신하들에게 알리지 않고 독단적으로 만들었다는 괘씸함이 묻어 있는 말이다. 언제부터 어떠한 준비 과정을 통하여 얼마만큼 연구하여 만들었는가 하는 의구심을 나타낸 말로서, 자신들처럼 똑똑한 집현전학사들을 무시하고 하급 관리 10여 명에게 직접 익히게 한 처사가 못마땅했던 것이다.

신하들과 학자들에게 새로운 글자를 만들 것을 알리고 논의를 거치면서 좀 더 다양한 의견을 수렴하는 과정이 없었고, 임금 독단으로 큰 일을 벌이었다는 데 최만리는 문제를 제기하고 있는 것이다. 그런 의미에서 그의 주장은 잘못이라고 할 수 없다. 그럼에도 세종이 이 사업을 신하들과 학자들에게 알리지 않고 비밀히 추진하였던 것은 왜일까? 아마도, 문자에 대해 갑론을박하는 주장으로 국론이 분열되고 시급한 정사에 소홀하게 되는 것을 염려하였을 것이다. 신하들은 중국의 눈치를 보면서 처음부터 무용론을 펼쳤을 것이고, 이에 휘말려 시작도 할 수 없음을 염려했을 것이다. 그렇다고 글자를 만드는 전문적인 학문 분야도 없었고, 중국의 눈치가 두렵기도 했을 것이다. 무엇보다도 독서량이 풍부했던 임금으로서 충분히 혼자서도 해낼 자신이 있었을 것이다. 더욱이 수많은 운서와 역사서를 참고 자료로 읽어야 했으므로 누구와 함께 읽고 토론할 시간적 여유가 없었을 것이다. 한자의 분류 체계인 7음(아·설·순·치·후·반설·반치)을 형상화하여 글자를 만들자는 아이디어를 떠올린 순간, 백성을 위해 의지를 펼칠 수 있는 사람은 오직 세종 자신뿐이라는 판단을 했을 것이다.

(8)

1. 옛 선유(先儒)가 이르기를, '여러 가지 완호(玩好)는 대개 지기(志氣)를 빼앗는다. 서찰(書札)에 이르러서는 선비의 하는 일에 가장 가까운 것이나, 외곬으로 그것만 좋아하면 또한 자연히 지기가 상실된다.' 하였습니다. 이제 동궁(東宮; 왕세자)이 비록 덕성이 성취되셨다 할지라도 아직은 유학(儒學)에 마음을 깊이 두시어 그 이르지 못한 것을 더욱 탐구해야 할 때입니다. 언문이 비록 유익하다 이를지라도 특별히 문사(文士)의 육예(六藝) 가운데 한 가지일 뿐이옵니다. 하물며 만에 하나도 정치하는 도리에 유익됨이 없사온데, 정신을 연마하고 사려를 허비하며 날을 마치고 때를 옮기시오니, 실로 때를 맞추어 해야 할 민감한 학업에 손실되옵니다. 신들이 모두 시를 짓거나 묵화를 그리는 보잘것없는 재주로, 시종신(侍從臣)으로서 죄를 짓고 있으므로, 마음에 품은 바를 감히 묵묵부답으로 있을 수 없어서 삼가 간곡한 마음을 다하여 아뢰에, 우러러 성총을 번거롭게 하였나이다." 하였다.[一 先儒云 凡百玩好 皆奪志 至於書札 於儒者事最近 然一向好着 亦自喪志 今東宮雖德性成就 猶當潛心聖學 益求其未至也 諺文縱曰有益 特文士六藝之一耳 況萬萬無一利於治道 而乃研精費思 竟日移時 實有損於時敏之學也 臣等俱以文墨末技 待罪侍從 心有所懷 不敢含默 謹罄肺腑 仰瀆聖聰]

옛 선유의 말이란, 『소학(小學)』 외편에 나오는, 중국 북송 때 사람 정호(程顥)의 말이다. "명도(明道) 정호 선생이 말씀하시기를, 자제 중에 경솔하지만 재주가 뛰어난 자가 염려된다면 단지 경서를 소리 내어 읽도록 가르칠 뿐 글을 짓게 해서는 안 된다. 자제들이 온갖 잡스런 것들을 즐기고 좋아하는 것은 모두 학문에 대한 뜻을 빼앗게 만든다.

그 중에 글씨를 익히고 편지를 쓰는 것은 선비들의 일 중에 가장 중요한 것들이긴 하지만, 이것들마저 지나치게 집착하면 또한 저절로 본뜻을 잃게 된다."라고 하였다. 동양에서는 전통적으로 학문한다고 할 때 성현의 말씀을 읽어 그 뜻을 깨치는 것을 중요시한 반면, 글쓰기, 창작, 편지쓰기 따위는 부속적인 일로 생각하였다. 그러한 전통에 따라 글자를 만드는 일은 임금이나 성인에게 무익한 일이라고 여겼던 것이다.

최만리는, 왕세자에게 학문할 시간까지 뺏으면서 언문 창제에 관여케 하는 것은 정치하는 도리에 유익하지 않다고 하면서, 글자 개발은 선비들이 한가할 때 하는 기예에 불과한 것이니 나라를 다스릴 왕세자에게 시켜서는 안 된다고 하였다. 이 부분에서 언문 창제에 왕세자(문종)의 도움을 받았음을 알 수 있다. 사실은 이에 앞서 2월 16일 실록에 따르면, 집현전학사들에게 운회를 번역하게 하면서 왕세자에게 그 번역 사업의 총괄 관리를 맡긴 일이 있다. 그 일을 지적한 것이다.

(9)

임금이 글을 보고, 최만리 등에게 이르기를,

"너희들이 이르기를, '음(音)을 사용하고 글자를 합한 것이 모두 옛글에 위반된다.' 하였는데, 설총의 이두도 역시 음이 다르지 않느냐? 또 이두를 제작한 본뜻은 백성을 편리하게 하려 함이 아니겠느냐? 만일 그것이 백성을 편리하게 한 것이라면 지금 언문도 백성을 편리하게 하려 한 것이다. 너희들이 설총은 옳다 하면서 임금의 하는 일은 그르다 하는 것은 무엇 때문이냐? 또 너희가 운서(韻書)를 아느냐? 사성 칠음(四聲七音)에 자모(字母)가 몇이나 있느냐? 만일 내가 그 운서를 바로잡지 아니하면 누가 이를 바로잡을 것이냐? 또 글에 이르기를, '새롭고 기이한 하나의 기예(技藝)일 뿐이다.' 하였으니, 내 늘그막에 하는 일 없이 세월을 보내기 싫어 서적으로 벗을 삼을 뿐인데, 어찌 옛 것을 싫어하고 새 것을 좋아하여 하는 것이겠느냐? 또는 매사냥을 하는 기예도 아닌데 〈육예 가운데 한 가지일 뿐이고 한〉 너희들의 말은 너무 지나치다. 그리고 내가 나이 늙어서 국가의 직무를 세자에게 오로지 맡겼으니, 비록 작은 일일지라도 참예하여 결정함이 마땅하거든, 하물며 언문이겠느냐? 만약 세자로 하여금 항상 동궁(東宮)에만 있게 한다면 환관(宦官)에게 일을 맡기랴? 너희들이 가장 가까이에 있는 신하로서 내 뜻을 밝게 알면서도 이러한 말을 하는 것이 옳은 일이냐?" 하였다.[上覽疏 謂萬理等曰 汝等云 用音合字 盡反於古 薛聰吏讀 亦非異音乎 且吏讀制作之本意 無乃爲其便民乎 如其便民也 則今之諺文 亦不爲便民乎 汝等以薛聰爲是 而非其君上之事 何哉 且汝知韻書乎 四聲七音 字母有幾乎 若非予正其韻書 則伊誰正之乎 且疏云 新奇一藝 予老來難以消日 以書籍爲友耳 豈厭舊好新而爲之 且非田獵放鷹之例也 汝等之言 頗有過越 且予年老 國家庶務 世子專掌 雖細事固當參決 況諺文乎 若使世子常在東宮 則宦官任事乎 汝等以侍從之臣 灼知予意 而有是言可乎]

이어진 위 글은, 상소를 보고 난 뒤 그들을 불러서, 세종과 연명자들이 함께한 자리에서 상소 내용의 잘못을 지적하며 의견을 들어본 것이다. 여기서 세종이 최만리 등의 상소문에 대응하여 펼친 몇 가지 주장을 보자.

① 이두가 한자음과 다른 우리말을 표현한 것은 언문과 마찬가지인데 이두는 좋다 하고 언문은 그르다 하니 잘못이다.
② 글자를 만든 본뜻이 백성을 편리하게 하려 한 것은 설총과 임금이 마찬가지인데 임금만 잘못이라 하니 옳지 않다.
③ 운서, 사성과 칠음, 자모에 대해 모르는 자들이 어찌 언문의 중요성을 알겠는가? 성운학에 대해 알지도 못하면서 글자의 중요성을 말하는 것은 잘못이다.

④ 임금이 오랫동안 연구한 결과를 '새롭고 기이한 하나의 잔재주다. 옛것을 싫어한다.'라고 임금을 폄하하는 짓은 옳지 않다.
⑤ 임금이 국가의 직무를 세자와 상의하는 것은 잘못이 아니다.
⑥ 가장 가깝게 있으면서 임금의 깊은 뜻을 헤아리지 못하고 함부로 말한 것은 옳지 않다.

(10)

최만리 등이 대답하기를, "설총의 이두는 비록 음이 다르다 하나, 음에 따르고 해석에 따라 어조(語助)와 문자가 원래 서로 떨어지지 않사온데, 이제 언문은 여러 글자를 합하여 함께 써서 그 음과 해석을 바꾼 것이고, 글자의 모양이 전혀 아닙니다. 또 새롭고 기이한 한 가지의 기예라 하온 것은 특히 글자의 기세를 보고 말한 것이옵고 다른 뜻이 있는 것은 아니옵니다. 동궁은 공사(公事)라면 비록 작은 일일지라도 참예하여 결정하시지 않을 수 없사오나, 급하지 않은 일을 무엇 때문에 시간을 허비하며 심려하시옵니까?" 하였다. 임금이 말하기를, "전번에 김문이 아뢰기를, '언문을 제작함에 불가할 것은 없습니다.' 하였는데, 지금은 도리어 불가하다 하고, 또 정창손은 말하기를, '『삼강행실』을 반포한 후에 충신·효자·열녀의 무리가 나옴을 볼 수 없는 것은, 사람이 행하고 행하지 않는 것이 사람의 자질 여하에 있기 때문입니다. 어찌 꼭 언문으로 번역한 후에야 사람이 모두 본받을 일이겠습니까?' 하였으니, 이따위 말이 어찌 선비의 이치를 아는 자의 말이냐? 아무짝에도 쓸데없는 선비이다." 하였다. 이는 지난번에 임금이 정창손에게 말씀하기를, "내가 만일 언문으로 『삼강행실』을 번역하여 민간에 반포하면 어리석은 남녀가 모두 쉽게 깨달아서 충신·효자·열녀가 반드시 무리로 나올 것이다." 하였는데, 정창손이 이 말로 계달한 때문에 이제 이러한 하교가 있은 것이었다. 임금이 또 하교하기를, "내가 너희들을 부른 것은 처음부터 죄주려 한 것이 아니고, 다만 글 안에 한두 가지 말을

> 물으려 하였던 것인데, 너희들이 사리를 돌아보지 않고 말을 바꾸며 대답하니, 너희들의 죄는 벗기 어렵다." 하고, 드디어 부제학 최만리, 직제학 신석조, 직전 김문, 응교 정창손, 부교리 하위지, 부수찬 송처검, 저작랑 조근을 의금부에 내렸다가 이튿날 석방하라 명하였는데, 오직 정창손만은 파직시키고, 곧바로 의금부에 지시하기를, "김문이 앞뒤에 말을 바꾸어 계달한 사유를 국문(鞫問)하여 아뢰라." 하였다.[萬理等對曰 薛聰吏讀 雖曰異音 然依音依釋 語助文字 元不相離 今此諺文 合諸字而竝書 變其音釋而非字形也 且新奇一藝云者 特因文勢而爲此辭耳 非有意而然也 東宮於公事則雖細事不可不參決 若於不急之事 何竟日致慮乎 上曰 前此金汶啓曰 制作諺文未爲不可 今反以爲不可 又鄭昌孫曰 頒布三綱行實之後 未見有忠臣孝子烈女輩出 人之行不行 只在人之資質如何耳 何必以諺文譯之 而後人皆效之 此等之言 豈儒者識理之言乎 甚無用之俗儒也 前此 上敎昌孫曰 予若以諺文譯三綱行實 頒諸民間則愚夫愚婦 皆得易曉 忠臣孝子烈女 必輩出矣 昌孫乃以此啓達 故今有是敎 上又敎曰 予召汝等 初非罪之也 但問疏內一二語耳 汝等不顧事理 變辭以對 汝等之罪難以脫矣 遂下副提學崔萬理 直提學辛碩祖 直殿金汶 應敎鄭昌孫 副校理河緯地副修撰宋處儉 著作郎趙瑾于義禁府 翌日命釋之 唯罷昌孫職 仍傳旨義禁府 金汶前後變辭啓達事由 其鞫以聞]

세종은 상소에 대해 매우 너그러운 조치를 취하며 신하로서 의견을 제시한 것들을 인정하고 있다. 사리에 맞지 않는 말로서 말을 바꾼 것만을 죄주었을 뿐, 논쟁에 대한 일은 크게 문제 삼지 않았다. 그러나 신하들은 마지막까지 이두 예찬론을 펼치면서 세종의 언문은 글자의 형상이 아니라고 폄하하는 말을 계속 하고 있다. 오늘날 과학적 관점에서 바라볼 때, 세종의 창제 원리가 조음음성학적으로 변별 자질을 가진 문자를 창제한 매우 과학적인 발상임을 당시 학자들은 깨닫지 못하였다. 한자의 굴레에서 벗어나지 못한 채 언문을 보고 '글자의 형상이 아니다'라고 폄하한 최만리가 얼마나 맹목적 모화사상에 눈이 멀었는가를 새삼 느끼게 된다. 그럼에도 불구하고 좋으나 싫으나 최만리와 같은 생각은 당시 대다수 사대부의 생각이었고, 이후 조선왕조가 끝날 때까지 그 생각이 나라를 지배하면서 언문(훈민정음)의 발전을 가로막고 침체의 늪에 빠뜨렸다.

4. 훈민訓民의 뜻

'훈민정음'이란 말을 누가 지었나? 1443년 실록의 기록에서, "세종이 언문을 창제하였다. … 그리고 이를 '훈민정음'이라 일렀다."라고 한 말은 두 가지로 해석할 수 있다. 첫째는, 세종이 새 글자 28자를 만들고 언문이라 하였는데, 이를 공식적으로 뜻을 새겨 '훈민정음'이라 이름을 붙였다는 해석이고, 둘째는, 세종이 글자를 만든 처음에 언문이라 부르다가 글자에 대한 풀이와 예를 정리하여 책으로 엮으면서 『훈민정음』이란 이름을 붙였다는 해석이다. 일반적으로 학자들은 첫째를 뜻한다고 말하지만 글쓴이는 둘째라고 생각한다. 그런데 '훈민정음'이란 말보다 앞서 명명(命名)한 '언문'의 뜻은 묻지 않고 쉽게 간과해 버리곤 한다. 지금 현대 우리말 사전에서는, '언문이란, 훈민정음을 중국의 한자에 비교하여 낮추어 일컬은 말'이라고 규정하고 있지만, 사실은 언문이란, '전하는 말의 문자, 입말의 문자, 말소리의 문자'라는 뜻이다.

'훈민정음'이란 말이 처음 기록된 문장에서도, 그보다 앞서 '上親制諺文(임금이 손수 언문을 만들었다.)'이라고 하고, 그 말 끝에 '이를 훈민정음이라 이른다.'라고 함으로써, '언문'과 '훈민정음'이 같은 대상을 가리키는 이름임을 밝히고 있다. 세종이 문자 창제를 알린 뒤 몇 달 동안 신하들과 엄청난 논쟁이 일어났는데, 그 논쟁 중에는 언제나 언문이라 했지 훈민정음이라고 하는 말은 전혀 찾아볼 수가 없다. 이것은 어느 기간 동안 훈민정음이라는 이름 없이 언문이란 이름으로만 불렀기 때문이 아닐까? 그렇다면 언문이 훈민정음을 폄하하여 부른 것이 아니라 애초부터 새 글자를 부르던 본래의 이름이었다는 말이 된다.

세종은 왜 '언문'에 다시 '백성 가르치는 정(正)한 소리[訓民正音]'라는 이름을 붙였을까? '훈민(訓民)'의 뜻은 무엇인가? 홍윤표(1997, 248)에서는 '가르치다'라는 뜻으로 '교(敎)'와 '훈(訓)'이 있는데, '훈'은 수준이 낮거나 신분이 낮은 아랫사람에게 쓰는 한자여서 '훈민'이라 했다고 하였다. 대체로 당시 시대 상황에 비추어 볼 때 타당한 분석이다. 멀게는 천 년 전 우리나라에 한자가 들어올 때부터 세종 때까지 한자를 써서 글을 짓고, 책을 읽고, 학문을 하고, 정치와 외교에 관한 문서를 작성하면서 한자를 몰라 글 내용을 파악하지 못하는 사람들이 얼마나 많았는가? 세종은 수없이 많은 책과 씨름하며, 또는 중국과 외교를 펼치면서 고민하였을 것이다. 글깨나 안다는 지식인들도 한자 해석이 분분하고 발음도 제각각이어서 임금의 명령이나 향리가 올린 글이 제대로 전달되지 못하는 상황도 많았을 것이다. 더욱이 송나라, 원나라, 명나라로 정권이 바뀌면서 중국말과 한자 발음도 혼탁하게 변해왔다. '백성을 가르치기 위해'라는 말은 그래서 당위적이고 실제적인 명제였다. 통일된 표준 한자 발음, 외교문서의 작성법, 백성을 위해 만드는 책들의 정확한 표기, 이런 것들이 제대로 이루어져야 백성을 올바로 가르칠 수 있었다.

세종 10년(1428)에 이미 『삼강행실』 편찬을 명령하면서 세종은 '어리석은 백성을 깨우쳐 주어야 한다.'라는 말을 하였고, 언문을 창제한 직후에 또 '언문으로 『삼강행실』을 번역하여 민간에 반포하면 어리석은 남녀가 모두 쉽게 깨달아서 충신·효자·열녀가 반드시 무리로 나올 것이다.'라고 기뻐하기도 하였다. 그러므로 언문에 '훈민(訓民)'이라는 뜻을 붙인 것은 당연한 일이었다.

또한 백성에게 가르쳐야 할 것에는 무엇보다도 우리말이 있었다. 『훈민정음』 해례본에 무엇보다 먼저 예로 보인 말이 우리말인 것을 보아도 알 수 있다. '땅, 짝, 사랑하다, 쏘다, 낚시, 닭때, 흙, 사람, 활, 돌, 칼, 붓, 낟알, 못, 입, 콩, 너울, 벌, 파, 논밭, 호미, 벼루, 사슴, 발톱, 서리, 버들, 소, 절, 굼벵이, 올챙이, 달, 별, 반디 …'(해례본에 나오는 말들). 참으로 하늘의 별처럼 반짝이는 수많은 우리말을 표현할 길을 찾아야 했다. 이두문에서는 '콩' 대신 '두(豆)'라고만 해야 했던 답답함과, 그래서 백성들과 소통할 수 없는 답답함을 모두 해소해야만 제대로 '훈민(訓民)'하는 것이 아닌가? '백성을 가르칠 글자'. 그것이 언문이었다.

5. 정음正音의 뜻

그렇다면 마지막 남은 물음 '정음(正音)이란 무엇인가?'에 대해 알아보자. 이 물음에 답을 얻기 위해서는 그 말이 어디에서부터 생겨났는지 알아보아야 한다.

명나라 태조 주원장은 즉위 8년(1375) 정확한 중국어 표준어 발음을 명시한 『홍무정운(洪武正韻)』을 반포하였다. 이 책은 다음과 같은 서문으로 시작된다.

홍무정운 서문

사람이 있으면 소리가 있고, 소리가 나면 칠음(七音)을 구비하게 된다. 이른바 칠음이란, 아, 설, 순, 치, 후, 반설, 반치를 말한다. 슬기로운 자가 관찰하면 청탁의 두 가지 원리와, 각, 치, 궁, 상, 우, 그리고 반상, 반설음까지 알게 된다. 천하에 모든 소리가 다 여기에 속한다. 그러므로 음(音)이란 운서(韻書)의 실마리라고 할 수 있다. 무릇 짧게 나는 소리로도 문(文)을 이루고 음(音)이 되며, 음은 곧 자연이 조화를 이루는 것이지 강제로 힘쓴다고 이루어지는 것이 아니다. 순임금 때의 갱가(賡歌) 강구(康衢)의 민요와 순임금의 민요는 실로 말할 나위도 없거니와, 시경의 국풍아송 4시의 지위로 말할 것 같으면, 위로는 왕과 공신으로서, 아래로는 보잘것없는 사람에 이르기까지 시를 짓지 않는 사람이 없었다. 사람의 말이란 동서남북의 다름이 있기 마련이니, 발음에 빠르고 느림이 있고 무겁고 가벼움의 차이도 있다. 그러므로 사방의 음이 만가지로 다른데 공자께서 시를 고를 때 모두 현악기로 연주할 수 있도록 그 음의 조화를 취한 것이니, 음의 조화는 그 자연스러움을 말하는 것으로 거기에 무슨 특별함이 있는 것이 아니다. 초나라와 한나라 이래로 초나라 굴원이 지은 이소(離騷)의 노래와, 교사(郊祀), 안세(安世)를 위한 노래와, 위진(魏晉)의 여러 작품에 이르기까지, 이들을 어찌 일찍이 한 가지 운율로만 그 음률을 맞출 수 있겠는가?

양(梁)나라 심약(沈約) 이래로 4성(聲)으로 8병(病)이 됨을 바로잡았는데, 이를 일컬어 『유보(類譜)』라 불렀으니, 대체로 오(吳)나라 음(방언)이 많다. 당나라 때에 이르러, 시부(詩賦)로 과거시험을 보니 더욱 성률(聲律)의 금기가 엄격해졌다. 예부(禮部)로 하여금 시험을 관장하였기 때문에 이를 '예부운략(禮部韻略)'이라 하였다. 드디어는 털끝만큼도 예부운략을 어길 수 없게 되었으니, 비록 중경(中經) 등 유교 경전에 달통한 대유학자라도 또한 이른바 권위 있는 옛것을 이어받은 지 오래라는 이유로 고치지 않고 비록 그 통하지 않는 것을 근심하는 사람이 있어도 조정에서 벗어나지 못하여, 공부하는 사람이 다 믿지 못하더니, 오직 무이(武夷)에 살던 송나라의 오역(吳棫)만이 이를 깊이 근심하여 역경, 시경, 서경을 상고하여 보운(補韻) 다섯 권을 지었다. 근세에 이르러 무릇 50학자가 보운을 생각하니 신안에 살던 주자가 그 설에 의거하여 300편 시경의 음을 고르게 하였다. 학식 있는 사람들이 혹시 비록 이를 믿더라도, 예부운략의 운이 세상에서 행해지는 것은 오히려 그대로인 듯하다.

아! 음운을 갖추는 것은 『시경』을 넘지 못하니, 『시경』은 곧 공자가 편찬한 것이거늘, 도리어 이를 따르지 않고 오직 보잘것없는 심약의 설을 믿으니 얼마나 미혹한 일인가?

삼가 생각하건대, 황제께서 고문을 상고하고 글을 숭상하여, 천하를 다스리는 틈에 운서를 친히 보시고 다른 종류들과 비교하여 볼 때, 조리에 어긋나고 '정음(正音)'이 어지러워진 것을 확인하고, 신하들을 불러 말씀하시기를, 중국 음운학이 양자강 유역에서 발달하여 '정음'을 잃어버렸으니, 홀로 써야 할 것 가운데 마땅히 아울러서 쓸 것이 있으니 동동(東冬)운과 청청(淸青)운 같은 것이다. 또 하나는 운(韻)이라도 마땅히 두 운으로 나누어야 될 것이 있으니, 우(虞)운과 모(模)운, 마(麻)운과 같은 것이다. 이와 같은 예를 하나하나 다 들 수가 없으니, 경들은 마땅히 음운이 통하는 것을 널리 들어서 이를 정하여 다시 출판하라 하셨다.

이에 한림학사 악소봉(樂韶鳳)과 송염(宋濂) 등이 황제의 조서를 받들어, 세밀하게 조사하고 깊이 생각하여 오로지 '중원아음(中原雅音)'으로 기준을 삼고, 또 방언(方言)에 사로잡힐 것을 염려하여 상류사회와 하류사회에 치우침이 없게 하고, 좌어사대부 신 왕광양(汪廣洋), 우어사대부 신 진녕(陳寧), 어사중승 신 유기(劉基), 호광행성 참지정사 신 도개(陶凱) 등에게 물어서 바로잡아, 무려 여섯 번 고쳐 비로소 편찬을 끝내니, 그 음이 고르고 운이 조화를 이루는 것은 합하고, 송나라 황제의 이름을 피하여 수록하지 않았던 글자를 보충하고, 주석은 전적으로 송나라 때 모황(毛晃) 부자가 지은 대로 해서 16권으로 정리하였고, 76운(韻)과 1만여 글자가 수록된 책과 함께 아뢰니, '홍무정운'이라 이름을 지으시고 신 염(濂)에게 서문을 지으라 하셨다.

신 염이 생각건대 사마광이 말하기를, 만물의 근원인 체(體)와 그 작용인 용(用)을 갖추는 것은 글자보다 더한 것이 없고, 모든 글자의 형(形)과 성(聲)을 포함하고 있는 것은 운(韻)보다 더한 것이 없으니, 이른바 천지인(天地人) 삼재(三才)의 도리, 즉 주역(周易)의 이치와, 성명(性命)과 도덕(道德)의 심오한 이치, 그리고 예악(禮樂)과 형정(刑政)의 근본이, 모두 이것과 연계되어 있으니, 참으로 신중하지 않으면 안된다. 옛날 음(音)은 오직 시를 짓기 위해 조화를 이루는 것을 취했으므로 통하지 않는 것이 없었고, 남북조 시대에 남조에서 처음으로 운서를 편찬할 때, 다만 4성이 있는 줄만 알고 7음이 있는 줄은 몰랐으므로, 운(韻)에 가로 세로가 잘 결합되지 않아, 운서를 편찬한 근본을 잃어버렸거늘, 흔히 장애가 되는 것에 사로잡혀서 서로 작용하지 못하는 것이다. 송나라 때의 관련 부서에서 비록 일찍이 통하는 것끼리 통합을 했어도 다만 겨우 분류만 다를 뿐이어서, 아는 사람은 이를 괴로워했다. 이에 황제께서 재위하시어 천하가 통리되고 문물과 제도가 통일을 기하여, 모든 예악 문물이 모두 옛 성인의 치적을 이어받았고, 또렷이 한 황제께서 요순시대와 같은 정치를 이으셨다.

운서에 이르기까지 황제께서 대궐에서 염려하여 문신에게 명하여 음에 따라 바로잡아 오래 전해 온 잘못된 관습을 씻으라 하시니, 아! 참으로 아름답고 크신 황제의 뜻이여! 그러나 선궁(旋宮)은 중앙 토인 궁을 돌려서 칠음을 고르게 하는 것일지라도, 운을 고르게 한다면 12율을 가지고 84조를 조화해 낼 수 있으니, 돌리고 또 굴려서 서로 배합시켜서, 이룩하게 되는 아름다운 음악의 조화가 역시 여기에 있다.

부끄러운 바는 신들이 재주와 학식이 어둡고 용렬하여 황제의 큰 뜻을 잘 받들지 못하고, 명을 받자와 두려워 어찌할 바를 몰라 삼가 두 손을 모으고 머리를 조아려 책 끝에 서(序)를 쓰니, 부디 성조(聖朝)의 문치(文治)를 크게 일으키고 음운(音韻)의 학문이 모두 옛날 이른 대로 회복되는 것을 보이고자 한다.

홍무 8년(1375) 3월 18일 신 송염(宋濂)이 삼가 서를 쓴다.

人之生也則有聲 聲出面七音具焉 所謂莊音者 牙舌脣齒喉及舌齒各半是也 智者察知之分 其淸濁之倫 定爲角徵宮商羽 以至於半商半徵 而天下之音盡在是矣 然則音者其韻書之權輿乎 夫單出爲聲成文爲音 音則自然協和不假勉强而後成 虞廷之賡歌康衢之民謠姑未暇 論至如國風雅頌四詩以位言之 則上自王公下逮小夫賤隸莫不有作 以人言之其所居有南北東西之殊 故所發有剽疾重遲之異 四方之音萬有不同 孔子刪詩皆堪被之絃歌者取其音之協也 音之協其自然之謂乎不特此也 楚漢以來 離騷之辭 郊祀安世之歌 以及於魏晉諸作 曷嘗拘於一律 亦不過協比其音而已自梁之沈約 拘以四聲八病 始分爲平上去入 號曰類譜 大抵多吳音也 及唐以詩賦設科 益嚴聲律之禁 因禮部之掌貢擧 易名曰禮部韻略 遂至毫髮 弗敢違背 雖中經二三大儒 且謂承襲之久 不欲 變更 縱有患其不通者以不出於朝廷 學者亦未能盡信 唯武夷吳棫患之尤深 乃稽易詩書 而下逮于近世 凡五十家以爲補韻 新安朱熹據其說 以協三百篇之音 識者雖或信之 而韻之行世者 猶自若也 嗚呼 音韻之備 莫踰於四詩 詩乃孔子所刪 舍孔子弗之從 而唯區區沈約之是信 不幾於大惑歟 恭惟 皇上 稽古右文 萬幾之暇 親閱韻書 見其比類失倫 聲音乖舛 召詞臣 諭之曰 韻學 起於江左殊失正音 有獨用 當倂爲通用者 如東冬淸靑之屬 亦有一韻 當析爲二韻者 如虞模麻遮之屬 若斯之類 不可枚擧 卿等 當廣詢通音韻者 重刊定之於是 翰林侍講學士 臣樂韶鳳 臣宋濂 待制 臣王僎修撰 臣李叔允編修 臣朱右 臣趙壎 臣朱廉 典簿 臣瞿莊 臣鄒孟達 典籍 臣孫蕡 臣荅祿與權 欽遵明詔 研精覃思 壹以中原雅音爲定 復恐拘於方言 無以達於上下 質正於左御史大天臣汪廣洋 右御史大夫臣陳寧 御史中丞臣劉基 湖廣行省參知政事臣陶凱 凡六謄稾 始克成編 其音諧韻協者 倂入之 否則析之 義同字同而兩見者 合之 舊避宋諱而不收者 補之 註釋 則一依毛晃父子之舊勒成一十六卷計七十六韻 共若干萬言書奏 賜名曰 洪武正韻 勑臣濂爲之

> 序 臣濂竊 惟司馬光 有云 備萬物之體用者 莫過於字 包衆字之形聲者 莫過於韻 所謂三才之道 性命道德之奧 禮樂刑政之原 皆有繫於此 誠不可不愼也 古者之音 唯取諧協 故無不相通 江左制韻之初 但知縱有四聲 而不知衡有七音 故經緯不交而失 立韻之原 往往拘礙 不相爲用 宋之有司雖嘗通併 僅稍異於類譜 君子患之 當今聖人在上 車同軌而書同文 凡禮樂文物 咸遵往聖 赫然上繼唐虞之治 至於韻書亦入宸慮 下詔詞臣 隨音刊正 以洗千古之陋習 猗歟盛哉 雖然旋宮 以七音爲均 均言韻也 有能推十二律 以合八十四調 旋轉相交而大樂之和 亦在是矣 所可愧者 臣濂等才識闇劣 無以上承德意 受命震惕 罔知攸措 謹拜手稽首 序于篇端于以見聖朝文治大興 而音韻之學 悉復於古云 洪武八年三月十八日 翰林侍講學士 中順大夫知制誥 同修國史 兼太子贊善大夫 臣宋濂 謹序[9)]

세종과 집현전학사들은 조선에 이미 들어와 있던 『홍무정운』의 서문을 읽고 엄청난 도움을 받는다. 조선 사회에서도 혼란스런 한자의 발음과 뜻 때문에 골머리를 앓고 있던 참에, 중국에서도 원나라 통치 아래서 쓰던 혼란스런 말을 씻어버리고 명나라가 새롭고 통일된 표준어를 제정하였다는 소식을 접한 것이다. 물론 조선의 한자말을 바로잡으려면 명나라 황제가 규정한 한자음을 따르는 것이 바람직하다고 판단한 것은 너무도 당연한 일이었다. 집현전학사들은 『홍무정운』을 펼쳐본 순간 세종이 언문을 제작한 깊은 뜻을 이해하게 되었고, 그 언문으로 운서를 번역하라고 한 의중을 헤아릴 수 있었다. 『홍무정운』이 간행된 것이 1375년이라면 세종이 즉위한 1418년까지는 43년이 지난 즈음이고, 훈민정음을 창제한 1443년까지는 68년이 지났다. 세종의 언어정책은 명 태조의 '정음(정운)' 정책을 벤치마킹한 것이다.

세종이 놀란 것은 우선 새로운 나라를 세우면 그 나라에 맞는 통일

---

9) 『홍무정운』(1973, 아세아문화사) 영인본에서 인용하고 번역함.

된 표준어가 필요하다는 것과, 그 현실에 맞게 어법을 제정하고 글자를 정비하여 '정음(正音)'을 세워야 한다는 것이다. 그것은 결코 잘못이 아니라는 것이다. 『홍무정운』 서문은 통치자의 언어정책을 통쾌하게 제시하고 있었다.

○ 사람이 있으면 소리가 있고, 소리가 나면 칠음(七音)을 갖추게 마련이다.
○ 음은 곧 자연이 조화를 이루는 것이지 강제로 힘쓴다고 이루어지는 것이 아니다.
○ 사람의 말이란 동서남북의 다름이 있기 마련이니, … 음의 조화는 그 자연스러움을 말하는 것으로 거기에 무슨 특별함이 있는 것이 아니다.
○ 중국의 음운학이 '정음(正音)'을 잃어버렸으니 … 마땅히 음운이 통하는 것을 널리 들어서 이를 정하여 다시 출판하라 하셨다.
○ '중원아음(中原雅音)'으로 기준을 삼고, 또 방언(方言)에 사로잡힐 것을 염려하여 상류사회와 하류사회에 치우침이 없게 하고.
○ 이른바 천지인 삼재의 도리, 즉 주역의 이치와, 성명과 도덕의 심오한 이치, 그리고 예악과 형정의 근본이 모두 글자와 연계되어 있다.

만물에는 소리가 있고 사람의 입에서 나는 소리는 일곱 가지로 구별하여 정리할 수 있으니, 세월이 흘러 어그러진 말을 정리하여 '바른 소리[정음]'를 규명함으로써 천지인과 사람의 성명, 도덕의 이치, 예악과 형정이 모두 연결되는 말과 글을 정비하는 일은, 한 나라의 임금으로서 백성을 위해 꼭 필요한 일이다. 이렇게 구구절절이 세종에게 용기를 주는 말이었다. 특히, "정음(正音)을 잃어버렸으니(殊失正音) … 마땅히 음운이 통하는 것을 널리 들어서 이를 정리하여 다시 책을 만들라(當廣詢通音韻者 重刊定之於是).”라는 부분에서, ‘정음’을 찾아 다시 정립하라는 황제의 명령이 곧, 나라를 세우고 백성을 위해 바른 정치를 하려면 반드시 ‘바른 말(소리)’이 있어야 한다는 말로 받아들이게 된 것이다. 사실 여기에서 말하는 ‘정음’이란 오랫동안 중국인이 이어온 ‘중국 말의 바른 소리’인데, 그 대상이 모호하다. 그러나 이 말 바로 뒤에 ‘중원아음(中原雅音)’을 기준으로 삼았다는 말이 나오므로, 이 중원아음을 정음으로 본 것이다. 중원아음이란 중국 화중 지방과 화북 지방에서 예부터 두루 쓰던 말이니 ‘정음’이란 곧 오늘날 ‘표준어’ 구실을 하는 말을 가리킨다. 즉, 중국에 정음이 있다면 조선에도 정음이 있는 것이고, 그것을 올바로 정립하는 것은 통치자가 해야 할 일임에 틀림없다. 다만 명나라 황제가 말한 정음의 회복은 한자(한문)를 가리킨 말이었으나, 세종에게는 천하에 각기 다른 소리에 따라 자연스럽게 글자를 만드는 것으로 해석한 것이다.

비록 사대 외교를 펼치는 작은 나라 임금이라 할지라도 말이 다르고 뜻이 다른 말과 글자를 고쳐서 백성을 위한 바른 정치를 한다면 그것이 옳은 길임을 확신하게 된 것이다. 세종은 드디어 1443년에 언문을 창제하고야 만다. 그런 다음 1444년, 우리나라 말의 표준발음을 이 언문으로 표기한 『동국정운』을 간행하도록 지시한다. 이와 동시에 중국의 표준 운서 『홍무정운』의 번역해설서를 펴내라고 지시하였으니 그 책이 바로 『홍무정운역훈』이다. 이 사업은 꽤 오랜 시간이 걸려 단종 3년(1455) 10년 만에 완성하여 간행하게 되지만 사실 역훈 사업은 『동국정운』과 함께 시작하였다. 이 책은 훈민정음을 창제하면서, 중국의 반절(反切)법 대신 『동국정운』에서 표기한 언문의 초중종성 표기로 중국 표준한자음을 보임으로써 우리나라 한자음을 규정한 『동국정운』 간행 사업과 나란히 일이 진행되었던 것이다.

또 다른 운서로는 『고금운회(거요)』가 있는데, 세종 26년(1444)에 이를 한글로 번역하여 간행하라 한 기록이 있다.

> 집현전 교리 최항, 부교리 박팽년, 부수찬 신숙주, 이선로, 이개, 돈녕부 주부 강희안 등에게 명하여 의사청(議事廳)에 나아가 언문(諺文)으로 『운회(韻會)』를 번역하게 하고, 동궁(문종)과 진양대군 이유, 안평대군 이용으로 하여금 그 일을 관장하여 모두 성상의 판단에 품의하도록 하였으므로 상(賞)을 거듭 내려 주고 이바지하는 것을 넉넉하고 후하게 하였다.
>
> 命集賢殿校理崔恒 副校理 朴彭年 副修撰 申叔舟 李善老 李塏 敦寧府注簿 姜希顔等 詣議事廳 以諺文譯韻會 東宮與 晉陽大君 瑈 安平大君 瑢 監掌其事 皆稟睿斷 賞賜稠重 供億優厚矣(세종 26(1444)/2/16)

위의 기록에 나오는 『운회』는 원나라 초기 황공소가 편집한 운서 『고금운회(古今韻會)』(1292 이전)이거나, 또는 그의 제자 웅충이 간략하게 하고 주석을 더하여 펴낸 『고금운회거요(古今韻會擧要)』(1297)를 가리킨다. 이 운서는 이미 세종 16년(1434)에 『고금운회거요』를 저본으로 삼아 목판으로 판각하게 하고, 이 목판본을 간행했던 기록이 있다. 세종 14년(1432) 경상도 관찰 출척사로 부임한 신인손은 경연청에 소장되어 있던 「고금운회거요」 2부를 받아 그것을 경주와 밀양에 보내 인출하게 하였다. 그리하여 세종 16년(1434)에 밀양에서 30권 10책의 목판본으로 번각되었다. 이러한 사실은 『고금운회거요』라는 책이 이미 조선에 들어와 읽힌 지 오래되었다는 것을 시사한다. 사실 『운회』는 한자의 음과 뜻을 명확히 알고자 할 때면 임금을 포함해 모든 학자들이 늘 곁에 두고 참고하였던 책이다. 즉 지금의 '옥편'과 같은 성격의 책이었다. 세종도 예외는 아니었으니 이 책의 내용에 대해서는 아주 잘 알고 있었던 것이다.

위에 제시한 『홍무정운』의 서문을 읽은 다음, 다음의 두 서문을 이어서 읽어보면, 똑같은 말을 통하여 나라의 말과 글을 통일하고 표준말을 제정하려는 의도가 한결같이 흐르고 있음을 알게 될 것이다. 다음은 신숙주가 쓴 『홍무정운역훈』의 서문이다.

홍무정운역훈 서

성운학(聲韻學)은 매우 정밀하여 알기 어려운 것이다. 이는 사방의 풍토가 같지 않음과 같이 기(氣)도 역시 〈지역에 따라〉 다르고, 소리는 기(氣)에서 나는 것이니 이른바 사성(四聲)·칠음(七音)이 지역에 따라 다름은 당연한 이치다. 그런데 심약(沈約)이 보(譜)를 저술함으로부터 남방의 음(音)이 섞이게 되어 식자들이 병(病)으로 여겼으나 역대에 아무도 정리하여 바르게 해놓은 이가 없었다. 명(明)나라 태조 고황제가 그것이 어그러져 차례를 잃은 것을 민망히 여기고, 유신(儒臣)에게 명하여 한결같이 중원아음(中原雅音)으로 『홍무정운(洪武正韻)』을 정(定)하였으니, 실로 천하 만국의 마루인 바이다. 우리 세종 장헌대왕께서 운학(韻學)에 뜻을 두시어 깊은 곳까지 궁구하여 훈민정음(訓民正音) 몇 글자를 창제하시니, 사방에 있는 만물의 소리를 전하지 못할 것이 없고, 우리 동방 선비가 비로소 사성(四聲)·칠음(七音)을 알게 되어 저절로 갖추지 못할 것이 없으며, 특히 자운(字韻)에만 한정된 것이 아니었다. 이에 우리나라가 대대로 중국을 섬겼으나 말[語音]이 통하지 않아 반드시 통역을 의지해야 했으므로 제일 먼저 『홍무정운』을 번역할 것을 명하시니, 현 예조참의 신 성삼문, 전농소윤 신 조변안, 지금산군사 신 김증, 전 행통례문봉례랑 신 손수산과 신 신숙주 등으로 하여금 옛 것을 증거삼아 교정하게 하고, 수양대군 신 휘(李瑈), 계양군 신 이증(李璔)이 출납을 감장하게 하고, 모두 친히 임석하여 법식대로 정하여 칠음으로 맞추고, 사성으로 고르고, 청탁으로 조화를 시키니, 가로 세로·씨와 날이 비로소 바르게 되어 결함이 없었다. 그러나 말이 이미 달라져 잘못 전한 것이 또한 많아서, 이에 신들에게 명하여 중국의 선생이나 학사에게 가서 바로잡게 하므로 7, 8차를 왕래하여 더불어 질문하는 자가 여러 사람이나 되었다. 연경(북경)은 만국 사람이 하나같이 모여드는 땅으로, 그 머나먼 길을 가고 오는 동안에, 일찍이 더불어 주선하고 강명한 경우도 또한 적지 아니하고, 다른 지역의 사신을 비롯하여 노승(老僧)이나 병졸의 하찮은 사람들까지도 서로 접촉하니, 정음[正]과 속음[俗]의 다르고 같은 변(變)을 다하였고, 또 천자의 사신으로 본국에 온 자가 선비일 경우에는 또 물어서 바른 것을 취했다. 무릇 십여 벌의 원고를 베껴써서 매우 어렵사리 애써 되풀이해서 8년이란 오랜 세월이 지나고서야 예전에 바름을 지향함으로써 결함이 없게 한 것이 더욱 의심의 여지가 없어 보였다.

우리 문종 공순대왕께서 동궁에 계실 때부터 성인으로써 성인을 보좌하여 성운(聲韻)을 참정(參定)하셨고, 보위를 계승하게 되자 신들과 전 판관 신 노삼(魯參) · 현 감찰 신 권인(權引) · 부사직 신 임원준(任元濬)에게 명하여 거듭 교정을 가하게 하였다. 무릇 『홍무정운』에 사용한 운(韻)이 겹치고 쪼개진 것은 모두 바로잡아 놓았는데 유독 7음의 앞뒤가 그 순서를 따르지 아니하지만, 그렇다고 감히 경솔히 변경할 수가 없어서, 다만 그전 것을 그대로 두고 자모(字母)를 여러 운(韻)과 각 글자의 머리에 나누어 삽입시키고, 반절(反切)을 대신하여 훈민정음을 썼다. 그 속음(俗音)과 두 가지를 사용하는 음을 몰라서는 아니되므로 나누어서 본 글자 아래에 주석을 달고, 그래도 통하기 어려운 것이 있으면 대략 주석을 더해서 그 보기를 보여주고, 또 세종께서 정해 놓으신 『사성통고(四聲通攷)』를 따로 첫머리에 붙이고, 다시 범례(凡例)를 지어서 지남(指南)을 만들었다.

삼가 생각건대, 성상(단종)께서 즉위하시자 빨리 이 책을 인출해서 반포하도록 명하여 널리 전하게 하시고, 신에게는 일찍이 선왕에게 명을 받았다고 하시면서 명하여 서문을 지어 전말을 기록하게 하셨다.

삼가 생각건대, 음운(音韻)은 가로로 칠음(七音)이고 세로로 사성(四聲)이 있는데, 사성은 강좌(江左; 양자강 왼쪽)에서 시작되었고, 칠음은 서역(인도)에서 기원하였다. 그런데 송나라 선비(심약)에 이르러 보(譜)를 만들어 내자, 가로 · 세로가 비로소 합하여 하나가 되었다. 칠음은 36자모(字母)인데 설상음(舌上音) 4모(四母)와 순경음의 차청(次淸) 1모는 세상에서 쓰지 않은 것이 이미 오래 되었고, 또 선배가 이미 변경해 놓았으니, 이는 억지로 36자모를 두고 옛것에 얽매여서는 안 된다는 말이다. 사성은 평성 · 상성 · 거성 · 입성이 되는데 전탁(全濁) 글자는 평성이 차청과 비슷해지고, 상성 · 거성 · 입성은 전청(全淸)과 비슷해 져서, 지금 세상에서 쓰고 있는 것이 이와 같다. 또한 그것이 이렇게 된 이유를 알 수 없으나, 또 시작이 있고 끝이 있어 한 글자의 음절을 이루는 것은 필연적인 이치다. 그런데 유독 입성(入聲)에만 세속에서 대개 종성(終聲)을 쓰지 아니하니 정말 알 수 없는 일이다. 『몽고운(蒙古韻; 몽고운략)』과 황공소의 『운회(韻會; 고금운회)』도 입성에는 역시 종성을 쓰지 아니하였으니 어찌된 일인가? 이와 같은 것이 한 가지가 아니니, 의심되기도 한 것이다. 왕복하여 바로잡은 것이 많았으나, 마침내 한 번도 운학에 정통한 자를 만나서 그 골라 놓고 얽어 놓은 묘리를 변론해 보지 못하고, 특히 말하고 읽고 외고 하는 나머지에 의해서 청탁(淸濁)과 개합(開闔)의 근원을 연구하여 이른바 '가장 어려운 정밀함'(성운학)을 밝혀내고자 하니, 이것이 오래도록 고생하며 노력하여 겨우 얻게 된 것이다.

신들이 학문이 얕고 학식이 모자라서 일찍이 깊은 이치를 찾아내어 임금의 뜻을 밝히지 못하고, 오히려 하늘이 내신 성인이신 세종대왕께서 밝고 넓어 알지 못하는 바가 없으시어 성운(聲韻)의 근원을 밝게 궁구하시어 신들의 모자람을 헤아리시고 재정(裁定)해 주심에 힘입어, 칠음과 사성으로 하여금 날줄과 씨줄로 마침내 바른 데로 돌아가도록 하였다. 우리 동방에서 천백년 동안 알지 못했던 것을 열흘이 되기 전에 배울 수 있으니, 진실로 〈훈민정음을〉 반복해서 깊이 생각하고 깨우친다면 성운학일지라도 어찌 어렵고 정밀하겠는가?

옛 사람이 이르기를, 범음(梵音)이 중국에 들어와 쓰이지만, 우리 공자[夫子]의 경서(經書)가 발제하(跋提河; 중국과 인도의 경계를 잇는 강)를 넘어가지 않는 것은 글자로 되어 있어 소리를 알 수 없기 때문이라고 한다. 그러나 무릇 소리가 있으면 글자가 있게 되거늘 어찌 소리 없는 글자가 있겠는가? 이제 훈민정음으로 그것을 번역하면 소리[聲]와 음운[韻]이 모두 맞아 음의 조화[音和], 종류별 거리[類隔], 바로잡음[正切], 돌려잡음[回切]의 번거롭고 수고로움에 의지하지 않고, 입으로 발음하는 소리를 얻어 눈꼽만큼도 차이가 없을 것이니, 또한 어찌 풍토의 같지 않음에 근심하리오? 우리 열성(세종)께서 제작하신 신묘하심이 지극히 아름답고 착하여 고금에 뛰어나시고, 전하(단종)께서는 조상의 업적을 계승하여 펼치시니 또한 선열의 공로에 빛이 있게 하시었도다.

경태 6년(단종 3, 1455) 중춘(4월) 기망(16일)에, 수충협책 정난공신 통정대부 승정원 도승지 경연 참찬관 겸 상서윤 수문전 직제학 지제교 충춘추관 겸 판봉상시사 지이조사 내직사준원사 신 신숙주는 두 손 모아 머리 조아려 절하옵고 삼가 서문을 짓습니다.

聲韻之學 最爲難精 蓋四方風土不同 而氣亦從之 聲生於氣者也 故所謂四聲七音 隨方而異宜 自沈約著譜 雜以南音 有識病之 而歷代未有釐正之者 洪惟皇明太祖高皇帝 愍其乖舛失倫 命儒臣 一以中原雅音 定爲洪武正韻 實是天下萬國所宗 我世宗莊憲大王 留意韻學 窮研底蘊 創制訓民正音若干字 四方萬物之聲 無不可傳 吾東邦之士 始知四聲七音 自無所不具 非特字韻而已也 於是以吾東國 世事中華 而語音不通 必賴傳譯 首命譯洪武正韻 令今禮曹參議臣成三問 典農少尹臣曹變安 知金山郡事臣金曾 前行通禮門奉禮郎臣孫壽山及臣叔舟等 稽古證閱 首陽大君臣諱 桂陽君臣璔 監掌出納 而悉親臨課定 叶以七音 調以四聲 諧之以淸濁

縱衡經緯 始正罔缺 然語音旣異 傳訛亦甚 乃命臣等 就正中國之先生學士 往來至于七八所 與質之者 若干人 燕都爲萬國會同之地 而其往返道途之遠所 嘗與周旋講明者 又爲不少 以至殊方異域之使 釋老卒伍之微莫不與之相接以盡 正俗異同之變 且天子之使 至國而儒者 則又取正焉 凡謄十餘藁 辛勤反復 竟八載之久 而向之正 罔缺者 似益無疑 文宗恭順大王 自在東邸 以聖輔聖 參定聲韻 及嗣寶位 命臣等 及前判官臣魯參 今監察臣權引 副司直臣任元濬 重加讐校 夫洪武韻用韻併析 悉就於正 而獨七音先後 不由其序 然不敢輕有變更 但因其舊 而分入字母於諸韻各字之首 用訓民正音 以代反切 其俗音及兩用之音 又不可以不知 則分注本字之下 若又有難通者 則略加注釋 以示其例 且以世宗所定四聲通攷 別附之頭面 復著凡例 爲之指南 恭惟聖上卽位 亟命印頒以廣其傳 以臣嘗受命於先王 命作序 以識顚末 切惟音韻 衡有七音 縱有四聲 四聲肇於江左 七音起於西域 至于宋儒作譜 而經緯始合爲一 七音爲三十六字母 而舌上四母 唇輕次淸一母 世之不用已久 且先輩已有變之者 此不可強存而泥古也 四聲爲平上去入 而全濁之字平聲 近於次淸上去入 近於全淸 世之所用如此 然亦不知其所以至此也 且有始有終 以成一字之音 理之必然而獨於入聲 世俗率不用終聲 甚無謂也 蒙古韻與昔公紹韻會 入聲亦不用終聲 何耶 如是者不一 此又可疑者也 往復就正旣多 而竟未得一遇精通韻學者 以辨調諧紐攝之妙 特因其言語讀誦之餘 遡求淸濁開闔之源 而欲精夫所謂最難者 此所以辛勤歷久而僅得者也 臣等學淺識庸 曾不能鉤探至賾 顯揚聖謨 尙賴我世宗大王天縱之聖 高明博達 無所不至 悉究聲韻源委 而斟酌裁定之 使七音四聲 一經一緯 竟歸于正 吾東方千百載所未知者 可不浹旬而學 苟能沈潛反復 有得乎是 則聲韻之學 豈難精哉 古人謂梵音行於中國 而吾夫子之經 不能過跋提河者 以字不以聲也 夫有聲乃有字 寧有無聲之字耶 今以訓民正音譯之 聲與韻諧 不待音和 類隔 正切 回切之繁且勞 而擧口得音 不差毫釐 亦何患乎風土之不同哉 我列聖製作之妙 盡美盡善 超出古今 而殿下繼述之懿 又有光於前烈矣 景泰六年仲春旣望

輸忠協策靖難功臣 通政大夫 承政院都承旨 經筵參贊官兼尙瑞尹 修文殿直提學 知製敎 充春秋館 兼判奉常寺事 知吏曹事 內直司樽院事 臣申叔舟拜手稽首敬序(한국고전용어사전(세종대왕기념사업회) 번역을 참조함).(원문은 『홍무정운역훈』(고려대학교출판부, 1974) 영인 및 결본복원편을 대조하였음).

이상은 『홍무정운역훈』 서문이다.

○ 그러나 말이 이미 달라지고 와전(訛傳)됨이 심하여, 이에 신들에게 명하여 중국의 선생이나 학사를 찾아가서 바른 것이 무엇인지 알아오라 하시므로 7, 8번을 왕래하며 질문한 사람이 한두 사람이 아니었다.

○ 연경(북경)은 만국 사람들이 회동(會同)하는 땅인데, 그 머나먼 길을 가고 오는 동안에도 일찍이 주선(周旋)해서 명확한 풀이를 들으려 했던 사람도 적지 않았고, 변방이나 이역에서 온 사신을 비롯하여, 중이나 도사, 군졸[釋老卒伍]과 같이 하찮은 사람들까지 만나보지 않은 사람이 없었다.

○ 정음[正]과 속음[俗]의 같고 다름의 변화를 다 살피려 하였다.

○ 또 중국 사신이 조선에 오면 유학자일 경우에는 또 물어서 바른 것을 취했다.

○ 무릇 십여 차례나 이렇게 원고 고치기를 부지런히 반복하여 8년이란 세월이 흘러서야 벌의 원고를 베껴 써서 매우 어렵사리 애써 되풀이해서 8년이란 오랜 세월이 지나고서야, 앞서 바르게 되어 이지러짐이 없게 되었다고 한 말이 더욱 의심할 바가 없는 듯하다.

위에 뽑아 놓은 부분은 신숙주가 『홍무정운』을 해석하기 위해 얼마나 많은 고생을 했는지를 스스로 토로한 내용이다. 무려 8년이란 긴 세월 동안 정확한 중국 한자음을 밝히기 위해 동분서주했음을 알 수 있다. 황찬을 만나 운서에 대해 물었던 것이 바로 이때였다.

이에 앞서 세종은 『홍무정운』을 읽고 크게 깨달은 바가 있어 그동안 읽었던 운서들을 다시 수집하여 읽고 또 읽었다. 그리고 집현전학사들 가운데 운서와 중국어에 능통한 자들을 모아 연구하도록 하고 때마다 의견을 주고받았다. 역훈 서문의 다음 내용에서도 알 수 있다.

> 신들이 학문이 얕고 학식이 모자라서 일찍이 깊은 이치를 찾아내어 임금의 뜻을 밝히지 못하고, 오히려 하늘이 내신 성인이신 세종대왕께서 밝고 넓어 알지 못하는 바가 없으시어 성운(聲韻)의 근원을 밝게 궁구하시어 신들의 모자람을 헤아리시고 재정(裁定)해 주심에 힘입어, 칠음과 사성으로 하여금 날줄과 씨줄로 마침내 바른 데로 돌아가도록 하였다.

그러나 '언문'을 창제해야겠다는 의지를 섣불리 발설하지는 않았나 보다. 최만리 등의 연명 상소에서 알 수 있는 것처럼, 집현전학사 어느 누구도 눈치 챈 사람이 없었기 때문이다. 그렇다면 집현전학사 중에 반대하는 무리들이 급작스런 창제 발표에 놀랐고, 찬성하는 사람이라면 해례본에 올려진 8인 정도였을 것인데, 그들이 '해례(解例)를 쓰라는 명을 받았으나, 성운에 대해 잘 알지 못하여 임금께서 궁구하시어 신들의 모자람을 헤아리시고 옳고 그름을 일러주심에 힘입었다.'라고 하였으니 세종은 이미 문자를 창제하면서 성운에 대해 통달한 상태였음을 알 수 있다.

우리 글을 만들고 곧바로 '운회'를 번역하라 하였으나, 시급한 사안인 한자의 중국현실음과 조선현실음을 언문을 이용하여 명확히 표기해 두는 일부터 시행하지 않으면 안 되었다. 신숙주는 단종 3년(1455)에 서문을 쓰면서 8년이나 되었다고 했으니 역훈 작업이 시작된 때가 세종 29년(1447)이라는 말이다. 즉 『동국정운』을 편찬한 뒤 곧바로 착수한 듯하다. 실제로 역훈의 언문 표기는 동국정운식 한자표기를 따랐다. 형식은 원전인 『홍무정운』의 체재와 내용 및 순서를 그대로 두고, 거기에 『동국정운』과 동일한 형식으로 글자 순서를 정하였다. 따라서 『홍무정운역훈』은 원전인 『홍무정운』을 개찬(改撰)한 것이 아니라 역훈상 필요한 사항만을 일정한 자리에 삽입하여 판을 다시 짠 것임을 알 수 있다. 또 『동국정운』의 체재와 순서가 『홍무정운』을 따른 것이라면 이 두 책의 간행 사업은 동시에 추진된 것이라 할 수 있다.

'운회' 번역 사업을 지시한 것은 언문 창제를 밝힌 직후인 세종 26년(1444) 2월 16일이었으나 『고금운회』를 번역했다는 기록은 없다. 아마도 '운회'를 읽어 익히 알고 있던 세종이 이를 참고하여 우선 우리의 한자음을 정리해야 했던 급박한 상황 때문이 아니었나 싶다. 그래서 『동국정음』을 먼저 펴내게 된다. 이때 『홍무정운』을 해석하는 작업이 동시에 시작되었고 『동국정운』이 완성되자 곧바로 『홍무정운역훈』 간행 사업이 이어진 것이다. 『홍무정운』의 중국음을 표현하던 반절 표기법 대신에 '언문'으로 발음을 표시함으로써 명확하게 표현할 수 있게 되었으니, 두 나라의 한자음을 조선 사람은 아주 쉽게 비교할 수 있게 된 것이다. 이것은 조선의 학자들에게 뿐만 아니라 역관이나 사신들에게도 획기적인 일이었다.

다음은 『동국정운』 서문이다. 세종 29년(1447) 9월에 책이 완성되어 신숙주가 서문을 썼다.

동국정운 서

이달에 『동국정운』이 완성되니 모두 6권인데, 임금이 명하여 간행한 것이다. 집현전 응교 신숙주가 교지를 받들어 서문을 지었는데, 이르기를,

“하늘과 땅이 화합하여 조화가 통하매 사람이 생기고, 음양이 서로 만나 기운이 맞닿으매 소리가 생기나니, 소리가 생기매 칠음(七音)이 스스로 갖추어지고, 칠음이 갖추어지매 사성(四聲)이 또한 구비되는지라, 칠음과 사성이 날줄과 씨줄[經緯]로 서로 사귀면서 맑고 흐리고 가볍고 무거움과, 깊고 얕고 빠르고 느림이 자연으로 생겨난다. 이러한 까닭으로, 포희(庖犧)가 괘(卦)를 그리고 창힐(蒼頡)이 글자를 만든 것이 역시 다 그 자연의 이치에 따라서 만물의 실정을 통한 것이고, 심약(沈約)과 육법언(陸法言) 등 여러 선비에 이르러서, 글자로 구분하고 종류로 모아서 성조를 고르고 운율을 맞추면서 성운의 학설이 일어나기 시작하매, 글 짓는 이가 서로 이어서 각각 기교를 내보이고, 이론을 내세우는 이가 하도 많아서 역시 잘못됨이 많았는데, 이에 사마온공이 그림으로 나타내고, 소강절이 수학으로 밝히어서 숨은 것을 찾아내고 깊은 것을 긁어내어 여러 학설을 통일하였으나, 오방(五方; 동서남북, 중앙)의 음이 각각 다르므로 그르니 옳으니 하는 분변이 여러가지로 시끄러웠다.

대저 음이 다르고 같음이 있는 것이 아니라 사람이 다르고 같음이 있고, 사람이 다르고 같음이 있는 것이 아니라 지방이 다르고 같음이 있나니, 대개 지세(地勢)가 다름으로써 풍습과 기질이 다르며, 풍습과 기질이 다름으로써 호흡하는 것이 다르니, 동남 지방의 이[齒]와 입술의 움직임과 서북 지방의 볼과 목구멍의 움직임이 이와 같은 것이다. 그리하여 드디어 글뜻으로는 비록 통할지라도 성음으로는 같지 않게 된다. 우리나라는 안팎 강산이 저절로 한 구역이 되어 풍습과 기질이 이미 중국과 다르니, 호흡이 어찌 중국음과 서로 합치될 것이랴. 그러한즉, 말의 소리가 중국과 다른 까닭은 이치의 당연한 것이고, 글자의 음에 있어서는 마땅히 중국음과 서로 합치될 것 같으나, 호흡의 돌고 구르는 사이에 가볍고 무거움과 열리고 닫힘의 동작이 역시 반드시 말의 소리에 저절로 끌림이 있어서, 이것이 글자의 음이 또한 따라서 변하게 된 것이니, 그 음은 비록 변하였더라도 청탁(淸濁)과 사성(四聲)은 옛날과 같은데, 일찍이 책으로 저술하여 그 바른 것을 전한 것이 없어서, 용렬한 스승과 속된 선비가 글자를 반절하는 법칙을 모르고 자세히 따져 보는 요령이 어두워서 혹은 글자 모양이 비슷함에 따라 같은 음으로 하기도 하고, 혹은 전대(前代)의 임금이나 조상의 이름을 피하여 다른 음으로 빌어서 하기도 하며, 혹은 두 글자로 합하여 하나로 만들거나, 혹은 한 음을 나누어 둘을 만들거나 하며, 혹은 다른 글자를 빌어 쓰거나, 혹은 점이나 획을 더하기도 하고 감하기도 하며, 혹은 한음(漢音)을 따르거나, 혹은 조선음에 따르거나 하여서, 자모(字母;첫소리) 7음과 청탁·사성이 모두 변한 것이 있으니, 아음(牙音)으로 말할 것 같으면 계모(溪母;ㅋ첫소리)의 글자가 태반이 견모(見母;ㄱ첫소리)에 들어갔으니, 이는 자모가 변한 것이고, 계모의 글자가 혹 효모(曉母;ㅎ첫소리)에도 들었으니, 이는 7음이 변한 것이라.

우리나라의 말소리에 청탁의 분변이 중국과 다름이 없는데, 첫소리에는 오직 탁성이 없으니 어찌 이러한 이치가 있을 것인가. 이는 청탁의 변한 것이고, 말하는 소리에는 4성이 심히 분명한데, 글자 음에는 상성·거성이 구별이 없고, '질(質)'의 운과 '물(勿)'의 운은 마땅히 단모(端母;ㄷ소리)로서 종성을 삼아야 할 것인데, 세속에서 내모(來母;ㄹ소리)로 발음하여 그 소리가 느리게 되므로 입성에 마땅하지 아니하니, 이는 4성이 변한 것이라. '단(端;ㄷ소리)'을 '내(來;ㄹ)소리'로 하는 것이 종성에만이 아니고 차제(次第)의 '제'와 목단(牧丹)의 '단' 같은 따위와 같이 초성의 변한 것도 또한 많으며, 우리나라의 말에서는 계모(溪母;ㅋ첫소리)를 많이 쓰면서 글자 음에는 오직 '쾌(快)'라는 한 글자의 음뿐이니, 이는 더욱 우스운 것이다. 이로 말미암아 글자의 획이 잘못되어 '어(魚)'와 '노(魯)'에 참것이 혼란되고, 성음이 문란하여 경(涇;탁한 물)과 위(渭;맑은 물)가 함께 흐르는지라 가로로는 4성의 세로줄을 잃고 세로로는 7음의 가로줄에 뒤얽혀서, 날[經]과 씨[緯]가 짜이지 못하고 가볍고 무거움이 차례가 뒤바뀌어, 성운의 변한 것이 극도에 이르렀는데, 세속에 선비로 스승된 사람이 이따금 혹 그 잘못된 것을 알고 사사로이 제 맘대로 고쳐서 아이들을 가르치기도 하나, 마음대로 고치는 것을 중난하게 여겨 그대로 구습을 따르는 이가 많으니, 만일 크게 바로잡지 아니하면 오래될수록 더욱 심하여져서 장차 구해낼 수 없는 폐단이 있을 것이다.

대개 옛적에 시를 짓는 데에만 그 음을 맞출 뿐이었는데, 시삼백(시경)으로부터 내려와 한(漢)·위(魏)·진(晋)·당(唐) 의 모든 작가도 또한 언제나 같은 운율에만 구애하지 아니하였으니, '동(東)'운을 '동(冬)'운에도 쓰고, '강(江)'운을 '양(陽)'운에도 씀과 같은 따위이니, 어찌 운이 구별된다 하여 서로 통하여 맞추지 못할 것이랴. 또 자모(字母)를 만든 것이 소리에 맞출 따름이니, 설두(舌頭)·설상(舌上)과 순중(脣重)·순경(脣經)과 치두(齒頭)·정치(正齒)와 같은 따위인데, 우리나라의 글자 음에는 분별할 수 없으니 또한 마땅히 자연에 따라 할 것이지, 어찌 꼭 36자(三十六字; 중국의 자모)에 구애할 것이랴. 공손히 생각하건대 우리 주상 전하께옵서 유교를 숭상하시고 도(道)를 소중히 여기시며, 문학을 힘쓰고 교화를 일으킴에 그 지극함을 쓰지 않는 바가 없사온데, 만기(萬機)를 살피시는 여가에 이 일에 생각을 두시와, 이에 신 신숙주와 수집현전 직제학 신 최항, 수직집현전 신 성삼문·신 박팽년, 수 집현전 교리 신 이개, 수이조 정랑 신 강희안, 수병조 정랑 신 이현로, 수승문원 교리 신 조변안, 승문원 부교리 신 김증에게 명하시와, 세속의 습관을 두루 채집하고 전해 오는 문적을 널리 상고하여, 널리 쓰이는 음에 기본을 두고 옛 음운의 반절법에 맞추어서 자모의 7음과 청탁과 4성을 근원의 자세한 것까지 연구하지 아니함이 없이 하여 옳은 길로 바로잡게 하셨사온데, 신들이 재주와 학식이 얕고 짧으며 학문 공부가 좁고 비루하매, 뜻을 받들기에 미달하와 매번 지시하심과 돌보심을 번거로이 하게 되겠삽기에, 이에 옛사람의 편성한 음운과 제정한 자모를 가지고 합쳐야 할 것은 합치고 나눠야 할 것은 나누되, 하나의 합침과 하나의 나눔이나 한 성음과 한 자운마다 모두 위에 결재를 받고, 또한 각각 고증과 빙거를 두어서, 이에 4성으로써 조절하여 91운과 23자모를 정하여 가지고, 어제(御製)하신 『훈민정음』으로 그 음을 정하고, 또 '질(質)'·'물(勿)' 둘의 운(韻)은 '영(影)'[ㆆ]으로써 '내(來)'[ㅇ]를 기워서 속음을 따르면서 바른 음에 맞게 하니, 옛 습관의 그릇됨이 이에 이르러 모두 고쳐진지라, 글이 완성되매 이름을 하사하시기를, 『동국정운』이라 하시고, 인하여 신 숙주에게 명하시어 서문을 지으라 하시니, 신 숙주가 그윽이 생각하옵건대, 사람이 날 때에 천지의 기운을 받지 않은 자가 없는데 성음은 기운에서 나는 것이니, 청탁이란 것은 음양의 분류로서 천지의 도이요, 4성이란 것은 조화의 단서로서 사시(四時)의 운행이라, 천지의 도가 어지러우면 음양이 그 자리를 뒤바꾸고, 사시의 운행이 문란하면 조화가 그 차례를 잃게 되나니, 지극하도다 성운의 묘함이여. 음양의 문턱은 심오하고 조화의 기틀은 은밀한지고. 더구나 글자[書契]가 만들어지지 못했을 때는 성인의 도가 천지에 의탁했고, 글자가 만들어진 뒤에는 성인의 도가 서책에 실리었으니, 성인의 도를 연구하려면 마땅히 글의 뜻을 먼저 알아야 하고, 글의 뜻을 알기 위한 요령은 마땅히 성운부터 알아야 하니, 성운은 곧 도를 배우는 시작인지라, 또한 어찌 쉽게 능통할 수 있으랴. 이것이 우리 성상께서 성운에 마음을 두시고 고금을 두루 참작하시어 지침을 만드셔서 억만대의 모든 후생들에게 길을 열어 주신 까닭이다.

옛사람이 글을 지어 내고 그림을 그려서 음(音)으로 고르고 종류로 가르며 정절(正切)로 함과 회절(回切)로 함에 그 법이 심히 자상한데, 배우는 이가 그래도 입을 오물거리고 더듬더듬하여 음을 고르고 운(韻)을 맞추기에 어두웠더니, 『훈민정음』이 제작됨으로부터 만고의 한 소리로 털끝만큼도 틀리지 아니하니, 실로 음을 전하는 중심줄[樞紐]인지라. 청탁이 분별되매 천지의 도가 정하여지고, 사성이 바로잡히매 사계절의 운행이 순하게 되니, 진실로 조화를 경륜(經綸)하고 우주를 주름잡으며, 오묘한 뜻이 현관(玄關; 현묘한 길로 들어가는 문)에 부합되고 신비한 기미가 대자연의 소리에 통한 것이 아니면 어찌 능히 이에 이르리요? 청탁이 돌고 구르며 자모가 서로 밀어 7음과 12운율과 84성조가 가히 성악(聲樂)의 정도(正道)로 더불어 한 가지로 크게 화합하게 되었도다. 아! 소리를 살펴서 음을 알고, 음을 살펴서 음악을 알며, 음악을 살펴서 정치를 알게 되나니, 뒤에 보는 이들이 반드시 얻는 바가 있으리로다." 하였다.

是月 東國正韻成 凡六卷 命刊行 集賢殿應教 申叔舟奉教 序曰

天地絪縕 大化流行而人生焉 陰陽相軋 氣機交激而聲生焉 聲旣生焉而七音自具 七音具而四聲亦備 七音四聲 經緯相交 而淸濁輕重深淺疾徐生於自然矣 是故 庖犧畫卦 蒼頡制字 亦皆因其自然之理 以通萬物之情 及至 沈陸 諸子彙分類集 諧聲協韻 而聲韻之說始興 作者相繼 各出機杼 論議旣衆 舛誤亦多 於是 溫公著之於圖 康節明之於數 探賾鉤深 以一諸說 然其五方之音各異 邪正之辨紛紜 夫音非有異同 人有異同 人非有異同 方有異同 蓋以地勢別而風氣殊 風氣殊而呼吸異 東南之齒脣 西北之頰喉是已 遂使文軌雖通, 聲音不同焉 吾東方表裏山河 自爲一區 風氣已殊於中國 呼吸豈與華音相合歟 然則語音之所以與 中國異者 理之然也 至於文字之音則宜若與華音相合矣 然其呼吸旋轉之間 輕重翕闢之機 亦必有自牽於語音者 此其字音之所以亦隨而變也 其音雖變 淸濁四聲則猶古也 而曾無著 書以傳其正 庸師俗儒不知切字之法 昧於紐躡之要 或因字體相似而爲一音 或因前代避諱而假他音 或合二字爲一 或分一音爲二 或借用他字 或加減點畫 或依 漢音 或從俚語 而字母七音淸濁四聲 皆有變焉 若以牙音言之 溪母之字 太半入於見母 此字母之變也 溪母之字 或入於曉母 此七音之變也 我國語音 其淸濁之辨 與中國無異 而於字音獨無濁聲 豈有此理 此淸濁之變也 語音則四聲甚明 字音則上去無別 質勿諸韻 宜以端母爲終聲 而俗用來母 其聲 徐緩 不宜入聲 此四聲之變也 端之爲來 不唯終聲 如次第之第 牧丹之丹之類 初聲之變者亦衆 國語多用溪母 而字音則獨夬之一音而已 此尤可笑者也 由是字畫訛而魚魯混眞

聲音亂而涇渭同流 橫失四聲之經 縱亂七音之緯 經緯不交 輕重易 序 而聲韻之變極矣 世之爲儒師者 往往或知其失 私自改之 以敎子弟 然重於擅改 因循舊習者多矣 若不大正之 則兪久兪甚 將有不可救之弊矣 蓋古之爲詩也 協其音而已 自三百篇而降 漢魏晋唐諸家 亦未嘗拘於一律 如東之與冬 江之與陽之類 豈可以韻別而不相通協哉 且字母之作 諧於聲耳 如舌頭舌上唇重唇輕齒頭正齒之類 於我國字音 未可分辨 亦當因其自然 何必泥於三十六字乎

恭惟我主上殿下崇儒重道 右文興化 無所不用其極 萬機之暇 慨念及此 爰命臣叔舟及守集賢殿直提學臣崔恒 守直集賢殿臣成三問臣朴彭年 守集賢殿校理臣李愷 守吏曹正郞臣姜希顔 守兵曹正郞臣李賢老 守承文院校理臣曺變安 承文院副校理臣金曾 旁採俗習 博考傳籍 本諸廣用之音協之古韻之切 字母七音 淸濁四聲 靡不究其源委 以復乎正 臣等才識淺短 學問孤陋 奉承未達 每煩指顧 乃因古人編韻定母 可併者併之 可分者分之 一併一分 一聲一韻 皆稟宸斷 而亦各有考據 於是調以四聲 定爲九十一韻二十三母 以御製訓民正音定其音 又於質勿諸韻 以影補來 因俗歸正 舊習譌謬 至是而悉革矣 書成 賜名曰東國正韻 仍命臣叔舟爲序

臣叔舟竊惟人之生也 莫不受天地之氣 而聲音 生於氣者也 淸濁者 陰陽之類 而天地之道也 四聲者 造化之端 而四時之運也 天地之道亂 而陰陽易其位 四時之運紊 而造化失其 序 至哉 聲韻之妙也 其陰陽之闔奥 造化之機緘乎 況乎 書契未作 聖人之道 寓於天地 書契旣作 聖人之道 載諸方策 欲究聖人之道 當先文義 欲知文義之要 當自聲韻 聲韻 乃學道之權輿也 而亦豈易能哉 此我聖上所以留心聲韻 斟酌古今 作爲指南 以開億載之群蒙者也 古人著 書作圖 音和類隔 正切回切 其法甚詳 而學者尙不免含糊囁嚅 昧於調協 自正音作而萬古一聲 毫釐不差 實傳音之樞紐也 淸濁分而天地之道定 四聲正而四時之運順 苟非彌綸造化 轇輵宇宙 妙義契於玄關 神幾通于天籟 安能至此乎 淸濁旋轉 字母相推 七均而十二律而八十四調 可與聲樂之正同其大和矣 吁 審聲以知音 審音以知樂 審

樂以知政 後之觀者 其必有所得矣(세종 29(1447)/9/29)

『홍무정운』 서문의 내용을 그대로 따르면서도, 그 서문에서 말했던 '중원아음을 표준으로 삼아 새로운 정음을 만들었다.'라는 내용을 '조선의 강토와 사람의 호흡이 중국의 그것과 달라 우리만의 표준음이 필요하다.'라고 역설하고 있다. 이렇듯 우리가 중국 한자음을 그대로 따라야 한다는 것이 아니라 우리나라 사람의 말에 맞게 고쳐서 조선 한자음을 규정해야 한다는 것은 분명 세종의 '훈민정음(訓民正音)' 창제 정신에 부합하는 주장이다.

오륜전비주석언해 서

중국의 말은 하늘과 땅의 '정음'이어서, 나라의 안팎에서 두루 알아야 하는 것이다.

伍倫全備註釋諺解序

中華之語 天地正音 國無內外所當通曉

위 글은 『오륜전비언해』의 서문이다. 세종 이후 한참 뒤인 숙종 46년(1720)에 완성하였고, 그 이듬해인 경종 원년(1721)에 간행된 책으로, 당시까지 중국어 회화 학습서로 사용되었던 『노걸대(老乞大)』[10), 『박통

10) 조선시대 역관들의 중국어 학습을 위하여 사역원에서 발행한 중국어 학습교재로, 저자와 간행연대는 알 수 없다. 책의 내용으로 미루어 보면 고려말에 저술된 듯하나, 책이름은 『세종실록』 5년조(1423)에 처음으로 등장한다. 한문본으로는 『노걸대(老乞大)』·『중간노걸대(重刊老乞大)』·『노걸대신석(老乞大新釋)』 등 3가지가 있으며, 우리말 번역본으로는 『노걸대언해(老乞大諺解)』 등 3가지 본이 있다. '걸대'는 중국 요(遼)나라 이후 몽골족 북방민족이 중국 또는 중국인을 지칭하는 만주어 '키타(이)'이며 '노'는 경칭을 나타내는 접두사이므로, '노걸대'라는 단어는 당시 조선 사람이 성명을 모르는 중국 사람을 부르는 호칭이었을 것이다. 내용은 고려의 상인이 인삼 등 우리나라의 특산물을 중국 북경에 가서 팔고, 중국의 특산물을 사서 귀국할 때까지의 여행 일정에서 여행자가 필요로 하는 회화를 중국어로 서술한 것이다. 이 책은 중국어를

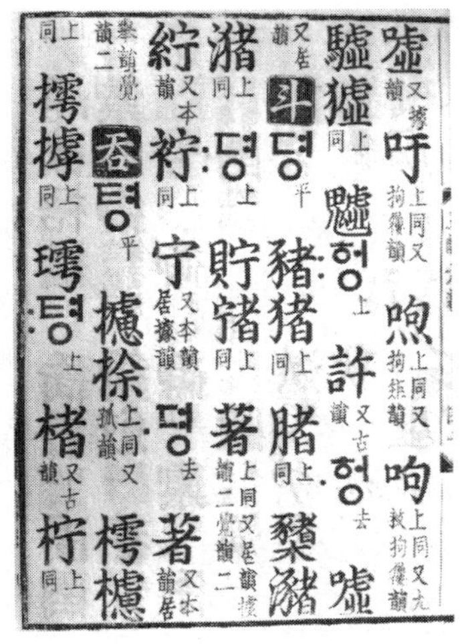
『동국정운』(1447)

사(朴通事)』[11], 『직해소학(直解小學)』[12]에서, 『직해소학』을 빼고, 이 책으로 바꾸었다. 역과(譯科)를 비롯한 각종 한어 시험에 출제서로 이용된 중국어 학습서다. 위의 내용처럼 17세기 우리나라 학자들 가운데는 중국의 말을 '세상의 정음'으로 이해하는 사람들도 있었다. 그러나 그것은 세종과는 전혀 다른 생각이었던 것이다.

『홍무정운역훈』 서문에서 신숙주는 동양의 음운학에 대해 유감없이 자신의 지식을 열거한다. 거기에는 『몽고운(蒙古韻)』이란 책과 『고금운회(古今韻會)』라는 책을 읽고 사성에 대해 논박하는 내용이 나온다. 사실 『홍무정운』 서문에는 볼 수 없었던 책이름인데 신숙주는 『홍무정운』을 번역하면서 이 책들을 참고하였다는 것이다.

『몽고운』(일명 『몽고운략』)이란 책은, 원나라를 세운 쿠빌라이 칸이

배우는 데 가장 기본적인 책이었으며, 역과시(譯科試)에도 채택되었다.(『오륜전비언해』 해제(성낙수, 2018, 세종대왕기념사업회) 참조)

11) 성종 때 최세진이 쓴 것을 1677년 권대훈, 박세화 등이 다시 고증하여 수정, 간행한 중국어 학습서다. 통사는 역관의 직책을 말하니, '박씨 성을 가진 역관'이라는 뜻이다. 『박통사(朴通事)』의 내용은 106개의 절로 이루어져 있다. 『박통사』는 중국인의 일상생활에 관한 것이 대부분이다. 특히 『노걸대』보다 고급 단계의 언어를 다루고 있어서, 중국어와 우리말의 생생한 모습과 함께 풍속 및 문물제도까지 접할 수 있는 자료다.(『오륜전비언해』 해제(성낙수, 2018, 세종대왕기념사업회) 참조)

12) 고려 말과 조선 시대에 널리 보급되었던 한어(漢語) 학습서 가운데 하나로서, 고려시대 말기 때 설장수가 『소학』을 한어로 직해한 책인데, 조선의 태조(太祖) 2년(1393)에 외국어의 통역과 번역을 맡아보기 위해, 사역원을 설치할 때부터 한학 학습서로 사용된 것으로 보인다.

그의 국사(國師)인 라마승 파스파에게 새로운 글자를 만들라고 명하여 1269년 황제의 조령으로 반포한 나랏글[國字]이 '파스파문자'인데, 이 문자를 한자로 설명한 책이다. 지금은 전하지 않는다. 지금 전하는 책은 간기로 보아 1308년 즈음에 주종문(朱宗文)이란 사람이 다시 편찬한 『몽고자운(蒙古字韻)』이란 책이다. 몽고는 처음에 위구르문자를 빌려서 썼는데 중국을 통일하고는 새로 파스파문자를 만들어 한자의 발음을 적기 시작한 것이다. 원 세조 쿠빌라이 칸은 학교를 세우고 이 국자 파스파자를 가르쳤으나 그가 죽자 금방 관심 밖으로 사라졌다. 더욱이 명이 원을 물리치면서 새로운 표준어 규정집 『홍무정운』을 반포하였고, 파스파문자와 그 글자로 기록된 문헌은 철저히 없앴다. 하지만 신숙주는 『홍무정운역훈』의 서문을 쓰면서 『몽고운』과 『고금운회』를 읽었다고 하였다.

문제는 세종이 『몽고운』을 언제 읽었냐는 것이다. 이미 『몽고운』과 『고금운회』가 고려 때부터 들어와 조선 사회에서도 읽혔던 책이고, 세종 또한 이 운서를 오래전부터 읽어 그 내용을 알고 있었다는 사실이다. 이제 이렇게 확신하는 까닭을 밝힐 차례다.

'훈민정음'의 제자 원리가 파스파의 원리와 연결되어 있다는 주장이 근래에 와서 학자들 사이에 등장하였다.

이 책은 그동안 영국도서관에 소장되어 있었는데 고려대학교 정광 교수가 그 자료를 얻어 국제 학계에 소개함으로써 큰 반향을 일으켰다. 이 『몽고자운』의 후대에 쓰여진 발문(청나라 때 사람 나이지(羅以智)가 씀)은 파스파 글자에 대해 자세히 설명하고 있다. 이 책 『몽고자운』보다 앞선 책 『몽고운략』은 이미 원나라 때 고려에 들어와 있었다. 그러므로 이 두 책의 내용을 고려 지식인들은 잘 알고 있었던 것이다. 이러

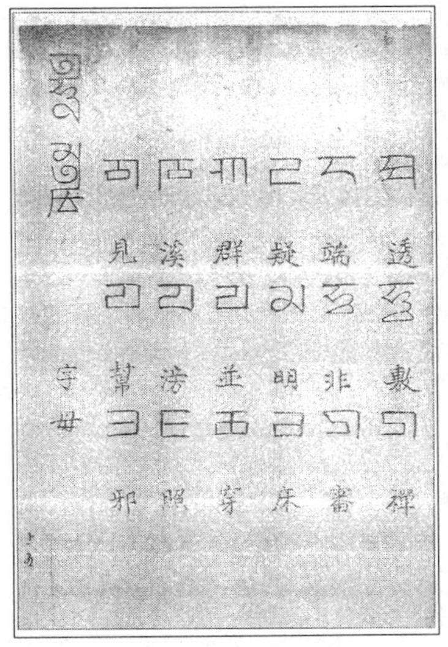
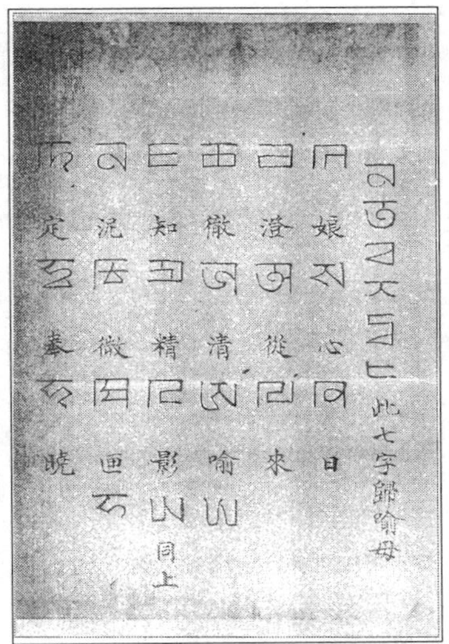

『몽고자운』의 36자모(字母;자음)와 7유모(喩母;모음)

한 사실은 조선에까지 전해진 이 책을 세종이 읽었음을 시사한다. 더욱이 『홍무정운역훈』 서문에서 신숙주가 이 책을 읽었다고 하였고, 그에 앞서 『동국정운』과 『홍무정운역훈』 편찬 사업을 명령할 때 세종은 ‘운회’를 번역하라고 했다는 사실은 『고금운회(거요)』를 세종이 알고 있었음을 말해 주는 것이고, 『홍무정운』은 『몽고운』이 혼탁해져서 ‘정음’을 훼손했다는 이유로 제정된 운서이므로 『몽고운』에 대해 세종이 궁구하였음을 시사하는 것이다. 다시 말해, 이 책이 언문 창제에 도움을 주었다면 세종은 신숙주가 읽기 이전에 이미 그 내용을 완전히 파악하고 있었다는 말이 된다. 왜냐하면 세종이 만든 ‘훈민정음’의 합자(合字) 원리와 『훈민정음』 예의편에 나열된 언문의 설명 방식이 원 세조 쿠빌라이 칸이 반포한 『몽고운』의 문자 설명 방식과 일치하는 점이 많기 때문이다.

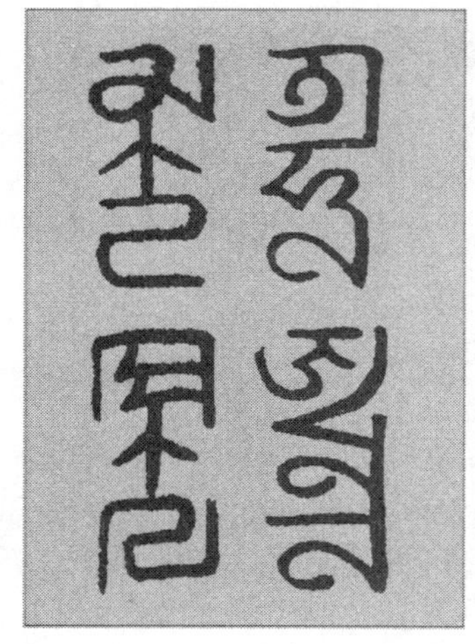

이것은 정광 교수가 영인(2008)하여 펴낸 『몽고자운』의 영인본 표지다. 이 원본은 지금 영국도서관에 소장되어 있다고 한다. 표음문자인 파스파문자로, 몽(왼쪽 윗 자), 골(왼쪽 아랫 자), 자(오른쪽 윗 자), 운(오른쪽 아랫 자)을 표기한 것이다. 글자는 초성, 중성, 종성을 붙여 쓴다. '몽'은 초성 '(ㅁ)', 중성 '(ㅗ)', 종성 '(ㅇ)'을 합친 것이고, '골'은 '(ㄱ)', '(ㅗ)', '(ㄹ)'의 합자다.

만약 세종이 『몽고운』(몽고운략 또는 몽고자운)을 보았다면, 그는 쿠빌라이와 똑같은 생각을 하게 되었을 것이고, 새로운 문자를 만들려는 생각에 큰 용기를 얻었을 것이다. 우선 표음문자를 만든 것도 똑같지만, 더욱 놀라운 것은 한자의 음을 초성, 중성, 종성으로 세 등분하여 글자를 만들었다는 것이다.

더욱이 고려 때부터 우리나라에 들어와 읽히던 『원사(元史)』를 비롯한 『십팔사략』을 세종이 탐독하던 때였다. 세종이 명하여 만들어진 『고려사』는 바로 『원사』의 체재를 따른 것이기 때문이다. 『원사』는 1370년 명 태조 3년에 지어졌다.

> 역대 사서(史書)의 지(志)를 살펴보면 각 시대마다 같지가 않다. 당(唐)의 지에 이르러서는 사실로써 한데 엮어서 편(篇)을 만들었으므로 참고하기가 어렵다. 지금 『고려사』를 편찬함에 있어서는 『원사』에 준하여 조(條)로 나누고 유(類)를 모아서 보는 사람들로 하여금 쉽게 참고할 수 있게 하였다.[13]

『고려사』 편찬에 『원사』가 직접적인 영향을 주었다는 것은 분명하다. 이처럼 세종 때 『원사』는 역사서 중에서도 가장 우선적으로 읽혔던 책이고, 명나라 개국 초기로서 바로 이전의 나라였던 원나라의 역사는 모든 지식인들의 필독서였던 것이니, 세종이 이 책을 읽은 것은 당연한 일이다. 이 『원사』에는 쿠빌라이 칸이 새로운 문자를 창제한 사실도 자세히 기록되어 있다. 명나라 태조 주원장이 『홍무정운』을 제작해 표준음을 재정비한 의도만 하더라도 같은 통치자로서 충분히 이해하고도 남는 일이었지만, 표준음을 정비한 사실만 가지고 새로운 문자를 창제하려는 생각을 할 수는 없었을 것이다. 조선의 한자음을 정비하기만 하면 될 일이다. 그러나 몽골족인 원나라 쿠빌라이는 그것만으로는 몽고말과 중국말을 통합할 수가 없었던 것이다. 몽고말과 중국 한자와의 장벽은 너무도 크고 높았고, 이를 극복할 수 있는 최고의 방법은 바로 두 말을 이을 수 있는 표음문자를 만드는 것이었다. 그런데 쿠빌라이가 느꼈던 몽고말과 한자말과의 장벽은 조선말에도 똑같이 작용하고 있었으니 세종으로서는 눈이 번쩍 뜨일 일이었다.

이미 13세기 원나라에서, 황제가 새 나라의 글자를 만들었다는 사실은 세종에게 엄청난 용기와 감동을 주었을 것이다. 그것이 표의문자 한자를 읽기 위해서라는 사실은 원과 조선이 똑같은 처지였기 때문이다. 그것은 세종에게 '문자 창제'와 '표음문자 제작'이라는 두 가지 명제를 떠올리게 한 순간이 아닐 수 없다. 원명 교체기를 맞아, 원과 교류할 때 한자와 중국어에 대한 지식이 무용지물이 되는 외교적 혼란을 겪으면서, 새로운 대책을 세우기 위해 동분서주하던 세종에게, 명약관화, 명명백백한 답을 준 것이 『원사』에 기록된 원나라 황제 쿠빌라이

---

13) 『고려사 병지 역주』(이기백·김용선 지음, 2011, 일조각), '범례' 35쪽에서 재인용함.

의 문자 창제의 조령이 아니었을까? 정광(2008) 교수는 세종이 분명히 이것을 읽었을 것이고 이 조령을 계기로 훈민정음을 창제하게 되었을 것이라고 확신한다. 이 조령은 『원사(元史)』 권202, 「전(傳)」 89 '석로 파사파(釋老八思巴)'조에 나온다.

석로 파사파

짐은 오로지 글자로써 말을 쓰고 말로써 사물을 기록하는 것이 고금의 공통 제도라고 본다. 우리들이 북방에서 국가를 창업하여 속되고 간단한 옛 그대로의 것을 숭상하고 문자를 제정하는 데 게을러서 〈지금〉 쓰이는 문자는 모두 한자의 해서나 위구르 문자를 사용하여 이 나라의 말을 표기하였다. 요(遼)나라와 금(金)나라, 그리고 먼 곳의 여러 나라들의 예를 비추어보면 각기 문자가 있었으나, 우리가 지금처럼 문교로 나라를 다스려 점차 흥기하였는데도 다만 서사할 문자가 없다. 그러므로 국사 파스파에게 몽고 신자를 창제하라고 특명을 내려서 모든 문자를 번역하여 기록하라고 하였다. 그리하여 능히 언어가 순조롭게 통하고 각지의 사물이 바르게 전달되기를 바랄 뿐이다. 이제부터 대저 조령 문서의 반포와 발행은 모두 몽고 신자를 쓸 것이며 각국의 자기 문자는 함께 붙이게 한다.[14)]

원 세조가 몽고인이 쓰는 말에 맞게 새로 문자를 창제하게 하여 사람들이 쉽게 통하고 사물을 바르게 전달하도록 하였다는 기록이다. 원 세조나 명 태조와 똑같은 처지에 놓인 세종 임금에게 『원사』와 『몽고운』, 『홍무정운』은 그 정치적 정당성과 논리적 근거를 마련해 주기에 충분했다. 특히 『원사』와 『몽고운』에 대한 정광 교수의 주장은 '훈민정음'의 모양이 이 파스파 문자를 닮았다는 것이다.

---

14) 정광, 『몽고자운』(2008, 한국학중앙연구원) '해제' 155~156쪽에서 번역한 것을 인용함.

몽고자운 발문

…(앞 줄임)… 몽고는 처음에 위구르문자를 빌려서 썼는데 국사(國師; 라마승 파스파를 말함-필자)가 새 글자를 만들어 '국자(國字)'라고 불렀다. 글자 모양은 범서(梵書; 산스크리트 문자를 말함-필자)와 같으며 범천(梵天; 인도를 말함-필자)의 가로(伽蘆)[문자]의 변체(變體)이다. [이 문자를] 제로(諸路; 諸道-필자)에 반포하여 사용하게 하여 모두 몽고학(또는 학교)을 세웠다. 이 책은 [당시에] 오로지 국자(파스파문자)로 한자의 발음을 적기 위하여 만들어진 것이다. 당시에 있어서는 널리 통행하는 책에 속하였다. 몽고 글자는 원래 1,000자가 넘었는데 이 책에 열거된 것은 겨우 800여 자이다. 또한 자법(字法)도 지금 행해지고 있는 몽고 자양에 비하여 같지 않다. 즉 당씨(唐氏)의 『비편(裨編)』과 조씨(趙氏)의 『석묵전화(石墨鐫華)』, 고씨(顧氏)의 『금석문자기(金石文字記)』 소재의 몽고문(파스파문자)과 비교해 보아도 역시 같지 않다. [본인이] 본 바가 있는 동(銅)에 새겨 넣은 원나라의 문자와도 맞지 않는다. 『원사(元史)』를 참고하면 몽고자는 그 자모가 41개가 있다고 하는데 이 책에서는 먼저 36자를 배열하고 뒤에 유모(喩母)에 들어가는 7자를 배열하여 모두 43자모라 하였고, 또 3자는 서로 같다고 하였다. 성씨(盛氏)의 『법서고(法書考)』에는 국자 42모를 실었고, 또 한자의 자모도 실었다. 3자를 없애고 4자를 늘렸으니 결국 한자를 대응시킨 것은 43자모를 쓰게 되었다. …(줄임)… 당시에도 이미 글자 모양을 하나로 하기는 어려웠던 것 같다. 운(韻)에 있어서는 상, 거, 입의 3성은 평성 운에 들어가서 우리 청(淸)나라의 문자와 비교하여 보아도 다르지 않다. …(아래 줄임).[15)]

위 글은 『몽고자운』이 전해오다가, 청나라 도광(道光) 연간(1821~1850)에 나이지라는 사람이 그것을 보고 발문을 써서 다른 책에 실어

15) 吉池孝一(2004:134)에서 인용하여 정광의 『몽고자운』(2008, 한국학중앙연구원) '해제' 146~148쪽에 올린 글을 재인용하고 번역한 것인데, 그 중 일부만 여기에 인용함.

놓은 글이다. 정광(2008:147)의 주석에 의하면, 청나라 사람이 이 발문을 쓸 때는 이미 파스파문자가 사라진 뒤였고 명나라 때부터는 금기시했던 이름이라 파스파문자를 '회피자양(廻避字樣)'이라고 불렀다고 한다.

> '회피자양(廻避字樣)'은 파스파문자를 말하는 것으로, 명나라 태조가 호원(胡元)의 잔재를 없애는 데 주력하였을 때에 붙여진 이름으로 보인다. 원 세조가 파스파를 시켜 만든 파스파문자는 원대에 국자(國字)라고도 불렸으며, 이러한 파스파문자는 명 태조의 호원 말살 정책에서 가장 우선적으로 해당되는 원의 잔재였다. 당시에는 파스파문자란 이름도 부를 수가 없어 그냥 '자양(字樣)' 아니면 '회피자양(廻避字樣)'으로 불렀다.[16)]

'호원(胡元)'은 명 태조가 원나라를 오랑캐로 부른 말이다. 명 태조는 철저히 원나라 말과 글을 말살하였다. 이러한 정신은 대명 사대주의로 무장된 조선의 사대부들에게 고스란히 세뇌되었다. 그러나 세종은 달랐다. 객관적으로 원나라의 말글 정책과 명나라의 그것이 다르지 않았으므로, 이를 비교하며 조선의 말글 정책을 펼치려 했다.

한자(漢字)는 고립어를 표기하도록 고안된 문자이다. 그저 뜻으로만 이루어진 한자를 문장 어디에다 두느냐에 따라, 읽는 이가 알아서 해석하는 것이다. 즉 문법 기능을 하는 씨끝(어미)과 토씨(조사)가 없고 문장 안에서 놓인 그 자리가 품사를 결정한다. 토는 읽는 이가 앞뒤 글자를 보고 알아서 붙여야 한다. 우리말은 다르다. 뜻을 말하는 뿌리(어근) 앞뒤에 그것을 운용하는 문법 기능의 말이 붙어 음절 단위를 형성한다. 즉, 어떤 씨끝이나 토씨가 붙느냐에 따라 문장의 뜻이 달라진다. 이런 말을 교착어라 하는데, 그렇기 때문에 교착어를 사용하는 중국

---

16) 『몽고자운』(정광, 2008) 147쪽 주8을 인용함.

주변의 여러 민족은 한자를 빌어쓰면서도 엄청난 고통을 느낄 수밖에 없었다. 그래서 오래전부터 중국의 주변에 있는 나라들은 뜻글자, 고립어인 한자(한문)를 이용해 소리를 표현하기도 하고, 그 나름대로 표음문자를 만들어 표기하는 정책을 썼던 것이다. 큰 틀에서 보면 문자의 발달 과정에 나타나는 발전 양상이다. 세계사에서 '그림문자>표의문자>표음문자>음절문자>음소문자>자질문자'로 나아간 모습이다.

이러한 노력(표음문자 제작)은 이미 오래전부터 있어 왔다. 우리 겨레도 이미 '임신서기석'에서부터 이두, 향찰, 구결 등, 2천 년 전부터 차자표기 방식으로 그런 노력을 했던 것이고, 인도에서는 7세기 중반 이러한 노력으로 제정된 티베트문자, 즉 서장(西藏) 문자가 있었다. 이 문자는 승녀들이 모여 만든 것이다. 이 티베트문자도 표음문자이다. 10세기경에 거란족이 세운 요(遼)나라의 태조가 만든 거란문자도 표음문자였고, 12세기경에 여진족이 세운 금(金)나라 태조가 만든 여진문자도 표음문자였다. 그리고 1269년 반포한 원나라 태조인 칭기즈 칸이 만든 위구르문자는 표음문자이면서 영어 알파벳과 같은 음소문자였고, 1269년 원 세조 쿠빌라이가 반포한 파스파 문자도 표음문자, 음소문자였다. 이러한 각 나라들의 표음문자 창제는 모두 표의문자인 한자의 어려움 때문에 궁여지책으로 이루어진 주체적 문자 정책이었다. 이것을 최만리 무리가 바라보듯이 오랑캐들이나 하는 짓이라고 말하는 것은 주체적 생각보다는 사대모화적 생각을 앞세운 자세일 뿐만 아니라, 성운학(언어학, 문자학)에 대한 지식이 전혀 없는 말이다. 아니면 의도적으로 문자의 권위를 독점하려는 유학자의 고루한 자세일지도 모른다.

앞서 보인 『몽고운』의 파스파자는 초성, 중성, 종성으로 나누어 모음의 조음음성학적 기능을 독립적으로 기능할 수 있도록 만든 획기적인 문자였다. 이러한 과학적인 문자를 보고 세종이 놀라지 않을 수 없는 일이다. 한자의 반절법이 가지는 어정쩡한 이분법은 성모와 운모만 가려 분석할 뿐 모음과 자음의 음소를 분명히 가리지 못한다. 그래서 기본 글자가 수백 수천 자로 늘어나고 그것을 분류하기도 힘이 든다. 파스파문자는 모음이 따로 있어 자음 사이에서 변별적 기능을 하게 하였다.

그러나 세종은 여기서 끝나지 않았다. 파스파문자가 초성, 중성, 종성으로 나누기는 하였으나, 글자 모양은 '산스크리트 문자와 같으며 인도 가로문자의 변체(變體)이다.'(『몽고자운』 발문)라고 한 바와 같이, 전혀 과학적 원칙이 없이 이전에 쓰던 문자에서 그 형태를 모방했을 뿐이다. 그저 자음 사이에서 음성학적 기능을 하는 모음을 별도로 명시함으로써 음운의 대립 기능을 강화한 것뿐이다. 이것만으로도 언어학적으로 많은 진전을 본 것이다.

그러나 세종은 우선 몽고운의 글자 모양을 면밀히 검토하여, 초성, 중성, 종성을 구별하는 방법이 반절법보다는 소리를 정확히 구분하는 데 편리함을 직시하였다. 그런데 소리를 삼분하였지만 그 글자 모양을 다른 나라 글자에서 모방하는 것이 못마땅했다. 이때 『홍무정운』 서문에서 말한 '사성 칠음(四聲七音)'의 원리가 떠올랐다.

> 사람이 있으면 소리가 있고, 소리가 나면 칠음(七音)을 구비하게 된다. 이른바 칠음이란, 아, 설, 순, 치, 후, 반설, 반치를 말한다. 슬기로운 자가 관찰하면 청탁의 두 가지 원리와, 각, 치, 궁, 상, 우, 그리고 반상, 반설음까지 알게 된다. 천하에 모든 음(音)이 다 여기에 속한다.

즉, 사람의 말소리를 초성, 중성, 종성으로 명확히 구분하되, 천하에 모든 소리가 다 속하는 우주 자연의 원리인 '칠음'에 맞추어 글자를 만들면 얼마나 자연스러운가? 바로 조음음성학적 형태로 글자를 만들게 되는 순간이었다. 글자 자형에 조음음성학적 자질을 표현하고자 한 것은 세종의 독창적 발상이었다. 사성 칠음은 중국의 오래된 성운학의 원리다. 그러나 중국 운서의 오래된 '한자 분류 체계'였던 사성 칠음을 문자로 표현한 세종의 발상이야말로 그 누구도 하지 못했던 아이디어다. 바로 '자질문자'의 탄생으로 세계 언어사, 문자사의 대혁명이 일어난 순간이다.

중성은 모음조화가 뚜렷한 우리말을 표현하기 위해 음성과 양성을 뚜렷이 구별할 수 있도록 하였다. 'ㅏ, ㅑ'와 'ㅓ, ㅕ', 'ㅗ, ㅛ'와 'ㅜ, ㅠ', 'ㅡ'와 'ㅣ'의 음양적 조화는 언문 글자 자체를 극명하게 구별할 수 있게 만듦으로서 소리의 변별 자질을 문자 모양에 그대로 대입시킨 것이다. 물론 이러한 원리도 성리학(역학)적 원리를 적용해 천지인(天地人) 삼재(三才)로 소리를 표현한 것이니, 그 원천적 원리는 오랜 동양의 학문적 토대였다. 다만 이 역학적 원리를 중성의 기본 글자에 대입시킨 것은 세종의 독창적인 사상과 원리다.

음성 자질을 문자 자형에 표현한 원리와 중성(모음)의 특별한 철학적 원리는 전 세계 석학들이 놀라지 않을 수 없는 세종의 창조적 과학이다. 한자에 성리학(역학)적 원리가 있지는 않았고, 파스파문자에 또한 음성학적 변별 자질이 있지는 않았다. 즉 음성의 특성과 글자의 모양과는 전혀 상관이 없었고 다만 한자를 분류하기 위해 사성 칠음 분류법이 사용되었던 것이고, 파스파자 또한 인도의 가로문자를 변형하여 만들었을 뿐이다. 세종의 언문 창제 원리는 한자와 같은 표의문자, 고립어에서는 상상할 수도 없는 일이고, 나아가 수많은 표음문자로 제작된 문자에서도 찾아볼 수 없었던 획기적인 발상이다. 사성 칠음과 음양 오행이 녹아 있는 문자. 이것은 현대 언어학, 문자학에서도 놀라지 않을 수 없는 과학적 분석이었던 것이다.

'훈민정음(訓民正音)'의 '정음(正音)'은 바로 『홍무정운』에서 표기한 음(홍무정운음)에서 따온 이름이다. 이것은 표준음을 뜻하는 말로서, 정음(중원아음)과 속음(俗音; 14세기 중국방언)을 구별한 데서 그 의미를 가져온 것이다. 그러나 '훈민정음'의 '정음'이 홍무정운음이나 조선 표준 한자음을 가리키는 것은 아니다. 세조가 『훈민정음 언해본』에서 밝힌 바와 같이 '백성 가르치는 정(正)한 소리'라고 새롭게 정립한 말이다. 또 그가 『석보상절』 서문 주석에서 밝힌 바와 같이, '정음은 정(正)한 소리니 우리나라 말을 정히 반듯이 옳게 쓰는 글이므로 이름을 정음이라 한 것이다.'라는 정의는 의심할 여지없는 정음의 규정이다.

이 체계는 최세진의 『훈몽자회』에서도 마찬가지로 구별하고 있다. 앞서 제시한 『홍무정운』 서문을 다시 보면,

> 황제께서 고문을 상고하고 글을 숭상하여, 천하를 다스리는 틈에 운서를 친히 보시고 다른 종류들과 비교하여 볼 때, 조리에 어긋나고 '성음(聲音)'이 어그러진 것을 확인하고, 신하들을 불러 말씀하시기를, 중국 음운학이 양자강 유역에서 발달하여 '정음(正音)'을 잃어버렸으니 … 경들은 마땅히 음운이 통하는 것을 널리 들어서 이를 정하여 다시 출판하라 하셨다.

『홍무정운』에서 먼저 사용한 이 '정음'이란 말은 '홍무' 즉 명나라 태조 주원장이 쓴 연호를 앞세워 중국 표준음의 잣대로 삼은 '중원아음(中原雅音)'이었으니, '아음(雅音)'이란 '바른 소리'라는 말이다. 여기서 '정음'의 의미를 받아들여 '중원의 바른 소리를 잃어버렸다.'라고 한 것이고, 이와 같은 의미를 받아들여 '조선의 정음' 즉, '조선의 말을 정히 반듯이 옳게 쓰는 글'이 탄생한 것이다. 우리 문헌에서 이 말에 대해

맨 처음 설명한 책은 물론 『훈민정음 언해본』이다.

> 世솅宗종御ᅌᅥᆼ製졩訓훈民민正졍音ᅙᅳᆷ【製졩ᄂᆞᆫ 글 지ᅀᅳᆯ 씨니 御ᅌᅥᆼ製졩ᄂᆞᆫ 님금 지ᅀᅳ샨 그리라 訓훈은 ᄀᆞᄅᆞ칠 씨오 民민ᄋᆞᆫ 百ᄇᆡᆨ姓셩이오 音은 소리니 訓民正音은 百姓 ᄀᆞᄅᆞ치시논 正ᄒᆞᆫ 소리라】(『훈민정음 언해본』 첫 장)

이윽고 『석보상절』 서문에서는 작은 글씨로 '정음(正音)'에 대해 주석을 달아 놓았다.

> (원문)
>
> 又ᅌᅮᇢ以ᅌᅵᆼ正졍音ᅙᅳᆷ으로 就ᄶᅳᇢ加강譯역解갱ᄒᆞ노니【又ᅌᅮᇢᄂᆞᆫ ᄯᅩ ᄒᆞ논 ᄠᅳ디라 以ᅌᅵᆼᄂᆞᆫ ᄡᅥ ᄒᆞ논 ᄠᅳ디라 正졍音ᅙᅳᆷ은 正졍ᄒᆞᆫ 소리니 우리나랏 마ᄅᆞᆯ 正졍히 반ᄃᆞ기 올히 쓰논 그릴ᄊᆡ 일후믈 正졍音ᅙᅳᆷ이라 ᄒᆞᄂᆞ니라 就ᄶᅳᇢᄂᆞᆫ 곧 因인ᄒᆞ야 ᄒᆞᄃᆞᆺᄒᆞᆫ ᄠᅳ디니 漢한字ᄍᆞᆼ로 몬져 그를 ᄆᆡᆼᄀᆞ로 그를 곧 因인ᄒᆞ야 正졍音ᅙᅳᆷ으로 ᄆᆡᆼᄀᆞᆯᄊᆡ 곧 因인ᄒᆞ다 ᄒᆞ니라 加강ᄂᆞᆫ 힘드려 ᄒᆞ다 ᄒᆞᄃᆞᆺᄒᆞᆫ ᄠᅳ디라 譯역은 飜펀譯역이니 ᄂᆞᄆᆡ 나랏 그를 제 나랏 글로 고텨 ᄡᅳᆯ씨라】ᄯᅩ 正졍音ᅙᅳᆷ으로ᄡᅥ 곧 因인ᄒᆞ야 더 飜펀譯역ᄒᆞ야 사기노니(석보상절 서:5ㄴ~6ㄱ)
>
> (번역문)
>
> 又以正音으로 就加譯解하노니【우(又)는 '또' 하는 뜻이다. 이(以)는 '써' 하는 뜻이다. 정음(正音)이란 정(正)한 소리니 우리나라 말을 바르고 반듯하고 옳게 쓰는 글이므로 이름을 '정음'이라 한 것이다. 취(就)는 곧 '인하여 하다(그것을 취하다)'라는 뜻이니 한자로 먼저 글을 만들고 글에 따라 정음을 취하여 글을 만들었으니 곧 '인하여 하다'라고 한 것이다. 가(加)는 '힘들여 하다' 하는 뜻이다. 역(譯)은 '번역(飜譯)'이니 남의 나라 글을 제 나라 글로 고쳐 쓰는 것이다.】또 정음으로 곧 그것을 취하여 더 번역하여 새기니(밑줄은 글쓴이가 그음.)

『석보상절』 서문에 나오는 '정음'이란 말의 해석이다. 이러한 '훈민정음'의 '정음'을 한자음을 적기 위한 바른 소리로 해석한다면 '훈민정음' 서문에 언급한 세종의 말을 부정하는 말이며 그의 오랜 연구를 부정하는 말이다. 세종은 우리나라 말이 중국과 달라 우리말을 쉽게 적고 편리하게 배울 수 있는 바른 소리를 글자로 만들었다고 분명하게 밝혔다. 이것이 언문이고 이 언문은 조선 백성이 우리말, 한자음, 사투리, 외국어 대화 등 어떤 말이라도 적을 수 있는 표준음임을 공표한 것이다.

『석보상절』은 모든 한자에 '동국정운식 한자음'을 나란히 표기하였다. 『동국정운』에서 표기한 한자의 독음은 초성, 중성, 종성을 모두 기입하는 방식을 택하였다. 그래서 받침이 없는 한자말에 무성음, 즉 소리값이 없는 '이응[ㅇ]'을 모두 표기한 것이 특징이다. 분명한 것은 '동국정운식 표기'는 해례본의 표기와는 전혀 무관한 표기법이다. 현대국어 맞춤법에서의 'ㅇ'은 원래 세종이 만든 훈민정음에서는 두 가지 표기였다. 즉 유성음 'ㆁ'과 무성음 'ㅇ'이다. 꼭지가 있으면 어금닛소리로 유성음[ŋ]이고, 꼭지가 없으면 목구멍소리로 무성음[Ø]이다. 15, 16세기엔 초성에도 유성음 'ㆁ'이 오기도 했으나 17세기부터는 종성에만 오게 된다. 결국 현대국어에서는 초성의 이응은 무성음이고, 종성의 이응은 유성음을 나타내는 것으로 언중이 합의한 것이다.

『석보상절』과 『동국정운』, 그리고 『사성통고(四聲通考)』는 세종 29년(1447)에 모두 이루어진 책이다. 이 『사성통고』 범례에 이미 『홍무정운역훈』을 거론한 것으로 보아 신숙주가 『홍무정운』의 역훈과 『동국정운』의 편찬을 동시에 시작한 것으로 보인다. 그러나 『홍무정운역훈』 서문에서는 8년 동안 집필하였다고 하였으니 본격적인 집필은 『동국정운』 집필을 끝낸 뒤에 시작한 것이다. 『석보상절』의 서문 앞에 합철된 『훈민정음 언해본』이나 『석보상절』 본문에 나오는 한자에는 모두 '동국정운식 한자음'이 병기되어 있다. 그러므로 이 세 책은 모두 집현전학사들이 머리를 맞대고 동시에 편찬 작업을 했던 책이라 할 수 있다. 그런데 『석보상절』과 같은 해 세종이 지었다는 『월인천강지곡』은 동국정운식 한자음을 전혀 쓰지 않고 우리말 표기대로 한자음을 표기하였다는 것이 특이하다. 그것은 당연한 조치였는지도 모른다. 실제 언문을 사용하는 법을 잘 가르쳐 주려는 것이었다. 『용비어천가』와 『월인천강지곡』의 표기법은 훈민정음 창제 목적을 뚜렷이 밝히고 있는 책으로 매우 귀중한 자료이다. 그해(1447) 11월에 신숙주가 편찬한 『사성통고』는 전하지 않고 다만 최세진이 펴낸 책 『사성통해(四聲通解)』(1517) 하권에 '사성통고 범례'만 전한다. 그 범례를 보면,

사성통고 범례

一. 운도와 운서 등 여러 서적과 지금 중국 사람이 쓰고 있는 음으로써 그(사성통고) 자음을 정하고, 또 지금 널리 쓰이고 있는 중국 현실음으로서 운도나 운서의 음과 맞지 않는 것은 글자마다 원래의 반절 밑에 속음이라고 써서 표시했다.

一. 지금 한인(漢人)이 쓰고 있는 초성 가운데, 전탁음의 상·거·입 3성의 글자들은 청성과 가깝게 발음하되 역시 원래 청성이었던 음과 구별이 있으며, 유독 전탁음의 평성 글자 초성은 차청음과 가까우나, 원래 차청음이었던 음은 그 소리가 맑아서 음이 곧고 낮게 끝나며, 탁성으로서 차청음이 된 음은 그 소리가 탁해서 음이 조금은 세게 끝난다.

一. 무릇 설상(舌上)음은 혀허리를 잇몸에 닿게 하여 발음하는 것이라, 그 음이 어려워서 저절로 정치음과 같아졌다. 그래서 운회에서는 설상은 지·철·징·냥모를 정치음인 조·천·상·선모와 합쳤으나, 중국의 현실음은 냥모 하나만이 설두음이 니모와 같아졌다. 또 본운(홍무정운)에서는 니모와 냥모가 뒤섞여 구별이 없으므로, 이제 지·철·징모를 조·천·상모로 합치고 냥모를 니모로 돌아가게 하였다.

一. 순경음 가운데 비·부 2모에 속하는 한자들은, 본운(홍무정운)과 몽고운(원나라 파스파자의 운)에서는 뒤섞여서 이들을 하나로 하고, 또 중국 현실음도 역시 구별이 없으므로, 이제 부(敷)모로써 비(非)모에 돌아가게 하였다(부모를 비모에 합쳤다).

一. 무릇 잇소리 가운데에서 치두음은 혀를 올려 이에 대어 발음하므로 그 소리가 얕고, 정치음은 혀(끝)을 말아 (윗)잇몸에 대어 발음하므로 그 소리가 깊다. 우리나라 잇소리인 ㅅㅈㅊ 음은 치두음과 정치음의 중간이다. 훈민정음에서 치두음과 정치음으로 나누지 않았으나, 이제 치두음은 ㅅㅈㅊ (왼쪽 획이 긴 모양)으로 표기하도록 하고, 정치음은 ㅅㅈㅊ(오른쪽 획이 긴)로 표기하도록 구별하였다.

一. 본운(홍무정운)에서는 원래 중고음에서 구별되던 의(疑)모자와 유(喩) 모자가 많이 뒤섞이었는데, 여기(홍무정운역훈과 사성통고)에서는 글자마다 고음대로 유모자면 다만 ㅇ 글자로 쓰고, 의모자면 ㆁ글자를 써서 이들을 구별하였다.

一. 대저 우리말의 음은 가볍고 얕으며, 중국말의 음은 무겁고 깊은데, 지금 만든 훈민정음은 우리말의 음을 바탕으로 해서 만든 것이라, 만일에 한음(漢音)을 나타내는데 쓰려면 반드시 변화시켜서 써야만 곧 제대로 쓰일 수 있다. 예를 들면, 중성 가운데 ㅏㅑㅓㅕ등 장구음(長口音)을 나타내는 글자는, 초성을 발음한 때의 입이 변하지 않고, ㅗㅛㅜㅠ등 축구음(縮口音)을 나타내는 글자는, 초성을 발음한 때의 혀가 변하지 않으므로, 중국 자음의 중성이 ㅏ일 때에는 ㅏ와·음 사이처럼 발음하고, ㅑ일 때에는 ㅑ와·음 사이처럼 읽고, ㅓ면 ㅓ ㅡ 사이로, ㅕ면 ㅕㅡ 사이로, ·면·ㅡ 사이로, ㅡ면 ㅡ·사이로, ㅣ면 ㅣㅡ 사이로 발음해야 그의 중국음에 맞게 된다. 지금 중성으로 변한 것은 운을 따라 같은 중성의 첫머리 글자 아래에다가 이를 설명하였다.

一. 입성에 속하는 여러 운의 초성은 지금 중국의 남방음에서는 너무 분명한 쪽으로 손상되었고, 북방음은 느린 쪽으로 흘렀는데, 『몽고운』

도 역시 북방음을 바탕으로 한 것이라 종성을 쓰지 않아서, 예를 들면 황공소가 지은 『고금운회』에서도 입성 가운데 질운의 颶(율) 卒(졸) 등을 옥(屋)운의 국 자모 밑에 소속시키고, 합운의 閤(합) 榼(합) 등을 갈운의 갈(葛) 자모 밑에 소속시키는 따위들과 같은 것이어서, 아음 설음 순음들의 종성이 뒤섞이어 구별이 없으니, 이것 역시 종성을 쓰지 않는 것들이다. 평 · 상 · 거 · 입 사성은 비록 청탁과 완급의 다름은 있어도, 그 종성은 진실로 일찍이 같지 않음이 없었다. 하물며 입성이 입성되는 까닭은 아 · 설 · 순음의 전청이 종성이 되어 촉급함에 있는 것이어서, 이것이 더욱 종성을 쓰지 않을 수 없는 분명한 이유인 것이다. 본운(홍무정운)을 만들 때에는, 운이 같은 것은 합하고, 서로 다른 것은 나누었으나 입성의 여러 운의 아 설 순음 종성은 모두 구별하여 섞지 않았으므로, 이제 ㄱ ㄷ ㅂ으로 종성을 삼아 그대로 ㄱ ㄷ ㅂ으로 발음하면, 또 이른바 남방음처럼 되기 쉬우므로 다만 가볍게 쓰되 급히 마무리하여 너무 분명하게 되지 않는 것이 좋다. 그러나 지금의 속음은 비록 종성을 쓰지 않더라도 평 상 거성의 느린 것과 같이는 되지 않으므로 모든 운의 속음 종성은 후음의 전청인 ㆆ을 쓰고 藥운의 종성은 순경음의 전청인 ㅸ을 써서 이를 구별하였다.

一. 무릇 자음은 반드시 종성이 있어야 하니, 예를 들면 평성의 支 齊 魚 模 皆 灰 운들의 글자는 마땅이 후음의 ㅇ으로써 종성을 삼아야 하는데 지금 그렇게 하지 않은 것은 아 · 설 · 순음으로 된 종성처럼 뚜렷하게 되지 않기 때문이며, 또 비록 ㅇ으로 보충하지 않더라도 저절로 음을 이루기 때문이다. 상 · 거성의 여러 운들도 마찬가지다.

一. 모든 자음에서는 사성을 점으로써 구별하였다. 평성은 점이 없고, 상성은 2점, 거성은 1점, 입성도 역시 1점으로 하였다.

四聲通攷 凡例

一. 以圖韻諸書 及今中國人所用 定其字音 又以中國時音所廣用 而不合圖韻者 逐字書俗音於反切之下

一. 全濁上去三聲之字 今漢人所用初聲 與清音相近 而亦各有清濁之別 獨平聲之字初聲 與次清則其聲清 故音終直伍 濁聲則其聲濁 故音終稍厲

一. 凡舌上聲 以舌腰點腭 故其聲難而自歸於正齒 故韻會 以知徹澄孃歸照穿牀禪 而中國時音 獨以孃歸泥 且本韻混泥孃而不別 今以知徹澄歸照穿牀 以孃歸泥

一. 脣輕聲非敷二母之字 本韻及蒙古韻 混而一之 且中國時音 亦無別 今以敷歸非

一. 凡齒音 齒頭則擧舌點齒 整齒則卷舌點腭 故其聲深我國齒聲ㅅㅈㅊ在齒頭整齒之間 於訓民正音 無齒頭整齒之別 今以齒頭為ᄼᅎᅔ 以整齒為ᄾᅐᅕ 以別之

一. 本韻 疑喻母諸字 多相雜 今於逐字下 喻則只書ㅇ母 疑則只書ㆁ母 以別之

一. 大低 本國之音 輕而淺 中國之音 重而深 今訓民正音 出於本國之音 若用於漢音 則必變而通之 乃得無礙 如中聲 ㅏㅑㅓㅕ 張口之字 則初聲所發之口不變 ㅗㅛㅜㅠ 縮口之字 則初聲所發之舌不變 故中聲爲ㅏ之字 則讀如ㅏ·之間 爲ㅑ之字 則讀如 ㅑ·之間 ㅓ則 ㅓㅡ之間 ㅕ則 ㅕㅡ之間 ㅛ則ㅛ·之間 ㅜ則 ㅜㅡ之間 ㅠ則 ㅠ ㅡ之間 ·則 ·ㅡ之間 ㅡ則 ㅡ·之間 ㅣ則 ㅣㅡ之間 然後 庶合中國之音矣 今 中聲變者 逐渭中聲首字之下 論釋之

一. 入聲諸韻終聲 今南音傷於太白 北音流於緩弛 蒙古韻 亦因北音 故不用終聲 黃公紹韻會入聲 如以質韻䬈卒等字 屬屋菊字母 以合韻閤榼等字 屬葛韻葛字母之類 牙舌脣齒音 混而不別 是亦不用終聲也 平上去入四聲 雖有淸濁緩急之異 而其有終聲則固未嘗不同 況入聲之所以爲入聲者 以其牙舌脣之全淸爲終聲而促急也 其尤不可不用終聲也 明矣

本韻之作 併同析異 而入聲諸韻牙舌脣終聲 皆別而不雜 今以 ㄱㄷㅂ爲終聲 然直呼以 ㄱㄷㅂ則又似所謂南音 但微用而急終之 不至太白可也

且今俗音 雖不用終聲 以不至不如平上去之緩弛 故俗音終聲於諸韻 用喉全淸ㆆ 藥韻用脣輕全淸 ㅸ以別之

一. 凡字音 必有終聲 如平聲 支齊魚模皆灰等韻之字 當以喉音ㅇ爲終聲 以今不爾者 以其非如牙舌脣終之爲明白 且雖不以ㅇ補之以自成音爾上去諸渭

一. 凡子音 四聲以點別之 平聲則無點 上聲則二點 去聲則一點 入聲則亦一點[17)]

세종 29년(1447) 11월에 신숙주가 편찬한 『사성통고』에는 『몽고운』(몽고운략 또는 몽고자운)과 『고금운회』(또는 고금운회거요), 그리고 『홍무정운』이 모두 거론되고 있다. 이 책들을 참고하고 비교하였다는 것이다. 그러므로 적어도 이 책들은 세종이 '훈민정음' 창제를 위해 읽어 보았던 책으로, 집현전학사들에게 해례를 쓰도록 지시할 때 그 성운학적 연결고리를 찾도록 하였을 뿐만 아니라, 중국 운서 번역과 조선의 운서 편찬에 근거로 삼게 한 것이다.

최세진은 중종 22년(1527)에 『훈몽자회(訓蒙字會)』를 편찬한다. 이 책은 서당에 다니는 아이들의 한자 학습을 위한 기본서라는 의미로 책이름을 '아이들을 가르치기 위한 한자 모음[訓蒙字會]'이라고 붙였다. 이 책은 최세진의 주장에 따르면, 당시 천자문이나 유합(類合)의 내용이 일상생활과 거리가 먼 고사(故事)를 가지고 설명하거나 허자(虛字; 사물의 상태나 동작을 나타내는 글자)가 많고 실자(實字; 실재 사물의 형상을 나타내는 글자)가 적어 한자 학습에 큰 도움을 주지 못한다고 보고, 이를 보충하기 위해 실자 위주로 3,360자(실제로는 3,351자)를 가려 뽑아, 문자 하나하나에 언문으로 뜻과 음을 달고, 그 밑에 한자로 주석을 달아

17) 강창석 충북대 교수의 원문 입력과 번역을 인용함.

풀이한 것이다. 더욱이 언문에는 사성점까지 표시하였다.

훈몽자회 서문

신(최세진)이 깊이 살펴보니 요즈음 아이들을 가르쳐 글을 배우게 하는 집에서는 반드시 『천자문』을 떼고 나서 그 다음에 『유합』을 가르치고, 그 후에 비로소 여러 책을 읽게 합니다. 『천자문』은 양(梁)나라 산기상시 주흥사(周興嗣)가 편찬한 것인데, 옛날 이야기를 가지고 비유하며 편집하였기 때문에 글월을 인용해서 글을 짓는 데는 아주 좋지만, 그런 옛이야기를 어린 아이들에게 익히도록 둔다면 겨우 글자를 배우기만 할 뿐이지 그 옛날 이야기를 어찌 깨달아 글 지은 참뜻을 알겠습니까? 『유합』이란 책은 우리나라에서 나왔지만 누가 지었는지 알 수 없고, 비록 여러 글자를 종류별로 모았다고 하지만 허자(虛字)가 많고 실자(實字)가 적어 사물의 형세와 이름이 갖는 실체를 완전히 깨닫는 이가 거의 없습니다. 만약 아이들에게 글을 가르쳐 글자를 알게 하려면 마땅히 먼저 사물에 해당되는 글자를 묶어 적어서, 아이들이 보고 들은 것과 이름이 나타내는 실체가 부합되도록 해야 합니다. 그렇게 한 다음에야 비로소 다른 책들을 공부하도록 해야 합니다. 그러니 저 옛이야기를 알아야 하는 것 때문에 굳이 천자문을 배울 필요가 있겠습니까? 공자가 말하기를, '시를 배우지 않으면 표현할 말이 없다.'라고 하였는데, 이 말을 풀이하는 자가 '짐승과 초목의 이름을 많이 아는 것'이라고 하였습니다. 오늘날 아이들을 가르치는 사람이 비록 『천자문』과 『유합』을 익혀서 두루 경서와 사서 등 모든 서책을 읽지만, 그저 그 글자만 알 뿐 그 글자가 나타내는 실체를 잘 알지 못합니다. 그런 실정으로 끝내 글자와 사물이 따로 놀게 되어 맞지 않고, 짐승과 초목의 이름을 꿰뚫어 알지 못하는 사람이 많으니, 대개는 문장과 글자를 달달 외울 뿐 실제 견문을 통해 꿰뚫어 볼 수 있도록 힘쓰지 않은 탓입니다.

신의 생각이 이에 간절히 미치매 모두 사물을 나타내는 글자를 취하여 상·중 두 권을 꾸미고, 또 반실반허자를 취하여 하권을 엮었습니다. 네 글자씩 묶음으로 하여 운(韻)을 맞추어 책을 지으니 모두 3,360자입니다. 책 이름을 『훈몽자회』라고 한 것은, 세상의 부형(父兄)되는 사람들이 먼저 이 책을 익히고, 가정의 아이들을 가르치게 하고자 함이며, 그렇게 하면 아이들도 또한 짐승과 초목의 이름을 알게 되어, 마침내 글자와 사물 둘 사이의 차이가 없게 될 것입니다. 신의 짧은 지식으로 감히 이 책을 지어 분수에 어긋나는 죄를 피하기 어렵겠지만, 아이들을 가르치는 데 조금이나마 도움이 없지는 않을 것입니다. 이때는 중종 22년(가정 6, 1527) 4월 모일로, 절충장군 행충무위 부호군 신 최세진 삼가 씁니다.

訓蒙字會引

臣竊見 世之教童幼學書之家 必先千字次及類合 然後始讀諸書矣 千字梁朝散騎常侍周興嗣所撰也 摘取故事排比爲文則善矣 其在童稚之習僅得學字而已 安能識察故事屬文之義乎 類合之書出自本國 不知誰之手也 雖曰類合諸字而虛多實少無從通諳 事物形名之實矣 若使童稚學書知字則宜先記識事物該組之字 以符見聞形名之實 然後始進於他書也 則其知故事 又何假扵千字之習乎 孔子曰 不學詩無以言 釋之者曰 多識扵鳥獸草木之名 今之教童稚者 雖習千字類合 以至讀遍經史諸書 只解其字不解其物 遂使字與物二而鳥獸草木之名 不能融貫通會者多矣 盖由誦習文字而已不務實見之致也 臣愚慮切及此鈔取全實之字 編成上中兩篇 又取半實半虛者 續補下篇 四字類聚諧韻作書 總三千三百六十字名之曰訓蒙字會 要使世之爲父兄者 首治此書施教扵家庭總丱之習 則其在蒙幼者 亦可識扵鳥獸草木之名 而終不至扵字與物二之差矣 以臣薄識敢為此舉固知難逃僭越之罪也 至扵訓誨小子 盖亦不無少補云 爾時嘉靖六年四月日折衝將軍行忠武衛副護軍臣崔世珍謹題.[18]

18) 『훈몽자회』(일본 예산문고본) 영인본(단국대학교 부설 동양학연구소, 1971)에서 인용하고 번역함.

『훈몽자회』(1527)를 편찬한 최세진은 이윽고 『운회옥편(韻會玉篇)』(1536)이란 책을 편찬하였다. 이 책은 『고금운회』에 나오는 한자를 부수별로 재편하여 엮은 옥편인데, 이 책의 서문[引]에 따르면, 당시 시인들이 『홍무정운』을 따르지 않고 옛 책 『예부운략』만을 참고하여 운율을 짓는다고 하고, 그래서 『예부운략』의 체재를 따른 『고금운회』의 한자들을 찾기 쉽게 부수별로 나누어 '옥편'을 펴낸다고 하였다.

운회옥편 서문[引]

신(臣)이 깊이 생각하매 음학(音學)은 옛 사람이 걱정한 바를 밝게 떨치기 어렵습니다. 여러 학자들이 지은 운서(韻書)는 대체로 잘못된 것이 많아, 그 잘못된 것을 바로잡아 하나로 돌아갈 수 있게 하는 이가 없음이 제게까지 이르렀습니다.

명나라는 오로지 중원아음(中原雅音)으로 자음(字音)을 이정(釐正; 다시 정리하여 바로잡음)하여 『홍무정운(洪武正韻)』을 간정(刊定; 개정한 뒤 정본으로 삼음)하고 난 뒤에 자체(字體)가 비로소 바르게 되었고, 음학 또한 밝아졌다. 그러나 사가(詞家; 시인)들이 성률(聲律)의 쓰임을 모두 『예부운략(禮部韻略)』만을 따르고, 『홍무정운』을 따르지 않으니 어찌하여 그러한 것일까요? 이제 송나라 황공소가 비로소 여러 운서의 잘못된 인습을 떨쳐버리고 『고금운회(古今韻會)』를 지으니 36자모(字母)를 좇아 글자에 들어가는 순서로 삼았습니다. 또한 운(韻)이 다르되 소리[聲]가 같은 글자를 분류하여 하나의 소리를 따르게 하고 반절을 더하지 않았습니다. … 지금 『고금운회』에 의거하여 그에 맞는 옥편을 완성하였을 따름입니다. 신이 우둔한 재주로 감히 이 글을 지으니 진실로 필시 사문(斯文)을 널리 아는 자들에게 참망(僭妄)한 죄를 얻었음을 알겠지만 운을 살펴보고 글자를 찾는 방법에는 어찌 조금이나마 도움이 되지 않겠습니까? 때는 중종 30년(가정 15, 1536) 모월 모일 절충장군 첨지중추부사 겸 사복장 신 최세진 삼가 쓰옵니다.

韻會玉篇引

臣竊惟音學難明振古所患諸家著韻槩多訛舛未有能正其失而歸于一者也逮我 皇明一以中原雅音釐正字音刊定洪武正韻然後字體始正而音學亦明矣然而詞家聲律之用一皆歸重於禮部韻略而不從正韻者何哉 今見宋朝黃公紹始袪諸韻訛舛之襲乃作韻會一書循三十六字之母以爲入字之次又類異韻同聲之字歸之一音不更加切 … 成終故今將韻會著其玉篇而已以臣襪線敢著此篇固知必得僭妄之罪於斯文之明識者矣至於觀韻索字之方豈無少補云爾時嘉靖十五年 月 日折衝將軍僉知中樞府事兼司僕將 臣崔世珍謹題

위 글은 최세진의 『운회옥편』 서문인데, 실제로 당시 조선에 나돌던 책은 『고금운회』가 아니라 『고금운회거요』인데, 최세진은 『운회옥편』의 체재를 『고금운회』에서 취하였다고 하였고, 또 그의 저서 『사성통해』 서문에서는 『사성통해』에서 취하였다고 말하고 있다. 그런데 『사성통해』는 『사성통고』를 개찬한 것이고, 『사성통고』는 『고금운회거요』를 재편집한 것이며, 『고금운회(거요)』는 『예부운략』을 참고한 것이다. 또 이 『예부운략』은 『몽고운략(몽고자운)』을 보고 정리한 책이니 이들 모두가 같은 맥락의 책이다. 즉, 명나라 초기 『홍무정운』을 편찬하였고, 조선에서는 세종의 지시로 언문으로 표기하여 재편집한 『홍무정운역훈』의 편찬에 착수(1444년 2월)하여 단종 3년(1455)에 인쇄 간행되었음에도, 고려시대부터 오랫동안 참고서로 사용해 왔던 『고금운회』를 보고 시를 썼다는 것이다. 사실 세종이 『홍무정운역훈』을 편찬하게 한 것은 한자의 '운(韻)'을 따르기 위한 것이 아니라 당시 한자어의 현실음을 정확히 밝혀놓으려는 정책적 간행이었다. 내용을 살펴보더라도 체재는 『홍무정운』의 홍무운 31자모 순서대로 따랐으나 각각 언문으로 먼저 대표음을 표기한 뒤 글자들을 보여 중국 표준음을 배우기 쉽게 만들었다. 즉 그동안 중국 한자어의 변화가 심하였고 명나라 이후 표준 발음을 정확히 알아야 학문적으로나 외교적으로 옳은 학습을 할 수 있었다. 이것은 조선 한자어의 현실음을 정리한 『동국정운』과 정확히 비교할 수 있는 계기를 마련할 수도 있었던 것이다. 그러나 조선 사대부의 현실은 이러한 국가에서 정리한 『홍무정운역훈』의 체재를 따르지 않고 습관적으로 『운회』, 즉 『고금운회거요』라는 책을 곁에 두고 참고하였던 것이다.

이미 명나라 태조 주원장은 『홍무정운』을 펴내 중원아음과 북방음을 절충하여 다시 표준어를 제정하였고, 조선 세종은 이를 받아들여 언문으로 표기하고 풀이한 『홍무정운역훈』을 편찬토록 하였는데, 그 책이 단종 때에 완성되어 간행되었으나 조선의 유학자들은 한시를 지으면서 『고금운회』만을 참고한다는 것이다. 이 책은 원나라 『몽고운(蒙古韻)』의 체재를 기준으로 삼아 펴낸 책이다. 즉 중국 남방어가 중심이 된 운서다. 원나라 초기 황공소가 편집한 운서 『고금운회』(1292 이전)를, 그의 제자 웅충이 간략하게 하고 주석을 더하여 1297년에 『고금운회거요』라는 이름으로 펴냈으니, 조선에 들어와 읽힌 것은 사실 『고금운회거요』였다. 이 책을 세종 16년(1434)에 목판으로 판각하게 하여 목판본으로 간행하기도 하였다. 아무튼 중국의 한자음과 한자운의 혼란은 조선 사회에도 많은 혼란을 가져다 주었다.

이 '정음' 의식은 『홍무정운』에서부터 볼 수 있었던 것인데, 『홍무정운』은 전적으로 '중원아음'을 표준으로 삼아 당시 북방음 등 다양한 지방어와 섞여 '성음(聲音)'이 어그러진 것을 다시 바로잡아 '정음(正音)'을 규정하여 출판한 것이다. 즉, 이 '홍무정운음'이 새로운 '정음'이라는 말이다. 본래 있던 '중원아음'의 '아음(雅音)'이 '바른 소리'라는 뜻이지만 사실은 오랫동안 중국 여러 지방에서 공통으로 써오던 '공통어음'에 가까운 말이다.

더 깊이 들어가 보면, 중국은 표준음, 즉 공통어에 대한 인식이 일찍부터 등장했다. 그것은 중국 역사의 특성과도 맥을 같이하는데, 북경만 해도 한족이 지배하던 기간보다 이민족이 지배하던 때가 더 많았다. 즉 북경은 몽골족의 원나라, 여진족의 금나라, 거란족의 요나라, 선비족 모용씨(慕容氏)의 연나라 등의 수도였다. 광활한 영토를 아우르는 통일 국가가 세워질 때마다 중앙과 지역 간에 통치와 집권을 위해 소통이 잘되도록 표준어를 설정해야 했고, 각기 다른 이민족의 말로 한자(한문)의 문화를 계승하고 배우기 위해서라도, 한자음을 집권한 이민족의 말로 풀어 써야 했다. 그럴 때마다 이민족의 말에 어울리는 표준어를 새로 정해야 했고, 때로는 남방어 중심으로, 때로는 북방어 중심으로 변해 가면서 그 공통어를 부르는 이름도 달랐다. 『몽고운』(파스파자)이 원대에서 쓰이다가 명 태조가 등장하여 『홍무정운』을 반포하였지만, 조선 초 태조 때까지만 해도 역관에게 몽고운(파스파자)을 학습하고 있었다. 다음은 사역원 제조 설장수가 사역원의 시험 자격과 선발 액수 등에 대해 올린 글의 일부다.

> 3년마다 한 번씩 시험을 보이는데, 〈시험 자격은〉 본원에 생도로 재학했든 안했든 그것은 논하지 말고, 7품 이하의 사람으로서 사서(四書)와 『소학』·이문(吏文)·한어·몽고어에 통하는 사람은 다 응시하게 하고, 한어를 공부하는 사람으로서 사서·소학·이문·한어에 다 통하는 자를 제1과(科)로 하여 정7품 출신의 〈교지를〉 주고, 사서의 반쯤과 소학 및 한어를 통하는 자를 제2과로 하여 정8품 출신과 같게 하고, 소학과 한어만 통하는 자를 제3과로 하여 정9품 출신과 같게 하며, 몽고어를 공부하는 자로서 문자를 번역하고 자양(字樣; 파스파자)을 쓸 줄 알되 겸하여 위구르[偉兀]문자를 쓰는 자를 제1과로 하고, 위구르문자만을

쓸 줄 알고 몽고어에 통하는 자를 제2과로 하며, 출신의 품급은 전과 같이 한다. 그런데 본래 관품이 있는 자는 제1과는 두 등급을 올리고, 제2과·제3과도 각각 한 등급씩 올린다. 〈선발자 수는〉 한어는 제1과 1인, 제2과 3인, 제3과 8인을 뽑고, 몽고어는 제1과 1인, 제2과 2인을 뽑아 모두 합하여 15인을 정액으로 하되, 만일 제1과에 합격되는 자가 없으면 제2과·제3과만 뽑고, 또 제2과에 합격하는 자가 없으면 제3과만 뽑되 정액에 구애되지 말 것이다.

一 每三年一次考試 勿論是(無)〔否〕 本院生徒 七品以下人 但能通曉四書小學吏文漢蒙語者 俱得赴試 習漢語者 以四書小學吏文漢語皆通者 爲第一科 與正七品出身 通四書之半及小學漢語者爲第二科 與正八品出身 止通小學漢語者爲第三科 與正九品出身 習蒙語者 能譯文字 能寫字樣 兼寫偉兀字者爲第一科 只能書寫 偉兀文字 幷通蒙語者爲第二科 出身品級同前 其原有官品者 第一科升二等 第二科三科各升一等 漢語第一科一人 第二科三人 第三科八人 蒙語第一科一人 第二科二人 通取一十五人以爲定額 若無堪中第一科者 只取第二科三科 又無堪中第二科者 只取第三科 不拘定數.(태조 3(1394)/11/19)

이와 같이 태조실록에도 '자양(字樣)'이라는 말이 나온다. 이때는 아직도 원이 완전히 망하지 않았고 명과 원이 병존해 있던 때였으므로 사역원에서는 한어 역관과 몽고어 역관을 모두 뽑았다. 그러나 세종 때는 몽고어가 그리 절실하지 않았지만 그 운서 『몽고운』은 경연청이나 집현전 등지에 남아 전했던 것이며, 원말명초 시기와 맞물린 여말선초 시기의 지식인들은 몽고어 서적을 습득하고 있었던 것이다.

파스파문자를 만들 당시 원나라의 주변 국가에는 독자적인 문자를 갖고 있는 민족이 많았다. 우선 티베트어가 있었다. 산스크리트어(범어)는 불경과 함께 아시아 여러 나라에 퍼졌고, 티베트불교는 다시 티베트어에 맞게 티베트문자를 만들었다.

티베트문자의 자음[19]

	제1열 (높은 무성음)		제2열 (높은 무성 비음)		제3열 (낮은 유성음)		제4열 (낮은 유성 비음)	
연구개음	ཀ	ka [k]	ཁ	ngha [ŋ̊]	ག	ga [g]	ང	nga [ŋ]
경구개음	ཅ	ca [tɕ]	ཆ	nyha [ɲ̊]	ཇ	ja [dʑ]	ཉ	nya [ɲ]
치경음	ཏ	ta [t]	ཐ	nha [n̥]	ད	da [d]	ན	na [n]
양순음	པ	pa [p]	ཕ	mha [m̥]	བ	ba [b]	མ	ma [m]
파찰음	ཙ	tsa [ts]	ཚ	wha [ʍ]	ཛ	dza [dz]	ཝ	wa [w]
(저음)	ཞ	zha [ʑ]	ཟ	za [z]	འ	'a [ɦ]	ཡ	ya [j]
(저음 / 고음)	ར	ra [ɹ]	ལ	la [l]	ཤ	sha [ɕ]	ས	sa [s]
(고음)	ཧ	ha [h]	ཨ	a [음가 없음]				

또 범어(산스크리트어) 문자가 있었다. 조선에는 많은 범어 문헌이 읽혔다. 잘 아는 신미 대사는 이 범어와 범어문자에 대해 박식한 사람이었다.

예컨대 『오대진언(五大眞言)』은 조선 성종 16년(1485)에 인수대비 한씨가 일반 민중들이 진언을 쉽게 익혀서 암송할 수 있도록 하기 위해, 산스크리트문자 즉 범문(梵文)의 한자 대역에 다시 언문으로 음역(音譯)을 붙여서 간행한 1권 1책의 목판본이다. 진언(眞言)이란, 범문을 번역하지 않고 소리 그대로 적어서 외우는 어구, 곧 주문(呪文)을 말한다. 번역을 하지 않는 이유는 원문의 뜻이 한정되는 것을 피하기 위함과 밀어(密語)라고 하여 다른 이에게 비밀히 한다는 뜻이 있다. 아울러 신성함을 온전히 간직하기 위함도 있는 것으로 알려져 있다. 흔히 짧은 구절로 된 것을 '진언'이나 '주(呪)'라 하고, 긴 구절로 된 것을 '다라니

19) 인터넷 '위키백과'에서 인용함.

(陁羅尼)', 또는 '대주(大呪)'라고 하여 구분하기도 한다.

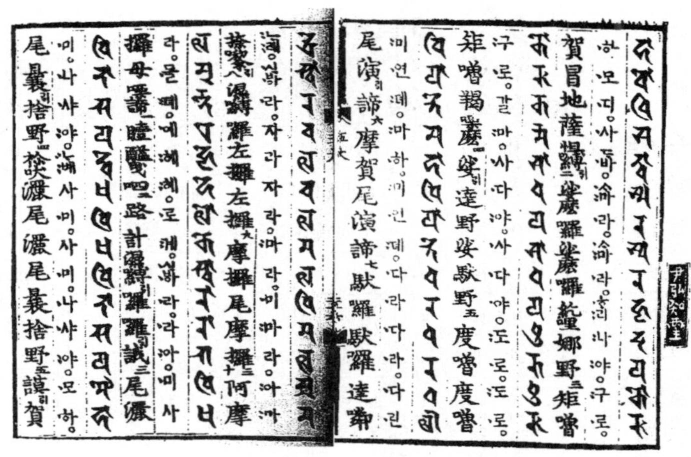

<『오대진언』 (1485) 26쪽>

이 책의 체제는 진언을 범자(산스크리트문자)로 적어서 맨 오른쪽에 놓고, 왼쪽에 행을 나란히 하여 언문 발음을 둔 후, 다시 그 왼쪽에 한자를 배치하는 방식이다. 즉 3행씩 짝을 맞추어 범자, 정음, 한자 진언을 나란히 맞추어 범어 발음 그대로 언문과 한자를 표기한 것이다. 즉 언문이나 한자가 모두 발음기호로 쓰인 것이다.

거란문자

거란문자는 한자와 위구르문자를 참고로 하여 요나라(거란)의 언어를 기록하기 위하여 만든 글자이며 거란대자와 거란소자로 나누어진다. 거란대자는 '표의일음절문자(表意一音節文字)'이고 거란소자는 '표의일음절겸음소문자(表意一音節兼音素文字)'로 보고 있다. 현재까지 발견된 것으로는 전자는 2,000여 개의 글자가 있으며, 후자는 450자 정도의 낱자(원자(原字)라고도 함)가 있고 그 낱자를 결합하여 만든 글자는 최소한 3만자 정도 전한다. 현재까지 발견된 거란대자 자료로는 20여 점이 전하며 시기적으로는 960년에서 1176년에 걸쳐 있고, 거란소자 자료는 50여 점이 남아 있으며 시기적으로는 1051년에서 1175년까지 걸치는 자료이다.[20]

거란소자의 보기

6. 자질문자와 가운뎃소리 원리

여기서 잠깐 생각하는 시간을 갖자.

오늘날 학교 교육에서 영어 교육이 차지하는 비율이 얼마나 될까? 유치원서부터 초·중·고등학교에 이르기까지 외국어 교육은 실로 엄청난 시간과 비용을 들이고 있다. 그리고 그 외국어 교육은 한 사람도 예외 없이 국민 모두가 받아야 하는 과목이다. 이러한 추세는 우리나라에만 국한된 일이 아니다. 전 세계 대다수의 나라가 영어(미국어)나

---

20) [네이버 지식백과]몽골어 문자의 발달(세계 언어백과, 한국외국어대학교 세미오시스 연구센터)에서 인용함.

다른 외국어를 의무교육 과목으로 책정하고 있다. 그만큼 한 나라의 정치, 경제, 사회, 문화가 자국인들만 소통하며 살 수가 없다는 말이다. 단지 외교와 무역을 위해서만 외국어 교육이 필요한 것이 아니다. 우리는 그동안 한자 교육 문제가 나오면, 가난하고 힘없는 나라로서 거대한 중국을 섬기기 위해 어쩔 수 없었다는 논리로 결론을 내려고 하였다. 물론 현대사회에서도 강대국의 국민은 약소국의 국민들처럼 외국어 학습에 얽매임이 적은 것은 사실이다. 그러나 당시 조선의 한자 교육은 당장 읽고 있는 글자, 쓰고 있는 글자를 배우는 교육이었으니 국가 교육의 기본일 수밖에 없었다. 더욱이 외국어 교육으로서 한이문 교육과 중국어 학습은 외교와 무역, 또는 사대정책의 가장 핵심적인 요소였다. 서양 역사도 마찬가지였다. 알파벳 문자는 원래 이집트, 페니키아, 그리스를 거쳐 로마에 정착한 문자로서, 이것이 중세 서양을 지배한 로마제국의 글자가 된 것이다. 로마제국은 그들이 지배한 모든 나라에서 로마자와 라틴말만을 사용하도록 강요하였다. 결국 로마제국이 멸망한 15세기 유럽은 르네상스가 일어나, 사람을 중시하고, 각 나라마다 독립된 문화를 중시하고, 제나라 말이 중요함을 강조하게 되었다. 그래서 그동안 통제되었던 자국어를 살리고 높이는 운동이 벌어진다. 성경을 다투어 제 나라 말로 번역하고 제 나라 말로 법을 제정하는 일들이 이루어진다. 그러나 자국어를 살리면서도 오로지 로마자로 읽고 써야 했다.

그런데 유럽사람들이 느끼는 로마자에 대한 어려움이나 거부감은 우리나라 사람이 한자에 대해 겪는 것만큼 크지 않았다. 천 년 이상 써오던 문자인 로마자에 익숙해졌기 때문만은 아니었다. 우리는 그렇지 못하였다. 우리도 천 년 세월을 중국과 지리적으로 곁에 살면서 중국의 침략을 받기도 하고 정치와 제도에 간섭을 받으며 예속된 삶을 살아오면서 그들의 글자인 한자(漢字)를 쓰긴 했지만, 도무지 그 글자로 우리말을 표현해 낼 수가 없었다. 뜻은 전할 수 있어도 말을 전하기는 쉽지 않았다.

그 차이는 로마자와 한자의 차이에 있었다. 물론 로마와 서양 여러 나라의 말이 문법적으로 비슷하다는 이유도 있지만, 로마자 알파벳은 표음문자(음소문자)였기 때문에 말을 적는 데 불편함이 없었다. 음소란, 말의 소리 최소 단위를 말하는데, 알파벳은 말소리를 따라 적는 문자다. 상대적으로 한자는 음소문자가 아니기 때문에 말소리[表音]보다는 뜻[表意]에 중점을 둔다. 표의문자의 글자 모양을 보면 그 속에 담긴 뜻(의미)을 알기는 쉬워도 발음을 알기는 어렵다. 도무지 발음의 체계가 없는 글자가 한자다. 더욱이 중국어의 문법체계가 우리말과는 매우 다르기 때문에 중국 문장대로 한자를 갖다 쓸 수가 없었다. 표의문자의 어려움이 여기에 있다. 그래서 동양에서는 여러 나라에서 오랜 세월 동안 한자를 읽을 수 있고, 제 나라의 말을 표현하기 위한 표음문자를 만드는 일이 많이 일어났던 것이다.

참고로, 표의문자는 아니지만 표음문자 가운데는 음소문자와 다른 음절문자가 있다. 일본의 가나 글자가 음절문자인데, 한 글자가 한 음절을 나타내는 글자이다. '아침'의 음절은 '아'와 '침'이니, 글자가 음절에 따라 개수가 늘어나게 된다. 다만 일본말은 받침이 없으니 초성과 중성만으로 음절을 만들 수 있기 때문에 '자음+모음'의 짝맞춤으로 글자가 이루어진 것이다. 물론 그렇다고 해서 일본 가나가 완벽하게 모든 음절을 표현하지는 못한다. 50개 정도밖에 없고, 가타카나와 히라가나 두 종류 표기법이 있다. 우리글 훈민정음은 로마자와 같은 음소문자다. 표음문자 가운데서도 음절문자가 아니라 말소리의 최소 단위를 나타내는 글자라는 말이다. 다시 말해서 음소란, 더 이상 작게 나눌 수 없는 음운론상의 최소 단위를 가리키는데, 하나 이상의 음소가 모여서 음절을 이루고, 낱말을 이루며, 문장을 이루는 것이다. 그러므로 음소글자로는 모든 말소리를 다 표현할 수가 있다. 즉, 글자들을 조합하면 말하는 대로 글을 지을 수 있다. 언문은 말소리를 가장 작은 조각으로 나누어 분류할 수 있는 글자이다.

```
문자┬표의문자 : 한자
    └표음문자 ┬ 음절문자 : 가나(히라가나, 가타카나)
              └ 음소문자 ┬ 비자질문자 : 로마자(대문자, 소문자)
                         └ 자 질 문 자 : 훈민정음(언문, 한글)
```

특히 언문(한글)은 음소문자이면서 자질문자라 한다. 즉, 표음문자 중 음소를 나타내는 알파벳(로마자)보다 더 정확한 음소문자가 한글이다. 예컨대 로마자 알파벳의 표음성은 매우 약해서 한 자가 나타내는 소리가 여럿이다.

[a] (car), [aː] (calm), [æ] (cat), [ei] (able), [ɔː](all), [ə] (sofa),
[i] (palace), [u](road), [eə] (software), [ɛ] (care), [무음] (crystal)

로마자 'a'가 나타내는 소리가 무려 11가지나 된다는 말이다.

한글은 '글자 하나에 소리 하나'의 원칙을 기본으로 하는 글자이기 때문에 발음의 혼동이 거의 없다. 다만 받침으로 쓸 때 자음 'ㄷ', 'ㅅ', 'ㅌ'의 소리가 변별성을 조금 잃긴 하지만 연음할 때는 다시 살아난다. 더 나아가 한글은 자질문자(資質文字, featural writing)라는 것이다. 글자 모양을 보면 그 글자의 소리를 알 수 있다는 것이다. 즉, 글자 하나하나가 '음성 자질'을 갖춘 기호라는 말이다. 세종이 『훈민정음』 예의편에 설명한 것을 보자.

ㄱ은 어금닛소리니 '군(君)' 자의 처음 나는 소리와 같다.
ㅋ은 어금닛소리니 '쾌(快)' 자의 처음 나는 소리와 같다.
ㆁ은 어금닛소리니 '업(業)' 자의 처음 나는 소리와 같다.
ㄷ은 혓소리니 '두(斗)' 자의 처음 나는 소리와 같다.
ㅌ은 혓소리니 '탄(呑)' 자의 처음 나는 소리와 같다.
ㄴ은 혓소리니 '나(那)' 자의 처음 나는 소리와 같다.
ㅂ은 입술소리니 '별(彆)' 자의 처음 나는 소리와 같다.
ㅍ은 입술소리니 '표(漂)' 자의 처음 나는 소리와 같다.
ㅁ은 입술소리니 '미(彌)' 자의 처음 나는 소리와 같다.
ㅈ은 잇소리니 '즉(卽)' 자의 처음 나는 소리와 같다.
ㅊ은 잇소리니 '침(侵)' 자의 처음 나는 소리와 같다.
ㅅ은 잇소리니 '슏(戌)' 자의 처음 나는 소리와 같다.
ㆆ은 목구멍소리니 '흡(挹)' 자의 처음 나는 소리와 같다.
ㅎ은 목구멍소리니 '허(虛)' 자의 처음 나는 소리와 같다.
ㅇ은 목구멍소리니 '욕(欲)' 자의 처음 나는 소리와 같다.
ㄹ은 반혓소리니 '려(閭)' 자의 처음 나는 소리와 같다.

이른바 '첫소리[初聲]'에 관한 설명이다. 흔히 자음(子音)이라 하는 소리다. 여기서 '어금니, 혀, 입술, 이, 목구멍'은 그 소리가 나는 위치, 즉 발음기관을 말하며, 여기에 입술과 목청이 공깃길을 막아 소리를 낸다. 특히 언문의 초성(자음)은 '발음기관의 모양을 본떠서 만들었다[象形而字]'고 하였으니, 그야말로 '소리의 자질'로 문자를 만든 것이다. 또 소리의 세기와 맑고 흐림에 따라 글자의 모양을 체계적으로 만들었다. 지구상의 어떤 문자도 이렇게 소리의 자질을 글자 모양에 대응시켜 만든 문자는 없다. 언문이 유일하다.

또한 언문의 중성(모음)은 철학적이고 역학적인 요소 하늘, 땅, 사람의 형상을 이용하여 밝은 소리(양성)와 어두운 소리(음성), 혀의 위치(앞, 뒤, 높음, 낮음)에 따라 나는 소리를 구별할 수 있도록 만든 문자다. 성리학(역학)의 음양(陰陽) 원리를 규명코자 한 것이다. 이른바 '가운뎃소리'는 음절을 구성하는 요소 중에 반드시 필요한 요소다. 음절의 종류는 크게 'CV', 'CVC', 'V', 'VC' 즉, '자음(consonant)+모음(vocoid)', '자음+모음+자음', '모음', '모음+자음'으로 구성된다. 이들은 '반모음(y)'과 '이중자음'들로 인해 다양하게 변형되지만, 기본적으로 '가운뎃소리' 즉, '모음(V)'을 표현하지 않고는 음절이 이루어질 수 없다. 그래서 자음은 반드시 모음에 의지해야 하므로 '닿소리'라고 하고, 가운뎃소리(모음)는 '홀소리'라고 부른다. 모든 나라, 모든 사람의 말소리, 음절 단위가 그렇다.

로마자는 오랜 세월 역사적 이유로 상형을 거쳐 만들어진 글자이기 때문에, 로마자 한 자가 한 음소를 표현하긴 하지만, 그 글자가 음성학적 원리를 표현한 것은 아니다. 그런데 언문은 철저히 음성, 음소에 맞추어 만들어진 문자로서, 자음과 모음의 형태가 체계적이고, 그 소리값조차도 소리의 특성(자질)을 살려 만든 철저한 소리글자라는 것이다. 로마자 알파벳은 자음과 모음이 뒤섞여 있고, 또 그 모양이 소리의 특성과는 전혀 상관이 없다. 하지만 언문은 낱글자의 모양이 소리의 특성을 체계적으로 보이고 있고, 자음과 모음의 모습도 뚜렷이 다르고 놓이는 자리가 정해져 있어 눈으로 보아도 알기 쉽고 배우기 쉽다.

가나다라마바사아자차카타파하
거너더러머버서어저처커터퍼허
고노도로모보소오조초코토포호

구누두루무부수우주추쿠투푸후
그느드르므브스으즈츠크트프흐
기니디리미비시이지치키티피히
각간갇갈감갑갓강갖갗 같갚갛
ㄱ ㅋ ㄲ, ㄴ ㄷ ㅌ ㄸ, ㅁ ㅂ ㅍ ㅃ, ㅅ ㅆ ㅈ ㅊ ㅉ, ㅇ ㆀ ㆆ ㅎ,
ㄹ, ㅿ, ㆁ. / ㆍ, ㅡ, ㅣ, ㅏ ㅑ, ㅓ ㅕ, ㅗ ㅛ, ㅜ ㅠ.

'자질문자'라는 말은 영국 언어학자 샘슨(Geoffrey Sampson, 1985)이 처음 사용하였다. 샘슨은 자질문자의 유일한 예로서 '훈민정음'을 소개하였다.

훈민정음은 ㄱ, ㄴ, ㅁ, ㅅ, ㅇ의 다섯 개의 기본자를 바탕으로 해서, 기본자에 가로획을 한 번 그으면 [폐쇄성]을 갖고, 두 번 그으면 [유기성]을 가지며, 기본자를 중복하면 [경음성]을 갖게 된다. 비슷한 문자 기호들이 동일한 음성적 특징을 나타내고 있음을 알 수 있다. 예를 들어 ㅋ은 ㄱ보다 거센소리이며, ㅂ은 ㅁ보다, ㅍ은 ㅂ보다 거세다. 이 '거세다'는 특징을 획을 더함(가획)으로써 나타낸다. 모음자 또한 마찬가지다. 각각 하늘, 땅, 사람을 나타내는 세 개의 기본자 'ㆍ, ㅡ, ㅣ'를 이용해 ㅡ의 위쪽과 아래쪽, ㅣ의 오른쪽과 왼쪽에 ㆍ를 배열하면 각각 ㅗ, ㅜ, ㅏ, ㅓ의 네 모음이 만들어진다(1차 결합). 또한 같은 방법으로 ㆍ를 두 번 배열하면 각각 ㅛ, ㅠ, ㅑ, ㅕ 네 개의 모음이 만들어진다(2차 결합). 즉, ㆍ가 한 번 배열된 모음과 ㆍ가 두 번 결합된 모음들은 각각 단모음과 이중모음이라는 음성적 특징으로 구분된다. 또한 ㆍ가 ㅡ, ㅣ의 위쪽이나 오른쪽에 배열된 ㅗ, ㅏ, ㅛ, ㅑ는 양성모음의 특징을 가지고, 아래쪽이나 왼쪽에 배열된 ㅜ, ㅓ, ㅠ, ㅕ는 음성모음의 특징을 갖는다는 점에서 자질문자적인 성격을 아주 잘 드러내고 있다. 자음 기호와 모음 기호의 제자 원리가 다른 것도 한글의 자질문자적인 속성을 잘

> 보여 준다. 세계의 많은 문자들이 자음자와 모음자를 구별하고 있지 않다는 점에서 이러한 특징은 특기할 만하다.[21)]

'·'는 하늘의 해를 본떴고, 'ㅡ'는 땅을 본떴으며, 'ㅣ'는 사람을 본떴다. 이 세 가지는 성리학(역학)의 가장 기본이 되는 요소인데 이 철학적 요소를 글자의 기본 바탕으로 삼았다는 것은 아무나 생각해 낼 수 있는 발상이 아니다. 이 세 가지 요소가 결합하는 것이 신기하면서도 과학적이다. 그러나 사실 중국에서는 오래전부터 자학(字學)의 뿌리를 역학에 둔 운서가 간행되어 왔다. 천지인(天地人) 삼재(三才)가 어울려 우주의 순환에 순응하며, 음양(陰陽)이 바뀌고, 오행(五行) 즉, 물[水], 나무[木], 불[火], 흙[土], 쇠[金]의 변화와 사계절의 변화, 체질의 변화가 이루어진다는 것이다. 이러한 음양 오행과 사람의 말소리가 연결되어 사성(四聲) 즉 평(平)·상(上)·거(去)·입(入)과, 칠음(七音) 즉 아(牙)·설(舌)·순(脣)·치(齒)·후(喉)·반설(半舌)·반치(半齒)가 생성되고 나뉜다는 것이다. 한자음을 칠음으로 나누어 분류하는 방식은 수(隋)나라 사람 육법언(陸法言)의 『광운삼십육자모지도(廣韻三十六字母之圖)』에서부터 이어져오는 분석 방식이다. 중국은 위진남북조 시대에서부터 본격적으로 연구되기 시작하여, 그 결과물이 수나라의 '절운(切韻)', 당나라의 '당운(唐韻)', 송나라의 '광운(廣韻)'으로 이어졌고, 오늘날까지 광운에 따라 발음하고 있다. 이러한 사실은 『동국정운』에서도 언급한 바 있다.

21) Sampson, G.(1985) Writing systems. London: Hutchinson & Co. 신상순 번역, 『세계의 문자 체계』(2000. 한국문화사) 162쪽에서 인용함.

심약, 육법언 등 여러 학자에 이르러서, 글자로 구분하고 종류로 모아서 성조를 고르고 운율을 맞추면서 성운의 학설이 일어나기 시작하니 글 짓는 이가 서로 이어서 각각 기교를 내보이고 논의하는 이가 하도 많아서 역시 잘못됨이 많았다.

及至沈陸諸子 彙分類集 諧聲協韻 而聲韻之說始興 作者相繼 各出機杼 論議旣衆 舛誤亦多(동국정운 서문 중에서 인용함)

그러나 중국에서 한자를 아설순치후의 소리로 분류하여 운서를 편찬한 것이 소리의 자질을 구분한 점에서는 서양보다 월등히 과학적이었으나, 단지 한자를 분류했을 따름이지 한자 자체가 소리의 자질을 가진 것은 아니다. 세종은 이러한 전통적으로 구분하던 일곱 가지 소리로 말의 자질을 규명하고, 그 소리 자질을 이용해 새로운 문자를 만들었다는 것이 독창성을 가지는 것이다. 또한 역학의 천지인을 소재로 하여 가운뎃소리(중성) 글자를 따로 체계 있게 규명한 글자는 언문밖에는 없다. 오늘날 '모음'이라고 하는 유성음, 어떤 장애 없이 나는 유성음만을 구별하여 표기한 문자는 없다. 그런 인식 자체가 전혀 없었다는 것이다. 그런데 세종은 『훈민정음』 '중성해'에서 '가운뎃소리란, 글자 소리의 가운데 있는 것으로, 첫소리·끝소리와 어울려야 말소리를 이룬다.[中聲者 居字韻之中 合初終而成音]'라고 하여 누구도 규명하지 못한 말소리의 특성을 찾아냈다. 현대 언어학에서는 자음과 모음이 만나 말을 이룬다는 사실에 대해 언어의 기본 질서임을 규명하고 있다.

그런데 학자들 사이에서는 중성자(모음)의 제정이 당시 조선어의 음운을 반영한 것이 아니라고 하고, 'ㅣ와 ㅡ', 'ㅓ와 ㅏ', 'ㅜ와 ㅗ'가 전설모음과 후설모음의 짝이라면 『훈민정음』에서는 양성모음과 음성모음을 구분하였으면서도 당시 조선말의 현실음과는 거리가 있었으므로 다른 어떤 음운체계, 예컨대 몽고문자의 음운체계를 따른 것이 아닌가 의심하기도 한다. 그러나 훈민정음 해례본의 제자 원리에서, 분명히 천지인 삼재의 원리를 따랐다고 한 바와 같이, 밝은 해를 기준으로 사람과 땅과의 관계로 풀어보면 중성자의 음성 자질을 살릴 수가 있다.

①해가 땅 위에서 비추면 밝은 소리, 양성모음이 생성되고 : ㅗ ㅛ
②해가 땅 밑으로 지면 어두운 소리, 음성모음이 생성되고 : ㅜ ㅠ
③해가 사람의 동쪽에서 뜨면 밝은 소리, 양성모음이 생성되고 : ㅏ ㅑ
④해가 사람의 서쪽으로 기울면 컴컴한 소리, 음성모음이 생성된다. : ㅓ ㅕ
⑤밝고 맑고 고운 소리는 양성모음으로 구성되어 있고 : **밝아**, **맑아**, **고와**
⑥어둡고 구슬픈 소리는 음성모음으로 구성되어 있다. : **어두워**, **구슬퍼**

'ㅏ'가 후설모음이라고 해도 양성모음의 구실을 하는 것은 분명하다. 세종은 천지인 삼재의 원리가 오묘하게 결합하여 소리의 자질을 이루는 놀라운 규칙을 찾아낸 것이다.

새삼 '언문'이라는 이름이 놀랍다. 사실 그동안 우리는 '언문'이란 이름을 비하하며 무시하면서, 오로지 '훈민정음'만을 높여 불렀다. 그리고 오늘날 '한글'이란 이름이 '언문'을 어두운 그늘 속에 가두어 버렸다.

그런데 자질 문자로서 한글이 음성 자질을 표현하는 그 과학적 원리를 살펴보면 볼수록 이 문자가 '소리의 마술, 소리의 기하학, 소리의 수학, 소리의 미학'임에 놀라지 않을 수 없다. 지구상 어떤 문자도 소리를 흉내 내어 만든 글자는 없다. 소리의 세기와 막힘, 겹침에 따라 글자의 모양이 달라지는 시각적 변화를 담아낸 문자가 한글이다.

즉, 세종이 왜 이 문자의 이름을 '언문'이라 하였는지, '언문'이란 어떤 뜻인지를 깊이 연구하고 알았다면, 결코 이 언문이란 이름을 무시하지 않았을 것이다. '말소리의 문자, 전하는 말의 문자, 입말 문자, 소리 글자'. 이것이 '언문(諺文)'의 뜻이기 때문이다.

지금까지 살펴본 바대로, 언문, 즉 '훈민정음'의 창제 원리 중, 첫째, 우주 만물에는 소리가 있기 마련이고, 이 소리는 지역마다 다르다는 논리는 세종의 발상이 아니라 동양의 운서에 나오는 오래된 성운학의 법칙이고, 둘째, 소리를 칠음(七音)으로 나눈 것은 한자를 분류하는 방법으로서 이것 역시 오래된 성운학의 법칙이다. 셋째 사성(四聲)으로 나눈 것도 이미 인도에서부터 전래되어 중국에서 오래전부터 한자를 분류하던 분류 체계였다. 넷째, 천지인(天地人) 삼재를 가지고 가운뎃소리(모음)를 만듦으로써 양성 모음, 음성 모음을 포함해 수많은 모음을 만들어낸 것은 성리학의 원리로서, 이 또한 오래된 중국의 학문을 끌어온 것이다. 그런데 중국에서 한자의 소리를 나누던 이분법인 '반절(反切)'을 버리고 초성, 중성, 종성의 삼분법으로 소리를 나누고, 이를 모아 글자를 이루게 한 것은 세종의 새로운 발상이다. 그러나 이 발상도 세종이 처음 생각해 낸 것이 아니고, 원나라 쿠빌라이가 제정한 파스파 문자의 원리를 따라 한 것이다. 반절법은 소리를 명확히 분류하지 못하는 반면, 파스파자는 중간에 모음을 중심으로 초성과 종성에 자음을 붙임으로써 말소리를 아주 구체적으로 분류하고 있다. 이 획기적인 방법이 세종의 눈에 띄었던 것이다. 그리고 당시 조선에는 이두문이 성행하여 한문 문어체를 잘 쓰지 못하여도 어렵지 않게 한자를 이용해 우리말을 기록할 수 있는 여건이 형성되어 있었다. 우리말 어순대로 한자말과 이두를 섞어 놓으면 조선의 공문서나 사문서를 아주 쉽게 적을 수 있었다. 즉, 사성 칠음, 초중종성 삼분법, 천지인 삼재, 이두문. 이러한 원리들을 종합적이고 유기적으로 결합해 만든 것이 바로 '언문', '훈민정음'이다. 그러나 세종의 독창적이고 위대한 발상은 이러한 것들을 결합시킨 데만 있는 것이 아니었다. 가장 독창적이고 위대한 세종의 발상은 바로 한자음을 나누던 칠음의 체계를 글자의 원리로 보고, 그 칠음의 소리를 글자로 그려낸 것이다. '아음(牙音; ㄱ, ㅋ, ㆁ), 설음(舌音; ㄷ, ㅌ, ㄴ), 순음(脣音; ㅁ, ㅂ, ㅍ), 치음(齒音; ㅅ, ㅈ, ㅊ), 후음(喉音; ㅇ, ㆆ, ㅎ), 반설음(半舌音; ㄹ), 반치음(半齒音; ㅿ)'의 소리가 나오는 입안의 구조를 관찰하고, 그 구조의 모양을 본떠서 음성학적 자질을 형상화한 것이다. 또 천지인 삼재를 문자의 소재로 삼아, 해가 동쪽과 땅위에 있을 때는 양성, 해가 서쪽과 땅밑에 있을 때는 음성이라는 단순한 원리를 글자로 형상화한 것이 모음(ㆍ, ㅣ, ㅡ, ㅏ, ㅗ, ㅓ, ㅜ, ㅑ, ㅛ, ㅕ, ㅠ)이다. 그것이 그대로 글자가 된 것이니, 바로 언문 28자이다. 『세종실록』 1443년 12월 30일. '이달에 임금이 친히 언문 28자를 만들었다.' 이 기록은 최초로 나타난 한글 창제의 첫 기록이다.

7. 세종의 훈민정음 장려책

언문 창제 이후 세종이 죽기 전까지 실록에 기록된 언문과 관련된 일들을 정리하여 보자.(실록 이외의 기록도 포함시켰다.)

세종 25(1443)/12/30/ 이달에 임금(세종)이 언문을 창제하다.

세종 26(1444)/02/16/ 최항, 박팽년, 신숙주, 이선로, 이개, 강희안 등에게 언문으로 『운회』를 번역케 하다.(『동국정운』 편찬 시작)

세종 26(1444)/02/20/ 최만리, 신석조, 김문, 정창손, 하위지, 송처검, 조근의 등이 언문 창제 반대를 상소하다.

세종 27(1445)/01/07/ 신숙주, 성삼문, 손수산을 요동에 보내어 운서를 질문하여 오게 하다.

세종 27(1445)/04/05/ 권제, 정인지, 안지 등이 『용비어천가』 10부를

올리다.(전(箋))

세종 28(1446)/03/24/ 소헌왕후가 수양대군 집에서 훙하다.

세종 28(1446)/09/10/ 정인지가 『훈민정음』 서문을 쓰다.(해례본)

세종 28(1446)/09/29/ 이달에 『훈민정음』(해례본)이 이루어지다.

세종 28(1446)/10/10/ 세종이 대간의 죄를 언문으로 써서 의금부와 승정원에 전달케 하다.

세종 28(1446)/11/08/ 언문청을 설치하고, 사적을 참고하여 용비시에 첨가시키다.

세종 28(1446)/12/26/ 문서 담당 하급관리를 뽑는 제도에 훈민정음을 시험 보게 하다.

세종 29(1447)/02/00/ 최항이 『용비어천가』 발문을 올리다.(발문)

세종 29(1447)/04/20/ 함길도 각 관아의 식년시 이과 시험에 훈민정음을 필수로 실시하라 명하다.

세종 29(1447)/06/04/ 『용비어천가』를 가사로 삼아 「치화평」, 「취풍형」, 「여민락」 등의 아악보를 이룩하다.

세종 29(1447)/07/25/ 세종의 명을 받아 수양대군이 『석보상절』을 짓고 이날 서문을 쓰다.(서문)

세종 29(1447)/09/29/ 이달에 『동국정운』이 이루어지다.

세종 29(1447)/10/16/ 『용비어천가』 550본을 신하에게 하사하다.

세종 29(1447)/11/??/ 신숙주가 『사성통고』를 짓다.(범례)

세종 29(1447)~31(1449) 세종이 『월인천강지곡』(기583)[22)]을 손수 짓다.

세종 30(1448)/03/13/ 김문에게 언문으로 사서(四書)를 번역케 하였으나 죽었다.

세종 30(1448)/03/28/ 김구에게 다시 언문으로 사서(四書)를 번역케 하다.

세종 30(1448)/10/17/ 『동국정운』을 반사하다.

---

22) 『역주 월인석보 제25』(상권)(김영배, 2009, 세종대왕기념사업회) 해제 15쪽에서, 김기종(2006: 114~117)을 인용한 것을 참조함.

세종 31(1449)/06/20/ 세종이 좌의정 하연에게 언문으로 20여 장의 글을 써서 의논하다.
세종 31(1449)/10/05/ 언문으로 '하 정승아 또 정사를 망치지 마라'라는 벽서가 나붙다.
세종 32(1450)/02/17/ 임금이 영응대군 집 동별궁에서 훙하다.

1) 운회 번역

세종이 언문을 창제하였다고 밝힌 뒤 한 달 보름이 지난 세종 26년(1444) 2월 16일, 최항, 박팽년, 신숙주, 이선로, 이개, 강희안 등에게 언문으로 '운회'를 번역하라 명하였다.

언문이 창제된 뒤로 『훈민정음』을 반포하기까지 3년 동안 이미 많은 일들이 있었다. 최만리 등이 반대 상소문을 올리기 나흘 전, 세종은 '운회'를 번역하라 명령하였는데, 『고금운회거요』를 번역하였다는 기록은 없고, 이후 『동국정운』과 『홍무정운역훈』의 편찬 사업이 시작되어 그 책이 간행되었다. 이때 말한 '운회'가 『고금운회거요』를 가리킨다고 보는 견해가 지배적이지만, 어찌 생각하면 '운회'란 '운서(韻書)'를 두루 일컫는 말이었는지 모른다. 나흘 뒤 최만리 등의 상소에도, 동궁이 임금 공부를 해야 할 때에 운회 작업을 시킨다면서 임금을 비난하는 말까지 한다.

세종의 문자 창제 사업은 하루아침에 이루어진 것이 아니지만, 언문을 창제하였다고 대소신료들에게 공표한 뒤에는 더욱 과단성 있는 조처들을 실행하게 된다. 우선 중국의 표준한자음을 알아야 하겠기에 명나라가 편찬한 『홍무정운』을 번역케 했는데, 번역만 한 것이 아니라 새로 만든 언문으로 중국한자음을 하나하나 표기토록 하였으니, 그 대표음을 언문으로 적어 보임으로써 조선의 학자들도 중국음을 정확히 알 수 있도록 하려는 것이었다. 그러나 중국 한자음의 표준음이 혼란스러워 그것이 고스란히 담긴 『홍무정운』을 쉽게 번역하기는 쉽지 않았다. 그래서 『홍무정운』의 역훈을 시작할 때, 조선의 표준한자음을 정리하는 사업을 함께 시작하였는데 오히려 『동국정운』이 먼저 완성되었다. 이듬해 세종 27년(1445) 1월 7일에는, 신숙주와 성삼문 등을 요동에 보내어 운서를 질문하여 오라는 명을 내린다. 이승소가 지은 '신숙주 묘비명'(1475)에는 이때 일을, '세종께서 또 언문으로 중국음을 번역하고자 하여 중국의 한림학사 황찬이 죄를 짓고 요동에 유배되었다는 말을 듣고는 공에게 명하여 조경사(朝京使)를 따라 요동에 들어가서 황찬을 만나보고 질문하게 하였다. 공은 무슨 말을 들으면 금방 해득하여 털끝만큼도 틀리지 아니하니, 황찬이 아주 기특하게 여겼다. 이로부터 요동에 갔다 온 것이 무릇 열세 번이나 되었다.'라고 기록하고 있다. 단종 때에야 완성된 『홍무정운역훈』(1455)은 바로 『동국정운』에서 표기한 동국정운식 한자음으로 중국 표준한자음을 표기한 것이다. 책은 늦게 나왔지만 한자음에 관해서는 중국 한자음과 조선 한자음을 함께 연구할 수밖에 없는 것이고, 명 태조 주원장의 생각이 잘 반영된 중국 한자음의 '표준음 제정'은 세종의 생각과 일치하였던 것이다. 당대 중국음의 표준운서인 『홍무정운』을 새로 만든 훈민정음을 써서 언역(諺譯)하고, 이를 준칙으로 삼아 이에 필적할 조선 한자음의 표준 운서를 만든 것이 『동국정운』이다.

2) 용비어천가 제작

세종은 28년(1446) 11월 8일에 언문청을 설치하였다. 반포한 지 두

달 뒤의 일이다. 실록에 따르면,

> 태조실록을 내전에 들여오라 명하고, 드디어 언문청(諺文廳)을 설치하여, 일의 자취를 상고해서 용비어천가 시(詩)를 첨입(添入)하게 하니, 춘추관에서 아뢰기를, '실록은 사관이 아니면 볼 수가 없는 것이며, 또 언문청은 문턱이 얕아서 드러나게 되고 외인의 출입이 잦으니, 신 등은 매우 옳지 못하다고 생각합니다.' 하니, 임금이 즉시 명령하여 내전에 들여오게 함을 철회하고, 춘추관 기주관 어효첨과 기사관 양성지에게 초록(抄錄)한 것만 바치게 하였다.
>
> 命太祖實錄入于內 遂置諺文廳 考事迹 添入龍飛詩 春秋館啓 實錄 非史官 不得見 且諺文廳淺露 外人出入無常 臣等深以謂不可 上卽命還入內 令春秋館記注官魚孝瞻 記事官梁誠之抄錄以進(세종 28(1446)/11/8)

라는 기록이다. 언문청을 새로 설치하고 처음 벌인 일은 『태조실록』을 참조하여 선조 할아버지들과 아버지의 자취들을 찾아 모으고, 이를 바탕으로 '용비어천가'를 짓는 일이었다. 『세종실록』에는 이미 이에 앞서 세종 24년(1442) 3월 1일, 경상도와 전라도 관찰사에게 태조의 왜구 소탕 공적을 소상히 아뢰라 명하였으니, 이 명령은 세종이 '용비어천가'를 짓기 위해서 오래전부터 준비하고 있었음을 말해준다.

즉, 역성혁명으로 탄생한 조선왕조 창업의 당위성과 정당성을 굳건히 하기 위해 이성계의 위대한 업적과 그 조상의 역사적 기록을 모으고, 이를 중국 역사와 함께 나란히 설명함으로써 조선왕조의 위상을 최상으로 끌어올리기 위한 거대한 국가적 사업이었다. 이를 위하여 우선 노래를 지은 것은, 궁중 제례와 많은 행사에 쓰일 예악이 당시 사회에서 얼마나 중요한 요소인지를 말해 주는 것으로, 종묘 제례악, 향연례, 문묘(공자묘) 제례악 등 국가 권위를 드러내는 데 가장 중요한 것이 음악이었다. 그동안 고려 때부터 내려오는 중국의 악기와 악곡, 악가를 고쳐서 당당한 조선의 주체를 백성들에게 홍보하기 위해 궁중악보에 가사로 써서 국악 관현악에 맞추어 연주하고자 했던 것이다.

『용비어천가』는 그 서문(序文)과 전문(箋文), 발문(跋文)에 따르면, 세종 27년(1445) 4월에 권제 · 정인지 · 안지가 세종의 명을 받들어 여섯 선조들의 행적을 125장의 노래로 지어 바쳤는데, 정인지는 서문에서 '반복해서 읊으시니[反復永嘆]' 이를 '거듭 그 노래를 풀이하여 한시(漢詩)를 지었다.[仍繹其歌 以作解詩]'라고 하였고, 전문에서는 '가사는 나랏말[國言]을 썼고, 이어 한시를 덧붙여 그 말씀[語]을 해석하니[歌用國言 仍繫之詩 以解其語]'라고 하였다. 또 최항은 발문에서, '을축년(1445)에 의정부 우찬성 권제, 우참찬 정인지, 공조참판 안지 등이 가시(歌詩) 125장을 제술하여 올렸사온데, 이는 모두 사실에 근거하여 가사를 지은 것이며, 옛일을 모아 오늘날의 일에 비유하고 반복하여 이를 서술하되 경계의 뜻으로써 끝을 맺었습니다. 이에 우리 전하께서 이를 보시고 가상히 여기시어 「용비어천가」라는 이름을 하사하셨습니다.'[23]라고 한 것으로 보아 세종이 언문을 창제한 뒤 신하들과 시를 함께 지으면서 세종이 먼저 시를 읊으면서 언문으로 적으면 신하들이 번역하여 한시를 지은 것으로 보인다. 이러한 차례로 중국 역사와 여섯 선조의 역사적 사실을 자세히 기록하여 1447년 2월에 10권으로 완성하니 세종이 '용비어천가'라 이름을 지었다.

3) 『훈민정음』 반포

『훈민정음』 해례본 정인지 서문 끝에는, 세종 28년(1446) 9월 상한

---

23) 박창희 역주 『용비어천가』(2015, 한국학중앙연구원출판부) 하권 909쪽에서 인용함.

(上澣; 10일) '정인지, 최항, 박팽년, 신숙주, 성삼문, 이개, 이선로, 강희안' 등이 편찬 작업에 참여하였고, 이날에 정인지가 서문을 지어 올린다고 하였다. 그런데, 『세종실록』에는 세종 28년 9월 29일 기사에, '是月 訓民正音成'(이달에 훈민정음을 이룩하다.)라고 하였다. 지금 한글날은 양력 10월 9일을 반포일로 규정하여 정한 것인데, 그것은 음력 1446년 9월 10일을 그레고리력으로 환산한 날이다. 그러나 이날은 『훈민정음』 해례본에 기록된 바대로, 정인지가 서문을 지어 올린 날일 뿐, 책이 완성되어 반포한 날이라고 보기 어렵다. 『세종실록』 세종 28년 9월 29일 '이달에 훈민정음이 성(成)하였다.'라는 기록은, '책이 이루어졌다.'는 말이다. 이 말은 다시 '집필하기를 끝냈다'는 해석과, '책이 완성되었다'는 해석이 가능하다. 그런데 정인지가 9월 10일 서문을 써서 바쳤다는 것은 그것을 끝으로 집필이 끝났다고 볼 수 있으니, 그날부터 '목판에 새기기, 먹을 바르고 종이에 찍어내기, 끈으로 묶어 책을 엮기'와 같은 일련의 작업이 20일 안팎으로 걸렸다면 실록의 기록인 9월 29일에 즈음하여 '책이 완성되었다'라고 보는 것이 옳다.

그런데 이 두 가지 해석 모두 곧바로 '반포하였다'고 말할 수는 없다. 엄밀히 말하면, '집필한 글을 책으로 엮어 펴낸 것을 세상에 알리고 나누어 주다'라는 말이 있어야 그것이 '반포(頒布)'가 된다. 더욱이 서문을 지었다고 해서 그날에 곧바로 '목판에 새겨, 교정을 보고, 종이에 인쇄하여, 책을 엮은 뒤, 세상에 펴낼' 수는 없는 일이다. 그런 과정이 적어도 보름 정도 시일이 걸린다면 서문을 쓴 날(9월 10일)부터 실록의 기록(9월 29일)에 이르는 날에 반포하였을 것이다. 그러나 9월 29일은 아니다. 실록 작성의 특성상 그날 반포하였다면, '이날 훈민정음이 간행되었다.' 또는 '이날 훈민정음을 반포하였다.'라고 적었을 것이다. 꼭 집어 '이날'이라 하지 않고 '이달'이라고 한 것은, 반포식을 별도로 거행하지 않았다는 증거인 동시에, '이날'만은 분명 반포한 날이 아니라는 것이다. 그러므로 실록의 기록도 세종 사후 실록청 찬집자들이 정인지의 서문 날짜를 보고 추정해 기록한 것으로 볼 수밖에 없다. 창제 발표 후 3년이라는 세월 동안 집현전 학사들의 각고의 노력이 있었으므로 그동안의 과정을 정리하는 차원에서 정인지가 서문을 작성하였다고 보면, 그 날로부터 적어도 인쇄하는 과정을 고려하지 않을 수 없다. 그러므로 실록의 기록 날짜인 9월 29일이 가장 근접한 날임에는 틀림없다. 그렇다고 한두 책만 엮어 펴낸 것도 아니다. 만약 한두 권만 필요했다면 필사로도 충분한 일이지만 분명 지금 전하는 『훈민정음』은 목판본이다. 목판에 글자를 새겨 책을 찍어냈다면 그것은 적어도 100부 이상이었을 것이다. 또 석 달 뒤인 12월 26일 이조에 지시하여, 관리를 뽑는 과거에 훈민정음을 시험하게 하라고 한 것은 책을 반포하지 않고는 내릴 수 없는 명령이다. 이것은 9월 29일 안팎에 책이 이루어져 곧바로 여러 사람에게 나누어 주었음을 말해 주는 것이다. 그러므로 큰 의미에서 '반포식'을 열거나 공식적으로 수백 권을 반사한 일은 없었으나, 작은 의미에서 책을 찍어 나누어준 것을 '반포'라고 말할 수는 있다고 본다. 아무튼 지금 '한글날'을 10월 9일로 정한 것은 정인지가 서문을 쓴 9월 상한을 기준으로 한 것이므로, 실록의 기록처럼 9월 29일이 오히려 반포일에 더 가까운 날임은 분명하다.

4) 언문으로 명령하다

세종은 9월 29일 훈민정음을 반포하고, 10월 10일 열흘만에 친히 언문으로 공문서를 써 보였다. 대간의 잘못을 정음으로 써서 환관 김득상에게 주어서 의금부와 승정원에 보이게 한 것이다.

임금이 대간(臺諫)의 죄를 일일이 들어 언문(諺文)으로 써서, 환관 김득상(金得祥)에게 명하여 의금부와 승정원에 보이게 하였다.

上數臺諫之罪 以諺文書之 命宦官金得祥 示諸義禁府承政院(세종 28(1446)/10/10)

반포한 직후의 기록인데 여기서는 '언문'이라 하였다. 임금이 직접 언문으로 글 쓰는 법을 보여줌으로써 새로운 문자의 쓰임새를 솔선수범한 것이다. 더욱이 죄와 벌에 대한 일이었으니 법률 용어가 포함되었을 것이다. 이렇게 무거운 내용도 언문으로 충분히 전달할 수 있다는 것을 보여준 것이다.

세종은 훈민정음을 창제하여 가장 먼저 중국의 현실한자음과 조선한자음의 정비 사업을 하였으니, 그것은 당연한 절차다. 당시에는 모든 기록을 한자로만 하였기 때문에 문헌이나 문서를 읽고 쓸 때 한자음의 통일이 절대적으로 필요했던 때였으니 그 절박함은 이루 말할 수 없었다. 마침 중국 명나라에서는 『홍무정운』이라는 표준한자음 규정집을 펴냈기 때문에 이를 훈민정음으로 발음을 표기하고, 조선의 표준한자음도 훈민정음으로 표기해서 규정집을 배포하면 한자음의 혼란을 막을 수 있을 것이라 생각한 것이다.

이를 바탕으로 곧바로 조선 창업의 정당성을 알리는 격조 높은 시를 지어 노래하였으니, 『용비어천가』의 노래를 언문으로 지었다는 것은 세종의 문자 창제의 포부가 얼마나 컸던가를 보여주는 것이다. 그리고 곧바로 최고의 관직에 있는 신하들과 언문으로 글을 써서 소통하여 본 것이다. 높은 자리에 있는 신하들에게도 언문을 쓰도록 독려하였던 증거다. 대간은 사간원과 사헌부를 가리키는데, 삼사(三司)의 잘못을 의금부와 승정원에 알리는 일에 언문을 썼다는 것은 파격적인 일이 아닐 수 없다. 그런 행동에 담긴 세종의 의도는, 언문이 이렇게 의사전달에 편리한 문자라는 것을 보여주려는 것임에 틀림없다.

또 한 달 뒤 11월 8일에는 언문청을 설치하였는데, 이때 언문청에서 무슨 일을 했는지는 명확히 밝히지 않았다. 당시 기록들을 보면, 언문청에서는 집현전학사들이 주로 여기에서 일하였는데, 본격적으로 언문에 대한 연구와 간행 사업을 벌여나가기 위해서 설치한 것이 아닌가 싶다. 여기서 언문에 대해 연구하는 일뿐만 아니라 언문책을 찍거나 언문 주자(활자)를 만들거나 불경을 찍는 일도 아울러 하였음을 알 수 있다.[24)]

그런데 이상한 것은, 9월 10일 정인지가 『훈민정음』 서문을 쓰고, 9월 29일에 '이달에 훈민정음이 이루어졌다.'라고 기록하였음에도, 10월 10일 기록에는 '훈민정음'이란 이름을 쓰지 않고 '언문'이라 하였고, 또 11월 8일 설치한 '언문청'도 '정음청'이라고 하지 않았다는 사실은 무엇을 말하는 것일까? 당당히 '훈민정음'이란 이름을 지어놓고도 그 이름을 부르지 않고 '언문'이라는 이름만 계속 쓴 것은 무슨 이유일까? 이미 정인지는 서문에서,

> 계해년(1443) 겨울에 우리 전하께서 정음 28자를 처음으로 만들어 예의(例義)를 간략하게 들어 보이시고 이름을 '훈민정음'이라 하였다.
> 癸亥冬 我殿下創制正音二十八字 略揭例義以示之 名曰訓民正音

라고 말한 것은 어떻게 해석해야 옳은가? 또 『훈민정음』 해례본 안에서도 유심히 살펴보면, '훈민정음', '정음', '언문', '언자'라는 말이 혼재되어 있음을 볼 수 있다.

---

24) 『세종시대의 인쇄출판』(손보기, 1986, 세종대왕기념사업회) 83쪽에서 참고함.

이러한 사실은, 문자를 만든 처음에 세종이 이 문자의 특징을 살려 '언문'이라 이름을 붙였으나, 그 해석과 용례를 들어 책을 엮으면서 신하들은 비로소 임금이 언문을 제작한 원리와 정신을 깨닫게 되고, 훌륭한 이 문자에 좋은 이름을 붙이자는 여론이 형성되어, '훈민(訓民)'과 '정음(正音)'의 의미를 담아 '훈민정음'이라 정한 뒤 임금께 아뢰니, 세종이 좋게 여겨 최종 결정을 내린 것으로 추정할 수밖에 없다. '정음'이란 말이 『홍무정운』 서문의 뜻을 따른 것이라면 더더욱 그 명명한 날짜가 늦어질 수밖에 없다. 앞서 밝힌 대로, 조선왕조실록 전체를 통틀어 '훈민정음'이란 말은 10번밖에 나오지 않는다.

1446년 해례의 글을 정리하면서 '훈민정음'이란 이름이 결정되었다고 본다면, 그 이름은 매우 격식 있게 부르던 이름이고 대외적인 명칭일 뿐, 세종이 창제하였다고 고백한 그날 이후로 늘 자연스럽고 편하게 불렀던 이름은 바로 '언문'이라는 이름이었다.

5) 훈민정음을 시험하다

1446년 12월 26일에는 이조(吏曹)에 지시하여, 이후부터는 서리와 아전을 뽑는 과거에는 훈민정음을 시험하게 하되, 뜻과 이치는 통하지 못하더라도 글자를 부려쓸 줄 아는 자를 뽑게 하였다.

> 이조에 전지하기를, "지금부터 이과(吏科)와 이전(吏典)의 취재 때에는 『훈민정음』도 아울러 시험해 뽑게 하되, 비록 의리(義理)는 통하지 못하더라도 능히 합자(合字)하는 사람을 뽑게 하라." 하였다.
>
> 傳旨吏曹 今後吏科及吏典 取才時 訓民正音 竝令試取 雖不通義理 能合字者取之(세종 28(1446)/12/26)

이보다 두 달 전 세종이 직접 공문서를 언문으로 써서 대신들에게 보인 뒤, 언문청까지 설치하였으니, 이 언문청에서도 이조의 관리를 뽑기 위한 준비를 하였을 것이다. 다른 관직보다도 이조(吏曹)의 말단 관리를 뽑는 시험에 먼저 훈민정음을 적용한 것은, 당시 공·사 문서에 쓰이던 이두문을 혁파하여 언문으로 모든 문서를 주고받도록 하려는 의도가 있었던 것이다. 공문서에 언문 쓰기가 정착되면 곧바로 전국 모든 백성이 언문의 활용법을 쉽게 배울 수 있기 때문에, 그 파급 효과는 엄청날 것이었다. 그런데 여기서는 '언문'이 아니라 '훈민정음'이라 한 것이 특이하다. 이 말이 '언문'을 가리키는지, 『훈민정음』 책을 가리키는지는 잘 알 수 없지만, 반포 직후의 일이고 언문을 가르치기 위해서는 책이 필요했을 것으로 본다면 『훈민정음』 책을 가리킨다고 보는 것이 타당하다.

앞서 살펴보았듯이, 당시 공문서는 이두문으로 작성하였다. 세종도 세종 15년(1433)에 자헌대부 지중추원사 이징석(李澄石)에게 파저강 야인을 물리친 공로를 칭찬하는 공문서를 이두문으로 작성하여 내린 것이 지금까지 전한다. 물론 이 이두문은 이조에서 받아 적은 것이긴 하지만, 모든 관리들은 임금의 명령이나 중앙관의 지시 사항, 지방관의 행정 조치 등 공문서와 사문서를 이두문으로 작성하여 백성들과 소통하였는데, 이 이두문의 문장은 한자로 썼지만 한문식이 아니라 우리말과 똑같은 순서로 적는 것이었다. 신라의 '임신서기석'에서 처음으로 선보인 우리말 순서대로 한자를 쓰는 방식은 신라 향찰을 거치면서 음차와 훈차를 넘나드는, 그야말로 자유롭게 한자 차자표기로 우리말을 표현하게 되었고, 이것이 고려와 조선의 이두문으로 발전하여 임자씨(체언)와 풀이씨(용언)는 말할 것도 없고, 그 뒤에 붙는 토씨(조사)나 씨끝(어미)처럼 문법요소까지 완벽한 우리말 순서로 문서 작성을 하게 되었던 것이다. 물론 임자씨의 대다수는 관직명이나 사물의 이름 등이 한자말이었으나 순수한 토박이말이나 동식물 따위는 음차와 훈차를 섞어 쓴 차자표기가 많았다.

조선 창업 초 『대명률직해』 등 방대한 법전이 모두 이두문으로 쓰여진 것은 이두문이 조선의 공식 글쓰기 방식으로 정착했다는 것을 보여주는 것이다. 세종이 『훈민정음』을 반포하면서 제일 먼저 공문서를 직접 써 보인 것은, 이두문을 언문으로 대체함으로써 가장 현실적으로 백성들에게 빨리 새 글자의 쓰는 방식을 선보이고자 한 것이고, 또 가장 빠른 시간에 전국으로 확산시킬 수 있는 방법을 동원한 것이다. 또 이조의 관리들을 뽑을 때 반드시 훈민정음을 부려쓰는 시험을 보라는 것은 바야흐로 공문서와 사문서의 이두문을 대체할 방책을 세운 것임이 틀림없다.

6) 『석보상절』을 짓다

세종 29년(1447) 7월 25일에 수양대군이 석보상절 서문을 썼다. 세종의 명을 받아 수양대군이 『석보상절』을 짓고 이날 서문을 쓴 것이다.

석보상절 서문

부처님이 삼계의 가장 높으신 분이 되어 계시어, 중생을 널리 제도하시나니, 끝이 없어 이루 헤아릴 수 없는 공덕은 사람들과 하늘들이 내내 기리어도 다할 수가 없다. 세상에 부처님 도리를 배우는 사람 중에 부처님이 나다니시거나 가만히 계시던 처음과 마지막을 아는 사람이 드무니, 비록 알고자 하는 사람이라도, 또 팔상을 넘지 못하고서 〈배우기를〉 그치느니라. 지금 죽은이의 명복을 빌기 위해[追薦] 여러 경전에서 가려내어, 따로 한 책을 만들어 이름을 붙이되 '석보상절'이라 하고,

이미 차례를 헤아려 만든 바에 따라 세존의 도를 이루어내신 모습을 그림으로 그려 넣었고, 또 정음으로 한문에 따라 더 번역하여 새기노니, 사람마다 쉽게 알아 삼보에 나아가 의지하게 되기를 바라노라. 정통 12년(1447) 7월 25일에 수양군 (이름) 서문을 쓰노라.

釋譜詳節序

佛이 爲三界之尊ᄒᆞ샤 衆生ᄋᆞᆯ 너비 濟渡ᄒᆞ시ᄂᆞ니 無量功德이 世之學佛者ㅣ 鮮有知出處始終ᄒᆞᄂᆞ니 雖欲知者ㅣ라도 亦不過八相而止ᄒᆞᄂᆞ니라 頃에 因追薦ᄒᆞᅀᆞᄫᅡ 爰采諸經ᄒᆞ야 別爲一書ᄒᆞ야 名之曰釋譜詳節이라 ᄒᆞ고 旣據所次ᄒᆞ야 繪成世尊成道之迹ᄒᆞᅀᆞᆸ고 又以正音ᄋᆞ로 就加譯解ᄒᆞ노니 庶幾人人이 易曉ᄒᆞ야 而歸依三寶焉이니라 正統十二年 七月二十五日에 首陽君 諱 序ᄒᆞ노라[25)]

세종 28년(1446) 3월 24일에 소헌왕후가 죽으니 세종은 부인을 잃었고 수양대군은 어머니를 잃었다. 이에 세종이 수양더러 소헌왕후의 죽음을 애도하며 극락왕생을 기원하는 의미로, 부처에게 공양할 책을 지으라 하니 『석보상절』을 지어 바친 것이다. 수양은 안평대군과 신미대사, 김수온의 도움을 받아 양(梁)나라 사람 승우(僧祐; 444~518)가 편찬한 『석가보』와, 이를 보고 당나라 도선(道詵; 596~667)이 편찬한 『석가씨보(釋迦氏譜)』를 참조하여 『석보상절』을 새롭게 편찬하고 우리말로 번역하였는데, 여기에는 『아미타경』, 『약사여래경』, 『묘법연화경』, 『지장보살본원경』, 『대열반경』 등의 불경 내용을 더하였다.[26)]

수양이 쓴 서문에는 '세종 29년 7월 25일[正統十二年七月二十五日]'이라고 하였으나, 이날에 책이 완성된 것은 아니다. 소헌왕후가 세종 28년 3월에 죽었는데 24권 24책이라는 방대한 책을 1년 4개월만에 짓고

---

25) 『월인석보』 「석보상절 서」에서 인용하고 번역함.

26) 『석보상절 제23,24 연구』(김영배, 2009, 동국대학교출판부), 281~286쪽 참조.

엮어 인쇄할 수가 있을까? 이날은 수양이 서문을 지은 날이고, 이 책의 간행은 세종 31년(1449)에나 이루어졌다. 1446년 3월에 소헌왕후가 죽은 뒤 임금은 곧바로 수양에게 부처의 일생에 대한 책을 간행토록 이미 지시를 내린 상태로서, 여러 석가에 대한 책을 찾아 읽으며 언문으로 쓸 계획을 하고 있었다고 보아야 한다. 또 세종이 김수온에게 『석가보』를 증보 수찬하라고 명령한 세종 28년(1446) 12월 2일부터 수양은 김수온의 도움을 받으며 본격적으로 2년여 동안 『석보상절』 편찬 사업이 이루어졌다고 해야 옳다. 아무튼 갑작스런 왕후의 죽음에 슬픔을 주체하지 못하던 세종과 그 아들딸들이 그를 추모하기 위해 불경을 찬집하게 된 것이 언해 사업의 시초가 되었다. 이것은 언문을 창제한 뒤 계획적으로 추진한 일이 아니다. 표준한자음 정비 사업과 조선 창업의 정당성을 높이는 일, 그리고 대소신료들의 문서를 언문으로 쓰고, 이두문을 대체하여 각 지방관청의 공문서를 언문으로 쓰게 하며, 이조의 관리 선출 시험에 훈민정음을 필수과목으로 선정한 일련의 일들이 세종의 치밀한 계획에 의해 이루어진 것이라면, 『석보상절』과 『월인천강지곡』 편찬은 갑자기 찾아온 소헌왕후의 죽음을 애도하면서 이루어진 일이었다.

오히려 세종은 불교 쪽보다는 유교 쪽에 더 관심이 있었다. 세종 30년(1448) 3월 13일 김문이 죽었는데, 죽기 전에 세종이 그에게 사서(四書)를 언해하라고 지시했다가 죽고 만 것이다. 이윽고 3월 28일에는 김구를 불러 사서를 언해하라 지시하였으나, 책으로 펴냈다는 기록은 없다. 하지만 그렇다고 이 두 불교 관련 편찬이 쉽게 만들어진 것은 절대 아니다. 소헌왕후의 죽음에 얼마나 슬퍼했던가? 세종과 수양대군의 간절한 마음은 이 두 책의 치밀한 편집과 방대한 분량이 말해 준다.

『석보상절』 서문에서는 '언문'과 '훈민정음'이란 말 대신에 '정음(正

音)'이란 말을 썼다. 이 '정음'은 중국 운서에서 사용한 일반명사 '정음'이 아니라, 바로 '훈민정음'을 가리킨 말이다. 『훈민정음』이 반포된 이후부터는 그 이름을 줄여서 '정음'이란 이름을 쓰게 된 것이다. 이 '정음'이란 말에는 작은 글씨로 협주를 달아 그 뜻을 설명하였는데,

> 정음이란 바른 소리라는 말이니, 우리나라 말을 반듯이 옳게 쓰는 글이므로 이름을 '정음'이라 하는 것이다.
>
> 正音은 正흔 소리니 우리 나랏 마롤 正히 반드기 올히 쓰논 그릴씨 일후믈 正音이라 흐느니라

위의 협주는 '정음'이란 말의 뜻을 새긴 첫 사례이다. 『훈민정음 언해』(1459)의 제목에서 미처 새기지 못한 말이기도 하다. 『훈민정음 언해』의 제목 협주에는 '製는 글 지슬 씨니 御製는 님금 지스샨 그리라 訓은 フ르칠 씨오 民은 百姓이오 音은 소리니 訓民正音은 百姓 フ르치시논 正흔 소리라'라고 적혀 있으니 '正흔 소리'로만 간략히 적었던 것을 『석보상절』 서문에 와서 더욱 자세히 밝힌 것이다. 그런데 학계에서 지금 전하는 『월인석보』 권두에 실린 언해본(서강대학교 소장본)은, 이 부분의 글자 모양이 뒤이은 글자와 매우 다름을 지적하여, 아마도 원래 세종 생전의 언해본이 있었으나 『월인석보』 권두에 다시 실으면서 이 부분을 고쳤다는 의견이 지배적이다. 그래서 국어사학회가 2007년에 디지털 기술을 동원하여 재구성을 시도한 바 있다. 짐작으로 가정해 본 것이긴 하지만 국어사학회가 제시한 재구성본의 협주에는, '어제(御製)'라는 말을 빼고, 그 말의 협주도 뺀 '訓은 フ르칠 씨오 民은 百姓이오 音은 소리니 訓民正音은 百姓 フ르치시논 正흔 소리라'라고 하였다.

7) 훈민정음 과목을 함길도에

이어서 세종 29년(1447) 4월에는, 함길도 각 관청의 이과 시험에 훈민정음을 시험 보게 하라 명한다.

이조에 전지하기를, "세종 26년(1444) 윤7월의 교지 내용에, '함길도의 자제로서 내시(內侍)·다방(茶房)의 지인(知印)이나 녹사(錄事)에 소속되고자 하는 자는 글씨·산술·법률·가례(家禮)·『원육전(元六典)』·『속육전(續六典)』·삼재(三才)를 시행하여 입격한 자를 취재하라.' 하였으나, 이과(吏科) 시험으로 인재를 뽑는 데에 꼭 6가지 재주에 다 입격한 자만을 뽑아야 할 필요는 없으니, 다만 점수[分數]가 많은 자를 뽑을 것이며, 함길도 자제의 삼재를 시험하는 법이 다른 도의 사람과 별로 우수하게 다른 것은 없으니, 이제부터는 함길도 자제로서 이과 시험에 응시하는 자는 다른 도의 예에 따라 6재(六才)를 시험하되 점수를 갑절로 주도록 하고, 다음 식년시부터 시작하되, 먼저 훈민정음(訓民正音)을 시험하여 입격한 자에게만 다른 시험을 보게 할 것이며, 각 관아의 이과 시험에도 모두 훈민정음을 시험하도록 하라." 하였다.

傳旨吏曹 正統九年閏七月敎旨 節該 咸吉道子弟欲屬內侍茶房知印錄事者 試書算律家禮元續六典 三才入格者取之 然吏科取才 不必取俱入六才者 但以分數多者取之 咸吉子弟三才之法 與他道之人別無優異 自今咸吉子弟試 吏科者 依他例試六才 倍給分數 後式年爲始 先試訓民正音入格者許試他才 各司吏典取才者 竝試訓民正音 (세종 29(1447)/4/20)

세종 28년 12월 26일에는 이조의 서리와 아전을 뽑는 과거에 훈민정음을 시험보게 하고 언문을 쓸 줄만 알아도 뽑으라고 했던 것이, 넉달이 지나서는 함길도의 이과 시험과, '각사이전취재자(各司吏典取才者)' 즉, 함길도 각 관청의 아전들을 뽑는 시험에도 반드시 훈민정음을 함께 시험보이도록 하라고 하였으니, 훈민정음을 보아야 하는 관리직 시험의 범위를 지방까지 확대한 것이다. 이것은 최북단 국경지대에 근무하는 관리들부터 훈민정음을 배워 공문서 작성에 적용토록 함으로써 평안도, 강원도 등으로 넓히려는 의도가 있었음을 짐작하게 한다. 또한 이 조치는 지방에까지 『훈민정음』이 배포되었다는 사실을 시사하는 것으로 놀라운 발전이다.

8) 『동국정운』 편찬

또 앞서 세종 26년(1444) 2월 16일에 최항, 박팽년, 신숙주, 이선로, 이개, 강희안 등에게 언문으로 『운회』를 번역케 하여, 이때부터 『홍무정운』의 역훈과 『동국정운』 편찬 작업이 시작되었으나, 중국 한자음의 역훈 사업이 늦어져, 먼저 조선의 한자음을 정리하는 작업이 29년(1447) 9월에 완성되어 『동국정운』을 먼저 간행하게 되었다.

> 이달에 『동국정운』이 이루어졌으니 모두 6권인데, 임금의 명으로 간행한 것이다.
> 是月 東國正韻成 凡六卷 命刊行(세종 29(1447)/9/29)

『동국정운』 편찬에는, 신숙주, 최항, 성삼문, 박팽년, 이개, 강희안, 이현로, 조변안, 김증 등이 참여하였다. 『동국정운』 편찬 작업에 동궁(東宮)은 감장(監掌)의 구실을 맡았고, 진양대군과 안평대군은 그를 보좌하였다. 이때는 왕세자가 1445년부터 이미 세종을 대신하여 섭정을 시작한 때이다. 신숙주와 성삼문은 주무를 담당하였고, 최항과 박팽년은 우리 한자음을 사정하였으며, 조변안과 김증은 중국 한자음에 관하여 자문하였고, 강희안은 교정과 정리 업무를 보았다.

그 다음해인 30년(1448) 시월에는 이 『동국정운』을 전국에 배포하여 배우는 자들이 이 책을 참고하도록 하였다.

> 『동국정운』을 여러 도와 성균관·사부 학당에 반사하고, 인하여 하교하기를, "본국의 인민들이 속운(俗韻)을 익혀서 익숙하게 된 지가 오래 되었으므로, 갑자기 고칠 수 없으니, 억지로 가르치지 말고 배우는 자로 하여금 의사에 따라 하게 하라." 하였다.
>
> 頒東國正韻于諸道及 成均館 四部學堂 仍敎曰 本國人民 習熟俗韻已久 不可猝變 勿强敎 使學者隨意爲之(세종 30(1448)/10/17)

이 책은 이름 그대로 우리나라 한자음의 바른 음운을 정리한 책이다. 정확한 한자음을 제시함으로써 한자를 공부할 때 혼란스러움을 없애는 것이 첫째 목적인 책이지만, 실제 큰 목적은 언문을 잘 쓰는 방법을 자연스럽게 알도록 하는 것이었다. 곧 훈민정음의 장려책이었다는 것이다. 이 책에서 표현한 한자음 표식은 초성, 중성, 종성을 모두 나타냄으로써, 언문 각 글자의 음가를 온전히 한자음으로 표현하는 발음기호 구실을 한 것이다. 예컨대, '세종어제(世宗御製)' 네 글자를 동국정운에서는 '솅종엉졩'로 표시하였다. 즉 '세, 어, 제'의 소리 나지 않는 받침을 목구멍소리 'ㅇ'으로 표시하여 보인 것이다. 이런 표기법은 훈민정음 해례와는 전혀 다르다. 즉, 동국정운의 표기법은 한자음을 표시할 때만 보인, 발음기호 구실만으로 제시한 것이므로 일반 백성이 글자를 쓸 때는 절대 써서는 안 되는 표기법이다. 세종도 월인천강지곡 책에서는 절대 동국정운식 표기법을 쓰지 않았다. 『동국정운』 서문에 의하면, 민간에 널리 사용되고 있는 관습 한자음을 채택하는 것을 원칙으로 하였고, 옛 서적을 참고하여 하나의 한자가 여러 가지 음으로 실현되는 경우에는 가장 널리 사용되는 음을 기준으로 삼았다고 하였다. 『동국정운』의 편집 체계는 『고금운회거요』(1297)를 따랐다고 하였다. 이 책을 줄여서 「운회」라고 하였는데, 이미 우리나라에는 고려 때부터 들어와 읽혔다. 이 책 체계를 본따 91운 23자모로 분류하고, 여기에 조선의 표준 한자음을 언문으로 표기하였는데, 그 밑에 사성에 맞추어 평성, 상성, 거성, 입성의 순서로 한자를 배열하였다. 91운 23자모라는 분류가 생소하겠지만, 중국의 운서는 전통적으로 오랫동안 이 분류 체계를 따랐다. 오늘날 옥편에서 보는 부수와 획수의 순서가 아니라, 운모와 자모로 나눈 것인데, 91운은 운모를 91개로 나눈 것이다. 운모란, 자모(초성)를 뺀 중성과 종성의 결합체이다. 반절법이 이분법이기 때문에 운모가 이렇게 많은 수로 분류되는 것이다. 다시 말해서 훈민정음의 방식으로 하면 중성과 종성이 결합된 모습을 91개의 운모로 나눈 것인데, 이를 7음(아설순치후, 반설, 반치)의 순서대로 분류하는 것이다. 이 7음으로 분류된 91운모는 각각 다시 23자모(초성)로 나누게 되고, 그 하위 분류로 사성을 대입시키는 것이다. 『훈민정음』 해례본의 분류는 초성, 중성, 종성 순서이고, 초성은 7음을 대입시켜 17개의 초성이 만들어진 것이니, 중국의 운서 분류 순서와는 정반대의 방법이다.

9) 사서를 언해하라

세종 30년 3월 13일 김문이 죽었는데, 죽기 전에 그에게 사서(논어, 맹자, 대학, 중용)를 언문으로 번역케 하였다고 한다.

집현전 직제학 김문(金汶)의 장례에 부의하는데 관곽과 쌀 10석, 종이 70권을 썼다. 김문의 자는 윤보(潤甫)인데, 세계(世系)가 본디 한미(寒微)하여, 사람들이 말하기를, "그 어머니가 무당노릇을 하여 감악사(紺

獄祠)에서 먹고 지냈다." 하였다. …(줄임)… 이에 이르러 김문에게 명하여 사서(四書)를 역술(譯述)하게 하고, 특별히 자급을 승진시켜 바야흐로 장차 뽑아 쓰려고 하였는데, 중풍으로 갑작스럽게 죽었다.(세종 30(1448)/3/13)

그리고 김문이 죽고 며칠 뒤, 유교 서적의 언해를 위해 상주목사 김구를 급히 불러들였다.

상주목사 김구(金鉤)를 역마로 불렀다. 김구는 상주목사가 된 지 반년도 못되었는데, 집현전에서 어명을 받들어 언문(諺文)으로 사서(四書)를 번역하게 하였다. 직제학 김문(金汶)이 이를 맡아 했었으나, 김문이 죽었으므로, 집현전에서 김구를 천거하기에 특명으로 부른 것이며, 곧 판종부시사를 제수하였다.

驛召尙州牧使金鉤 鉤爲尙州未半年 時集賢殿奉敎以諺文譯四書 直提學金汶主之汶死 集賢殿薦鉤 故特召之 尋拜判宗簿寺事(세종 30(1448)/3/28)

10) 신하와 언문으로 주고받다

세종 31년(1449) 6월 20일 실록에는, 좌의정 하연에게 언문으로 글을 써서 정사를 나눈 일이 있다.

〈세종이〉 의정부 좌의정 하연(河演) 등을 불러 이르기를, "옛적에 당나라 고조가 불법(佛法)을 없애려고 하매, 여러 신하들이 간하여 말리었고, 태종이 불사(佛事)를 행하고자 하매 모든 관원들이 찬성하였는데, 당나라에서 불교를 간한 사람은 부혁 한 사람뿐이고, 송나라 진종 때에 이르러는 『천서(天書)』를 만들고자 하매 왕단과 구준이 모두 명신으로서 다 찬성하였는데, 간하는 사람은 손석 한 사람뿐이었다. 우리 조선에 있어서 모후(母后)께서 병환이 중하시매 의정 이원(李愿)이 불경책을 소매에 넣고 와서 읽고 외어 기도하였고, 맹사성이 또한 이름난 유학자로서 정성을 다하여 부처에게 기도하니, 그때 의논이 장하게 여기었다. 지금 집현전에서 상소하여 보공재(報供齋)를 정지하기를 청하고, 또 하순경을 내치기를 청하여 말이 자못 조롱하고 비방하였으니, 어떻게 처리하여야 할까? 또 감찰은 모든 제사에 반드시 배례를 행하는 법이니, 이제부터는 승도(僧徒)가 비를 빌 때에도 감찰로 하여금 또한 배례를 행할 것으로 항식을 삼는 것이 어떠한가?" 하여, 옛말을 끌어다가 언문(諺文)으로 써서 말이 반복하여 거의 20여 장이나 되었는데, 대개 뜻이 여러 신하들이 풍속을 따라 부처에 향하지 않고 사사로 비방하고 의논한다는 데에 있고, 또 집현전에서 간하는 말의 그릇된 것을 깊이 배척하였다.(세종 31(1449)/6/20)

위의 글은 좌의정 하연을 불러 써 보인 글인데 이 긴 문장을 언문으로 써서 보였다는 것이다. 내용은 풍속에 따라 부처에게 예배하는 것이 좋겠다는 글이다.

11) 언문 벽서가 나붙다

세종 31년(1449) 10월 5일에는, 저잣거리에 언문으로 '하 정승아 또 정사를 망치지 마라'라는 벽서가 나붙었다.

…(줄임)… 하연은 까탈스럽게 살피고 또 노쇠하여 행사에 착오가 많았으므로, 어떤 사람이 언문으로 벽 위에다 쓰기를, '하 정승아, 또 공사를 망령되게 하지 말라.'라고 하였다.(세종 31(1449)/10/5)

반포한 지 3년 만에 언문은 이미 많은 언중들에게 퍼져서, 영의정 부사라는 높은 정승을 욕하는 말을 버젓이 저잣거리에 써서 붙였다는 것이니, 언문의 보급 정책이 어느 정도 실질적인 효과를 거두었음을 시사하는 기록이다.

8. 세종에게 불교란 무엇인가

1) 세종의 불경 읽기

세종이 불교를 모를 리는 만무하다. 많은 사람들이 조선은 유교 국가라고만 알지 불교가 성행한 나라라고는 전혀 생각지 못한다. 그도 그럴 것이, 정도전이 고려의 썩은 정치를 모두 불교의 타락 때문으로 돌리고 엄격한 숭유억불 정책을 주장하여 태조부터 조선 사회는 불교를 멀리하였다고 배웠고, 더욱이 태종과 세종은 전국의 사찰을 통폐합하고 승녀를 줄이고 불당을 없애는 작업을 통해 유자(儒者)의 나라, 유교 국가를 건설하였다고 배웠기 때문이다. 그러나 이미 천 년 역사를 불교에 젖어 이 땅에 뿌리내리고 살던 백성들이다. 하루아침에 나라가 바뀌었다고 아무리 지우고 지운다 해도 쉽게 지울 수는 없는 노릇이다. 전국에 사찰에는 습관적으로 많은 사람들이 예배를 보러 다녔고, 명절이나 집안 대소사 때는 늘 불교식 행사를 열곤 하였다. 아마 조선 사람들은 모두가 정신적으로 불교에 물들어 있었을 것이다. 태어날 때부터 불교적 전통과 문화 속에 살았고, 불경을 먼저 듣고 배웠고, 일상 속에서 삶의 스승도 주변 스님이었고, 삶의 자세, 철학, 가치관도 불교에서 얻었을 것이다. 더욱이 조선 초기 사회에서는 오랫동안 믿어왔던 불교적 관습이 더 많았던 때였다.

2) 불교문화와 조선

우리 겨레가 불교를 받아들인 것은 고구려 소수림왕(재위 371~384) 때인 372년인데, 이때 중국 진이라는 나라에서 순도라는 스님이 불경을 가지고 들어왔다는 기록이 있다.

> 2년 여름 6월에 진(秦)나라 왕 부견(苻堅)이 사신과 중 순도(順道)를 파견하여 불상과 경문(經文)을 보내왔다. 임금은 사신을 보내 답례하고 토산물을 바쳤다. 대학을 세우고 자제들을 교육시켰다.
>
> 二年 夏六月 秦王苻 堅 遣使及浮屠順道 送佛像經文 王遣使廻謝 以貢方物 立大學 教育子弟[27)]

그러니까 이성계가 1392년 조선을 창업한 시점에서 꼭 1천 년 전부터 불경을 읽었으니 우리 겨레는 오랫동안 불교에 젖어 있었다. 그러니 그 영향을 일일이 말할 필요조차 없을 것이다. 우리나라에서 국가가 교육을 펼치기 시작한 것도 바로 이때부터다. 학교 교육이 시작된 것도 이때부터이니, 불경의 학습 또는 한자의 학습을 위한 교육이 학교 교육의 시발이었던 것이다. 즉 우리에게 학교 교육이란 외국어(한자) 교육과 불경 공부부터 시작되었음을 알 수 있는 기록이다. 고구려, 백제, 신라는 모두 불교의 나라였다.

또한 이어진 고려도 불교의 나라다. 지식의 대부분이 불교와 관련된 것이었고, 교육 자체가 불경 읽기였으니 불교 지식이 배운 자들의 가치관을 형성하였고, 그 가치관은 결국 불교 국가를 이루게 하였다. 나라의 경영자와 지배층이 대다수 승려에서 발탁되었고, 그 승려들은 앞다퉈 그 경전의 말과 글인 한문과 한자를 배우기 위하여 중국에 유학

27) 『삼국사기』 고구려 본기 소수림왕 2년 참조.

을 가서 배워 왔다. 오늘날 우리의 국보와 보물 가운데 불교 유적, 유물을 빼면 무엇이 남겠는가?

'스승'이라는 우리말의 어원이 '승(僧)'이라는 기록도 있다. 『월인석보』(1459)에서는 "불법(佛法)을 가르치는 이가 스승이요 배우는 이가 제자이다."라고 하였고, 『훈몽자회』(1527)에서는 '사승(師僧)'이라는 말이 나온다. 『서포만필』(1687)에서는 '스승이란 불교의 중을 가리키는 사승(師僧)에서 비롯하였다.'라고 풀이하였다. 이것은 그 어원이야 어떻든지 간에 애초부터 우리 교육이 불경을 가르치는 일에서부터 시작되었으니 승녀가 스승 구실을 했던 때문이다. 따지고 보면 무엇을 아는 것이 지식이라면, 종교는 처음에 가르치고 배우는 사이에서 싹트는 것이며, 그 지식은 진리가 되고, 다른 지식이 들어와도 그 지식에 대한 신뢰가 굳어져 틀리거나 잘못됨을 인정하지 않고 하나의 신념이 되는 것이다. 신앙과 종교는 '앎의 묶음, 덩어리'로서 우리의 지식세계를 독차지해 왔던 것이다.

그러나 새로운 국가 조선은 모든 것이 달라야 했다. 불교가 아닌 다른 학문과 종교가 필요했다. 거기엔 공자 이래 유구한 역사와 철학이 숨쉬던 유교가 있었고, 삼국이나 고려에서도 이미 사서 삼경이 꾸준히 읽히고 있었기 때문에, 정도전을 비롯한 신흥 사대부들은 이 유교로서 국가 교육의 내용을 완전히 탈바꿈하려 했다. 그럼에도 조선을 개국할 때 공을 세웠던 지식인, 위정자들은 불교에 물들어 있었고, 불교적 가치관 속에서 학문을 쌓던 사람들이었으므로 불교를 누구보다 잘 알았기에, 그 폐단을 깊이 인식하고 숭유억불 정책을 펼치게 되는 것이다. 유교를 앞세우며 조선의 기틀을 마련한 사람들은 숭유억불의 정당성을 백성들에게 세뇌하기 위해 구체적인 불교의 폐습을 일깨웠다. 그러나 천 년 동안 이 땅에 살면서 불교문화 속에서 삶의 가치관을 형성한 백성들에게 모든 불교의 흔적을 깡그리 없애라고 할 수는 없었다. 보이는 것들에서 그 흔적을 지울 수는 있을지 모르나 정신 속에 가치관으로 굳어버린 불교적 세계관을 어찌 지울 수가 있었겠는가? 태조, 정종, 태종 때까지 신진 사대부들의 반발이 들끓었지만 해마다 정례적으로 치르던 불교 의식들은 좀처럼 사라지지 않았다. 오히려 왕가에서 더 불교 의식을 성대히 치르곤 하였다.

세종은 선종과 교종 두 종파만 두고 불교를 통합시켰고, 각각 18개 사찰, 즉 36개 사찰만 남겨두고 전국의 나머지 사찰을 모두 없앴으며, 승녀도 각각 2천여 명씩으로 제한하여 나머지 승녀들은 집으로 돌려보냈다. 하지만 이러한 역사적인 불교 탄압책이 천년 전통을 한순간 사라지게 할 수는 없었다. 어림도 없는 일이다.

세종이 과연 불경을 몰랐을까? 몰라서 불교를 통폐합하고 탄압했을까? 그렇지 않다. 세종은 누구보다 불교를 잘 알았고, 누구보다 불교 지식을 많이 지닌 사람이었다.

세종에게는 늘 갈증이 있었다. 뭔가 부족한 책읽기에 대한 목마름이다. 그 가운데 불경도 있었다. 어린 시절에는 감히 불전을 읽게 내버려두지 않았을 것이다. 하지만 어린 시절 아버지 형제들의 살육전과 부모의 불화, 어머니 친정의 몰살 등을 겪으면서, 절에 다니던 어머니 곁에서 불경을 읽었을 것이고, 절에 가서 기도도 많이 하였을 것이니, 삶의 허망함과 어머니의 고통을 보고 느끼면서 어린 세종은 부처의 가르침을 찾아 누구보다 많이 불경을 읽었을 것이다.

조선 창업 초는 신진사대부의 득세로 사찰과 승녀를 가까이할 수 없는 분위기였으므로 임금이 감히 승녀를 만나고 불경을 읽는 일은 생각하기 어렵다. 세종은 더욱이 즉위 6년(1424)에 불교를 선교 양종으로 혁파하지 않았던가? 그러나 이미 어린 시절부터 책벌레로 소문난 그가 불교 지식에 대한 관심과 갈증을 풀기 위해서라도 불전을 펼쳐보고 부처의 가르침을 읽지 않고 어찌 견딜 수 있었겠는가?

이런 여러 정황으로 보아 그가 불경을 읽지 않았다는 것은 상상하기 어렵다.

3) 흥천사

조선은 태조 때부터 늘 나라에서 고려의 구습대로 해마다 몇 번씩 예불 행사, 명절 행사를 의례적으로 치렀다. 그 가운데 흥천사(興天寺)가 있다.

> 태상왕(태조)이 새 도읍(한양)에 거둥하였으니, 흥천사의 사리전이 낙성되고, 또 수륙재(水陸齋)를 베풀어 선왕(先王)·선비(先妣)와 현비(顯妣), 그리고 여러 죽은 아들과 사위, 고려의 왕씨(王氏)를 제사하기 위함이었다.(정종 1(1399)/10/19)

흥천사는 처음에 태조 4년(1395) 신덕왕후 강씨가 죽자 능지를 정릉(貞陵)에 조성하고, 아침저녁으로 향불을 피우며 왕비의 명복을 빌기 위해 이듬해 창건을 시작하여 한 해만에 170여 칸이나 되는 대가람을 완성한 절이다. 태조는 절을 짓는 동안에도 수시로 찾아가서 일하는 사람에게 먹을 것을 내려주며 위로하고, 짓는 동안 재앙이 일어날까 하여 기도회를 갖기도 하였으며, 문무 백관들이 모두 나와 있는데도 조회를 보지 않고 흥천사에 거둥하여 사리전 건축을 시찰한 일도 있다. 태조 7년(1398) 7월에는 우란분재(盂蘭盆齋; 음력 7월 보름날 조상의 넋에 공양하고, 부처, 중, 중생에게 공양하여, 부모의 은혜를 갚기 위해 올리는 재)를 성대히 베풀기도 하였다. 흥천사는 창건과 함께 조계종의 본산이 되었고, 승당을 설치하여 참선 도량으로 발전하였다.

> 승녀 50명을 불러 모아 금으로 글씨를 쓴 『법화경』을 흥천사에서 3일 동안 독송(讀誦)하며 재를 올렸다. 대체로 태조의 뜻을 따른 것으로, 사리탑을 수리하고 법회를 베풀게 한 것인데, 청원군 심종을 불러 향을 내주면서 임금(태종)이 말하기를, "경은 오늘 재를 올리는 자리를 베푼 뜻을 아는가? 돌아가신 아버지 태조께서 여기에 도읍을 정하시고 사리전을 지을 때에 나와 이인수가 그 공사를 맡아 준공하였다. 요사이 들으니 탑이 기울어져서 위태롭다 하기에 그것을 수리하게 하였는데, 마침 아버지 제사일이 되었기에 태조와 신의왕후를 위하여 재를 올리라고 한 것이다. 경은 이것을 잘 알라." 하였다.(태종 11(1411)/5/18)

태종도 부왕의 뜻을 이어 흥천사에서 여러 번 재를 올리며 중창하는데 심혈을 기울였다. 세종도 예외는 아니었다. 세종 11년(1429)에는 왕명으로 이 절을 크게 중창하고, 세종 19년(1437)에 다시 사리전을 중수하면서 이 절을 관아 건물처럼 정기적으로 보수·수리하도록 법제화했다. 이처럼 흥천사는 창건 이후 억불의 시대적 조류 아래에서도 왕실의 지원과 장려를 받으며 꾸준히 법통을 이어갔다. 왕실의 제사 때나, 왕족이 병들면 치병을 위한 기도가 이루어졌고, 가뭄에는 기우제가 열리기도 했다. 성종 이후 왕실의 지원이 조금씩 줄다가 연산군 10년(1504)에 화재로 전각이 완전히 소실되었고, 중종 5년(1510)에 또다시 불이 나서 사리각까지 불타 완전히 폐허가 되었다.

이렇게 수륙재를 국가에서 성대하게 치르던 것이 태종 때의 일인데, 이때 세종은 충녕군에 책봉되어 심온의 딸과 결혼한 뒤 책을 많이 읽던 때였다. 그러므로 15세의 나이로 임금인 아버지에게 매일 문안하면서 태종이 베푼 이 독경회 광경을 보았을 것이고, 함께 참관하기도 했을 것이다. 더욱이 세종의 둘째 형인 효령대군은, 큰형인 양녕대군이 세자에서 폐위되자 자신이 세자로 책봉될 것으로 생각했으나 동생 충녕이 세자로 책봉되자 일찌감치 절에 들어가 불교에 심취하였다. 충녕과는 우애가 깊었고, 동생이 임금이 되어 자기 집에 들르면 밤이 깊도록 국사에 대해 의논했다고 한다. 특히, 불교에 독실하여 승녀를 모아 불경을 강론하기도 했다. 효령은 세종 11년(1429)에 관악사를 삼창하고, 월출산 무위사의 중창을 지휘하였으며, 만덕산 백련사 중창을 돕기도 했다. 세종 14년(1432)에는 한강에서 7일 동안 수륙재를 개최하였다. 수륙재는 고려 때부터 이어오던 불교의식인데, 물과 육지에서 헤매는 외로운 영혼과 굶주린 귀신을 달래며 위로하기 위하여 불법을 강설하고 음식을 성대히 베푸는 예식이다. 효령대군이 주관한 이때의 국행(國行) 수륙재에는 양반, 평민 할 것 없이 인산인해를 이루었다고 한다. 이런 국행 수륙재는 중종 때까지 이어졌고, 민간에서는 조선 말까지 계속 이어졌다. 이처럼 세종의 곁에는 형 효령대군을 비롯해 얼마든지 승려들과 접촉할 시간이 많았고, 불경을 읽을 기회도 많았다.

4) 능엄경과 불경 언해

세종은 즉위 20년(1438)에 『능엄경』을 읽었다.

> 옛날 정통 무오년(1438)에 황고 세종께서 『능엄경』을 보시고는 …[28)]

세종이 불경을 읽었다는 사실 기록은 이것이 제일 앞선 기록이다. 불경 속에 담긴 사람의 희로애락과 흥망성쇠를 푸는 심오한 부처의

---

28) 『능엄경언해』(1461) 세조의 「어제발문」 일부임.

말씀이 책벌레 세종의 지식세계 안에 들어오게 된 것이다. 지식이란 알고자 하는 생각에서부터 싹트고 궁금한 것을 묻고 그 답을 구하면서 쌓인다. 당시 대표적 불경의 하나였던 능엄경은 불자(佛者)라면 반드시 읽어야 하는 경전 중의 하나다. 능엄경의 본디 이름은 『대불정여래밀인수증요의제보살만행수능엄경(大佛頂如來密因修證了義諸菩薩萬行首楞嚴經)』이며, 줄여서 『대불정수능엄경』 또는 『수능엄경』이라고도 하고, 주로 『능엄경』이라 부른다. '능엄(楞嚴)'이란, '모든 일이 끝까지 훼손되지 않고 완전하여 이지러짐이 없게 되다.[一切事畢竟堅固]'라는 뜻이다. 즉, 선정(禪定)을 닦는 경인데, '선정'이란 속정(俗情)을 끊어버리고 마음을 가라앉혀 삼매경에 이르는 것이다. 이 『능엄경』은 사랑하는 제자 아난을 위한 가르침이다. 곧, 처음 불교를 만나서 참다운 수행을 시작하려는 사람에게 들려주는 가르침이다. 아난은 부처의 사촌 동생으로 부처가 득도한 날 태어났다고 한다. 아난은 '다문제일(多聞第一)'이란 칭송을 받았고, 부처의 곁에서 늘 시자(侍者)가 되었다. 『능엄경』은 당나라 반자밀제가 처음 한역하고, 송나라 계환이 요점을 뽑아 주해를 한 불경으로, 우리나라에 들어와서도 한문본과 언해본이 여러 차례 간행되어 현재까지 다양한 판본이 남아있다.

〈우리나라에서 간행한 『능엄경』 중〉 전해 내려오는 가장 오래된 것으로는 고려 고종 22년(1235)에 이승광 등이 간행한 것으로, 해인사에 목판이 전하고 있다. 또 공민왕 21년(1372)에 안성 청룡사에서 간행한 판본과, 세종 25년(1443)에 성달생이 발문을 쓴 전라도 화암사판, 세조 3년(1457)에 원나라 유측의 능엄경 회해본(會解本)을 을해자(乙亥字)로 간행한 것, 세조 7년(1461) 금속활자로 찍어낸 『능엄경언해』와 세조 8년(1462)에 간경도감에서 세조의 명으로 찍어낸 목판본 『능엄경언해』 등이 있다.

그 외에도 성종 19년(1488)의 충청도 무량사판, 성종 20년(1489)의 황해도 자비령사판, 명종 2년(1547) 황해도 석두사판, 명종 14년(1559)의 황해도 성숙사판, 광해군 1년(1609)의 순천 송광사판, 현종 13년(1672)의 울산 운흥사판, 숙종 8년(1682)의 묘향산 보현사판, 숙종 18년(1692)의 전라도 용흥사판 등이 있다.[29)]

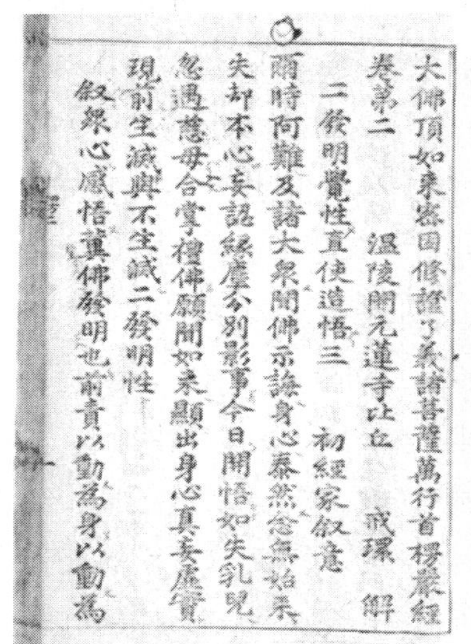
大佛頂如來密因修證了義諸菩薩萬行首楞嚴經
卷第二　溫陵開元蓮寺比丘　戒環　解
二發明覺性直使造悟三　初經家敍意
爾時阿難及諸大衆聞佛示誨身心泰然念無始來
失却本心妄認緣塵分別影事今日開悟如失乳兒
忽遇慈母合掌禮佛願聞如來顯出身心眞妄虛實
現前生滅與不生滅二發明性
敍衆心感悟冀佛發明也前責以動爲身以動爲

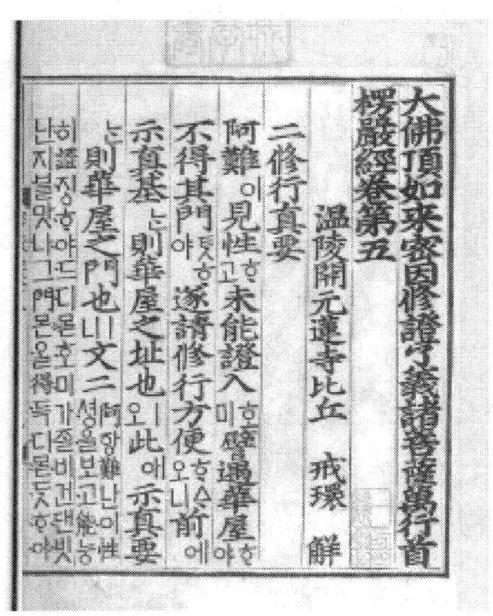
大佛頂如來密因修證了義諸菩薩萬行首
楞嚴經卷第五
溫陵開元蓮寺比丘　戒環　解
二修行眞要
阿難이 見性ᄒᆞ고 未能證入ᄒᆞ미 譬遍華屋ᄒᆞ야
不得其門ᄒᆞ야 遂請修行方便ᄒᆞᅀᆞ오니 前에
示眞基ᄂᆞᆫ 則華屋之址也ㅣ오 此에 示眞要ᄂᆞᆫ
則華屋之門也ㅣ니 文二

태종 1년(1401)에 간행한 『능엄경』에는 한자 구결(축약자)이 표시되어 있으나, 세조 8년(1462)에 펴낸 『능엄경언해』에는 목판에 직접 언문 구결과 언해문을 새겼다.

구결이 새겨진 『능엄경』으로는 태종 1년(1401) 태조의 명으로 간행한 것이 유명하다. 이 책은 목판본 10권 5책으로 간행되었고, 한문본 『능엄경』의 인쇄도 여러 번 했지만 세조가 이를 언해하게 된 것이다. 지금 10권 10책 완질이 남아 있는 『능엄경언해』는 간경도감이 설치되기 전에 이미 주자(을해자)를 만들어 펴낸 언해본이다. 바로 세조 7년

29) 『한국민족문화대백과사전』(한국학중앙연구원) '능엄경'조를 참조함.

(1461)에 교서관에서 간행한 『능엄경언해』인데, 그가 간경도감을 설치한 뒤 처음 펴낸 불경 언해본도 『능엄경언해』(1462)이다. 이 책은 교서관 활자본의 오류를 수정하여 목판본으로 재간행한 것이다. 을해자본은 원래 세종 31년(1449)에 수양대군 시절 세종의 명을 받아 번역에 착수한 것인데, 세종이 다음해 2월에 돌아가시니 마무리를 못하고 미루어 오다가 세조 7년에 여러 승려와 유학자들을 총동원하여 완성하고 찍어낸 것이다. 을해자본은 간경도감에서 불경 언해본을 간행하는데 기준이 되었다. 즉, 기존의 한문 구결을 달았던 부분을 언문 구결로 바꾸고, 이 원문 뒤에 곧바로 언해문을 잇는 체재로 편집하였는데, 이 것이 이후 조선 시대 불경 언해의 정형이 되었다.

세종의 유업이었던 『능엄경』의 언해를 시작으로 간경도감에서는 9종 35권의 불경이 언해되었고, 많은 한문본 불경도 31종 500권이나 간행하였다. 이 가운데 언해본 9종은, 『능엄경언해』(1462) 10권, 『법화경언해』(1463) 7권, 『선종영가집언해』(1464) 2권, 『불설아미타경언해』(1464) 1권, 『금강경언해』(1464) 2권, 『반야심경언해』(1464) 1권, 『원각경언해』(1465) 10권, 『목우자수심결언해』(1467) 1권, 『사법어언해』(1467) 1권이다. 간경도감은 오로지 불경 관련 서적만을 연구하고 간행하는 사업만을 벌였다.

세종이 읽은 불경에는 또한 『금강경』이 있었다.

『금강경삼가해(金剛經三家解)』(1482)에는 세종의 마음이 담겨 있다. 조선 초기의 고승 함허당 기화(己和, 1376~1433)가 태종 때 『금강경』에 대한 다섯 사람의 해석, 즉 당나라 종밀의 해석, 양나라 부대사의 해석, 당나라 육조 혜능의 구결, 송나라 야부의 송시, 송나라 종경의 해설에서 중요한 부분을 모으고, 거기에 자신의 해석을 달아 『금강경오가해

설의(金剛經五家解說誼)』(1417)라는 책을 냈는데, 특히 함허당이 설의(주석)를 단 것은 야부의 송시와 종경의 제강에만이고 다른 글은 오자를 고치는 정도였다.

『금강경삼가해』는 이 『금강경오가해설의』에서 금강경 본문, 함허당이 주석을 달아 놓은 야부의 송시와 종경의 제강, 그리고 함허당의 설의만을 뽑아 엮은 책이다. 이 책이 특별한 것은 원문에 언문 구결을 달고 이어서 언해하였다는 것이다. 모두 5권 5책의 활자본이며 권수제는 '금강반야바라밀경'으로 되어 있으나, 이 권수 제목이 『금강경언해』와 같아서 판심제에 따라 '금강경삼가해'라 부르고 있다. 권1의 앞에는 함허당이 쓴 〈금강반야바라밀경서〉와 종경이 쓴 〈예장사문종경제송강요서〉가 있고, 권5의 말미에는 함허당의 〈결의〉와, 한계희, 강희맹의 〈발문〉이 붙어 있다. 그런데 여기에 있는 한계희와 강희맹의 발문이 『남명집언해』 하권 뒤에도 똑같이 실려 있다. 판심에는 각각 〈삼가해발〉, 〈남명발〉로 되어 있다. 그 까닭이 발문에 밝혀져 있다.

> 오래전 세종장헌대왕께서 일찍이 『금강경오가해』의 야부 송과 종경 제강, 득통 설의, 그리고 『증도가남명계송』을 국어로 번역하여 석보(월인석보)에 삽입시키고자 하여, 문종대왕(왕세자)과 세조대왕(수양대군)에게 함께 편찬케 하고 친히 살펴보았는데, 마침 야부 종경 두 사람의 해설과 득통의 설의를 얻어 초고(草藁)를 이미 완성하였으나 교정을 보지 못하고, 남명 계송은 30여 수를 번역하였으나 미처 완성하지 못하고 돌아가셨다. 문종과 세조에게 일을 마치도록 유언을 남겼는데, 문종도 일찍 죽으니 세조가 그것을 계승하여 받들어 석보(월인석보)를 간행하였으나, 세종의 유언이 중대하여 먼저 『능엄경』, 『법화경』, 『유조해금강경』, 『원각경』, 『반야심경』, 『영가집』 등 불경을 우리말로 번역하여 간행하였다. 그러나 『금강경삼가해』와 『증도가 계송』 등은 번역하지 못

> 하였는데, 이것은 여러 불조(佛祖)의 무상요의를 중히 여겨 곧바로 취하기 어려웠기 때문이었다. 그러던 중 무자년(1468) 가을에 세조도 승하하고, 15년이 흘러 임인년(1482)에 자성대왕대비(세조 비)가 열성(앞선 임금들)의 큰 소원을 추념하고 유업을 마치지 못한 것을 생각하여, 선덕 학조대사에게 명하여 금강경의 야부·종경의 해석과 함허당 득통의 설의는 다시 교정을 보게 함으로써 『금강경삼가해』를 속히 완성케 하고, 세종이 번역한 남명 계송 30여 수는 이어서 번역케 하여, 내수사에 명하여 『금강경삼가해』는 300책, 『남명집』은 500책을 인쇄하여 여러 사찰에 널리 베풀도록 하였다.[30)]

한계희는 발문 쓴 날짜를 '성화 18년 7월'이라 했고, 강희맹은 '임인년 맹추(孟秋)'라고 했으니 모두 성종 13년(1482) 7월을 가리킨다. 『금강경삼가해』의 체재는, 우선 구마라습이 한문으로 번역한 『금강경』 본문을 적당한 단락으로 나누어 싣고, 야부의 송과 종경의 제강은 한 글자 내려서, 함허당의 설의는 한 글자 더 내려서 싣고 있다. 경 본문은 언문 구결을 달았을 뿐 언해는 안 되어 있지만, 야부의 송, 종경의 제강, 함허당의 설의는 언문 구결도 달려 있고 언해도 되어 있다. 『남명집언해(南明集諺解)』의 원 이름은 『영가대사증도가남명천선사계송언해(永嘉大師證道歌南明泉禪師繼頌諺解)』인데, 이 책의 체재는 계송에 언문 구결을 달고, 원문을 적당한 단락으로 나누어 언해하였다.

『남명집』은, 중국 당나라 고종·중종 때의 스님인 영가대사(永嘉大師) 현각(玄覺)이 지은 『증도가』를, 송나라 남명천 선사가 글귀마다 나누어 계송한 총 320수로 구성된 책인데, 세종이 30수만 직접 번역하고 죽었다는 것이다. 역주는 물론이고 까다로운 구절이나 어휘가 여러 개

---

30) 『금강경삼가해』 발문과, 『남명집언해』 발문 중 한계희 발문을 번역함. 이 글 뒤에는 강희맹의 발문이 이어지는데 거의 같은 내용을 반복하고 있다.

나타나 독해하기가 만만치 않으며, 다른 문헌에서 찾아보기 힘든 '희귀어'도 여러 개 나타난다. 이러한 형식상의 파격은 전후 문헌에서 그 유례를 찾기 힘든데, 처음 기획과 함께 30여 수를 번역한 세종에게서 마련되어 계승된 것으로 추정된다.[31)]

이와 같이 두 책의 발문 내용처럼, 세종은 말년에 불경에 심취하여 언문으로 번역하기까지 하였다는 것이다. 세조는 세종의 유언을 따라 불경을 번역하기 위해 '간경도감(刊經都監)'이라는 기관까지 설치하였고, 여기서 9종 35권이나 되는 불경을 번역하였을 뿐만 아니라, 31종 500권이나 되는 한문본 불전들도 간행하였을 만큼 불교에 심취하였다. 세조는 이러한 불사(佛事)에 대해 모두 선왕인 세종의 유업이라고 하였다. 『월인석보』는 세조 5년(1459)에 펴냈는데, 세조가 직접 쓴 서문에는 이렇게 쓰여 있다.

월인석보 서문

옛날 병인년(1446)에 소헌왕후께서 일찍 돌아가심에 서러워 슬퍼하는 가운데 어찌할 바를 알지 못하였더니, 선왕께서 나더러 말씀하시기를, "추천(追薦; 불교 예식)에 불경을 옮겨 쓰는 것 만한 것이 없으니, 네가 석보(부처 일대기)를 지어 옮김이 마땅하니라." 하시매, 내가 인자하신 분부를 받들어 더욱 생각함을 널리 하여, 승우 스님과 도선 스님 두 율사가 각각 보(일대기)를 만든 것이 있다고 하여 얻어 보니, 그 자세함과 줄임이 같지 아니하매, 두 책을 합하여 '석보상절'을 만들어 완성하고, 정음(正音)으로 번역하여 사람마다 쉽게 알 수 있게 하여, 이 책을 세종께 올리니, 세종께서 보아 주시고, 곧 찬가를 지으시어 그 이름을 '월인천강'이라 하셨으니, 이제 와서 높이 받들기를 어찌 소홀히 하겠는가?

요즈음(세조 3년, 1457) 집안의 불행한 일을 만나, 맏아들(세자)이 지레

31) 김동소, 『역주 남명집언해』(2002, 세종대왕기념사업회) 해제 7~8에서 참고함.

죽어 없어지니, 부모의 뜻은 천성에 근본을 둔 것이라, 슬픈 마음 움직임이 어찌 예나 지금이나 다를 바가 있겠는가?

생각건댄 이 월인석보는 선고(세종)께서 지으신 것이니, 예나 이제나 서리가 오고 이슬이 내리매 애달퍼 더욱 슬퍼하노라. 우러러 효도할 일을 생각하건댄, 모름지기 일을 앞서 이루어낼 것을 먼저 해야 하는 것이니, 만 가지 정사가 비록 많지만 어찌 겨를이 없겠는가?

의심스런 곳이 있으면 반드시 널리 물어 그에 기대어(의논한 사람은 혜각존자 신미, 판선종사 수미, 판교종사 설준, 연경사 주지 홍준, 전 화암사 주지 효운, 전 대자사 주지 지해, 전 소요사 주지 해초, 대선사 사지와 학열과 학조, 가정대부 동지중추원사 김수온 등이다.) 깊은 도의 근본을 구하여 다듬었다.[32)]

라고 하였다. 일찍이 세종의 명령을 받들어 궁궐 안에 내불당을 짓는 등, 세조의 불심은 어릴 때부터 매우 깊었다. 『세종실록』에는,

김수온(金守溫)의 형이 출가하여 중이 되어 이름을 신미(信眉)라고 하였는데, 수양대군 이유(李瑈)와 안평대군 이용(李瑢)이 심히 믿고 좋아하여, 신미를 높은 자리에 앉게 하고 무릎꿇어 앞에서 절하여 예절을 다하여 공양하고 김수온도 또한 부처에게 아첨하여 매양 대군들을 따라 절에 가서 불경을 펼쳐 놓고 합장하고 공경하여 읽으니, 사림(士林)에서 모두 웃었다.(세종 29(1447)/6/5)

라는 기록이 있을 정도였다.

'언해(諺解)'라는 말이 책이름에 공식적으로 사용된 것은 『정속언해(正俗諺解)』(1518)부터이고, 조선왕조실록에 '언해'라는 말이 처음 등장

32) 『역주 월인석보』 제1(허웅, 1992, 세종대왕기념사업회)의 「월인석보 서」를 참고하여 정리함.

한 것은 중종 9년(1514) 4월 14일 기사에 나오는 '언해 의서(諺解醫書)'라는 말이다. 그 이전에는 '언해'라는 말이 없었고, 단지 '역(譯)' 또는 '번역(飜譯)'이라고 하였다. 즉, 『훈민정음 언해본』이나, 간경도감에서 펴낸 언해본들은 '언해'라는 말이 붙어있지 않지만, 현대 국어학자들이 편의상 한문본과 구별하기 위해 붙인 것이다.

5) 세종의 불교정책

앞서 세종의 자라난 환경에 대해 살펴본 적이 있다. 태어나는 순간부터 정국의 혼란이 이어졌고, 할아버지와 아버지의 왕권 쟁탈전과 아버지의 여성 편력에 대한 어머니의 눈물의 세월을 고스란히 목격한 세종에게 지식이란 단순히 윤리와 도덕, 법과 질서만을 위한 것이 아니라, 마음을 읽고 서로의 고통을 위로하며 따뜻한 마음으로 소통하며 살아가기 위한, 마음 다스림이 더 중요함을 깊이깊이 느꼈을 것이다. 거기에 불경이 답을 주었다.

> 불법(佛法)이 천하에 두루 퍼졌고 우리나라는 여뀌 잎처럼 작은 나라로서 이같은 불법을 깡그리 배척할 수는 없다.(세종 23(1441)/윤11/11)

당시 세종의 판결은 그냥 쉽게 결정한 것이 아니었다. 그는 할아비 태조가 숭유억불(崇儒抑佛)을 앞세우며 조선을 개국할 때도 못한 일, 아버지 태종도 엄두를 못 내던 일이었음에도 끊임없는 유학 대신들의 반대에 무릎을 꿇고 전국의 불당을 선·교(禪教) 양종으로 통합하여 36개 절만 남겨두고 모두 없앴던 세종 6년(1424) 이후 17년이란 세월이 흐른 세종 23년(1441)에 그의 입에서 나온 판결이기 때문이다. 잘 알다시피 세종의 불교 혁파는 우리 역사상 가장 대규모인 종교 탄압이었고 국가 정책의 변화였다. 세종 6년, 앞서서 1차로 태종이 정리하여 7종이 된 조선의 불교 종파를, 다시 선종(禪宗)과 교종(敎宗)의 두 종파로 묶어 조계종·천태종·총남종을 합해 선종으로, 화엄종·자은종·중신종·시흥종의 4종을 합쳐 교종으로 하였으며, 양종에는 각각 18개의 사찰만을 공인하였다. 선종에는 흥천사, 숭효사, 연복사, 관음굴, 승가사, 개경사, 회암사, 진관사, 계룡사, 단속사, 기림사, 화엄사, 흥룡사, 유점사, 각림사, 정곡사, 석왕사 등의 18사가 소속되었는데, 모두 1,970명의 승려만 상주할 수 있게 하였고, 교종에는 흥덕사, 광문사, 신암사, 감로사, 연경사, 영통사, 장의사, 소요사, 속리사, 보련사, 견암사, 해인사, 서봉사, 경복사, 표훈사, 월정사, 신광사, 영명사 등 18사를 소속시켜 1,800명의 상주승이 책정되었다. 결국 전국의 승녀 수를 3,800명으로 묶어버린 것이다. 그랬던 임금이었는데, 그렇게 철저히 불교를 탄압하고 유교를 숭상하던 조선의 임금이었는데, 어찌된 일인지 나이가 들면서 세종은 말과 생각이 달라져 갔다. 그러나 그것이 쉬운 결정은 아니었고, 거기에는 세종의 또 다른 정신이 담겨 있었다.

6) 불교 지식의 역사

사실 불교에 대한 관심과 지식의 역사는 아주 오래된 것이다. 우리가 잘 알고 있다시피 신라를 비롯한 삼국시대에 이미 한 나라 전체가 불교의 나라가 되었고, 고려 또한 임금의 스승이 승녀인 나라였다. 신라와 고려 지식인들은 중국에까지 건너가 공부하며 불경을 배웠다. 요즘 유럽이고 미국이고 어린 나이에도 유학을 보내 그 나라 말을 배우고 글을 배우게 하는 것처럼 선진 문물을 배우기 위해 중국말과 불경 읽기는 학문의 필수적 요건이었다. 모든 국가 행사가 불교식으로 행해졌고 제도와 문화가 절을 중심으로 이루어졌으니, 불교적 지식을 배우지 않고서는 지배 계열에 오를 수 없었다.

> "11월 16일. (중국) 적산원에서 『법화경』 강연을 시작했다. 내년 정월 15일까지가 그 기한이다. 사방에서 여러 스님과 인연 있는 시주들이 모두 와서 참여했다. 성림화상이 강경(講經)의 법주(法主)다. 거기에 논의하는 자 두 사람이 있는데, 돈증스님과 상적스님이다. 남녀 승속이 함께 절 안에 모여 낮에는 강연을 듣고 저녁에는 예참(禮懺), 청경(聽經) 등이 차례로 이어진다. 승속의 숫자는 사십여 명이다. 그 강경과 예참은 모두 신라의 풍속을 따르지만, 저녁과 새벽의 예참만은 당나라의 승속을 따른다. 나머지는 모두 신라말로 한다. 집회에 참석한 승속, 노소, 존비는 모두 신라 사람들이고, 단지 세 명의 중과 행자 하나가 일본 사람이다."
>
> 일본 승녀 엔닌(圓仁, 794~864)이 지은 『입당구법순례행기』의 기록이다. 당시 엔닌은 구법을 목적으로 사신을 따라 당나라에 입국하였으나 허가를 받지 못해 귀국해야 할 처지에 있었다. 그때 신라 스님들의 도움으로 허가를 얻고 꿈을 이룰 수 있었는는데, 그 사이 우연히 적산 법화원에 머물면서 『법화경』을 함께 읽는 기회를 갖게 되었고, 그 과정을 강경의식이라는 제목 아래 자세히 기록한 것이다.(오윤희(2015)의 위 책 309쪽에서 인용함)

위의 글에서, 신라 지식인들이 중국에 건너가 중국 중에게서 불경을 배우며 신라말로 번역하여 뜻을 주고받는 공부를 번성히 하였음을 알 수 있다.

고려에서는 8만 장이라는 엄청난 대장경 경판을 무려 두 번씩이나 만들어 찍어냈으니, 그 불경에 대한 지식의 깊이와 넓이가 얼마인가는 가늠하고도 남겠다. 이것이 조선에 들어와 곧바로 깡그리 사라지고 사서 삼경과 성리학만이 판치는 세상이 될 수는 없는 일이다.

이성계를 도와 조선을 창업한 공신 정도전 또한 유학 못지않게 불교에 해박한 지식을 가진 자였다. 그는 『불씨잡변(佛氏雜辨)』이라는 글을 써서 불교의 폐해를 조목조목 따지면서 조선을 사대부의 나라, 유교의 나라가 되어야 한다고 주장한 바 있다. 이것은 역설적으로 정도전이 얼마나 불교에 대해 해박했는지를 보여주는 책이다. 그 내용을 보면 다음과 같다.

01. 불교의 윤회설에 대한 변(辨; 비판)
02. 불교의 인과설에 대한 변
03. 불교이 심성설에 대한 변
04. 불교의 '작용이 성(性)이다'에 대한 변
05. 불교의 마음 자취에 대한 변
06. 불교의 도(道)와 기(器)의 어리석음에 대한 변
07. 불교의 인륜을 훼손함에 대한 변
08. 불교의 자비에 대한 변
09. 불교의 참과 거짓에 대한 변
10. 불교의 지옥에 대한 변
11. 불교의 화복(禍福)에 대한 변
12. 불교의 걸식(乞食)에 대한 변
13. 불교의 선(禪)과 교(敎)에 대한 변
14. 유교와 불교의 같고 다름에 대한 변
15. 불교가 중국에 들어감
16. 불교를 숭배하여 화를 얻음
17. 하늘의 도리를 버리고 불과(佛果)를 말함
18. 부처를 섬길수록 나라는 망하게 됨
19. 이단을 배척하는 변

20. 정도전의 지(識)
21. 권근의 서(序)
22. 윤기견의 발(跋)

불교의 교리를 이처럼 상세히 비판한 사람이 또 있을까? 오히려 이런 비판은 정도전의 해박한 불교 지식을 보란 듯이 잘 드러내고 있다. 그뿐만이 아니다. 불교는 이미 오랫동안 세계의 지식을 지탱하던 한 축이었다. 당연히 글깨나 읽는 지식인이라면 불교 책을 읽어야 했고 알아야 했다. 중국 오호십육국 때의 인도 승려 쿠마라지바(Kumārajīva, 鳩摩羅什, 344~413)가 중국에 건너가서 불교를 전파하고 『법화경』 등 불경을 한문으로 번역한 이래, 우리나라 고구려, 백제, 신라에도 전해지면서, 앎에 대한 갈증을 풀어주었고 그 결과 지식은 축적되었으니, 고려와 조선의 선비들이 추종하던 송나라와 원나라, 명나라에서도 불경은 필독서가 아닐 수 없었다.

세종이 누구인가? 책벌레가 아닌가? 인간 이도에게 불전(佛典)이란 성리학의 책들과 나란히 그의 지식의 한 축이었고, 온갖 다양한 내용의 불경이야말로 세종으로 하여금 지식의 대식가로서 그의 식탐을 채우는 데 부족함이 없었다. 그런데 불교는 세상을 보는 눈과 삶의 가치를 판단하는 기준이 유교와 많은 부분에서 극과 극을 달린다. 학문은 배운 것을 굳게 믿음으로써 종교가 된다. 조선이 택한 유학은 불교의 타락에서부터 대응 논리로서 대체된 학문이다. 유학이 형이상학적인 성리학을 공고히 할수록 유교, 즉 종교가 될 수밖에 없었다. 물론 숭유억불의 유자(儒者) 세상을 만들겠다는 것은 태조 이성계보다도 정도전의 생각이 컸다. 모든 제도와 법률을 고치면서 철저히 불교와 그 지식인들을 배척하여야 한다고 주장하였다. 그것은 고려 지배층을 형성하는 지식인들의 지식을 완전히 쓸모없게 만드는 일이었고, 새로운 나라의 정체성을 새로 세우는 일이기도 했기 때문이다. 그런데 이를 수용한 태조 이성계의 행동은 사뭇 달랐다. 숭유억불을 국시로 세웠지만 절에 가서 예배를 보고 기도를 하고 제사를 지내는 일들을 계속 했기 때문이다. 세종이 내불당을 지을 때도 이런 사실을 앞세웠다. 선대왕들께서 해오던 일과 그 뜻을 저버릴 수 없어서라는 변명을 하곤 했다.

> 짐이 불경을 보니 하늘을 우러르고 바다를 바라보는 것처럼 높이와 깊이를 가늠할 수가 없구나. 짐이 요즘 군사와 나랏일에 정신이 없어 불교를 자세히 살펴볼 틈이 없었다. 이제 보니 근원이 깊고 넓어 한계를 알 수 없다. 유가나 도가, 아홉 학파의 책에 비기자면 마치 작은 샘으로 큰 바다에 비기는 것 같다. 세상에서 삼교(三敎)를 고루 갖춰야 한다고 하지만, 이는 헛소리다.[33)]

위의 말은 당나라 태종이, 삼장법사 현장 스님이 『유가사지론』을 번역했다는 말을 듣고 했다는 말이다. 알다시피 당은 국가적으로 『오경정의』를 편찬하여 유학이 번성하였고, 불교 또한 여러 종파가 번성한 때이며, 국가에서 『도덕경』을 편찬하는 등 도교까지도 활발하게 활동하여 삼교(유교, 불교, 도교)가 두루 발달한 나라였지만, 불경을 깊이 이해하고 장려하는 데 임금까지 나서서 찬탄을 아끼지 않는다.

정도전이 불교를 이단으로 몰아 매장시키려고 했지만 그 학문적 깊이는 오랫동안 동양의 모든 나라에서 깊게 뿌리박고 있었다. 그러므로 지식에 대해 늘 목말라하고 어떤 책이든 읽기를 좋아했던 책벌레 세종에게 편벽된 독서란 있을 수 없었다. 그는 학문에 대해서는 잡식이었

---

33) 『왜 세종은 불교 책을 읽었을까』(오윤희, 2015, 불광출판사) 264쪽에서, 혜림의 『대당대자은사삼장법사전』 권6의 내용을 재인용함.

고, 어떤 책이든 손에 잡히는 대로, 닥치는 대로 읽고 의문을 내지 않은 것이 없었다.

조선의 지식인들은 어땠을까? 과연 그들이 유학만을 배우고 연구하고 실천하며 살았을까? 그렇지 않았다. 조선 사회가 출세를 위하여 사서 삼경 등 유서(儒書)를 달달 외며 과거시험 공부를 했을지는 몰라도 나이가 들면서 마음에서 생겨나는 삶에 대한 궁금증들은 지식인들의 책읽기를 다양하게 만들었다. 무엇보다도 우리 겨레에게는 오랜 시간 동안 스며들어 생활화된 불교적 문화와 도교적 문화가 곳곳에 있어서 불경이나 노장 사상의 책들을 읽지 않고는 배겨 낼 수가 없었다. 불경도 읽고 도덕경도 읽고 했다는 말이다. 그러나 조선은 엄혹한 유가들의 사회였기 때문에 감히 문집이나 공개석상에서 불교 지식을 드러낼 수는 없었다. 세종의 경우 또한 조선왕조실록에 기록되지 않은, 아니 기록될 수 없었던 수많은 불교적 행적들을 여러 곳에서 목격할 수 있다.

7) 내불당을 지으라

그런데 언젠가부터 세종의 마음에 걸림이 생겼다.

많은 책을 만든다 해도 글을 모르는 일반 백성들에게는 아무 의미가 없다는 것이다. 한자를 알고 한문을 해독하는 사대부가 이 책들을 읽고 일반 백성에게 그 내용을 가르치거나 전하지 않고는 백성들의 실제 생활과 삶에 도움을 주기는 매우 어렵다는 사실이다. 더욱이 그가 홀로 틈틈이 읽어본 불교 경전들 속에 담겨진 심오하고 깊은 이치와 마음의 위로를 백성들도 읽고 깨달아 함께 공유할 수는 없는 걸까 하는 안타까움이 서서히 가슴을 억누르기 시작했다.

그러나 다른 사람 앞에서 철학적, 종교적인 자신의 소신을 드러내기는 매우 힘들었을 것이다. 조선의 임금이기 때문이다. 되도록이면 숨기며 살고 극히 개인적 활동으로만 폄하해 버리며 살았을 것이다. 현대인들도 마찬가지다. 정규 학습 과정을 거치면서 과학적 사고를 훈련받으면서, 도로교통법이나 한글맞춤법, 형사소송법이나 민사소송법 등에 대한 지식은 자랑하면서도 종교생활이나 배움들은 되도록 숨기고 감추며 산다. 세종은 그런 것을 경계하였다.

> 무릇 정자(程子)와 주자(朱子)는 천하의 큰 현자(賢者)로서 강력하게 이단을 배척했다. 오늘날 혹은 이단의 잘못을 절실하게 알아, 정자와 주자처럼 배척하는 사람도 있다. 혹은 선배 유학자들의 논리에 의지하여 그를 미워하고 좋아하지 않는 자들도 있다. 혹은 자기는 속으로 아주 좋아하면서도, 거꾸로 남은 비난하는 자들도 있다. 앞의 두 종류의 사람은 옳다. 그러나 자기는 좋아하면서도 남은 비난하는 자들, 나는 이런 자들이 정말 밉다.(세종28(1446)/3/26)

이 기록은 세종이 말년에 불교를 가까이할 때 신하들과 논쟁하면서 한 말이다. 특히 내불당에 대한 일은 세종 즉위 초부터 있었다. 태조는 조선을 건국하면서 왕실의 불교신앙을 위하여 내불당을 창건했었다. 석가모니의 진신사리 4매와 머리뼈, 범어로 쓴 패엽경(貝葉經), 가사(袈裟) 등을 흥천사(興天寺) 석탑에 안치하였는데, 세종 즉위년(1418)에 내불당을 지어 이들을 옮겨 봉안하였다. 1419년에는 최흥효 등에게 명하여 금으로 쓴 『법화경』을 이곳에 옮기고 대비의 명복을 빌게 하였다. 여기까지는 상왕으로 있던 태종의 의중으로 이루어졌다. 세종 15년(1433)에 허문 뒤에 다시 세우지 못하다가, 위치가 조금 다른 문소전 서북쪽 빈터에 불당을 다시 세우기로 하였다. 세종 30년(1448) 7월 17일 이 명령이 승정원에 내려지면서부터 신하들의 반대는 시작되었다.

이때 도승지 이사철과 몇이서 임금을 만나 반대하니 세종은 이렇게 말했다. "내가 이런 일을 하는 것은 조상을 위한 것뿐이니, 다시 말하지 말라." "내가 즉위하던 처음에는 나라 사람들이 나를 현군(賢君)이라 하더니, 이제 와서는 내가 하는 일에 대해 모두 이치에 맞지 않는다고 하고, 옳다는 것이 하나도 없으니 불법에 대해 내가 혼자 어떻게 하겠는가? 이것은 선왕을 위하여 불당 한 채를 세우는 것인데 어찌 옳지 못하다 하는가?" 등등 세종의 말은 점점 궁색해져 갔다. 좌의정 하연 등 몇몇이 모두 직임을 사퇴하면서 불당이 궁밖에 있다 하여도 옳지 않은데 만약 불당을 대궐 뒤에 세우면 대궐 위에 절이 있는 격이고, 아침 저녁으로 종소리 북소리와 범패 소리가 궁중에 울리며, 절에서 궁을 내려다보는 것은 어찌하려 하시냐고 반대하였다. 또 이조판서 정인지도 역시 불당을 세우지 말 것을 아뢰었고, 예조판서 허후도 반대하니, 세종은 화를 냈다. "그대는 두 절을 없애는 것이 좋다고 하니, 지금 내가 당장 일꾼을 뽑아줄 테니 그대가 가서 흥천사를 한번 부수어버릴 테면 부숴보아라." 하고 으름장을 놓기까지 하였다. 세종은 유신의 반대에도 불구하고 불경을 금으로 써 부처께 바치는 행사와 불경 전체를 읽으며 설강하는 전경법회(轉經法會)를 강행하였다.

세종 26년(1444)에 다섯째 아들 광평대군이 죽었고, 27년(1445)에는 일곱째 아들 평원대군이 죽었다. 또, 세종 28년(1446)에 왕비 소헌왕후마저 죽었다. 세종의 말년은 이토록 숨 막히고 마음고생이 많던 나날들이었다. 더욱이 여러 가지 병을 앓으면서 육신과 정신이 온통 고통스런 일뿐이었다.

세종은 아들 수양과 안평에게 내불당 공사에 감독을 맡겼고, 그들은 신미 대사 등 여러 승녀들을 따라다니며 불공을 드렸다. 수양대군은 이미 어머니와 동생이 죽은 뒤 괴로워하는 아버지 세종을 위해 『석보상절』을 지어 1447년에 올렸고, 심지어는 '불제자(佛弟子)'라는 말까지 스스로 하였다.

> 佛弟子承天體道烈文英武朝鮮國王李瑈
> 불제자 승천체도열문영무 조선국왕 이유

위 글은 신미대사가 오대산 상원사를 중창할 때 보낸 편지에 세조가 답장을 하면서 그 끝에 적은 친필 서명이다. 이 글은 『오대산상원사중창권선문』이라는 첩장(帖裝)에 어보까지 찍은 기록이다. 수양이 조선의 임금이 되어서 '불제자'라는 말까지 할 정도이니 그의 불심이 어떠했는지 잘 알 수 있는 기록이다. 이 첩장에 실린 신미대사의 편지 끝에는 '천순 8년 12월 18일[天順八年臘月十八日]'이라고 적혀 있어, 이 편지 첩장의 제작 연대를 세조 10년(1464)이라 하고 있는데, 엄격히 말하면 틀린 말이다. 이 첩장은 신미대사가 편지를 쓰고, 세조가 그에 답장을 보냈으며, 그 두 편지를 모아 시간이 지나 언해문을 붙인 것인데, 이러한 모든 글을 모아 다시 접이식 책자를 만든 것이다. 그러므로 위의 천순 8년(1464) 12월에 신미대사가 임금에게 감사의 편지를 올린 날짜가 곧 이 첩장의 간행일일 수는 없다. 그 편지를 받아보고 답장을 쓰기까지 시간이 걸려 해가 바뀌었고, 그것을 받아 언해하여 편지와 언해문을 대필한 시간 또한 많은 시간이 걸렸을 것이다. 김무봉(2010)의 해제에서 밝힌 바와 같이, 이 권선문 언해에는 'ㆆ'이 나타나지 않고 동국정운식 표기도 없는 것으로 보아, 『원각경언해』(1465)에서 완성된 표기 체제를 가졌다고 하였으니, 이 첩장은 1465년 이후의 필사본이 분명하다.

아무튼 세종과 문종, 세조로 이어지는 임금들의 불경 읽기와 언문으로 번역하기는 당시 불경의 지식이 세종에게 얼마나 많은 영향을 주었나를 가늠케 하는 일이다.

8) 조선 지식인의 불경 읽기

조선을 창업할 때 이성계를 도와 나라의 기틀을 마련한 지식인들은 누구인가? 그들 역시 고려 사회에서 뛰어난 학문을 자랑하던 사람들이었고, 불교 국가인 고려의 지식인이면서도 「단심가(丹心歌)」를 읊던 포은 정몽주처럼 유교적 질서를 목숨과 바꾼 고려 지식인들이 많았다. 목은 이색이 그랬고, 장군 최영이 그랬다. 고려 또한 유교적 질서를 표방한 국가임에는 분명하다. 그렇듯 조선의 지식인들이 유교를 표방하며 새로운 나라를 만들겠다는 신념은 있었지만 그들 역시 오랫동안 불교 서적을 읽으며 불교적 질서 속에서 삶을 이어왔던 사람들이다. 앞서 말한 정도전의 『불씨잡변』이 불교의 폐단을 말하고 있지만 그 자세하고 면밀한 비판이 어디에서 나왔겠는가? 그만큼 불경 읽기를 끝없이 했다는 것이다.

> 나의 벗 달가(達可; 정몽주)가 바로 그 사람입니다. 달가는 비록 지위는 없지만 달가의 학문은 학자들이 그 바름에 복종합니다. 달가의 덕은 학자들이 그 현달함에 복종합니다. 제가 미련하고 어리석지만 비웃음을 무릅쓰고 단호하게 이단(불교)을 배척하는 데 뜻을 두는 것도 또한 달가에게 의지하기 때문입니다. 하늘이 달가를 낳았으니 참으로 우리의 도로서는 복입니다.
>
> 요즘 오가는 말을 듣자니, '달가가 『능엄경』을 보는데, 불교에 빠진 것 같다.'라고 합니다. 나는 '『능엄경』을 보지 않는다면, 그 말이 사악한지 어찌 알겠는가? 달가가 『능엄경』을 보는 것은 그 병을 찾아 처방

을 하려는 것이지, 그 도를 좋아하여 연구하자는 것이 아니다.'라고 했습니다. 그리고 속으로 '달가가 불교에 빠진 것이 아니라는 걸 내가 보장한다.'라고 했습니다.[34)]

이 글은 정도전의 글 속에 나타난 정몽주의 불경 읽기다. 정몽주야 고려와 죽음을 함께하였으니 고려의 지식인이라 하겠지만 정도전은 새로운 나라 유교 숭상의 나라 조선의 개국공신이 아닌가? 그럼에도 정몽주보다 더 불경을 읽고 불교를 잘 알았던 사람이다. 비판하기 위해서는 그 대상을 속속들이 다 알고 덤벼야 이길 수 있다. 섣불리 대들면 오히려 공격을 받게 되고 이길 수 없는 것이다.

'그러나 창려(昌黎)가 태전(太顚)과 한 번 말을 섞은 뒤로 후세에 곧 구실이 되고 말았습니다. 달가는 남들이 모두 믿고 복종하고 있습니다. 그 행위에 우리 도의 흥망이 걸려 있습니다. 자중하지 않을 수 없습니다. 아래 백성은 미련하고 어리석어 쉽게 혹하지만 깨우치기는 어렵습니다. 달가께서는 생각해보시기 바랍니다.'

정도전의 길고 간곡한 편지, 목적은 이 얘기를 하려는 것이었다. 창려(昌黎)란 한유의 고향이다. 한유는 헌종이 부처님 사리를 궁중에 맞아 공양을 하려고 하자, 이른바 불골표(佛骨表)를 올려 강력히 반대했다. 헌종이 분노하여 한유를 극형에 처하고자 했으나 주위의 만류로 남방 조주자사로 좌천시켰다. 그곳에서 태전 선사를 만나 가깝게 교류했다. 이를 두고 한유가 태전 선사에게 감복해 불교를 믿게 되었다는 설을 포함하여 다양한 이야깃거리가 생겨났고, 이로 인해 비판을 받기도 했다. 달가가, 구실이 되고 소문이 날 정도로 『능엄경』을 열심히 읽었다는 뜻이고, 그러니 자중해야 한다는 걱정이고 경고다.[35)]

---

34) 정도전, 「달가에게 올리는 편지」, 『동문선』의 글을 오윤희(2015) 191쪽 번역문에서 재인용함.

중국 당나라 한유(韓愈; 768~824)의 이야기를 빌어, 정도전이 다섯 살이나 위인 정몽주에게 협박편지를 보낸 것이다. 결국 두 사람이 모두 『능엄경』을 읽었다는 것이고, 그것도 경전의 내용을 속속들이 알 정도로 깊은 정독을 했다는 것을 알 수 있다. 『능엄경』을 읽은 조선의 지식인은 또 있었다.

> 나는 소싯적부터 옛날의 문장가들을 사모하여 책이라면 훑어보지 않은 게 없었다. 그 아름답고 기이하며, 웅장하고 화려한 광경 또한 풍부하였다. 그러다 소동파가 『능엄경』을 읽은 뒤로 그 나라의 문장이 지극히 높고 묘해졌으며, 근세의 왕양명과 당순지의 문장도 모두 불전으로 인하여 각성한 바가 있었다는 말을 듣고는 은근히 부러웠다. 그래서 자주 승려들을 따라다니며 부처가 설했다는 경전들을 구하여 읽었다. 그 빼어난 견해는 과연 골짜기가 무너지고 강물이 넘쳐나는 것 같았다. 뜻을 풀어내고 말을 다루는 것은 용이 구름을 탄 것 같아, 멀고 아득하여 윤곽조차 종잡을 수가 없었다. 참으로 귀신같은 문장이었다. 우울할 때 읽으면 즐거워지고, 지루할 때 읽으면 정신이 났다. 스스로 이걸 읽지 않았다면 이생을 허송할 뻔했다고 여겨, 해를 넘기기도 전에 백 상자를 읽어치웠다.[36]

『홍길동전』을 지은 허균(許筠; 1569~1618)은 조선 선조에서 광해군 때의 지식인인데 그가 광해군 5년(1613)에 지은 글이다.

> 문성공 이이(李珥)는 타고난 자질이 지극히 높아, 겨우 대여섯 살에 이미 학문하는 방법을 알았습니다. 열 살이 되어서는 경서를 모두 통달

35) 오윤희(2015) 192~193쪽(번역문)에서 인용함.

36) 허균, 「이나옹(李懶翁)을 전송하며」, 『성소부부고(惺所覆瓿藁)』. 오윤희(2015) 193~194쪽 번역문에서 재인용함.

하고서 "성인의 도가 겨우 이게 다란 말인가?"라고 했습니다. 그래서 부처와 노자의 여러 책을 열람하였는데, 그 가운데 『능엄경』 한 책을 제일 좋아했습니다. 대개 그 내용은 안으로는 심성설(心性說)을 설하고 있는데 정교하고 미묘하기가 완벽합니다. 밖으로는 하늘을 따지고 땅을 헤아리는데, 극도로 크고 넓습니다. 만일 이이와 같은 고명함이 아니었다면, 그렇게 어린 나이에 어떻게 알고 어떻게 맛볼 수 있었겠습니까? 이것이 바로 스스로를 비판하는 소(疏)에서 "더벅머리 시절 도를 구하다가 불교에 빠졌었다."라고 했던 상황이었습니다.[37)]

율곡 이이(李珥; 1536~1584)는 이황과 함께 유교 경전을 우리말로 해석한 사람이다. 퇴계 이황(李滉; 1501~1570)은 『논어』, 『맹자』, 『대학』, 『중용』을 우리말로 해석하여 광해군 원년(1609)에 『사서석의(四書釋義)』를 간행하고, 이윽고 『삼경석의(三經釋義)』도 간행한 바 있다. 선조 7년(1574)에 사서와 오경을 언해하라는 선조의 명령을 받아 유희춘이 언해하기 시작하였고, 선조 18년(1585)부터는 교정청에서 정구, 최영경, 한백겸, 정개청, 정철 등 당대의 내로라하는 유학자들이 대거 참여하여 선조 19년(1586)부터 인조 원년(1628)까지 차례로 유교 경전 사서삼경(四書三經)의 언해본이 간행되었다. 또한 율곡은 별도로 언해작업을 하였으나 죽기 전에 책을 펴내지는 못하고 율곡 사후 영조 25년(1749)에야 비로소 후손 이진오가 홍계희의 후원을 받아 간행되었으니 이것이 이른바 '사서율곡언해(四書栗谷諺解)'이다. 결국 조선 주자학의 두 거봉 퇴계와 율곡의 사상 밑바닥에는 불교철학과 사상이 깔려 있다고 하지 않을 수 없다.

위의 율곡에 대한 글은 송시열(宋時烈; 1607~1689)이 말한 것이니, 송

37) 송시열, 『송자대전(宋子大全)』 권19. 오윤희(2015) 194쪽 번역문에서 재인용함.

시열 역시 『능엄경』을 읽고 '대개 그 내용은 안으로는 심성설을 설하고 있는데 정교하고 미묘하기가 완벽하다. 밖으로는 하늘을 따지고 땅을 헤아리는데 더할 수 없이 크고 넓다.'라고 극찬함을 보고 있는 것이다. 송시열이 어떤 사람인가? 정통 주자학자로서 조선 기호학파의 맥을 이으며 유교철학에 평생을 바친 사람이다. 이 『능엄경』을 세종도 읽었다는 것을 앞서 밝힌 바 있다.

쉼터

[옹달샘 셋]

한글 고비 – 이윤탁 한글 영비

■ 보물 제1524호(서울특별시 노원구 하계동 산12)

이윤탁 묘비의 옆면(한글 비문)과 복원한 비의 옆면. 그리고 탁본

잘 알려진 서울 노원구의 '한글고비'는 1536년 이윤탁이 죽자 아들 이문건이 글을 새겨 세운 묘비문이다.

> '녕ᄒᆞᆫ비라거운사ᄅᆞᆷ은지화ᄅᆞᆯ니브리라 이ᄂᆞᆫ글모ᄅᆞᄂᆞᆫ사ᄅᆞᆷᄃᆞ려알위노라'
> (신령스러운 비석이니 해치는 사람은 재앙을 입으리라. 이는 글 모르는 사람에게 알리는 것이다.)

실록에 보면 이문건(1494~1567)은 바른말을 잘하는 사람으로서 '묵재일기'(1535~1567)를 쓴 사람이다. 1997년 서경대 이복규 교수가 '묵재일기' 원본을 보다가, 뒷면에 필사된 채수의 '설공찬전'(1511)을 발견하고 발표하였다. 이로 인해 학계에서는 우리나라 한글 소설의 효시가 바뀌었다고 공언하였다. 채수는 세조 때 나서 중종 때까지 산 사람으로 세 번이나 장원급제한 수재인데 강직하기로 유명하다. 이가 소설 '설공찬전'을 써서, 불교의 윤회설을 빌려 중종반정을 비판하였다고 하여 그 원문과 언문으로 번역한 책을 금서로 묶고, 이를 회수하여 불태우라는 명을 내린다. 이러한 사실이 중종실록 중종 6년(1511) 9월 2일자에 기록되어 있다. 이 언문 소설 제목이 바로 '설공찬이'이니, 이것은 훈민정음 반포 뒤 65년 만의 일이다. 이 글을 이문건의 집안사람이 묵재일기 책 안쪽 면에 필사해 놓은 것이다. 이문건 역시 꼼꼼한 학자로서 '한글고비' 새김이 우연한 일이 아님을 짐작케 한다.

한글 영비는 조선 중종 때 승지를 지낸 묵재(默齋) 이문건(李文楗)이 선친 이윤탁(李允濯)이 돌아가자 어머니 고령 신씨와 합장하면서 지극한 효심으로 후세에 비석과 묘를 해칠 것을 염려하여 세운 비다. 이문건은 자신과 정치적으로 대립했던 문정왕후의 능(태릉) 조성을 위해 아버지의 묘역이 국가에 수용되자 불가피하게 이장을 결정한 것으로 전해지고 있다. 그때 묘를 이장하면서 이런 비석을 세웠던 것이다.

한글고비에 새긴 글자는 훈민정음 반포 당시의 글씨 형태를 보여주고 있어 국어학의 학술자료로써 매우 귀중한 문화재이다. 이 비는 그동안 서울시 유형문화재로 지정되었다가 2007년 9월 18일 보물 제1524호로 지정되었고, 문화재청 심의 과정에서 비의 정식 명칭이 '한글고비'에서 '이윤탁 한글 영비'로 바뀌었다.

제4장
왜곡된 '언문' 뜻풀이*

1. 들어가며

사전이란 한 나라의 말을 그 나라의 말이나 다른 나라의 말로 풀이하여, 그 정확한 뜻을 세상에 밝히고 알리는 구실을 한다. 그런데 한 나라의 말은 너무도 방대하여 한번 사전을 만들려면 몇십 년을 준비하여야 하고, 그에 앞서서 문법이나 표기법, 맞춤법, 표준말 따위를 제대로 정립하여야 한다. 요즘은 이러한 사전 텍스트를 컴퓨터와 인터넷이란 환경에서 사용할 수 있도록 하는 전산 작업까지 이루어지므로 그러한 준비 과정까지 더하면 오랜 세월이 흐를 수밖에 없다. 그렇게 한 사전이 간행되면 일반적으로 다시 다른 곳에서 큰 사전을 낼 때 그 앞선 사전의 풀이를 따를 수밖에 없다. 그래야 몇십 년 동안 준비하는

---

* 이 글은 『한글』 298(한글학회, 2012.12.)에 실린 글쓴이의 논문 「우리 사전의 왜곡된 '언문' 뜻풀이에 관한 연구」의 완전한 글(2012.03.20)을 다시 다듬어 실은 것이다. 이 논문이 『한글』지에 실리게 된 뒤 200여 명의 국어학자들께 메일로 배포한 바 있다. 지금은 많은 학자들이 '언문'의 현대 국어사전 풀이가 잘못되었음을 인정하고 있다. 며칠 전 인터넷 『표준국어대사전』에서 '언문'의 뜻풀이를 확인해 보니 그 풀이가 '예전에, 한글을 이르던 말'이라고 고쳐져 있었다. 이 논문을 쓸 때만 하더라도 '상말을 적는 문자라는 뜻으로, '한글'을 속되게 이르던 말.'이라고 풀이했었다. 기쁘고 다행스런 일이다.

수고를 덜 수 있기 때문이다.

이런 까닭에 현대의 우리나라 사전들은 『큰사전』(1929~1957, 한글학회)과 『조선어사전』(1938, 문세영), 『표준조선말사전』(1947, 이윤재)의 뜻풀이를 그대로 옮겨 쓰고 있다 해도 과언이 아니다. 더욱 놀라운 것은, 이렇게 그대로 인용하는 행위가 북한에서나 일본에서까지 이어져 잘못을 수정하기가 점점 더 어려워지고 있다. 정재도(2001)의 머리말에는 이런 오류에 대해 우려하고 있다.

> 북한에는 월북 언어학자들을 비롯한 분단 1세대의 주도로 조선어 및 조선 문학 연구소에서 1956년에 『조선어소사전』을 펴냈다. 1962년에는 과학원 언어 문학 연구소 사전 연구실에서 모두 6권으로 된 『조선말사전』을 펴냈다. 한글학회 『큰사전』을 바탕으로 하고, 문세영 『조선어사전』과 이윤재 『표준조선말사전』을 참고로 한 종합 국어 사전이다. 사회 과학원 언어학 연구소에서는 1969년에 『현대조선말사전』 제1판과 1981년에 그 제2판도 펴냈다. 일본에서는 1960년대 중엽부터 오사카 외국어대학 조선어 연구실에서 김사엽 객원교수 제안으로 엮기 시작하여 1986년에 2권으로 된 『조선어대사전』을 펴냈다. 한글학회 『큰사전』, 동아출판사 『동아새국어사전』, 민중서관·민중서림 『국어대사전』, 삼성출판사 『새우리말큰사전』들을 참고로 한 것이다.(『조선어대사전』(1986) 엮은이 말에서 참조함) 그러므로 북한 것에는 남한 것의 잘못 적힌 낱말 일부를 빼 버리거나 바로잡거나 하기는 했어도 잘못이 거의 그대로 남아 있다. 일본 것은 그나마 남한 것에 충실하였으므로 별로 다를 것이 없다. 그 밖의 나라에서 펴낸 것들도 보나마나다.[1)]

『표준국어대사전』(국립국어원)은 '언문(諺文)'을 "상말을 적는 문자라

---

1) 정재도, 『국어 사전 바로잡기』(2001), 한글학회, 16~17쪽.

는 뜻으로, '한글'을 속되게 이르던 말."이라고 풀이하였다. '상말'이란 '점잖지 못하고 상스러운 말'로서 흔히 '쌍말'이라고도 한다. 언문이 상말을 적는 문자라면 우리말은 상말이 되고, 세종대왕은 쌍말을 적는 글자를 애써 만들었다는 말이 된다. 대왕은 『훈민정음』 서문에서 우리나라 말이 중국말과 달라서 도저히 중국 문자로는 나타낼 수 없기 때문에 새 글자를 만들었다는 뜻을 밝히고 있다. 이처럼 우리말 사전에는 여러 곳에서 오류를 찾게 된다. 이 오류는, 다른 사전에서 그대로 옮기는 중에 그 잘못을 답습하는 오류와, 그것을 확대 재생산하는 오류가 더해진 오류이다. 그러므로 한 낱말에 대한 잘못된 이해가 굳어져서 본디 바른 뜻이 사라지거나 왜곡되어 돌이킬 수 없는 결과를 가져올 수 있다. '언문'은 훈민정음 창제 때부터 흔하게 쓰던 말로서, 그 사용 실태를 분석하거나 문헌 자료를 살펴본다면 그 뜻이 잘 드러날 것이다. 따지고 보면, 이러한 풀이는 우리 국어학계에서 아직까지 '언문'에 대한 정확한 뜻을 밝혀내지 못하여 빚어지는 잘못이다. 이 글은 '언문(諺文)'의 뜻을 명확히 밝힘으로써 우리말 사전의 뜻풀이를 바로잡는 데 목적을 두었다. 더 나아가 우리나라 사전이 좀더 깊이 있는 풀이와 다양한 문헌 자료를 통한 풍부한 보기글을 확보하여 오류와 잘못을 최소화하는 데 조금이나마 이바지하고자 한다.

2. '언문'에 대한 앞선 연구

그동안 우리 국어학계에서는 『훈민정음』 해례본의 해석과 한글의 창제 원리에 대하여 많은 연구를 해 온 것이 사실이다.[2)] 우리말을 연구

2) 가장 최근 글은 『훈민정음 관련 기록과 문헌 목록』(김슬옹, 2015)이다. 이 글에서는

하는 학자로서 언해본이나 옛한글에 대하여 관심을 갖지 않은 학자는 아마 없을 것이다. 그럼에도 해례본의 설명이 동양 철학과 한문학에 대한 깊이 있는 지식을 요구하므로 선불리 모범 답안을 찾기는 쉽지 않았다. 이른바 '언문(諺文)'이란 말에 대해서도 그 뜻을 분명히 밝힌 사람은 드물지만 많은 학자의 글에서 그 뜻을 언급한 것을 볼 수 있다.

특히 북한은 매우 심도 있게 연구하였음을 확인할 수 있었다. 앞선 연구 논문 가운데 '훈민정음'이나 '언문'과 관련하여 언급한 글은, 이정호(1975), 이성구(1985), 권재선(1995), 유창균(1993), 박종국(1994), 김석연(1997), 홍윤표(2003), 박창원(2005), 정우영(2005) 등이 있다.(김슬옹(2010)에서 제시한 것을 인용함)

다음은 학자들의 '언문'에 대한 견해이다.

홍기문(1946) — 文字自體가 聲音을 正確히 表示하는 點에 잇서서 正音이요 우리말에 使用되는 點에 있서서 諺文이다. 要컨대 正音은 文字의 本質을 表示하는 이름이요, 諺文은 그 用處를 表示하는 이름이다. (『정음발달사』(서울신문사출판국) 46쪽)

박종국(1984) — '언(諺)'이란 '우리 글', '우리 말'의 뜻으로 쓰인 것을 알 수 있다. 언문(諺文)과 비슷한 이름으로 '언서(諺書)'라고도 했으니, 이 이름은 한문을 높여서 '진서(眞書)'라고 부른 데 대하여 우리 글을 '언서'라 한 것이다. (『세종대왕과 훈민정음』(세종대왕기념사업회) 164쪽)

김정수(1990) — 한힌샘은 '한글'이란 이름을 지어 '언문, 암클, 아침글' 등으로 천대만 받던 '훈민정음'의 권위와 영광을 되찾아 주었다. (『한글의 역사와 미래』(열화당) 38쪽)

유창균(1993) — 언문은 속칭으로 통용되고, 훈민정음은 공칭으로 통용

조선왕조실록의 기사 중에 나타난 모든 훈민정음 관련 기록과, 그 후대 연구 문헌, 논문들을 모아 목록화하였다.

된 것. (『훈민정음 역주』(형설출판사) 153쪽)

권재선(1994) — 일반 유신들과 유생들은 아예 한글을 언문이라 하여 속된 글자로 일컬었고 한글에 따로 고유한 이름을 부여하는 것을 거부하여 '언문(속된 글자)'으로 이름삼아 일컬었다. (『바로잡은 한글-국문자론-』(우골탑) 12쪽)

홍윤표(2003) — '언문'은 '한글'의 다른 이름이다. 우리 문자를 중국 문자에 비해 낮추어 부르는 것이 '언문'이라는 인식은 이제 바뀌어야 한다. 『세종실록』의 '是月 上親製 諺文二十八字'란 기록만 보아도 이 인식이 잘못 되었음을 보여 준다. 임금이 직접 만든 문자를 일컬으면서 낮추어 부르는 말을 쓸 리가 없다.('조선시대 언간과 한글 서예로의 효용성', 『조선시대 한글 서간의 서예적 재조명』(세종한글서예큰뜻모임) 2쪽)[3)]

백두현(2004) — '언(諺)'이 추상적 차원에서 중국 한어에 대립되는 우리말(현대의 국어)을 뜻하고, '언어(諺語)'는 더 구체적 상황에 쓰인 우리말 어휘를 가리킨 것으로 '우리말의 낱말(토박이말)'이라는 뜻을 지닌다고 보았다. (〈우리말(한국어) 명칭의 역사적 변천과 민족어 의식의 발달〉, 『언어과학연구 제28집』(언어과학회) 140쪽)

백두현(2005?) — 현대의 자전에 '언(諺)'은 '상말', '속언(俗言)' 등과 같은 비하적 의미로 풀이되어 있으나, 〈훈민정음〉 해례의 '언(諺)'은 중국 한어에 대해 일상의 구어로 쓰인 우리말을 가리킨 것이며, 비하적 의미는 없는 것으로 판단된다. 중국에 대한 사대를 중시했던 조선 시대 유학자의 의식을 고려하여 '언(諺)' 혹은 '언어(諺語)'의 함의를 생각해 보면, 국가의 공공 기록 혹은 시문(時文) 등의 문장에 쓰인 '한문'의 대립어로서 당시 조선 사람들의 '일상생활에서 쓰는 우리말'(당시의 조선어)를 가리킨 것이라고 규정할 수 있다. ("디지털 한글박물관"(국립국어원) 누리집, '우리말과 우리글을 가리킨 말' 첫 면)

---

3) 이 홍윤표(2003)의 글은 이 논문을 발표한 직후 찾아낸 자료로서, 이 자리를 빌어 첨가한다. '언문'의 뜻을 옳게 말한 몇 안 되는 글이다.

박종국(2007) — 중국 글을 한문, 또는 높이어 진서(眞書)라고 한 데 반해, 우리글이란 말을 낮추어 언문(諺文) 또는 언서(諺書)라고 하였다. (『훈민정음 종합연구』(세종학연구원) 16쪽) 그 당시 정부에서 부른 공식 명칭은 정음(正音)이나 언문(諺文)이 아닌 '훈민정음'이었음을 알 수 있다.(400쪽)

김슬옹(2010) — 1) '언(諺)-'은 새 문자 창제 이전부터 조선의 입말, 토박이말의 뜻으로 쓰이고 있었으므로 그러한 말을 담는 문자라는 의미로 자연스럽게 '언문'이 형성되었을 것이다. 2) '훈민정음'은 통속칭이던 '언문'과는 달리 문자 창제의 다목적성을 가장 간단하고도 명징하게 드러내려는 창제자 세종의 다중 전략이 나타난 공식 명칭이었다는 것을 알 수 있다. (『세종대왕과 훈민정음학』(지식산업사) 128쪽)

그밖에 김슬옹(2010)에서는 '언문' 이외에 나타나는 '언어(諺語)'와 '언(諺)'에도 매우 심도 있게 분석한 바 있는데, 해례본에 '訓民正音'이 3번, '正音'이 8번, '國語'가 2번, '諺語'가 7번, '諺'이 9번 나온다고 하면서, 그동안 남북 학자들의 풀이를 총망라하여 비교 분석하였다. 그 마무리 글에서 정리한 내용을 보면 다음과 같다.

> '諺語'는 '토박이말'로 옮기는 것이 적절하다. '諺'은 '文'과 대립된 글말 차원의 쓰임새에서는 '언문'으로, 입말 차원에서 중국말과 대비시키는 맥락에서는 '우리나라 말', 일반 백성의 말로 쓰일 때는 '토박이말'로 옮기는 것이 적절하다. 단, 중국말과 대비시키면서 토박이말을 가리킬 때는 '우리 토박이말'로 옮긴다. '方言俚語'는 '우리나라 세속말'로 옮겨야 한다.[4)]

홍기문(1946)이 '정음은 문자의 본질을 표시하는 이름이요, 언문은 그 용처를 표시하는 이름이다'라고 파악한 것을 보면, 언문이 어느 국

4) 김슬옹(2010), 『세종대왕과 훈민정음학』. 229쪽.

한된 사용처의 말만을 기록하는 글자라는 뜻으로 이해하였음을 알 수 있다. 즉 그 용처가 정사(政社)나 공적인 일은 한문을, 그것을 제외한 백성의 말과 의사 전달은 언문을 썼다는 말인데, 이러한 정의는 '언문'이란 말의 뜻을 매우 계층적으로 분석한 것이다. 세종이 언문을 창제하고 곧바로 『용비어천가』라는 격식 높은 글을 짓고, 『운회』를 번역하게 하고, 과거시험 과목으로 설정하고, 부처를 찬양하는 노래 『월인천강지곡』을 지었던 것으로 볼 때 '용처를 표시하는 이름'과는 거리가 멀다. 위의 박종국(1984, 2007), 김정수(1990), 유창균(1993), 권재선(1994), 백두현(2004, 2005?)에서도 근본적으로 '언문'을 계층적으로 바라보고 있다는 점에서는 변함이 없다. 예컨대, '국어(김윤경, 서병국), 토박이말(조규태, 김슬옹), 순우리말(조규태), 속말(김석환), 고유어(유창균)' 등으로 풀이한 것은 한자말의 상대적인 말로 비교함으로써 계층적 분석이 되었다. 백두현(2005?)에서, "'한문'의 대립어로서 당시 조선 사람들의 '일상 생활에서 쓰는 우리말'(당시의 조선어)을 가리킨 것이라고 규정할 수 있다."라고 한 말은, '언문'이 '글'이 아닌 '말'로 풀이한 것으로, '언문'이 곧 '훈민정음'이라는 사실과 거리가 멀다. 반면 '훈민정음은 공식 명칭이고 언문은 <u>통속칭</u>이다.(김슬옹)'라는 주장은 '언문'을 두루이름씨(보통명사)로 본 뜻이라면 긍정적인 진척이라고 볼 수 있지만, '공식 명칭에 대해 하층민이 쓰는 낮은 말'로 보았다면 다른 학자들과 같이 계층적 분석에서 한 걸음도 나가지 못한 결정일 뿐이다. 이렇게 계층적으로 구분하는 것은 근본적으로 잘못이다. 하지만 백두현(2004)에서는 다음과 같이 분석하였다.

> 오늘날의 자전류에는 '언(諺)'이 '상말', '속언(俗言)' 등과 같은 비하적 의미로 풀이되어 있으나, 『훈민정음』 해례의 '언(諺)'은 공공(公共)의 문

> 어(文語)로 사용된 한문(漢文)에 대하여 일상의 구어(口語)로 쓰인 우리말을 가리킨 것이며, 비하적 의미는 없는 것으로 판단된다. 해례에서 '언(諺)'은 도합 6회가 나타나는데 우리말을 지시한 한자어로서는 가장 많은 출현 빈도를 가진 용어이다.
>
> … (중간 줄임) …
>
> 이러한 용법에서 '언어(諺語)'가 현대어의 '국어(國語)'와 같은 뜻으로 쓰였다기보다 글자의 뜻 그대로 '우리말의 낱말'(고유 어휘)을 뜻한 것이라고 해석할 수 있다. 유창균(1996:66)이 종성해에 쓰인 '언어(諺語)'를 한자어가 아닌 우리 고유어를 말하는 것으로 중국말에 대립시켜 국어를 가리킨 용어로 쓴 것이 '언(諺)'이라 하였다. 그러나 이러한 논의는 좀더 정밀화할 필요가 있다. 필자는 '언(諺)'과 '언어(諺語)'를 다음과 같이 구별하여 인식하는 것이 옳다고 본다. 즉, '언(諺)'이 추상적 차원에서 중국 한어에 대립되는 우리말을 가리킨 것이라면, '언어(諺語)'는 보다 구체적 상황에 쓰인 우리말 어휘를 지칭한 용어라고 할 수 있다. 따라서 엄밀한 의미로 보면 앞에서 살펴본 '언(諺)'은 '우리말'(현대어의 국어)이라는 뜻으로 쓰였고, '언어(諺語)'는 '우리말의 낱말'(이른바 '고유 어휘')이라는 의미를 가진 것이라 하겠다.[5)]

위의 분석에서 '언(諺)'과 '언어(諺語)'의 차이점에 대해 '중국말에 대립되는 고유어, 우리말'이라고 밝힌 견해는 매우 고무적인 일이다. 하지만 근본적인 차이점은 찾을 수 없다. 조선시대 초기 실록과 『훈민정음』 반포 후의 문헌을 비교해 보면, 『훈민정음』 해례본에 나타난 이러한 말들은 이미 새로운 글자를 '언문(諺文)'이라고 지칭한 데서 연유한다. 기본적인 한자 '언(諺)'의 뜻을 살려 '언문'이란 말이 만들어진 후, '언문'이란 명칭을 통하여 새로운 뜻 '우리말과 우리글'을 나타낼 때는

5) 백두현(2004), 「우리말[韓國語] 명칭의 역사적 변천과 민족어 의식의 발달」, 『언어과학연구』 28. 123~124쪽.

자연스럽게 '언(諺)', '언어(諺語)', '언문(諺文)', '언서(諺書)', 언자(諺字)', '언해(諺解)', '언토(諺吐)' 따위로 많은 파생 낱말이 생겨나게 된 것이다. '언문'은 새롭게 만들어진 낱말이긴 하나 두루이름씨(보통명사)로 받아들여졌기 때문에 특별히 세종이 '훈민정음'이란 이름을 붙인 것으로 볼 수 있다. 즉 '토박이말, 순우리말, 방언, 통속칭' 따위는 그 밑바탕에 '언문'이란 말이 하층적이라는 생각을 품고 있는 것이고, '훈민정음'과 같은 대상(문자)을 가리키는데도 '말'로 규정한 오류다. 그런 의미로는 조선시대 문헌 중 '언문'이라 한 어떤 문장에도 적용할 수 없게 된다. 최만리의 상소문에서도 중국 문자와 다른 새 문자를 만드는 것이 부당하다는 것일 뿐 '언문'이란 낱말 자체는 폄하한 말로 사용하지 않았다. 특히 세종도 '언문'이란 말을 썼던 것을 보면 더욱 극명해진다. 한자를 상위에 놓고 언문을 하위로 놓았다는 근본적인 오해와 오류는 '언문'이란 말을 파악하는 데 처음부터 걸림돌이 되어 한 발짝도 나아갈 수 없는 원인으로 작용하였다.

이상에서 본 바와 같이 앞선 대다수 연구자들이 '언문(諺文)'과 '언(諺)'이 쓰인 단편적 문헌만을 보았기 때문에, 문헌이나 문장마다 조금씩 다른 의미로 파악할 수밖에 없었고, 심지어 임금을 비롯하여 집현전 학자 등 '언문'이란 말을 쓴 모두에게 우리 말글을 폄하한 사람으로 멍에를 씌운 꼴이 되었다. 이런 오류를 벗어나는 길은 한자 '언(諺)'의 뜻을 제대로 파악하는 길뿐이다.

한자 '언(諺)'은 『설문해자』와 『예기』같이 중국에서도 매우 오래된 문헌에서부터 써오던 글자이며, 그 뜻도 명확하게 풀이되어 전하고 있음을 볼 때, 조선시대 지식인들도 그 뜻을 명확히 알았으므로 세종이 처음 이 말을 쓰는 데에 별다른 어려움이 없었던 것이다. 이것은 첫째, 조선시대 어느 기록에서나 '언문'이란 말을 쓰면서도 별도의 주석이나 설명을 하지 않은 점과, 둘째, 처음 실록에 '언문'이란 말이 나타날 때 이미 새로운 글자의 특성과 본질을 설명하고 있는 점에서, 당시 사람들이 언문이란 말의 뜻을 잘 알고 있거나 쉽게 이해하였다는 것을 알 수 있다.

3. 우리말 사전의 풀이

'언문'의 뜻풀이를 우리나라 사전들에서 간행된 연도별로 찾아보면, 한글맞춤법통일안 이후 최초 사전인 『조선어사전』(문세영, 1936)에는 '한글의 딴 이름'이라 했고, 『표준조선말사전』(이윤재, 1947)은 '한글(낮춘말)', 『큰사전』(한글학회, 1957)은 '"한글"을 전날에 일컫던 속칭(俗稱; 세속에서 보통 일컫는 칭호)'이라고 풀이하였다. 『국어대사전』(이희승, 1961)은, '한글을 전에 일컫던 말'이라고 하였고, 『새우리말 큰사전』(신기철, 신용철, 1974)은, '(전날에) 한글을 속되게 이르던 말'이라고 하였다. 『우리말 큰사전』(한글학회, 1991)은, '전날에 일컫던 한글의 낮은말'이라고 했으며, 그러다가 『표준국어대사전』(국립국어원, 1999)에서 느닷없이 '상말을 적는 문자라는 뜻으로, 한글을 속되게 이르던 말.'이라는 풀이를 한 것이다. 만약 '언문'이란 이름에 그런 뜻이 없다면 『표준국어대사전』의 풀이는 언문을 무시한 것도 모자라 우리말까지 상말로 비하한 것이 된다. 그런데 북한의 사전을 찾아보니, 『조선말 대사전』(북한 사회과학원 언어연구소, 1992)에서는 '늘 쓰는 입말의 글이라는 뜻으로 처음에는 우리 민족글자인 〈훈민정음〉을 글말의 글자인 한자, 한문에 상대하여 이르던 말. 뒤에 한자, 한문을 떠받드는 기풍이 조장되면서 우리 글을 낮잡아보는 이름으로 되었다.'라고 하였다.

『조선어사전』(문세영, 1936) — 한글의 딴 이름.

『표준조선말사전』(이윤재, 1947) — 한글(낮춘말).

『큰사전』(한글학회, 1957) — "한글"을 전날에 일컫던 속칭(俗稱; 세속에서 보통 일컫는 칭호).

『국어대사전』(이희승, 1961) — 한글을 전에 일컫던 말.

『새우리말 큰사전』(신기철, 신용철, 1974) — (전날에) 한글을 속되게 이르던 말.

『우리말 큰사전』(한글학회, 1991) — 전날에 일컫던 한글의 낮은말.

『조선말 대사전』(북한 사회과학원 언어연구소, 1992) — 늘 쓰는 입말의 글이라는 뜻으로 처음에는 우리 민족글자인 〈훈민정음〉을 글말의 글자인 한자, 한문에 상대하여 이르던 말. 뒤에 한자, 한문을 떠받드는 기풍이 조장되면서 우리 글을 낮잡아보는 이름으로 되었다.

『표준국어대사전』(국립국어원, 1999) — 상말을 적는 문자라는 뜻으로, 한글을 속되게 이르던 말.

* 『자전석요』(지석영, 1909) — 諺 : 俗諺 속담 언.

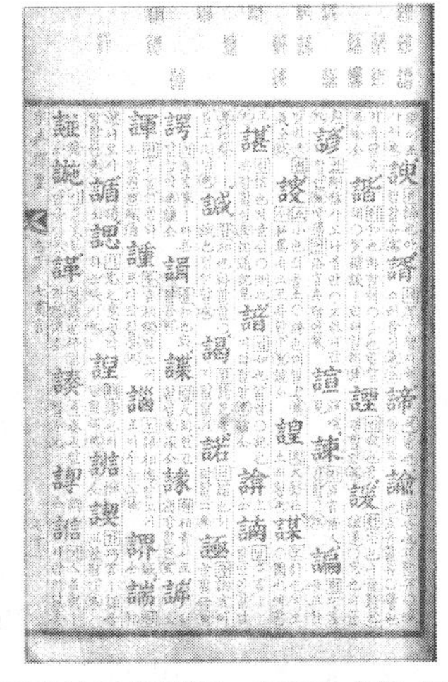

〈자전석요〉(지석영, 1909) '諺' 부분　〈큰사전〉(한글학회, 1957) 언문 부분

4. 『조선왕조실록』과 『훈민정음』 속의 '언문'

1) 『조선왕조실록』에 쓰인 '언(諺)'의 뜻

『조선왕조실록』을 검색한 결과, '언문'이란 말이 151회 나온다.

> 실록 원문 중 '언문(諺文)'이란 말이 나온 횟수 - 『세종실록』 14회, 문종 1회, 단종 4회, 세조 6회, 예종 1회, 성종 35회, 연산군 25회, 중종 14회, 명종 3회, 선조 6회, 선조수정 1회, 광해군일기(정초본) 4회, (중초본) 4회, 인조 2회, 현종 1회, 현종개수 3회, 숙종 7회, 경종 6회, 경종수정 2회, 영조 7회, 순조 2회, 고종 2회, 순종부록 1회.

더욱이 '언(諺)'이란 단어는 1,156회나 나오는데, 여기에는 '언문'뿐만 아니라 '속언(俗諺), 언어(諺語), 언(諺)' 등 다양한 형태로 나타난 것을 모두 합한 것이며, 훈민정음 창제 이전에만 해도 29회 나온다.

> 태조실록~세종실록(1443년 이전까지) 중 '언(諺)'이란 말의 횟수 - 태조 2회, 정종 2회, 태종 5회, 세종 20회.

이로 보아, 조선시대 지식인은 '언(諺)'이란 말의 뜻을 잘 알았고, 자주 쓰던 글자였음을 알 수 있다.

① 『조선왕조실록』에서 사용된 '언(諺)'의 뜻

1) 諺云: 賊是小人, 智過君子. 彼所計謀之智略, 雖云聖賢, 或有未及之處. 仰願放寬, 等我做拙計, 必無噍類, 方宜陪兩國之款懷哉!(전하는 말에 '도둑은 소인배이나 지혜는 군자보다 낫다.' 하였으니, 저들의 계략과 모책은 비록 성현이라 하더라도 혹 따르지 못함이 있으니, 바라

옵건대 우리들이 생각하고 있는 쓸모 없는 계책이나마 그대로 맡겨 두면, 반드시 지저귀는 무리들이 없어져 두 나라의 정이 마땅히 좋아질 것이니 헤아리소서.)(태조 4(1395)/7/10)

2) 及爲掌令, 玄陵葬魯國公主. 執義當封陵, 以俗諺封陵者不達, 托故不仕(장령이 되어서는 현릉(玄陵)이 노국공주를 장사하는데, 집의가 마땅히 능을 봉분(封墳)해야 되는데도, 속언(俗諺)에 '능을 봉분하는 사람은 현달하지 못한다' 하는 이유로써 사고를 핑계하고 출근하지 않으니)(태조 7(1398)/8/15)

3) 夏諺曰: "吾王不遊, 吾何以休! 吾王不豫, 吾何以助! 一遊一豫, 爲諸侯度",(하나라 말에 이르기를, '우리 임금이 놀지 않으면, 우리가 어떻게 쉴 수 있으며, 우리 임금이 즐기지 않으면, 우리가 어떻게 도움을 받으리오? 한 번 놀고 한번 즐기는 것이 제후의 법도가 된다.' 하였다)(정종 1(1399)/10/8)

4) 且諺曰: 鬼神有降禍福與責取之說(또 전하는 말에 이르기를, '귀신이 화복을 내리고, 질책하고 취한다.'는 말이 있다)(정종 2(1400)/10/3)

5) 諺曰: 中國人有云 願生高麗國, 親見金剛山者. 然乎?(전하는 말에 이르기를, '중국인에게는 고려국에 태어나 친히 금강산을 보는 것이 원(願)이다'라는 말이 있다고 하는데, 그러한가?)(태종 4(1404)/9/21)

6) 上曰 諺曰: 高麗公事, 不過三日. 是亦被人之侮矣(임금이 말하기를, 전하는 말에 이르기를, '고려 공사(高麗公事) 불과 삼일(不過三日)이라.' 하니, 이런 것도 또한 남에게 업신여김을 당하는 것이다.)(태종 6(1406)/5/13)

7) 諺曰: '知子莫如母.' 臣等願問柳氏, 以辨其實, 以正其名(전하는 말에 이르기를, '자식을 아는 것은 어미 같은 이가 없다.'고 하였으니, 신들은 원컨대, 유씨(柳氏)에게 물어 그 사실을 변명하고 그 이름을 바루게 하시며)(태종 9(1409)/10/27)

8) 且諺有之曰: '百種有大風' 今後嚴立法程, 七月內, 公私船, 毋得泛海

(또 전하는 말이 있어 이르기를, '백종(百種)에 큰 바람이 있다.' 하였으니, 금후로는 엄격하게 법정(法定)을 세워 7월 안에는 공사(公私)의 배를 바다에 띄우지 못하게 하라.)(태종 12(1412)/7/17)

9) 汝之啓達, 正如諺所謂'與妹訴兄也'(네가 계달하는 것은 진정 전하는 말에 이른바, '누이 주고 형께 호소한다'는 것과 같은 것이다.)(태종 17(1417)/2/15)

10) 初太祖以諺傳釋迦在世時, 齒生舍利四枚及頭骨, 貝葉經, 袈裟, 置于興天寺石塔(전에 태조께서, 전하는 말로서 '석가 여래가 세상에 살아 있을 때에 이[齒]에서 나온 사리 네 개와, 두골과 패엽경과 가사' 등을 흥천사 석탑 속에 두게 하였는데)(세종 1(1419)/8/23)

11) 以諺傳釋迦在世時, 齒上所生, 新羅僧慈藏入西域見文殊(전해오는 말에, 석가 여래가 세상에 살아 있을 때 이[齒] 위에 났던 것이었는데, 신라 때에 중 자장이라는 이가 서역에 들어가서 문수보살을 뵙고)(세종 1(1419)/9/1)

12) 上王曰: 諺稱寒三暖四, 然入江陵之境則爲日久矣. 雖暖豈不又寒乎?(상왕이 말하기를, 전하는 말에 이르기를 '한삼 난사(寒三暖四)'라 하나, 그러나 강릉 지경에 들어가려면, 날짜가 오래 될 것이니, 비록 따뜻하더라도 어찌 또 춥지 않겠소.)(세종 1(1419)/11/6)

13) 貧與富均是一日再食. 諺不云乎? 雖丐者, 死有餘衣. 僅不餓死足矣('가난한 사람이나 부유한 사람이나 모두 하루에 두 끼씩 먹는다'라고 전하는 말에 이르지 않았는가? 비록 걸인이 죽어도 남는 옷이 있으니, 굶어 죽지 않은 것만으로도 만족해야 한다.)(세종 8(1426)/ 6/11)

14) 諺謂白鷹不壽, 今所進皆白鷹, 四不可也(속담에, '흰 매는 오래 살지 못한다'고 하는데, 지금 바치는 것은 모두 흰 매이니, 넷째의 옳지 못한 것입니다.)(세종 9(1427)/2/24)

15) 昔太宗命權近, 著五經吐【凡讀書, 以諺語節句讀者, 俗謂之吐】近讓之不得(옛날 태종께서 권근에게 명하여 오경에 토(吐)【무릇 독서할 때에 우

리 말의 절구로써 읽는 것을 시속에서 토(吐)라고 한다. 】를 달라고 하니, 권근이 사양하였으나 허락을 얻지 못하고)(세종 10(1428)/윤4/18)

16) 諺傳法師尊者, 亦用銀豆古里, 銀香合、銀長燈各一, 堂直人四名…(전해오는 말에는, '법사존자에게도 역시 은두고리 · 은향합 · 은장등을 각기 하나씩 쓰고 있고, 사당지기가 4명이 있다.' 하오니 …)(세종 12(1430)/8/6)

17) 諺傳國師牲豕, 代以豆泡(전하는 말에는, '국사에게 쓰는 희생 돼지를 두부로써 대신한다.' 하오니…)(세종 12(1430)/8/6)

18) 諺傳有龍之處. 請令其道監司, 量築牧場, 擇諸牧場純白雌馬, 入放試驗(전하는 말에 용이 있는 곳이라고 하오니, 그 도 감사에게 적당히 목장을 쌓아 여러 목장의 순백색 암말을 골라서 그곳에 들여보내어 시험하게 하소서.)(세종 15(1433)/5/8)

19) 鄙(諺)曰: '每月上下弦日必雨' 須待二十三日不雨, 然後祈之可也(속담[鄙諺]에 이르기를, '매달 상 · 하현일(上下弦日)에는 비가 온다.' 하오니, 모름지기 23일을 기다려 비가 오지 아니한 뒤에야 기우제를 지내는 것이 옳겠나이다.)(세종 16(1434)/4/14)

20) 諺曰: 乞宿門庭者, 謀諸閨房 今當盛治之日 倭之爲寇 無足慮矣(속담에 이르기를, '뜰에서 자고 가기를 애걸하는 자가 안방을 꾀한다.' 라고 하오니, 이제 우리나라가 융성하게 다스려지는 때를 당하여 왜적의 침노를 족히 염려할 것은 없사오나)(세종 16(1434)/8/5)

21) 且諺云: 前朝之制, 護軍相對, 亦有罰(또 전하는 말에 이르기를, '고려의 제도에 호군이 서로 대면만 하여도 벌이 있다.' 하였으니)(세종 16(1434)/10/27)

22) 然諺曰: '我國之法, 三日而廢'(그러나 속담에 이르기를, '우리나라의 법은 3일 만에 폐지된다.' 하는데)(세종 17(1435)/9/25)

23) 故諺曰: '高麗公事三日' 此語誠不虛矣(옛 말에 이르기를, '고려 공사 삼일이라.'라고 하지만, 이 말이 정녕 헛된 말은 아니다.)(세종

18(1436)/윤6/22)

24) 此事雖似誕妄, 前後諸人之言相合, 亦或有其理而諺傳矣(이 일이 비록 허황한 듯하나 전후 사람들의 말이 서로 합치하니, 혹 그런 이치가 있어서 이야기로 전해 오는 것이리라.)(세종 19(1437)/11/22)

25) 但本島, 諺稱在襄陽之東, 不可不知其在何處也, 卿宜更加訪問以達(다만 본 섬이 양양 동쪽에 있다고만 일컬어 왔을 뿐이니, 어느 곳에 있다는 사실은 불가불 알아야 할 것이다. 경은 마땅히 다시 이를 탐문하여 계달하라.)(세종 20(1438)/7/26)

26) 臣聞諺傳, 朝廷使臣張溥詩云: '香燈處處皆歸佛, 烟火家家競事神. 惟有數間夫子廟, 滿庭荒草寂無人' 此譏當時學校之政之極衰也(신이 듣기로 전하는 말에, "중국 사신 장부(張溥)의 시에 이르기를, '향등 곳곳에는 모두 부처에 귀의하였고, 연기 나는 집집은 다투어 신을 섬기는데, 오직 두어 칸 되는 부자(夫子)의 사당은 뜰에 가득한 거친 풀 적적하게 사람이 없네.' 하였다." 하는데, 이것은 당시 학교 행정의 형편 없는 것을 비평한 것입니다.)(세종 21(1439)/1/11)

27) 古諺云: '人君長在深宮, 不令外人相見可矣. 若於白日出外, 則其國有凶' 此夷狄蒙蔽其君之說也(옛 말에 이르기를, '임금은 항상 깊은 궁 안에 있으므로 바깥 사람과 서로 보지 못하게 하는 것이 좋다. 만일 대낮에 밖에 나오면 그 나라에 흉한 일이 생긴다.' 하는데, 이는 오랑캐들이 그 임금을 덮어씌우고 가리는 말이다.)(세종 21(1439)/8/5)

28) 諺曰: '童牛折轅, 必成良牛' 此喩武士也. 若儒生, 以恭順爲道, 潛心聖學而已(속담에 '송아지가 멍에를 꺾으면 반드시 좋은 소가 된다'라고 한 것은 무사(武士)에게 비유한 말이다. 그러나 유생이라면 공순한 것을 도리로 하고 성인의 학문에 마음을 잠길 뿐이다.)(세종 24(1442)/7/29)

29) 且諺曰: '負兒之言, 傾耳而聽' 臣等之言雖淺狹, 宜當詳察(또 속담에, '업은 아이의 말도 귀담아 들으라'고 하오니, 신들의 말이 비록

얕고 좁으나 마땅히 자세히 살피어 주소서.)(세종 24(1442)/8/3)

태조 원년부터 세종 25년(1443) '언문'이란 말이 처음 나타나기 이전까지, '태조실록', '정종실록', '태종실록', '세종실록'의 기록을 모두 찾은 것이다. 이미 한자 '언(諺)'을 자연스럽게 자주 사용한 것을 볼 수 있는데, 이때에 사용하던 '언(諺)'이라는 말은, 주로 속담(俗談)으로 해석할 수 있다. 그런데 속담은 흔히, '예로부터 민간에 전하여 오는 쉬운 격언이나 잠언'을 이르는 말인데 비해, 위의 여러 문장을 앞뒤 문맥으로 보면 비슷하면서도 다른 뜻으로 쓰고 있다. 즉, 속담이 아니더라도 '거리에서 사람들이 말하는 이야기, 소문, 누군가에게 듣고 전하는 말, 말하는 사람이 귀로 들었던 이야기'처럼, 어떤 '기록된 문자'가 아니라 '많은 사람들의 입에 오르내리며 전하는 말'이라는 공통점이 있다. 이것은 한자 '언(諺)'의 제1의미인 '전하는 말'의 뜻으로 쓰였기 때문이다.

② 『세종실록』의 첫 '언문'

세종 25년(1443) 12월 30일 기록에 처음 '언문'이란 말이 나온다.

이달에 임금이 친히 언문 28자를 지었는데, 그 글자가 옛 전자를 모방하고, 초성·중성·종성으로 나누어 합한 연후에야 글자를 이루었다. 무릇 중국의 문자에 관한 것과 우리나라의 보통 말에 관한 것까지도 모두 쓸 수 있고, 글자는 비록 간단하고 요약하지마는 전환하는 것이 무궁하다. 이것을 훈민정음이라고 일렀다.

是月 上親制諺文二十八字 其字倣古篆 分爲初中終聲 合之然後乃成字 凡干文字及本國俚語 皆可得而書 字雖簡要 轉換無窮 是謂訓民正音(세종 25(1443)/12/30)

이 기록은 '훈민정음'이란 이름이 처음 나타나는 기록인 동시에, '언문'이란 말도 처음 나타나는 기록이다. 즉 '언문'이란 말은 '언어(諺語)'와는 달리 처음 쓰는 말임에도 어렵지 않게 문장의 첫 마디에서 쓰고 있다.

③ 『세종실록』의 두 번째 기록

세종 26년(1444) 2월 16일 기록이다. 언문 창제 후 한 달 보름이 지난 때이다.

> 집현전 교리 최항, 부교리 박팽년, 부수찬 신숙주·이선로·이개, 돈녕부 주부 강희안 등에게 명하여 의사청에 나아가 '언문으로 운회(韻會)를 번역하라.' 하고, 동궁과 진양대군 이유, 안평대군 이용으로 하여금 그 일을 관장하게 하였는데, 모두가 품행이 예단하므로 상을 거듭 내려주고 이바지를 넉넉하고 후하게 하였다.
>
> 命集賢殿校理崔恒 副校理朴彭年 副修撰申叔舟李善老李塏 敦寧府注簿姜希顔等 詣議事廳 以諺文譯韻會 東宮與晉陽大君 瑈 安平大君 瑢監掌其事 皆稟睿斷 賞賜稠重 供億優厚矣(세종 26(1444/2/16)

라고 하였으니, 임금이 자신의 입으로 '언문'이라는 말을 사용한 기록이다.

④ 최만리 등의 상소문

그리고 『세종실록』, 세종 26년 2월 20일에 기록된 최만리의 상소에서부터는 '언문'이란 말이 자주 사용된다.

"집현전 부제학 최만리 등이 상소하기를, '신 등이 엎디어 보옵건대, ① 언문(諺文)을 제작하신 것이 지극히 신묘하와 만물을 창조하시고 지혜를 운전하심이 천고에 뛰어나시오나, 신 등의 구구한 좁은 소견으로는 오히려 의심되는 것이 있사와 감히 간곡한 정성을 펴서 삼가 뒤에 열거하오니 엎디어 성재(聖裁)하시옵기를 바랍니다. 1. 우리 조선은 조종 때부터 내려오면서 지성스럽게 대국을 섬기어 한결같이 중화의 제도를 준행하였는데, 이제 글을 같이하고 법도를 같이하는 때를 당하여 ② 언문을 창작하신 것은 보고 듣기에 놀라움이 있습니다. 설혹 말하기를, '③ 언문은 모두 옛 글자를 본뜬 것이고 새로 된 글자가 아니라.' 하지만, 글자의 형상은 비록 옛날의 전문(篆文)을 모방하였을지라도 음을 쓰고 글자를 합하는 것은 모두 옛 것에 반대되니 실로 의거할 데가 없사옵니다. 만일 중국에라도 흘러 들어가서 혹시라도 비난하여 말하는 자가 있사오면, 어찌 대국을 섬기고 중화를 사모하는 데에 부끄러움이 없사오리까. 1. 옛부터 구주(九州)의 안에 풍토는 비록 다르오나 지방의 말에 따라 따로 문자를 만든 것이 없사옵고, 오직 몽고·서하·여진·일본과 서번의 종류가 각기 그 글자가 있으되, 이는 모두 이적(夷狄)의 일이므로 족히 말할 것이 없사옵니다. 옛글에 말하기를, '화하(華夏)를 써서 이적을 변화시킨다.' 하였고, 화하가 이적으로 변한다는 것은 듣지 못하였습니다. 역대로 중국에서 모두 우리나라는 기자의 남긴 풍속이 있다 하고, 문물과 예악을 중화에 견주어 말하기도 하는데, 이제 따로 ④ 언문을 만드는 것은 중국을 버리고 스스로 이적과 같아지려는 것으로서, 이른바 소합향(蘇合香)을 버리고 당랑환(螗螂丸)을 취함이오니, 어찌 문명의 큰 흠절이 아니오리까.…'[集賢殿副提學崔萬理等上疏曰 臣等伏覩諺文制作 至爲神妙 創物運智 敻出千古 然以臣等區區管見 尙有可疑者 敢布危懇 謹疏于後 伏惟聖裁 一 我朝自祖宗以來 至誠事大 一遵華制 今當同文同軌之時 創作諺文 有駭觀聽 儻曰諺文皆本古字 非新字也 則字形雖倣古之篆文 用音合字 盡反於古 實無所據 若流中國 或有非議之者 豈不有愧於事大慕華 一 自古

> 九州之內 風土雖異 未有因方言而別爲文字者 唯蒙古西夏女眞日本西蕃之類 各有其字 是皆夷狄事耳 無足道者 傳曰 用夏變夷 未聞變於夷者也 歷代中國皆以我國有箕子遺風 文物禮樂 比擬中華 今別作諺文 捨中國而自同於夷狄 是所謂棄蘇合之香 而取螗螂之丸也 豈非文明之大累哉…]"(세종 26(1444)/2/20)

라고 하였다. 이때는 조선 최고 유학자가 임금 앞에 엎드려 가장 정직한 말로 상소한 내용을 아뢰는 자리이다. 이런 자리에서 사용한 '언문'이란 말 ①②③④ 등을 보더라도, '상말을 적는 문자, 훈민정음을 속되게 이르던 말'이라는 뜻은 전혀 없었음을 알 수 있다.

⑤ 최만리 등과의 대화

이날 최만리 등의 상소를 받고 그들을 불러 나눈 대화에서 세종은 또 다시 '언문'이란 말을 직접 썼다. 이어지는 대화를 보자.

> "임금이 상소문을 보고 최만리 등에게 이르기를, '너희들이 이르기를, 음(音)을 사용하고 글자를 합한 것이 모두 옛 글에 위반된다고 하였는데, 설총의 이두도 역시 음이 다르지 않으냐? 또 이두를 제작한 본뜻이 백성을 편리하게 하려 함이 아니하겠느냐? 만일 그것이 백성을 편리하게 한 것이라면 이제 언문 또한 백성을 편리하게 하려 한 것인데, 너희들이 설총은 옳다 하면서 임금의 하는 일은 그르다 하는 까닭이 무엇이냐? 또 네가 운서(韻書)를 아느냐? 사성 칠음(四聲七音)에 자모(字母)가 몇이나 있느냐? 만일 내가 그 운서를 바로잡지 아니하면 누가 이를 바로잡을 것이냐?"라고 하였고, … 또 세종이 말하기를, "전번에 김문이 아뢰기를, '언문을 제작함에 불가할 것은 없습니다.' 하였는데, 지금은 도리어 불가하다 하고, 또 정창손은 말하기를, '삼강행실을 반포한 후에 충신·효자·열녀의 무리가 나옴을 볼 수 없는 것은, 사람이

행하고 행하지 않는 것이 사람의 자질 여하에 있기 때문입니다. 어찌 꼭 언문으로 번역한 후에야 사람이 모두 본받을 것입니까?' 하였으니, 이따위 말이 어찌 선비의 이치를 아는 말이라 하겠느냐? 아무짝에도 쓸데없는 용속한 선비로다."라고 하였다.

上覽疏 謂萬理等曰 汝等云 用音合字 盡反於古 薛聰吏讀 亦非異音乎 且吏讀制作之本意 無乃爲其便民乎 如其便民也 則今之諺文 亦不爲便民乎 汝等以薛聰爲是 而非其君上之事 何哉 且汝知韻書乎 四聲七音 字母有幾乎 若非予正其韻書 則伊誰正之乎 …上曰 前此金汶啓曰 制作諺文未爲不可 今反以爲不可 又鄭昌孫曰 頒布三綱行實之後 未見有忠臣孝子烈女輩出 人之行不行 只在人之資質如何耳 何必以諺文譯之 而後人皆效之 此等之言 豈儒者識理之言乎 甚無用之俗儒也(세종 26/2/20)

세종이 이두와 언문을 비교하면서 신하들과 나눈 대화이다. 즉 '언문'은 훈민정음이란 이름을 붙이기 전 '새 글자'의 이름이면서, 일반적으로 부르던 두루이름씨로 받아들여짐으로써, 세종이나 신하들이 아무 거리낌이 없이 쓰기 시작한 이름임을 알 수 있다.

⑥『훈민정음』해례본의 기록

최만리 상소 이후에 나타나는 기록은 3년 뒤에 반포한『훈민정음』해례본(1446)이다. 세종이 직접 쓴 서문과 정인지 등이 쓴 해설과 예문을 묶은 이 책은 '새 글자'를 가장 높이고 자세히 설명한 책으로서, 세종의 서문은 새 글자의 '반포문'이기도 하다. 이 책에서도 '언어(諺語)'(7회)라는 말과 '언(諺)'(9회)이라는 말이 여러 번 나온다. 합자해를 보면, '如諺語ᄯᅡ爲地 如諺語혀爲舌(지(地)를 우리말로는 ᄯᅡ라 하는 것과 같고, 설(舌)을 우리말로는 혀라 하는 것과 같다.)', '文與諺雜用則有因字音而補以中終聲者(한문과 언문을 섞어 쓸 때는 글자 소리에 따라 가운뎃소리나 끝소리를 보충할 때가 있다.)'라고 하였다. 여기서 '언어(諺語)'를 우리말로, '언(諺)'을 우리글(언문)로 옮긴 것은 좁은 뜻으로 풀이한 것이다. 한자 '언(諺)'의 본디 뜻은 좀더 넓은 의미를 가졌다. 위 문장에서 "한자 '지(地)'를 쓰고 그 뜻을 우리말로 'ᄯᅡ(땅)'이라고 읽는 것과 같다."라는 말에 '언어(諺語)'라는 말을 썼다. 이것을 '우리말'로 직역하긴 하였으나 '언(諺)'이라는 글자의 의미를 고려하여 풀이한다면 '입으로 전할 때, 입말로, 주고받는 말로는'이라는 말이다. 그러니까 그 말하는 주체가 조선사람일 수도 있지만 다른 나라 사람일 수도 있으니 꼭 '우리말, 조선말'이라고 할 수는 없고, 한자 '地, 舌'을 적어놓고 그 '뜻을 말할 때 나는 소리'를 가리키고 있다. 한자 '언(諺)'에 '우리'나 '조선'의 뜻은 없지만, 이 대화에서 말하는 주체가 조선사람이니 '조선말, 우리말'이라 풀이하는 것이 당연하다. 세종이 만든 새로운 글자를 '언문(諺文)'이라고 지칭하면서부터 자연스럽게 '언(諺)'의 뜻에 '우리 (말글)'라는 의미가 더해진 것이다.

⑦ 언문청 설치

세종은 28년(1446) 11월 8일에 언문청을 설치하였다. 반포한 지 두 달 뒤의 일이다. 실록에 따르면,

> 태조실록을 내전에 들여오라 명하고, 드디어 언문청(諺文廳)을 설치하여, 일의 자취를 상고해서 용비어천가 시(詩)를 첨입(添入)하게 하니, 춘추관에서 아뢰기를, '실록은 사관이 아니면 볼 수가 없는 것이며, 또 언문청은 문턱이 얕아서 드러나게 되고 외인의 출입이 잦으니, 신 등은 매우 옳지 못하다고 생각합니다.' 하니, 임금이 즉시 명령하여 내전에 들여오게 함을 철회하고, 춘추관 기주관 어효첨과 기사관 양성지에게

초록(抄錄)한 것만 바치게 하였다.

命太祖實錄入于內 遂置諺文廳 考事迹 添入龍飛詩 春秋館啓 實錄 非史官 不得見 且諺文廳淺露 外人出入無常 臣等深以謂不可 上卽命還入內 令春秋館記注官魚孝瞻 記事官梁誠之抄錄以進(세종 28(1446)/11/8)

라는 기록이 있다. 언문청을 새로 설치하고 처음 벌인 일은 『태조실록』을 참조하여 선조 할아버지들과 아버지의 자취를 살피는 일이었고, 이를 바탕으로 '용비어천가'를 짓는 일이었다. 『용비어천가』는 전문(箋文)과 발문(跋文)에 따르면, 세종 27년(1445) 4월에 권제 · 정인지 · 안지가 세종의 명을 받들어 여섯 선조들의 행적을 125장의 노래로 지어 바치니 세종이 언문으로 다시 시를 짓고, 중국 역사와 여섯 선조의 역사적 사실을 자세히 기록하여 1447년 2월에 10권으로 완성하니 세종이 '용비어천가'라 이름을 지었다. 『문종실록』에 나오는 '정음청'은 이 '언문청'을 가리킨다.

정리하면, 이때까지 한자 '언(諺)'은 '문자로 기록된 말이 아닌 백성들이 일상적으로 늘 주고받는 말'이라는 1차적인 뜻으로 사용하였음을 알 수 있다. 즉 '기록되지 않은 말, 기록 이전의 말, 사람의 입으로 주고받는 말'을 일러 '언(諺)'이라 하고, 이것을 적는 새로운 글자이기 때문에 '언문(諺文)'이라 한 것이다.

⑧ 실록의 '언문청' 기록 찾아 보기

『세종실록』에서는 '언문청'이라고 했는데, 『문종실록』에서는 '정음청'이라고 하였고, 또 『단종실록』에도 정음청이라고 하면서 단종 즉위년(1452) 11월 2일 정음청을 혁파[罷正音廳]하였다는 기록이 있다. 오히려 세종 당시에는 언문청이라 하였는데 문종실록과 단종실록에서 정음청이라고 한 것은, 세조가 수양대군으로서 세종의 유업을 계속 진행하던 때의 기록으로, 아버지 세종이 반포한 훈민정음을 의식하여 '정음청'이라고 불렀던 것으로 추정된다.

세조는 즉위하여 세조 7년(1461) 6월 16일 '간경도감'이라는 새로운 관청을 만들어 언해와 인쇄 사업을 주도적으로 펼쳤다. 단종 때 폐지한 정음청의 후속 관청인 셈인데, 그는 본격적으로 언해 사업을 적극 추진하게 된다. 그러나 불경을 편찬하고 언해한다는 이유로 신하들의 반대에 부딪쳐 결국 성종이 즉위하자 곧 다음 해(1471) 12월 5일 혁파하게 된다.

이 언문청(정음청)이 한 일은 뚜렷하지 않다. 실록에서도 정확한 기록이 없는데, 다만 문종 즉위년(1450) 10월 28일 기록에는, "임금이 말하기를, '너희들이 말한 바가 모두 족히 의논할 만한 것이 없는 일이다. 다만 신미(信眉)와 정음청의 일만은 너희들이 심상하게 이를 말하나, 신미의 직호(職號)는 이미 고치었고, 정음청은 오늘에 세운 것이 아니라 일찍이 이미 설치한 것인데, 하물며 그 폐단도 별로 없다. 너희들의 뜻이 나더러 불교를 좋아하여 불경을 찍으려는 것이라고 하겠으나, 나는 조금도 불교를 좋아하는 마음이 없다. 만약 마음으로 성심껏 불교를 좋아하면서도 불교를 좋아하지 않는다고 한다면 마음이 실로 스스로 부끄러울 것이다. 다만 대군들이 불경을 찍는 일을 내가 어찌 금하겠는가?' 하였다. 이어서 안완경 · 어효첨 등이 말하기를, '정음청은 신 등이 명(命)을 들은 이래로 전하께서 불경을 찍기 위하여 설치한 것이 아니라는 것을 믿습니다. 금일에 이를 아뢰는 까닭은 오로지 아문(衙門)을 따로 설치하여 환관(宦官)으로 하여금 관장하게 하여, 좌우의 세력이 커지는 근심을 가져왔기 때문입니다. 이제 대군들이 불경을 찍는 일을 내가 어찌 금하겠느냐고 하시니, 신 등은 명을 듣고 낙담하는 바가 실로 큽니다. 전하께서 이와 같으신데 어떤 사람이 종실의 불의한 일을 금지할 수가 있겠습니까? 비록 금지하기가 어려운 일이라도 유사(有司)에 회부한다면 이것은 금지하지 아니할 것을 금지하는 일이 될 것입니다. 청컨대 모름지기 파하도록 명하소서.' 하니, 문종이 말하기를, '주조한 글자가 모두 이미 주자소에 나갔고, 공장(工匠)도 또한 모두 이미 주자소에 소속시켰으니, 이 정음청에 남아 있는 것은 소소한 서판뿐이다. 요행히 모인(模印)할 일이 있을 때에는 환시(宦侍)들에게 이를 관장하게 하면 별로 쓸데없는 비용이 드는 폐단은 없을 것이다. 너희들은 혐의하지 말고 직사에 나아가라.' 하였다. 한편, 『중종실록』에서도 '언문청'이라고 했는데, 중종 1년(1506) 9월 4일 기록에는 '언문청을 혁파하였다.[革諺文廳]'라고 하였으니, 이때의 언문청은 연산군이 새로 설치한 것이 아닌가 추측할 뿐이다.

이처럼 기록을 보면 언문청은 훈민정음을 창제하거나 연구하던 기관이 아니라 사서나 불경을 우리말로 풀어서 책을 펴내기 위해 글자를 주조하거나 목판을 새기는 일, 또는 백성의 언문과 관련한 사건을 감시하는 일 등, 그러니까 우리 말글 전반에 걸친 다양한 일을 광범위하게 펼쳤던 기관임을 알 수 있고, 시대마다 '언문청'과 '정음청'을 혼용한 사실도 보게 된다.

⑨ 설공찬전 이야기

『중종실록』 중종 6년(1511) 9월 2일 기록을 보면 『설공찬전(薛公瓚傳)』을 금서로 하라는 내용이 나오는데,

> 헌부가 아뢰기를, '채수(蔡壽)가 『설공찬전』을 지었는데, 내용이 모두 화복이 윤회한다는 이야기로, 매우 요망한 것인데 궁궐 안팎이 모두

현혹되어 믿고서, 한문으로 옮기거나 언어(諺語)로 번역하여 전파함으로써 민중을 미혹시킵니다. 헌부에서 마땅히 거두어들이겠으나, 혹 거두어들이지 않거나 뒤에 발견되면, 죄로 다스려야 합니다.' 하니, 답하기를, '『설공찬전』은 내용이 요망하고 허황하니 금지함이 옳다. 그러나 법을 세울 필요는 없다. 나머지는 윤허하지 않는다.'라고 하였다.

憲府啓 蔡壽作薛公瓚傳 其事皆輪回 禍福之說 甚爲妖妄 中外惑信 或飜以文字 或譯以諺語 傳播惑衆 府當行移收取 然恐或有不收入者 如有後見者治罪 答曰 薛公瓚傳 事涉妖誕 禁戢可也 然不必立法 餘不允(중종 6 (1511)/9/2)

여기서 '문자(文字)'는 한문, '언어(諺語)'는 우리말을 가리키며, '역이언어(譯以諺語)'는 '우리말로 번역함'을 말하므로 곧 '언해'를 뜻한다.

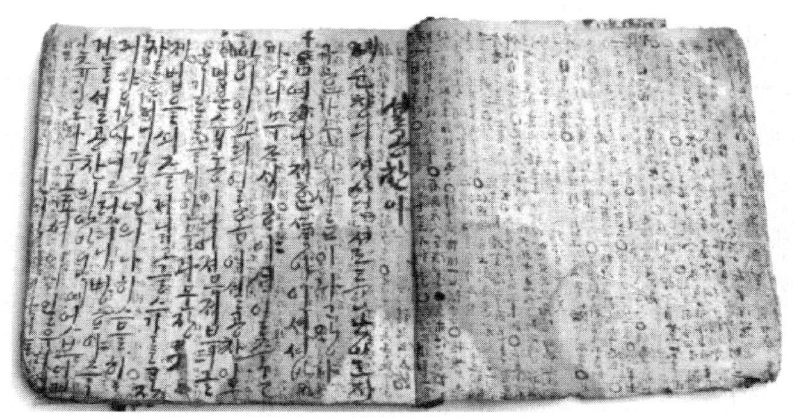

<설공찬전>(채수, 1511) <묵재일기> 속지

서경대학교 이복규 교수는 장서각에서 『묵재일기』 안쪽 한지 내면에 필사된 『셜공찬이』(설공찬전)을 발견하였는데, 중종실록의 기록을 바탕으로 『설공찬전』이 우리나라 최초의 한글 소설이라 하였다. 묵재

는 이문건(李文楗)의 호인데 그는 아버지의 무덤에 '언문 비문'(1536)을 새긴 사람으로 유명하다.

중요한 사실은, 1443년 '언문'이란 말이 생기고부터 '언(諺)'에 대한 새로운 뜻이 추가되었다는 사실이다. 즉 창제 이전에는 '전하는 말. 속담. 세상에서 사람들이 늘 주거니 받거니 하는 말. 또는 그 이야기'라는 뜻으로 쓰던 '언(諺)'이, '우리말 또는 우리글(훈민정음)'이라는 뜻으로 쓰였다는 것이다. 이것은 매우 자연스런 변화이다. 원래의 뜻 '전하는 말'에, 그 말하는 주체가 추가되어 '우리(조선사람)가 전하는 말'로 변한 것이다. 즉 위 문장 '역이언어(譯以諺語)'를 원래의 뜻으로 풀이하면 '전하는 말(입말)로 번역하여'지만, 이것의 말하는 주체가 추가되면 '우리말(조선말)로 번역하여'가 되는 것이다.

2) 『훈민정음』 해례본에 쓰인 '언(諺)'의 뜻

『훈민정음』 해례본은 세종 28년(1446) 9월에 지었다. 이 해례본에서는 '언(諺)'이 16번 나온다. 그 가운데 '언어(諺語)'라는 말이 7번 나오고, 나머지 9번은 '언(諺)'으로만 나타난다. 이제 그 문장들을 모두 분석하여 '언'의 뜻풀이를 밝혀보고자 한다.

1) ㄷ如볃爲彆◦ㄴ如군爲君◦ㅂ如업爲業◦ㅁ如땀爲覃◦ㅅ如諺語옷爲衣(ㄷ은 彆을 볃이라 함과 같고, ㄴ은 君을 군이라 함과 같고, ㅂ은 業을 업이라 함과 같고, ㅁ은 覃을 땀이라 함과 같고, ㅅ은 衣를 우리말로 옷이라 함과 같고)〈종성해, 해례 18ㄴ쪽〉.
2) ㄹ如諺語실爲絲之類(ㄹ은 絲를 우리말로 실이라 함과 같은 유형이다.)〈종성해, 해례 18ㄴ쪽〉.
3) 且半舌之ㄹ◦當用於諺◦而不可用於文(또 반혓소리의 ㄹ은 꼭 우리

말에만 쓸 것이요, 한문에 써서는 안 된다.)〈종성해, 해례 19ㄱ쪽〉.

4) 六聲通乎文與諺(여섯 소리(ㄱ, ㆁ, ㄷ, ㄴ, ㅂ, ㅁ)는 한문과 우리말에 두루 쓰되)〈종성해, 해례 20ㄱ쪽〉.

5) 戌閭用於諺衣絲(戌[술의 ㅅ]과 閭[려의 ㄹ]는 우리말 옷[衣]과 실[絲]에만 쓰인다.)〈종성해, 해례 20ㄱ쪽〉.

6) 閭宜於諺不宜文 斗輕爲閭是俗習(閭[려의 ㄹ]는 우리말에 마땅하나 한문에는 마땅하지 않다. ᄃᆞ[두의 ㄷ] 소리가 가벼워져 閭[려의 ㄹ]가 됨이니 이것은 일반 사람의 버릇이다.)〈종성해, 해례 20ㄱ쪽〉.

7) 初聲二字三字合用並書◦如諺語ᄯᅡ爲地◦ᄧᅡᆨ爲隻◦ᄢᅳᆷ爲隙之類(첫소리에 두 글자나 세 글자가 오는 합용병서는, 우리말로 地를 ᄯᅡ라 함과, 隻을 ᄧᅡᆨ이라 함과, 隙을 ᄢᅳᆷ이라 함과 같은 유형이다.)〈합자해, 21ㄱ쪽〉.

8) 各自竝書◦如諺語혀爲舌而ᅘᅧ爲引◦괴여爲我愛人而괴ᅇᅧ爲人愛我◦소다爲覆物而쏘다爲射之之類(각자병서는, 우리말로 舌을 혀라 함과 引을 ᅘᅧ라 함, 我愛人을 괴여라 함과 人愛我를 괴ᅇᅧ라 함, 覆物을 소다(쏟아)라 함과 射之를 쏘다라 함 같은 유형이다.)〈합자해, 21ㄱ쪽〉.

9) 中聲二字三字合用◦如諺語과爲琴柱◦홰爲炬之類(가운뎃소리를 두 글자나 세 글자를 어울려 씀은, 우리말로 琴柱를 과(괘)라 함과 炬를 홰라 함 같은 유형이다.)〈합자해, 21ㄱ~ㄴ쪽〉.

10) 終聲二字三字合用◦如諺語ᄒᆞᆰ爲土◦낛爲釣◦ᄃᆞᆰᄢᅢ爲酉時之類(끝소리에 두 글자나 세 글자를 어울려 씀은, 우리말로 土를 ᄒᆞᆰ이라 함과, 釣를 낛이라 함과, 酉時를 ᄃᆞᆰᄢᅢ라 함 같은 유형이다.)〈합자해, 21ㄴ쪽〉.

11) 文與諺雜用則有因字音而補以中終聲者◦如孔子ㅣ魯ㅅ사ᄅᆞᆷ之類。(한문과 우리말을 섞어 쓸 적에는 글자 소리에 따라서 가운뎃소리나 끝소리를 보충하는 일이 있으니, 孔子ㅣ, 魯ㅅ 사ᄅᆞᆷ 따위와 같은 유형이다.)〈합자해, 21ㄴ쪽〉.

12) 諺語平上去入◦如활爲弓而其聲平◦:돌爲石而其聲上◦·갈爲刀而其聲去◦·붇爲筆而其聲入之類(우리말의 평성, 상성, 거성, 입성은, 弓을

활이라 함은 그 소리가 평성이고, 石을 :돌이라 함은 그 소리가 상성이고, 刀를·갈이라 함은 그 소리가 거성이고, 筆을·붇이라 함은 그 소리가 입성인 것과 같은 유형이다.)〈합자해, 21ㄴ~22ㄱ쪽〉.

13) 諺之入聲無定◦或似平聲◦如긷爲柱◦녑爲脅(우리말의 입성은 정함이 없어서, 혹은 평성과 비슷하니, 柱를 긷이라 함과, 脅을 녑이라 함과 같다.)〈합자해, 22ㄱ쪽〉.

14) 初聲之ㆆ與ㅇ相似◦於諺可以通用也。(첫소리의 ㆆ과 ㅇ은 서로 비슷하므로 우리말에서는 통용할 수 있다.)〈합자해, 22ㄴ쪽〉.

15) 挹欲於諺用相同(挹[ㆆ]과 欲[ㅇ]은 우리말에서 서로 같이 쓴다.)〈합자해, 23ㄱ쪽〉.

16) 諺之四聲何以辨 平聲則弓上則石(우리말의 사성은 어떻게 분별하는가? 평성은 弓[활]이고, 상성은 石[:돌]이다.)〈합자해, 23ㄴ쪽〉.

위에 인용한 문장에서 '언(諺)'은 모두 '우리말'로 해석할 때가 가장 원만하고 바른 해석이 된다. 이것은 앞서 살펴본 태조 때부터 세종의 훈민정음 창제 이전까지 실록에 기록된 모든 '언(諺)' 자의 풀이가 '전하는 말, 속담, 입말'로 일관되게 사용되던 것과 비교하면 많은 변화가 생겼음을 알 수 있다. 그러나 위의 『훈민정음』에 쓰인 '언' 자를 '우리말'이라고 해석하지 않고 '입말, 문자가 아닌 말소리'로 해석해도 큰 무리는 없다. 하지만 이미 『훈민정음』 안에서도 '중국말이 아닌 조선말'임이 분명하기 때문에 편찬자가 '우리말, 조선말'로 인식하고 있다고 보아야 한다. 이러한 사실은 창제 때에 새로운 글자를 '언문(諺文)'이라고 명명(命名)한 이래로 3년 동안 해례본을 편찬하면서 편찬자들이 그 이름을 부르며 익힘으로써 '언(諺)'의 이전 뜻(전하는 말, 속담)은 잊고 새로운 뜻(우리말, 조선말)으로 인식하게 되었음을 보여주는 것이다. 이는 실로 엄청난 변화가 아닐 수 없다. 이러한 변화는 1443년 실록에서 처음 새로운 글자를 창제한 때부터 1446년 책이 반포된 때까지 3년 사이에 '언(諺)'의 뜻이 두 가지가 되었다는 것이다.

그런데 처음 '언문'이란 말이 만들어질 때까지만 해도 한자 언(諺)의 본래 뜻을 살려서 '전하는 말을 적는 글, 입말을 적는 문자'라는 의미로 이름을 붙였지만, 그 본래 뜻보다는 새로운 글자가 한자와 비견하는 우리만의 글자임을 강조한 나머지, 그와 나란히 쓰는 '언(諺)'과 '언어(諺語)' 등도 '우리 말, 조선사람의 말'을 지칭하는 낱말로 바뀐 것이다. 그렇다고 해도 현대말에서 쓰는 '토박이말, 순 우리말'과는 거리가 멀다. 여기서 말하는 '우리말'은 좁은 의미의 우리말이 아니라 '조선사람의 말, 일상적으로 쓰는 말'이다. 즉 한자말이든 일본말이든 간에 조선사람이 발음하는 말은 '우리 말'이 되는 것이다.

당시 최만리 등 사대부들이 흔히 말하던 '이어(俚語)' 또는 '이언(俚言)'은 우리말을 낮은 계층의 말로 폄하한 말이다. 임금을 비롯해서 사대부나 천민이나 똑같은 우리말을 쓰면서도 그것을 굳이 차별 지은 말이다. 즉 사대부들이 하는 말은 한문이나 유교 경전의 문자를 섞어 쓰는 유식한 말로 여기고, 어려운 문구를 모르는 일반 백성들의 말은 무식한 말, 천한 말로 여긴 발상에서 비롯된 것이다. 그러나 사대부들이 무슨 특별한 영어나 중국어를 하는 것이 아니라 모두가 수천 년 이어오는 우리말을 함에도, 그들은 굳이 일반 백성들의 말을 자기들과 구분지어 폄하한 것이다. 즉, 우리의 '토박이말, 순수한 우리말'을 무시하고 업신여긴 태도다. 이런 태도는 세종의 생각과 전혀 다를뿐더러 세종은 우리말의 소중함을 이 해례본에 여실히 보여주고 있다. '언문'에 스며든 새로운 뜻 '우리말을 적는 문자'는 사대부를 제외한 시골말이 아니라 오래전부터 우리 겨레가 써오는 말, '사농공상 신분의 귀천이 없는 모두의 말'을 적는 문자였다. 따지고 보면 오래전부터 사대부들이 비하하고 폄하한 것은 '언문'이 아니라 '이어(俚語)' 즉 우리말이었던 것이다. 요즘도 영어 잘하는 사람을 높이 보고 토박이말, 방언을 잘하는 사람을 낮춰보는 것은 여전하다.

그러므로 이미 1446년 안팎으로 '언문(諺文)'은 '우리글(훈민정음)'로, '언어(諺語), 언(諺)'은 '우리말(조선어)'로 정착되어 일반 언중들에게 굳어졌음을 알 수 있다. 『훈민정음』이 반포된 이후 이 뜻은 또다시 변화를 갖게 되는데, 바로 모든 '언(諺)' 자는 '훈민정음' 곧 '언문'만을 가리키게 된다.

3) 두 문헌에 쓰인 '언(諺)'의 뜻 비교

지금까지 『조선왕조실록』과 『훈민정음』 해례본에서 '언(諺)'의 뜻을 살펴본 결과, 한자 '언(諺)'은 『조선왕조실록』에서 1,156건이나 사용하였는데, 이것은 많은 사람이 그 뜻을 잘 알고 있었으므로 '언문'이란 말이 처음 생겼을 때 전혀 주석이나 설명이 없이도 쉽게 받아들였음을 알 수 있었다. 또 『훈민정음』에서는 '언문'이란 말이 '훈민정음'이나 '정음'으로 대체되었을 뿐 '언'(9회) 또는 '언어'(7회)로서 '우리말'을 지칭하고 있었다. 두 문헌에서 살펴본 바를 정리하면, '언문'이란 "훈민정음을 '(우리나라) 백성들이 주고받는 말을 적은 문자, 말소리 그대로를 적는 글자'라는 뜻으로 일컬은 말"로 정리할 수 있고, 『훈민정음』 해례본에서조차 이미 집필에 참가했던 학자들이 '우리말'이라는 뜻으로 사용하였음을 알 수 있었다. 하지만 최만리와 같은 유학자들은, 중국과 대조하여 '조선 글자 또는 중국이 아닌 변방의 글자'임을 강조하려 했지만 기본적으로는 한자 '언(諺)'의 뜻을 깊이 이해한 '언문'이란 말을 사용하였음도 알 수 있었다. '언문'이라는 말이 생긴 후로 '언'의 파생어들이 생겼는데, 그 대표적인 말이 '언해'이다.

5. 훈민정음 기록의 오류

1) 훈민정음의 기록

① 훈민정음과 언문의 기록

창제 당시 훈민정음이란 이름과 언문이란 말은 혼재하여 쓰고 있다. 『조선왕조실록』 전산자료[6]를 검색한 결과, 원문에는 '훈민정음'이 10회(세종 25(1443)/12/30, 28(1446)/9/29, 28/12/26, 29(1447)/4/20, 29/9/29, 세조 3회, 성종 1회, 정조 1회)에 걸쳐 기록되어 있고, '정음'이 27건, '언문'이 151건, '언(諺)'이란 글자는 1,156건이 검색되었다.

특히 언문이란 말을 사용하는 사람의 신분을 보면 세종 자신을 비롯하여, 최만리 등 최고위급 유학자에서부터 중궁전이나 부인 등 모든 계층에서 두루 쓰고 있음을 알 수 있었다.

그런데 중국의 자전에서는 '언어(言語)'와 '언어(諺語)'라는 낱말의 풀이에서 많은 중국 고전 문헌을 보깃글로 제시하고 있지만, '언문(諺文)'이란 말은 중국 문헌에서 그 출처를 찾지 못하고, 다만 '조선의 글자'라고만 설명하고 있다. 이것은 실제로 '언문'이란 말이 중국에서는 사용하지 않았던 말임을 증명해 준다. 중국사람들은 글[文]과 말[言, 語, 諺]

6) 조선왕조실록 원문을 현대어로 국역한 것은, 1968년부터 세종대왕기념사업회가 태조~성종, 숙종~철종, 순종까지 국역하고, 민족문화추진회가 연산군~현종, 고종까지 국역함으로써 1994년에 실록 전체를 국역 완료하였다. 이를 서울시스템(주)에서 2005년 전산 입력 CD-ROM을 제작하였으며, 국사편찬위원회에서 여기에 한문 원문을 추가 전산 입력하여 2006년부터 인터넷에 국역문과 원문을 동시에 올려 일반에게 공개하고 있다.

을 뚜렷이 구별하여 인식하였는데, 언(言)과 어(語), 언(諺) 등은 모두 문자를 만나야 글이 되었다. 한자 '언(諺)'은 그야말로 옛날부터 전해 오거나 사람들 사이에서 입으로 전해지며 떠도는 말을 가리킨다. 이 말을 문자로 기록하는 일은 몇 단계를 거쳐야 했다. 왜냐하면 한자는 표의문자(뜻글자)이기 때문에 말을 뜻으로 뒤쳐야 문자로 쓸 수 있게 된다. 그러므로 언(諺)은 많은 수고로움을 거쳐야 문(文)이 될 수 있는 것이고, 언(諺)과 문(文)은 전혀 다른 성질을 갖게 되는 것이다. 그런데 조선의 새로운 글자 '언문'은 입으로 전하는 이야기나 주고받는 말을 그대로 문장으로 만들어낼 수 있는 글자로서, '말소리의 문자, 소리의 글자, 입말 글자'이니, 바로 '언(諺)의 문(文)'인 것이다. 이는 세종이 만든 새 글자가 '언문 일치의 문자'임을 함축한 말이다. 그리고 이 '언문 일치의 문자'가 사람의 입에서 나오는 발음대로 적을 수 있는 '표음 문자'임에 놀라지 않을 수 없었던 것이다. 왜냐하면 그때까지 사람들은 '한자(漢字)처럼 문자란 뜻이 있는 것이고, 뜻이 있어야 문자다.'라는 고정관념 속에 살았기 때문이다.

② 언문과 훈민정음의 이름 붙이기

세종실록 1443년 12월 30일 기록은 '언문'이란 말과 '훈민정음'이란 말이 처음 나오는 기록이다.

> 是月 上親制諺文二十八字 其字倣古篆 分爲初中終聲 合之然後乃成字 凡干文字及本國俚語 皆可得而書 字雖簡要 轉換無窮 是謂訓民正音(세종 25(1443)/12/30)

그런데 이 새로운 글자를 설명한 『훈민정음』 책은 1446년 9월 29일에야 이루어졌다. 이날 '세종실록'의 기록은 다음과 같다.

어제 서문과 정인지 서문

이달에 『훈민정음』이 이루어졌다. 어제(御製)에, "나랏말이 중국과 달라 문자와 서로 통하지 아니하므로, 우매한 백성이 말하고 싶은 것이 있어도 마침내 제 뜻을 잘 표현하지 못하는 사람이 많다. 내 이를 딱하게 여기어 새로 28자를 만들었으니, 사람들로 하여금 쉬 익히어 날마다 쓰는 데 편하게 할 뿐이다. ㄱ은 아음(牙音)이니 군(君)자의 첫 발성(發聲)과 같은데 가로 나란히 붙여 쓰면 규(虯)자의 첫 발성(發聲)과 같고, ㆁ은 아음(牙音)이니 업(業)자의 첫 발성과 같고, ㄷ은 설음(舌音)이니 두(斗)자의 첫 발성과 같은데 가로 나란히 붙여 쓰면 담(覃)자의 첫 발성과 같고, ㅌ은 설음(舌音)이니 탄(呑)자의 첫 발성과 같고, ㄴ은 설음(舌音)이니 나(那)자의 첫 발성과 같고, ㅋ은 아음(牙音)이니 쾌(快)자의 첫 발성과 같고, ㅂ은 순음(脣音)이니 별(彆)자의 첫 발성과 같은데 가로 나란히 붙여 쓰면 보(步)자의 첫 발성과 같고, ㅍ은 순음(脣音)이니 표(漂)자의 첫 발성과 같고, ㅁ은 순음(脣音)이니 미(彌)자의 첫 발성과 같고, ㅈ은 치음(齒音)이니 즉(卽)자의 첫 발성과 같은데 가로 나란히 붙여 쓰면 자(慈)자의 첫 발성과 같고, ㅊ은 치음(齒音)이니 침(侵)자의 첫 발성과 같고, ㅅ은 치음(齒音)이니 술(戌)자의 첫 발성과 같는데 가로 나란히 붙여 쓰면 사(邪)자의 첫 발성과 같고, ㆆ은 후음(喉音)이니 읍(挹)자의 첫 발성과 같고, ㅎ은 후음(喉音)이니 허(虛)자의 첫 발성과 같은데 가로 나란히 붙여 쓰면 홍(洪)자의 첫 발성과 같고, ㅇ은 후음(喉音)이니 욕(欲)자의 첫 발성과 같고, ㄹ은 반설음(半舌音)이니 려(閭)자의 첫 발성과 같고, ㅿ는 반치음(半齒音)이니 양(穰)자의 첫 발성과 같고, ·은 탄(呑)자의 중성(中聲)과 같고, ㅡ는 즉(卽)자의 중성과 같고, ㅣ는 침(侵)자의 중성과 같고, ㅗ는 홍(洪)자의 중성과 같고, ㅏ는 담(覃)자의 중성과 같고, ㅜ는 군(君)자의 중성과 같고, ㅓ는 업(業)자의 중성과 같고, ㅛ는 욕(欲)

자의 중성과 같고, ㅑ는 양(穰)자의 중성과 같고, ㅠ는 술(戌)자의 중성과 같고, ㅕ는 별(彆)자의 중성과 같으며, 종성(終聲)은 다시 초성(初聲)으로 사용하며, ㅇ을 순음(脣音) 밑에 연달아 쓰면 순경음(脣輕音)이 되고, 초성(初聲)을 합해 사용하려면 가로 나란히 붙여 쓰고, 종성(終聲)도 같다. ㅡ·ㅗ·ㅜ·ㅛ·ㅠ는 초성의 밑에 붙여 쓰고, ㅣ·ㅓ·ㅏ·ㅑ·ㅕ는 오른쪽에 붙여 쓴다. 무릇 글자는 반드시 합하여 음을 이루게 되니, 왼쪽에 1점을 가하면 거성(去聲)이 되고, 2점을 가하면 상성(上聲)이 되고, 점이 없으면 평성(平聲)이 되고, 입성(入聲)은 점을 가하는 것은 같은데 촉급하게 된다."라고 하였다.

그리고 예조 판서 정인지의 서문에는, "천지 자연의 소리가 있으면 반드시 천지 자연의 글이 있게 되니, 옛날 사람이 소리로 인하여 글자를 만들어 만물의 정을 통하여서, 삼재의 도리를 기재하여 뒷세상에서 변경할 수 없게 한 까닭이다. 그러나, 사방의 풍토가 구별되매 성기(聲氣)도 또한 따라 다르게 된다. 대개 외국의 말은 그 소리는 있어도 그 글자는 없으므로, 중국의 글자를 빌려서 그 일용(日用)에 통하게 하니, 이것이 둥근 장부가 네모진 구멍에 들어가 서로 어긋남과 같은데, 어찌 능히 통하여 막힘이 없겠는가. 요는 모두 각기 처지에 따라 편안하게 해야만 되고, 억지로 같게 할 수는 없는 것이다. 우리 동방의 예악 문물이 중국에 견주되었으나 다만 방언과 이어(俚語)만이 같지 않으므로, 글을 배우는 사람은 그 지취의 이해하기 어려움을 근심하고, 옥사를 다스리는 사람은 그 곡절의 통하기 어려움을 괴로워하였다. 옛날에 신라의 설총이 처음으로 이두를 만들어 관부와 민간에서 지금까지 이를 행하고 있지마는, 그러나 모두 글자를 빌려서 쓰기 때문에 혹은 간삽하고 혹은 질색하여, 다만 비루하여 근거가 없을 뿐만 아니라 언어의 사이에서도 그 만분의 일도 통할 수가 없었다. 계해년 겨울에 우리 전하께서 정음 28자를 처음으로 만들어 예의를 간략하게 들어 보이고 명칭을 '훈민정음'이라 하였다. 물건의 형상을 본떠서 글자는 고전(古篆)을 모방하고, 소리에 인하여 음은 칠조(七調) 에 합하여 삼극의 뜻과 이기(二氣)의 정묘함이 구비 포괄되지 않은 것이 없어서, 28자로써 전환하여 다함이 없이 간략하면서도 요령이 있고 자세하면서도 통달하게 되었다. 그런 까닭으로 지혜로운 사람은 아침나절이 되기 전에 이를 이해하고, 어리석은 사람도 열흘 만에 배울 수 있게 된다. 이로써 글을 해석하면 그 뜻을 알 수가 있으며, 이로써 송사를 청단하면 그 실정을 알아낼 수가 있게 된다. 자운(字韻)은 청탁을 능히 분별할 수가 있고, 악가는 율려가 능히 화합할 수가 있으므로 사용하여 구비하지 않은 적이 없으며 어디를 가더라도 통하지 않는 곳이 없어서, 비록 바람소리와 학의 울음이든지, 닭울음소리나 개짖는 소리까지도 모두 표현해 쓸 수가 있게 되었다. 마침내 해석을 상세히 하여 여러 사람들에게 이해하라고 명하시니, 이에 신(臣)이 집현전 응교 최항, 부교리 박팽년과 신숙주, 수찬 성삼문, 돈녕부 주부 강희안, 행 집현전 부수찬 이개·이선로 등과 더불어 삼가 모든 해석과 범례를 지어 그 경개를 서술하여, 이를 본 사람으로 하여금 스승이 없어도 스스로 깨닫게 되는 것이다. 그 연원의 정밀한 뜻의 오묘한 것은 신 등이 능히 발휘할 수 없는 바이다. 삼가 생각하옵건대, 우리 전하께서는 하늘에서 낳으신 성인으로서 제도와 시설이 백대의 제왕보다 뛰어나시어, 정음의 제작은 전대의 것을 본받은 바도 없이 자연적으로 이루어졌으니, 그 지극한 이치가 있지 않은 곳이 없으므로 인간 행위의 사심(私心)으로 된 것이 아니다. 대체로 동방에 나라가 있은 지가 오래 되지 않은 것이 아니나, 사람이 아직 알지 못하는 도리를 깨달아 이것을 실지로 시행하여 성공시키는 큰 지혜는 대개 오늘날에 기다리고 있을 것인져."라고 하였다.

是月 訓民正音成 御製曰 國之語音 異乎中國 與文字不相流通 故愚民有所欲言 而終不得伸其情者多矣 予爲此憫然 新制二十八字 欲使人易習便於日用耳 ㄱ牙音 如君字初發聲 竝書如虯字初發聲 ㅋ牙音 如快字初發聲 ㆁ牙音 如業字初發聲 ㄷ舌音 如斗字初發聲 竝書如覃字初發聲 ㅌ

舌音, 呑字初發聲 ㄴ舌音 如那字初發聲 ㅂ唇音 如彆字初發聲 竝書如步字初發聲 ㅍ唇音 如漂字初發聲 ㅁ唇音 如彌字初發聲 ㅈ齒音 如卽字初發聲 竝書如慈字初發聲 ㅊ齒音 如侵字初發聲 ㅅ齒音 如戌字初發聲 竝書如邪字初發聲 ㆆ喉音 如挹字初發聲 ㅎ喉音 如虛字初發聲 竝書如洪字初發聲 ㅇ喉音 如欲字初發聲 ㄹ半舌音 如閭字初發聲 ㅿ半齒音 如穰字初發聲 ·如呑字中聲 ㅡ如卽字中聲 ㅣ如侵字中聲 ㅗ如洪字中聲 ㅏ如覃字中聲 ㅜ如君字中聲 ㅓ如業字中聲 ㅛ如欲字中聲 ㅑ如穰字中聲 ㅠ如戌字中聲 ㅕ如彆字中聲 終聲復用初聲 ㅇ連書唇音之下 則爲唇輕音 初聲合用則竝書 終聲同 ·ㅡㅗㅜㅛㅠ附書初聲之下 ㅣㅓㅏㅑㅕ附書於右 凡字必合而成音左加 一點則去聲 二則上聲 無則平聲 入聲加點同而促急

禮曹判書鄭麟趾序曰 有天地自然之聲 則必有天地自然之文 所以古人因聲制字 以通萬物之情 以載三才之道 而後世不能易也 然四方風土區別聲氣亦隨而異焉 蓋外國之語 有其聲而無其字 假中國之字 以通其用 是猶柄鑿之鉏鋙也 豈能達而無礙乎 要皆各隨所處而安 不可强之使同也 吾東方禮樂文物 侔擬華夏 但方言俚語 不與之同 學書者患其旨趣之難曉 治獄者病其曲折之難通 昔新羅薛聰始作吏讀 官府民間 至今行之 然皆假字而用 或澁或窒 非但鄙陋無稽而已 至於言語之間 則不能達其萬一焉 癸亥冬 我殿下創制正音二十八字 略揭例義以示之 名曰訓民正音 象形而字倣古篆 因聲而音叶七調 三極之義二氣之妙 莫不該括 以二十八字而轉換無窮 簡而要 精而通 故智者不崇朝而會 愚者可浹旬而學 以是解書 可以知其義 以是聽訟 可以得其情 字韻則淸濁之能卞 樂歌則律呂之克諧 無所用而不備無所往而不達 雖風聲鶴唳雞鳴狗吠 皆可得而書矣 遂命詳加解釋 以喩諸人 於是 臣與集賢殿應敎崔恒 副校理朴彭年申叔舟 修撰成三問 敦寧注簿姜希顔 行集賢殿副修撰李塏李善老等 謹作諸解及例 以敍其梗槪 庶使觀者不師而自悟 若其淵源精義之妙則非臣等之所能發揮也 恭惟我殿下天縱之聖 制度施爲 超越百王 正音之作 無所祖述 而成於

自然 豈以其至理之無所不在而非人爲之私也 夫東方有國 不爲不久 而開物成務之大智 蓋有待於今日也歟(세종 28(1446)/9/29)

이름이란 본디 태어난 뒤에 붙이는 것이다. 물론 미리 뜻을 깊이 생각하여 만들어 둘 수는 있지만 대외적으로 밝히는 것은 태어난 뒤에 하는 일이다. 정인지는 『훈민정음』 해례본의 서문을 쓰면서, "전하께서 정음 28자를 창제하시었는데, 간략한 보기와 뜻을 들어 보이고, 이름을 훈민정음이라 하였다.[殿下創製正音二十八字 略揭例義以示之 名曰訓民正音]"라고 하였고, 글 끝에, "정통 11년 9월 상한[正統十一年九月上澣](1446년 음력 9월 10일)"이라고 적고 있으니, 새로운 글자를 만든 사실을 내외에 알린 1443년 12월에 '훈민정음'이란 이름을 붙임과 1446년 9월에 해례본이 간행된 것으로 이해된다.

그런데 1443년 12월 30일 기록에 그 이름 '훈민정음'이 기록되어 있음에도, 1443년부터 1446년 반포 이전에는 이외의 어떤 기록에도 훈민정음이란 이름이 나타나지 않는다. 세종이나 신하들 어느 누구도 훈민정음이란 이름을 말하는 사람이 없었고, 훈민정음이란 이름을 아는 사람도 없었다. 『세종실록』에서 보면, 1444년 2월 16일 '언문으로 운회를 번역하라'라고 한 말이나, 2월 20일에 기록된 최만리 등의 상소에서나, 그 상소 때문에 세종이 그들을 불러 나눈 대화에서도 전혀 훈민정음이란 말이 없다. 오히려 세종 자신부터 늘 '언문'이라고 칭하였고, 신하들의 말에도 수없이 '언문'이란 말로만 주고받을 뿐 '훈민정음'이란 이름을 부르지 않고 있다. 이미 '훈민정음'이란 이름을 지어서 신하들도 알고 있었다면, 임금이나 신하들의 입에서 그 이름이 나와야 하는 것이 당연한 일이다. '언문'이란 말이 '언(諺)의 문(文)'이란 뜻으로 붙여진 두루이름씨(일반명사)라면, 이것을 특별히 '훈민정음'이라고 제 이름을 붙여주었는데도, 단 한 번도 임금이나 신하들이 그 이름을 부른 적이 없다는 것은 의문을 갖지 않을 수 없다. 또한 '훈민정음'이란 이름을 붙였다면 이미 이때에 그 이름을 붙인 까닭이나 의미를 설명하여야 옳다. 그런데 이름 붙인 까닭이나 의미는 3년 뒤에나 나타나고 있다. 1443년 실록에서 처음 나타난 기록을 보면, '훈민정음'의 의미라기보다는 '언문'의 의미를 적은 것임을 알 수 있다. 그러므로 '훈민정음'이란 말은 1446년 반포하면서 지은 이름이고, 그 이전에는 '언문'이란 명칭만을 썼다고 보는 것이 더 타당성을 얻는다. 이 가설이 옳다면, '언문'이란 말은 조선의 새로운 글자를 지칭하는 말로 새롭게 만들어진 신조어(新造語)이면서, 훈민정음이란 정식 이름이 붙여지기 3년 전에 이미 보통명사로서 그 책임을 톡톡히 하며 굳어지게 된 것이다.

그렇다면 세종 25년(1443) 12월 30일 '세종실록'의 기록에서 '언문'이라는 이름과 함께 기록된 '是謂訓民正音'은 무엇인가? 그것은 잘못 기록한 오류이거나 실록 집필의 통례라는 생각이다. 그러므로 이 문장을 빼고 나면 '언문'이란 말만 남는다.

> "是月, 上親制諺文二十八字, 其字倣古篆, 分爲初中終聲, 合之然後乃成字, 凡干文字及本國俚語, 皆可得而書, 字雖簡要, 轉換無窮, 〈是謂訓民正音〉.(이달에 임금이 친히 언문 28자를 지었는데, 그 글자는 옛 전자를 모방하고, 초성·중성·종성으로 나누어 합한 연후에야 글자를 이루었다. 무릇 한자에 관한 것과 본국(조선)의 말에 관한 것을 모두 글로 쓸 수 있고, 글자는 비록 간단하고 요약하지마는 전환하는 것이 무궁하다. 〈이것을 훈민정음이라고 일렀다.〉)"

이렇게 보면, 위의 기록은 오로지 '언문'에 대한 설명이 된다. 위의 설명을 새롭게 정리하면, '임금이 친히 만든 28자를 언문이라 하는데,

언문이란 옛 전자를 모방하여 만든 글자이고, 초성·중성·종성으로 나누었으며, 이를 합한 연후에야 비로소 글자가 이룬다. (이 언문은) 중국의 한문[文字]에 관한 것과 조선의 말[俚語]에 관한 것까지 모두 글로 나타낼 수 있으며, 글자는 간결하고 단순하지만 전환이 무궁하다.'라고 풀이할 수 있으며, 이는 곧 '언문'에 대한 해석이기도 하다. 이렇게 '언문'이란 말에 대해 설명한 뒤, 3년 뒤인 1446년 9월 10일에 정인지가 서문을 지어 올리고, 9월 29일에 『훈민정음』 책이 완성됨으로써 실록에 '훈민정음'이라는 이름을 지은 까닭과 의미를 적게 된다.

> ○是月, 訓民正音成. 御製曰: 國之語音, 異乎中國, 與文字不相流通, 故愚民有所欲言, 而終不得伸其情者多矣. 予爲此憫然, 新制二十八字, 欲使人易習, 便於日用耳(이달에 '훈민정음(訓民正音)'이 완성되었다. 어제(御製)에, "나랏말이 중국과 달라 문자로서 서로 통하지 아니하므로, 어린 백성이 말하고 싶은 것이 있어도 마침내 제 뜻을 잘 표현하지 못하는 사람이 많다. 내 이를 딱하게 여기어 새로 28자(字)를 만들었으니, 사람들로 하여금 쉽게 배우고 날마다 쓰는 데 불편함이 없게 할 뿐이다.)

1443년 12월에 기록이 '언문'에 대한 설명이라면, 1446년 9월의 기록은 '훈민정음'이란 이름을 지으면서 그 뜻을 설명한 것이다. 즉, '백성을 가르치는 바른 소리'라는 뜻으로 이름을 지었는데, 이것은 '우리말이 중국말과 달라서, 중국 문자로는 백성이 말하고자 하는 제 뜻을 표현하기가 매우 어려우니 내가 딱하게 여겨서 새로 28글자를 만든 것이다. 그러니 사람마다 쉽게 익히고 날마다 써서 제 뜻을 전하는 데 편했으면 좋겠다.'라는 세종의 뜻을 밝힌 말이다. 이 서문은 일종의 반포문인 셈이다.

③ 이름에 대한 다른 예증

앞에서 1446년에 지은 '훈민정음'이란 이름이 1443년 기록에 나타게 된 것은 기록의 오류이거나 실록 찬집의 통례라고 하였다. 실록에는 이와 같이 나중에 정했지만 앞선 연대에 기록된 사례가 있다. 가장 가까운 사례가 '광화문(光化門)'이란 이름에 대한 기록이다. 이 사례는 '훈민정음'의 사례보다 몇 년 앞서 세종 당대에 나타나고 있다.

2) 광화문 기록의 오류

① 광화문에 대한 실록의 기록

> 이달에 대묘(大廟; 종묘)와 새 궁궐이 준공되었다. …(줄임)… 정전(正殿)은 다섯 칸이고 조회를 받는 곳으로 보평청의 남쪽에 있다. …(줄임)… 전문(殿門) 세 칸은 전(殿)의 남쪽에 있고, 좌우 행랑 각각 열한 칸과 동·서각루(東西角樓) 각각 두 칸과 오문(午門) 세 칸은 전문(殿門)의 남쪽에 있다. 동서의 행랑은 각각 열일곱 칸씩이며, 수각(水閣)이 세 칸, 뜰 가운데에 석교(石橋)가 있으니 도랑물 흐르는 곳이다. 문(門)의 좌우의 행랑이 각각 열일곱 칸씩이며, 동·서각루가 각각 두 칸씩이다. 동문을 일화문(日華門)이라 하고, 서문을 월화문(月華門)이라 한다. …(줄임)… <u>뒤에, 궁성을 쌓고 동문은 건춘문(建春門)이라 하고, 서문은 영추문(迎秋門)이라 하며, 남문은 광화문(光化門)이라 했는데, 다락[樓] 세 칸이 상·하층이 있고, 다락 위에 종과 북을 달아서, 새벽과 저녁을 알리게 하고 중엄(中嚴)을 경계했으며, 문 남쪽 좌우에는 의정부(議政府)·삼군부(三軍府)·육조(六曹)·사헌부(司憲府) 등의 각사(各司) 공청이 벌여 있었다.</u>(태조 4(1395)/9/29)

경복궁을 준공하면서 태조가 정도전에게 명하여 모든 궁성에 이름을 지어 붙이도록 하였는데 유독 광화문의 이름이 두 가지로 적혀 있다. 위에 보이는 글은 태조 4년(1395) 9월 29일 기록인데 여기에서는 경복궁의 남문을 '광화문(光化門)'이라 이름지었다고 하였다. 그런데 며칠 뒤 바로 이어서 나타나는 10월 7일 기록에서는 정도전이 '정문(正門)'이라 이름지어 임금께 올리고 있다.

> 판삼사사 정도전에게 분부하여 새 궁궐의 여러 전각의 이름을 짓게 하니, 정도전이 이름을 짓고 아울러 이름 지은 의의를 써서 올렸다. 새 궁궐을 경복궁(景福宮)이라 하고, 연침을 강녕전(康寧殿)이라 하고, 동쪽에 있는 소침을 연생전(延生殿)이라 하고, 서쪽에 있는 소침을 경성전(慶成殿)이라 하고, 연침의 남쪽을 사정전(思政殿)이라 하고, 또 그 남쪽을 근정전(勤政殿)이라 하고, 동루를 융문루(隆文樓)라 하고, 서루를 융무루(隆武樓)라 하고, 전문(殿門)을 근정문(勤政門)이라 하며, 남쪽에 있는 문[午門]을 정문(正門)이라 하였다.
>
> 그 경복궁에 대하여 말하기를, …(줄임)… 강녕전에 대하여 말씀드리면, …(줄임)… 연생전과 경성전에 대하여 말씀드리면, …(줄임)… 사정전에 대해서 말하면, …(줄임)… 근정전과 근정문에 대하여 말하오면, …(줄임)… 융문루와 융무루에 대해서 말하오면, …(줄임)… 정문(正門)에 대해서 말하오면, 천자와 제후가 그 권세는 비록 다르다 하나, 그 남쪽을 향해 앉아서 정치하는 것은 모두 정(正)을 근본으로 함이니, 대체로 그 이치는 한가지입니다. 고전을 상고한다면 천자의 문(門)을 단문(端門)이라 하니, 단(端)이란 바르다[正]는 것입니다. 이제 오문(午門)을 정문(正門)이라 함은 명령과 정교(政教)가 다 이 문으로부터 나가게 되니, 살펴보고 윤허하신 뒤에 나가게 되면, 참소하는 말이 돌지 못하고, 속여서 꾸미는 말이 의탁할 곳이 없을 것이며, 임금께 아뢰는 것과 명령을 받드는 것이 반드시 이 문으로 들어와 윤허하신 뒤에 들이시면, 사특한 일이 나올 수 없고 공로를 상고할 수 있을 것입니다. 〈문을〉 닫아

서 이상한 말과 기이하고 사특한 백성을 끊게 하시고, 열어서 사방의 어진 이를 오도록 하는 것이 정(正)의 큰 뜻입니다."(태조 4(1395)/10/7)

두 글만 본다면 '오문(午門)'이란 말이 제일 먼저 나오는데, 이는 일곱째 지지인 오(午)가 정남(正南)을 가리키는 말이므로, 두루이름씨(보통명사)로 볼 수 있다. 정도전이 먼저 이 오문(남문)을 '정문(正門)'이라 이름지었다고 하면서, 그 이름에 대해 매우 자세하게 의미를 설명하고 있다. 그러나 그가 광화문이라는 이름을 지었다는 말은 어디에도 없다. 그런데도 정문이라고 지었다는 글(10월 7일 기록)보다 앞선 날(9월 29일)에 이미 '광화문'이라는 이름이 기록되어 있다. 이것은 광화문이, 정도전이 지은 이름이 아님을 말해 준다. 『태조실록』의 '광화문'은, 세종 30년에 『태조실록』을 증보할 때 새로 붙여진 이름인 '광화문'을 실록청 편찬자들이 첨가하여 삽입한 것이다. 『태조실록』을 더 자세히 살펴보면, 『태조실록』은 두 번에 걸쳐 찬집하였는데, 처음 태종 13년(1413)에 찬술한 것을 세종 30년(1448)에 정인지 등이 다시 증보하여 편수하였음을 『태조실록』 부록에 기록하고 있다.

② 경복궁 셋째 문 '광화'

『세종실록』에는, 세종 8년(1426) 10월 26일에 '광화문'이란 이름을 지었다고 하였다.

집현전 수찬에게 명하여 경복궁 각 문과 다리의 이름을 정하게 하니, 근정전 앞 둘째 문을 홍례(弘禮), 셋째 문을 광화(光化)라 하고, 근정전 동랑(東廊) 협문(夾門)을 일화(日華), 서쪽 문을 월화(月華)라 하고, 궁성(宮城) 동쪽을 건춘(建春), 서쪽을 영추(迎秋)라 하고, 근정문 앞 돌다리를 영제(永濟)라 하였다.(세종 8(1426)/10/26)

한편 세종 13년(1431) 4월 18일 실록에 비로소 '光化門成'이란 기록이 나오는 것을 보아, 태조 때에 시작한 성곽과 성문 짓는 일이 세종 때까지 이어져 궁궐 안팎을 증축하고, 세종 13년에 그 남쪽 정문을 완성하였음을 알 수 있다. 그러므로 위의 태조 4년(1395) 9월 29일 기록에서 아래 밑줄 그은 부분은 바로 세종 8년(1426)에 붙여진 이름들이다. 세종 때에 지은 이름이 할아버지 실록에 기록된 것이다. 이것은 분명 기록의 오류이다.

이런 기록은 두 실록이 함께 제작됨으로써 실록청 찬집자들이 혼동하였거나 더 확실하게 하려고 하다가 저지른 일로 보인다. 결과적으로 '광화문'에 대한 실록의 기록은 이름이 생긴 때보다 31년이나 앞선 선왕의 실록에까지 기록된 것이다.

결국 태조 4년에 남쪽 궁문을 짓기 시작하면서 '정문(正門)'이라 이름 붙였다가, 세종 8년에 '정문'을 '광화문'으로 개명하였고, 드디어 세종 13년에 문을 완성하여 현판을 달게 되었는데, 세종 30년에 『태조실록』을 증수하면서 정도전이 궁궐 이름을 지었다는 기록 뒤에 '광화문'이란 새 이름을 덧붙여 기록하였음을 알 수 있다. 이러한 사실은 『조선왕조실록』을 제작하면서 후대의 사실이 선대 임금의 실록에 기록되는 오류가 발생할 수 있음을 보여주는 사례다. 이 '광화문' 사례와 '훈민정음' 사례를 볼 때 아마도 실록 편찬의 통례가 아니었나 싶기도 하다.

3) 그밖의 오류

> 천순 7년 3월 일에 영춘추관사 신 신숙주, 감춘추관사 신 권남, 지춘추관사 신 최항, 신 어효첨, 동지춘추관사 신 이극감, 신 양성지 등은 삼가 전지를 받들어 이에 첨부합니다.

天順七年三月日 領春秋館事臣申叔舟 監春秋館事臣權擥 知春秋館事 臣崔恒 臣魚孝瞻 同知春秋館事臣李克堪 臣梁誠之等謹奉傳旨 添附于此 (세종 9(1427)/9/29)

『세종실록』 37권, 즉 세종 9년의 기록에 버젓이 '천순 7년'의 일이 기록되어 있다. '천순 7년'은 세조 9년(1463)이다. 즉, 이때 『세종실록』을 다시 손보면서, 세조가 새 내용을 『세종실록』에 추가하라는 명령을 내려 신하들이 삽입한다고 밝힌 기록이다. 이것은 세조 9년까지 『세종실록』이 완전히 인쇄되지 못하고 있었다는 사실과, 앞선 임금의 실록에 후대의 사실을 더하거나 빼는 일이 있었다는 사실을 보여준다.

진양대군【세조의 휘(諱)이다.】과 안평대군 이용과 도승지 조서강에게 명령하여 헌릉에 가서 수즙(修葺)하는 상황을 살펴보게 하였다.

丁巳/命晋陽大君【世祖諱】安平大君 瑢 都承旨 趙瑞康 詣 獻陵審視修葺之狀(세종 24(1442)/8/30)

위의 기록은 『세종실록』 97권, 즉 세종 24년(1442)의 기록인데 느닷없이 '세조의 휘'라는 주석이 달려 있다. '세조'는 세조가 죽어서야 붙여지는 '묘호(廟號)'이니 이 주석은 세조 사후 즉, 1468년 이후에 삽입된 기록이다. 이때도 『세종실록』이 완전히 인쇄되지 못하고 있었다는 사실과 함께, 끝까지 실록청에서는 내용 수정이 자행되었음을 알 수 있다. 『세종실록』은 문종 2년(1452) 3월에 찬집하기 시작하여, 단종 때에 완성하였으나, 세조 때에 수정하여 활자 인쇄로 찍어내기 시작해 성종 3년(1472)에 활자본이 완성되었으니, 20년 동안 계속 수정 보완이 이루어졌다고 할 수 있다.

이렇게 툭툭 몇 자씩 나타나는 어이없는 기록은 움직일 수 없는 실록 편찬의 오류라고 할 수 있으며, 이를 통해 우리는 또 다른 실록의 민낯을 보면서 역사적 사실을 더욱 확실하게 알게 되는 점도 있지만, 큰 틀에서 보면 실록의 신뢰를 잃게 되는 치명적인 허점이기도 하다. 그러므로 세종 25년(1443) 12월 말일에 기록된 '언문 창제'의 기록은 1차적으로 세종 사후 단종 2년(1454) 3월까지 실록청에서 정리한 기사이고, 그 기사 끝에 붙여진 '是謂訓民正音'이란 마지막 여섯 글자는, 사관이 알지 못했거나 미처 기록하지 못한 사실을, 문종 2년 실록청이 세워진 때부터 성종 3년 활자본 인쇄가 끝난 때까지 그 사이에, 누군가가 덧붙여 놓은 글임에 틀림없다.

6. 세종 사후 문헌의 기록

15세기 훈민정음 창제 때부터 18세기까지의 문헌에서 '언문'이란 말과 '훈민정음'이란 말의 기록을 찾아보았다.

1) 「세종대왕 신도비」(1452)

세종이 죽고 문종 2년(1452)에 만들어진 '세종대왕 신도비'에는 정인지가 지은 비명이 새겨져 있다. 정인지는 집현전의 수장인 동시에, 해례본 제작 8인 중의 좌장이다. 여기 신도비에는 세종이 병인년(세종 28, 1446)에 훈민정음을 창제하였다고 명시하고 있다.

> 세종께서는 을축년(1445)에 근심과 과로로 병을 얻자 금상 전하(문종)께 명하여 정무를 참결하게 하시었다. 병인년(세종 28, 1446)에는 훈민정음을 창제하시어 말소리(성운)의 온갖 변화를 다 기록할 수 있게 하시

었는데, 오랑캐와 중국의 모든 말을 다 옮겨 적어 통하지 못할 것이 없게 되었으니, 그 제작의 정미함은 고금에 뛰어나시었다.

乙丑以憂勤得疾 命今上殿下 參決庶務 丙寅創制訓民正音 以盡聲韻之變 蕃漢諸音譯 無不通 其制作精微 可謂超出古今矣(『신증동국여지승람』(1530, 중종25), 7권 13ㄴ쪽(국역본, 1969, 민족문화추진회 2집 70쪽))

세종실록에는 1443년 12월 30일에, '이달에 언문 28자를 창제하였다.[是月, 上親制諺文二十八字]'고 기록되어 있고, 『훈민정음』 해례본에는 정인지가 쓴 서문에 '계해년(1443) 겨울에 우리 전하께서 정음 28자를 창제하셨다.[癸亥冬 我殿下創制正音二十八字]'다고 해 놓고, 신도비에는 위와 같이 1446년에 창제하였다고 새긴 것은 우리를 조금 혼란스럽게 한다. 또 『세종실록』 편찬자도 세종 28년(1446) 9월 29일에 '이달에 훈민정음이 완성되었다.[是月 訓民正音成]'라고 하였고, 『훈민정음』 해례본 끝에도 정인지가 '정통 11년(1446) 9월 상한(上澣)'에 서문을 쓴다고 하였다. 이들을 정리하면, 세종 25년 12월 중에 세종이 언문 28자를 창제하였고, 세종 28년 9월 상한에 정인지가 서문을 써서 바쳤으며, 세종 28년 9월 29일에야 『훈민정음』 해례본이 완성되었다는 것이다. '완성[成]'은 목판에 새겨 종이에 찍고, 이것을 엮어 책이 만들어졌다는 말이다. 그런데 지금 한글날을 10월 9일로 제정한 것은 정인지 서문 끝에 적은 '9월 상한'을 그레고리역으로 환산한 것이다. 어떤 책의 '서(序)'를 쓰는 일은 일반적으로 그 책이 편집되기 이전에 이루어진다. 누군가 서문을 써서 그 글을 판에 새기고, 그 판에 먹을 발라 종이에 찍어내는 일은 며칠 시간이 걸리기 마련이다. 또 때로는 찍어낸 종이를 보고 교정을 보거나 내용을 추가해서 다시 찍기도 한다. 그러므로 정인지가 서문을 쓴 날과 책이 완성[成]된 날은 똑같은 날일 수 없다. 그렇게 여러 공정을 하루 만에 소화하기는 매우 힘든 일이기 때문이다. 그러므로 실록의 기록처럼 세종 28년 9월 29일에, '이달에 『훈민정음』을 완성하다.'라는 말을 받아들여야 하며, 그러면 이날이 반포일이 된다.

문제는 『훈민정음』 서문도, 세종대왕 신도비도 정인지가 썼고, 『세종실록』 편찬 총괄자도 정인지라는 사실이다. 더욱이 이 신도비는 『세종실록』이 처음 완성되었던 문종 2년(1452)에 함께 작성되었음에도 실록과 신도비의 기록이 다르다는 것이다. 물론 신도비의 기록은 '세종 28년(1446)에 『훈민정음』이란 책을 완성하여 반포하였다.'는 말로 이해할 수도 있다. 즉 '창제 언문, 완성 『훈민정음』'을 묶어서 '창제훈민정음'이라고 말한 것으로 볼 수도 있다는 것이다. 하지만 정인지가 누구인가? 새 문자 창제 사업의 핵심 인물이고, 세종의 최측근이 아닌가? 그런 그가 창제일과 반포일을 혼동하였다는 것이 이해할 수 없다. 이러한 정황으로 볼 때 정인지도 정확한 창제일을 몰랐던 것이 분명하다. 그래서 그가 총괄하여 편찬한 『세종실록』에도 1443년 12월 말일(30일), '세종장헌대왕실록 권제102 끝'에 정확한 날짜를 지적하지 못하고 '이달에'라고 기록할 수밖에 없었던 것이고, 자신이 서문을 써서 책이 나온 병인년(1446)을 '창제훈민정음'이라 한 것이다.

2) 『직해동자습』(1453) 서문

성삼문(1418~1456)이 쓴 『직해동자습』(1453) 서문을 찾아보았다.

동자습 서문

우리나라가 바다 건너에 있어 중국과는 말이 달라 역관이 있어야 서로 통하므로, 우리 선대 임금들께서는 지성으로 중국을 섬겨 승문원을 두어 이문(吏文)을 맡게 하고, 사역원에서는 통역을 맡아 그 일만 전념하게 하여 그 자리에 오래 두었으니, 생각이 주밀하지 않은 것이 없었다. 그러나 한자음을 배우는 사람이 몇 다리 건너서 전하는 음을 얻어 그대로 받아들인 것이 이미 오랜지라 잘못된 것이 퍽 많아, 종(從)으로는 사성(四聲)이 빠르고 느림을 어지럽게 하고, 횡으로는 칠음(七音)의 맑고 흐림을 상실하였다. 더욱이 중국 학자가 옆에 있어 정정해 주는 일도 없기 때문에, 나이 많은 선비나 역관(譯官)으로 평생을 몸바쳐도 고루한 데 빠지고 말았다. 우리 세종과 문종께서 이를 염려하시어 이 훈민정음(訓民正音)을 지어내셨으니, 세상의 어떠한 소리라도 옮겨 쓰지 못할 것이 없는지라, 곧 홍무정운(洪武正韻)을 번역하여 중국의 원음으로 바로잡아 놓고 또 동자습(童子習)을 직해(直解)하여 역어(譯語)를 가르치게 하였으니, 실로 중국말을 배우는 문호가 되었다. 그리하여 우부승지 신 신숙주, 겸승문원 교리 신 조변안, 예조좌랑 김증, 사정 손수산에게 명하여, 정음으로서 한어(漢語)를 번역하여 글자 밑에 가는 글씨로 쓰고 또 우리말로 그 뜻을 풀이하라 하셨다.(이하 줄임)

我東方在海外 言語與中國異 因譯乃通 自我 祖宗事大至誠 置承文院掌吏文 司譯院掌譯語 專其業而久其任 其爲慮也盖無不周 第以學漢音者得於轉傳之餘 承授旣久 訛繆滋多 縱亂四聲之疾舒 衡失七音之淸激 又無中原學士從旁正之 故號爲宿儒老譯 終身由之而卒於孤陋 我 世宗文宗慨念於此 旣作訓民正音 天下之聲 始無不可書矣 於是譯洪武正韻 以正華音 又以直解童子習譯訓評話 乃學華語之門戶 命今右部承旨臣申叔舟兼承文院校理臣曹變安 行禮曹佐郞臣金曾, 行司正臣孫壽山, 以正音譯漢訓, 細書逐字之下 又用方言 以解其義[7]

7) 『국역 동문선』 94권 '동자습(童子習) 서(序)'(1977, 민족문화추진회), 7집 408쪽, 756쪽 일부를 인용함. 밑줄은 글쓰는 이가 임의로 그은 것임. 이 내용은 『해동잡록』(1670) 4, 본조 '성삼문' 편에도 기록되어 있음.

『동자습(童子習)』은 중국 명나라 주봉길이 1404년(영락 2)에 편찬한, 유교의 기초 덕목에 관한 내용을 모은 아동 학습서다. 세종이 이를 언해하여 중국어 회화 교재로 활용하도록 한 것이다. 성삼문은 이 서문에서 '우리 세종과 문종께서 이를 염려하시어 이 훈민정음을 지어내셨으니[我 世宗文宗 慨念於此 旣作訓民正音]'라고 하였다. 성삼문은 『훈민정음』 해례본을 지을 때 해례를 쓴 사람 중에 한 사람으로서 분명한 이름 '훈민정음'을 알고 있었으므로 이렇게 기록한 것이다. 그런데 이상한 것은 '훈민정음'을 만든 사람을 '우리 세종과 문종'이라고 한 것이다. 바로 이 글이 오늘날 훈민정음을 세종 친제가 아닌 문종 협찬설을 주장하는 사람들의 진원지가 되었다. 문종은 세자로 있으면서, 세종 24년(1442) 5월에 이미 세종이 눈병을 심히 앓아 정무를 세자에게 보도록 지시한 적이 있다. 그때는 세종이 집안에서 언문을 창제하는 일에 심혈을 기울일 때였는데, 아마도 눈병이 심해 정사를 보기도 힘들었던 모양이다. 그도 그렇거니와 글자를 제작하는 과정에서 왕자와 공주들을 불러 의견을 듣거나 발음을 시켜보았는데 왕세자도 돕지 않을 수 없었을 것이다. 또 최만리가 상소에서 언급한 바와 같이, '동궁(東宮; 세자)이 비록 덕성이 성취되셨다 할지라도 아직은 성학(聖學)에 마음을 깊이 두시어 더욱 그 이르지 못한 것을 궁구해야 하는데, 언문이 비록 유익하다 이를지라도 특히 문사(文士)의 육예(六藝)의 한 가지일 뿐이오니, 정치하는 도리에 유익됨이 전혀 없는데 〈운회를 번역하는 일에 감독을 맡긴 일은〉 실로 지금 충실해야 할 학업에 손실되옵니다.'라고 주장한 바 있다. 이로 보아 세종은 세자(문종)와 많은 자리에서 언문에 대해 의논했던 것으로 보인다. 그런데 성삼문은 언문 창제가 세종대왕의 독단적 위업임을 알면서도 '세종과 문종 두 사람이 지었다.'라고 한 것은 왜일까? 그것은 성삼문이 세종 사후 문종을 섬기었고 문종 또한 왕세자 시절 세종을 도와 언문에 대해 많은 것을 알고 있었으며, 운회 번역의 총감독이 되기도 하였던 사실들을 알고 있는 자로서 문종에 대해 신하로서 예의를 차린 언급으로 보인다. 이 글이 단종 1년에 쓰여졌다는 사실이 그것을 뒷받침한다. 만약 이 글이 세조 때 썼다면 문종보다는 세조가 더 적극적으로 도왔으니 세조의 이름을 거론하였을 것이다. 오히려 이 말은 성삼문이 1443년 이전의 언문 창제 과정을 알지 못하고 있음을 드러내는 말이다.

3) 『홍무정운역훈』(1455) 서문

신숙주(1417~1475)가 쓴 『홍무정운역훈』 서문(1455)을 찾아보았다.

> 우리 세종장헌대왕께서 운학에 유의하시와 밑바닥까지 궁구하여 훈민정음 몇십 자를 만들어 놓으시니 사방에 있는 만물의 소리를 전하지 못할 것이 없으며, 우리 동방 선비가 비로소 사성과 칠음을 알게 되어 저절로 갖추지 못할 것이 없으며, 자운(字韻)에만 국한한 것만이 아니다. 이에 우리나라가 대대로 중국을 섬겼으나 언어가 통하지 아니하여 반드시 통역을 의뢰하므로 으뜸으로 홍무정운을 번역할 것을 명하였다.
>
> 我世宗莊憲大王 留意韻學 窮硏底蘊 創製訓民正音若干字 四方萬物之聲 無不可傳 吾東方之士 始知四聲七音 自無所不具 非特字韻而已也 於是以吾東國世事中華 而語音不通 必賴傳譯 首命譯洪武正韻[8)]

신숙주 또한 훈민정음의 해례를 지을 때 참여한 사람으로서 분명한 이름 '훈민정음'을 알고 있었으므로 이렇게 기록한 것이다. 『홍무정운

---

8) 『국역 동문선』 95권 '홍무정운 서'(1977, 민족문화추진회), 7집 433쪽, 768쪽에서 인용함.

역훈』에 대해서는 앞에서 상세히 살펴보았다.

4) 「명황계감 서문」(1462)

최항(崔恒; 1409~1474)이 쓴 『명황계감』 서문(1462)의 기록을 찾아보자. 그는 『훈민정음』 해례본 제작에 참여한 8인 중에 한 사람이다.

> 이에 신이 감히 용렬하다고 사양하지 못하고 지시를 공경히 받들어서, 신 모모(某某) 등과 더불어 여러 서적을 두루 상고하여 겨우 첨개(添改)하였고, 이어서 음의(音義)를 묶고 아울러 사적 중 가사에 들어가지 못한 것을 첨부하여 다문(多聞)의 자료가 되게 하였으며, 또 유생들을 모아 언문[諺語]으로 풀이하게 하였다. 하성위 등이 교정하였고, 영응대군이 재교하였으며, 신이 모모들과 함께 중교(重校)하여 책을 완성해서 올리매, 이름을 〈명황계감〉이라 내리시고, 또 신에게 명하여 서문을 쓰게 하셨다.
>
> 臣不敢以讓拙辭 祗承指授 與臣某某 旁攷諸書 僅就添改 仍係音義 幷附事蹟之不入歌詞者 用資多聞 又會儒生 譯以諺語 河城尉等讎校 永膺大君再校 臣與某某重校 書成以進 賜名曰明皇誡鑑 且命臣序之[9]

위의 「명황계감 서문」은 태허정 최항이 쓴 글이다. 이 글은 『태허정집』에 수록된 글인데, 서거정이 1486년에 최항의 문집을 내고 서문을 썼다고 하였으나, 최항은 1474년에 죽었으니 그 해에 묘비명을 썼을 것이다. 이윽고 이 책에는 강희맹이 쓴 '태허정 묘지문'이 나란히 실려 있는데, 이 두 글에서 모두 '세종이 언문을 창제하였고, 최항 등 8명에게 『훈민정음』, 『동국정운』을 짓게 하였다.'라는 말이 나온다. 그러나

---

9) 『국역 태허정집』(1997, 세종대왕기념사업회) 문집 제1권 서류(序類) 177쪽에서 인용함.

정작 최항이 쓴 『명황계감』의 서문에는 '언문으로 풀이하라 하셨다.[譯以諺語]'라고 하였으니, 『훈민정음』이란 말은 그의 문집 어디에도 나오지 않는다.

5) 「세종장헌대왕 천릉지석문」(1469)

이승소(1422~1484)의 시문집 『삼탄집』 제14권 '묘지'에 기록된 「세종장헌대왕 천릉(遷陵) 지석문(誌石文)」(1469)에 '훈민정음'이란 이름이 있다.

세종장헌대왕 천릉지석문(世宗莊憲大王遷陵誌石文)

공손히 생각건대, 우리 세종장헌영문예무인성명효대왕께서는 태종공정대왕의 셋째 아드님이시다. 원경왕후 민씨가 대명 홍무 30년(태조 6, 1397) 4월 10일 임진일에 한양에 있는 집에서 낳으셨다. 대왕께서는 어려서부터 총명하기가 일반 사람들보다 훨씬 뛰어났으므로 양궁(兩宮)께서 몹시 사랑하였다. 장성해서는 충녕대군에 봉해졌다. 성품이 학문을 좋아하여 병을 앓고 있는 중이라도 오히려 손에서 책을 놓지 않았다.

… (중간 줄임) …

왕께서는 영특하고 지혜롭기가 고금에 으뜸인 데다가 성학(聖學)으로 보충하였다. 즉위한 뒤로부터 밤을 새워 다스림을 구해 예악(禮樂)과 형정(刑政), 제도(制度)와 문위(文爲) 등 선대에 미처 행할 겨를이 없었던 것을 모두 힘써 거행하였다. 고금의 문질(文質)의 적당한 것을 참작하여 『오례의주(五禮儀注)』를 찬수하고, 조종(祖宗)의 공덕의 성대함을 찬술하여 〈정대업(定大業)〉 등의 음악을 만들었다. 또 훈민정음(訓民正音)을 창제하여 28자로써 천하의 언어를 모두 통하였는데, 문자의 유절(紐切)의 묘함은 사람으로서는 헤아릴 수 없는 바였다.

… (중간 줄임) …

> 그로부터 5년이 지난 경오년(1450) 춘2월 17일 임진일에 왕께서도 별궁(別宮)에서 병으로 훙하시니, 춘추는 54세였으며, 재위는 33년이었다. 문종께서 여러 신하들을 거느리고 시호를 올려 영문예무인성명효대왕이라고 하였으며, 묘호를 세종이라 하였다. 또 중국에 표문을 올려 시호를 청하자, 황제께서 사신을 보내어 치제(致祭)하고 장헌이라는 시호를 하사하였다. 처음에는 헌릉의 서쪽 등성이에 합장하였다가 금상 전하께서 즉위한 원년 기축(예종 1, 1469) 춘3월 6일 경인일에 여흥부(지금의 여주) 치소의 북성산에 있는 남향의 언덕으로 이장하였으니, 실로 성화 5년(예종 1, 1469)의 일이다. …(이하 줄임)[10)]

위 밑줄 그은 부분 '훈민정음을 창제하시어 28자로써 천하의 언어를 모두 통하였는데'의 원문은 '創制訓民正音 以二十八字 盡通天下言語'이다. 위 지석문을 지은 이승소는 당대 집현전학사로서 세종 20년(1438) 17세로 진사시에 합격하고, 세종 29년(1447)에 식년 문과에 장원으로 급제하여 집현전부수찬에 임명되었던 인물이다. 예종 1년(1469)에 지은 이 글은 20여 년 전의 일을, 영릉을 여주로 옮기면서 정리하여 쓴 것이다. 이승소는 세종이 명하여 찬집한 『명황계감』을 세조의 명을 받아 언문으로 번역하는 데 참여하였고, 세종 때 시작한 오례의를 다시 정리해 성종 5년(1474)에 완성한 『국조오례의』 찬집에도 참여하였던 사람으로서, '훈민정음'의 뜻은 잘 알고 있었다.

6) 「최항 묘비명」(1474)

서거정(1420~1488)은 최항(1409~1474)의 묘비명을 썼는데, 최항이 성종 5년(1474)에 죽었으니 그때 쓴 글이다. 서거정의 문집 『사가문집

---

10) 『삼탄집』3(한국고전번역원, 2008) 335~342쪽에서 인용함.

보유』 제1권에 수록된 이 묘비명에서 언문과 훈민정음을 언급하였다.

> 영릉(세종)이 처음으로 언문(諺文)을 창제하니, 신이한 생각과 밝은 지혜는 그 어느 임금보다도 뛰어났다. 그러나 집현전의 여러 유자들이 합사(合辭)하여 불가함을 아뢰고, 심지어 항소하여 극단적인 논쟁을 하는 자가 있기까지 하였다. 영릉이 공(최항)과 문충공 신숙주에게 명하여 그 일을 담당하게 하여 『훈민정음』, 『동국정운』 등의 책을 지으니, 우리 동방의 어음(語音)이 비로소 정해졌다.
>
> 英陵初制諺文 神思睿智 高出百王 集賢諸儒合辭陳其不可 至有抗疏極論者 英陵命公及申文忠公叔舟等掌其事 作訓民正音 東國正韻等書 吾東方語音始定[11)]

서거정은 세종 2년에 태어나 성종 19년에 죽은 사람으로, 세종 20년(1438)에 생원·진사 양시에 합격하고, 세종 26년(1444) 식년문과에 을과로 급제하여 사재감 직장에 제수되었다. 그 뒤 집현전 박사, 경연사경(經筵司經)이 되고, 세종 29년(1447) 부수찬으로 지제교 겸 세자우정자로 승진하였으며, 세조 2년(1456) 집현전이 혁파될 때까지 집현전 학사였던 사람이다. 서거정은 위의 글에서 '언문을 만들었다'고 하고, '『훈민정음』 책을 지었다'는 말을 하였다. 세종이 언문을 창제한 것과 『훈민정음』을 최항과 신숙주 등이 지었다는 것을 말하고 있다. 즉, 서거정은 사실대로 잘 알고 있었음을 보여준다.

7) 「신숙주 묘비명」(1475)

이승소의 시문집인 『삼탄집』 제13권 '비갈'에는 위의 글뿐만 아니라

---

11) 『사가문집 보유』 제1권, '최문정공 묘비명'에서 인용함.

신숙주의 묘비명[12]도 실려 있는데, 그 내용 중에도 '언문'에 대해 언급한 바가 있다.

> 세종께서, 여러 나라가 각기 글자를 제정하여 자기 나라 언어로 기록하고 있는데 우리나라만 글자가 없으므로, 자모(字母) 28자를 제정하여 이름을 언문(諺文)이라 하였다. 그런 다음 서국(書局)을 대궐 안에 설치하고 문신(文臣)을 선택해서 찬정(撰定)하게 하였는데, 공이 홀로 내전에 출입하면서 친히 성지(聖旨)를 받들어 그 오음(五音)의 맑고 탁한 분별과 뉴(紐) 자의 소리가 어울리는 법을 정하였으며, 여러 유사(儒士)는 그에 따라 일을 할 뿐이었다. 세종께서 또 언문으로 중국음을 번역하고자 하여 중국의 한림학사 황찬(黃瓚)이 죄를 짓고 요동에 유배되었다는 말을 듣고는 공에게 명하여 조경사(朝京使)를 따라 요동에 들어가서 황찬을 만나 보고 질문하게 하였다. 공은 말만 들으면 문득 해득하여 털끝만큼도 틀리지 아니하니, 황찬이 아주 기특하게 여겼다. 이로부터 요동에 갔다 온 것이 무릇 열세 번이나 되었다.
>
> 世宗以諸國各製字以記國語 獨我國無之 御製字母二十八字 名曰諺文 開局禁中 擇文臣撰定 公獨出入內殿 親承睿裁 定其五音淸濁之辨 紐字偕聲之法 諸儒守成而已 世宗又欲以諺字翻華音 聞翰林學士黃瓚以罪配遼東 命公隨朝京使入遼東 見瓚質問 公聞言輒解 不差毫釐 瓚大奇之 自是往返遼東凡十三[13]

신숙주(1417~1475)는 성종 6년(1475)에 죽었으므로 이승소가 신숙주의 묘비문을 지은 것도 그때다. 앞선 글인 '세종장헌대왕의 천릉지석문'에는 '훈민정음'이라 하였는데, 6년 뒤의 글인 신숙주의 묘비명에는

---

12) 신숙주의 묘비문 본래 명칭은 '고령부원군 문충공 묘비명'이다.

13) 『삼탄집』3(한국고전번역원, 2008) 261~281쪽에 나오는 「고령부원군 문충공 묘비명」 중에서 266~267쪽을 인용함.

'훈민정음'이라는 말이 사라지고 '언문'이라고 하면서, 신숙주의 활약을 자세하게 기록하고 있다.

8) 『필원잡기』(1487)

(세종은) 만년에 노쇠하여 정무는 보지 않으면서도, 문학에 대한 일에는 더욱 마음을 두시어 유신(儒臣)에게 명하여 부서를 나누어 여러 책을 편찬하게 하였으니, 『고려사』·『치평요람』·『병요(兵要)』·『언문(諺文)』·『운서(韻書)』·『오례의』·『사서오경음해』 등이 동시에 편찬되었는데, 다 임금의 재결을 거쳐서 이룩되었으며 하루 동안에 열람한 것이 수십 권에 이르렀으니, 가히 하늘의 운행과 같이 정성이 쉬지 않았다 하겠다.

晩年倦勤不視朝 然於文學之事 尤所軫慮 命儒臣分局 撰次諸書 曰高麗史 曰治平要覽 曰兵要 曰諺文 曰韻書 曰五禮儀 曰四書五經音解 同時撰修皆經睿裁成書 一日御覽可數十卷 其可謂天行健純亦不已也[14)]

서거정(徐居正; 1420~1488)이 쓴 『필원잡기』(1487)의 위 내용에는 『훈민정음』을 『언문』이라 기록하고 있다. 세종 26년에 문과에 장원으로 급제한 뒤 집현전에 들어가 박사까지 된 사람이 『훈민정음』이란 이름을 쓰지 않고 있다. 물론 『훈민정음』 해례본 집필에 참여하지 않았다고 해도 세종이 죽기 전에 이미 집현전학사들과 늘 교유했던 사람이 어떻게 이런 글을 남겼을까? 위의 '최항 묘비명'(1474)에도 세종이 언문을 창제하였고, 최항과 신숙주에게 명하여 『훈민정음』을 펴내게 하였다고 말했던 그가 이 글에서는 『언문』을 편찬하였다고 하고 있다. 이 글은 매우 심각한 사실을 시사한다. 우리가 알기로는 세종 25년(1443)에 신

---

14) 『국역 대동야승』(1971, 민족문화추진회) 제3권의 『필원잡기』 제1권 272쪽에서 인용함.

하들에게 언문을 창제하였다고 공표하였고, 세종 28년(1446)에 『훈민정음』이라고 책까지 만들었는데, 당시 집현전에서 박사가 되고 경연의 사경(정7품)을 한 사람이 『훈민정음』이란 책 이름을 『언문』이라고 한다는 것이다. 그것은 이 책이 극히 한정된 부수라서 그 책을 본 사람이 매우 적었거나, 공식적으로 반포한 일이 없었다고밖에는 달리 생각할 길이 없다. 만약 그에게까지 반포한 책이 전해졌다면 이런 실수는 하지 않았을 것이다. 위의 글에는 다른 책들도 정확한 이름이 아닌 것이 있다. 그것은 그 책들을 직접 보지 못했거나 기억이 나지 않았다는 것을 말한다. 『병요(兵要)』는 『역대병요』이고, 『언문(諺文)』은 『훈민정음』이며, 『운서(韻書)』는 『동국정운』이고, 『사서오경음해』는 책이 전하지 않지만 『증보문헌비고 권243 「예문고 1」 '역대 저술'편과, 같은 책 권245 「예문고 4」 '열조 어정제서'편에 『경서음해(經書音解)』라고 되어 있어,[15] 정확한 이름이 아닌 듯하다. 그럼에도 불구하고 그가 '훈민정음'에 대해 모르지 않고서는 이렇게 책이름을 '언문'이라 할 이유가 없다. 임금이 그 이름을 공표하고 그 이름으로 책을 반포하였다면, 서거정이 당대 그 자리에 함께 숙직하며 연구하고 녹을 먹던 집현전학사들 사이에서 '훈민정음'이란 이름을 듣지 못했을 리도 없거니와, 알았다면 당연히 그의 저서에 『훈민정음』이라는 이름을 썼어야 옳다. 『훈민정음』을 반포한 지 40년이 지난 후라 하더라도, 또 「최항의 묘지명」을 쓴지 13년이 지났다 하더라도 『필원잡기』에 실린 위의 글은 세종의 훌륭한 업적 중 진국만 뽑아놓은 글이니 더더욱 바른 이름으로 적어야 했다. 서거정은 조선 초기 세종 때부터 성종 때까지 살았던 석학 중에 석학이었다. 그는 우리나라 한문학의 독자성을 내세우면서 우리나라 역대 한문학의 정수

15) '세종조에 유신에게 명하여 국(局)을 설치하고 『경서음해』를 지어 구두(句讀)에 편케 하였다.[經書音解 世宗朝命儒臣說局撰次以便句讀]'라는 글이다.

를 모은 『동문선(東文選)』을 편찬하였다. 그리고 『삼국사절요』, 『동국여지승람』, 『동국통감』 등의 서문을 쓰기도 하였다. 그는 시문집 『사가집(四佳集)』을 냈고, 『동국통감』, 『동국여지승람』, 『동문선』, 『경국대전』, 『연주시격언해(聯珠詩格言解)』 등의 편찬에 참여하였으며, 개인 저술로는 『역대연표(歷代年表)』, 『동인시화(東人詩話)』, 『태평한화골계전(太平閑話滑稽傳)』, 『필원잡기』 등이 있다.

이렇게 박식했던 서거정의 기록에서 보듯이 『훈민정음』이란 이름은 그리 오래 가지 못했고, 잘 알려지지 않았던 것이 분명하다.

9) 『역어지남』(1488) 서문

서거정은 또 『역어지남(譯語指南)』 서문을 썼는데, 그 글이 『사가문집(四佳文集)』에 기록되어 있다.

> 삼가 생각건대, 세종께서는 신령스러운 생각과 지혜가 수많은 군주들 가운데 으뜸이셨다. 언문(諺文)을 처음으로 만들어 중국어를 번역하니, 천 가지 만 가지 변화무쌍한 것을 막힘이 없이 모두 표현할 수 있었다. 이것이 『역어지남』이 나올 수 있게 된 까닭이다.
>
> 恭惟世宗神思睿智 高出百王 始製諺文 譯華語 千變萬化 無所拘礙 此譯語指南所以得成也

이 글은 1488년 이전에 쓰여진 글이지만 여기서도 서거정은 '언문'만 말하고 '훈민정음'에 대해서는 언급조차 하지 않았다. 서거정은 『훈민정음』에 대해 자세히 모르고 있었음이 확실하다. 최항의 묘비명(1474)을 쓴 지 14년 뒤의 글이다.

10) 『사성통해』(1517)

최세진(1468~1542)이 펴낸 책에 『사성통해(四聲通解)』(1517)가 있다. 이 책에 대해서는 앞서 살펴보았듯이, 이 책 하권에 '사성통고 범례'가 함께 기록되어 있는데, 이것은 최세진이 『사성통고』를 보고 다시 해석하여 『사성통해』를 펴냈기 때문이다. 『사성통고』는 세종 29년(1447)에 신숙주가 집필한 책이므로 당연히 '훈민정음'을 언급하였다. 그런데 이 '『사성통고』 범례'를 부록으로 실으면서도 최세진의 『사성통해』 서문 등 다른 글에서는 '훈민정음'을 언급하지 않았다. 물론 이 두 책은 한자의 사성(四聲)을 중점적으로 해설한 운서(韻書)이다.

11) 『용재총화』(1525)

성현(1439~1504)의 『용재총화』(1525)에 언문과 언문청에 대한 글이 있다.

> 세종께서 언문청을 설치하여 신숙주, 성삼문 등에게 명하여 언문(諺文)을 짓게 하니, 초종성이 8자, 초성이 8자, 중성이 12자였다. 그 글자체는 범자(梵字)에 의해서 만들어졌으며, 우리나라와 다른 여러 나라의 말이 글자[文字]로 표기할 수 없는 것도 모두 막힘없이 기록할 수 있었다.
> <u>世宗設諺文廳</u> <u>命申高靈成三問等 製諺文</u> 初終聲八字 初聲八字 中聲十二字[16] 其字體依梵字爲之 本國及諸國語音 文字所不能記者 悉通無礙[17]

16) 『대동야승』 제2권의 『용재총화』 제7권에는 '십이자(十二字)'인데, 『대동야승』 제7권 『해동야언』에서는 '십일자(十一字)'라고 하였다. 『훈민정음』 해례본 예의편에는 11자이다.

17) 『국역 대동야승』(1971, 민족문화추진회) 제2권의 『용재총화』 제7권 175쪽에서 인용

성현이 죽기 전에 쓴 것이니 1504년 이전의 글이다. 하지만 『용재총화』가 간행된 것은 중종 20년(1525)이고, 3권 3책의 필사본으로 전해지다가, 1909년 조선고서간행회에서 간행한 『대동야승』에 채록되어 알려지게 되었으니, 위 글을 여러 사람이 본 것은 20세기 초였다.

그런데 성현은 느닷없이 '세종이 명하여 신숙주, 성삼문 등에게 언문을 짓게 하였다.'라는 말을 한다. 그리고 자음 초성 17자, 중성 11자를 '초종성 8자, 초성 8자, 중성 12자'라고 하고, '범자(梵字)'에 의존하여 글자체를 만들었다는 말까지 한다. 최세진이 펴낸 『훈몽자회』(1527)의 범례에 나오는 '언문자모(諺文字母)'에서 주장한 '초종성 8자, 초성 8자, 중성 11자'가 혹시 이 책을 보고 따라 적은 것이 아닌가 싶다. 실록의 기록과는 사뭇 다른 주장을 한다. 또 언문청을 설치한 것은 세종 28년(1446) 11월 8일이니 해례본이 나온 뒤의 일인데 혼동하고 있다. 『훈민정음』이 반포된 지 고작 60년 정도가 지났을 뿐인데 성현과 같은 대학자가 이렇게 모르고 있다. 이것은 언문에 대한 통상적인 교육과 학습이 이어지지 않았고, 그동안 언문에 대한 설명서나 『훈민정음』의 보급이 전혀 이루어지지 않았다는 증거라 할 수 있다. 그럴 수밖에 없는 것이, 조선 시대 교육기관이었던 서당에서 성균관까지 어느 기관에서도 한자와 한문만 가르쳤지 언문을 가르치지 않았고, 언문을 가르치기 위한 학습서를 낸 적도 없었다. 『천자문』이나 『유합』에서 한자의 뜻과 음을 언문으로 표기하였지만 그것은 한자를 가르치기 위한 수단에 불과했다. 최세진이 펴낸 『훈몽자회』(1527)도 사실은 한자 학습서였다. 무엇보다 『훈민정음』이 공개적으로 반포한 적이 없었기 때문은 아닐까 하는 추정을 매우 강하게 하게 하는 일이다.

함. 이 내용을 선조 때 학자 허봉(許篈; 1551~1588)이 『해동야언』을 지으면서 인용하였는데, 이 『해동야언』이 『대동야승』 제7권~제9권에 나란히 수록되어 있다.

12) 『훈몽자회』(1527)

최세진이 펴낸 『훈몽자회』(1527)는 한자 교육을 위한 학습서이지만 수록된 한자 수가 『천자문』과 『유합』보다 월등히 많은 3,360자이고, 그 한자마다 뜻과 소리를 언문으로 표기하여 어린 아이들이 한자를 쉽게 배울 수 있도록 하였다. 최세진은 특히 한자의 분류를, 아이들이 접할 수 있는 주변의 사물을 중심으로 한 실제적이고 구체적인 한자부터 수록하였다는 데 간행 의미를 두었다. 그는 이 책에서 16세기 당시 조선 사회에서 쓰이던 우리나라 한자음의 성조까지 정확히 반영함으로써 한자 교육의 치밀함을 보였다. 사실 『천자문』이나 『유합』과 같은 성격의 책이었으나 한자의 사성을 반영하고, 한자의 뜻풀이를 조금더 자세히 풀이한 것이 다를 뿐이다.

그런데 오늘날 이 책은 이러한 당시의 간행 목적과는 거리가 멀게, 언문의 보급에 크게 기여한 책으로 높이 평가받고 있고, '한글맞춤법'의 근간이 되는 낱말의 순서, 낱말의 이름을 이 책의 규정에 따르고 있을 정도로 현대 우리말과 떼려야 뗄 수 없는 존재가 되었다. 그러나 이 책 어디에도 '훈민정음'이란 말은 없다. 그저 '언문'만 있을 뿐이다.

> 법례
>
> …(줄임)…
>
> 하나. 무릇 변두리 시골에 있는 무식한 사람은 언문도 이해하지 못하는 경우가 많으므로, 이제 곧 언문 자모를 같이 적어 그들로 하여금 언문을 먼저 배우게 하고 다음에 자회를 배우게 한즉 거의가 깨우칠 수 있는 이로움이 있고, 문자를 통하지 못하는 사람도 역시 언문을 다 배우고서 글자를 알게 한즉, 비록 선생이 없다 하더라도 역시 장차 문장을 통하는 사람이 될 수 있을 것이다. …(아래 줄임)

凡例

…(줄임)…

一. 凡在邊鄙下邑之人 必多不解諺文 故今乃并著諺文字母 使之先學諺文 次學字會 則庶可有曉誨之益矣 其不通文字者亦皆學諺而知字 則雖無師授亦將得爲通文之人矣 …(아래 줄임).[18]

이 범례에는 '언문', '언문 자모'만 보인다. 이 범례의 끝에는 '언문 자모(諺文字母)'라는 제목으로 언문을 자세히 설명한 부분이 있는데, 그곳에서도 '훈민정음'이란 말은 찾을 수 없다.

언문 자모【사람들은 이른바 '반절 27자'라 한다.】

1. 초성과 종성에서 쓰이는 8자

ㄱ(기역), ㄴ(니은), ㄷ(디귿), ㄹ(리을), ㅁ(미음), ㅂ(비읍), ㅅ(시옷), ㆁ(이응).

'末, 衣' 두 자는 다만 그 글자의 우리말 뜻을 취해 사용하였다.

'기, 니, 디, 리, 미, 비, 시, 이' 8음은 초성에 사용되고, '역, 은, 귿, 을, 음, 읍, 옷, 응' 8음은 종성에 사용된다.

2. 초성에만 쓰이는 8자

ㅋ(키), ㅌ(티), ㅍ(피), ㅈ(지), ㅊ(치), ㅿ(ᅀᅵ), ㅇ(이), ㅎ(히).

'箕' 자 역시 이 글자의 우리말 뜻을 취하여 사용하였다.

3. 중성에만 쓰이는 11자

ㅏ(아), ㅑ(야), ㅓ(어), ㅕ(여), ㅗ(오), ㅛ(요), ㅜ(우), ㅠ(유), ㅡ('응'에서 종성은 사용하지 아니함), ㅣ('이'에서 다만 중성만 사용함), ㆍ('ᄋᆞ'에서 초성은 사용하지 아니함).

4. 초성과 중성이 합하여 글자가 된 예

ㄱ(기) 초성에 중성 ㅏ를 합하여 '가' 자가 된 즉, '가(家)' 자의 음이

18) 국사편찬위원회 「우리 역사넷」(http://contents.history.go.kr/front)에서 인용함.

되고, 다시 ㄱ(역) 종성에 합하여 쓰면 '가ㄱ' 자이니 곧 '각'이 되고, '각(各)' 자의 음이 된다. 나머지 것도 이와 같이 모방하였다.

5. 초성과 중성과 종성이 합하여 글자가 된 예

간(肝), 간(笠), 갈(刀), 감(柿), 갑(甲), 갓(皮), 강(江)

'ㄱ, ㅋ' 이하 각 음이 초성이 되고, 'ㅏ' 이하 각 음이 중성이 되어 글자를 만든 것이 '가, 갸'와 같은 예로 176자를 만들 수 있다. 'ㄴ' 이하의 7음을 종성이 되게 하여 글자를 만든 것은 '간'에서 '강'까지 7자이다. 오직 'ㆁ'의 초성과 'ㅇ' 자 음을 세간에서 서로 비슷하게 부르기 때문에 세간에서 초성으로 쓰인즉 모두 'ㅇ' 음을 사용할 것이며, 만일 위의 글자가 'ㆁ' 음으로 종성이 되어 아래 글자에 사용되면 반드시 'ㆁ' 음으로 초성이 되게 할 것이다. 'ㆁ' 자의 소리는 목구멍에서부터 나는 것으로 가볍고 허한 소리가 된다. 그러므로 부분적으로 달라도 대체로 비슷하다고 본다. 한자음의 'ㆁ' 음 초성은 혹은 '니(尼)' 음이 되든지 혹은 'ㆁ'과 'ㅇ'이 서로 섞여 구별이 되지 않는다.

무릇 글자의 소리가 높거나 낮음이 모두 글자 곁에 점이 있는 것과 없는 것, 많음과 적음으로 결정이 되는데, 낮은 소리의 글자는 평성인데 점이 없고, 낮다가 나중을 높이는 글자는 상성인데 점이 둘이고, 곧고 바르게 높은 글자는 입성인데 점이 하나가 된다. 언문으로 풀어도 마찬가지다. 또 글자들이 본래의 소리를 두고 다른 뜻이나 다른 소리로 사용되면 다르게 사용되는 소리로 그 글자의 뜻이 달라진다. 행(行)【다닐 행. 평성이고 기본 소리다.】, 항(行)【저잣거리 항. 평성이다.】, :행【행적 행. 거성이다.】

諺文字母【俗所謂 反切二十七字】

初聲終聲通用八字

ㄱ【其役】ㄴ【尼隱】ㄷ【池末】ㄹ【梨乙】ㅁ【眉音】ㅂ【非邑】ㅅ【時衣】ㆁ【異凝】

末衣兩字只取本字之釋俚語爲聲

其尼池梨眉非時異八音用於初聲

役隱末乙音邑衣凝八音用於終聲

初聲獨用八字

ㅋ箕ㅌ治ㅍ皮ㅈ之ㅊ齒ㅿ而ㅇ伊ㅎ屎

箕字亦取本字之釋俚語爲聲

中聲獨用十一字

ㅏ阿ㅑ也ㅓ於ㅕ余ㅗ吾ㅛ要ㅜ牛ㅠ由ㅡ應【不用終聲】ㅣ伊【只用中聲】·思【不用初聲】

初中聲合用作字例

가갸거겨고교구규그기ᄀᆞ

以ㄱ其爲初聲以ㅏ阿爲中聲合ㄱㅏ爲字則가此家字音也又以ㄱ役爲終聲合가ㄱ爲字則각此各字音也餘倣此

初中終三聲合用作字例

간肝갇笠갈刀감柿갑甲갓皮강江

ㄱㅋ下各音爲初聲ㅏ下各音爲中聲作字如가갸例作一百七十六字以ㄴ下七音爲終聲作字如肝至江七字唯ㆁ之初聲與ㅇ字音俗呼相近故俗用初聲則皆用ㅇ音若上字有ㆁ音終聲則下字必用ㆁ音爲初聲也ㆁ字之音動鼻作聲ㅇ字之音發爲喉中輕虛之聲而已 故初雖稍異而大體相似也 漢音ㆁ音初聲或歸於尼音或ㆁㅇ相混無別

凡字音高低皆以字傍點之有無多少爲準平聲無點上聲二點去聲入聲皆一點 平聲袁而安上聲厲而擧去聲淸而遠入聲直而促諺解亦同

믈읫 근 字ᄌᆞ 音음의 노ᄑᆞ며 ᄂᆞᆺ가오미 다 字ᄌᆞㅅ 겨틔 點뎜이 이시며 엽스며 하며 져금으로 보라믈 사믈 거시니 ᄂᆞᆺ가온 소릐옛 字ᄌᆞᄂᆞᆫ 平평聲셩이니 點뎜이 업고 기리혀 나죵 들티ᄂᆞᆫ 소릐옛 字ᄌᆞᄂᆞᆫ 上샹聲셩이니 點뎜이 둘히오 곧고 바ᄅᆞ 노픈 소릐옛 字ᄌᆞᄂᆞᆫ 去거聲셩이니 點뎜이 ᄒᆞ나히오 곧고 ᄲᆞ른 소릐옛 字ᄌᆞᄂᆞᆫ 入입聲셩이니 點뎜이 ᄒᆞ나히라 諺언文문으로 사김ᄒᆞᆫ ᄃᆡ ᄒᆞᆫ가지라 ᄯᅩ 字ᄌᆞ둘히 본딧 소릐 두고 다른 ᄠᅳᆮ 다른 소릐로 ᄡᅳ면 그 달이 ᄡᅳᄂᆞᆫ 소릐로 그 ᄌᆞᆺ귀예 돌임ᄒᆞᄂᆞ니 行【녈힝 平평聲셩 本본音음】 行【져제항 平평聲셩】行【힝뎍힝 去거聲셩】

이『훈몽자회』범례에 실린 '언문 자모'는 현대 우리말 맞춤법과 국어학에 엄청난 영향을 주었다. 앞서 말한 바와 같이, 언문의 낱자 이름을 처음 지정한 문헌이고, 그 순서도 현대 우리말 맞춤법이 그대로 따를 정도다. 그러나 세종이 정한 글자의 순서와는 전혀 다르다. 세종이『훈민정음』'예의(例義)'에서 보인 순서는, 'ㄱ, ㅋ, ㆁ, ㄷ, ㅌ, ㄴ, ㅂ, ㅍ, ㅁ, ㅈ, ㅊ, ㅅ, ㆆ, ㅎ, ㅇ, ㄹ, ㅿ, ·, ㅡ, ㅣ, ㅗ, ㅏ, ㅜ, ㅓ, ㅛ, ㅑ, ㅠ, ㅕ'이고, 종성은 초성을 다시 쓴다고 하였다. 문제는 '훈민정음'이라는 말을 최세진이 전혀 모르고 있다는 사실이다. 그가 정한 글자의 순서와 호칭도 전혀 그 근거를 찾을 수 없다. 더욱 놀라운 것은 '언문을 사람들이 '반절'이라고 부르기도 한다.'라고 한 것이다. 한문 자전의 반절법은 이분법이지만 언문은 초성, 중성, 종성으로 나눈 삼분법임을 설명하지는 않고, 그저 언중들이 말하는 그대로를 적어 놓았다는 것은『훈민정음』책이나 그 내용을 전혀 보지 못했을 뿐더러 그런 사실을 기록한 글을 읽지 못했음을 말해 주는 것이다.

그가 언문에 조금이나마 애착을 가지고 관심이 있었다면 글자의 명칭을 굳이 이두로 표시하지는 않았을 것이다. 여기서도 확인되는 것은 조선 사회가 이두문이 만연하던 사회였고, 공문서와 사문서 등 일반 문서에 통용되던 이두문을 앞세웠을지언정, 아이들에게 한자를 가르치기 위해 이와 같은 책을 펴냈다 하더라도, 없는 한자를 뜻으로 새김하기까지 하면서 'ㄱ【其役】ㄴ【尼隱】ㄷ【池末】ㄹ【梨乙】ㅁ【眉音】ㅂ【非邑】ㅅ【時衣】ㆁ【異凝】'라고 한 것은 오늘날의 눈으로 보면 답답하기 짝이 없는 일이다. 이 책에서 보였듯이 한자의 뜻과 음을 모두 언문으로 표기한 것처럼, 'ㄱ【기윽】ㄴ【니은】ㄷ【디읃】ㄹ【리을】ㅁ【미음】ㅂ【비읍】ㅅ【시읏】ㆁ【이응】'이라고 언문으로 충분히 표기할 수 있었음에도 '末, 衣' 자에 동그라미를 그려서까지 이두문으로 표기한 뒤 뜻으로 읽어야 한다고 할 지경이었다. 그 까닭은 바로 이두문이었던 것이다. 당시 이두문의 위력을 실감하면서도 언문의 낱자 이름을 언문으로 표기하지 않았다는 점은 매우 유감이다. 현대 국어학자도 마찬가지다. 위 범례 끝에는 언문으로 글까지 써내려간 최세진이 굳이 '기윽'을 '其役'이라고 한 이두문을 가지고 현대 맞춤법에 적용시켰다는 것은 말더듬이가 '바담풍' 했다고 그대로 따라한 꼴이다. '바담풍' 했어도 '바람풍'이란 것을 안다면 '바람 풍'이라고 해야 옳지 않은가?(1905년 대한제국 때 채택한 지석영의 상소에는 '기윽, 니은, 디읃, 리을, 미음, 비읍, 시읏'이라 한 바 있다.) 오늘날 많은 학생들과 외국인이 배우기 힘들어하는 것도 당연한 일이다. 아무튼 최세진도 몰랐던 '훈민정음'의 존재. 세종 사후 80여 년이 지난 1527년 조선에는 이미 '훈민정음'은 사라지고 '언문' 27자만이 존재했다는 슬픈 사실을 이 책이 대변하고 있다.

13) 『계갑일록』(1584)

우성전(1542~1593)은 선조 때 문신이자 의병장으로, 『계갑일록』(1584)을 썼다. 이 글은 1년 동안의 일기를 써서 책으로 엮은 것이다. 그 내용은 당시 필자가 정사로 바쁘게 드나들면서 일했던 정치적 사실을 자세히 기록한 것인데, 필사본으로 떠돌다가 1911년 고서간행회에서 『대동야승』을 간행할 때 제24권에 수록되어 간행하였다.

> 8월 9일 (무오). 맑음. 양사에서 어제 올린 차자(箚子)의 비답 중에 온당치 못한 말이 많이 있다 하여 사직하고 물러나서 기다렸다. 승정원에서도, "어제와 오늘 연이어 내린 비답이 온당치 못합니다." 하고, 들어가서 아뢰니, 답하기를, "잘 알았다." 하였다. 하삼도(下三道)의 징병교

서(徵兵教書)를 초(草)하였다. 언문(諺文)으로 번역한 『시경』의 글자에 상성과 거성에 점(點)을 찍었는데 임금의 하교에 의한 것이다. 안민학의 일을 윤허하지 않다.

戊午晴 兩司以昨日答簡多有未安之辭 辭退待 政院昨與今日連以批答未安入啓 答知道 草下三道徵兵教書 諺譯詩傳 字點上去聲 上教也 安敏學事 不允(『대동야승』 24권, 『계갑일록』 「만력 11년 계미」. '한국고전종합DB'에서 인용함.)

선조 16년(1583) 8월 9일 일기 중에, 임금의 명을 받아 '언역 시경'의 글자에 방점을 찍는 작업을 했다는 기록이다. 『시경언해(시전언해)』는 원래 선조의 명에 의하여 교정청에서 선조 13년(1580)~26년(1593) 사이에 언해 작업이 이루어졌는데 이때 우성전이 방점 작업을 했다는 것이다. 그러나 곧바로 간행되지 못하다가, 임진왜란 이후 이 원고본에 방점을 없애고 표기상의 수정을 가하여 광해군 5년(1613)에 목활자본으로 간행하였다. 우성전은 '언역(諺譯)'이란 말을 썼으나, 간행된 책 제목은 『시경언해(詩經諺解)』(1613)라고 하였다.

14) 『배자예부운략』(1678)

송나라 진종의 명령으로 1007년에 『광운(廣韻)』을 축약한 『운략(韻略)』이 만들어지고, 1037년에 이를 바탕으로 다시 수정한 『예부운략(禮部韻略)』이 정도에 의해 편찬된다. 이 책을 『배자예부운략(排字禮部韻略)』이라고도 한다. 그 뒤에도 중국에서는 수정본이 계속 나오는데, 『평수신간예부운략(平水新刊禮部韻略)』(1229), 『임자신간예부운략(壬子新刊禮部韻略)』(1252) 등이 간행되었다.

이 책은 한시를 지을 때 운을 맞추기 위하여 그 운자(韻字)를 찾던 자전인데, 주로 과거시험에 응시하는 선비를 위하여 만든 것이므로 중국에서 과거 관장 부서인 '예부(禮部)'의 이름을 붙인 것이다. 우리나라에서는 고려 이래로 선비들에게 필수적인 자전으로 사용되어 왔고, 조선조에 들어와서도 여전히 많이 애용되었다. 『한국 자전의 역사』(박형익, 2012, 도서출판역락)에 따르면, 조선에서 복각하거나 중간한 것으로는 『배자예부운략』(1615, 1661, 1678, 1679)과 『신간배자예부운략』(1429, 1464, 1524, 1540, 1546, 1615, 1661, 1678, 1679) 등 많이 간행하였으며, 국립 중앙 도서관, 고려대학교 도서관, 규장각 한국학연구원 등에 소장되어 있다. 한편 『예부운략』은 지속적으로 수정되고 증보되어 국자감에서 계속 발행하였다.

그런데 지금 세종대왕기념사업회가 소장하고 있는 『배자예부운략』에는 '세종어제훈민정음'이 부록으로 실려 있어 특별하다. 이 책은 숙종 4년(1678) 3월에 간행된 판본으로, 5권 2책 갑인자본[19]이다. 이 책은 숙종 4년 6월 22일자의 내사기가 있는데, 그 권5 뒤에 부록으로 훈민정음(訓民正音)이 실려 있고, 그 뒤에 황극경세성음괘수(皇極經世聲音卦數)·경세율려창화도(經世律呂唱和圖)·훈민정음여경세수배합도(訓民正音與經世數配合圖)·예부음범례(禮部音凡例) 등이 있는데, 그 가운데 '훈민정음'의 내용은 처음에 '훈민정음(訓民正音)'이란 제목하에 '어제왈(御製曰)'이라 하고, 바로 이어서 세종의 서문이 나오며, 서문이 끝난 다음에 잇대어 '정통 십일년 병인 구월 일(正統十一年丙寅九月日)'이라 하였으며, 그 다음에는 글자의 음가(音價) 풀이, 글자의 운용 등이 있고, 끝에 가서는 줄을 바꾸어 '명 예조판서 정인지 등 작해례(命禮曹判書鄭麟趾等作解例)'라고 되어 있다.

---

19) 손보기, 『금속활자와 인쇄술』(1977, 세종대왕기념사업회) 310쪽에서, 이 책을 갑인자Ⅵ(1668년, 무신자)로 인쇄하였다고 분류하였음.

그리고 이 책 본문에 들어있는 표제어 글자의 새김(뜻)과 음(音)을 읽게 하는 반절표기를 보면, 표제어 글자는 크게 하였고, 그 아래에 두 줄의 작은 글자로 나누어 오른쪽 줄에는 새김인 글자의 뜻을, 왼쪽 줄에는 음(音) 표기로 반절식으로 하였다(보기 : 東 東方也 德紅切).

내사기가 있는 것으로 보아 국가에서 간행한 책인데도 실록이나 다른 기록에서는 찾아볼 수가 없고, 저자도 알 수 없다.

15) 『경세훈민정음』(1678)

숙종 4년(1678) 최석정(崔錫鼎; 1646~1715)이 지은 『경세정운도설(經世正韻圖說)』은 건곤(乾坤) 2권으로 필사본이다. 허동진 님은 이 책이 발견된 곳이 일본 교토대학(京都大學) 중앙도서관의 가와이문고(河合文庫)인데, 학자들의 연구를 통해 숙종 4년에 완성된 책임을 고증하였다고 하였다.[20] 이에 앞서 이 책을 처음 소개한 사람은 조선 말기 학자 홍양호인데, 그의 문집 『이계집』 권10 '서'에 '경세정음도설서(經世正音圖說序)'라는 글에서다. 그리고 이 글은 『증보문헌비고』 「악고」 맨마지막에 있는 「훈민정음」에서 또다시 인용하고 있다. 최석정이 직접 쓴 필사본이기 때문에 유일본으로서 널리 알려지지 않았던 모양이다. 이 필사본의 표지에는 '경세훈민정음(經世訓民正音)'이라고 되어 있고, 본문 첫 줄에는 '경세정운서설(經世正韻序說)'이라고 되어 있다. 내용은 경세정운 서설, 운섭도(韻攝圖), 경세정운 오찬(五贊), 성음편, 군서절충(群書折衷) 등이다.

---

20) 이러한 주장은 허동진 지음, 『조선어학사』(1998, 한글학회) 142~151쪽에 자세히 소개하였다. 이전에는 학자들이 간행 시기를 1701년~1715년(관직에서 물러난 때로부터 서거한 때까지)으로 보았다고 한다.

서설은 시작 부분에, '訓民正音 世宗莊憲大王御製'라고 쓰고, 예의편을 싣고 있다. 그리고 예의편을 싣고 난 뒤에 세종의 어제서문을 실었다. 서문 뒤에 '正統十一年柔兆攝提格九月 日'이라고 적은 뒤, 최석정이 언문 28자를 열수의 형상과 같다는 견해를 피력하고 있다. '유조섭제격(柔兆攝提格)'이란 말은 한문에서 '병인(丙寅)'을 가리키므로, 병인년(1446)을 말한다. 이 날짜는 해례본에서 정인지가 서문을 쓰고 끝에 적은 것과 비슷하지만, 해례본에 '正統十一年九月上澣'이라고 한 것과는 조금 다르다. 그럼에도 순서는 다르지만 '세종장헌대왕 어제'라고 한 '서문과 예의편', 그리고 '정통 11년 9월'까지 일치하는 것은 참으로 놀라운 일이 아닐 수 없다. 그런데 공교롭게도 위에 보인 『배자예부운략』과 같은 해에 제작된 것이라고 한다면, 위의 『배자예부운략』도 최석정이 지은 것이 아닌가 싶지만, 저자는 알 수 없다.

혁혁하도다, 세종이시여! 우리말을 관찰하시어 드디어 큰 가르침을 창제하시고 이름을 정음이라고 하셨으니, 어리석은 백성들을 깨우치고 인도하셨다. 글자 모양은 어떠한가? 전서(篆書)와 주서(籀書)에서 형상을 취했다. 글자 수는 어떠한가? 하늘의 28개 별자리와 나란히 한다. 환하고 빛나며 정수가 들어있고 모든 것이 갖추어졌다. 성음과 율려가 배합되어 글자를 이루었고 종성으로 조화시켜 질서 있게 조직하였다. 글자 수가 만 자로 불어나니 본체로부터 작용까지 이른 것이다. 닭과 개의 울음소리 모두를 형용할 수 있고, 부녀자들과 백성들도 열흘이면 깨우칠 수 있다.

赫赫世宗 究觀方言 遂創大訓 命曰正音 開愚迪蠢 厥體伊何 取象篆 厥數伊何 並躔列宿 皦如彬如 旣粹旣備 聲音律呂 配合成字 叶以終聲 參伍錯綜 數衍于萬 由體達用 鷄鳴狗吠 咸得形容 婦女輿臺 旬日可通(경세훈민정음 본문 중에서)[21]

최석정은 이어서 '신이 혼자 세종대왕께서 창제하신 훈민정음, 즉 이른바 언문을 생각해보니, 총명하신 성왕께서 제작하신 절묘함이란 실제 8괘로 괘를 그리는 것이나 서계(書契)의 공용(功用)과 같다. 그러나 세상에는 간본이 없고 전수하는 사람도 극히 드물다. 소옹의 경세성음(經世聲音)이 훈민정음과 서로 표리가 되고, 절운의 학문이 그 근원이 되는 것을 천명하지 않을 수 없다. 그러므로 지금 아래에 부록하여 고정(考訂)의 자료로 삼고자 한다.'라고 적고 있다. 이로 보아 최석정이 『훈민정음』 해례본을 보지는 못했으나 누군가에게 자세히 전해 듣거나 필사본을 보고 매우 놀랐던 사실과, 이를 잘 기록하여 후대에 사실을 알려야겠다는 마음으로 이 글을 썼음을 알 수 있다.

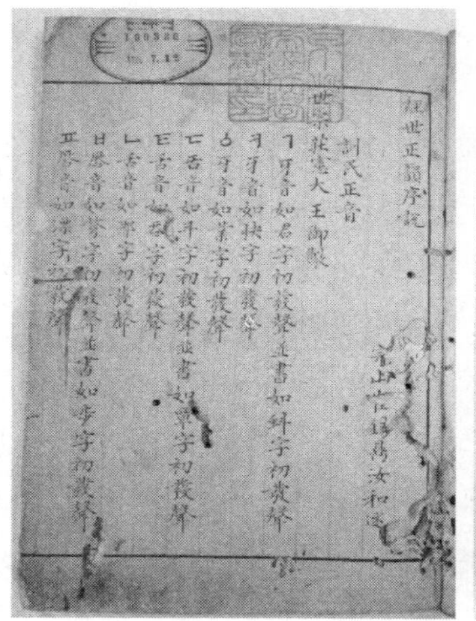

經世正韻序說

訓民正音

世宗莊憲大王御製

ㄱ牙音如君字初發聲並書如虯字初發聲

ㅋ牙音如快字初發聲

ㆁ牙音如業字初發聲

ㄷ舌音如斗字初發聲並書如覃字初發聲

ㅌ舌音如呑字初發聲

ㄴ舌音如那字初發聲

ㅂ脣音如彆字初發聲並書如步字初發聲

ㅍ脣音如漂字初發聲

경도대학 소장 『경세훈민정음』의 표지와 본문 시작부분

21) 위의 글과 번역은 '고려대학교 해외한국학 자료센터'(http://kostma.korea.ac.kr/)에서 내려받았음.

『경세훈민정음』은 저자가 직접 쓴 필사본으로 보이며 국내외 유일본이다. 『배자예부운략』(숙종 4년 내사기본)과 『경세훈민정음』 이 두 책은 해례본 이후 '훈민정음'이란 책과 그 내용을 정확히 인용하고 연구한 책으로는 유일한 자료다.

최석정은 훈민정음이 단순히 한자음의 표기뿐만 아니라 모든 소리를 형용하고 전사할 수 있다고 자부하였다. 최석정은 훈민정음을 연구함에 있어 그 대상을 우리나라 언어를 중심으로 하는 것이 아니라 시대와 나라를 초월하여 그 대상으로 삼았으며 그 배경이 된 언어학은 중국 운학이었다. 이는 그들이 이론적으로 의존하고 있던 소옹의 『황극경세서』와 깊은 관련성을 가진다. 소옹은 『황극경세서』를 통해 세계의 변화질서를 수리학적으로 해석하면서 세계보편의 질서를 설정하고자 했는데, 여기서 세계보편의 질서는 중화적 세계질서였다. 그리고 세계의 모든 음을 포용하는 보편적인 음운체계를 상정하였다. 최석정은 소옹의 생각을 이어받아 훈민정음이 이상적인 정음을 복원하는 데에 매우 우수한 도구라고 생각하였다.[22)]

최석정은 자신의 생각을 피력하면서 '어제언문이십팔자 즉열수지상(御製諺文二十八字 卽列宿之象)'이라 하여, '세종이 친히 만드신 언문 28자는 하늘의 별 모양을 본뜬 것이다.'라는 '열수상형설'을 제시하여 조금은 의아한 면이 있지만, 초성 17자와 중성 11자로 나눈 것과 '종성부용초성'이라 한 것은 『훈민정음』과 같다.

22) 이 설명은 '고려대학교 해외한국학 자료센터'(http://kostma.korea.ac.kr/)에서 내려받아 정리한 것임.

16) 『오륜전비언해』(1721) 범례

『오륜전비언해(五倫全備諺解)』(1721)는 우리나라에서 왜란과 호란을 거치면서, 원나라 말 중심의 중국어 교재인 『직해소학』이 중국어 학습에 적절하지 않은 것으로 밝혀져, 명대 이후에 남경의 관화를 반영한 『오륜전비기』로 교체하였다. 이때에 사용한 교재를 언해하여 간행한 것이 『오륜전비언해』이다. 『오륜전비언해』의 첫머리에 수록된 고시언(高時彦)의 서문에 의하면, 숙종 22년(1696)에 사역원에서 『오륜전비기』의 언해를 시작하였다고 한다. 그러나 중도에서 그만두었다가, 숙종 35년(1709)에 사역원의 교회청(教誨廳)에서 다시 시작하여, 숙종 46년(1720)에 완성하였다. 이후 역과(譯科)를 비롯한 각종 한어 시험에 출제서로 이용되었다. 언해 기간만 무려 24년이나 걸렸고, 교수자(校修者)만도 10여 명이었으며, 인용된 서목은 중국과 한국의 것으로 234종이나 되어, 이 책의 언해와 주석이 얼마나 광범위하고 치밀하게 이루어졌는가를 알 수 있다.

내용은 희곡 대본으로 사용되어 대화 형식을 띠었다. 즉 비교적 생생한 대화체의 모습을 볼 수 있다. 형인 오윤전(伍倫全)과 동생인 오윤비(伍倫備) 형제가 홀어머니의 엄격한 교육 아래에서 성장하고, 어려운 여건 속에서도 삼강오륜을 실천하면서 우여곡절을 겪지만, 나중에는 높은 벼슬과 영화를 누리다가 귀향하고, 죽은 뒤에는 신선이 된 스승과 어머니를 만나, 함께 선계(仙界)로 간다는 내용이다.

이 책은 중국어 학습서이면서도 제목에 '언해(諺解)'라는 말을 썼다. 서문 제목에 '오륜전비주석언해서(伍倫全備註釋諺解序)'라고 한 것이다. 물론 이 책 어디에도 '훈민정음'이라는 말은 보이지 않는다. 다만 이 책 범례에 보면 최세진의 『사성통해』의 체제를 따랐다고 한 바와 같이

『홍무정운』 > 『홍무정운역훈』 > 『사성통고』 > 『사성통해』 > 『오륜전비언해』의 맥을 그대로 이었다는 사실이다.

> 하나. 무릇 자음(字音)은 한결같이 『사성통해(四聲通解)』를 따랐는데, 자(字)에는 정음(正音) · 속음(俗音)이 있고, 음(音)에는 '초중종(初中終)'의 3성이 있다. 정음이란 『사성통해』의 원음(元音)이며, 속음이란 『사성통해』의 변음(變音)이다. 초성은 'ㄱ, ㄴ, ㄷ, ㅊ' 등과 같은 것이고, 중성은 'ㅏ, ㅓ, ㅣ', ㅜ, ㅗ' 등과 같은 것이며, 종성은 'ㆆ, 'ㅿ, ㅸ', ㅱ' 등과 같은 것으로, 3성이 합하여 하나의 음을 이루게 된다. 그러므로 글자마다 아래에 언문[諺字]으로 짝을 지어 썼는데, 오른쪽은 독음을 따랐고 왼쪽은 그 청탁 칠음(七音)을 나타내었다.(『오륜전비언해』 '범례' 중 일부를 인용함)

여기서도 '정음'과 '속음'이란 말이 나타난다. 즉 '정음'은 『사성통해』의 정음이고, 그것은 또한 『홍무정운(역훈)』의 정음인 것이다. 또한 이 책 범례 뒤에 밝힌 인용 서목(참고문헌)을 보면,

> … 두공부집【당나라, 두보】, 이태백집【당나라, 이백】, 통아【방이지】, 설문【한나라, 허신】, 광운【육법언】, 일월등【명나라, 여유기】, 운학집성【장보】, 중원아음, 운회【원나라, 황공소】, 정자통【청나라 요문영】, 해편심경【명나라, 주지번】, 자휘【청나라, 매정조】, 자휘보, 해성품자전【청나라, 우덕승】, 육서고【대동】, 이아익【라원】, 광이아【장즙】, 총귀, 석명【유희】, 사성통해【조선, 최세진】, 사성통고【조선, 신숙주】…(『오륜전비언해』 '인용 서목' 중 일부를 인용함)

이와 같이, 중국 한나라 이후의 역사서를 비롯하여 수많은 운서들과 조선의 유명한 책들을 무려 234종이나 참고하였다는 것이다. 『오륜전

비언해』의 형식은, 대화체 한문 문장 하나씩 그 중국어 표준음(정음)과 북방음(속음)을 한자마다 표기한 뒤, 언해문을 적고, 언해문 뒤에 한문으로 주석을 달았다.

(원문) 奴奴是施善教先生長女

(정음) 누누스스션쟌션ᄉᆖᇰ쟝뉴

(속음) 누누ᄊᆖᇫᄊᆖᇫ쎤걍션승쟝뉴

(언해) 奴奴는 이 施善教先生의 長女ㅣ라【譯語類解 奴奴 婦女 謙稱之辭 一云 奴家】(오륜전비언해 1권 29쪽)

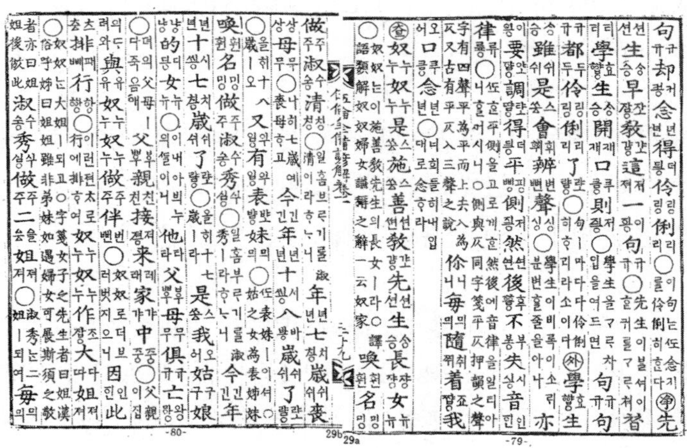

『오륜전비언해』(1721) 1권 29쪽

17) 『성호사설』(1740) 「인사문」

이익(1681~1763)이 엮은 『성호사설(星湖僿說)』(1740) 제16권 「인사문(人事門)」 편에 '언문(諺文)'에 대하여 소개한 글이 있다.

언문. 우리나라의 언문 글자는 세종 28년인 병인년에 처음 지었는데, 온갖 소리를 글자로 형용하지 못할 것이 없었다. 사람들은 이를, '창힐(새와 짐승의 발자욱을 보고 모양을 모방하여 글자를 만든 사람)과 태사 주(籀, 주나라 선왕 때 사람으로 전자(篆字)를 만들었음) 이후로 처음 있는 일이다.' 하였다. 원나라 세조 때에 파사파가 부처의 가르침을 얻어 몽고 글자를 지었는데, 평상거입의 네 가지 음운으로써 입술, 혀, 목구멍, 이, 어금니, 반혀, 반잇소리 등 칠음의 모자(母字)로 나누어 무릇 소리가 있는 것은 하나도 빠짐이 없었다. 무릇 중국의 글자는 형상을 주로 하므로 사람들이 손으로 써서 전하고 눈으로 볼 수 있는데, 몽고 글자는 소리를 주로 하므로 사람들이 입으로 전하고 귀로 듣게 되어 있다. 그러나 형상이 전혀 없으니 어떻게 유전하여 사라지지 않겠는가? 이제 그 자세한 내용을 얻어 볼 길이 없는 것이다. 만약 규례를 미루어 문자를 만들었더라면 천하 후세에까지 통용되어 우리나라의 언문과 같은 효과를 얻었을 것이니, 생각건대 명나라 초엽까지는 그 법규가 남아있었을 것이다. 우리나라에서 언문을 처음 지을 때에는 궁중에 관서를 차리고 정인지, 성삼문, 신숙주 등에게 명하여 책을 찬집[撰定]하게 하였다. 이때에 명나라 학사 황찬(黃鑽)이 죄를 짓고 요동으로 귀양와 있었는데, 성삼문 등을 시켜 찾아가서 질문하게 했으니 왕복이 무릇 13차에 이르렀다는 것이다. 그러나 추측해 본다면 지금 언문이 중국의 문자와 판이하게 다른데 황찬과 무슨 관련이 있었겠는가? …줄임… 그러므로 이제 우리나라 언문 글자와는 꼴이 다르지만 뜻은 같았을 것이다. 무릇 중국 문자는 소리는 있으나 문자로써 형용할 수 없는 것이 반이 넘는다. 입술과 혀와 목과 이를 여닫아 맑고 흐린 음성이 입에 따라 다른데, 무슨 까닭으로 이를 형용하는 문자가 있기도 하고 없기도 한단 말인가? 지금의 우리 언문 반절은 무릇 14모음이고 모음만 있고 절(切)이 없는 것이 또한 4가지이니, 일반적으로 이른바 입성이 이것이다. (…이하 줄임).

諺文 我東諺字刱於世宗朝丙寅 凡有音者 莫不有字 人稱倉籒以來未始有也 元世祖時巴思八者 得佛氏遺敎 制蒙古字平上去入四聲之韻 分脣舌喉齒牙反脣反齒七音之母字 苟有其音者 一無所遺 凡中國之字以形爲主 故人以手傳而目視也 蒙字以聲爲主 故人以口傳而耳聽也 然全無其形又何能傳而不泯 今無以得見其詳 若推例爲文字 可以通行於天下後世 與我之諺文同科 意者明初必有其法也 我國之始制也 設局禁中 命鄭麟趾成三問申叔舟等撰定 時皇朝學士黃鑽 罪謫遼東 使三問等往質 凡往返十三度云 以意臆之 今諺文與中國字絶異 鑽何與焉 是時元亡 纔七十九年 其事必有未泯者 鑽之所傳於我者 抑恐外此 更無其物也. …줄임… 然則與今諺字 不過形別而意同者歟 凡中國書 有音而無字字過半 凡脣舌喉齒開合淸濁 隨口異聲 何故或有或無 今諺半切凡十四母 有其母而無其切亦四條 俗所謂入聲也….(『성호사설』 16권 「인사문」 ‘언문’ 1~2쪽(국역본, 1977, 민족문화추진회, 122~124쪽))

성호 이익은 ‘훈민정음’이란 말을 쓰지 않았다. 세종이 언문을 창제하여 집현전학사들이 중국의 현실음을 공부하며 운서를 공부하여 책을 만들었다는 사실을 자세히 말하면서도 모두 ‘언문’이란 말만 한다. 300년이 지난 때이니 이쯤 되면 조선 땅 어디에도 ‘훈민정음’이란 책은 없고 그 말조차 아는 사람이 없었나보다.

18) 『화동정운 통석운고』(1747)

포암 박성원(1697~1767)은 영조 때의 사람으로 한학자이며 문자와 음운 연구에도 깊은 조예를 가진 학자였다. 벼슬은 한때 진사를 지내는 데 그쳤으나 그의 『화동정운 통석운고(華東正韻通釋韻考)』(1747)는 세상에 널리 알려져 후세의 학자들에게 영향이 매우 컸다. 이 책은 최

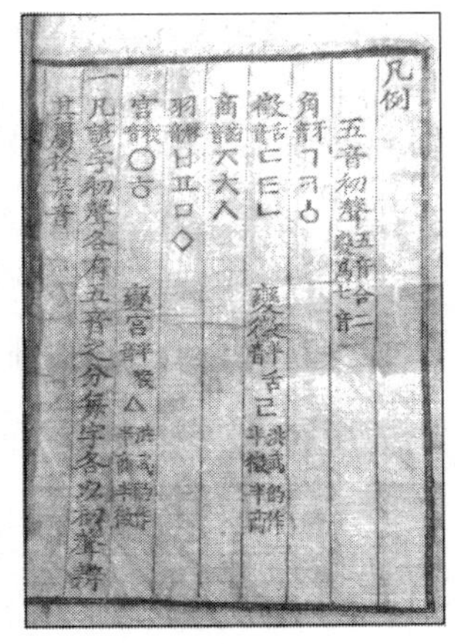
凡例
五音初聲
角 ㄱㅋㆁ
徵 ㄷㅌㄴ
商 ㅈㅊㅅ
羽 ㅂㅍㅁ◇
宮 ○ㆆ △
一凡諺字初聲各有五音之分

석정의 『경세훈민정음』이 나온 지 70여 년 뒤에 나온 책인데, 당시의 조선어 한자음과 중국 한자음을 함께 밝힌 운서로, 정조조에 왕이 친히 쓴 어제서 '정음통석서'까지 권두에 얹어 궁중 서고에서 출판하게까지 한 매우 큰 중시를 받은 운서였다. 권두 서에 의하면, 훈민정음 창제 당시인 세종조에는 한자음 초성과 종성이 중국과 동일하였는데 세대가 경과함에 따라 법칙이 문란해져서 문명국으로 부끄러우므로 『사성통해』 등을 참고하여 5음 청탁을 바로잡는다는 것이었다. 『삼운통고』와 『사성통해』를 바탕으로 썼는데 전 2권 1책이다. 이름 그대로 한 운서에 화음(한어음)과 동음(조선어음)을 함께 표기하여 심음(審音)과 작문, 화음과 동음에 함께 이용될 수 있도록 쓴 책이니 운서로서 이렇게 화음과 동음을 동시에 올린 것은 이 책이 처음으로 보인다.

이 책의 범례와 권말에 있는 '언문 초중종 삼성변'에서 언문에 대해 언급한 것이 있는데, 여기서 박성원의 정음에 대한 견해를 보이었다.[23] 그러나 이 책에 역시 '훈민정음'이란 말은 보이지 않는다. 다만 '언문(諺文)', '언자(諺字)'만 보이고, 훈민정음의 해례와는 전혀 다르게 주장을 펴고 있는 것으로 보아, 최석정과 같은 앞선 학자들의 주장을 보고 자신의 생각을 피력한 것으로 보인다. 이 책에 대해서는 『국어국문학자료사전』(1998, 한국사전연구사)에 자세히 설명되어 있다.

---

23) 『화동정운 통석운고』에 관한 내용은 허동진, 『조선어학사』(1998, 한글학회) 151~152쪽에서 참조하였음.

19) 『훈민정음운해』(1750)

실학파 신경준(1712~1781)이 지은 『훈민정음운해(訓民正音韻解)』(1750)는 주시경의 『국어문법』(1910)과 최현배의 『고친 한글갈』(1976)에서 『훈민정음도해(訓民正音圖解)』라고 한 책이다. 신경준은 이 책의 「훈민정음도해 서(訓民正音圖解敍)」에서,

> 정통 병인년(1446)에 우리 세종대왕께서 훈민정음을 창제하셨으니, 그 법식은 반절의 뜻을 취하였고, 그 모양은 서로 변화가 쉽고 더하기 쉬운 방법을 썼으며, 그 글자는 점과 획이 매우 간결하다.
>
> 正統丙寅我世宗大王製訓民正音 其例 取反切之義 其象 用交易變易加一倍之法 其文 點畫甚簡[24)]

라고 하였으나, 훈민정음 해례본의 내용과는 전혀 다른 역학과 성운학으로 풀이하고 있다. 세종이 훈민정음을 창제하였다는 것 빼고는, 병인년도, 반절의 뜻을 취함도 사실과 다른 말이다. 중성을 설명할 때 'ㆍ'를 'ㅏ ㅑ ㅓ ㅕ ㅗ ㅛ ㅜ ㅣ' 뒤에 배치한 것도 'ㆍ'의 중요성을 모르고 있기 때문이다. '상순설(象唇舌)'편에는 'ㅇ, ㄴ, ㅅ, ㅁ'을 '이응(伊凝), 니은(尼隱), 시옷(時衣), 미음(彌音)'이라고 부른다고 하여 최세진의 『훈몽자회』에서 붙인 이름을 소개하고 있다. 그런데 이 책의 특별한 것은 '훈민정음(訓民正音)'이 6회, '정음(正音)'이 3회 정도 나오지만, '언문(諺文)'이란 말은 전혀 사용하지 않았다. 오히려 '아동자음(我東字音)'이라고 하는 말을 쓰기도 하면서도 '언문'이라는 말은 전혀 찾아볼 수가 없다.

---

24) 『훈민정음운해』(신경준, 1938, 조선어학회) 12쪽에서 일부만 인용함.

20) 『훈음종편』(1751 직후)

이사질(1705~1776)의 글 『훈음종편(訓音宗編)』에 훈민정음에 대해 자세한 기록이 있다. 이 글은 『한산세고(韓山世稿)』 권12에 수록해 놓은 이사질의 글인데, 여기에는 '훈음종편소서(訓音宗編小序)'라는 제목으로 수록하고 있다.

'제6 어제훈민정음전서(御製訓民正音全書)'에서는 '訓民正音小序曰'이라는 말로 시작하여, 『훈민정음』 어제 서문과 예의편까지를 적고 자신의 생각을 뒤에 펼치고 있다.

21) 『열하일기』「피서록」(1780)

『열하일기(熱河日記)』는 연암 박지원(1737~1805)이 정조 4년(1780)에 청나라 건륭제의 칠순잔치를 축하하기 위하여 사행길에 오른 삼종형 박명원을 따라 청나라 고종의 피서지인 열하를 여행하고 돌아와서 보고 들은 일들을 기록한 연행록이다. 필사본을 엮은 것인데, 그것을 베낀 전사본이 정조에게까지 들어가 읽혔다. 연암은 많은 소설을 쓰기도 했던 문학의 대가지만, 언문으로 글을 쓴 기록은 많지 않다. 『열하일기』 중에 나오는 「피서록(避暑錄)」에는 언문에 대한 그의 생각이 나온다.

> 중국 사람들은 글자로부터 말 배우기로 들어가고 우리나라 사람은 말로부터 글자 배우기로 옮겨가므로 화(華), 이(彝)의 구별이 이에 있는 것이다. 왜냐하면 말로 인하여 글자를 배운다면 말은 말대로 글은 글대로 따로 되는 까닭이다. 예컨대 천(天) 자를 읽되 '한날천(漢捺天)'이라 한다면, 이는 글자밖에 다시 한 겹 풀이하기 어려운 <u>언문</u>(諺文)이 있게 된다.【설부(說郛)[25] 중에 『계림유사』가 실렸는데, 천(天)을 가로되 한날(漢捺)이

라 하였다.】 어린 아이들이 애당초 '한날(漢捺)'이란 무슨 말인 줄을 알지 못하는데 어찌 천(天)을 알 수 있겠는가?

中國因字入語 我東國因語入字 故華夷之別在此 何則因語入字則語自語書自書 如讀天字曰漢捺天 是字外更有一重難解之諺【說郛有鷄林類事天曰漢捺也】 小兒旣不識漢捺爲何語則又安能知天乎

위 글에서 연암은, 언문이 오히려 한자의 뜻을 배우기 어렵게 만든다는 말을 하고 있다. 당대에 글 잘 쓰기로 유명한 연암이 '훈민정음'을 알지 못하였다는 것은 매우 안타까운 일이다. 그러나 이미 수백 년이 흘러서 '훈민정음' 창제 원리를 아는 이가 전혀 없다시피 된 이상, 연암을 탓할 수도 없는 노릇이다.

그리고 윗글에서 인용한 '한날천(漢捺天)'은, 중국 원나라의 문헌 『설부(說郛)』에 실린, 송나라 사람 손목이 지은 『계림유사(鷄林類事)』 내용 중에 나오는 말이다. 이 글은 중국 사람이 우리말을 그대로 표기한 가장 오랜 문헌 자료로 유명하다. 즉, 중국 사람이 중국 사람에게 한자를 동원해 고려말을 나타내 보인 것이니 당연히 그렇게 표기할 수밖에 없었던 것이다. 언문이 창제된 뒤 얼마든지 언문으로 '하늘 천'이라고 풀이할 수 있는 당시 조선 사회에서 이런 말을 인용하면서까지 언문이 한자 풀이를 더 어렵게 한다고 말하는 것은 설득력이 전혀 없다. 한참 잘못된 생각이다.

연암은 서울 출신으로, 그가 알며 지내던 석학들도 참 많았다. 이보천, 이양천, 이재성, 박제가, 이서구, 서상수, 유득공, 유금 등과 이웃하면서 학문적으로 깊은 교유를 가졌고, 또 홍대용, 이덕무, 정철조 등과

---

25) 『설부(說郛)』는 원나라 말경 도종의(陶宗儀)가 펴낸 책으로, 한나라부터 원나라에 이르는 수필, 설화 등 천여 종의 글을 모아 엮은 문학총서다. 그 가운데 『계림유사』가 들어 있다.

실학에 대해 자주 만나 토론했으며 함께 여행도 다녔다. 그렇다면 이들 중 '훈민정음'에 대해 아는 사람이 한 사람도 없었다는 말이 된다.

여기서 잠깐 『계림유사』에 대해 알아보자.

송나라 사신 손목은 고려에 들어와 고려의 풍습과 제도를 보고 듣고서 『계림유사』를 썼는데, 이 책에는 당시 고려말이 356낱말이나 수록되어 있다고 한다.

> 『계림유사』에 실린 어휘들을 보면 다음과 같은 유형으로 나눠 볼 수 있다.
>
> 1) 당시 고려어를 한자음으로 표기한 것이 오늘의 조선어음과 같거나 기본상 같은 것이 많은 수를 차지한다. 일부 모음이나 자음 혹은 받침에서 약간의 차이를 보이고 있으나 이러한 것은 그 후의 어음 변화를 일으킨 것으로 볼 수 있다. 또 일부는 당시에도 한자로 조선어음을 도저히 그대로 표기할 수 없는 제한성 때문인 것도 있는 것 같다. 예컨대 天은 漢捺[하늘], 眼, 雪은 嫩[눈], 馬는 末[말], 耳는 愧[귀], 齒는 你[니], 手는 遜[손], 足은 潑[발] 등으로 표기된 것은 오늘과 다름이 크게 없고, 七은 一急[일급], 二十을 戍沒[스믈] 등은 모음에, 雲은 屈林[구름], 五는 打戍[다섯], 九는 鴉好[아홉] 등은 받침에 차이를 보인다.
>
> 2) 한자어를 한자 그대로 적어 놓아 고유어의 원형을 알아보기 어려운 것이 있다. 이런 자료에서 일부는 벌써 당시에 고유어가 한자어로 대체되었거나, 또 일부는 순수 구두어를 표기한 것이 아니라 당시 한문의 영향을 받은 서사어인 한자어를 그대로 표기한 것이라 짐작된다. '江曰江, 鶴曰鶴, 羊曰羊, 瓶曰瓶, 墨曰墨' 등은 당시 벌써 고유어가 한자어로 대체된 것이고, '田曰田, 鹿曰鹿, 蛇曰蛇, 人曰人, 銅曰銅, 毛曰毛, 青曰青, 里曰里, 赤曰赤, 生曰生, 死曰死' 등은 서면어를 기록한 것이라 짐작된다.
>
> 3) 한자로 표기된 것이 오늘날의 조선말로 전혀 해독되지 않을 뿐

아니라 15세기 조선어로도 풀기 어려운 것들이 있다. : 雹曰霍, 霧曰蒙, 虹曰陸橋, 谷曰丁盖, 林檎曰悶子訃, 龍曰稱, 金曰那論義, 香曰寸, 斧曰烏子盖 등.

4) 지금은 변화되어 사라졌으나 고려어에서 씌었고 이조 초까지는 내려온 일부 어휘의 변화 상태를 보이는 것이 있다. : 犬曰家稀[가히], 百曰醞[온], 小曰胡根[효근], 有曰移實[이실, 이시다], 少曰亞退[앚다].

5) 조선어의 어음이 변화되어 온 과정을 보여 주는 좋은 재료로 될 수 있는 것들이 있다. : 二曰途孛, 酒曰酥孛, 花曰骨, 白米曰漢菩薩, 栗曰田菩薩, 木曰南記, 袴曰珂背, 女兒曰宝姐.

6) 고려어의 용언적 형태와 단어 결합의 관계를 보여주는 자료로 될 수 있는 것들이 있다. : 坐曰阿則家羅, 去曰匿家入羅, 語話曰替里受勢, 借物曰皮難受勢, 相別曰羅戱少時, 來曰烏羅, 齒刷曰素支, 寢曰作之, 有曰移實, 亡曰朱幾 등.[26)]

이렇게 고려말의 모습을 잘 간직하여 수백 년이 지난 현대 우리에게 소중한 자료를 남겨준 『계림유사』에 대해서는 감사함을 아끼지 말아야 하겠지만, 이것을 인용하여 조선 사회에서 언문이 한자 학습에 지장을 준다는 연암의 논리는 전혀 맞지도 않거니와 언문에 대한 좋지 않은 이미지만 심어 주었다.

22) 『증보문헌비고』(1770/1782/1903/1908)

『증보문헌비고』는 고조선 때부터 한말에 이르기까지의 문물 제도를 총망라하여 분류 정리한 책인데, 활자본으로 250권 50책이나 되는 방대한 백과 전서이다. 이 책은 맨처음 영조 46년(1770)에 홍봉한 등이

---

26) 『조선어학사』(허동진, 1998, 한글학회) 59~60쪽에서 인용함.

왕명을 받아 집필하기 시작하여 『동국문헌비고』를 완성했는데, 정조 6년(1782)에 왕명으로 이만운이 다시 보완하였으나 출간되지 못하였다. 이것을 100여년이 지나 다시 고종이 광무 7년(1903)에 박용대 등 30여 명에게 지시를 내리니, 그들이 대폭 증보하여 순종 융희 2년(1908)에야 비로소 『증보문헌비고』라는 이름으로 발간한 것이다.

그 중 「악고(樂考)」의 마지막 권인 108권(악고19)에 훈민정음이 기록되어 있고, 또 245권 「예문고4」에는 '어제(御製)'에 『훈민정음』이 소개되었다. 이 「권108(악고19)」은 '정인지 서문, 세종 서문, 예의, 숙종 후서(後序), 성현의 말, 이수광의 말, 홍양호의 말, 훈민정음초성상형도' 등을 모아 소개하고 있다.

① 『증보문헌비고』 「악고(樂考)」의 기록

「악고 19」

훈민정음

조선 세종 28년(1446)에 임금께서 훈민정음을 지으셨다. 임금께서는 여러 나라가 각각 문자를 만들어서 그 나라의 말을 기록하는데 홀로 우리나라만 없다고 여기시어, 드디어 자모 28자를 만들어 이름을 '언문'이라고 하였다.

樂考十九

訓民正音

本朝世宗二十八年 御製訓民正音 上以爲諸國各製文字以記其國之方言獨我國無之 遂製子母二十八字名曰諺文

여기에서는 1446년에 『어제훈민정음』을 지었다고 하면서, 자모 28자를 만들어 '언문'이라고 불렀다고 기록하였다. 그러니까 새로운 글자 훈민정음을 임금이 몸소 지었는데, 이것은 각 나라마다 문자를 만들어 그 나라의 말을 기록하지만 유독 우리나라만 문자가 없으니, 드디어 자모 28자를 만들고 그 이름을 언문이라 일컬었다는 것이다. 1443년에 창제하였다는 사실은 전혀 모르고 있다. 또 이 「악고 19」에는 『훈민정음』의 '정인지 서문'이 먼저 올려져 있고, 그 뒤에 '세종의 서문과, 예의'가 올려져 있다. 어제 서문을 보면, 간송미술관 소장본에서 잘못 적어 넣은 첫장의 끝 자 '矣'가 '耳'로 올바르게 기록되었으나, 실록에는 '欲使人'으로 된 부분이 해례본에는 '欲使人人'으로 되어 있는데, 이 악고 역시 '欲使人人'으로 되어 있다. 문헌비고의 내용 전체를 살펴보면, 실록의 날짜, 내용과 일치하지 않는 부분이 아주 많이 나타난다. 이와 같이 『세종실록』과도 다르고, 『훈민정음』 해례본의 순서와도 다르게 올려진 이 108권(악고19) '훈민정음'의 출처는 과연 무엇인지 정확히 알 길이 없다. 또 「악고」의 집필자가 누구인지는 명확하지 않지만 이미 영조 45년(1769) 홍봉한 등이 집필한 『동국문헌비고』에 이 악고가 다 갖추어 있었다고 하니[27] '훈민정음'을 이 악고에 실은 것도 영조 때 학자들임을 알 수 있다. 영조 때 찬집에 참여한 학자 중 누군가가 덧붙인 것으로 보이는 글이 '예의편' 끝에 삽입되어 있는데,

> 신이 삼가 상고해 보건대, 세종조 훈민정음은 순치후설의 소리[聲], 궁상각치의 조(調), 청탁 고하의 변화를 다 극진히 하였는데, 이것은 모두 악(樂)을 짓는 나머지 일[緖餘]을 미루어 방언(우리나라 말)을 아름답게 꾸민 것이니, 음악이 아니면서도 또한 음악인 것이다. 그러므로 악고 뒤에 붙여놓은 것이다.

27) 「악고」 1의 서문에, '악고는 동국문헌비고의 넷째 항목에 들어 있고, 13권으로 되어 있다. [속]지금(증보문헌비고)은 다섯째 항목에 들어 있고 19권으로 되어 있다.'고 하였다.

정조 때 이만운이 보완한 글 앞에는 [補]가 표시되어 있는데, 위의 글은 [보] 앞에 있는 것으로 보아, 영조 때 이미 찬집자 중 누군가가 삽입한 글임을 알 수 있다. 윗글에 이어서 이만운이 보완한 글로는, 숙종이 썼다는 『훈민정음』 후서(後序), 『용재총화』를 엮은 성현의 말, 이수광의 말 등이 이어진다.

② 숙종의 말

숙종(재위1674~1720)이 어제한 『훈민정음』 후서(後序)에 이르기를, 생각건대 우리 세종대왕께서는 하늘에서 내신 성인의 자질로 당우(요순)보다 높이 뛰어나서 예악 문물이 찬연히 갖추어졌다. 그러나 오히려 동방의 말이 중국과 달라, 어리석은 백성이 제 뜻을 펴지 못함을 염려하시어 이에 정사를 보는 틈틈이 새로 스물여덟 자를 만들어 후세 사람에게 밝게 보이셨으니, 배우기 쉽고 매일 씀에 편리하도록 하려고 한 것이다.

[補]肅宗御製訓民正音 後序曰 恭惟我世宗大王聖自天縱高出唐虞禮樂文物燦然備具而猶慮夫東方語音之异乎中國愚民之不得伸情乃於聽政之暇新制二十八字昭示後人 盖欲其易學習

숙종이 『훈민정음』 후서를 썼다는 것인데, 세종대왕께서 새로 28자를 만들었다고 하면서도, 세종의 서문을 읽지 못한 듯하다. '국지어음(國之語音)'을 '동방어음(東方語音)'이라고 하고, '욕사인인이습 편어일용이(欲使人人易習便於日用耳)'를 '소시후인 개욕기이학습(昭示後人 盖欲其易學習)'라고 하는 등 전혀 다르게 말하고 있다. 하물며 정작 숙종이 『훈민정음』의 후서를 썼다는 기록은 실록이나 다른 문헌 어디에서도 찾아볼 수 없다. 오직 이 곳에만 있는 기록이다. 정조 때 이만운이 보충한 자료이니 어딘가에는 있었던 글임에 틀림없지만 임금의 글이라는 것은 의구심이 남는다.

③ 성현의 말

성현이 말하기를, 언문은 5음을 나누어 구별하니, 어금니·혀·입술·이·목구멍의 소리이다. 입술소리는 가볍고 무거움의 다름이 있고, 혓소리는 정반(正反)의 구별이 있으며, 글자 또한 전청, 차청, 전탁, 불청불탁의 차이가 있는데, 비록 아무리 무지한 부인이라도 밝게 깨치지 못하는 이가 없다고 하였다.

[補]成俔曰諺文分五音別之曰牙舌脣齒候脣聲有輕重之殊舌聲有正反之別字亦有全淸次淸全濁不濁不淸之差雖無知婦人無不暸然曉之

성현(成俔; 1439~1504)은 세종 때 태어나 세조, 성종, 연산군 때를 살아간 학자로서, 『용재총화』의 저자로 유명하다. 이외에 『악학궤범』, 『허백당집』, 『부휴자담론(浮休子談論)』 등이 전하여 그가 여러 분야에 해박한 학자였음을 짐작하게 한다. 성현은 어린 시절 김수온을 비롯하여 형들의 친구인 강희맹, 서거정에게서 학문을 배웠다. 성현은 특히 김수온에게서는 음악을, 강희맹에게서는 그림, 서거정에게서는 문장의 영향을 많이 받았고, 후에는 당대의 사림파 학자로 명망이 높았던 김종직, 유호인과도 교유관계를 가졌던 인물이다. 그럼에도 '언문'을 말하면서 '훈민정음'이란 말을 하지 않고 있다. 이 글도 정조 때 이만운이 보충한 자료지만 정확한 출처를 알 수 없다.

④ 이수광의 말

이수광이 말하기를, 우리나라 언서(諺書)는 오로지 범자(梵字)를 모방하였는데, 처음 세종조에 국(局)을 설치하여 만들어냈으나 글자를 만든 정교함은 진실로 대왕의 밝은 슬기에서 나왔다고 한다. 무릇 언서가 나오자 여러 지방의 말소리를 통하지 못하는 것이 없었으니, 이른바 성인이 아니면 능히 할 수 없는 것이다 하였다.

[補]李睟光曰 我國諺書全倣梵字 始於世宗朝設局撰出而制字之巧實自叡算云夫諺書出而萬方語音無不可通者所謂非聖人不能也

이수광(李睟光; 1563~1628)은 임진왜란 때 종사관으로 종군하였고, 정묘호란을 겪었던 광해군과 인조 시대의 인물이다. 또한 조선 중기의 실학파의 중심 인물이기도 했으며, 선조 때 『주역언해』 편찬에 동참하기도 했던 그는 『지봉유설』로도 유명하다. 그런 그가 『훈민정음』이란 이름을 말하지 않고 '언서(諺書)'라고 하고 있다.

⑤ 홍양호의 말

홍양호의 『경세정운도설』 서략에 이르기를, '우리 세종대왕께서 훈민정음 스물여덟 자를 창제하셨는데, 이는 열수(列宿, 28별)의 숫자에 응한 것이고 글자 모양은 규벽의 둥글고 굽은 형상이며, 점과 획은 소전, 팔분, 예서의 모양을 닮았다.

[續]洪良浩經世正韻圖說序略曰 我世宗大王刱制訓民正音二十八字以應列宿之數而字形則奎璧圖曲之象點畫則小篆分隷之體

위의 글은 홍양호(洪良浩; 1724~1802)의 문집 『이계집(耳溪集)』(18세기말) 권10 서(序)에 보이는 기록이다. 그가 '세종대왕이 훈민정음 28자를 창제하였다'는 사실을 알고 있다는 것이 놀랍지만, 사실 이것은 그가 최석정의 『경세정운도설』(1678)을 읽고 안 지식이다. 현재 전하는 최석정의 책은 일본 교토대학 가와이(河合)문고에 소장되어 있는 필사본뿐인데, 이 책 표지에는 '경세훈민정음'이라고 되어 있으나, 속표지에는 '경세정운서설'이라고 되어 있다.

이 책은 1678년 저술된 것으로 고증 되었다(허동진 지음, 조선어학사(1998, 한글학회) 142~151쪽. 경세정운 도설은 훈민정음 해례가 나온 후

최초로 『훈민정음』을 연구한 저서가 된다.

최 석정은 부제학, 이조 판서, 좌의정, 대제학, 영의정을 역임한 관료 출신이다. 이는 운학(韻學)과 자학(字學)에 조예가 깊은 학자이다. 최 석정은 중국 송나라 소옹의 『황극경세 성음창화도』를 깊이 연구하여, 그것을 토대로 훈민정음의 체계를 운도로 나타내려고 하였다.

⑥ 『증보문헌비고』 「예문고」

『증보문헌비고』 제245권 「예문고(藝文考)4」 '어제(御製)'편은 임금이 직접 쓴 글만 모아놓은 편이다. 여기에는 신라에서 조선에 이르는 임금들이 쓴 글 이름과 설명이 있다. 그 가운데 세종의 작품은 다음과 같다.

시(詩) 1편.
문(文) 20편.
조제아악보(朝祭雅樂譜) 2질.
훈민정음(訓民正音) 1편.

이 가운데 『훈민정음』에 대한 설명은 다음과 같다.

훈민정음 1편. 임금이 모든 나라는 각각 문자를 지어 그 나라의 방언을 기록하는데 유독 우리나라만 문자가 없다 하여, 마침내 자음, 모음 28자를 지어 언문(諺文)이라 하고, 궁중에 국(局)을 설치하여 정인지, 신숙주, 성삼문, 최항 등에게 명하여 찬정(撰定)하게 하였다. 대개 고전(古篆)을 본뜨고 초성, 중성, 종성으로 나누었으니, 무릇 문자에 있어서 통하지 않는 것도 모두 통하여 막힘이 없게 하였다. 중국의 한림학사 황찬이 그때 요동에서 귀양살이하고 있었는데, 성삼문 등에게 명하여 황찬을 찾아가 음운(音韻)에 대하여 묻게 하였다. 이 일을 위해 무릇 열두 차례나 요동을 왕래하여 완성하였다.

訓民正音一篇 上以爲諸國各製文字以記其國之方言獨我國無之遂製子母二十八字名曰諺文 開局禁中命鄭麟趾申叔舟成三問崔恒等撰定盖倣古篆分爲初中終聲凡文字所不能通者悉通無礙中朝翰林學士黃瓚時謫遼東命三問等見瓚質問音韻凡往來遼東十二度乃成

이 글에서 가장 주의깊게 볼 것은 『훈민정음』은 책이고, 글자 이름은 '언문'임을 명확히 하였다는 것이다.

23) 『죽산 안씨 대동보』(1676?)

세종이 우리말과 한자가 서로 통하지 못함을 딱하게 여겨 훈민정음을 만들었으나, 변음과 토착을 다 끝내지 못하여서 여러 대군에게 풀게 하였으나 모두 풀지 못하였다. 드디어 공주에게 내려 보내자 공주는 곧 풀어 바쳤다. 세종이 크게 칭찬하고 상으로 특별히 노비 수백을 하사하였다.

世宗憫方言不能以文字相通 始製訓民正音 而變音吐着 猶未畢究 使諸大君解之 皆未能 遂下于公主 公主卽解究以進 世宗大加稱賞 特賜奴婢數百口(『죽산안씨대동보』「공주 유사」 중에서)

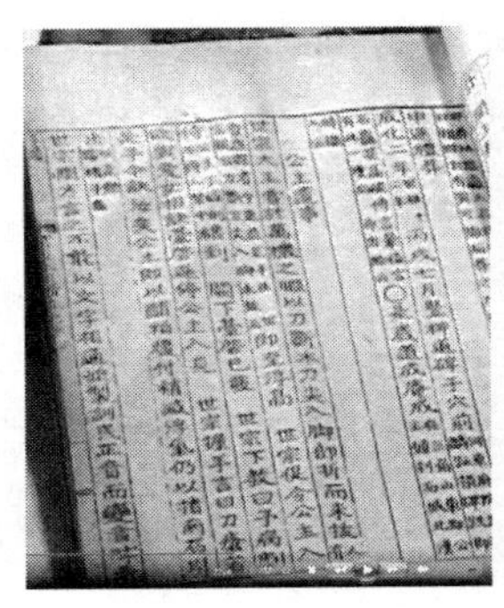

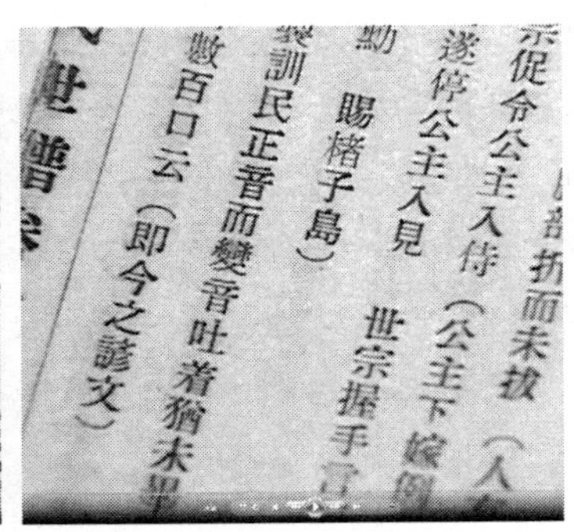
宗促令公主入侍（公主下
遂停公主入見　世宗握手
勳　賜楮子島）
製訓民正音而變音吐着猶未
數百口云（即今之諺文）

7. 19세기 문헌의 '언문' 뜻풀이

19세기는 조선이 400년 이상 왕조를 이어온 때로서 세종이 언문을 만든 지도 그만큼의 시간이 흘렀다. 그동안 많은 학자들이 글을 지으면서 '언문'에 대해 언급한 사실을 일일이 찾아보았는데, 안타깝게도 세종 사후 50년도 되지 않아 이미 '훈민정음'이란 말과 『훈민정음』의 존재를 아는 사람이 드물었다. 적어도 지금 남아 있는 문헌 속에서는 그랬다. 그런데 오히려 19세기에 접어들면서 여러 문헌에 '훈민정음'이라는 말이 나타났다.

1) 『오주연문장전산고』(1863이전)

『오주연문장전산고(五洲衍文長箋散稿)』는 이규경(1788~1863)이 19세기에 쓴 60권 60책의 방대한 백과사전이다. 그 속에서 '훈민정음'이란 말을 찾았다.

> 우리나라에서는 세종의 어제(御製) '훈민정음(訓民正音)'으로 번절(翻切)【항간에서는 '언문 반절(諺文反切)'이라고 하는데, 반(反) 자의 음을 배반(背反)한다는 '반' 자인 줄만 알고 반절의 반 자가 음이 '번'인 줄은 모른다. 그러니 '번절(翻切)'이라고 부르는 것이 옳다.】을 삼아, 대대로 전하고 있다.
>
> 장헌대왕【세종의 시호】이 일찍이 뒷간에서 측주(厠籌; 대변을 본 후에 뒤처리를 하던 도구)를 배열하다가 홀연히 깨닫고 성삼문 등에게 명하여 창제하였다고 한다.【세종 28년 병인년(1446)은 명나라 영종 정통 11년이었다. 훈민정음을 지은 것은 임금이, 모든 나라들이 각각 글자를 만들어 그 나라의 언어를 기록하고 있는데, 우리나라만이 글자가 없다고 여기고 마침내 자모 28자를 만들어 언문(諺文)이라 명명하였으며, 궁중에 언문국을 설치하고, 정인지, 신

숙주, 성삼문, 최항 등에게 명하여 찬정하게 하였다. 대개 고전(古篆)을 모방하여 초성, 중성, 종성으로 나누었는데, 글자는 비록 간이하나 끝없이 전환하여 기록할 수 없던 모든 언어 문자를 막힘없이 기록할 수 있게 되었다. 중국 조정의 한림 황찬이 당시에 요동에서 귀양살이를 하고 있었으므로 성삼문 등에게 황찬을 찾아가 음운을 물어보고 오라고 명하였는데, 성삼문은 요동을 갔다 온 것이 무릇 13번이나 되었다 했는데, 서거정 역시 자세히 기록하고 있다.】 세종 어제(世宗御製)에, "나랏 말씀이 중국과 달라, 문자가 서로 통하지 아니하매 어리석은 백성이 말하고자 할 것이 있어도 끝내 그 뜻을 바로 펴지 못하는 자 많은지라, 내 이를 어여삐 여겨 새로 28자를 만드노니, 사람마다 쉬이 익혀 날로 써서 편안케 하고자 함이로다." 하였다.

삼가 그 28자를 상고하건대 어금니소리[牙音]가 셋이 있으니, ㄱ【어금니소리로 군(君) 자의 처음 나는 소리 같으며, 병서(幷書)하면 ㄲ(虯) 자의 처음 나는 소리 같다.】, ㅋ【어금니소리로 쾌(快) 자의 처음 나는 소리 같다.】, ㆁ【어금니소리로, 업(業) 자의 처음 나는 소리 같다.】이요, 혓소리[舌音]가 셋이 있으니, ㄷ【혓소리로, 두(斗) 자의 처음 나는 소리 같다.】, ㅌ【혓소리로, 탄(呑) 자의 처음 나는 소리 같다.】, ㄴ【혓소리로, 나(那) 자의 처음 나는 소리 같다.】이며, 입술소리[脣音]가 셋이 있으니 ㅂ【입술소리로, 별(彆) 자의 처음 나는 소리 같고, 병서하면 뽀(步) 자의 처음 나는 소리 같다.】, ㅍ【입술소리로, 표(漂) 자의 처음 나는 소리 같다.】, ㅁ【입술소리로, 미(彌) 자의 처음 나는 소리 같다.】이요, 잇소리[齒音]가 셋이 있으니, ㅈ【잇소리로, 즉(卽) 자의 처음 나는 소리 같다.】, ㅊ【잇소리로, 침(侵) 자의 처음 나는 소리 같다.】, ㅅ【잇소리로, 슗(戌) 자의 처음 나는 소리 같다.】이며, 목구멍소리[喉音]가 셋이 있으니, ㆆ【목구멍소리로, 흡(挹) 자의 처음 나는 소리 같다.】, ㅎ【목구멍소리로, 허(虛) 자의 처음 나는 소리 같다.】, ㅇ【목구멍소리로, 욕(欲) 자의 처음 나는 소리 같다.】이요, 반혓소리[半舌音]가 하나가 있으니, ㄹ【반혓소리로, 려(閭) 자의 처음 나는 소리 같다.】이며, 반잇소리[半齒音]는 하나가 있으니, ㅿ【반잇소리로, 샹(穰) 자의 처음 나는 소리 같다.】이다.

·【툰(呑) 자의 가운데 소리 같다.】, ―【즉(卽) 자의 가운데 소리 같다.】, ㅣ【침(侵) 자의 가운데 소리 같다.】, ㅗ【홍(洪) 자의 가운데 소리 같다.】, ㅏ【담(覃) 자의 가운데 소리 같다.】, ㅜ【군(君) 자의 가운데 소리 같다.】, ㅓ【업(業) 자의 가운데 소리 같다.】, ㅛ【욕(欲) 자의 가운데 소리 같다.】, ㅑ【샹(穰) 자의 가운데 소리 같다.】, ㅠ【슐(戌) 자의 가운데 나는 소리 같다.】, ㅕ【별(彆) 자의 가운데 나는 소리 같다.】인데, 종성(終聲)은 초성을 다시 쓴다.

'ㅇ'을 입술소리 밑에 연달아 쓰면 가벼운 입술소리[脣輕音]가 되고, 초성을 어울러 쓰려면 나란히 쓰는데, 종성에서도 한가지이다.

'·'·'―'·'ㅗ'·'ㅜ'·'ㅛ'·'ㅠ'는 초성의 밑에 붙여 쓰고, 'ㅣ'·'ㅏ'·'ㅓ'·'ㅑ'·'ㅕ'는 오른쪽에 붙여 쓰는데, 무릇 글자가 반드시 모여야 소리를 이루니, 왼쪽에 한 점(點)을 찍으면 거성(去聲)이 되고, 점이 둘이면 상성(上聲)이 되고, 점이 없으면 평성(平聲)이 되고, 입성(入聲)은 점을 찍는 것은 한가지이나 빠르다.

나의 왕고(王考) 청장공(青莊公; 이덕무)이 찬(撰)한 『앙엽기(盎葉記)』에, "훈민정음의 첫소리[初聲]·끝소리[終聲]로 통용되는 여덟 자는 다 고전(古篆)의 모양이다. ㄱ【고문(古文)의 '급(及)' 자인데 물(物)이 서로 미쳐 가는[及] 것을 상징한 것이다.】 ㄴ【'숨는다[匿]'는 뜻으로 읽기는 '은(隱)'같이 한다.】 ㄷ【물건을 받는 그릇으로, 읽기는 '방(方)'같이 한다.】 ㄹ【전서[篆]의 '기(己)' 자이다.】 ㅁ【옛날의 '위(圍)' 자이다.】 ㅂ【전서의 '구(口)' 자이다.】 ㅅ【전서의 '입(入)' 자이다.】 ㅇ【옛날의 '환(圜)' 자이다.】과, ㅣ【위아래로 통한다는 뜻으로, 〈음(音)은〉 고본절(古本切)이다.】가 그것이며, 번절【항간에서는 언문을 반절이라고 하는데, 반(反) 자의 음을 '배반한다'는 반 자인 줄만 알고, '번절한다'는 번(翻) 자 음인 줄은 모른다. 한 줄에 각각 11자이다.】 무릇 열네 줄을 글자를 좇아 옆으로 읽으면【즉, 가(可)·나(拿)·다(多)·라(羅) 같은 유이다.】 저절로 서역의 범어 주문[梵呪]과 같아지는데, 대개 자획(字劃)은 중국의 전주(篆籒)보다 나은 것이 없고, 성운(聲韻)은 서역의 찬불 주문[唄呪]보다 좋은 것이 없다고 한다. 그러므로 이 두 가지의 묘(妙)를 겸하고 있는 것이 훈민정음이니, 성인이 아니고서야 어찌 이와 같이 할 수가 있었겠는가!" 하였다.

내가 생각하기에는 번절법(翻切法)이 중국의 것은 두 글자가 서로 갈리어[相摩] 소리[聲韻]가 되는 것을 번절이라고 하나, 우리나라는 두 글자 중에 앞의 것은 뒤를 버리고, 뒤의 것은 앞을 버린 후 합하면 소리[音]가 되는 것인데, 대개 두 자를 먼저 우리 소리[東音]로 한 다음 훈민정음을 취하여 쓰는 것이다.

가령, 후(吽) 자가 '호후절(呼後切)'이라고 한다면, '호(呼)' 자는 '호'가 되므로, 앞의 글자는 뒤의 것을 떼어 버리라고 했으니【먼저 쓴 글자의 아래 획을 떼어 버리고 위의 획만 남겨 두는 것을 말하는 것이니】, 다만 'ㅎ'만 남고 'ㅗ'는 없어지며, '후(後)' 자는 '후'가 되므로, 뒤의 글자는 앞의 것을 떼어 버리라고 했으니【뒤에 쓴 글자의 위의 획을 떼어 버리고 밑의 획만 남겨 두는 것을 말하는 것이니】, 다만 'ㅜ'만 남고 'ㅎ'은 없어지는 것인데, 앞 자의 'ㅎ'과 뒷자의 'ㅜ'를 합하면 '후' 자가 되고 소리는 '후'가 되는 것이다.

다른 번절의 글자 소리도 이것을 모방하면 번절의 법칙이 우리의 훈민정음보다 나은 것이 없으니, 다만 만국(萬國)의 언어뿐만 아니라, 비록 바람소리 · 빗소리 · 새소리 · 짐승 소리 · 벌레 소리 등 표현하기 어려운 소리까지도 다 기록할 수 있으며, 뒤집으면 중원의 무궁한 글자와 서역의 무궁한 소리까지도 다 그 가운데 포함되어 있는 것이다.

이전에 훈민정음을 변증한 것이 있어 나는 다만 번절을 변증할 따름이다.

我東則以世宗御製訓民正音爲翻切【俗以爲諺文反切 讀反爲背反之反 不知反切之反音翻也 呼之以翻切 爲正也】 世傳 莊憲大王【世宗諡號】 嘗御圊 以厠籌排列 忽悟解 命成三問等創製云【世宗二十八年丙寅 皇明英宗正純十一年也 御製訓民正音 上以爲諸國各製文字 以記其國之方言 獨我國無之 遂製子母二十八字 名曰諺文 開局禁中 命鄭麟趾申叔舟成三問崔恒等 撰定之 蓋倣古篆 分爲

初中終聲 字雖簡易 轉換無窮 諸言語文字所不能記者 悉通無礙 中朝翰林黃瓚 時謫遼東 命三門等 見瓚 質問音韻 凡往來遼東十三度 徐居正亦詳記之】世宗御製若曰 國之語音 異乎中國 與文字不相流通 故愚民有所欲言 而終不得伸其情者 多矣 予爲此憫然 新製二十八字 欲使人人易習 便於日用耳 謹按其二十八字 如牙音有三 ㄱ【牙音 如君字初發聲 竝書 如虯字初發聲】ㅋ【牙音如快字初發聲】ㆁ【牙音 如業字初發聲】如舌音有三 ㄷ【舌音 如斗字初發聲】ㅌ【舌音 如呑字初發聲】ㄴ【舌音 如那字初發聲】如脣音有三 ㅂ【脣音 如彆字初發聲 竝書 如步字初發聲】ㅍ【脣音 如漂字初發聲】ㅁ【脣音 如彌字初發聲】如齒音有三 ㅈ【齒音 如卽字初發聲】ㅊ【齒音 如侵字初發聲】ㅅ【齒音 如戌字初發聲】如喉音有三 ㆆ【喉音 如挹字初發聲】ㅎ【喉音 如虛字初發聲】ㅇ【喉音如欲字初發聲】如半舌音有一 ㄹ【半舌音 如閭字初發聲】如半齒音有一 △【半齒音 如穰字初發聲】 ·【如呑字中聲】ㅡ【如卽字中聲】ㅣ【如侵字中聲】ㅗ【如洪字中聲】ㅏ【如覃字中聲】ㅜ【如君字中聲】ㅓ【如業字中聲】ㅛ【如欲字中聲】ㅑ【如穰字中聲】ㅠ【如戌字中聲】ㅕ【如彆字中聲】終聲復用初聲 ㅇ連書脣音之下 則爲脣輕音 初聲合用則竝書 終聲同 ·ㅡㅗㅜㅛㅠ 附書初聲之下 ㅣㅏㅓㅑㅕ 附書於右 凡字必合而成音 左加一點則去聲 二則上聲無則平聲 入聲加點同而促急

我王考靑莊公所撰盎葉記 訓民正音初終聲 通用八字 皆古篆之形也 ㄱ【古文及字 象物相及也】ㄴ【匿也 讀若隱】ㄷ【受物器 讀若方】ㄹ【篆己字】ㅁ【古圍字】ㅂ【篆口字】ㅅ【篆人字】ㅇ【古圜字】又ㅣ【上下通也 古本切】翻切【俗以爲諺文反切 讀反爲背反之反 不知反切之反音翻也 一行各十一字】凡十四行 逐字橫讀之【若可拿多羅之類】自然如西域梵呪 蓋字畫莫善於中國之篆籒 聲韻莫善於西域之唄呪 故兼此二妙者 訓民正音也 匪聖人 烏能與於此乎

愚以爲翻切法 中原則兩字相摩 以爲聲韻 謂之翻切 我東則二字先去後後去先 合以成音 蓋兩字先以東音 而取訓民正音書之 如吽字呼後切則呼字爲호先去後【先書字 去下畫 留上畫之謂也】則只存ㅎ而去ㅗ也 後字

爲亯後去先【後書字 去上畫 留下畫之謂也】則只存ㅜ而去ㅎ也 合前ㅎ後ㅜ則成亯字 音爲后也 他翻切字音竝倣此 則翻切之法 莫妙于我之訓民正音也 非徒萬國之語 雖風雨鳥獸蟲豸難象之音 皆可得而翻焉 則中原無窮之字 西域無窮之音 自在其中矣 曾有訓民正音辨證者 今但辨翻切而已也

이규경의 윗글은 두 가지 책을 읽고 쓴 것으로 보인다. 앞의 내용은 『훈민정음』 언해본을 본 듯하다. 『훈민정음』 해례본을 보았다면 "번절【항간에서는 '언문 반절'이라고 하는데, 반(反) 자의 음을 배반한다는 '반' 자인 줄만 알고 반절의 반 자가 음이 '번'인 줄은 모른다. 그러니 '번절'이라고 부르는 것이 옳다.】을 삼아, 대대로 전하고 있다."라는 엉뚱한 말을 할 수 없다. 또 "장헌대왕이 일찍이 뒷간에서 측주를 배열하다가 홀연히 깨닫고 성삼문 등에게 명하여 창제하였다고 한다."라는 막말을 버젓이 할 수는 없는 일이다.

뒤의 내용은 그가 말한 대로, 청장공 이덕무(1741~1793)의 『청장관전서』를 읽은 것으로 보인다. 『청장관전서』는 이덕무가 글을 썼으나, 그가 죽은 뒤 그의 아들 이광규 등이 엮어 1795년에 간행한 책이다. 이규경이 왕고(王考), 즉 할아버지라고 하였으니 문중에 내려오던 할아버지의 글을 읽고 6~70여 년 후에 이 책을 간행했던 것이다. 바로 위에 『훈민정음』 언해본으로 보이는 자료를 보고서도 전혀 다른 해석을 한 「앙엽기」를 그대로 이어서 적고 있다. 할아버지 이덕무의 글 「앙엽기」도 이미 '훈민정음' 창제 원리를 전혀 모르고 적은 글이지만, 할아버지의 글이므로 소중히 여겼던 것이다. 아무튼 『훈민정음』 해례본을 보지 못했고, 창제 원리에 대해서도 잘 몰랐지만, 이규경은 세종이 '언문'을 창제하고 『훈민정음』이라는 책을 만들었다는 사실을 자료를 통해서 습득했다는 것은 대단한 일이다.

2) 『간독초』(19C말)

홍윤표 교수가 소개한 간찰 중에 『간독초(簡牘抄)』(언간 조각 베낌)라는 언간집이 있다.[28] 이 책 서문은 '언문 序'라고 되어 있고, 그 내용은 이렇게 시작한다.

(원문)

언문이라 ᄒᆞᆫ 것은 ᄉᆞ람의 언어랄 발포ᄒᆞᆫ 문ᄍᆞ라 남녀 물논ᄒᆞ고 부득불 익히고 아라 잇슬지나 ᄯᅩ한 문의가 ᄒᆡ득ᄒᆞ기 심히 용의ᄒᆞ니 그런고로 녀항의 초동목슈라도 진서 습득ᄒᆞ나니 가졍의 교육 잇난 집 ᄌᆞ식이야 이랄 모로고 엇지 인유의 동렬을 붓그럽지 안ᄒᆞ리요 ᄃᆡ져 규중의 공부난 이랄 몬져 힘쓸지니 년한 중 일고 쓰난 것만 공부라 ᄒᆞᆯ 것이 아니라 제일에 저구 진아에 ᄂᆡ왕ᄒᆞ난 셔찰의 조박이며 언어ᄉᆞ의랄 발켜 쓸 쥴을 통달ᄒᆞᆫ 년후의라야 가히 언문을 아랏다 이라난지라 아모리 문장 명필이란 말을 듯난 ᄉᆞ람이라도 여기에 ᄀᆡ를 일러 노흐면 암ᄆᆡᄒᆞᆷ을 면치 못ᄒᆞᆯ 거시오니 ᄎᆞ홉다 ᄂᆡ의 ᄌᆞ녀난 면지면지ᄒᆞ나 경항의 지식 법가의셔 츌ᄂᆡᄒᆞᆫ 셔촐을 슈귀신ᄒᆞ야 너의로 일 권 요람을 셩편ᄒᆞ여 가ᄂᆡ의 유젼케 ᄒᆞ노니 너의ᄂᆞᆫ 노부의 졍신을 경봉ᄒᆞ여 오칙업시 등셔ᄒᆞ여라

(현대말)

언문이라 하는 것은 사람의 언어를 발표하는 문자라. 남녀 물론하고 부득불 익히고 알아 있을지나 또한 문의가 해득하기 심히 쉬우니 그런고로 여항(여염집)의 초동목수(樵童牧豎; 땔나무를 하는 아이와 가축을 치는 아이)라도 진서(眞書) 습득하나니 가정의 교육 있는 집 자식이야 이를

28) 홍 교수는 책표지에 기록된 임술년을 1862년으로 추정하였으나 1922년이라야 맞다. 왜냐하면 책 뒤표지에서 '전라남도 광주군'이라 하였는데, 전라도를 남북도로 나눈 것은 1896년이기 때문이다. 그러나 간행 연도가 1922년이라 해도 편지글 모음이란 특성을 생각한다면 19세기 말~20세기 초의 자료임에 틀림없다.

모르고 어찌 인유(?)의 동렬(同列)을 부끄럽지 아니하리오. 대개 규중의 공부는 이를 먼저 힘쓸지니, 햇수가 늘어가는 중에 읽고 쓰는 것만 공부라 할 것이 아니라, 제일에 저구 진아(?)에 내왕하는 서찰의 조각이며 언어 사의(事意)를 밝혀 쓸 줄을 통달한 연후에라야 가히 언문을 알았다 이르는 것이다. 아무리 문장 명필이란 말을 듣는 사람이라도 여기에 길을 일러 놓으면 암매(暗昧; 사리에 어두움)함을 면하지 못할 것이니 슬프다 나의 자녀는 면재면재(免才免才)하나 경향의 지식 법가에서 출래한 서찰을 수귀신하여 너희에게 1권 요람을 상편하여 가내에 유전케 하노니 너희는 늙은 아비의 정신을 삼가 받들어 잘못 없이 베껴써야 한다.[29)]

홍윤표 교수는 이 서문의 내용을 다음과 같이 정리하였다.

① 언문은 사람의 언어를 발표하는 문자다.
② 언문은 글 내용을 해독하기 쉽다.
③ 그래서 집집마다 모든 사람이 습득한다.
④ 특히 가정 교육이 있는 집안의 자식은 반드시 알아야 한다.
⑤ 규중의 공부는 언문을 배워야 한다.
⑥ 언문을 단지 읽고 쓰는 것만이 능사가 아니다.
⑦ 왕래하는 서찰의 조각이며 언어 사의를 밝혀 쓸 줄을 알아야 언문을 알았다고 하는 것이다.
⑧ 아무리 문장 명필이란 말을 듣는 사람도 이를 모르면 사리에 어두울 것이다.
⑨ 내 자녀에게 집안의 서찰을 정리하여 책을 만들어 집안에 전하게 하노라.

---

29) 홍윤표 번역, 〈쉼표, 마침표.〉(국립국어원) 2012년 2월호. '한글 이야기'에서 인용함.

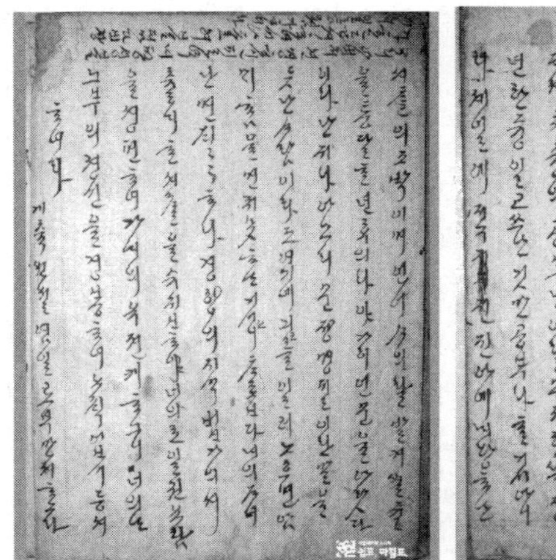
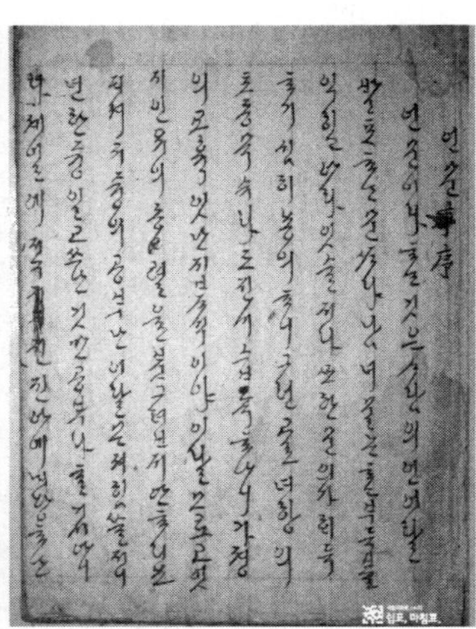

홍윤표 님 소장 〈간독초〉(전라남도 광주, 1922) 서문

이 글에는 매우 중요한 내용이 기록되어 있으니 바로 '언문'의 정의이다. 첫 문장에서 한 말, "언문이라 ᄒᆞᄂᆞᆫ 것은 ᄉᆞ람의 언어랄 발포ᄒᆞᄂᆞᆫ 문ᄍᆞ라"가 바로 그것인데, 즉 언문이란 '사람의 말을 발표하는 문자'라는 것이다. 이 말은 『중문대사전』의 뜻풀이를 그대로 말한 것처럼 정확한 해석이다. 즉, '언(諺)은 전하는 말이다. 사람이 발표하는 말과 같다[傳言, 猶發言也]'고 한 내용과 일치하는 주장이다. 위의 글쓴이가 '언문(諺文)'의 본래의 뜻인 '사람들이 늘 주고받는 말이거나 예부터 전해오는 이야기, 성현의 말씀 등을 그대로 표현하는 문자'를 너무도 정확히 파악하고 있음을 알 수 있다. 그래서 '남녀 물론하고 저절로 익히고 알게 되며, 또한 글 내용이 이해하기가 너무도 쉽다.'고 하였다. 그래서 집집마다 모든 사람들이 배워 익히고, 가정 교육이나 집안 여인네의 공부는 언문이 필수라는 것이다. 또 편지쓰기란 말귀를 알아들을 수 있게 써야 하므로 언문을 잘 배워 잘 알 필요가 있다는 것이다.

아무리 명필로 문장을 쓴다고 해도 받아 보는 사람이 쓴 사람의 마음을 알지 못하면 내용 판단이 어두워진다는 것이다. 이로 보아, 19세기까지도 학식이 있거나 또는 알 만한 사람은 '언문'의 본래의 뜻을 다 파악하고 있었다는 것을 알 수 있다. 다만 아쉬운 것은 이 필자 역시 '훈민정음'에 대해 전혀 알지 못한다는 사실이다.

8. 이른바 '상말 문자'의 발단

1) 『표준국어대사전』의 풀이

『표준국어대사전』이 '상말 문자'라고 하게 된 것은 이른바 '諺 상말 언'이란 풀이가 그 발단이다. 이러한 뜻풀이는 과연 언제부터 생겨났을까? 중국의 사전을 보면 중국에서는 '언문'이란 말을 전혀 사용하지 않았고, 우리나라 문헌에서도 상말의 뜻으로는 쓴 일이 없는데, 언제부터 이런 풀이를 갖게 되었을까? 실록의 모든 기록을 검색해 보아도 '언문'을 특별히 '상말을 적는 문자'라는 뜻으로 사용한 경우는 찾아볼 수 없었다. 더욱이 유희의 『언문지』가 나온 것은 순조 24년(1824)인데, 이때까지도 '언문'은 떳떳하게 우리글 훈민정음을 대신하는 말로 사용되었음을 알 수 있다. 우선 『유합』(1527)이나 『훈몽자회』(1527), 『천자문』(1575, 1583)에서 언(諺) 자를 찾아보았지만 기록되지 않았다.

2) 『자전석요』의 풀이

그런데, 우리나라 최초의 한자 자전 『자전석요』(지석영, 1909)에는 '언(諺)'을 '[안]強猛사오나올 안 ○不恭거만할 안. 喭通. [언]俗言속담

언.'이라고 풀이하였다. 속담은 저속하다는 뜻이 없을뿐더러 일반인이나 백성들이 입으로 전하는 말이나 이야기를 뜻한다. 그런데 이 자전 풀이에서 '속언(俗言)'이란 낱말을 주목하고자 한다. 우리나라 사람들은 흔히 '속(俗)'이란 한자를 말할 때는 나쁜 이미지를 갖는다. 본디 뜻은 '풍속(風俗)' 또는 '시속(時俗)'이다. 한 집안이나 마을, 나라, 겨레들이 오랫동안 이어오는 일이나 습관을 풍속이라 하고, 공시적 사회의 풍속을 시속이라 한다. 그러나 속(俗)만 떨어져서 다른 말과 붙으면 좋지 않은 이미지가 되어버린다. 즉 '속(俗)되다, 속세(俗世)에 물들다, 세속(世俗)에 얽매이다, 구속(舊俗; 낡은 풍속)에서 벗어나다, 속어(俗語; 통속적으로 쓰는 저속한 말. 상말), 통속(通俗; 세상에 널리 통하는 일반적인 풍속. 비전문적이고 대체로 저속하며 일반 대중에게 쉽게 통할 수 있는 일). / 비속어(卑俗語), 저속(低俗)하다, 천속(賤俗)하다, 속한(俗漢; 불교에서 승려가 아닌 보통 사람을 낮잡아 이르는 말. 성품이 저속한 사람)' 따위의 말이 생겨났다. 이렇게 '속언(俗言)'이란 풀이는 본래의 뜻이 '속담'이었지만, 그 뜻은 사라지고, '속된 말'로서 전혀 다른 뜻을 갖게 되었다. 또 우리말 사전에는 '속언(俗諺)'이란 말이 있는데, '예로부터 전하여 내려오는 말'이란 뜻이 본래부터 있었음에도 '세간에 떠도는 상스러운 말'이라는 뜻으로 바뀌어 함께 쓰고 있다. 이 모두가 '언(諺)'의 풀이에 '속언(俗言)'이란 낱말을 씀으로써 파생된 오류임을 알 수 있다. 즉 『자전석요』의 풀이가 잘못된 것이 아니었음에도, 그 풀이말인 '속언(俗言), 속담(俗談)'을 잘못 해석하여 '저속(低俗), 천속(賤俗), 비속(卑俗)'을 덧보탠 까닭으로 '상스러움, 상말'로 흘러버린 것이다.

3) 『대한한사전』의 풀이

궁색한 풀이가 나타난 것은 『대한한사전(大漢韓辭典)』(장삼식 편저겸 발행, 1964년 초판, 박문출판사)과 『한한대자전(漢韓大字典)』(이상은 감수. 1966년 초판. 민중서림)이다.

『대한한사전』은 '언(諺)'을,

> '좀말언, 상말언(俗言俚語). 〈書經〉乃逸乃-.'라고 하였다.

그런데, 『서경』 17장 '무일(無逸)' 편에서 인용한 이 문장을 찾아보니, 주공이 정권을 성왕에게 넘기면서 훈계하는 말로서,

> 相小人 厥父母勤勞稼穡 厥子乃不知稼穡之艱難 乃逸乃諺旣誕
> 소인배들은 그의 부모가 부지런히 일하며 씨뿌리고 거둬들이는 어려움은 알지 못하고, 이에 편히 놀기만 하고 이말저말 떠들기만하니 허망한 일입니다.

라는 말이니, '은나라 임금 중종은 일하기를 즐겨하였고, 고종은 삼년상을 당하여 말을 한마디도 하지 않았고, 주 문왕도 아침부터 밤늦도록 백성을 화평케 하느라고 밥도 제대로 먹지 않았으니, 군자는 놀기를 즐기지 말아야 한다. 그러나 소인배는 부모의 수고를 모르고 놀기를 좋아하고, 떠들어대기를 일삼으니 허망합니다.'라는 내용이다. 여기에서 '언(諺)'은 말하거나 이야기를 나누면서 시간을 보내는 모습을 말하는 것이니 '쌍말'과는 거리가 멀다.

4) 『한한대자전』의 풀이

『한한대자전』(1966)은 '언'을,

상말언. 이언(俚諺). 俗-. -, 所謂老將至, 而耄及之 〈左傳〉.

이라고 하였다. 여기에 인용한 『좌전』의 글은, "속담에 '나이를 먹어 지혜롭게 되려고 하자 망령이 든다'라는 말이 있다."라는 것이다. 이 말은 우리 속담에, '철들자 망령이라' 하는 말과 같은 말이다. 그러므로 여기서 인용한 『좌전』의 '속언'은 '상말'이 아니라 '속담'을 뜻하는 말이었음을 알 수 있다.

5) 『좌씨전』 속의 '언(諺)'

『춘추좌씨전』에는 이밖에도 여러 번 '언(諺)'이 나오는데, 대체적으로 '전하는 말'로 풀면 무난하다.

① 諺所謂 輔車相依 脣亡齒寒者 其虞虢之謂也(전하는 말에 이르기를, '수레 윗나무와 수렛몸이 서로 의지하듯, 입술이 없어지면 이가 차다.'라는 말은, 우나라와 괵나라의 관계를 두고 이르는 것입니다.)(『춘추좌씨전』 제5 '희공 상' 편)

② 諺所謂 老將至 而耄及之者 其趙孟之謂乎(전하는 말에 이른바, '나이를 먹어 지혜롭게 되려고 하자 망령이 든다'라는 것은, 조맹을 두고 하는 말인 듯합니다.)(『춘추좌씨전』 제20 '소공1' 편)

③ 諺所謂 室於怒 市於色者 楚之謂矣(전하는 말에 이른바, '집에서 화난 것을 시장 사람에게 화낸다.'라는 것은, 우리 초나라의 경우를 말하는 듯합니다.)(『춘추좌씨전』 제24 '소공5' 편)

④ 諺曰 心苟無瑕 何恤乎無家 天若祚太子 其無晉乎(전하는 말에 '마음에 진실로 거리낌이 없다면 어찌 집 없는 것을 걱정하리오?'라고 하듯, 하늘이 태자에게 복을 주기만 한다면 어찌 진나라를 차지할 날이 없겠는가.)(『춘추좌씨전』 제4 '민공' 편)

⑤ 諺曰 狼子野心 是乃狼也 其可畜乎(전하는 말에 '이리 새끼는 마음이 늘 산야에 있다.'라고 하듯이, 이 아이는 곧 이리인데 기를 수가 있겠습니까?)(『춘추좌씨전』 제10 '선공 상' 편)

⑥ 諺曰 高下在心(전하는 말에 이르기를, '(신분이) 높고 낮음은 마음먹기 달렸다.'라고 합니다.)(『춘추좌씨전』 제11 '선공 하' 편)

⑦ 諺曰 非宅是卜 唯鄰是卜(전하는 말에 이르기를, '집을 두고 점치는 것이 아니라 이웃을 두고 점친다.'라는 말이 있다.)(『춘추좌씨전』 제20 '소공1' 편)

⑧ 諺曰 唯食忘憂 吾子置食之間三歎 何也(전하는 말에, '밥 먹을 때는 근심을 잊는다' 하였는데, 그대들은 식사하는 중에 세 번이나 한숨을 쉬니 무슨 일이오?)(『춘추좌씨전』 제26 '소공7' 편)

6) 『대학』 속의 '언(諺)'

『대학(大學)』에서도 '언(諺)'의 사용을 살펴보면, 다음과 같은 말이 나온다.

① 故諺有之曰 人莫知其子之惡 莫知其苗之碩(그러므로 속담에 말하기를, '사람은 자신의 악함을 알지 못하며 자기 밭의 모가 큼을 모른다' 하였다.)(『대학』 전문 8장)

② 故고로 諺언에 有유之지ᄒᆞ니 曰왈 人ᅀᅵᆫ이 莫막知디其기子ᄌᆞ之지惡악ᄒᆞ며 莫막知디其기苗묘之지碩셕이라 ᄒᆞ니라[故고로 諺언에 이시니 ᄀᆞᆯ오ᄃᆡ 사ᄅᆞᆷ이 그 子ᄌᆞ의 사오나옴을 아디 ᄒᆞ며 그 苗묘의 큼을 아디 몯ᄒᆞᆫ다

ᄒᆞ니라](그러므로 전하는 말에 있으니 이르기를, '사람이 그 자식의 사나움을 알지 못하며, 그 어린 싹의 크기를 알지 못한다' 하였다.)(『대학언해』 15ㄱ)

위 문장에서 '언유지왈(諺有之曰)'은 '언(諺)에 있으니 이르기를'이라고 푼다면, '사람은 자기 허물은 잘 보지 못한다'라는 '속담'을 지칭한다고 말할 수도 있지만, '전하는 말'이나, '사람들이 늘 하는 말'로 해석하면 더욱 잘 맞는 것을 느낄 수 있다.

이와 같이 '상말'이란 풀이의 근거로 삼을 만한 문헌은 아직 찾을 수가 없었다. 다만 심증적으로만 추정하는 것은, 근본적으로 문(文)을 숭상하는 동양인의 특성으로 이해할 수밖에 없다. 공맹의 사상이 담긴 한문(漢文)은 높이고, 사람이 전하거나 주고받는 말은 모두 배울 것이 없다는 생각이다. 언제나 학문하기를 즐겨하고 입이 무거운 사람을 중시하는 바탕 때문이다. 적어도 우리 사회가 어떤 부류에서는 그런 생각을 하고 있음을 보여주는 것이기도 하다.

7) '한글' 이란 이름

'한글'이란 말을 처음 만들어 사용하던 시기에 매우 의도적으로 '언문'이란 말을 비하한 사실이 있다.

'한글'이란 말이 생긴 것은, 『한글모 죽보기』(이규영(편), 1917~1919, 한글학회 소장본) 기록에 의하면 1913년 3월 23일 '배달말글몯음'을 '한글모'라고 바꾸어 부른 이름에서 비롯되었다. 그 뒤 '한글모'는 1921년 '조선어연구회'로, 1931년 '조선어학회'로, 1949년 '한글학회'로 이름을 바꾸었다. 그리고 한글학회에서 논문 동인지 '한글'이 1927년에 창간되었고, 1928년에는 '가갸날'을 '한글날'로 부르기 시작하였다. 다음은 '한글'이란 이름이 맨 처음 만들어진 정황을 기록한 내용이다.[30)]

최남선은 한글의 유래를 비교적 자세히 언급하였다.

> 융희 말년 조선광문회에서 조선어 정리에 대하여 종종 계획을 할 때에 조선문자를 조선어로 칭위(稱謂)하자면 무엇이라고 함이 적당하냐는 문제가 생겨 마침내 세계문자 중의 가장 거룩한 왕자(王者)란 뜻으로 「한글」이라 부르자는 말이 가장 유력하니 「한」은 대(大)를 의미함과 함께 한(韓)을 표시하는 말임에 인한 것입니다.[31)]

한글은 융희 말년, 곧 1910년 조선광문회에서 만들어졌다는 것과 그 뜻은 앞의 이윤재의 해석과 같이 '大'와 '韓'의 두 가지를 들고, 이어 이 말이 쓰인 최초의 기록은 계축년(1913)에 나온 아동잡지 『아이들보이』의 '「한글」란'이라고 하여 최현배보다 사용 연대를 구체적으로 명시하였다.

한글이란 이름이 조선광문회에서 만들어졌다는 최남선의 소견에 대하여 박승빈은 다음과 같이 말하고 있다.

> '최남선씨 경영 광문회 내에서 주시경씨가 조선어를 연구하여 당시에 주씨는 한자전폐론자로서, 또 조선문을 전숭하고자 하는 감정으로 「언문」의 명칭을 버리고자 하야 그 대용어를 고찰하는 도중에 최씨로부터 「한글」이라고 명명하야 주씨도 이에 찬동하야 이후로 사용된 말이다.'[32)]

---

30) 고영근, 「한글의 유래에 대하여」, 『조문제선생환갑기념논총』(1982)에서 인용함.

31) 최남선, 『조선상식문답』(1946, 동명사) 179~180쪽. 삼성문화문고(1972), 246~247쪽에서 인용함.

이와 같이 20세기 초 '한글'이란 말을 처음 만들 때 한자어인 '언문'이란 이름을 버리고자 한 일이 있었음을 보여 주는 글이다. 이것은 '한글'이란 새로운 이름을 주창하면서 '언문'이란 이름을 버려야 하는 선택적 처지에 놓여 상대적으로 낮추려는 의도가 있었던 것이다. 물론 당시 대다수 사람들의 인식에서 '언문'은 그 의미가 낮아질 대로 낮아진 상태였음을 고려하더라도, 새로운 이름('한글')을 붙이기 위해 옛 한자어 이름을 버리려는 의도가 더해졌음도 부인하기 어려울 것이다. 한 시대가 가고 새로운 시대가 시작되면 구시대를 반성하고 새시대의 이념과 정신을 담아 새로운 가치관을 형성하려는 노력을 하게 된다. 고려가 망하고 조선이 시작될 때도 그랬고, 중국 원나라가 망하고 명나라가 시작될 때도 그랬다. 이러한 현상은 새 포도주는 새 부대에 담아야 한다는 말처럼 역사적으로 보편적 변화라고 할 수 있으며 나라 정세 변화와 문물의 유입 등 다양한 변화 원인을 내포하는 현상이라고 할 수 있다. 결과적으로 '언문'이란 말은 이러한 인식의 변화 속에서 사전의 뜻풀이가 왜곡되는 등 상처를 입게 되었던 것이다.

참고로, '한글'의 이름에 붙인 '한'의 유래는 고종이 선포한 '대한제국'과 연결되어 있으며, '한'을 사용한 근거는 그보다 좀더 앞선다.

> 고종은 드디어 1897년 2월에 환궁하여 10월 12일에 '대한제국(大韓帝國)'을 선포하고 황제에 올라, 중국(청나라) 연호를 버리고 황제국으로서 독립 연호, 곧 '광무'를 쓰기 시작하였다. 『고종실록』에 따르면 다음과 같다.[33)]

32) 박승빈, 『「한글맞춤법통일안」 비판』, 1936, 1973(통문관 복사 간행), 4면에서 인용함. 다만, 한자를 한글로 고침.

33) 홍현보, 「개화기 나랏글 제정과 '한글'의 발전 과정 연구」, 『한글』 277호(2007가을, 한글학회), 217~243쪽을 참조함.

> 상이 이르기를, "우리나라는 곧 삼한의 땅인데, 국초에 천명을 받고 하나의 나라로 통합되었다. 지금 국호를 '대한(大韓)'이라고 정한다고 해서 안 될 것이 없다. 또한 매번 각국의 문자를 보면 조선이라고 하지 않고 한(韓)이라 하였다. 이는 아마 미리 징표를 보이고 오늘이 있기를 기다린 것이니, 세상에 공표하지 않아도 세상이 모두 다 '대한'이라는 칭호를 알고 있을 것이다.[我邦乃三韓之地 而國初受命 統合爲一 今定有天下之號曰大韓 未爲不可 且每嘗見各國文字 不曰朝鮮 而曰韓者 抑有符驗於前 而有竢於今日 無待聲明於天下 而天下皆知大韓之號矣]" ... 상이 이르기를, "국호가 이미 정해졌으니, 원구단에 행할 고유제의 제문과 반조문(頒詔文)에 모두 '대한'으로 쓰도록 하라." 하였다.(고종 34(1897)/10/11)

위의 기록에서 중요한 사실은 '여러 나라의 사절단이나 외교관이 올린 글에서 우리나라를 조선이라고 하지 않고 한(韓)이라고 하였다.'는 것이다. 당시 외국에서 들어온 외교관이나 선교사들은, 우리 겨레가 '삼한(三韓)의 후예'라는 것과 조선왕조의 제도와는 다른 새로운 제도와 법률을 지니게 된 국가라는 것을 인식하고 있었음을 보여주는 대목이다. 실제로 러시아 푸칠로가 1874년 편찬한 『시작노한사전』, 프랑스 코스트 신부가 1880년에 출판한 『한불ᄌᆞ뎐』과, 1881년에 출판한 『한어문전』, 『한국어문법』, 1890년 언더우드가 지은 『한국어 소사전』, 1897년 3월 미국인 게일이 편찬한 『한영ᄌᆞ뎐』에서 이미 '한', '한어', '한국어'라는 말을 쓰는 등 고종 칙령 이전에 먼저 사용한 것을 볼 수 있다. 그러나 구체적으로 누가 언제부터 '한국'이란 말을 퍼뜨렸는지는 잘 알 수 없다.

9. 중국과 일본의 사전들

『표준국어대사전』이 '언문(諺文)'을 "상말을 적는 문자라는 뜻으로, '한글'을 속되게 이르던 말."이라고 풀이하였는데, '언문'이란 말을 중국이나 일본에서는 사용하였는지, 사용하였다면 어떤 뜻이었는지를 그들의 문헌에서 찾아보기로 한다. 이제 그 근거를 좀더 자세히 알아보기 위하여 '언(諺)'의 뜻을 중국의 사전에서 찾아보았다. 다만 중국과 일본의 사전이 20세기에 발행한 책이기 때문에 우리나라의 사전들을 참고하여 풀이한 것이라고 볼 수밖에 없다. 그러나 우리나라 사전에서는 '훈민정음'이라는 올림말(표제어)에서 풀이한 반면, 중국과 일본의 사전에서는 이 풀이를 '언문'에서 하고 있었다.

1) 『중문대사전』의 풀이

먼저 『중문대사전(中文大辭典)』(대만, 1973)의 풀이를 보면, 다음과 같이 풀이하였다.

> "언(諺)[갑] ① 전하는 말[傳言]. 『설문해자』에는, '언이란 전하는 말이다. 언(彥) 자 발음을 따른다.' 〈단옥재 주〉에는, '전하는 말이므로 옛날 말이다. 무릇 경전에서 이른바 언이란 것은 전대부터 내려오는 옛 교훈이 아닌 것이 없는데, 송나라 사람이 주석을 달기를, 속어, 속론이라고 하였으니 이것은 잘못이다.' 『광아 속고 4』에는, '언이란 전함이다.' ② 세속에서 하는 말[俗語]. 『정자통』에는, '언이란 세속에서 하는 말이다. 백성들이 일상에서 말하고 외는 것이다.' 『예기, 대학』에서는, '옛 말에 있음을 이른다.' 『석문』에서는, '언이란 세속에서 쓰는 말이다.' 『국어, 월어 하』에서는, '말이 있음을 이른다.' 〈주석〉에서, '언이란 민중에서

쓰는 좋은 말이다.' ③ 바른 말[直語]. 언(喭), 언(嗲)과 같이 통용한다. 『정자통』에는, '언이란 유협이 말하기를, 언(諺)과 언(嗲)과 언(喭)은 동일한 글자인데, 언(諺)은 바른 말이다. 저잣거리에서 통속적으로 하는 말이므로 화려하지 않고, 잊어버리는 말이므로 문장이 없다. 옛날에는 조문하는 말을 언(諺)이라고도 하였다.' 『신론, 정상』에서는, '자유가 가죽옷을 휘날리며 바른 말을 하니, 증삼이 따라 지휘하면서 빙긋이 웃었다.' ④ 옛날 글자는 언(嗲)이다. 『집운』에서, '언(諺)을 옛날에는 언(嗲)이라고 썼다.' [을] ① 도리에 합당한 말로서, 스스로 긍지를 갖다. 『집운』에서, '언이란 도리에 합당하여 스스로 긍지를 갖다.' ② 배반하는 말로서, 공손하지 못하다. 『운회』에서, '언이란 배반하는 말로서 공손하지 못하다.' ③ 경계하는 말로서 굳세고 사납다. 『증운』에서, '언이란 경계하는 말로서 굳세고 사납다.'

[언문(諺文)]. 조선국의 문자이다. 세종 때 언문청을 설치하여 정인지, 신숙주 등에게 명하여 제작하였다. 자세히 설명하면, 모음 11자와 자음 17자를 조합함으로써 이루어지니 모두 28자모이다. 이미 완성함으로써 세종이 훈민정음이라고 이름을 내렸고, 이를 공포하여 써오고 있다. 그 뒤 자모가 없어져 25자가 되었다. 세속에서는 널리 통하여 모두 그것을 쓰는데, 오로지 사대부는 모두 한문을 쓴다. 그 28자는 다음과 같다. ㄱg ㄴn ㄷd ㄹr ㅁm ㅂb ㅅs ㅇŋ ㅈj ㅊc ㅋk ㅌt ㅍp ㅎh ㅏa ㅓə ㅗo ㅜu ㅑya ㅕyə ㅛyo ㅠyu ㅡɯ ㅣi ㆍȩ ㆁŋ ㆆʔ ㅿz. 지금은 ㆍㆆㆁㅿ 네 글자는 이미 사용하지 않는다."

諺[甲] ① 傳言也『說文』諺, 傳言也, 从言彦聲.『段注』傳言者, 古語也, 凡經傳所偁之諺, 無非前代故訓, 而宋人作注, 乃以俗語俗論當之, 誤矣.『廣雅釋詁四』諺, 傳也. ② 俗語也.『正字通』諺, 俗語, 民俗常所稱誦也.『禮記, 大學』故諺有之曰.『釋文』諺, 俗語也.『國語, 越語下』諺有之曰. 〈注〉諺, 俗之善語也. ③ 直語也. 與喭, 嗲通.『正字通』諺, 劉勰曰, 諺嗲喭, 同一字, 諺, 直語也, 廛路淺言無華, 喪言不文, 故弔亦曰諺.『新論, 正賞』子游揚裘而諺, 曾參指揮而哂. ④ 古作喭.『集韻』諺, 古作喭. [乙] ① 誸諺, 自矜也.『集韻』諺, 誸諺, 自矜. ② 叛諺, 不恭也.『韻會』諺, 叛諺, 不恭也. ③ 畔諺, 剛猛也.『增韻』諺, 畔諺, 剛猛也. [諺文] 朝鮮國之文字也. 李氏世宗時, 設諺文廳, 命鄭麟趾, 申叔舟等所製. 係以母音十一, 子音十七組合而成, 共爲字母二十八. 旣成, 世宗命名曰訓民正音, 公布行用. 其後字母滅爲二十五, 通俗多用之, 惟士夫多用漢文. 二十八字爲 ㄱg ㄴn ㄷd ㄹr ㅁm ㅂb ㅅs ㅇŋ ㅈj ㅊc ㅋk ㅌt ㅍp ㅎh ㅏa ㅓə ㅗo ㅜu ㅑya ㅕyə ㅛyo ㅠyu ㅡɯ ㅣi ·ę ㆁŋ ㆆʔ ㅿz 現 · ㆆㆁㅿ四字已不使用."

〈중문대사전〉(대만, 1973) 諺 부분

중국 사전이라니 놀랍다. 특별히 '언문'이란 올림말을 보면 훈민정음에 대해 매우 자세히 소개하고 있다. 여기에는 '훈민정음을 낮춰 부르는 이름'이라는 설명은 전혀 없음도 알 수 있다. 우리 사전에서는, 정작 '언문'이라는 올림말에서는 '상말을 적는 문자'라고 하였고, 위의 풀이는 '한글'이란 말에 가서 설명하고 있다.

『중문대사전』의 뜻풀이를 정리하면 이렇다. "언(諺) ① 전하는 말을 뜻한다. 전하는 말이니 예로부터 내려오는 말이다. 경전에서 이른바 언(諺)이란 것은 전대부터 내려오는 옛 교훈이 아닌 것이 없는데, 송나라 사람이 주석을 달기를, 속어, 속론이라고 하였으니 이것은 잘못이다. ② 세속의 말[俗語]을 뜻한다. 『정자통』에서는 '언(諺)이란 세속에서 하는 말[俗語]이고, 백성들이 일상에서 말하고 외는 것이다.'라고 설명하였고, 『예기, 대학』에서는, '옛 말에 있음을 말한다.'라고 하였다. 『석문』에서는, '언(諺)이란 세속에서 쓰는 말이다.' 『국어, 월어 하』에서는, '말이 있음을 이른다.' 〈주석〉에서, '언(諺)이란 민중에서 쓰는 좋은 말이다.'라고 풀었다. ③ 바른 말[直語]을 뜻한다. 『정자통』에는, '언이란 유협이 말하기를, 언(諺)은 바른 말이라고 하였으니, 저잣거리에서 통속적으로 하는 말이므로 화려하지 않고, 잊어버리는 말이므로 문장이 없다. 옛날에는 조문하는 말을 언(諺)이라고도 하였다.'라고 풀이하였다. 『신론, 정상』에서는, '자유가 가죽옷을 휘날리며 바른 말[諺]을 하니, 증삼이 따라 지휘하면서 빙긋이 웃었다.'라는 기록이 있다."

①의 풀이가 가장 대표성을 가진 풀이로서, '전대부터 내려오는 옛 교훈이 아닌 것이 없다.'라고 하는 말은, 공자 말씀이 수십 년 동안 말로 전하다가 후대 사람에 의하여 문자로 기록되었듯이 전하는 말 중에 좋은 말들이 언(諺)이라는 것이다. 그런데 '송나라 사람이 주석을 달기를, 속어, 속론이라고 하였으니 이는 잘못이다.'라는 말은, 공자의 말씀

과 일반인들의 주고받는 말이 부류가 다른데, 전하는 말을 공자의 말씀이 아닌 일반적인 이야기로 해석한 것은 잘못이라는 것이다. 특히 ②의 '속어(俗語)'를 유념해 볼 필요가 있는데, 우리나라에서는 속어를 '비속어, 상말'로 풀이하고 있지만, 중국 사전에서는 '백성들이 일상에서 말하고 외는 것, 민중에서 쓰는 좋은 말'로 풀이하고 있다. 곧, 저속한 말이 아니라 일상적인 말임을 알 수 있다. 또 ③에서 더욱 뚜렷이 나타나는 뜻은, '저잣거리에서 통속적으로 하는 말이므로 화려하지 않고, 잊어버리는 말이므로 문장이 없다.'라는 것이다. 이 말은 '속된 말'로 이해할 수도 있지만, 오히려 '순간순간 누군가 기록함 없이 입에서 튀어나오거나 떠들어 주거니받거니 하다가 흘려버리는 말소리'에 더 가깝다.

또 『중문대사전』의 올림말에는 '언언(諺言)'이나 '언어(諺語)'라는 말이 있고, 그 보기글에는 여러 가지 고전 문헌의 글월을 보여주고 있는데, '언문'에는 다른 예시문이 없이 오로지 조선의 문자만을 가리킨다. 이로 보아, 중국에는 '언(諺)'이나 '언어(諺語)'라는 말은 있어도 '언문(諺文)'이란 말은 없었음을 알 수 있다. '언문'이란 말이 중국사람에게는 이해하기 힘든 생소한 말임에 틀림없다. 곧 중국의 한자는 뜻을 전하는 글자[表意文]인 반면, 조선의 글은 말소리를 형상화한 글자[表音文]로서 당시로서는 전혀 보지 못했던 생소하고 획기적인 '언(諺)의 글자[文]'라는 것이니 얼마나 훈민정음의 특징을 잘 살린 말인가? 백성들이 일상적으로 거리에서 주고받는 말을 문자로서 그대로 기록할 수 있다는 것은 신기한 일이었고, 그래서 '諺의 文字'라고 한 것이다. 다만, 이 사전에 올린 '언문'의 설명에서, 언문청 신하들이 언문을 만들었다는 내용은 아주 잘못된 것이다.

2) 『한어대사전』의 풀이

『한어대사전(漢語大詞典)』(중국, 1993)에서도 대동소이한 풀이를 하였는데, '언(諺)'은 '① 언어(諺語). 전언(傳言). ② 언(喭)과 통용. ③ 언(唁)과 통용'이라고 설명하였다.

〈설문해자 주〉(단옥재, 1815, 청나라)
- 諺 부분

①의 예문을 풀어 보면, 『설문』에서는, '언이란 전하는 말을 뜻한다', 〈단옥재 주〉에서는, '전하는 말이므로 옛말을 뜻한다. 무릇 경전(經傳)에서 이른바 언이라 하는 것은, 전대부터 내려오는 옛 교훈이 아닌 것이 없었는데, 송나라 사람이 주석을 달기를, 속어나 속론이라고 하였으니, 이것은 잘못이다.' 하였고,

『좌전』에는, '주나라 말에 전하기를[周諺有云], 필부는 죄가 없는데 굳이 죄라면 구슬을 품은 죄일 뿐이다.'라는 글이 보인다. 『맹자』 양혜왕 하편에는, '하나라 말에 이르기를[夏諺曰], 우리 왕이 놀지 않는데 어찌 내가 쉴 수 있겠는가'라는 글이 보이는데, 『초순정의』에는 '광아석고(廣雅釋詁)에서 언(諺)은 전(傳)이다 하였으므로, 하언(夏諺)이란 하나라 말로서 서로 전하여 내려오는 말을 뜻한다.'라고 하였다. 『국어』에서도 언(諺)이 있으니, "위소(韋昭)가 주석하기를, '언(諺)이란 세속에서 전하는 착한 속요(俗謠)이다.'라고 하였는데, 세속에서 전하고 듣는

것이므로 곧 백성의 언어(諺語)인데, 그 말을 풀이하기를 가시(歌詩)라고 하였으니, 여기서부터 속요의 종류가 된 것이다."라고 하였다.

『중문대사전』에 없던 예문이 보인다. 그 중에서, 『맹자』 양혜왕 하편에는, '하언왈(夏諺曰), 우리 왕이 놀지 않는데 어찌 내가 쉴 수 있겠는가'라는 글이 보이는데, 〈초순정의〉의 해석에 '하언(夏諺)이란 하나라 말로서, 서로 전하여 내려오는 말을 뜻한다.'라고 하였다는 것이다. 곧, 하나라에는 "우리 임금께서 놀지 않는데 어찌 신하인 내가 쉴 수 있겠나?"라는 매우 훌륭한 말이 전해진다는 이야기다. '언(諺)'의 속뜻에는 근본적으로 이렇게 '훌륭한 말씀'이란 뜻이 있음을 알 수 있다.

3) 중국 사전의 '언' 자 풀이

위의 두 중국 사전을 살펴 본 결과, '언(諺)'의 첫째 뜻은 '전언(傳言)'이다. 전하는 말을 언이라 한다는 것이다. 더 쉽게 말하면 전하는 말이란 입에서 입으로 이야기처럼 떠도는 말이다. 우리 고전소설의 이름에는 대다수가 전을 붙였다. '설공찬전, 춘향전, 심청전, 장화홍련전, 홍길동전' 등과 같이 세상에 전하는 말을 모아 이야기를 꾸민 것이다. 실제로 '설공찬전'은 설씨 집안에 전해오는 실화를 바탕으로 했고, 심청전도 그 바탕 이야기가 전라도 곡성에서 발견되었는데 곡성 사람 원홍장의 이야기가 그것이다.(『원홍장과 심청전』 박혜범, 2003, 박이정출판사) 이밖에도 우리말에는 '전설(傳說), 구전(口傳), 전기(傳記)' 등 다양한 낱말이 있다.

『중문대사전』에서 '언(諺)'의 풀이였던, '전언, 속어, 직어'에 대해 그 뜻을 찾아보았다. '전언(傳言)'이란 올림말을 찾아보니 그 뜻을, '①猶發言也, ②轉述他人之語也, ③古語也'로 풀이하였다. 곧, '①입에서 발설하는 말과 같다, ②다른 사람에게 입으로 옮겨지는 말이다, ③옛 말이다'라는 낱말이었다. 또 '속어(俗語)'라는 올림말은 '謂通俗流行之語'라고 풀이하였으니, '세상에서 서로 소통하여 흘러 다니는 말을 이른다.'라는 뜻이다. 그리고 '직어(直語)'는 '바른말'이므로 숨김없이 자기의 속마음을 그 자리에서 내뱉는 말, 또는 직설적인 말이다. 곧바로 잊어버리는 말이니 문장이 없다고 하였다.

공자(孔子)는 『논어』 「술이」 편에서, "述而不作 信而好古"(이야기는 하지만 저술을 하지 않고 믿음을 지니어 옛것을 좋아한다.)라고 스스로 말한 바처럼 자신의 말을 저술하지 않았다. 그래서 지금 전하는 모든 공자의 말은 그의 제자나 후대 다른 사람이 적어놓은 것이다. 이렇듯 중국 사전에서 풀이한 '전하는 말, 옛말'이란 뜻은 단옥재의 『설문해자 주』에서 밝힌 바대로 '경전에서 이른바 언(諺)이라고 한 것은 전대부터 내려오는 옛 교훈이 아닌 것이 없는데, 송나라 사람이 주석을 달기를, 속어, 속론이라고 하였으니 이것은 잘못이다.'라고 설명하였던 것이다.

4) 일본 사전 『사원』의 풀이

일본 사전 『사원(辭苑)』(新村 出, 1935, 博文館)에서 '언문'을 찾아보면,

> '조선의 나랏글이다. 자음과 모음을 합하여 스물여덟 자이며 소리글자이다. 그 가운데 세 자는 지금 전하지 않고 지금은 스물다섯 자만 사용한다. 범자(梵字)를 모방하여 여러 문자를 지었으며 그 바탕은 말소리[聲音]가 나올 때 서로 관계하는 부분을 살펴서 짓고 짜맞춘 것이다. 조선의 제4대 임금인 세종이 28년(1446)에 훈민정음이라고 이름지어 나랏글자를 세상에 공포하였다.'

라고 풀이하였는데, 다른 용례는 없다. 이것은 이 '언문'이란 말이 일본에서는 사용한 적이 없는, 사용하지 않는 낱말임을 증명하는 것이다.

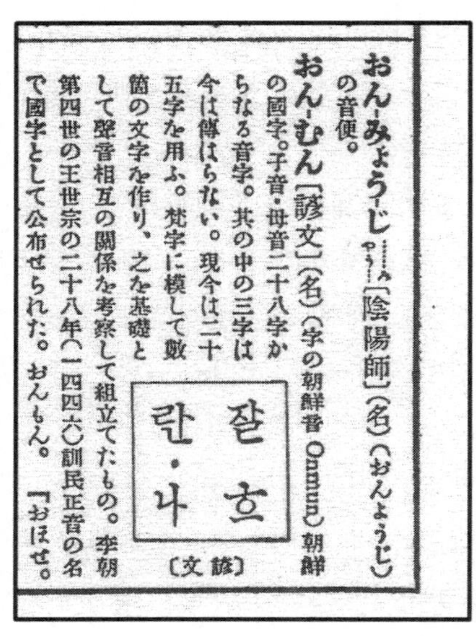
おん-みょう-じ やう…ん［陰陽師］(名)（おんようじ）の音便。
おん-むん［諺文］(名)（字の朝鮮音 Onmun）朝鮮の國字。子音・母音二十八字からなる音字。其の中の三字は今は傳はらない。現今は二十五字を用ふ。梵字に模して數箇の文字を作り、之を基礎として聲音相互の關係を考察して組立てたもの。李朝第四世の王世宗の二十八年（一四四六）訓民正音の名で國字として公布せられた。おんもん。『おほせ。
〔諺文〕

『사원(辭苑)』
(초판, 新村 出, 1935, 博文館)

10. '진서'와의 대립 개념에 대하여

1) 진서의 쓰임

『조선왕조실록』에는 '진서(眞書)'라는 낱말이 모두 36회 나온다.

실록 원문 중 '진서'라는 말 횟수 - 성종 1회, 연산군 1회, 선조 1회, 광해군 8회, 현종 1회, 숙종 4회, 경종(수정) 1회, 영조 6회, 정조 6회, 순조 5회, 고종 2회.

『조선왕조실록』 전체 원문에서 '진서'라는 말이 쓰인 36회의 기록을 모두 찾아 그 번역문을 제시한다.

1) 수춘군 아내의 고소장은 곧 정의손이 지은 것인데, 정의손은 정회의 종 남편이었다. 정의손의 공초(供招)에 이르기를, '수춘군의 아내가 언문(諺文) 서장(書狀)으로 내용을 나에게 보여 주었으므로, 그것을 가지고 내가 진서(眞書)로 번역하여 금부에 글을 바쳤고[以諺文書狀, 意以示我, 我以眞書飜譯而書呈禁府], 추납한 장초(狀草)는 곧 진서로 초안한 것을 가지고 언문으로 번역한 것입니다.'고 하였으니, 정회가 그 누이를 몰래 사주하여, 종의 남편 정의손을 시켜서 고소장을 짓게 한 것이다.(성종 21(1490)/11/13)

2) 전교하기를, "새로 지은 악장으로 경청곡 · 혁반곡 · 태화음을 여민락 · 보허자 · 낙양춘 등의 가사에 의하여, 아울러 진서(眞書)와 언문(諺文)으로 인쇄하되[竝以眞書及諺文], 그 높낮이를 점찍어서 흥청 · 운평 등으로 하여금 각자 가지고 학습하여 음운(音韻)의 고저를 분명히 하도록 힘쓰게 해야 한다. …" 하였다.(연산 11(1505)/11/18)

3) 다만 28장의 언문 서간 내에 진서(眞書)로 최빈의 이름을 쓴 것이 2통[但二十八張諺書內, 以眞書書崔濱名者二道], 진서로 최응성의 이름을 쓴 것이 1통이고, 진서로 '재령 병객(載寧病客)'이라고 쓴 것이 1통, 진서로 '최생원댁(崔生員宅)'이라고 쓴 것이 2통, 진서로 '판서 행차(判書行次)'라고 쓴 것이 1통, 진서로 '진사댁(進士宅)'이라고 쓴 것이 1통, 진서로 최관의 이름을 쓴 것이 3통이며, 외면에 최관이라는 서명을 한 것이 1통, 외면에 '윤참봉댁' 혹은 '참봉댁'이라고 쓴 것이 11통, '행차하처(行次下處)'라고 쓴 것이 1통입니다.(선조 38(1605)/1/26)

4) 본부(本府)에서는 마땅히 먼저 형리를 잡아 가두고서 그 상황을 두루 캐물은 다음, 형리와 원한 관계가 있는 사람과 진서(眞書)와 언서(諺書)의 필적이 의심스러운 사람을 찾아내어 실상을 알아내어서 이

에 의거해서 처리하였어야 합니다.(광해 4(1612)/8/5)

5) 추국청이 아뢰기를, "전라 감사 장계의 왕치국 사연에 관한 서장(書狀)을 계하하셨습니다. 김덕룡의 언문 공사 내용 중 첫째 줄에 '왕치국이라고 하는 자는 장수이다.[王齒國爲之者長帥也]'라고 쓰고, 그 밑에 인명을 차례로 기록하였는데, 장(長) 자는 진서(眞書)로 쓰고 수(帥) 자는 언문으로 썼으니 이것은 장수(將帥)를 잘못 기록한 것입니다."(광해 6(1614)/4/4)

6) 나인 의일의 공초에 '진서(眞書)와 언문(諺文)을 한 장의 종이에 섞어 썼으니, 이는 곧 별감 하자징이 쓴 것이다.(광해 7(1615)/2/18)

7) 얼마 후 김경남이 언문(諺文)으로 쓴 36명의 명단을 가지고 와서 은밀히 말하기를 '나는 글을 모르니 네가 진서(眞書)로 쓰라. 이는 바로 전년에 역모를 할 적에 모집한 군사의 수효인데, 이 문서는 지난해부터 만든 것이다.' 하였다.(광해 7(1615)/윤8/2)

8) 병조에서, 경운궁 안에서 취득한 언서(諺書)와 진서(眞書)를 입계하니, 전교하기를, "대신 및 금부 당상과 양사 장관을 명초하라." 하였다.(광해 10(1618)/3/16)

9) 이에 즉시 박희룡의 몸을 뒤져 봉서(封書) 한 통을 얻었는데 겉면에는 '곽진사복당(郭進士福堂)'이라고 썼고 한 면에는 언자(諺字)가 기록되어 있었다.' 하였습니다. 민심이 국청에 가져 온 서간을 뜯어 보았더니, 진서(眞書)로 된 네 장 가운데 한 장은 김중신의 서간이었고 석 장은 명국이 곽영에게 보내 사주한 서간이었으며, 또 언서(諺書) 두 장이 있었는데 그것도 진서의 내용을 번역한 것으로 거듭 사주한 것이었습니다.(광해 10(1618)/윤4/9)

10) 다시 소명국이 공초하기를, "언서와 진서는 모두 신이 곽영에게 보낸 것입니다."(광해 10(1618)/윤4/9)

11) 신설 포도 대장이 아뢰기를, "도적인 종 운이를 잡아서 국문하니, 세 곳에서 불을 지르고 도둑질한 정상을 낱낱이 승복하였습니다. …

라고 하면서 주머니 안에서 편지를 꺼내서 보여주었는데, 바로 진서(眞書)였습니다."(광해 12(1620)/3/21)

12) 상이 이르기를, "비복들의 공초에도 어긋난 단서가 있다. 이른바 가짜 언서(諺書)란 진서(眞書)와는 달라 위조하기가 매우 쉽다. 매우 분명하게 조사하라." 하였다.(현종 11(1670)/4/3)

13) 송시열에 대한 비망기를 내리기를, "…전년 봄에 홍치상의 집에서 상서하였으되, 문(門)이 열리기를 기다려 가장 일찍 도착하였기에, 뜯어 보았더니, 단지 진서(眞書)뿐이었다.【대개 주가(主家)의 상서는 으레 언문(諺文)을 쓴다.】…"(숙종 15(1689)/2/4)

14) 이어 최재령을 시켜 언문(諺文)으로 된 편지 한 장을 주면서 말하기를, '너의 시아버지와 남편이 죽을 땅에 나아가게 되었으니, 너는 모쪼록 이것을 가지고 순찰사에게 가서 호소하라.' 하였습니다. 그 소장(訴狀)이 받아들여지지 않자 또 진서(眞書)로 된 서장을 주었습니다만 내가 따르지 않았습니다.(숙종 15(1689)/4/18)

15) 지금 호인(胡人) 이첨한은 섬 주민들을 침학하는 짓이 끝이 없었으므로, 섬 주민들이 12건의 죄상을 본섬의 별장 김성흘에게 글로써 호소하였는데, … 김성흘이 처음에 순영(巡營)에 전보하려고, 저와 최계민으로 하여금 섬 사람들이 호소한 바에 의거하여 진서(眞書)로 번역하도록 하였기 때문에, 이로 인하여 원한을 품고 모해하려는 것입니다."(숙종 19(1693)/1/9)

16) 국장 도감(國葬都監)에서 아뢰기를, 시책문과 애책문은 마땅히 여관(女官)으로 하여금 진독하게 하여야 하는 까닭에, 전례에 의하여 진서(眞書)와 언문(諺文)을 모두 써서 넣을 뜻으로 감히 아룁니다." 하니 답하기를, "알았다." 하였다.(숙종 27(1701)/11/11)

17) 그때에 박상검이 늘 양두필(兩頭筆)을 가지고 글을 썼는데, 혹은 진서(眞書)로 쓰기도 하고 언서(諺書)로 쓰기도 하다가 사람을 보면 놀라서 그 종이를 말아 깊이 감추었고,(경종수정 1(1721)/12/22)

18) 손형좌를 더 형문하니, 공초하기를, "제가 박상검의 지극히 비밀스러운 정절(情節)을 비록 정확하게 알지는 못하지만, 그 당시 박상검을 볼 때마다 두 가지 필체로 편지를 써서 지니고 있었는데, 혹은 진서(眞書)로 혹은 언서(諺書)로 썼으며, 사람을 보면 놀라서 그 종이를 말아서 깊이 간직하였습니다."(영조 1(1725)/4/7)

19) 운관(芸館)에 명하여 『동몽선습(童蒙先習)』을 인출하여 올리라고 하였다. 이 책은 바로 중종조에 박세무(朴世茂)가 편찬한 것이다. 임금이 그 책이 조리가 있어 비단 어린이들이 처음 배우는 데에 요긴할 뿐만 아니라 또 역대를 기록한 끝에는 '비풍 · 하천'의 생각이 들게 된다 하고 드디어 이런 뜻으로 친히 서문을 지어 진서(眞書)와 언문(諺文)으로 써 경서(經書) 언해(諺解)의 예에 따라 인출하여 장황(粧潢)하여 올리라고 명하였다.(영조 18(1742)/6/28)

20) 어느 해 어느 달 어느 날에 어떤 사람이 어떤 사람에게 서찰을 전하여 주었고 그 서찰의 크기는 어떠했으며 글씨는 진서(眞書)인가 언서(諺書)인가?(영조 24(1748)/11/30)

21) 특별히 종이로 전(篆)의 겉면을 봉해 쌌고, 위에는 숙묘(肅廟)의 어압(御押)이 있으며, 곁에는 언자(諺字)로 '상서사인(尙書司印)' 네 글자가 써 있었다. 임금이 그것에 어압이 있다 하여 감히 열어 보지 못하고 또 어느 대(代)의 물건인지도 몰랐다. 그리고 언자와 진서(眞書)가 음(音)이 비록 비슷하였지만, 뜻이 같지 않은 것이 많으니, '서'가 '서(瑞)'자인지 '서(書)'자인지 '사'가 '사(事)'자인지 '사(司)'자인지를 모두 판별할 수 없었다.(영조 32(1756)/9/5)

22) 채위하가 진달하기를, "진서(眞書)의 윤음을 언문(諺文)으로 번역하여 방방곡곡에 효유하소서." 하니, 임금이 말하기를, "진서를 언문으로 번역해서 반포하자는 청은 바로 도신(道臣)이 신칙할 일이지 간신(諫臣)이 말할 것이 아니다." 하였다.(영조 38(1762)/2/3)

23) 김중득과 하익룡 같은 무리는 홍인한의 흉계를 몰래 받아 가지고

진서(眞書)와 언문(諺文)으로 된 익명의 글을 존현각에 투서하였는데, 그 내용이 흉패하였다.(영조 51(1775)/11/30)

24) 대사간 서유방이 아뢰기를, "청컨대 『속명의록(續明義錄)』을 한결같이 원편(原編)의 준례에 따라 진서(眞書)와 언문(諺文)으로 인출해 반포하여, 각도의 도신(道臣)들로 하여금 방방곡곡에 선포하게 하소서." 하니, 그대로 따랐다.(정조 2(1778)/1/6)

25) 아! 전에 『명의록』을 엮으라고 명한 것은 곧 임금이 형벌이 없는 인애(仁愛)를 기약하는 것이니, 시종 맥락을 상세히 논한 것은 도깨비 같은 죄상을 우정(禹鼎)에 비추게 한 것이고, 원편(原編)과 속편(續編)을 진서(眞書)와 언서(諺書)로 갖추게 한 것은 주화(周和)를 반포하여 내건 것을 상징한 것이다.(정조 2(1778)/8/7)

26) 『명의록』의 원편·속편을 진서(眞書)와 언문(諺文)으로 팔도에 등서(謄書)하여 내리라고 한 명이 있었습니다만, 향곡의 사람들 가운데 이것을 본 사람은 열에 한둘도 없습니다. 이는 모두 장관이 된 사람이 단지 부서(簿書)만을 일삼고 대체(大體)를 모른 때문입니다.(정조 2(1778)/8/17)

27) 『속명의록』을 제주목에 반포하였다. 하교하기를, "이번에 어사가 내려갈 때에 가지고 갈 선유문은 마땅히 어제로 지어 내리겠다. 지어 내리기를 기다려, 진서(眞書)와 언문(諺文)으로 번역하고 등서하여 각신(閣臣) 가운데 봉교가 유지를 써서 호남의 도백과 어사에게 하송하게 하되, 그날로 입각(入刻)하게 함으로써 어사가 가는 길에 가지고 갈 수 있게 하라는 내용으로 분부하라." 하였다.(정조 5(1781)/6/20)

28) "어사에게 이 전교를 가지고 강촌으로 달려가서 부로(父老)와 백성들을 불러모아 놓고 진서(眞書)를 언서(諺書)로 번역하여 되풀이해서 효유하여 일부 일부(一夫一婦)로 하여금 혹 알지 못하거나 듣지 못하는 사람이 없게 하라." 하였다.(정조 5(1781)/9/24)

29) 현재 성명께서 나라를 다스리시면서 세속을 교화시키는 모든 방면

에 있는 힘을 다 들이시지만 저들 별종의 사학(邪學) 무리는 서울에서부터 시골까지 불길이 번지듯 번져가고 있으니, 그 근원을 막고 그 사람을 올바른 사람으로 만드는 길은 그 책을 태워버리는 것보다 좋은 것은 없습니다. 신의 견해로는 방리(坊里)로 하여금 진서(眞書)나 언문(諺文)으로 베껴쓴 책들을 전부 거두어 태워버리게 하는 것이 좋겠습니다.(정조 24(1800)/5/22)

30) 박해와 속박을 조절한 것은 우선 논하지 않더라도 자전(慈殿)께서 내리신 봉서가 참혹하게 무욕을 받고, … 혹은 진서(眞書)와 언서(諺書)를 조금 아는 방기(房妓)를 보내어 그로 하여금 뜯어 보게 하는 등에 이르러서는, 마치 남몰래 살펴서 삼가는 것처럼 하는 바가 있었으니, 아! 천하에 어찌 이러한 일이 있을 수 있겠습니까?(순조 1(1801)/1/16)

31) 괘서(掛書)의 변고가 있었는데, 흰 명주를 한 자 남짓하게 대나무 장대에 종이 끈으로 꿰뚫어서 매달았습니다. 명주 가운데에 쓰기를, '문무의 재주가 있어도 권세가 없어 실업(失業)한 자는 나의 고취(鼓吹)에 응하고 나의 창의(倡義)에 따르라. 정승이 될 만한 자는 정승을 시킬 것이고 장수가 될 만한 자는 장수를 시킬 것이며, 가난한 자는 풍족하게 해주고 두려워하는 자는 숨겨 줄 것이다.'라고 하였으며, 그 나머지는 진서(眞書)와 언문(諺文)을 서로 뒤섞어 난잡하게 쓰다가 지워 버렸습니다.(순조 1(1801)/10/30)

32) 어제 적도의 졸개 1명이 발군(撥軍)이라 가칭하고 와서 흉서를 전하였기 때문에 뜯어 보았더니, 진서(眞書)와 언문(諺文) 두 장의 종이였는데, 곧 만부(灣府)의 의병장 허항과 김견신 등에게 보내는 것으로, 그 말이 지극히 흉패하였습니다.(순조 12(1812)/2/3)

33) 표류하여 도착한 이양선을 인력과 선박을 많이 사용하였으나 끌어들일 수 없었습니다. 그래서 14일 아침에 첨사와 현감이 이상한 모양의 작은 배가 떠 있는 곳으로 같이 가서, 먼저 한문으로 써서 물었더

니 모른다고 머리를 젖기에, 다시 언문으로 써서 물었으나 또 모른다고 손을 저었습니다. 이와 같이 한참 동안 힐난하였으나 마침내 의사를 소통하지 못하였고, 필경에는 그들이 스스로 붓을 들고 썼지만 전자(篆字)와 같으면서 전자가 아니고 언문과 같으면서 언문이 아니었으므로 알아볼 수가 없었습니다. … 책을 주고받을 때에 하나의 작은 진서(眞書)가 있었는데, 그 나라에서 거래하는 문자인 것 같았기 때문에 가지고 왔습니다."(순조 16(1816)/7/19)

34) 간계를 부려 죄에 저촉되는 무리가 있다손 치더라도, 먼저 널리 유고(諭告)하지 않고 죄에 따라 형벌만 가한다면 이도 바로 백성을 죄로 몰아들이는 것이 된다. 묘당에서는 모름지기 이 전교의 뜻으로 양법사(兩法司)에 엄칙하여 진서(眞書)와 언문(諺文)으로 베껴서, 전국 방방곡곡에 효유하여 법령을 시행하기에 앞서 신명(申明)하는 뜻을 알리도록 하라.(순조 32(1832)/9/29)

35) 토호들이 힘을 믿고 억지를 부리는 것은 내가 세자 때부터 익히 듣고 알았던 것이다. … 의정부에서 글을 만들어 팔도와 사도(四都)에 행회(行會)하도록 하되 진서(眞書)와 언문(諺文)으로 베껴 써서 방방곡곡에 붙여 모두 알도록 하라." 하였다.(고종 3(1866)/2/27)

36) 김세균이 아뢰기를, "『대명회전』은 실로 하나의 왕제(王制)이기 때문에 권질이 방대합니다. 그러나 『오례편고』는 그 제도가 비록 이것을 모방하기는 하였으나 규모가 더욱 크기 때문에 그림과 설명을 되도록 간략하게 하였습니다. 그림과 설명에 대한 성상의 재결(裁決)이 이미 이루어졌으니 너무나 흠앙스럽습니다. 방금 하교를 받들었으니 삼가 상의하여 언문(諺文)을 진서(眞書)로 번역하겠습니다." 하였다.(고종 10(1873)/5/16)

이들의 내용을 보면 '진서'는 모두 '언문'과 나란히 나타나는 현상을 보이며, 언문이 아닌 문자(한문)를 가리킬 때 쓰고 있다. 그런데 조선시대는 한문을 '문(文)' 또는 '문자(文字)'라는 말로 충분히 소통하였으니, 조선 초기, 구체적으로 훈민정음이 창제되기 이전에는 '진서'라는 말을 쓴 일이 없다. 다만 세 차례(세종 5/1/12, 단종 즉위/8/24, 세조 9/5/30) 기록에 나오긴 하지만, 그때 쓰인 '진서' 또는 '진자(眞字)'는 '한문 문자'가 아니라 '해서체(楷書體)', 즉 한자 서체를 일컫는 말로 사용하였다.

1) 〈창녕부원군〉 성석린이 … 집에 있을 적에 검소하였으며, 진서(眞書)와 초서(草書)를 잘 쓰고 시율(詩律)을 잘 지었다. … 이 때에 이르러 양화에 의지하고 있다가 조용히 돌아가니, 나이 86세이다.
石璘 … 居家儉素 善眞草 工詩律 … 至是倚養和 蕭然而逝 年八十六歲(세종 5(1423)/1/12)

2) 이보다 앞서 진둔 등이 진서(眞書)·초서(草書)에 능한 자를 보고자 하니, 박팽년·강희안 등이 가서 보았다. 진둔 등이 지은 '태평관'이라는 제목의 시를 판에다 써서 누 위에 달게 하고, 진둔이 '조선 국왕을 조문하는 부(賦)'를 지으니, 그 사(詞)는 이러하였다.
先是, 陳鈍等欲見能眞草書者 朴彭年姜希顔等往謁 鈍等令書所製題 太平館詩於板 懸諸樓上 鈍作弔 朝鮮國王賦 其詞曰(단종 즉위(1452)/8/24)

3) 빌건대, 지금의 장서(藏書) 뒷면의 도서는 '조선국 제6대 계미세 어장서 본조 9년, 대명 천순 7년'이라 일컫고, 진자(眞字)로 쓰며, 앞면의 도서는 '조선국 어장서'라 일컫게 하고, 전자(篆字)로 써서 제책(諸冊)에 두루 나타내어, 만세에 밝게 보이며 ….
乞今藏書後面圖書稱 朝鮮國第六代癸未歲御藏書本朝九年 大明天順七年 以眞字書之 前面圖書稱 朝鮮國御藏書 以篆字書之 遍着著諸冊 昭示萬世 ….(세조 9(1463)/5/30)

이처럼 '진서'가 언문 창제 이전에는 '한자 해서체'를 가리키는 말이었는데, 창제 이후에 부득이 '언문'과 구별하기 위한 말로 이 말을 가져다 쓰게 된 것이다. 그것도 성종 21년(1490)에서야 한문을 진서라 하는 말이 나타났으니, 언문 창제(1443)로부터 50여 년이나 지난 뒤부터다. 성종 이후 '한문'이라고 하면 될 것을 굳이 '진서'라는 낱말을 빌어 사용한 것은 무슨 이유일까?

당시 조선의 글쓰기 방식은 다양해서, '한문(고문) 쓰기 방식'과 '이두문 쓰기 방식'이 큰 부류를 차지하고 있었고, '구결'이나 '언문'까지 이에 합류하여 그 가운데 '한문(고문) 쓰기 방식'을 진정한 글쓰기 방식으로 여김을 염두에 둔 말이다. 이렇게 여러 글쓰기의 방식 가운데 '문어체 한문 쓰기'를 '진서'로 정한 당시 정황은 이해하고도 남을 일이다. 당시 뿐만 아니라 조선 시대 전반에 걸쳐 사대모화사상(事大慕華思想)은 이른바 조선 주자학의 대원칙이었을지 모르나, 이러한 사대부들의 자세가 '언문'의 뜻을 바꿀 수는 없는 일이다. '방언, 이어, 이언' 따위는 우리말을 중국말에 비교해 낮춰 부른 말이지 결코 문자 '언문'을 싸잡아 비하한 것은 아니다. 즉 최만리 등 사대부들이 처음부터 진서라는 개념을 지니고 세종이 창제한 문자 언문을 낮춰 부른 것이 아니라, 세종이 직접 뜻글자가 아닌 입말 글자로서의 특징을 살려 언문이라 명명(命名)한 것이고, 최만리 등 사대부들은 백성들이 주고받던 우리말을 스스로를 낮추는 버릇이 있었던 것이니, 한문을 배우기 위해 정책을 펴지 않고 쓸데없는 백성들의 말을 위해 글자를 만든다고 세종을 핍박하였던 것이다.

그러나 500여 년 동안 임금의 일을 일기식으로 기록한 『조선왕조실록』 1,707권 1,187책 가운데서 '진서'라는 말을 36회만 썼다는 것은 아주 적은 빈도로서 그야말로 한강에서 동전 찾기와 같고, '언문'('언(諺)' 포함) 사용 1,156회와 비교하더라도, 1/32에도 못 미치는 횟수다.

이를 언문과 상대하여 대등한 말로 보는 것은 논리의 비약이고 오류다. 더욱이 이를 두고 '진서'가 '언문'과 대립된 뜻으로 처음부터 썼다는 말은 근거를 찾을 수 없고, 이에 따라 '언문'의 의미를 처음부터 훈민정음을 격하시킨 말로 사용하였다는 주장은 더더욱 아무런 근거가 없는 말이다.

2) 조선 사회의 통념과 언문

조선시대 교육은 한문 교육이었다. 교육의 중심은 읽기 중심이었고 그 내용은 곧 중국 역사, 중국 문학, 중국 철학이었다고 해도 과언이 아니다. 서당에서부터 과거시험에 이르기까지 교육과 학문의 용어가 나날의 말 즉 우리말과는 이원적으로 분리된 채 한문으로만 이루어지고 있었다. 이것은 마치 유럽에서 중세 라틴어와 각국의 말을 분리하여 그 나라 말을 방언이라 한 것처럼, 중국말도 잘 모르면서 교육을 지배한 것은 한문이었고, 문어체 한문으로 정서한 것만이 바른 문장쓰기라 생각했던 시대였다. 한문은 계층 이동의 중요 수단이었으며, 따라서 우리말과 우리글(언문)을 일반적으로 무시하는 통념이 있었던 것이 분명하다. 천 년 가까이 써오던 한자가 있었고, 모든 교육과 학문 행위가 한문으로 이루어졌으며, 모든 지식이 한문으로 되어 있고, 행정 양식이나 기록물이 한문을 모르면 읽고 쓸 수 없는 사회에서, 더욱이 성리학(주자학)을 목숨처럼 신봉하는 사대부의 나라 조선이 감히 어길 수 없었던 것이 유교 경전이고, 성인의 말씀이고, 그 말씀을 기록한 한문(고문)이었다. 그 큰 틀을 바꾸지 않고는 언문이 대우받을 수가 없는 처지였음을 인정하지 않을 수 없다. 언문이 아무리 편리하고 쉬운 글자라 하더라도 한문의 구조적 권위 앞에서는 무력할 수밖에 없었다.

임금을 비롯한 지배층이나 사대부들의 생각은 사대모화사상이 중심을 이루었다. 중국에 대한 사대 모화가 조선이란 나라의 일관된 외교 정책이었음은 숨길 수 없는 사실이다. 그래서 지금까지도 많은 학자나 연구자들이 ‘당시엔 교육과 학문의 용어가 이원적으로 분리되었으므로 애초에 언문은 상말을 적는 글자로 만들어졌고 언문이란 말의 뜻에는 우리 글자를 하대하는 뜻이 담겨있을 것.’으로 착각을 일으키는 것이다.

그러나 조선 사회에 팽배했던 사대모화사상과 ‘언문’의 뜻과는 전혀 상관이 없다.

> 언문이란 이름은 학문이나 교육과 등지고 나온 것이니 만큼 처음부터 얕보는 뜻이 있었다. 이런 분리는 또한 공과 사의 이분법을 전제하고, 공적 영역의 우위를 인정하고 하는 표현이다. 한문 경전의 세계가 공적이고 신성하다면 언문의 세계는 사적인 것이고, 속된 것이다.[34)]

이 글에서, ‘언문’이란 말에 ‘얕보는 뜻’이 있었다는 생각과, ‘공과 사의 이분법을 전제하고’ 있다는 생각, 그러므로 ‘속되다’라는 생각은 극단적인 논리의 비약이다. 이러한 주장은 당시 조선 왕조의 사대모화사상과 ‘언문’이란 낱말의 뜻을 동일시하거나 혼동하여 생긴 주장인데, 현대적 관점에서 조선 왕조 사회를 분석할 때 그 당시 인민들이 ‘공적 영역의 우위를 인정’하였다고 규정할 수는 있지만, 한 나라의 총수인 임금이 사사건건 사대하며 머리를 조아리지는 않았다. 특히 나라 안의 정책을 세우고 현실에 맞는 법과 제도를 세우는 일, 그리고 농법, 공법,

34) 김영환(2012), 「한글의 기원 및 창제 원리로서의 ‘상형’과 ‘고전 모방’의 불가능성」, 9쪽.

예법, 악학, 천문학 등 학문을 바로세우는 일들에서는 우리 자신을 '얕보거나' '이분법을 전제하거나' '공적 영역의 우위를 인정'하는 일은 없었다. 세종은 특히 미세한 '틀림, 오류, 잘못'도 용납하지 않은 분으로 유명하다. 그는 도량형(度量衡)을 조선에 맞게 갖춘 철두철미한 완벽주의자였다. 내 백성 내 조선이 주최적이고 과학적이며 합리적이고 공평한 사회를 이루려고 할 때 거기에 '이분법, 차등, 우열'이 있을 수 없었다. 예컨대 『세종악보』, 『칠정산 내외편』, 『오례의』 등 조선을 중심으로, 조선 백성을 중심으로 모든 것을 재정립하였던 세종의 정신 속에 나를 낮추고 나를 오랑캐로 취급하는 생각은 어울리지 않는다.

'언문'이란 낱말의 뜻과 생성 시기, 그리고 그 말이 나타나는 문헌의 문장들을 살펴볼 때, 오히려 새로운 문자의 특성과 원리를 그대로 살린 가장 적절한 말이었음을 이해하게 된다. 조선 사회의 지배층이나 '유학적 세계관'으로 바라볼 때 새 글자를 만드는 것은 모화사상에 위배된다는 견해를 가진 사람도 있었지만, 세종의 생각은 달랐고 또 이 때문에 최만리 등 집현전학사들과 논쟁하며 대립각을 세우기도 했던 것이다.

그는 절대 우리말이 상말이라고 여기거나 상말을 위한 글자를 만들려고 하지 않았다. 오히려 그가 『훈민정음』 서문에서 명확히 밝힌 바대로 '우리말이 중국말과 다르다'는 인식에서 출발하여 '한자로는 끝끝내 통하지 않으니' '가르치기 쉽고 배우기 쉬운' '백성 가르치는 바른 소리'를 만들었다. 세종이 새로운 글자를 창제하자마자 맨먼저 한 것이 그 글자로 『용비어천가』, 『석보상절』, 『월인천강지곡』, 『동국정운』을 짓고, 과거시험의 과목으로도 선정하였으며, 또 새로 만든 글자로 불경보다 먼저 당시 교육과 학문의 핵심인 유교 경전을 번역하려 했던 사실들 앞에서 '언문'이 속되다는 생각은 논거를 잃게 된다. 『용비어천가』가 어떤 노래인가? 조선 건국의 정당성을 굳건히 하는 최고의 권위와 최고의 격식을 지닌 노래가 아닌가? 사서(四書)가 어떤 책인가? 논어, 맹자, 대학, 중용. 유교 경전의 핵심 서적이 아닌가? 그 책들을 언문으로 번역하라 명한 것이다.

최만리의 상소는 세종이 언문을 창제한 지 두 달만인 이듬해 2월 20일에 올린 글인데, 상소를 읽고 세종은 최만리와 나눈 대화 속에서 김문(金汶)의 일을 거론하였다.

> 전번에 김문이 말하기를, '언문을 제작함에 불가할 것은 없습니다.' 하였는데, 지금은 도리어 불가하다 하고, 또 정창손은 말하기를, '삼강행실(三綱行實)을 반포한 후에 충신·효자·열녀의 무리가 나옴을 볼 수 없는 것은, 사람이 행하고 행하지 않는 것이 사람의 자질 여하에 있기 때문입니다. 어찌 꼭 언문으로 번역한 후에야 사람이 모두 본받을 것입니까.' 하였으니, 이따위 말이 어찌 이치를 아는 선비가 할 말인가? 아무짝에도 쓸데없는 옹졸한 선비다.

라고 하였고, 또 1448년 3월 13일 실록의 기록에 보면,

> 이에 이르러 김문에게 명하여 사서(四書)를 번역 기술하게 하고, 특별히 자급을 승진시켜 바야흐로 장차 뽑아 쓰려고 하였는데, 중풍으로 갑자기 죽었다.

하는 말이 나온다. 이는 창제와 동시에 김문에게 이미 『사서』 번역을 명하였고, 『삼강행실』을 언해하여 간행하려고 하였음을 알 수 있다. 이것은 세종이 통치와 교육의 기본서인 사서 삼경을 먼저 번역하려고 하였음을 확인시켜 주는 기록이니, 언문을 한문에 비교해서 낮춰 본 흔적은 전혀 찾을 수가 없다. 오히려 최만리와 그를 추종하는 학자들

이 스스로 대국에 사대하는 소국이라고 낮춰 생각하여 언문 사용을 꺼린 측면이 있다. 또 3월 28일 실록에는,

> 김구는 상주사가 된 지 반 년도 못되었는데, 집현전에서 어명을 받들어 언문으로 『사서』를 번역하게 하였다. 직제학 김문이 이를 맡아 했으나 죽었으므로, 집현전에서 김구를 천거하기에 특명으로 부른 것이며, 곧 판종부시사를 제수하였다.

이런 기록들로 보아, 세종이 끊임없이 유교 경전을 번역하려 한 것을 알 수 있다. 하지만 당시 최고 유학자였던 최만리의 반대 상소는 대소 신료와 사대부 유학도들에게 대단한 영향력을 행사하여 감히 언문으로 유교 경전을 번역하려고 나서는 사람이 없게 만들었다. 세종은 창제하고 1년 4개월 만에 조선왕조 창업을 찬양하는 격조 높은 대서사시 『용비어천가』(1445.4.)를 지어 편찬하고 이를 1447년 5월에 간행하게 하였고, 『석보상절』은 1446년 소헌왕후가 먼저 세상을 떠나니 슬픈 마음을 달래며 간절한 소원을 담아 둘째아들 수양대군이 1447년에 만들어 임금에게 바친 책이며, 『월인천강지곡』은 세종이 『석보상절』을 읽고 감동하여 부처의 공덕을 찬양하여 지은 최고의 종교적 표현이다. 선후를 따질 수 없이 유교 경전과 불교 경전, 그리고 왕조의 확립과 왕가의 예악을 위하여 세종은 언문을 한자 이상으로 높은 자리에 올려놓으려고 지혜와 지략을 총동원하였음을 알 수 있다. 사랑하는 백성을 위해 그들이 쉬운 글자를 통해 마음 가는 대로 글을 쓰고 누구에게나 전할 수 있도록 정성을 모아 만든 문자에, 중국 한자보다 낮은 글자라는 생각을 담아 이름을 지었을까?

'계집'은 본디 낮은 말이 아니었는데 시간이 흐르면서 욕으로까지 낮아진 것처럼, '언문'이란 말이 처음 생겼을 때는 새로운 문자의 특성

을 정확히 나타내는 말이었음에도 그것을 일컫는 사람들이 낮추어버리는 현상이 있었다. 조선 초에는 진서(眞書)라는 말이 전혀 다른 뜻으로 쓰이던 것이, 같은 '문자'이지만 새로운 글자(언문)와 혼동이 되면서 두 낱말을 함께 쓸 때는 어쩔 수 없이 진서와 언문으로 구별했던 것인데, 언제부터인가 그 말 저변에 깔린 한자 우월, 언문 하대의 생각이 사전의 뜻을 왜곡시켰다. 다시 말하지만 오랑캐 나라라고 스스로를 하대했던 조선 사대부들의 생각은 '우리 말글'까지 하대했던 것이지 '언문'이란 말 속에 그런 뜻이 담겨 있는 것이 아니다. 성종 이후에 등장하는 '진서'가 곧바로 '언문'을 천대시한 근거라고 하기엔 그 쓰임이 아주 미미함에도 불구하고, 왜곡된 생각은 점점 커져갔다.

세종은 달랐다. 세종은 언문을 창제할 때 이미 그 이름의 뜻을 밝힌 바 있다. 1443년 12월 30일 실록 기록이 바로 그것이다. 또 언문에다가 훈민정음이라는 이름을 붙이면서까지 온 백성에게 글자를 가르치려 했으며, 가장 격이 높은 새 왕조 찬양의 글인 『용비어천가』, 너무도 사랑하던 아내의 죽음을 애도하며 지었던 『석보상절』, 그리고 정신적, 종교적 지주인 석가모니의 공덕을 칭송한 『월인천강지곡』을 언문으로 지어 언제나 노래하고, 외고 쓰도록 하였다. 궁중 아악에 언문 시 '용비어천가' 가사를 쓴 곡으로 연주하게 하고, 새 글자를 과거시험 과목에도 넣었다. 그리고 생활에 늘 쓰는 한자가 발음이 혼란스러워, 다스리는 자나 정책을 펼치는 자, 그리고 나라의 근간인 모든 백성이 소통하는 데 어려움을 주므로, 그것의 우리말식 표준음을 규명한 『동국정운』을 시급히 간행하였다. 『훈민정음』이라고 명시한 것은, '임금이 백성을 한량없이 사랑하여 잘 가르치고 지시하고 소통하는 데 필요한 조선의 바른 소리를 만들어 주노라.' 하는 뜻이 축약된 이름이다.

'진서'와 상대하여 '언문'의 뜻을 해석하려는 시각은, 세종이 새로 글자를 만들면서 이미 한자보다 낮은 글자로서 지레 마음 먹고 그 뜻을 담아 스스로 낮추는 이름을 지었다는 오류이다. 그러나 중국의 자전이나 문헌의 쓰임으로 볼 때 '언(諺)'이 '문(文)'에 상대적으로 낮다는 의미가 없고, 단지 '문'은 '글자'이고 '언'은 '글자 이전의 말, 전하여 오거나 주고받는 말, 입말'의 뜻으로 구별될 뿐이었다. 그런데 전혀 같아질 수 없는 '문'과 '언'이 만나 '언(諺)의 문(文)' 즉 '말소리의 문자'가 이루어진 것이다. 그러므로 오히려 문자에 대한 새로운 인식과 소리글자의 깊은 뜻을 『훈민정음』에서 '천지 자연에는 각기 소리가 있다. 그런즉 천지 자연에는 반드시 글자가 있는 법이다.'[有天地自然之聲 則必有天地自然之文](정인지 서문)이라고 하면서, '소리[聲]'와 '글자[文]'의 밀접한 관계와 그 중요성을 강조하였다. '한자'도 천지 자연의 소리를 담는 하나의 글자에 불과하다는 것이다. 그 가운데 다른 말도 많은데 굳이 '언(諺)' 자를 써서 '언문'이라 한 것은, '언' 자의 뜻에 새로 만든 글자의 특징과 꼭 맞는 뜻이 있었기 때문이다. 곧 '전하는 말, 일반 언중이 늘 말하고 외는 말, 주고받는 말, 입말'이란 뜻이고, 세종의 새 문자는 한자와는 너무도 다르게 '뜻으로가 아닌 말하는 소리(형태)를 그대로 따라 쓰면 글자가 되는 입말, 소리말을 가장 잘 나타내는 글자'였으므로 꼭 맞는 뜻의 한자 '언(諺)'을 택하게 된 것이다.

조선 사회의 한자 우월주의, 언문 하대 정신은, 그래서 훈민정음인 언문이 오랜 세월이 흐르도록 반상의 차별처럼 굳어져 빛을 보지 못하게 하였으며, 심지어는 언문이란 말 뜻까지도 우리말과 함께 우리 스스로 폄하하며 살았다. 내가 바보같이 살았다고 해서 그 부모까지 그가 바보이길 바라며 이름을 바보라 지었을까? 부모는 훌륭한 이름을 지어주었지만 시간이 흐르면서 부르는 사람들이 허약해 보이는 나를 놀리며 하대하였던 것이다.

한자는 문자 자체에 의미가 담겨 있는 문자라서 소리에는 큰 의미를 주지 않는다. 뜻글자인 한자는 글을 써서 누군가에게 보내면 뜻을 전할 수는 있어도 읽지는 못했다. 뜻을 이해했으므로 읽을 필요를 느끼지 않았다. 거기엔 중국만의 역사적 사실이 깊이 연관되어 있다. 중국은 수많은 이민족이 정복을 거듭한 땅이다. 땅도 넓어서 온갖 지방 방언이 서로 소통하기 매우 어려웠고, 종족도 많아 그 종족만큼이나 말도 다 달랐으며, 그만큼 말과 발음의 변화가 많았던 나라다. 그럴수록 한자로 귀속하여 그 땅에 사는 사람들을 통치하여야 했으므로 한자 교육은 점점 더 철저해졌고 성운학(聲韻學)이 발달하여 운서(韻書)를 자주 발간하게 되었다. 조선의 중국어 학습서를 보면 정음(표준음)과 속음을 나란히 표기한 것을 볼 수 있다. 그만큼 정음(표준음)은 제국이 바뀔 때마다 달라졌다.

실록에 보면,[35] '거서(車書)'라는 말이 나온다. 이 말은 '거동궤서동문(車同軌書同文)'의 준말인데, '수레의 넓이와 글의 문자를 같이한다'는 뜻으로서, 천하의 통일을 뜻한다. 즉 거대한 중원을 통일한 국가는 늘 황제의 통치가 변경까지 미칠 수 있도록 제도와 말글을 통일하여야 했고, 수많은 이민족의 집합체인 중국을 결속시켜야 했으므로 이런 말이 나온 것이다. 이러한 중앙 권력을 중국과 이어진 다른 나라들까지 미치도록 군사적, 외교적으로 압력을 행사함으로써 동이(東夷), 서융(西戎), 남만(南蠻), 북적(北狄)이란 말로 주변국을 경계하였고, 이들은 야만적이고 미개하다는 인식을 심어넣어 중국을 교조적(教條的)으로 신봉케 하였다. 그러므로 '거서'라는 말은 처음에 수많은 종족으로 구성된 중국 내부의 결속을 위한 것이었으나 조선의 주자학처럼 중국의 모든

35) 세종 8(1426). 12. 7.

문화와 문물을 신봉하고 절대시하는 위력을 갖게 된 것이다. 그러나 그럼에도 불구하고 주변 국가가 무조건 중국에 굴복하고 그것을 따르지는 않았다. 각자의 나라마다 주권국가로서 자신들의 역사를 계승하고 자국의 백성을 결속하여 중국과 싸우기도 하였고, 주체적으로 문화를 바로세우기도 하였다. 더욱이 중국도 이민족의 침략으로 몰락하기도 하고, 정복한 이민족이 통치하면서 그 민족의 문화를 중국에 심어 넣으려고 법과 제도를 갈아 치우기도 하였다. 세종은 이러한 중국의 역사를 누구보다 잘 알았다. 이미 1403년[36]에 명나라에서 『원사(元史)』 등과 더불어 『십팔사략(十八史略)』을 보내왔다는 기록이 있다. 태종도 신하들과 이 책을 읽었고, 세종과 집현전학사들은 말할 것도 없다. 이러한 중국의 역사는 나중에 세종이 『삼강행실도』와 『치평요람』, 『용비어천가』, 『역대병요』 등 많은 책을 간행하면서 참고하게 된다. 이처럼 세종은 중국의 다양한 문화와 법제도와 공통어(표준음)의 변화와 변혁을 꿰고 있었다. 중국의 문화를 잘 아는 학자들이야 집현전에 넘쳐났으나 세종의 지식과 깨우침은 그들보다 한참 앞서 있었다. 유교국가를 천명한 가운데서도 종교적으로 불교를 수용한 세종의 과감함과 포용성만 보더라도 그의 역량을 알 수 있다. 명나라를 상대하면서 그에 앞서 원나라의 흥망의 역사를 잘 알았던 세종은 특히 말글에 관한 원나라 서적을 독파하고 있었고, 원에 유입된 아라비아 역법(회회력)까지 받아들여 『칠정산 외편』을 펴냈는데, 365.242188일 = 365일 5시 48분 45초로, 현대값보다 1초 짧은 1년 주기를 밝혔으니, 이 값은 『칠정산 내편』에 수록한 중국 수시력의 값 365.2425일보다 두 자리나 더 정확한 것이었다. 세종은 즉위년부터 조선의 책력(달력)[37]을 32년간 매년

36) 태종 3(1403). 10. 27.

37) 『세종시대의 인쇄 출판』(손보기, 1986, 세종대왕기념사업회), 125~126쪽.

5,000부씩 찍어서 배포하였다. 이러한 일들은 이른바 '거서'와는 정반대되는 일이었다.

중국의 영향력 안에 있었던 주변국들은 그 방법 가운데 새로운 표음문자를 만드는 방법을 찾기도 하였다. 문자를 새로 만드는 일은 세종만이 한 것이 아니었다. 더욱 놀라운 것은 새로운 문자를 만든 것이 당시 사대부들이 생각한 것처럼 이른바 소국(小國), 오랑캐 나라만 하였던 일이 아니었다. 중국을 통일한 금나라, 원나라도 새로운 문자를 만들었다. 그들이 오랑캐 민족이라 할지라도 당당히 중국을 통일한 제국이었음을 부인할 수는 없다. 특히 원나라 세조 쿠빌라이는 중국을 통일하여 몽골사람으로서 한자를 발음하고 학습하기 위해 자신의 국사(國師)인 파스파(八思巴)를 시켜 글자를 만들게 하였는데 그것이 파스파문자이고, 몽골문자다. 이러한 문자 창제 사실은 조선의 세종에게까지 전달되었다. 『원사(元史)』의 내용과 『몽고운(蒙古韻)』의 서문, 그리고 명나라 태조 주원장이 『홍무정운』의 서문에서 선포한 표준음 제정에 대한 글들을 읽고 또 읽으면서, 문자 창제의 필요성에 큰 힘을 얻었다. 이러한 사실이 신숙주가 쓴 『동국정운』 서문과 『홍무정운역훈』 서문에 그대로 나타나 있다. 최만리 등의 생각처럼 중국의 눈치만 볼 일이 아니었다. 중국을 통일한 황제들도 고민하고 실행했던 일, 바로 국왕으로서 만백성과의 소통을 위한 말의 통일, 문자의 통일은 기본 질서를 세우는 일이었다.

11. 결론과 정의

우리 국어학계는 그동안 언문이란 말을 한자·한문과 대립하여 계층적으로 분석함으로써, 그 올바른 뜻에 접근하는 길을 스스로 잃고 말았으며, 오히려 왜곡된 길로 나가게 되었다. 글쓴이는 언문이란 말의 정확한 뜻을 밝히기 위하여 『훈민정음』 해례본과 『조선왕조실록』의 기록, 조선시대 유학자들의 문집류, 그리고 중국과 대만, 일본의 사전 풀이와 문헌의 출처를 살펴보았다. 그 결과 한자 '언(諺)'은 본디 '전하는 말. 속담처럼 문자로 기록된 말이 아닌 사람들이 일상적으로 늘 주고받고 외는 말. 또는, 기록되지 않은 선현의 말, 기록 이전에 사라지는 말(소리), 사람의 입말'을 뜻하였음을 알게 되었다. 특히 중국에서는 '언문'이란 말을 쓰지 않았는데, 그것은 '언(諺)'을 기록한 것이 '문(文)' 즉 '한자(漢字)'이기 때문이다. 세종이 훈민정음을 창제하면서 비로소 '언문'이란 말이 처음 생겼는데, 『세종실록』 1443년 12월 기록에서 이미 '언문'에 대해 설명하였고, 『세종실록』 1446년 9월 기록에서야 '훈민정음'에 대해 설명하였다. '언문'이란 말은 '중국의 문자는 뜻을 전하는 글자[表意文字]인 반면, 새 글자는 말소리를 표현한 글자[表音文字]'라는 훈민정음의 가장 큰 특징을 잘 표현한 말로서, '언(諺)'이라는 말뜻에 꼭맞는 문자가 태어난 것이다. 한자는 글월[文]에 적합한 글자이지만, 언문은 말[諺]을 그대로 표기할 수 있는 글자이므로 '말의 글자'라고 한 것이다. 또, '언(諺)'과 '문(文)'이 그대로 일치하는 새로운 글자라는 말이기도 하다. 사실 '언문'과 '훈민정음'은 같은 시기에 태어난 동갑내기 말이다. 오히려 '훈민정음'이란 이름이 붙기 전에 3년이나 앞서 '언문'이란 말이 먼저 태어났음을 고증하였다.

그런 까닭에 언문이란 이름은 곧바로 언중에게 퍼져서 두루이름씨(보통명사)로 통용하다보니 백성들은 '훈민정음'이란 이름조차 모르고 언문이란 이름만 써 왔다. 새로 만들어진 '언문'이란 말의 영향력은 대단히 커서, 이후로 '언(諺)'은 기존의 뜻인 '전하는 말. 속담'이 사라지고, '우리말 또는 우리글'이라는 뜻으로 통용되었고, 오히려 '언(諺)'만으로도 '언문', 곧 '훈민정음'을 가리키게 되었다. 그리고 그 합성어도 많이 생겨나서, '언해(諺解), 언석(諺釋), 언역(諺譯), 언두(諺讀), 언어(諺語)'들은 옛 뜻이 아니라 '언문으로 ~함'이라는 뜻으로 쓰인 것이다. 심지어는 '우리말, 우리글'이라는 새로운 의미를 더하게 되어 조선시대 언중들의 자존심을 세워주었다. 그런데, 오랜 시간이 흘러 1900년대에 와서는 이 의미가 흔들리더니 끝내 '언문'이 구시대 한자어라는 이유로 버리려는 의도가 생겼고, '속된 말, 낮추는 말, 비하하는 말'이라는 뜻을 더하게 되었다. 1910년대부터 '한글'이란 이름이 붙으면서 '언문'이란 말은 더욱 비속한 말로 여기는 엄청난 잘못을 저질렀다. 그것은, '언문'을 그렇게 속된 말로 인식하고 조선시대 문헌과 실록, 그리고 세종의 말을 번역하다보니 전혀 다른 해석이 되고 뜻을 왜곡하는 잘못을 저지르게 된 것이다. 지금 전하는 언해본들과 실록의 '언문(諺文), 언자(諺字)'를 모두 부정하고 비하하게 되는 결과를 낳았다.

우리말 사전과 자전을 검토한 결과 처음에는 본래의 한자 뜻을 따르다가 1940년을 전후로 '낮은 말'과 '상말'의 뜻으로 변질되어 매우 왜곡된 풀이가 더해졌고, 『대한한사전』(1964)과, 『한한대자전』(1966)이 '상말언'으로 풀이한 전후부터 점점 더 '속되게 이르던 말, 낮은말, 상말을 적는 문자'라는 왜곡된 풀이로 변하였음을 알 수 있었다. 여기에는 일본 제국주의의 '더러운 조센징'과 같은 식민지 역사관이 스며든 것이 아닌가 의심스럽다. 이런 잘못된 뜻풀이는 『조선왕조실록』에서는 찾아볼 수가 없었고, 말뜻이 변천한 것도 아니었다. 더욱이 창제자인 세종 자신도 썼던 말이기에 더욱 자명한 일인데, 곧 언문이 '전하는 말이나 백성들이 일상에서 주고받으며 외는 말을 적을 수 있는 소리글자'라는 뜻과, 창제 이후 '우리말을 적는 글자, 훈민정음의 원래 이름, 세종대왕께서 백성을 위해 만든 문자'라는 뜻을 함께 가지고 조선 시대 내내 사용하였다. 그래서 '언해, 언역, 언석'이란 말을 수없이 써 왔지만, 시간이 흐르면서 '언(諺)' 자의 정확한 뜻을 모르는 사람들이 자전에서 풀이할 때, '속언(俗言)', '속담(俗談)'이라고 하였는데, 이 풀이말 가운데 한자 '속(俗)'의 뜻을 곡해(曲解)하여 '저속함'을 추켜세우더니, '한문은 공맹의 가르침을 배울 수 있는 훌륭한 글자이고, 언문은 상놈들이나 배우는 상말 글자이다.'라는 지배층의 인식을 좇아 '諺 상말 언'이라는 풀이를 붙여 놓았다. 언문이란 말을 비하할수록, 멀리할수록, 잊어버리고 생각하지 않을수록 한글의 원리는 더욱 알 수 없어지고, 묘연해져서, 세종의 문자 창제가 신격화되고, 왜곡되었다. 훈민정음을 더 쉽게, 더 자세하게 연구하려면 먼저 '언문'의 뜻을 알고, 세종의 생각과 뜻을 알아야 했다.

이제 우리 사전이 하루빨리 왜곡된 '언문'의 뜻풀이를 버리고 올바른 풀이를 할 때가 되었다고 본다. 이것은 우리 국어학계에서, '언문'이란 말을 쓴 모든 사람(세종과 조선의 백성들)을 신원하는 일이며, 우리말을 쌍말에서 자랑스런 말로 돌려놓는 일임에 틀림없다. 우리말은 태초부터 영원까지 없어지지 않을 겨레말이기 때문이다.

쉼터

[옹달샘 넷]

주시경 선생 친필 원고 - 『국어문법』

2008년 8월 25일부터 10월 30일까지 세종대왕기념관에서는 '한글학회 창립 백 돌 기념 국어학 자료 특별전'이 열렸다. 이 전시회를 책임지고 맡아 치르면서 소중한 책들을 내손으로 만져보는 행운을 얻었다. 훈민정음 언해본부터 20세기까지 이어온 국어학 자료, 보물급 한글 고전들을 시대별로 전시하였는데, 일제강점기인 1913년의 한글모 죽보기와, 1929년부터 시작된 조선말 큰사전 편찬의 원고 뭉치를 비롯하여, 세종중등학적부, 한글마춤법통일안과 조선어학회 수난의 함흥경찰서 예심판결문까지 내 눈을 의심할 정도로 감격스런 자료들이 많았다.

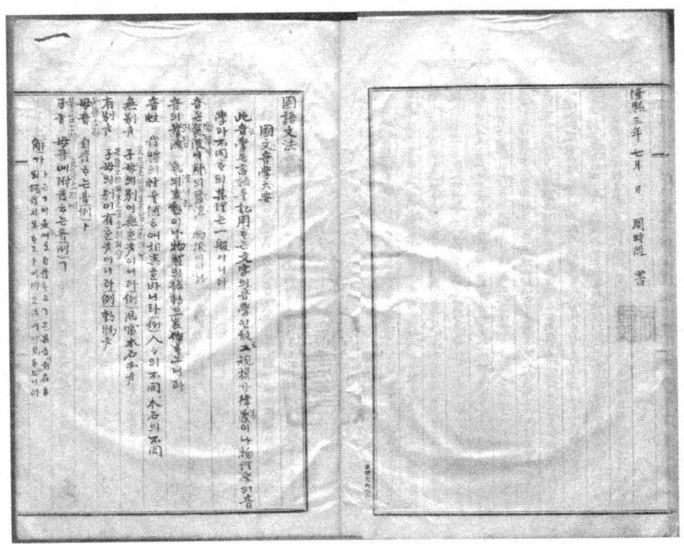

『국어문법』(주시경, 1909, 친필 원고본), 한글학회 소장

그런 가운데 전시를 이틀 앞두고 가져온 한글학회 귀중 자료 통에서 한힌샘 주시경(1876~1914) 선생의 육필 원고본이 나온 것이다.

『국어문법』이었다. 본디 이번 전시에 내놓으려던 『국어문법』은 그동안 알고 있던 1910년 박문서관에서 발행한 인쇄본인데, 어찌 이 책은 글씨가 친필로 쓰여 있단 말인가? 깨알같은 글씨가 가는 붓으로 직접 쓰신 글씨였고, 서문 끝에는 '융희 3년(1909) 7월 주시경 서'라고 써 있었다. 속표지에는 내부 경무국 직인과 검열을 마쳤다는 붉은 도장, 붓으로 종이 76매라는 장수를 세어 적은 붉은 도장과 함께 주시경이란 도장도 찍혀 있었다. 인쇄본과 편집 모양이 똑같은 본문에는 붉은 점으로 제목 표시를 하거나, '母音'을 '읏듬소리'로 수정하는 등 교정한 흔적까지 그대로 남아 있었다. 아마도 원고를 쓸 때부터 인쇄를 위해 줄을 맞추어 편집하듯 글을 써서 인쇄소에 넘긴 뒤, 책이 되어 나오니 그 원고를 양장으로 제본하여 묶은 것으로 짐작이 간다. 이듬해 박문서관에서 인쇄한 책을 보면 원고본에 교정한 대로 인쇄된 것을 볼 수 있다. 그런데 자세히 보면 원고에는 '붙임소리'라고 수정하였는데 인쇄본에는 '붙음소리'로 된 것을 보면 그 사이에 몇 차례 더 교정을 본 듯싶다. 서문에 적힌 날짜를 보면 이 글은 1909년에 집필을 끝냈음을 알 수 있는데, 그렇다면 이 글을 쓰기 시작한 때는 1908년 즈음이 아닐까 생각한다.

다른 자료에 따르면, 주시경 선생의 원고본은 이미 〈국어문법〉(1898), 〈국문문법〉(1905), 〈대한국어문법〉(1906), 〈말〉(1908), 〈고등국어문전〉(1909), 〈국어문전음학〉(1908) 등 여러 원고본들이 있었다 한다. 그러나 아직 육필 원고본이 일반에 공개되어 전시한 적은 없는 듯싶다. 그러하니, 주시경 선생의 붓글씨를 눈앞에서 보게 된 이번 전시회는 참으로 영광스런 자리가 아닐 수 없으며, 100년 만에 나선 외출이 아니겠는가 말이다. 백년 묵은 글씨에 스며 있던 선생의 온기가 내 손끝을 지나 전시장 안을 가득 메운 듯하였다.

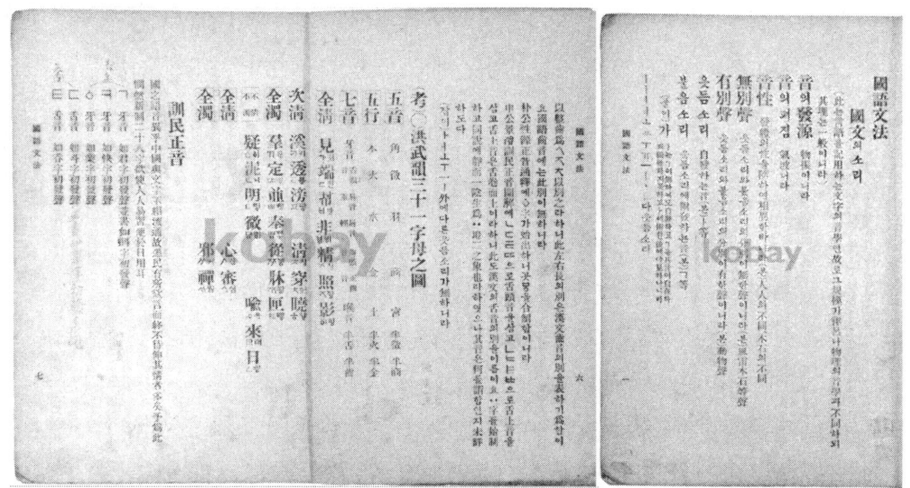

『국어문법』(주시경, 1910, 박문서관), 코베이 자료

위에서 보았듯이, 주시경 선생이 친필로 쓴 원고본은 한자 용어를 그대로 살려 썼는데, 이것을 교정하면서 우리말 용어로 많이 고친 모습을 볼 수 있다. 1910년 조선이 일제강점기에 접어들 무렵까지 우리말은 이렇게 한자(한문) 위주의 글로 적었음을 드러내는 자료이기도 하다. 당시 많은 학자들이 이렇게 한자를 우리말로 고치고, 우리말을 살리는 것을, 나라를 살리는 길이라고 여겼다.

주시경 선생의 위 책 7쪽부터에는 『훈민정음』의 어제 서문과 예의 부분이 기록되어 있다. 그 중 '欲使人人易習便於日用耳'라는 구절이 해례본과 언해본을 닮았다. 실록에는 '欲使人易習便於日用耳'으로, 해례본에서는 '欲使人人易習便於日用矣(耳)'으로, 언해본(서강대본, 박승빈본, 희방사본)에서는 '欲使人人ᄋᆞ로 易習ᄒᆞ야 便於日用耳니라'로, 『배자예부운략』(1678, 미상) 부록에는 '欲使人易習便於日用耳'로, 『경세훈민정음』(1678, 최석정)에도 '欲使人易習便於日用耳'로 기록되어 있다. 그런데 당시에는 해례본이 발견되기 전이었으니 언해본을 본 것으로 추정되지만 언해 문장이 아니라 한문 문장이라는 데에 놀라지 않을 수 없다. 그러면 『증보문헌비고』 「악고(樂考)」를 보았는지도 모르겠다. 이 책에도 '欲使人人'이라 기록한 까닭이다.

그 원전이 무엇인지는 잘 알 수 없으나, 그 앞글에 박성원의 『정음통석(正音通釋)』과 신경준의 『훈민정음도해(訓民正音圖解)』를 보았다고 하면서 『홍무운삼십일자모지도(洪武韻三十一字母之圖)』를 예시하고 있는 것으로 보아, 신경준의 『훈민정음도해』(훈민정음운해)(영조 26, 1750)를 본 듯하다. 이 책에 홍무정운 31자모도가 똑같이 나오기 때문이다. 신경준은 이 책의 「훈민정음도해서(訓民正音圖解敍)」에서, '정통 병인 아세종대왕 제훈민정음(正統丙寅我世宗大王製訓民正音)'이라 하였으나, 훈민정음 어제 서문과 예의는 없으니, 주시경 선생이 보고 인용한 그 출처를 알 수 없다.

못다 한 말씀

술렁술렁 쉽게
개울물의 흐름을 따라 내려가면
빈 그물일 것 같지만
그렇지 않다
언제나 물고기는 물을 거슬러
달아나는 습성 때문에
그물망마다 머리를 박고 매달린
수많은 물고기떼를 만나게 된다.

인생도 그렇고 정치도 그렇다.
욕심을 앞세워 다 끌어 담으려 하면
아무것도 얻을 것이 없다.
마음을 비우고 성심으로
하던 일을 힘써 다하면
언젠가는 얻는 것이 있다.

아림 김종택 한글학회 이사장님의 두 번째 시집 『뒤돌아 보니』(2018)의 시 「반두질」에 나오는 시구절이다. 이 시집을 2019년 새해 첫날 받아보고는 한숨에 다 읽었다. 고마운 분의 시집을 공짜로 받는 미안함과 함께 새해 첫 선물 치고는 너무도 과분해서 몸둘 바를 모르겠다. 그 가운데 이 시가 살갑게 다가온다. 청년의 시가 도전적이고 현란하다면 노년의 시는 달관적이고 간결하다. 살아보지 않고는 이해할 수 없는 시간의 결이 깊다.

나는 이 책을 이렇게 썼다. 깊이 공부했다기보다는 늘 내 곁에 있었고, 하는 일이 그 일이었다. 옛책들이 늘 손 뻗으면 닿는 곳에 쌓여 있었고, 그 곳에 언문이 내 손길을 기다리고 있었으며, 사람들이 내게 묻는 것이 세종대왕이었다. 1990년 한글학회에 들어가서 말모이 사전 편찬 일을 하면서 우리 말글 다듬는 일을 업으로 삼은 이래로, 1993년부터는 세종대왕기념사업회로 자리를 옮겨 조선왕조실록 국역 사업과, '한글 고전'의 역주 사업을 맡게 되었다. 한글 문헌의 역주 사업을 20년이 넘게 맡아오면서 70종이 넘는 많은 언해본들을 현대말로 역주하여 166책을 출판하였다. 물론 학자분들이 역주해서 보내온 원고지만, 그것을 원문과 대조하며, 문맥을 다듬고 윤문하고 교정해서 인쇄소에 넘기는 동안, 수백 년 전 우리 조상이 지어 펴낸 책 속에 담겨진 소중한 우리 말글의 자취를 볼 수 있었다. 그 속에 세종의 뜻과 마음이 흐르고 있었고, 조선 사람의 숨결이 깃들어 있었다. 책갈피마다에서 우리 말글의 소리 없는 아우성을 들었다. 우리 말글의 지난 발자국을 찾는 길이야말로 내가 가장 좋아하는 일이 되었다. 내 손을 거쳐 역주본으로 나온 책들이 나의 스승이었다. 석보상절, 월인석보, 능엄경언해, 원각경언해, 남명집언해, 몽산화상법어약록언해, 금강경삼가해, 육조법보단경언해, 선종영가집언해, 불설아미타경언해, 불정심다라니경언해, 진언권공언해, 삼단시식문언해, 목우자수심결언해, 사법어언해, 반야바라밀다심경언해, 상원사중창권선문, 영험약초, 오대진언, 사리영응기, 몽산화상육도보설언해, 칠대만법, 권념요록, 불설대보부모은중경, 별행록절요언해, 구급방언해, 구급간이방언해, 분문온역이해방, 우마양저염역병치료방, 언해태산집요, 언해두창집요, 간이벽온방, 벽온신방, 신선태을자금단, 마경초집언해, 삼강행실도(언해), 이륜행실도, 동국신속삼강행실도, 오륜행실도, 정속언해, 경민편, 여씨향약언해, 번역소학, 소학언해, 논어언해, 중용언해, 대학언해, 맹자언해, 시경언해, 서경언해, 주역언해, 분류두공부시언해, 백련초해, 연병지남, 병학지남, 화포식언해, 신전자취염초방언해, 여사서언해, 여소학언해, 효경언해, 여훈언해, 가례언해, 종덕신편언해, 윤음 언해, 어제상훈언해, 어제훈서언해, 명의록언해, 속명의록언해, 지장경언해, 오륜전비언해, 천주실의언해, 경신록언석 등이다. 시간이 된다면 이 언해본들을 함께 묶어 인터넷에 띄워 공유하고 싶다. 언문이 세종의 뜻대로 조선의 공식 문자 자리에 올라 모든 글과 책에 쓰여지지는 못하였지만, 임금이나 신하나, 조선 팔도 골골마다의 모든 백성들은 언문을 쓰고 읽으며 풍요로운 문자생활을 누렸고, 정치, 교육, 군사, 의학 등 사회적으로 필요한 곳에서 유감없이 그 구실을 다해 왔다. 가장 소중한 일은, 이 언문이 '두(豆)'가 아니라 '콩'을, '월(月)'이 아니라 '달'을, '일(日)'이 아니라 '해'를 담아 전한 것이다. 언문(훈민정음, 한글)이 아니었다면 우리는 '두, 월, 일'로만 적어 영영 우리 말을 잃어버리고 말았을 것이다. 그래서 더욱 언문의 발자취를 찾고 싶었고 세종의 고마움을 많은 사람과 나누고 싶었다. 글 내용 가운데 많은 오판과 잘못이 있을 것이다. 넓은 마음으로 용서하길 머리 숙여 빈다.

2019년 정월 초닷샛날. 삼가 지은이 올림.

참고한 글

『각필구결 초조대장경 유가사지론 권66』, 국립한글박물관, 2018, 국립한글박물관.

『고려대장경』 해제, 정승석, 1998, 고려대장경연구소.

『고려사 병지 역주』, 이기백·김용선, 2011, 일조각.

『국어 사전 바로잡기』, 정재도, 2001, 한글학회.

『국역 대동야승』, 민족문화추진회, 1971, 민족문화추진회.

『국역 동문선』, 민족문화추진회, 1977, 민족문화추진회.

『국역 심양장계』, 정연탁, 1999~2000, 세종대왕기념사업회.

『국역 증보문헌비고』 106권 「악고 17」, 세종대왕기념사업회, 1994, 세종대왕기념사업회.

『국역 증보문헌비고』 242권 「예문고 1」, 세종대왕기념사업회, 1978, 세종대왕기념사업회.

『국역 증보문헌비고』 243권 「예문고 2」, 세종대왕기념사업회, 1980, 세종대왕기념사업회.

『국역 증보문헌비고』 184권 「선거고」, 세종대왕기념사업회, 1994, 세종대왕기념사업회.

『국역 태허정집』, 세종대왕기념사업회, 1997, 세종대왕기념사업회.

『금속활자와 인쇄술』, 손보기, 1977, 세종대왕기념사업회.

『나랏말ᄊᆞ미 듀귁에 달아』, 홍현보, 1997, 박이정출판사.

『능엄경』(고려시대 능엄경; 박동섭본, 남권희본), 『구결자료집 1』(1995, 한국정신문화연구원) 영인본.

『대명률직해』(영인본) 「대명률 해제」, 정긍식·조지만, 2001, 서울대학교규장각.

『대명률직해』(영인본), 서울대학교규장각, 2001. 서울대학교규장각.

『몽고자운』, 정광, 2008, 한국학중앙연구원.

『몽고자운 연구』, 정광, 2009, 도서출판 박문사.

『몽고자운』(영국도서관 소장본), 한국학중앙연구원(2008) 영인본.

『미술대사전』, 한국사전연구사 편집부, 1998, 한국사전연구사.

『백제어연구(IV)』, 도수희, 2000, 백제문화개발연구원.

『사가문집 보유』 제1권, 선종순, 2009, 한국고전번역원.

『산해경』, 정재서 역주, 1996, 민음사.

『삼탄집』 3, 한국고전번역원, 2008, 한국고전번역원.

『석보상절 제23,24 연구』, 김영배, 2009, 동국대학교출판부.

『세계의 문자 체계』, 신상순 번역, 2000. 한국문화사.

『세종 시대의 인쇄출판』, 손보기, 1986, 세종대왕기념사업회.

『세종대왕』, 홍이섭, 1973, 세종대왕기념사업회.

『세종대왕과 집현전』, 손보기, 1984, 세종대왕기념사업회.
『세종대왕과 훈민정음』, 박종국, 1984, 세종대왕기념사업회.
『세종대왕과 훈민정음학』, 김슬옹, 2010, 지식산업사.
『세종대왕의 어린시절』, 이태극, 1984, 세종대왕기념사업회.
『세종시대의 인쇄출판』, 손보기, 1986, 세종대왕기념사업회.
『세종의 고(대국의 민낯)』, 조병인, 2018, 정진라이프.
『세종의 서재』, 박현모 외, 2016, 서해문집.
『신증유합』, 단국대학교 부설 동양학연구소(1972) 영인본.
『심양장계』(국역본), 정하영·박재금·김경미·조혜란·김수경·남은경, 2008, (주)창비.
『악학궤범』(영인본), 1980, 민족문화추진회.
『역주 남명집언해』, 김동소, 2002, 세종대왕기념사업회.
『역주 능엄경언해』 제1.2, 김영배, 1996, 세종대왕기념사업회.
『역주 대명률직해』, 박철주 역주, 2014, 민속원.
『역주 상원사중창권선문·영험약초·오대진언』 해제, 김무봉, 2010, 세종대왕기념사업회.
『역주 소현심양일기』 1~4, 김종수 등, 2008, 민속원.
『역주 용비어천가』, 박창희, 2015, 한국학중앙연구원출판부.
『역주 월인석보 제25』(상권), 김영배, 2009, 세종대왕기념사업회.
『역주 월인석보 제1』, 허웅, 1992, 세종대왕기념사업회.
『역주 윤음언해 2』, 한재영, 2017, 세종대왕기념사업회.
『역주 정속언해 · 경민편』, 김문웅, 2010, 세종대왕기념사업회.
『연려실기술』(국역), 민족문화추진회, 1967~1968. 민족문화추진회.
『왜 세종은 불교 책을 읽었을까』, 오윤희, 2015, 불광출판사.
『용비어천가』, 아세아문화사(1972) 영인본.
『이두문법소의 통시적 연구』, 배대온, 2002, 경상대학교출판부.
『이두자료 읽기 사전』, 장세경, 2001, 한양대학교출판부.
『이문 역주』, 구범진, 2012, 세창출판사.
『이조실록』(국역), 조선민주주의인민공화국 사회과학원 민족고전연구소 국역, 1991, 여강출판사(영인).
『이학지남』, 정광 등, 2002, 태학사.
『일본어에서 온 우리말 사전』, 이한섭, 2014, 고려대학교출판부.
『조선상식문답』, 최남선, 1946, 동명사.
『조선시대 외교문서』, 구범진, 2013, 한국고전번역원.

『조선시대의 외국어 교육』, 정광, 2014, 김영사.
『조선시대의 훈민정음 발달사』, 김슬옹, 2012, 도서출판역락.
『조선어학사』, 허동진, 1998, 한글학회.
『조선초기 고문서 이두문 역주』, 박성종, 2006, 서울대학교출판부.
『주역』(역주본) 하권, 「설괘전」, 정병석, 2011, 을유문화사.
『중국정사 조선전 역주 1』, 국사편찬위원회 편, 1987, 국사편찬위원회.
『(증정) 언간의 연구』, 김일근, 1988, 건국대학교출판부.
『초사(楚辭)』, 권용호 번역, 2015, 글항아리
『필원잡기』, 민족문화추진회, 1971, 민족문화추진회.
『한국 고문서 연구』(증보판), 최승희, 1989, 지식산업사.
『한국 고유한자 연구』, 김종훈, 2014, 보고사.
『한글 고문서 연구』, 이상규, 2011, 도서출판 경진.
『한글고문서를 통해 본 조선사람들의 삶』, 이상규, 2014, 경진출판.
『한글금속활자』, 「국립중앙박물관 소장 한글 금속활자의 특징」, 이재정, 2006, 국립중앙박물관.
『「한글맞춤법통일안」 비판』, 박승빈, 1936, 1973, 통문관 복사 간행.
『한글문헌 해제』, 박종국, 2003, 세종대왕기념사업회.
『한글문헌학』, 백두현, 2015, 태학사.
『한글의 역사와 미래』, 김정수, 1990, 열화당.
『홍무정운역훈』, 고려대학교출판부(1974) 영인본.
『홍무정운역훈』, 박병채, 1998, 고려대학교출판부.
『홍무정운』(영인본), 1973, 아세아문화사.
『훈몽자회』(일본 예산문고본) 영인본, 단국대학교 부설 동양학연구소, 1971, 단국대학교출판부.
『훈민정음 관련 기록과 문헌 목록』, 김슬옹, 2015,
『훈민정음-사진과 기록으로 읽는 한글의 역사』, 김주원, 2013, 민음사.
『훈민정음운해』(영인), 신경준, 1938, 조선어학회.
『훈민정음』(언해본), 서강대학교 소장본, 『역주 월인석보』(권제1,2)(김영배 역주, 1992, 세종대왕기념사업회) 부록 영인본.
『훈민정음』(해례본), 간송미술관 소장본(한글학회 마이크로필름 소장), 『한글의 역사와 미래』(김정수, 1990, 열화당) 부록 영인본.

「고구려어 표기 한자음 형성 배경과 그 어휘 연구」, 『한글』 258권, 최남희, 2002, 한글학회.
「고구려어 표기 한자음 형성 자질과 그 어휘 연구」, 『한글』 262권, 최남희, 2003, 한글학회.
「고구려어 표기 한자음의 형성 기층과 그 어휘 연구」, 『한글』 249권, 최남희, 2000, 한글학회.
「고구려어의 자음체계에 대한 연구」, 『국어사와 한자음』, 최남희, 2006, 박이정출판사.
「금석문에 나타난 이두 연구」, 『경기대학교 논문집 21집』, 최범훈, 1987, 경기대학교대학원.
「개화기 나랏글 제정과 '한글'의 발전 과정 연구」, 『한글』 277호, 홍현보, 2007가을, 한글학회.
「목은선생 이문정공 행장」 『동문선』 권116, 권근, 한국고전종합DB.
「신숙주와 운서」, 『새국어생활』 제12권 3호, 강신항, 2002가을, 국립국어연구원.
「우리말[韓國語] 명칭의 역사적 변천과 민족어 의식의 발달」. 『언어과학연구』 28, 백두현, 2004, 언어과학회.
「한글 문헌 자료 목록」 『글꼴 1998』, 홍윤표, 1998, 세종대왕기념사업회.
「한글의 기원 및 창제 원리로서의 '상형'과 '고전 모방'의 불가능성」, 김영환, 2012, 논문.
「한글의 유래에 대하여」, 『조문제선생환갑기념논총』, 고영근, 1982, 논문집편집부.
「한글 이야기」, 〈쉼표, 마침표.〉(국립국어원) 2012년 2월호. 홍윤표.

고려대학교 해외한국학 자료센터'(http://kostma.korea.ac.kr/)
국사편찬위원회 「우리 역사넷」(http://contents.history.go.kr/front)
「길공구의 고려사」, http://gil092003.egloos.com
[네이버 지식백과]몽골어 문자의 발달(세계 언어백과, 한국외국어대학교 세미오시스 연구센터).
「위키백과」(https://namu.wiki/)
「조선왕조실록」(국사편찬위원회) http://sillok.history.go.kr/
http://kyujanggak.snu.ac.kr/
http://www.koreanhistory.or.kr/
http://yoksa.aks.ac.kr/

저자 **홍 현 보**

충북 단양 출생.
대학에서 국어국문학을 전공하고
대학원에서 국어교육학을 전공한 뒤
한글학회에서 『우리말 큰사전』 보유작업에 참여하였고
세종대왕기념사업회에서 『조선왕조실록』 국역 사업과
한글문헌(언해서)의 번역 사업을 일삼으며
한말글 운동을 벌여나가고 있다.
『말이 오르면 나라도 오르고』(공저)(1993)와
『나랏말ᄊᆞ미 듕귁에 달아』(1997)를 펴내었고,
「신문 가로쓰기의 실태와 독자 인식 연구」(1993),
「세종 영릉신도비명의 체재에 관한 연구」(2006),
「개화기 나랏글 제정과 한글의 발전 과정 연구」(2007),
「우리 사전에 왜곡된 언문 뜻풀이에 관하여」(2012),
「불경 언해본의 역주 현황과 의미」(2016),
「삼강행실열녀도의 출처 연구」(2017),
「조선왕조실록 등 문헌에 나타난 훈민정음 창제 기록」(2018) 등 논문 다수와,
「2000년 전의 우리말」(2007.7.27.) 등 짧은 글들을 여러 편 썼으며,
「중앙일보」(1995), 「부산국제신문」(1996)의 전면 한글 가로쓰기 기획위원,
한국방송공사 「우리말 겨루기」(2009.5.18.)에 출연하여 우승하고,
서울 광화문 세종대왕 동상(2009) 이름과 훈민정음 서문 글자를 제작하고,
인터넷 카페 「세종한글 길라잡이」(http://cafe.naver.com/azazaq)를
2008년부터 운영하고 있다.

언문
1443년 12월 임금이 친히 언문 스물여덟 자를 만들다

2019년 2월 28일 초판 1쇄 펴냄
2019년 12월 6일 초판 2쇄 펴냄

지은이 홍현보
펴낸이 이은경
펴낸곳 이회

등록 2001년 9월 21일 제307-2006-55호
주소 경기도 파주시 회동길 337-15 보고사 2층
전화 031-955-9797(대표)
02-922-5120~1(편집), 02-922-2246(영업)
팩스 02-922-6990
메일 kanapub3@naver.com / bogosabooks@naver.com
http://www.bogosabooks.co.kr

ISBN 978-89-8107-612-2 93710

정가 30,000원